재단
법인 **한국이민재단**
KOREA IMMIGRATION SERVICE FOUNDATION

IMMIGRATION POLICY

이민정책론

이혜경 · 이진영 · 설동훈 · 정기선
이규용 · 윤인진 · 김현미 · 한건수

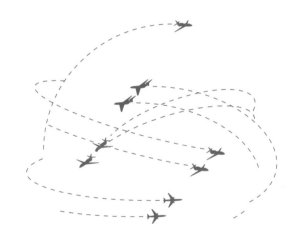

박영사

머리말

　미국의 저명한 정치학자인 홀리필드는 국가의 가장 중요한 기능이 18세기 이전까지는 안전유지였고, 18~19세기에는 무역과 투자 등 경제개발이었으나, 20~21세기에는 이민관리라고 주장한다. 국가의 성격으로 보자면, 국방국가에서 무역국가를 거쳐 지금의 이민국가에 이르렀다는 것이다. 실로 이민은 20~21세기를 대표하는 가장 중요한 전 지구적인 현상이며, 이에 국가의 이민관리에 대한 중요성도 증가하였다. 그간 이민정책은 영주이민과 관련이 있다고 여겨졌으나, 최근 이민의 추세가 영주이민과 일시이민의 구분이 무너지면서 모든 국가에서 이민이 일상적이고 지속적인 현상이 되면서, 많은 국가들은 체계적이고 종합적인 이민정책을 모색하기 위해 노력하고 있다. 현재 한국과 일본 등 일부 국가를 제외한 대부분의 OECD 국가들에서는 전체 인구의 10% 이상이 이민자로 구성되어 있는 실정이다. 우리나라도 급격한 저출산·고령화 현상으로 향후 인구감소가 예상되어, 생산인구는 물론 적정인구 유지를 위한 지속적인 이민자 유입에 대한 논의가 가열될 전망이다.

　이러한 시대적인 요구에 부응하여, 2014년 여름부터 한국이민학회와 한국이민법학회 소속 학자들이 모여서 [이민학]에 대한 시리즈 집필을 논의하였다. 그 결과 두 학회는 이민정책과 이민법에 대한 길잡이를 제공하기로 했고, 한국이민재단의 지원을 받아 이민학 시리즈 작업에 착수하였다. 한국이민학회에서는 전반적인 이민현상을 이해하고 이에 정책적으로 대응하는데 기초가 되는 주요 개념과 이론적 논의들을 소개하는 [이민정책론]을 집필하기로 하였다. 수(십)차례에 걸친 집필진 회의와 토론을 거쳐 2016년 3월에 [이민정책론]을 발간하게 되어 매우 기쁘게 생각한다. 이 책은 [이민학] 시리즈의 가장 첫 번째 책으로, 이민에 대해 관심이 있는 학생, 연구자, 공무원, 그리고 일반 시민들에게 이민과 이민정책에 대한 가장 기본적이고 핵심적인 내용을 전달하고자 한다. 이민현상과 이민정책은 경제학, 정치학, 행정학, 사회학, 인구학, 문화인류학 등 여러 다양한 학문 분야에서 관심이 있는 다학제적인 주제이다. 그러므로 이 책은 다양한 전공의 집필진들이 모여서 이민정책에 대한 다양한 관점과 분석이 포함될 수 있도록 노력하였다.

이 책은 총 3부로 구성되었는데, 제 1 부에서는 이민과 이민정책에 대한 기초를 다진다. 이어지는 제 2 부에서는 이민 관리의 실제를 다루고, 제 3 부에서는 분야별 이민정책을 다루고 있다. 구체적으로는 1장에서는 이민과 이민정책의 기초적인 개념들을 소개하고, 전 지구적 이민과 이민정책의 동향을 정리한다. 특히 최근 이민정책의 변화를 이민 유입국의 유형에 따라 그리고 쟁점별로 나누어 살펴본다. 2장은 이민의 역사를 다루는데, 특히 시·공간적인 지평을 확장하여 시간적으로는 멀리 선사시대부터 최근까지, 공간적으로는 그간 서구 중심적인 관점에서 탈피하여 아시아는 물론 중동과 아프리카를 아우르는 전 지구적인 이민의 역사를 다루고자 노력하였다. 3장은 이민정책에 관한 이론을 소개하는 장으로 전 세계 이민현황과 이민에 관여하는 행위주체를 국가, 사회, 시장의 측면에서 살펴본 후, 송출국과 유입국의 이민정책의 특성, 그리고 세계 각국의 구체적인 이민정책의 특성을 살펴본다. 나아가 국가의 이민정책 결정 과정에 관한 이론을 소개한다.

이민 관리의 실제를 다루는 제 2 부의 4장에서는 이민행정 제도 및 조직을 다룬다. 현재 국제사회에서 발견되는 다양한 이민행정 제도의 기본 개념과 내용을 살펴보고, 여러 나라의 이민행정 제도와 조직을 살핀 후 한국의 이민행정 제도를 소개한다. 5장은 이민자의 시민권을 다루는데, 비국민 또는 국적취득자의 시민권과 관련된 쟁점들을 살펴본다. 특히 독일과 일본 및 한국의 시민권 제도를 상호 비교하여 이민자의 시민권을 둘러싼 쟁점을 부각시킨다. 6장은 이민과 사회통합을 다루는데, 사회통합의 개념과 이민자 편입을 소개하고, 이민자 편입에 대한 국가별 원칙과 이에 근거한 정책들을 살펴본다. 이를 통해 한국사회에 적용할 수 있는 정책적 함의를 논의한다. 7장은 이민과 안보 및 안전에 대한 장으로 2015년에 발생한 유럽난민 사태와 파리 테러를 중심으로 이민과 관련하여 안전과 안보 논의가 어떻게 태동했고 전개되었는지 그 양상을 살펴본다. 나아가 이민문제가 왜 정치화되며, 이에 따라 이민과 안보가 국제적인 이슈가 되는지 등을 살펴본 후 한국에서의 이민과 안보 문제를 논의한다.

제3부는 분야별 이민정책을 다루는데, 8장은 인구와 이민에 대한 장으로, 저출산·고령화로 인한 이민의 적극적 활용에 초점을 맞추어 인구변화에 대한 대응으로서 이민 수용의 필요성과 이를 둘러싼 논쟁들을 살펴본다. 특히 주요 선진국에서는 이러한 대응적 이민이 어떻게 활용되는지를 살펴봄으로써, 한국에서의 향후 정책적 과제를 탐색한다. 9장은 노동이민이 경제에 미치는 영향을 살펴보는 장으로, 먼저 노동이민 관련 개념과 유형, 노동이민에 대한 수요와 공급이 발생하는 이유와 전 세계적인 흐름을 살펴보고, 한국 노동이민의 특징을 파악한다. 이후 노동이민이 경제에 미치는 영향에 대한 다양한 논의를 통해 노동이민이 갖는 경제적 의의를 진단한다. 10장은 외국인력정책을 다룬다. 우선 외국인력정책의 역사적 전개, 그 유형과 활용원칙, 주요 쟁점 등을 살펴보고, 한국 외국인력정책의 향후 전망과 과제를 다룬다. 11장은 최근 한국사회에 급증한 결혼이민을 다룬다. 결혼이민의 개념 및 원인과 체제, 특히 역사적인 과정과 각국의 결혼이민 현황을 분석한다. 이후 한국의 결혼이민과 사회통합정책을 그 쟁점에 초점을 맞추어 논의하고, 향후 결혼이민자 사회통합정책의 비전과 방향을 모색한다. 12장은 재외동포와 재외동포정책을 다루는데, 우선 이민정책과 관련하여 재외동포를 다뤄야 하는 이유를 설명하고, 재외동포의 이주와 정착과정을 시기별로 살펴보고, 그 특징을 고찰한다. 그리고 재외동포가 거주하는 주요 국가별로 재외동포 사회의 현안 문제와 과제를 살펴보고, 최근 급증한 국내 재외동포에 대한 현황과 내국인과의 관계를 분석한다. 나아가 국내 재외동포정책의 내용과 변화과정을 살펴보고, 향후 전망을 제시한다. 13장은 난민을 다루는데, 우선 난민의 정의와 난민보호 문제를 다루고, 각국의 난민정책을 소개하며, 복합난민의 증가와 인간안보, 난민의 젠더 및 아동인권 등 난민정책의 쟁점을 논의한다. 이후 한국의 난민정책의 역사와 변화 그리고 현황을 살펴보고, 난민정책의 나아갈 방향을 모색한다. 14장은 국제이민협력에 관한 장으로, 이민 쟁점을 둘러싼 국제적인 공동노력을 다루었다. 우선 이민을 둘러싼 쟁점과 이를 해결하고자 하는 국제 이민협력의 변화를 개괄하고, 이민협력의 거버넌스를 글로벌 다자협력을 중심으로 살펴본다. 이를 통해 '개발과 이민'이 어떻게 글로벌 차원에서 논의되었는지를 살펴본다. 나아가 유럽연합(EU)과 아시아 지역의 이민협력 사례를 비교하면서, 한국의 이민과 국제협력 및 국제이민협력의 미래를 전망한다.

　　이 책은 이민 정책과 관련된 각각의 주제를 소개하는데 그치지 않고 주제 간의 연관성을 강화하여 이민정책에 대한 포괄적이며 총체적인 개념과 논지를 제시하고자 했다. 또한 독자들의 이해를 돕고자 각 장의 내용을 주요 개념, 전 세계적인 경향, 한국의 현황, 그리고 향후 전망의 순서대로 가급적 통일된 형식으로 집필하도록 노력하였다. 이를 위해 집필자들 간의 소통과 교감을 통해 이민과 이민정책을 둘러싼 가장 기본적이면서 핵심적인 내용과 쟁점들이 최대한 정리되고 내실 있게 소개되도록 노력하였다. 그러나 시간과 역량의 부족으로 충분히 다루어지지 못한 내용도 있을 것이다. 이는 향후 이어지는 [이민학] 시리즈를 통해 지속적으로 보완되기를 희망한다. 나아가 [이민학] 시리즈의 지속적인 발간을 통해 향후 이민과 이민정책에 대한 활발한 논의가 촉발되고, 한국 이민정책의 전문화와 체계화에 기여하기를 기대한다. 마지막으로 이 책이 출판이 될 수 있도록 도움을 주신 한국이민재단과 박영사에 고마움을 전한다. 그리고 이 책의 교정 작업에 힘을 보태어준 대학원생 박미화씨(인하대학교)와 이상지씨(서강대학교)에게도 고마움을 표한다.

2016년 3월

집필진을 대표하여 이 혜 경

차 례

제1부

이민과 이민정책

1장
이민과 이민정책의 개념

이혜경

　　세계화 현상으로 국경을 넘어 이민하는 사람들의 수가 증가하고, 취업이민은 물론 교육이민, 결혼이민, 난민이동, 그리고 은퇴이민 등 이민의 유형이 매우 다양해지고 있다. 이제 더 이상 이민은 특정 국가만의 현상이 아니라 거의 모든 국가들이 겪는 일상적인 문제가 되고 있다. 그러므로 국가의 기능이 과거 안전유지에서, 경제개발로, 그리고 이제는 이민관리라는 주장이 있는 것처럼 실로 이민과 이민관리의 중요성이 날로 높아지고 있다. 이 장에서는 우선 이민이란 무엇인지 그 기본적인 개념들과 전 지구적 이민의 최근 경향을 살펴보고, 이민정책이란 무엇인지 그리고 이민정책에 어떤 경향이 있는지 등을 살펴보고자 한다.

 ## 1절 이민이란 무엇인가?

1. 이민의 정의

　　이민이란 국가의 경계를 넘는 인구이동이다. 특정 국가의 인구의 수와 구성에 영향을 미치는 세 가지 요소는 출생, 사망, 그리고 인구이동이다. 이때 인구이동 즉 이주(migration)란 거주지를 옮기는 현상인데, 통상 행정구역상의 경계(시와 도 등)를 넘지 않는 경우는 '이사'라고 부르고, 경계를 넘는 이동은 '이주'라고 부른다. 그리고 이동의 경계가 국가 간의 경계(즉 국경)인 경우는 '국제이주(international migration)'라 하고, 국가 간의 경계를 넘지 않은 이동은 '국내이주(internal migration)'라고 한다. 국내이주의 대표적인 예는 농어촌에서 도시로 거주지를 옮기는 도시화 현상이고, 국제이주의 예는 필리핀 등 동남아시아 국가에서 미국이나 캐나다 등으로 이민을 가는 것이다. 그러므로 '이주(migration)'란 국내이주와 국제이주를 모두 포괄하는 용어이고, '이민(international migration)'이란 국제이주에 한정하여 사용하는 말이다. 국제연합(United Nations, 1994, 1998)은 이민을 자신의 '통상적인 거주국가(country of usual residence)'를 변경하는 경우라고 정의한다. 이때 통상적인 거주국가란 일상생활을 영위하는 국가를 말한다. 그러므로 여행과 관광 등은 통상적인 거주국가를 변경하지 않는 행위이므로 이민으로 보지 않는다.

이동의 방향에 따라 발원지와 목적지가 있는데, 국제이주의 경우에는 발원지(origin)를 송출국(또는 모국)이라 하고, 목적지(destination)는 유입국(또는 수용국)이라고 부른다. 영어에서는 이민(migration)을 '나가는 이민(emigration)'과 '들어오는 이민(immigration)'으로 구별하는데, 우리말에서는 나가고 들어옴과 무관하게 국제이주 또는 이민이라고 부른다. 단지 송출국과 수용국 중 어느 국가의 관점에서 바라보느냐에 따라 이출(emigration, out migration)과 이입(immigration, in migration)으로 구분한다.

그렇다면 이민으로 간주하기 위한 최소한의 체류기간이 있는가? 국제연합(UN)은 1년 이상 거주지를 옮겨야 이민으로 간주한다. 그러므로 1년 이상의 이민은 이민정책의 관심이 집중되는 '장기 이민'으로, 그리고 3개월 이상 1년 미만인 경우는 '단기 이민'으로 구분한다. 그러나 현실에 있어서는 국가마다 이민으로 간주하는 최소한의 체류기간이 매우 다르다. 예를 들면 우리나라와 일본은 3개월 이상을 이민으로 보고 있으나, 스웨덴, 핀란드, 프랑스 등은 1년 이상인 경우를 그리고 독일은 거주비자를 가지고 1주일 이상 거주할 의사가 있을 경우를 이민으로 보고 있다. 그러므로 '(최소) 체류기간'을 이민의 기준으로 설정하기가 어렵고, 체류기간에 따라 단기와 장기로 나누는 것도 국제비교를 할 경우에는 매우 혼란스럽다. 예를 들면 유학생은 유입국에서 1년 이상 머무는 경우가 많으므로 UN의 분류 방식으로는 '장기 이민'에 해당되나, 유학생과 가족을 동반한 이민자를 똑같은 '장기 이민'으로 다루기는 어렵다(Lemaitre, et.al., 2007:3).

그간 UN과 OECD는 이민(자) 통계의 표준화를 위해 노력해 왔다. 우선 UN은 제2차 세계대전 이후 국제이주 통계를 생산하면서, 가장 일찍부터 이민 통계의 문제점을 지적하고 이를 보완하기 위한 노력을 해왔다. 1953년에는 '영구(permanent) 이민자'란 거주지를 1년 이상 옮긴 사람이라고 정의하고(UN, 1998:5), 1998년에는 이민 통계에 대한 권고안을 발표하였다. 이 권고안에서는 그간의 이민(자)의 기준인 '통상적 거주국가'를 명확히 하고, 이민자를 그 체류기간에 따라 '장기(long-term) 이민자(＝체류기간이 1년 이상인 자)'와 단기(short-term) 이민자(＝체류기간이 3개월 이상 1년 미만인 자)로 분류하였다(UN, 1998:10). 그리고 이민(자) 통계에 포함하지 않는 경우를 명확히 하였는데, 이웃 나라로 출퇴근하는 국경근로자(border work-ers), 여행객, 경유자, 사업상 또는 친지 방문자, 질병 치료 목적의 방문자, 종교적 순례자, 외교나 영사 관련 근무자나 동반가족 및 피고용자, 주둔군과 동반가족 및 피고용자, 유목민(nomad) 등이다(UN, 1998:13-14 등).

　　한편 OECD는 그 연속 보고시스템(프랑스어 약자로 SOPEMI)에서 1992년 *Trends in International Migration*이란 제목으로 첫 번째 보고서를 발표한 이후, 그 후 30년간 매년 보고서를 발표했다. 그 30번째 판부터는 제목을 변경하여, 즉 2006년도부터는 *International Migration Outlook*이란 제목으로 매년 발표하고 있다. 제목이 바뀐 2006년도 판에서 최초로 OECD 국가들의 장기 이민자 통계를 국제비교가 가능하도록 표준화하는 작업을 시작하였다. 그 결과 장기(long-term) 이민자 통계에서 유학생을 제외하기 시작하였다(OECD, 2006:20, 29). 이는 그간 OECD 국가들의 장기 이민자 통계가 혼란스러웠기 때문인데, 예를 들면 영국은 유학생과 워킹 홀리데이를 장기 이민자 통계에 포함하고 있었고, 독일은 1주일 이상 개인 집에 체류할 경우도 외국인 등록을 하도록 되어 있어서 이러한 단기 체류자도 모두 장기 이민자 통계에 포함되었기에, 이를 바로 잡은 것이다. 그러므로 OECD(2006)는 장기 이민자의 기준을 그간 UN에서 제시하였던 '체류기간' 대신 유입국에서의 '체류권리'로 대체하였다.

　　Lemaitre 외(2007)는 이러한 표준화 작업을 위한 OECD 보고서에서 영주이민과 일시이민을 더욱 명확하게 구분하였고, 이러한 구분은 OECD 2007년도 판부터 그대로 반영되었다.[1] 즉 Lemaitre 외(2007)는 이민의 유형을 '영주/준영주이민(permanent or permanent-type migration)'과 '일시이민(temporary migration)'으로 나

---

1) UN의 정의인 장기(long-term) 이민과 구분하기 위해서, Lemaitre 외(2007)는 영주/준영주이민 (permanent/permanent-type migration)이란 용어를 사용하기 시작했고, OECD의 2007년도 판 (IMO)부터는 이렇게 구분된 통계를 발표하기 시작했다.

눈다. '영주/준영주' 이민자란 유입국에서 영주권 신청이 가능한 '이민트랙(migration track)'으로 들어온 경우이다. 구체적으로는 입국 시부터 영주권을 받거나, 한시적인 체류허가를 받았으나 갱신이 가능하거나, EU시민권자처럼 EU 내에서 자유이동이 가능한 사람을 말한다. 이때 영주 이민자란 입국 시부터 영주권을 받은 경우이고, 준영주 이민자란 이민 이후에 그 신분을 바꿀 수 있는 경우를 말한다. 결국 영주/준영주이민이란 1) 취업이민자와 동반가족, 2) 가족재결합이나 가족형성을 위한 이민, 3) 인도주의적 이민과 동반가족, 4) 기타(해외동포 이민과 은퇴이민 등)를 포함한다. 반면 '한시적' 이민자란 유학생, 연수생, 워킹 홀리데이, 계절적 노동자, 주재원(intra-company transfers), 교환교수(연구원), 기타 한시적 근로자 등 갱신될 수 없거나 제한된 조건에서만 갱신이 가능한 이민자를 말한다.[2] 결국 OECD의 분류는 체류기간이 아니라 유입국의 이민정책 즉 유입국이 해당 이민자를 영주이민과 일시이민 중 어느 쪽으로 생각하고 있느냐라는 정책 의도에 따라 분류하는 것이다.

　최근 이민정책의 목표가 과거의 통제에서 통합으로 바뀌면서, 이민자의 개념이 더욱 확대되고 있다. 정기선 외(2015:3-4)는 이러한 개념들을 잘 소개하고 있다. 그간 UN은 이민자를 통상적인 거주국을 바꾼 사람이라고 정의하였지만, 최근 OECD 등에서는 이민자 개념에 '외국인인구(foreign population)', '해외출생인구(foreign-born population)' 그리고 '이주배경인구(the population with a migrant background)'까지 포함하고 있다(OECD, 2015). 우선 OECD에서 발간하는 *International Migration Outlook*에서는 이민자 유량(flow: inflow and outflow)은 외국인인구통계를 활용하며, 거주 이민자 규모(stock, 저량)는 외국인인구와 해외출생인구를 모두 발표한다. 그리고 이민자들의 사회통합수준을 보여주는 이민자통합지표를 산정할 때에는 해외출생인구와 이주배경인구를 대상으로 한다(정기선 외, 2015:vii).

　<표 1>과 <표 2>는 내국인인구와 외국인인구, 해외출생인구, 이주배경인구를 혈통주의 국적법을 따르는 우리나라와 출생지주의 국적법을 따르는 미국의 경우를 예로 하여 정리한 것이다.

---

2) 이에 대해서는 이종원과 노용진(2013:51)이 잘 소개하고 있다.

표 1 내국인인구, 외국인인구, 해외출생인구, 이주배경인구의 구분: 대한민국의 예

대한민국	해외출생			국내출생	
	해외출생 외국국적자	해외출생 귀화자 (이민자 1세)	해외출생 내국인	국내출생 이민자 2~3세 (혈통주의국적법 외국국적자)	국내출생 내국인
내국인인구		O	O		O
외국인인구	O			O	
해외출생인구	O	O			
이주배경인구	O	O		O	

표 2 내국인인구, 외국인인구, 해외출생인구, 이주배경인구의 구분: 미국의 예

미국	해외출생			국내출생	
	해외출생 외국국적자	해외출생 귀화자 (이민자 1세)	해외출생 내국인	국내출생 이민자 2~3세	국내출생 내국인
내국인인구		O	O	O	O
외국인인구	O				
해외출생인구	O	O			
이주배경인구	O	O		O	

2. 이민(자)의 유형

이민의 유형은 이민의 기준에 따라 다양하게 나눌 수 있다. 우선 이민의 원인에 따라서는 강제이민(노예, 난민)과 자발적인 이민으로 나눌 수 있다. 노예나 난민의 이민은 대표적인 강제이민(forced migration)이다. 한편, 화산폭발과 지진 등 주로 생태적·환경적 이유로 이동하는 것도 강제이민으로 볼 수 있다. 과거에는 이러한 환경적인 이민을 원시적인 이민이라고 불렀으나, 최근에도 쓰나미 등 환경난민이 발생하고 있고 나아가 전 지구적인 온난화 등의 문제로 환경(기후)난민이란 용어도 있다. 한편 자발적인 이민은 본인의 자유의사로 이민하는 것을 말한다.

이민의 동기에 따라서는 경제적 이민, 정치적 이민, 종교적 이민, 사회적 이

민, 문화적 이민 등으로 나눌 수 있다. 흔히 돈을 벌기 위한 이민은 경제적 이민으로, 정치적 망명은 정치적 이민으로, 종교의 자유를 찾아 떠나는 이민은 종교적 이민으로, 자녀에게 더 나은 교육을 시키기 위한 이민은 사회적 이민으로, 그리고 특정 지역의 문화나 라이프스타일을 향유하기 위해 예를 들면 한류팬이 한국에 와 생활하는 것은 문화적 이민으로 볼 수 있다. 그러나 통상 이민의 동기는 어느 한 가지가 아니라, 여러 동기가 매우 복합적으로 작용하는 경향이 있고, 이민과정과 유입국의 상황에 따라 이민동기와 이민의 목적 자체가 계속 변하기도 한다.

한편 이민은 매우 선별적인 현상이다. 이민의 선별성(selectivity)이란 이민이 무작위적으로 일어나는 현상이 아니라, 특정 연령(주로 젊은 연령층), 젠더(주로 남성), 그리고 계층(주로 중간층 등) 등이 상대적으로 먼저 이민을 주도한다는 것이다. 과거에는 주로 젊은 남성들이 돈을 벌기 위해 먼저 이민을 가고 나중에 가족들이 따라가는 경향이 있었다. 그러나 최근에는 여성들이 해외취업을 하여 다른 가족들보다 먼저 이민을 가는 경우도 증가하였다. 이때 배우자나 가족을 따라서 나중에 이민가는 사람들을 '동반 이민자(tied-movers)'라고 부른다.

통상 가족을 동반한 영주이민을 공식적으로 허용하는 국가는 미국, 캐나다, 호주와 뉴질랜드 등 이민으로 국가가 형성된 나라들이다. 그 밖의 수용국들은 한시적(일시적)인 이민을 선호한다. 한시적인 이민에 속하는 계약 노동이민은 다시 단순·저기술(저숙련) 노동자의 이민과 전문·고기술(고숙련) 노동자의 이민으로 나누어진다. 그런데, 이민자의 기술 수준을 단순·저기술과 전문·고기술로 구분한다는 것은 매우 어려운 일이다(Gallie, 1991). 그러므로 많은 국가에서는 일반적으로 교육수준과 전문기술에 대한 자격증 등으로 이를 구분하고 있다. 최근 전 세계적으로 전문·고기술 이민자 유치를 위한 경쟁의 일환으로 이들에게는 가족동반과 영주를 허용하는 경향이 있다. 그러나 단순·저기술 노동자의 경우에는 일시적 계약노동자(초청노동자)의 형태로 정해진 계약 기간이 종료하면 출신국(모국)으로 귀환할 것을 기대(종용)한다.

이민자의 유형은 합법적 이민자와 미등록 이민자로 나누어지기도 한다. 우선 합법직 이빈자란 거주허가만 받은 경우, 거주허가와 취업허가를 모두 받은 경우로 나누어진다. 국가에 따라 합법적인 이민자의 경우에도 입국할 때부터 가족을 동반할 수 있는지, 그 경우에는 몇 명까지 (또는 핵가족의 범위를 넘어 어느 수준의 가족까지) 데려올 수 있는지, 그 동반된 가족에게 거주허가 외에 취업허가도 허용되는지 등 다양하게 나누어진다. 한편 미등록(undocumented) 이민자란 불법(illegal), 비정상 (irregular), 불복종(non-compliant), 숨어 지내는(clandestine), 무허가(unauthorized) 이민자 등 매우 다양하게 불린다. 이들은 정해진 체류기간이 지났음에도 출국하지 않은 경우(over-stayers)이거나, 체류자격 상 허용되지 않는 활동을 하는 경우 등이 다. 이들은 비록 출입국관리법을 위반하였으나 범죄자는 아니므로, 불법체류자라는 용어보다는 미등록 이민자란 용어가 더 많이 사용되고 있다.

　　마지막으로 이민자(외국인)란 용어의 대척점에는 국민(내국인)이란 용어가 있다. 국민이란 영토 및 주권과 더불어 (국민)국가의 세 가지 구성 요인이다. 국민이란 특정 국가의 국적을 소유한 사람으로 국적의 획득은 출생, (부모에 의한) 인지, 또는 귀화를 통해 이루어진다. 국적과 시민권에 대하여는 이 책의 5장에서 더욱 자세하 게 다루어질 것이다. 한편 이민자는 외국국적 소유자(외국인), 영주권자(denizen), 귀화자(naturalized)로 다시 나누어진다. 국가마다 기간의 차이는 있지만 일정한 기 간을 합법적으로 체류하면 영주나 귀화를 신청할 수 있다. 귀화자는 시민권자(내국 인)로 간주한다. 최근 많은 국가들에서 복수국적이 용인되는 추세이므로 한 사람이 두 개 이상의 국적을 가질 수 있다. 그러므로 최근에는 국민, 半국민, 非국민 등 '국민'의 경계를 너무 강조하기보다는 함께 거주하는 '주민'이란 개념이 더 유용할 수 있다. 그 이유는 국민이란 즉각적으로 '외국인'이란 대조 개념이 연상되어 구별 지으려는 경향이 생기는데 반해, 주민이란 함께 거주하고 세금을 내는 거주민이라 는 개념으로 상대적으로 더 포용적이기 때문이다. 한편 한국인이 다른 국가에 거주 하는 경우인 해외한인은 다시 재외국민과 외국국적 동포로 나누어진다. 그러므로 이민자를 외국국적 소지자와 영주권을 가진 자로 나눈다면, 이때 영주권자(denizen) 란 외국국적을 가졌으나 국내에 장기 거주가 가능한 자이다. 국내에 있는 영주권자 와 짝을 이루는 개념은 해외에 장기 거주하는 국민인 에쓰니즌(ethnizen)이다.[3]

3. 이민의 단계

　　이민의 단계는 일차이민, 이차이민, 단계이민, 귀환이민, 그리고 순환이민 등 으로 나눌 수 있다. 한국에서 태어나, 일본으로 취업이민을 갔다가, 결국은 미국으 로 간 경우는 일차이민이 아닌, 이차이민이며 점점 더 먼(큰) 지역으로 나아간다는

---

3) 영주권(자)(denizen 및 denizenship)이 해머(Hammar, 1990)의 개념이라면, 에쓰니즌(ethnizen 및 ethnizenship)은 바우뵉(Baubök, 2007: 2396)의 개념이다.

점에서 단계이민(step migration)이라고 부를 수 있다. 이민이란 통상 단계적인 경우가 많은데, 예를 들면 인도네시아 사람들은 이웃 말레이시아로 돈 벌러 가고, 말레이시아 사람은 싱가포르로 (노동)이민을 가는 경향을 말한다. 한편 한국 사람들이 미국으로 이민을 간 경우에 주로 가족·친척 등의 초청으로 사회적 연결망이 있는 로스엔젤레스로 몰리는 경우가 많았는데, 이는 연쇄이민(chain migration)으로 부른다. 그리고 귀환이민(return migration)이란 중국이나 미국 등에서 살던 동포가 다시 고국으로 돌아오는 것이다. 그리고 순환이민이란 어느 한 국가에 머무는 것이 아니라 두 국가 사이를 왔다 갔다 하는 것을 말한다.

2절 전 지구적 이민의 최근 경향

스티븐 카슬 외(2013:38-39)는 전 지구적 이민의 최근 경향으로 이민의 전 지구화, 가속화, 차별화, 여성화, 정치화 그리고 이민변천의 확산이라는 여섯 가지를 지적하고 있다. 그러나 이 장에서는 스티븐 카슬 외가 지적한 이민의 최근 경향을 양적·질적인 확대(전 지구화와 가속화, 그리고 다양화), 이민의 여성화, 정치화, 이민변천의 네 가지로 묶고, 이 밖에 순환이민의 확대에 따른 초국가주의의 확산을 추가하여 이러한 다섯 가지를 전 지구적 이민의 최근 경향으로 설명하고자 한다.

1. 양적인 확대(전 지구화)와 질적인 다양화

이민의 양적·질적인 확대란 이민이 과거의 남반구에서 북반구로의 남북 이민으로만 그치지 않고, 최근에는 북남, 북북, 남남, 그리고 동서(서동)이민에 이르기까지 전 지구적으로 확대되는 현상을 말한다. 이때 남과 북 그리고 동과 서는 지구에서의 방향을 의미하는 말이지만, 아프리카 대륙과 같이 남반구에는 주로 가난한 국가들이 모여 있고 유럽과 북아메리카로 대표되는 북반구에는 주로 부유한 국가들이 상대적으로 더 몰려있어서, '남북이민'이란 주로 저개발국가에서 고도 산업국가로 향하는 이민을 뜻한다. 그러므로 남남이민이란 아프리카 내의 이민과 같이 저개발국가들 내에서의 이민을 말한다. UN(인구국)의 자료를 바탕으로 2010년과

2013년의 각 방향으로의 이민의 흐름을 살펴보면, 2010년과 2013년 모두 남북이민과 남남이민이 가장 많았고, 그 다음은 북북이민이었고, 북남이민이 가장 적었다(IOM, 2013; UN, 2013a). 2010년과 2013년의 변화는 여전히 남북이민과 남남이민이 가장 많지만, 그 비중이 5~6%씩 줄고, 그 대신 선진국 내에서의 이동인 북북이민이 8%나 증가하였다. 2013년에도 여전히 북남이민이 가장 적지만, 2010년에 비해서는 3%가 증가하였다(표 3).

표 3 각 방향별 이민의 규모와 비중, 2010년, 2013년

(단위: 백만 명)

자료	남 → 북		북 → 북		남 → 남		북 → 남	
	규모	%	규모	%	규모	%	규모	%
UN(2010)[1]	86.9	41	32.8	15	87.2	41	7.4	3
UN(2013)[2]	81.9	35	53.7	23	82.3	36	13.7	6

자료: 1) IOM(2013:55에서 재인용); 2) United Nations(2013a:24).

한편 1989년 이후 사회주의 국가들이 해체된 이후, 동유럽 국가들로부터 서유럽 국가들로의 이민이 증가하자, 이를 '동서이민'이라고 부르기도 한다. 그러므로 이렇게 모든 방향에서의 이민이 증가하였다는 것은 이민이 지구상의 특정 국가만의 현상이 아니라, 많은 국가들이 겪는 일상적인 문제가 되었다는 것을 의미한다. 이러한 이민의 양적인 팽창은 이민의 속도를 가속화시켜 이민의 증가 속도도 점점 빨라지고 있다. 한편 이민의 차별화란 이민의 질적인 다양화를 의미한다. 즉 이민의 유형이 과거 노동이민과 영주이민 위주에서 최근 난민이민, 입양이민, 학생(교육)이민, 결혼이민, 은퇴이민 등 이민의 유형이 실로 매우 다양해지고 있다.

2. 이민의 여성화

이민의 여성화란 우선 양적인 측면에서 이민자의 50% 이상이 여성이며, 질적인 측면에서는 여성이 남편을 따라 이동하는 것이 아니라 여성 스스로가 주체적으로 이민하는 취업이민자가 많아졌다는 것이다. 휴스턴 외(Houstoun et.al., 1984)가 최초로 1930년대 이후부터 1979년까지 미국으로의 이민자의 50% 또는 그 이상이 여성이라는 사실을 지적하면서 여성 이민자에 대한 관심을 촉발시켰다. 그간 가족재결합 정책과 가사근로자 등 전통적인 여성 직종으로의 취업이민이 증가하면서 1970년대 이후 최근까지 전 세계적으로 이민자의 절반 가까이(48%)는 늘 여성이었다.[4] 그러므로 이민의 여성화란 양적보다는 질적 변화를 강조하는 현상으로, 특히 아시아에서 이민의 여성화 속도가 빠르다. 이는 유입국에서의 이민자(immigrants) 통계(그림 1)보다는 송출국에서 해외취업을 나가는 이출자(emigrants) 통계에서 더 극렬하게 나타난다. 즉 아시아 내 주요 송출국인 필리핀, 스리랑카, 인도네시아 등에서 나가는 이민자(emigrants) 중 여성의 비율이 꾸준히 증가하여 1990년대 말에는 이미 60~90% 정도가 여성이었다(이혜경, 1997:3; 이혜경 외, 2006:259). 아시아의 주요 유입국(또는 지역)인 싱가포르와 대만 및 홍콩에서는 이민의 여성화 현상이 보이나, 아직 한국에서는 이민의 여성화 정도가 낮다(이혜경, 2005; 이혜경 외, 2006:259).[5] 그 이유는 외국인 여성 돌봄근로자(가사근로자나 간병인)를 공식적으로 도입하는 정책이 있느냐 없느냐의 차이 때문이다.

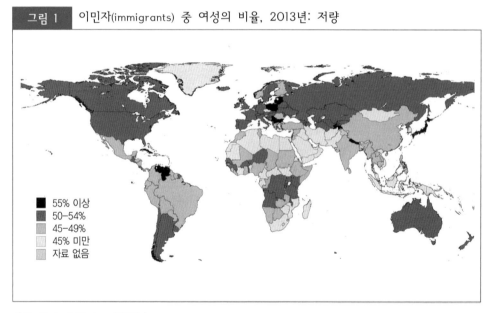

그림 1 이민자(immigrants) 중 여성의 비율, 2013년: 저량

- 55% 이상
- 50-54%
- 45-49%
- 45% 미만
- 자료 없음

자료: United Nations(2013b).

---

4) 1970년과 1980년 통계는 Stalker(1994:106)에서 그리고 1990년, 2000년, 2010년, 2013년의 통계는 UNDP(1990, 2000, 2010, 2013)를 참조하시오.

5) 한국은 전체 이민자 가운데 여성이 차지하는 비율이 1990~2013년 사이 41~44% 정도로 다른 아시아 유입국에 비해 상당히 낮다(UNDP, 1990, 2000, 2010, 2013). 그러나 조선족 등 특정 종족집단에서는 이민의 여성화 현상이 보인다.

이민의 여성화는 간호사, 가사근로자, 유흥업종사자 등 특정 여성 집중적인 직종이 주도하고 있다. 최근에는 송출국(개발도상국)의 여성(신부)이 수용국의 남성(신랑)과 결혼하여 이주하는 결혼이민 현상이 크게 증가하고 있다. 결혼이민 역시 전 세계적인 현상이나, 그 규모와 속도에 있어서 아시아 지역 내에서 더 빠르게 확대되고 있다.[6] 그러므로 이민의 여성화란 수요의 측면에서는 돌봄노동에 대한 수요와 관련이 있고, 공급의 측면에서는 가족전략으로서의 이민, 확대가족의 지원, 그리고 여성차별적인 사회로부터의 도피 등 여러 복합적인 이유 때문이다(이혜경 외, 2006).

3. 이민의 정치화

이민의 정치화란 이민의 정치적인 영향력이 증가하여 이민과 관련된 문제가 점차 중요한 정치적인 이슈가 되는 것을 말한다. 과거에는 이민이란 주로 경제적인 현상으로 이해되었는데, 최근에는 정치적인 의제와 쟁점이 되고 있다. 우선 국내적으로는 이민과 이민정책이 경제적인 현상을 넘어서, 고객정치, 정당정치, 선거전략 등 표를 의식한 정당의 활동이 되는 경향이 있다. 이때 고객정치란 프리만(Freeman, 1995:886)의 개념으로 이민정책은 미국의 경우 주로 의회에서 만들어지는데 이때 표를 의식한 정당 정치인들은 비조직화된 일반 국민보다는 조직화된 이해집단(사업자 단체, 히스패닉 등 이민배경 집단)의 압력(로비)을 더 받는다는 것이다. 그러므로 이민의 정치화란 한편으로는 정책을 만드는 정당(인)의 선거전략이 되고, 다른 한편으로는 이를 이용한 여론의 압력이 되는 것이다.

한편 이민이 초국가주의적으로 변하면서, 이민의 정치화는 국내정치의 수준을 넘어서 국제정치의 수준으로 나아간다. 홀리필드 외(Hollifield et al., 2014:6)는 이를 이민이 '낮은 정치(low politics)' 영역에서 '높은 정치(high politics)' 영역으로 옮아갔다고 묘사한다. 이때 낮은 정치 영역이란 노동시장이나 인구정책과 같은 국내정치(정책)의 영역이고, 높은 정치 영역이란 전쟁과 평화처럼 국제관계에 영향을 미치는 국제정치(정책)의 영역이다. 국제정치란 예를 들면 국제연합(UN), ILO, 그리고 국제적인 수준의 비정부기구 등의 활동을 의미한다. 그러므로 이제 이민은 이러한 국제기구들의 주요 의제가 되고, 이러한 국제적인 활동은 다시 특정 국가의 이민정책에 영향을 미친다.

---

6) 결혼이민에 대한 더욱 자세한 내용은 이 책의 11장을 참조하시오.

4. 이민변천 및 탈 유형화

이민변천이란 이민 송출국이 경유국이나 유입국으로 전환되는 현상이다. 이탈리아와 스페인 등 남유럽 국가들과 일본과 한국 등 동아시아의 국가들은 1980년대 이후에 이민변천을 경험하였다. 스티븐 카슬 외(2013:39)는 이러한 이민변천이 남유럽과 동아시아를 넘어서 폴란드, 터키, 멕시코 등 더욱 다양한 국가들로 확산되고 있다고 본다. 이때 중요한 질문은 산업화와 경제성장으로 대표되는 경제적인 요인이 변하면 이민변천이 오는 것인지, 아니면 민주화 등 사회적·정치적 변화가 진행되어야 이민변천이 오는가의 문제이다.

그간 이민변천은 주로 자국민을 해외 이민자로 내보내던 송출국이 외국인근로자를 활용하는 유입국으로 변모하는 과정을 지칭하는 용어였다. 그리고 이러한 이민변천을 야기하는 요인은 주로 산업화로 인한 경제적인 요인이 가장 중요하다고 여겨졌다. 그러나 홀리필드 외(Hollifield et al., 2014)는 이러한 경제적인 요인도 중요하지만, 정치적인 민주화의 진척 역시 중요한 요인으로 보고 있다. 그러므로 홀리필드 외는 정치·사회적으로 민주화가 덜 된 국가는 비록 경제성장으로 이민변천을 겪더라도 인권착취 등의 문제가 발생하므로 진정한 이민국가로 볼 수 없다고 주장하면서, 사우디아라비아 등 중동 산유국들은 인구 대비 체류 외국인의 비중이 상당히 높아도 이들 국가들을 이민국가로 분류하지 않는다.

과거에는 이민 송출국과 유입국을 나누는 것이 매우 명료하였으나, 전 지구적 세계화의 확산으로 오늘날에는 한 국가가 외국인을 받아들이기만 하고 내국인을 전혀 내보내지 않는 경우는 드물다. 그러므로 송출국과 유입국이라는 구분은 그 상대적인 정도로 분류하는 것이다. 한편 특정 국가는 송출국에서 유입국으로 가기 위한 경유국의 역할을 하기도 한다. 예를 들면 스페인과 이탈리아는 과거에는 이민 송출국이었다가, 아프리카 사람들이 서유럽의 국가들 또는 EU로 들어가기 위한 경유국이 되었다가, 1980년대 이후에는 유입국으로 변모하였다. 그러나 최근 경제위기로 스페인의 젊은이들이 일자리를 찾아 고국을 떠나면서 다시 송출국으로 변하면서도, 동시에 단순 저기술 이민자도 계속 유입되고 있어서 유입국이면서 동시에 송출국인 모습을 보이고 있다(Castles, et al., 2014:119; Hollifield, et al., 2014: 23). 이는 포스트모더니즘으로 대변되는 현대 사회의 중요한 특징 중 하나로 그간의 엄격한 이분법에 의한 구분이 점차 모호해지는 현상이다. 이민의 유형과 관련해서도 영주이민과 일시이민 등 과거 엄격한 이분법적인 구분이 오늘날에는 점차 모호해지고 있다.

5. 순환이민의 증가와 초국가주의의 확산

과거에는 이민은 주로 저개발국가에서 고도 산업국가로 한 방향으로의 이민이 거나, 계약에 의한 일시적 (노동)이민과 영주이민으로 확연하게 구분되었다. 그러나 교통·통신의 발달 등 전 지구적인 세계화가 가속화되면서, 이민의 방향이 쌍방향 또는 순환이민으로 변화하였다. 일시적인 계약 이민자가 장기체류하거나, 영주이민을 간 사람이 모국으로 귀환하기도 한다.

과거에는 모국을 떠나 영주이민을 간 사람은 디아스포라라고 불렀다. 디아스포라의 기원은 다른 나라로 흩어져 살게 된 유태인을 의미하는 용어였다. 즉 과거에는 영주 이민자(＝디아스포라)란 고국을 떠나 뿌리가 뽑힌 채 다시는 고국으로 돌아가지 못하는 자로 비극적으로 묘사되곤 하였다. 그러나 한 방향의 영주이민이 아니라 언제든지 돌아갈 수 있는 순환이민자가 되면서, 디아스포라의 역할 역시 수용국과 모국을 연결해주는 적극적인 중재자이거나, 송출국의 개발을 돕는 자로 묘사되고 있다. 결국 이민현상이 순환이민으로 변화한다는 사실은 최근 이민 자체가 두 개 이상의 국가에 걸쳐 생활하는 초국가주의적인 현상으로 바뀐다는 것을 의미한다.

이때 '탈국가주의'와 '초국가주의'란 개념을 구별할 필요가 있다. '탈국가주의' 란 국가를 넘어서는 것, 즉 국가가 더 이상 중요하지 않다는 것이나, '초국가주의' 란 두 개 이상의 여러 국가에 걸쳐있지만, 국가는 여전히 중요하다는 것이다. 소이잘(Soysal)은 유럽이 유럽공동체(EU)라는 지역통합 체제가 되면서, 향후 국가는 더 이상 중요하지 않은 보편적(즉 탈국가적) 시민권의 시대가 도래할 것으로 보았다. 그러나 바우뵉 등은 '탈국가주의'는 EU에 제한된 현상으로 다른 지역이나 국가로 일반화하기는 어렵다고 지적한다. 그 이유는 비록 순환이민이 증가하여도 EU 밖 다른 지역(국가)에서는 국가가 여전히 중요한 역할을 하기 때문이다. 그 결과 이민자는 최근 복수국적을 가질 수 있으며, 다중적 정체성이 인정되는 '초국적' 시민권을 향유하는 사람이 된다고 주장한다.

| 표 4 | 탈국가주의와 초국가주의의 구분 | | | |

용어	탈국가주의 post-nationalism	초국가주의 trans-nationalism
개념	국가를 넘어섬 국가가 더 이상 중요하지 않음	여러 국가에 걸쳐있음 국가는 개인의 삶에 여전히 중요함
시민권	전 지구적 시민권 (universalistic citizenship)	초국적 시민권 (transnational citizenship)
내용	국적 대신 '전 지구인'	다중적 정체성 인정 (이중국적/복수국적)
대표 학자	소이잘(Soysal 1994)	바우뵉(Bauböck 2007)

한편 초국가주의는 다시 '위로부터의 초국가주의'와 '아래로부터의 초국가주의'로 나누기도 한다. 전자는 (중앙)정부로부터 시민으로 정책이 내려오는 것을 의미하고, 후자는 시민으로부터 (중앙)정부로 정책이 올라가는 풀뿌리 운동 등을 의미한다. 한편 이민자의 입장에서 자발적인 순환이민을 선호하기도 하지만, 최근 수용국과 송출국 모두 각각 순환이민을 적극 장려하는 경향이 있다. 우선 수용국의 입장에서는 이민자가 수용국에서 장기체류(또는 영주)하기보다는 모국으로의 순환이민을 통해 결국 모국으로 귀환하기를 바라는 것이고, 송출국(모국)의 입장에서도 (교포)이민자가 수용국에 영주하기보다는 모국으로의 순환이민을 통해 모국의 발전에 기여하기를 희망하기 때문이다.

 3절 이민정책이란 무엇인가?

이민정책이란 국가가 내국인과 외국인의 이출과 이입을 관리함으로써 인구이동의 양과 질을 통제하려는 정책이다. 국가는 경제적, 사회적, 정치적, 문화적 요인을 고려하여 선별적으로 국가 간 인구이동을 통제하는 정책을 수행하고 있다. 외국인의 이민을 비교적 오랫동안 겪어온 미국과 캐나다 등에서는 주로 이민법, 국적법 또는 이민·통합법 등의 형태로, 한편 외국인의 이민을 비교적 최근에야 겪고 있는 일본, 중국, 한국 등 동아시아 국가들은 아직도 출입국관리법의 형태로 이들을 관리하고 있다(이혜경, 2011:21).

　　이민정책이란 이민과 관련된 모든 정책으로 내국인의 해외 송출 정책과 외국인의 국내유입 정책을 모두 아우르는 개념이다. 그러나 그동안 이민정책의 초점은 주로 이민유입국에 맞추어지는 경향이 있고, 이민유입국에서도 외국인의 유입과 관련된 정책에 주목하는 경향이 있다. 재외동포에 대한 정책은 이 책의 12장에서 집중적으로 다루므로, 아래에서는 외국인의 유입과 관련된 이민정책에 초점을 맞추기로 한다.

1. 단계별 이민정책

　　이민정책은 출입국관리, 체류관리, 국적관리, 사회통합 등을 아우르는 매우 종합적인 정책이다. 이를 단계별로는 1) 출입국관리정책, 2) 체류관리정책, 그리고 3) 사회통합정책의 세 단계로 구분할 수 있다. 우선 출입국관리정책은 내국인의 이출(emigration)과 외국인의 이입(immigration)과 관련된 정책으로 그 기원은 고대 도시국가까지 거슬러 올라간다. 고대 도시국가들의 성벽을 통과하기 위해서는 허가서(통과서류)가 있어야 했다. 출입국관리정책을 이해하려면 '국경'의 개념을 이해해야 한다. 국경이란 고대 도시국가의 성벽에서 시작하여, 제2차 세계대전 이후까지도 전쟁 등에 의해 그 경계가 계속 바뀌기도 하였다. 한국인에게는 국경이란 3·8선이거나 압록강과 두만강 한 가운데 그어진 '선'으로 이해되는 경향이 있다(강주원, 2013:243). 그러나 유럽에서는 최근 아무런 '선'조차 그어지지 않은 채 국경이 변하기도 한다. 그리고 베트남과 중국의 일부 국경처럼 산 한 가운데에서 인위적으로 이쪽은 중국 저쪽은 베트남으로 구분되기도 한다.

　　한편 체류관리정책 중에는 외국인력정책이 중요하다. 외국인력정책의 역사도 고대 국가까지 거슬러 올라간다. 즉 고대 국가들 간의 전쟁에서 패배한 국가의 사람들은 노예가 되어 노동을 착취당했다. 이후 산업화와 자본주의의 확산으로 저임금의 산업예비군을 찾으려는 시도는 식민지주의로 이어졌고, 이는 또 다른 유형의 노예 매매, 부자유계약노동자 등의 활용으로 이어졌다.[7] 제2차 세계대전이 종료되

---

7) 부자유계약노동자(indentured workers)란 인력 충원 브로커가 이민비용을 내고 노동자를 이민하게 한 후, 그 노동자가 일정 기간 고용주에게 노역을 제공하면 자유를 얻을 수 있도록 한 고용 형태이다(스티븐 카슬 외, 2013:152).

면서 식민주의 시대가 끝난 후에는, 외국인력정책은 주로 저기술·단순 외국인노동자를 일시적인 초청노동자로 활용하는 것이었다. 그러나 최근에는 주로 고기술·전문 인력을 유치하려는 기술이민 정책이 더 중요해지고 있다. 이러한 외국인력정책은 이 책의 10장에서 더욱 깊이 있게 다룰 것이다.

이민정책의 마지막 단계는 사회통합정책이다. 원래 사회통합정책이란 내국인(시민권자)의 여러 집단 간 사회적 유대감을 높이려는 정책이다. 한국의 경우에는 그간 계층 간, 세대 간, 지역 간 사회통합이 논의되었다. 한편 미국과 같은 다종족국가에서는 주류(majority) 종족과 소수자(minority) 종족 간의 사회적 유대를 높이는 노력이 사회통합으로 이해되었다.

사회통합정책은 이렇게 국민(또는 시민권자)을 대상으로 시작되었기 때문에, 그간 영주이민을 받아들이는 미국과 캐나다 등 전통적인 이민국가에서는 이민자 사회통합정책도 발달되었다. 즉 이들 국가에서는 이민자란 주로 영주이민자를 의미하므로, 이들은 잠재적인 시민으로 간주되어, 유입의 초기부터 사회통합의 대상이 되었기 때문이다. 그러나 영주이민보다는 일시적인 초청노동자를 받아들이고 있는 다른 이민국가에서는 이민자란 일시적인 이민자를 의미하고, 이들은 계약기간이 만료되면 모국으로 돌아갈 것으로 기대되었기 때문에, 이들에 대한 출입국관리정책과 체류관리정책은 있었으나, 이들은 엄밀한 의미에서 사회통합정책의 대상은 아니었다. 그러나 최근에는 많은 다른 이민국가들도 이민자에 대한 사회통합정책을 모색하고 있다.

이러한 변화의 배경은 그간 일시적이기를 기대하였던 초청(계약)노동자들의 상당수가 결국은 유입국에 정주하는 경향을 보였기 때문이다. 더욱이 최근 세계화의 확대와 더불어 국가 간 이민이 확대됨은 물론 상시화되고 있으며, 영주이민과 일시이민의 경계가 모호해지는 순환이민이 증가하기 때문이다. 더욱이 이민의 여성화 현상과 함께 국제결혼도 증가하고 있어서, 결혼이민자(준시민)의 증가로 이민자의 사회통합정책 모색이 더욱 활발해지는 추세다. 나아가 최근에는 이민자의 귀화나 영주여부와 무관하게, 그 지역에 거주하는 주민으로서의 사회통합도 중요한 의제로 떠오르고 있다.

그간 사회통합정책의 대표적인 두 가지 유형은 동화주의와 다문화주의모형이다. 1960년대까지 미국에서 대두되었던 동화모형은 고든(Gordon, 1978)의 흡수동화나 용광로동화부터 포르테스 외(Portes and Zhou, 1993)가 제시한 종족공동체(ethnic community)의 긍정적인 기능을 강조하는 분절동화모형까지 다양하다. 한편 1971년 캐나다가 다문화주의모형을 사회통합정책의 기조로 받아들인 후 미국과 호주는 물론 유럽 등으로 확산된 다문화주의모형도 있다(이혜경, 2009).

다문화주의(multiculturalism)란 민족중심주의의 반대 개념으로, 한 국가(사회) 내에 존재하는 서로 다른 문화의 차이를 인정하고 그 독자성을 인정하자는 입장이다. 다문화주의는 한 가지 유형이 아니라 여러 가지 유형으로 구성되어 있다. 즉 온건한 다문화주의부터 강경한 다문화주의까지, 또는 소극적인 다문화주의부터 적극적인 다문화주의까지 다양한 유형이 있다. 이때, 소극적 또는 온건한 다문화주의와 적극적 또는 강경한 다문화주의를 구별하는 기준은 문화(집단)별로 정치적인 결사 및 그 대표성을 인정하는 정도로 판단하는데, 이는 곧 문화적 다양성의 정치적 권리를 어디까지 보장하는가라는 정도의 문제이다(마르티니엘로, 2002).

적극적(강경 또는 급진) 다문화주의에 가장 가까운 것은 캐나다 모델로, 캐나다에서는 여러 민족집단 간에 이중국적 인정, 종교, 식생활, 의복, 가족문화 등에서의 문화적 다양성 인정, 다양한 문화활동 장려, 그리고 종족(집단)에 따른 정치적 대표성을 인정하고자 노력하고 있다. 한편 호주와 뉴질랜드 등의 온건 다문화주의란 음식, 음악, 종교, 생활방식 등의 개인적인 취향과 선택에서의 문화적 차이는 인정하나, 집단에 따른 정치적인 대표성 요구는 인정하지 않는 것이다(이혜경, 2009). 캐나다와 미국 등은 다문화주의적 사회통합정책을 실시하나, 두 국가의 차이는 미국은 암묵적으로, 캐나다는 명시적·공식적으로 다문화주의 정책을 실시하고 있다는 점이다.

한편 1990년대 유럽을 중심으로 다문화주의를 둘러싼 뜨거운 논쟁시기를 거쳐, 2000년대에 들어와 유럽에서는 상호문화주의(interculturalism)가 제안되고 있다.[8] 이는 문화적 다양성과 다원주의를 강조한다는 점에서는 다문화주의와 유사하나, 세속주의와 통합 및 호혜성을 강조한다는 점에서 다문화주의와 약간 다르다. 상호문화주의는 유입국 사회의 특정 공용어를 강조하고, 신규 이민자가 자발적·적극적으로 유입국 문화에 통합되는 것을 요구하며, 구체적으로는 문화 간 상호작용과 공동체 간 공동 작업이나 활동을 장려하는 것이다(이혜경, 2011: 23-24).

---

8) 동화모형과 다문화주의모형에 대한 자세한 설명은 설동훈·김명아(2008)와 이혜경(2009) 등을 참조하시오.

2. 이민 관련 국가의 유형

1) 이민 유입국

이민자가 들어가는 나라를 유입국(수용국)이라 하는데, 통상 이민 유입국의 유형은 세 가지로 나누어진다. 프리만(Freeman, 1995)은 유입국의 유형을 미국, 캐나다, 호주, 뉴질랜드 등 이민으로 국가가 형성된 '전통 이민국가(classical immigration countries)', 제2차 세계대전 이후 초청노동자(guest workers)를 받아들였던 독일을 위시한 서유럽 국가들로 구성된 '초청노동자 유입국가', 그리고 80년대 이후 외국인근로자를 유입하기 시작한 이탈리아와 그리스 등 남유럽국가들인 '후발 이민국가'로 나누었다. 이혜경(2008; 2011)은 이를 '전통 이민국가', '선발 이민국가', '후발 이민국가'로 재정의하였다. 한편 홀리필드 외(Hollifield et al., 2014)는 프리만의 '전통 이민국가'를 '이민자국가(nations of immigrants)'로 그리고 '초청노동자 유입국가'를 '이민국가(countries of immigration)'로 그리고 '후발 이민국가(latecomers to im-migration-countries)'로 유형화하였다. 그러나 이 장에서는 유입국의 유형을 전통 이민국가, 선발 이민국가, 후발 이민국가로 유형화하였다.

우선 전통 이민국가란 미국, 캐나다, 호주와 뉴질랜드로 이민에 의해 국가가 건설되었고 아직도 전체 인구에서 이민자(외국출생인구)가 차지하는 비중이 큰 국가들이다. 이에 비하여, 선발 이민국가는 비록 이민에 의해 국가가 건설된 것은 아니지만, 이민의 역사가 후발 이민국가보다는 오래 되고, 그 국가의 사회·경제적 발전에 이민이 중요한 역할을 하고 있는 국가를 말한다. 선발 이민국가는 영국, 프랑스, 독일 등 19세기부터 또는 제2차 세계대전 이후부터 초청노동자 제도를 활용했던 서유럽과 북유럽의 국가들이다. 전통 이민국가와 비교할 때, 선발 이민국가들은 그간 스스로를 이민국가라고 인정하길 꺼려왔다. 최근에 와서야 이민국가라고 인정하거나 인지하고 있다. 그러므로 전통 이민국가에 비해 정치엘리트나 국민의 이민에 대한 태도가 상대적으로 부정적인 경향이 있다.

후발 이민국가는 산업화를 통한 경제성장이라는 경제적인 요인과 정치적인 민주화가 어느 정도 진행된 1980년대 이후에야 이민변천을 경험한 국가들이다. 이탈리아, 스페인, 그리스 등 남유럽의 국가들과 일본, 대만, 한국 등 아시아의 국가들이 포함된다. 이들 국가는 전통 이민국가나 선발 이민국가와는 달리 전후 세계적인 경제 호황기 시기(1950년대~1970년대)에는 이민자의 유입이 거의 없었다. 오히려 그 시기에는 자국민을 해외노동이민자로 내보냈고, 국내의 인력 수요는 도시화 등 내부적으로 해결하였다. 즉 일본을 제외하면, 세계경제체제에서 그간 중심국이 아닌 주변국의 위치에서 1980년대 이후 반주변국의 위치로 변모한 국가들이다 (Hollifield, et.al., 2014:20).

그런데 특정 이민국가가 어떠한 유형의 유입국에 속하는지 그 자체가 그 국가의 이민정책에 영향을 미친다. 즉 이민정책의 단계가 제1~2단계에 계속 머물러 있는지, 아니면 제3단계까지 나아갔는지에 영향을 미칠 수밖에 없다. 그동안 이민 정책의 제3단계인 '사회통합정책'은 통상 전통 이민국가에서 발달되었고, 선발 또는 후발 이민국가에서는 해당이 없다고 여겼었다. 그러나 2000년대에 들어와 서유럽 등 선발 이민국가를 중심으로 그리고 점차 후발 이민국가에서도 이민자에 대한 '사회통합정책'이 적극 모색되고 있는 추세이다.

2) 이민 송출국

이민자의 출신국 또는 모국(country of origin)을 송출국(sending country)이라고 부른다. 아프리카, 남아메리카와 카리브해 지역, 아시아, 호주와 뉴질랜드를 제외한 오세아니아 지역 등의 개발도상국들이 주요 이민 송출국이다. 이때 전 세계적으로 가장 빈곤한 국가들이 주요 송출국이 아니라, 멕시코와 필리핀 등 어느 정도의 소득과 자원이 있는 중소득 국가들이 주요 송출국이다. 앞의 이민변천에서 설명한 바와 같이, 송출국의 일부는 이민 경유국, 그리고 유입국으로 변화하기도 한다. 예를 들면 1970년대까지는 남유럽의 국가들은 서유럽의 공업발전을 위한 주요 송출국이었으나, 1980년대 이후에는 이민 유입국으로 변모하였다. 아시아에서는 중국, 필리핀, 인도네시아, 베트남, 캄보디아, 라오스, 미얀마 등이 주요 송출국이다(스키븐 카슬 외, 2013:248). 송출국들은 자국민 이출자에 대해 과거에는 고국을 버린 배신자라고 비난하다가, 암묵적 묵인 단계를 지나, 현재에는 국가발전의 영웅 또는 애국자로 묘사하는 등 그 관점과 담론이 변하고 있다. 특히 중국과 베트남 등 사회주의 국가들이 글로벌 경제에 적극 참여하면서 거대 송출국으로 변신하자, 송출국간의 경쟁이 더욱 치열해지고 있다. 이미 앞에서 지적한 바와 같이, 최근에는 이민의 전 지구화 현상으로 저개발국 내에서의 남남이민도 크게 증가하여서, 100% 송출국 또는 100% 유입국이란 현실적으로 불가능한 실정이다.

그간 이민은 송출국의 경제개발에 어떠한 영향을 미치는가의 관점에서 논의가 집중되었다. 즉 '경제적 송금'에 대한 연구가 많았는데, 이러한 연구 역시 시대에 따라 그 주장과 강조점이 바뀌고 있다. 예를 들면 1960년대의 연구들은 송금의 긍정적인 효과를 발견하였다면, 1970~80년대에는 송금의 영향이 기대한 것처럼 그리 크지 않다는 부정적인 결과를 제시하는 연구들이 증가하였다. 그러나 1990년대와 2000년대 이후에는 송금의 긍정적인 역할에 대한 연구들이 다시 증가하였다. 즉 최근의 연구들은 이민자의 송금은 송출국의 경제개발에 긍정적인 영향을 미치며, 경제적인 송금 외에 기술과 태도, 사고방식 등 '사회적 송금'의 영향도 고려해야 한다는 지적이 많다. 과거 이민 현상이 주로 한 방향이었던 시대에는 저개발국가로부터의 '두뇌유출'을 우려하였으나, 최근 순환이민이 증가하면서 이민은 결국 '두뇌획득' 또는 '두뇌순환'이 되어 송출국과 유입국 그리고 이민자 모두에게 이롭다는 주장도 설득력을 얻고 있다(스키븐 카슬 외, 2013:116).

3. 대상별 이민정책

이민정책의 틀은 기본적으로 노동이민, 가족이민, 그리고 난민이민으로 구성되어 있다. 그러나 최근 이민자의 유형이 다양해지면서, 이민정책의 대상도 다양해지는 추세이다.

1) 노동이민정책(외국인근로자정책)[9]

이민정책 가운데 그간 가장 활발하게 논의된 분야는 노동이민정책이다. 외국인력정책이라고 불리는 노동이민정책은 다시 이민자의 기술 수준에 따라 단순·저기술 근로자정책과 전문·고기술 근로자정책으로 나눌 수 있다. 전후 서유럽의 초청노동자제도나 고용허가제 등은 대표적인 단순·저기술 노동자 제도이다. 캐나다와 호주 등의 점수제를 기반으로 한 기술이민자 제도는 대표적인 전문·고기술 제도이다. 노동이민정책은 산업별(예: 제조업, 건설업, 서비스업 등) 혹은 직업별(예: 가사근로자, 간병인, 간호사 등)로 세분화되기도 한다.

현재 대부분의 유입국들은 단순·저기술 외국인의 유입은 가급적 줄이고자 하고, 전문·고기술 이민자는 적극적으로 유치하려고 서로 경쟁하고 있다. 그 이유는 우선 경제적인 측면에서는 산업구조가 상향조정될수록 단순·저기술 직종보다는

---

9) 이에 대한 더욱 구체적인 논의는 9장과 10장을 참조하시오.

생산성이 높고, 높은 가치를 생산하는 전문·고기술 직종이 더욱 확대될 것이라는 예측 때문이다. 그리고 사회적인 측면에서는 그간 서유럽의 경험 등으로 일시적인 이민자라도 향후 정주할 가능성이 높으므로, 그 경우 전문·고기술 이민자에 비하여 단순·저기술 근로자는 사회복지에 부담이 될 것이라는 우려 때문이다.

□ 초청노동자(guest worker) 제도: 정해진 계약기간 동안만 일하고, 계약기간이 종료되면 귀국할 것이 기대(요구)되는 단기 외국인근로자 제도이다. 제2차 세계대전 이후 독일 등 서유럽과 북유럽 국가에서 활용되었고, 현재는 매우 제한적으로만 사용되고 있다. 초청노동자 제도의 효시는 미국의 브라세로(Bracero) 프로그램으로 이는 농업 분야에서의 단기 외국인노동자 정책이었다.[10]

□ 점수제에 기반한 기술이민제도: 캐나다와 호주 등이 가장 성공적인 사례로 알려져 있다. 캐나다와 호주 등은 장기적인 산업구조와 노동시장의 수요를 고려하여, 학력, 기술, 언어능력 등의 점수제를 바탕으로 이민자를 유입하고 있다. 최근에는 노동시장 적응성을 강조하여, 숙련(기술)과 특히 유입국에서의 근로경력을 더 강조하고 있다.

□ 투자이민: 투자이민이란 기준 금액 이상의 투자를 하거나, 그 결과 수용국의 사람들을 몇 명 이상 고용하는 경우에 외국인과 그 동반가족에게 거주자격을 부여하는 제도이다. 이후 일정 기간을 체류하게 되면 영주자격을 얻거나, 귀화를 신청할 수 있는 제도이다.

한편 외국인 유학생 정책은 원래 노동이민정책은 아니었으나, 최근 많은 국가들이 외국인 유학생에게 주당 20시간 이내인 시간제 근로를 허용하고 있다. 그리고 일부 유입국에서는 그 국가에서의 학업이 취업과 연계되는 것을 선호하기도 한다. 그러므로 최근에는 외국인 유학생 정책이 노동 이민정책과의 연계 속에서 모색되기도 한다.

■ 이민정책에 대한 비유법
언론과 미디어 등에서 이민정책을 일종의 비유법으로 앞문정책(front door policy), 뒷문정책(back door policy), 옆문정책(side door policy)으로 묘사하기도 한다. 이때 앞문정책이란 초청노동자제도, 고용(취업)허가제, 기술이민제 등 외국인근로자를 '직접' 합법적으로 고용하는 정책을 말한다. 반면 뒷문정책이란 미등록 이민자를 비공식적으로 활용하는 경우이다. 그리고 옆문정책이란 '연수생제도'란 이름으로 공식적으로는 노동자성을 부정하면서 실제로는

10) 브라세로 프로그램에 대한 자세한 내용은 스티븐 카슬 외(2013: 189)를 참조하시오.

저임금노동자로 활용하는 경우를 빗대어 말하는 것이다. 그러므로 최근 외국인 유학생과 워킹홀리데이로 들어온 사람들을 활용하는 경우도 일종의 '옆문정책'이라고 볼 수 있다.

2) 불법체류 외국인 정책

현재 대부분의 이민국가들은 자국 내 불법체류 외국인의 규모를 줄이기 위하여 고심하고 있다. 가장 대표적인 정책은 국경통제, 고용주 제재와 합법화 프로그램이다.

(1) 국경통제

국경통제란 국경 감시를 강화하여 밀입국을 막는 것이다. 국경통제에 가장 고심하는 국가는 미국으로 지리적으로 멕시코와의 국경이 매우 길다. 미국은 가장 대표적인 전통 이민국가로 매년 상당한 규모의 이민자를 받아들이고 있지만, 미등록 이민자의 규모 역시 매우 크다. 미국은 멕시코를 통한 미등록 이민자의 유입을 줄이기 위하여 1993년 이래 국경감시를 강화하고 있다. 그러나 이러한 엄격한 국경통제의 방법으로도 미등록 이민자 수를 감소시키지는 못하고 있다. 한편 유럽에서는 스페인과 이탈리아가 EU로 들어가기 위한 중요한 관문으로 여겨져 왔다. EU의 압력으로 스페인과 이탈리아는 최근 국경통제를 더욱 강화하고 있다. 그러나 그 효과는 별로 크지 않다. 국경통제가 강화될수록 (잠재적인) 이민자들은 더 먼 거리를 돌거나 더 큰 위험을 감수하고, 결국 이민산업(브로커)의 비용만 증가하는 경향이 있다.

(2) 고용주 제재

고용주 제재란 미등록 이민자를 고용하는 사업체의 고용주에게 벌금 등을 부과하여 제재하는 방법이다. 이를 통해 사업체가 미등록 이민자를 고용하지 못하게 하려는 방법으로 이민통제를 위한 가장 효율적인 방법으로 여겨진다. 그러나 특정 국가의 사정에 따라 그 효과는 다양하다. 우선 미국에서는 이민자들이 위조서류를 제시하는 경우에 직장에서 서류의 위조 여부까지 조사하기는 어려워 고용주 제재의 효과가 별로 높지 않다(Hollifield et al., 2014:10). 그러나 싱가포르에서는 미등록 이민자를 고용한 경우는 공공주택을 얻을 수 없는 등 제재의 수위가 높고 현실적이어서 고용주 제재가 효과가 있는 편이다.[11]

---

11) 2013년 싱가포르 시민권자의 90% 정도가 주택을 보유하고 있고, 이들의 82%는 공공주택에 거주한다(연합인포맥스, 2015/4/2). 공공주택과 민간주택의 가격 차이는 엄청나서, 그간 '벌

(3) 합법화 또는 사면

합법화 또는 사면이란 말 그대로 미등록 이민자를 합법화하여 주는 조치이다. 합법화에 대한 찬성론자들은 이민자의 인권을 위하여 결국은 합법화시킬 수밖에 없다는 입장이고, 반대론자들은 합법화를 하면 자석효과가 일어나 계속 미등록 이민자가 늘어나게 되어 그 수를 줄일 수 없다고 주장한다. 대부분의 이민국가들이 그간 합법화 조치를 하였고, 특히 스페인과 이탈리아 등은 1980년대 이후 수차례나 합법화를 하였으나, 자국 내 미등록 이민자의 수를 감소시키지는 못하였다 (Hollifield et al., 2014:16). 현재 유럽에서는 주로 후발 이민국가들은 합법화를 찬성하고, 독일 등 선발 이민국가들은 이에 반대하는 입장이다. 미국에서도 합법화를 둘러싼 논란이 심각한 실정이다.

3) 가족이민 정책

코프만(Kofman 1999, 2004)에 의하면, 가족이민은 가족동반(family-accompanying) 이민, 가족재결합(family-reunification) 이민 그리고 가족형성(family-formation) 이민이라는 세 가지 유형으로 나누어진다. 첫 번째 유형인 가족동반 이민이란 통상 미국과 호주 등 전통 이민국가로 영주이민을 갈 경우에 또는 전문·고기술 이민을 유치하기 위해 가족동반 이민을 허용할 경우, 온 가족이 함께 이민을 가는 현상을 말한다. 이때 특정 이민국가가 어디까지를 '가족'이라고 보는가는 유입국의 가족 기준에 달려있다. 현재 대부분의 이민국가에서는 송출국의 다양한 가족 개념을 다 반영하지는 않고, 통상 배우자와 미성년 자녀를 포함하는 핵가족을 가족으로 보는 경향이 있다. 나아가 이민자의 부모세대까지 포함하느냐, 그리고 여러 명의 부인과 그 자녀까지 포함하는가의 문제는 유입국에 따라 다르다.

두 번째 유형인 가족재결합 이민이란 단신으로 (노동)이민을 간 후에 귀화를 하여 가족을 초청하게 되는 경우를 말하며, 미국으로의 이민의 유형 중 가장 중요한 부분을 차지하고 있는 것이다. 마지막 유형인 가족형성 이민이란 19세기 유럽에서 신대륙으로의 대량이민의 시기에 유럽 여성들은 신대륙에서 가족을 형성하기 위해 건너갔던 역사가 있다(Lee, 2010). 최근에는 결혼이민이라고 불리는 현상이기도

금공화국'이라고 불리는 싱가포르에서 온갖 제재가 효과적인 이유는 벌금의 액수도 상당한 편이지만, 이보다는 위반이 누적되면 공공주택을 얻을 자격을 박탈당하기 때문이라고 한다.

하다. 이때, 결혼이민이란 전 지구적 세계화의 결과로 결혼시장도 현지화에서 벗어나 세계화(globalization)되는 현상이다. 그러나 유럽 등 다른 지역에 비해 아시아 지역에서 결혼이민이 더 급증한 이유는 아시아에서는 결혼에 대한 압박과 부모세대에 대한 봉양과 연관된 가족주의가 더 강하고, 중매결혼에 대한 비교적 낮은 거부감으로 국제결혼 중매 등 이민산업이 더 발달할 수 있었기 때문이다. 그리고 페미니즘의 확산 속에서도 유입국에서는 아직도 가부장제적인 결혼과 부부의 역할에 대한 가치관이 강하게 남아있기 때문이기도 하다. 한편 송출국 여성들은 노동이민에 대한 높은 갈망에도 불구하고 아시아 지역 내의 엄격한 이민통제정책으로 노동이민의 통로가 매우 좁아서, 결혼이민이 가장 쉽고 저렴한 이민통로가 된 것이다.

현재 많은 유입국에서 노동이민자의 계층에 따라, 즉 단순·저기술 근로자는 가족동반을 불허하는 경향이 있고, 전문·고기술 근로자는 가족동반을 허용하고 있다. 이민자가 영주권을 얻거나, 귀화를 하여 시민권을 획득하게 되면 모국에 남아있던 가족들을 가족재결합 이민으로 초청할 자격이 주어진다. 결혼이민 또는 가족형성 이민과 관련하여서는 최근 위장결혼을 가려내기 위한 정책들도 있다.

4) 비호 및 난민 정책[12]

난민(refugees)과 비호신청자(asylum seekers)는 자발적 이민자가 아니라 박해나 분쟁지역을 피해 탈출한 강제이민자(forced migrants)이다. 1951년 UN에서 채택한 '난민의 지위에 관한 협약(United Nations Convention Relating to the Status of Refugees)'에 의하면, 난민이란 "인종, 종교, 민족, 특정 사회집단의 구성원 신분 또는 정치적 의견을 이유로 박해받을 수 있다고 인정할 만한 충분한 근거가 있는 공포로 인하여 국적국으로 돌아갈 수 없거나 돌아가길 원하지 아니하여 국적국 밖에 거주하는 사람"을 뜻한다(스티븐 카슬 외, 2013:328). 한편 비호신청자는 보호를 받기 위해 국경을 넘었으나 요청한 난민 지위 인정이 아직 결정되지 않은 사람들이다. 난민 지위를 인정받는 데는 수년이 걸리기도 한다.

스티븐 카슬 외(2013:329-330)는 난민과 달리 아직 국경을 넘지 않은 국내실향민(Internally Displaced Persons: IDPs), 대규모 개발 계획으로 인한 개발난민, 환경난민과 재해난민 등 난민의 다양한 유형을 보여준다. 마지막으로 UN난민기구 보

---

12) 이에 대한 더욱 구체적인 논의는 13장을 참조하시오.

호대상자(Person of concern)란 협약 상의 난민뿐만 아니라 UN난민기구로부터 보호 또는 원조를 받는 비호신청자, 국내실향민, 귀환민(returnees), 무국적자 등 모든 사람을 지칭하는 개념이다. 난민과 관련하여서는 현재 두 가지 국제협약이 가장 기본적이다. 하나는 UN의 제네바협약(난민지위에 관한 1951년 협약)이고, 다른 하나는 난민지위에 관한 1967년 (뉴욕)의정서이다.

　　한국은 1992년 12월 난민협약과 난민의정서에 가입하였고, 1993년에는 「출입국관리법」에 난민에 관한 인정절차와 규정 등을 포함하였다. 이후 2012년 2월 10일 난민법이 제정되어 2013년 7월 1일부터 시행되고 있다.

4절 이민정책의 경향

　　이민을 통제(control), 규제(regulation), 또는 관리(management)한다는 것은 기본적으로 이민정책에 의해 어느 국가로부터 어느 정도의 규모와 유형으로 외국인을 유입하느냐의 문제이다. 이민정책은 역사적으로 이민통제로부터 시작하여, 점차 관리 및 통합의 방향으로 전환되고 있다. 즉 외국인은 시민(국민)이 아니라는 이유로 사회적 배제의 대상이었으나, 최근에는 이들에 대한 사회적 포섭이 적극 논의되고 있다.

1. 이민통제 정책: 배제법

　　이민통제 정책이란 기본적으로 '원치 않는 이민자 집단'을 배제하거나 감소시키기 위한 정책을 말한다. 이 때 원치 않는 이민자 집단의 예는 국가별로 또는 시기별로 변해왔다. 19세기 말에는 인종차별적인 동시에 계급차별적인 이유에서 유색인종 배제법이 있었고, 최근에는 아직도 계급차별적인 이유로 단순·저기술 이민자보다는 전문·고기술 이민자를 선호하는 경향이 있다. 그리고 2001년 9·11 이후에는 국가 안보에 위협이 되는 개인이나 집단도 원치 않는 이민자 집단에 포함되어 입국을 불허하거나 추방한다.

　　이민통제 정책의 효시는 배제법(exclusion act)이다. 이민으로 국가가 건설된 미국과 캐나다 등에서는 19세기 말까지는 이민통제란 개념 자체가 없었다. 즉 1880년대까지는 이민은 규제되지 않았다. 그러나 1880년대부터 중국인으로 대표되던 아시아인의 입국을 배제하기 시작하였다. 미국은 1882년 중국인 배제법(Chinese Exclusion Act)을 시행하였고, 이는 캐나다(1886년)와 호주(1901년) 그리고 영국(1905년; 1914년) 등으로 퍼져나갔다(스티븐 카슬 외, 2013:159). 당시 아시아인에 대한 배제는 저임금도 불사하는 중국인 등 아시아인 노동이민자와 유입국의 내국인 노동자 집단 간의 (계급)갈등에서 유발되었지만, 그 뿌리는 결국 식민주의로 인한 백인우월주의에 따른 유색인종 차별주의에 근거한다.

2. 이민관리 및 통합정책의 대두

1) 전통 이민국가에서의 변화

미국은 19세기 말 중국인 배제법을 시행하였고, 20세기 초의 이민법도 인종차별적이었다.[13] 1924년 미국 이민법은 1890년 미국 인구센서스에 집계된 출신국별 비율에 근거하여 이민자의 수를 출신국별로 할당(쿼터)을 주었다. 당시 가장 최근이었던 센서스(1920년) 자료가 아니라 30년 전 센서스 자료를 기준으로 할당을 정한 이유는 동유럽, 남유럽의 이민과 함께 아시아로부터의 이민을 막으려는 의도였다. 그러나 제2차 세계대전 이후의 경제부흥과 1960년대로 대표되는 흑인운동, 여성운동 등 신사회운동의 여파로 인종차별주의적인 출신국별 할당제는 폐지되었다. 1965년 미국 이민법은 이민의 기준으로 가족재결합, 기술(직업), 그리고 난민이라는 세 가지 틀을 제시하였다.

캐나다도 미국과 마찬가지로 19세기 말부터 20세기 전반까지는 이민정책이 인종주의적이었다. 캐나다의 이민정책은 1946년까지는 영연방국가의 일원으로 영국의 국적법을 따르고 있었다. 1946년에야 이에서 벗어나 가족이민, 경제이민, 난민이민의 원칙으로 변모하였다. 캐나다는 광활한 영토와 자원에 비해 상대적으로 적은 인구를 가지고 있어서, 제2차 세계대전 이후 이민은 경제 발전을 위한 원동력으로 간주되었다. 그리고 제2차 세계대전 이후 난민의 발생과 더불어 국제인권조약 등 국제적인 변화의 영향도 받았다(한경구 외, 2012:55). 한편 캐나다는 1970년대 다문화주의를 사회통합의 원칙으로 받아들이고 이를 내국인은 물론 이민자들

---

13) 미국에서 중국인 배제법은 1943년에 폐지되었다.

에게도 적극 적용하고 있다.

그러므로 최근까지 거의 모든 이민국가 가운데 캐나다가 이민관리에 가장 성공적이라고 평가되고 있다. 그 이유는 캐나다는 일찍부터 '점수제'를 바탕으로 한 기술이민제를 사용하여 전문·고기술이민자를 선별적으로 받아들여, 추후 이민자로 인한 사회복지에 대한 부담이 적기 때문이다. 그리고 그 결과 국민들의 이민자에 대한 반감도 적다(Hollifield et al., 2014). 그러나 홀리필드 외(2014)가 지적하지 못한 사실은 캐나다는 이민자를 빨아들이는 거대한 블랙홀인 미국 바로 옆에 위치하고 있다는 지리적인 사실이다. 우선 캐나다는 지리적으로 미국과 국경을 맞대고 있어서, 밀입국 등 국경관리에 신경을 쓸 필요가 적다. 그리고 남아메리카는 물론 전 세계 이민자들은 아직까지는 캐나다보다는 미국으로의 이민을 더 선호하므로 수단과 방법을 가리지 않고 밀입국하거나, 여행 등으로 들어와 눌러앉는 등의 미등록 이민자의 문제가 아직은 비교적 적은 편이다. 실제로 캐나다는 원하는 만큼의 이민자를 아직 다 유치하지 못하는 실정이다. 향후 캐나다의 경제가 미국보다 더 좋아져서, 전 세계 이민자들이 캐나다를 미국보다 더 선호하게 된다면, 그 결과 캐나다가 그동안 기술이민으로 받아들인 사람들이 가족재결합으로 가족과 친척들을 부르게 된다면, 향후 캐나다도 이민관리의 어려움에 직면할 가능성이 있다.

호주는 캐나다와 마찬가지로 미등록 이민자의 규모는 상대적으로 작은 편이다. 그 이유는 호주가 바다로 둘러싸인 커다란 '섬'이라는 이점 때문이다. 호주는 1970년대 공식적으로는 백호주의를 폐기하고 이후 다문화주의를 표방하고 있다. 그러나 아직도 백호주의가 완전히 사라진 것은 아니다. 호주의 딜레마는 인구의 대부분이 유럽 출신이나 2015년 현재 2,500만 명이라는 상대적으로 적은 인구가 매우 넓은 땅에서 살고 있으며, 인구강대국인 중국과 인도 등 아시아에 둘러싸여 있다는 지정학적 사실에 뿌리를 두고 있다. 세계화의 추세에 따라 경제적인 이유로 아시아와의 관계는 더욱 중요해 지고 있다. 그러나 몸은 아시아에 있으나, 머리(마음)는 유럽에 있기에 '백호주의'와 '다문화주의' 사이에서 때로는 갈팡질팡하고 있는 모습이다(한경구 외, 2012: 78-80). 예를 들면 그간 다문화주의의 확산 속에서도 한민족당(One Nation Party)이 출현하는 등 반이민 정서가 표출되기도 한다. 백호주의의 또 다른 이름인 황색공포로 상징되는 이러한 반이민 정서는 종종 난민 이슈로 표출된다. 즉 호주에서는 그간 미등록 이민자 문제보다는 규모 면에서 훨씬 적은 난민문제가 늘 뜨거운 이슈였다. 그 이유는 미등록 이민자의 대부분은 백인이고 난민의 대다수는 유색인종이기 때문이다.

결국 미국, 캐나다, 호주 등 전통 이민국가에서는 경제적인 요인, 국내·외적인 인권의식의 고양 등으로 이민정책이 통제에서 통합의 방향으로 변모하였다. 이들 국가들의 이민정책은 기본적으로 가족재결합, 기술(직업)이민, 난민이민이라는 세 가지 요소로 구성되어 있다.

2) 선발 이민국가에서의 변화

한편 서유럽의 국가들은 과거 식민지를 두었던 역사적 경험의 차이로 비교적 일찍부터 이민노동력을 받아들인 국가도 있지만, 대부분의 경우에는 제2차 세계대전 이후의 경제 붐을 맞이하여 1950~60년대 초청노동자제도를 활용하였다. 그러나 1973년 석유위기로 대표되는 경제위기를 맞이하여 '제로이민정책'으로 전환하였다. 제로이민정책이란 이민을 전혀 받아들이지 않는 정책이다. 그러나 이미 들어와 있던 초청노동자의 영구정착이나 이에 따른 가족재결합까지는 막을 수가 없어서, 1970년대 이후 독일 등 서유럽 국가에 거주하는 외국인 거주자의 비율은 꾸준히 증가하였다. 그러므로 1990년대까지는 서유럽의 선발 이민국가들의 이민정책은 기본적으로 통제 위주였다.

그 이유는 서유럽의 국가들은 산업의 고도화로 향후 고숙련 근로자에 대한 수요는 증가할 것이나, 제조업의 해외이전 등으로 저숙련 근로자에 대한 수요는 감소할 것으로 예측하였기 때문이다. 그리고 이민자들이 유입국 내에서 새로운 종족적 소수자가 되는 것에 대한 우려가 컸기 때문이다. 특히 종족적·문화적으로 차이가 있는 이민자 집단의 유입으로 인한 종족갈등을 미연에 방지하기 위하여, 그리고 국가 경제를 위해서도 이민통제는 꼭 필요하다고 보았다.

그러나 영국에서는 1997년 신노동당이 집권한 이후부터, 독일에서는 2000년대부터 그간 통제 위주였던 이민정책이 사회통합의 방향으로 전환되었다. 스티븐 카슬 외(2013: 381-383)는 이러한 변화의 배경을 경제적, 인구학적, 사회적, 그리고 현실적인 이유 때문이리고 설명한다. 첫째, 경제적인 이유란 모든 저숙련 직종을 다 해외로 이전하는 것이 불가능하다는 것을 깨달았기 때문이다. 실제로 건설업이나 숙박업과 요양병원 등은 장소를 옮기기가 불가능한 저숙련 부문들이다. 둘째는 인구학적 이유로 선진국들은 심각한 저출산으로 인구감소에 직면해 있으며, 특히 생산인구의 감소가 심각하기 때문이다. 셋째는 사회적인 요인으로 선진국 청년인구의 감소로 이들은 더욱 3D직종을 기피할 것이고, 결국 이러한 3D 직종과 가사와 돌봄 등 저숙련 서비스 노동력에 대한 수요가 더욱 증가할 것이라는 예측 때문이다. 그러나 더욱 중요한 마지막 이유는 1970년부터 1990년대까지의 경험을 통해 서유럽의 국가들은 이민통제가 현실적으로 불가능하다는 '이민관리의 딜레마'를 인정하였기 때문이다.

이민관리의 딜레마란 전 지구적 세계화의 시대에 국가는 경제적인 이익을 위해서는 (이민)개방을 해야 하는 욕구가 증가하는데, 사회적·정치적으로는 이러한 (이민)개방을 피하고자 하는 욕구 사이의 갈등을 말한다. 이러한 현상은 이민에만 제한된 현상이 아니라, 최근 전 지구적 세계화의 경향 속에서 많은 부분에서 일어나는 현상이다. 예를 들면 이는 경제적인 탈민족주의 요구와 정치적인 재민족주의의 요구 사이의 갈등이기도 하고, 경제적인 이해로 이민자를 더 받아들이라는 압력과 사회복지와 정치적 안보문제로 이민자를 덜 받아들이자는 압박이 서로 충돌하는 현상이다(Hollifield et al., 2014).

이러한 이민관리의 딜레마를 겪으면서, 선발 이민국가에서는 이민관리가 현실적으로 불가능하다면 차라리 통합의 차원에서 잘 관리하자는 것으로 이민정책이 바뀌게 되었다. 그 결과 용어에 있어서도 과거에는 통제(control)와 규제(regulation)란 용어를 선호하였는데, 최근에는 관리(management)와 통합(integration), 포섭(inclusion)이란 용어를 더 선호하고 있다. 한편 선발 이민국가의 대부분은 자유민주주의가 성숙한 사회이므로, 내국인(시민)에게 적용되는 시민권 또는 인권이라는 자유민주주의의 원칙이 결국은 외국인(이민자)에게도 적용될 수밖에 없기 때문이기도 하다.

■ 시민권의 확대

우선 시민권이란 마샬이 설명한 경제적, 정치적, 사회적 권리에서 더 나아가, 최근에는 문화적 권리까지 요구하는 개념이다. 시민권의 개념이 자국 내 귀족에서 평민으로, 여성과 종족적 소수자를 포함하는 모든 자국민에게로 확산되었듯이, 이제는 이를 넘어 자국 내 체류하는 모든 사람에게로 확산되는 추세이다. 즉 자유민주주의 원칙 상 시민권의 적용은 확대될 수밖에 없다. 그 이유는 첫째, 이민자의 권리는 내국인에게 보장된 헌법과 같은 법적 보호에 기인하기 때문이다. 둘째, 국제적인 인권법에 의해서도 이민자의 권리는 보장될 수밖에 없다. 예를 들어 소이잘(1994)의 '보편적인 인간(universal personhood)'이나 제이콥슨(1996)의 '국경을 넘는 인권(rights across borders)', 그리고 바우뵉(1994)의 '초국적 시민권

(transnational citizenship)', 그리고 킴리카(2006)의 '세계시민권' 등의 주장은 이민자의
권리를 보호하기 위한 국제적인 인권법 발달에 도움이 되었다(Hollifield et al., 2014: 26).

한편 종족적 소수자 집단의 게토화나 이에 따른 종족갈등이나 폭동 등은 그
간 미국의 문제로 여겨졌다. 그러나 1995년 런던의 폭동과 2005년 파리 외곽에서
의 폭동 등은 유럽에서도 종족적 소수자 특히 이민자 집단(2~3세)과의 갈등이 표
면화되었음을 상징적으로 보여준 사건들이다.

선발 이민국가에서의 이민자에 대한 사회통합정책은 협의와 광의의 사회통합
정책으로 나눌 수 있다. 우선 협의의 사회통합정책이란 이민자에게 수용국의 언어
와 사회에 대한 교육을 의무적으로 받도록 하는 것이다. 그리고 광의의 사회통합
에 속하는 교육, 사회서비스, 복지, 인권 등은 내국인에게 적용되는 기준을 이민자
에게도 적용하는 보편주의적인 접근을 보장하는 경향이 있다.

3) 후발 이민국가에서의 변화

후발 이민국가는 크게 남유럽과 아시아 국가들로 나누어진다. 후발 이민국가
는 모두 1980년대 이후에야 외국인 이민자를 받아들이기 시작하여 이민의 역사가
상대적으로 짧다. 이들 국가들은 모두 초기에는 이민통제로 시작하여, 최근에야 이
민자 사회통합이라는 딜레마에 직면하고 있다.

아시아의 이민국가 중에서 현재 사회통합을 비교적 적극적으로 모색하고 있는
국가는 대만과 한국이다. 그러나 이 두 국가는 모두 자국 내로 들어온 결혼이민자
와 그 가족에게 치중된 사회통합정책을 모색하고 있고, 외국인근로자를 포함한 모
든 체류 외국인에게 적용되는 사회통합정책까지는 아직 나아가지 못하고 있다.

한편 아시아 내 이민국가 중에서 아직까지 사회통합보다는 배제에 더 치우친
국가는 일본이다. 예를 들면 1980년대까지 일본에 거주하는 외국인의 다수가 한국
인과 중국인 등 구식민지 출신이었고, 이들은 철저한 배제와 차별 그리고 통제의
대상이었다(한경구 외, 2012: 215-216). 1980년대 중반 이후 다른 아시아지역으로부
터 외국인근로자들이 몰려 왔어도, 일본은 공식적으로는 단순·저기술 이민자에 대
한 유입은 불허하고, 연수생제도와 중·남미 일본계 교포(닛케이진) 제도로 이민노
동력을 활용하고 있다.

남유럽 국가들은 EU에 편입되어 EU 수준의 이민정책으로 수렴되고는 있지만,

남유럽과 (동)아시아 후발 이민국가의 공통점은 선발 이민국가에 비해 민주화의 성숙정도가 상대적으로 낮다는 것이다. 동시에 양성평등의 수준도 전통 이민국가나 선발 이민국가에 비해 상대적으로 낮은 편이라, '출산파업'으로 묘사되는 저출산의 인구위기도 매우 심각한 실정이다. 즉 후발 이민국가들은 최저 출산율과 급격한 고령화로 인한 인구학적인 위기에 직면해 있지만, 사회안전망이나 사회복지의 수준은 아직 상당히 미흡한 실정이다. 그리고 각 국가별로 원인은 다르지만 이중 노동시장이 유지되고 있으며, 특히 비정규직으로 대표되는 이차부문 또는 비공식 부문의 비중도 크다(Hollifield et al., 2014:21). 그러므로 후발 이민국가의 이민자에 대한 사회통합정책은 아직 그리 성공적이지는 못한 실정이다.

3. 이민정책의 목표와 주도권의 변화

1) 목표의 변화

이민정책의 목표는 결국 국익의 제고이다. 그러나 과거에는 국익의 개념을 경제적인 요인만으로 생각하는 경향이 있었으나 최근에는 경제만이 아니라 정치, 사회, 문화 등 다차원적으로 고려하는 경향이 있다. 그 이유는 경제개발도 중요하나, 이민 통제를 통해 오히려 더 중요한 사회적인 목표와 원칙(민주, 자유, 인권 등)을 잃을 수도 있기 때문이다. 결국 이민국가는 자유민주주의 국가인 한, 그 존재 이유인 정치, 사회, 문화적 가치를 지키기 위해서는 국민의 인권(시민권)을 존중하는 것처럼 결국 이민자의 인권에도 민감할 수밖에 없다.

그러므로 이민정책의 목표는 통제가 아니라 통합(또는 보호)으로 재정의되어야 한다. 세계화의 확산으로 이민국가가 되는 것은 자연스러운 현상이고, 사회경제적 발전의 성숙도를 반영하는 것이다. 이는 홀리필드 외(2014)의 주장처럼 경제개발과 민주화 과정이 동시에 진척되어야 이민국가로 거듭날 수 있기 때문이다.

그러므로 홀리필드 외(2014:5, 26)는 이민자의 권리를 보호하지 않는 것은 자유민주국가 스스로의 존재이유를 훼손하는 것이라고 본다. 그러므로 최근 이민정책의 목표는 이민자의 권리 축소가 아니라 이민자의 인권과 권리를 보호하는 방향으로 재정의되고 있다. 그 이유는 국익이 다차원(경제적, 정치적, 사회적, 문화적 등)적이며 동시에 단기·중기·장기적이기 때문이다.

2) 주도권의 변화: 중앙정부 위주에서 지방정부 또는 도시 위주로

이민자의 사회통합에 있어서, 중앙(또는 연방)정부보다는 지방정부의 역할이 점차 더 중요해지고 있으며, 아울러 시민사회와 학계와의 소통도 더 중요해지는 추세이다. 예를 들면 영국과 일본 등과 같이 중앙정부의 이민정책이 매우 엄격한 경우에는, 그리고 스페인 등과 같이 지방분권이 상대적으로 발달된 국가의 경우에는 중앙정부 대신 지방정부가 이민자에게 기본 서비스를 제공하는 경향이 있다. 이렇게 이민정책이 국가주도적 또는 중앙집권적인 것에서 벗어나 지방(지역, 도시) 중심적으로 변화하는 것은 정책 주도권의 변화로 볼 수 있다(Hollifield 2004; Hollifield, el al., 2014:28).

그 이유는 중앙(연방)정부는 이민정책(사회통합정책 포함)의 큰 그림을 그리고, 그 구체적인 사회통합프로그램은 지방에서 이루어지기 때문이다. 최근 유럽에서는 상호문화주의의 노력이 국가 차원에서가 아니라 관심 있는 도시들을 중심으로 활발하다. 한편 일본의 경우에는 중앙정부는 이민정책에 대해 패쇄적인 경향이 있으나, 외국인들이 많이 집중된 지방(도시)들을 중심으로 이민자를 그 지역에 거주하는 주민으로 이해하여 이들에게도 사회적인 서비스를 제공하자는 움직임이 있다(한승미, 2003).

3) 변화의 배경과 한계

이민자의 규모를 적정 수준으로 유지하려는 이민정책이 종종 실패하는 가장 중요한 원인은 송출국 이민자의 욕구가 크다면, 이들은 전문적인 이민산업의 도움을 받아 결국은 들어오거나 체류를 연장하기 때문이다. 그러므로 이민자에 대한 수요가 있고, 이민자들이 가겠다고 마음을 먹는다면(공급), 전 지구적인 이민산업의 도움으로 "뛰는 자 위에 나는 자"가 있는 것처럼, 어떠한 이민(관리)정책도 결국은 실패할 확률이 높은 것이다. 그러므로 이민통제가 불가능하다면, 차라리 이민통합정책을 통해 향후의 긴장과 갈등을 최소화하자는 것이 이민정책이 최근 사회통합 위주로 변하는 가장 중요한 이유일 것이다.

그러나 서유럽 선발 이민국가들의 이민정책이 통제(control)에서 통합(integration)으로 전환하였다는 사실을 긍정적으로만 바라보기에는 무리가 있다. 그 이유는 통합의 구체적인 의미와 내용이 국가마다 조금씩은 다르기 때문이다. 특히 신자유주의 이데올로기가 확산되면서, 사회통합의 내용이 동화부터 사회적 포섭(inclusion)에 이르기까지 그 스펙트럼의 폭이 넓으며, 이를 어느 쪽에 더 가깝게 해석하는가는 특정 시기와 특정 국가의 정책집행을 담당하는 정부의 관점에 달려있기도 하다.

우선 시기적으로는 전 지구적 경제의 패러다임이 1945년~1973년까지의 고도성장, 대량생산, 완전고용, 노조확대, 복지국가의 기조였다면, 1973년 이후는 '복지국가의 위기'로 대표되는 시기이다. 즉 1973년 이후 경기침체, 아시아 경제와의 경쟁심화, 노동집약적 산업의 해외이전, 구조조정, 노조약화 등으로 1970~80년대에는 미국과 영국을 중심으로 신자유주의가 전파되고, 1990년대 이후에는 이러한 신자유주의 물결이 전 지구적으로 확대되었다. 그 결과, 미국과 서유럽 등 선진국에서도 노동착취적인 작업장(sweatshops)이 다시 등장하고, 파편화된 노동시장, 약한 노조, 이민자를 보호하지 않는 자유방임국가의 특징들이 나타나고 있다.

예를 들면 1945~1975년 시기는 '영광의 30년'이라고 부를 정도로 인권확대의 시기, 신사회운동의 시기, 그리고 복지국가의 황금시기였다. 그러나 1973년 이후의 시기는 특히 1990년대와 2008년 미국 발 경제위기가 지속되면서 신자유주의 이데올로기가 더욱 확산되는 '복지국가의 위기' 또는 '유럽의 우경화'로 대표되는 시기이다(라메쉬 미쉬라, 2002).

통상 많은 국가들에서 보수·우경화 정당이 정권을 잡으면 이민자에게 상대적으로 동화를 더 강조하는 경향이 있고, 소수자의 권리를 중요하게 생각하는 진보적인 정당이 정권을 잡으면 이민자의 권리를 강조하는 사회적 포섭으로 기우는 경향이 있다. 예를 들면 영국은 1990년대 중반까지는 통제중심의 이민정책을 고수하였으나, 1997년 신노동당이 집권한 이후 전문·고기술 근로자를 유입하면서 통합 위주로 전환하였다. 2001년 9·11 사건 이후, 미국에서 이민과 안보의 문제가 더욱 중요해지면서, 최근 많은 국가들에서도 이민정책이 더욱 보수화되는 추세이다. 더욱이 2008년부터 시작된 전 지구적 경제위기로 인하여, 많은 국가들이 이민통제를 강화하고 이민자를 본국으로 돌려보내려 했다. 그러나 이러한 이민정책들은 별로 성공하지 못했고, 이민자의 규모도 줄이지 못했다. 대신 이민자에 대한 대중의 반이민 정서만 선동하였을 뿐이다(Castles et al, 2014:3).

4. 반이민 정서의 확산과 대응

미국, 캐나다, 호주 등 전통 이민국가는 물론 서유럽의 선발 이민국가에서도 최근 이민자의 출신이 더욱 다양해지면서 이민에 반대하는 외국인혐오증에 의한 시위들이 증가하고 있다.[14] 2000년대 테러리즘 이후에는 이민자가 공공의 안전을 위협한다는 생각이 커지면서 반이민 정서가 더욱 증가하였다. 더욱이 최근 전 세계적인 불경기의 영향으로 많은 지역에서 정치적인 우경화가 가속되면서, 이러한 반이민 정서는 더욱 확대되고 있는 추세이다. 그 결과, 프랑스에서는 국민전선(The French Front National)이, 호주에서는 한민족당(One‒Nation Party)과 같은 극우 반이민 정당이 출현하기도 하였다. 이러한 반이민 정서는 민족주의적, 특수적, 배제적인 경향이 있다. 한편으로는 이러한 이민반동에 부응하여, 국경강화와 난민정책의 축소 등 이민정책이 더 엄격해지기도 한다. 그러나 다른 한편으로는 이러한 이민반동에 대항하는 노조와 시민단체들의 친 이민운동도 부상하고 있다.

결국 최근의 이민정책은 국민들의 이러한 반이민 정서(이민반동)를 완화시키는 것이 중요한 과제가 되었다. 이를 위하여, 최근 이민국가들은 첫째, 이민정책의 의도(목표)와 결과 사이의 격차를 줄이기 위해 노력하고 있다. 이러한 격차가 클수록 국민들은 정부가 이민통제력을 잃었다고 생각하여 그 반동으로 이민반동이 야기되기 때문이다. 둘째, 과거 식의 단순·저기술 외국인근로자보다는 전문·고기술 이민자를 주로 유치하려는 기술이민 정책을 선호(홍보)한다. 이는 한편으로는 산업구조를 업그레이드한다는 장점이 있지만, 다른 한편으로는 일반 대중에게 이민의 이점을 확신시킬 수 있기 때문이다. 셋째, 이민자에게로 시민권이 확대되기는 하나, 이는 권리의 차원만을 강조하는 것이 아니라, 의무의 차원도 강조하는 경향이 있다.

결국 국내적인 이민반동을 피하기 위해서라도 이민자의 권리는 반드시 존중되어야 하고 국가는 이민을 통해 전략적 이점을 얻는 방법과 관리하는 방법을 찾아야 한다. 홀리필드 외(2014)는 이민이라는 매우 복잡한 현상을 잘 관리하기 위해서는 UN의 후원 아래 진정한 '이민 레짐'을 건설할 필요가 있다고 제안한다. 이와 관련된 더욱 구체적인 내용은 이 책의 14장에서 다루고 있다.

---

14) 외국인혐오증의 기원은 멀리 그리스 시대 '바바리안'이란 용어로부터 시작된다. 그리스 시대 도시국가에 대한 충성심에서 시민권(citizenship)이란 용어가 나왔듯이, 바바리안(barbarian)이란 용어는 그리스어를 몰라서 "바바바"하고 말을 더듬는 이방인 또는 야만인을 부르는 용어였다. '우리(we)' 대 '바바리안'이라는 이러한 이분법적인 구분은 (도시)국가에 대한 충성심이 지나치게 높으면, 이는 역으로 바바리안(외국인)과 그들의 국가(외국)에 대한 혐오감을 유발시키기도 했다.

□ 제노포비아(Xenophobia): 낯선 것 또는 이방인을 뜻하는 제노(Xeno)와 싫어한다(Phobia)
란 말의 합성어로 외국인혐오증이다. 외국인(이민자)을 거부하고 배제하고 비방하는 태
도, 편견, 그리고 행동을 다 포함하는 말로 '인종주의'와 유사한 말이다(IOM, 2011:108).

□ 인종주의(racism): 인종에 따라 지적, 문화적, 도덕적 능력에 차이가 있어서, 특정 인종
이나 종족을 그 신체적, 문화적 특성으로 구분할 수 있다는 믿음체계이다. 일종의 '인종
우월주의'에 입각하여 (인종) 위계상의 위에 있는 집단은 아래에 있는 집단을 경제적·정
치적으로 지배할 수 있다는 믿음으로 연결된다(IOM, 2011:78).

5절 맺는 글

21세기 향후 이민의 규모는 더욱 증가할 것이고 그 유형은 더욱 다양해질 전
망이다. 이러한 이민의 양적 증가와 질적 다양화를 불안정과 무정부상태의 악순환
이 아니라, 부와 개발의 선순환으로 이끌기 위해서는 '정교한' 그리고 '장기적'인
이민관리가 필요하다. 앞에서 이민정책은 과거 통제 위주에서 최근 사회통합의 방
향으로 변하고 있음을 지적하였다. 그 가장 중요한 이유는 이민 자체가 순환적 즉
초국가적으로 변하여서, 과거식의 이민 송출국 대 수용국이라는 이분법적인 분류
가 점차 무의미해지고 있기 때문이다. 즉 점점 더 많은 국가들이 송출국, 경유국,
수용국의 역할을 동시에 하게 되는 경우가 증가할 것이다. 이에 송출국, 경유국,
수용국이 모두 함께 윈-윈(win-win)할 수 있는 더욱 긍정적이며 적극적인 이민
정책, 나아가 (지역)통합적 또는 전 지구적인 이민정책이 요구되는 시대이다. 그러
므로 여러 국가들을 가로지르는 초국적인 이민이 증가할수록 모든 국가는 자유민
주주의 국가로서 이민을 잘 관리하고 협조하며 통합하는 더욱 새로운 독창적인 방
법을 강구해야 할 것이다(Hollifield et al., 2014:26). 그러므로 이민정책의 목표는 이
민을 막는 것이 아니라, 이민이 적절한 방법으로 안전하고 적법한 상황 속에서 일
어날 수 있도록 잘 관리하는 것이다(카슬 외, 2014:213).

참고문헌

강주원. 2013. "중·조 국경의 다층적 의미: 역사 속의 변경 확대와 현재의 국경 강화."『역사문화연구』45: 239-281.

미쉬라, 라메쉬(Mishra, Ramesh). 2002.『세계화와 복지국가의 위기: 지구적 사회정책을 향하여』. 이혁구·박시종 역. 서울: 성균관대학교 출판부.

마르티니엘로, 마르코(Martiniello, Marco). 2002.『현대사회와 다문화주의: 다르게, 평등하게 살기』. 윤진 역. 파주: 한울.

설동훈·김명아. 2008.『한국의 이민자 사회통합 지표 및 지수 개발에 대한 연구』. 법무부.

이종원·노용진. 2013.『'출입국 통계' 품질개선 연구 최종보고서』. 통계청.

이혜경. 1997. "아시아 지역의 외국인 가정부 고용에 관한 연구."『사회과학연구』15: 227-247. 배재대학교.

_____. 2005. "혼인이주와 혼인이주 가정의 문제와 대응."『한국인구학』28(1): 73-106.

_____. 2008. "한국 이민정책의 수렴현상: 확대와 포섭의 방향으로."『한국사회학』42(2): 104-137.

_____. 2009. "다문화사회의 이해."『한국사회의 이해: 사회통합프로그램 이수제 다문화 사회 전문가 2급』. (재)한국이민재단.

_____. 2011. "한국이민정책사"정기선 편.『한국 이민정책의 이해』. IOM이민정책연구원. 서울: 백산서당.

이혜경·정기선·유명기·김민정. 2006. "이주의 여성화와 초국가적 가족: 조선족 사례를 중심으로."『한국사회학』40(5): 258-298.

정기선·김혜진. 2015.『이주민통계 국제비교 현황과 시사점』IOM이민정책연구원 통계브리프 No. 2015-01.

카슬, 스티븐·마크 J. 밀러(Castles, Stephen, and Mark J. Miller). 2013.『이주의 시대』. 4판. 한국이민학회 역. 서울: 일조각.

킴리카, 윌(Kymlicha, Will). 2006.『현대 정치철학의 이해』. 장동진·장휘·우정렬·백성욱 역. 서울: 동명사.

한경구·설동훈·이철우·이충훈·이혜경·정기선·한건수. 2012.『해외 각 국의 이민정책 추진 체계 연구』. 법무부.

한승미. 2003. "일본의 '내향적 국제화' 와 다문화주의의 실험: 가와사키 시 및 가나가와 현의
외국인 대표자 회의를 중심으로."『한국문화인류학』 36(1): 119-147.

Bauböck, Rainer. 2007. "Stakeholder Citizenship and Transnational Political Participation: A
Normative Evaluation of External Voting." *Fordham Law Review* 75(5): 2393-2447.

Castles, Stephen, Hein de Hass, and Mark J. Miller. 2014. *The Age of Migration:
International Population Movements in the Modern World.* Fifth Edition. Palgrave,
Macmillan.

Freeman, Gary P. 1995. "Modes of Immigration Politics in Liberal Democratic States."
International Migration Review 24(4): 881-902.

Gallie, Duncan. 1991. "Patterns of Skill Change: Upskilling, Deskilling or the Polarization
of Skills?" *Work, Employment & Society* 5(3): 319-51.

Gordon, Milton M. 1978. *Human Nature, Class and Ethnicity.* New York: Oxford University
Press.

Hammar, Tomas. 1990. *Democracy and the Nation State: Aliens, Denizens, and Citizens in
a World of International Migration.* Aldershot: Avebury.

Hollifield, James F. 2004. "The Emerging Migration State." *International Migration Review*
38(3): 885-912.

Hollifield, James F., Philip Martin, and Pia M. Orrenius. 2014. *Controlling Immigration: A
Global Perspective.* Third Edition. Stanford University Press.

Houstoun, Marion F., Roger G. Kramer, and Joan Mackin Barrett. 1984. "Female
Predominance of Immigration to the United States since 1930: A First Look."
International Migration Review 18(4): 908-963.

International Organization for Migration. 2011. *Glossary on Migration. 2nd Edition.*
International Migration Law N. 25.

International Organization for Migration. 2013. *World Migration Report 2013.*

Kofman, Eleonore. 1999. "Female "birds of passage" a Decade Later: Gender and
Immigration in the European Union." *International Migration Review* 33(2): 269-299.

Kofman, Eleonore. 2004. "Family－related Migration: A Critical Review of European
Studies." *Journal of Ethnic and Migration Studies* 30(2): 243-262.

Lee, Hye－Kyung. 2010. "Family Migration Issues in the North East Asian Region."
International Organization for Migration. *World Migration Report 2010 Background
Paper.*

Lemaitre, Georges, Thomas Liebig, Cécile Thoreau, and Pauline Fron. 2007. *Standardised Statistics on Immigrant Inflows: Results, Sources and Methods.* OECD.

Organisation for Economic Co-operation and Development. 2006. *International Migration Outlook.* Annual Report 2006 Edition. OECD Publishing.

Organisation for Economic Co-operation and Development. 2015. *Indicators of Immigrant Integration 2015: Setting In.* OECD Publishing.

Portes, Alejandro, and Min Zhou. 1993. "The New Second Generation: Segmented Assimilation and Its Variants." *Annals of the American Academy of Political and Social Science* 530: 74-96.

Soysal, Yasemin N. 1994. *Limits of Citizenship: Migrants and Postnational Membership in Europe.* Chicago and London: University of Chicago Press.

Stalker, Peter. 1994. *The Work of Strangers: A Survey of International Labour Migration.* International Labour Office, Geneva.

United Nations. 1994. *International Migration Policies.* New York: United Nations.

_____. 1998. *Recommendations on Statistics of International Migration: Revision 1.* New York: United Nations. Department of Economic and Social Affairs, Statistic Division.

_____. 2013a. *International Migration Policies: Government Views and Priorities.* New York: United Nations. Department of Economic and Social Affairs, Population Division.

_____. 2013b. *International Migration 2013: Wallchart.* New York: United Nations. Department of Economic and Social Affairs, Population Division.

United Nations, Department of Population(UNDP). 1990, 2000, 2010, 2013. http://www.un.org/en/development/desa/population/migration/data/estimates2/estimatesage.shtml (접근일: 2016년 1월 3일).

심화학습을 위한 추천도서

1. [Controlling Immigration]이란 책은 1994년 초판이 나오고, 이후 매 십년마다 2판(2004년)과 3판(2014년)이 나왔는데, 주요 이민국가들이 이민관리의 딜레마에 어떻게 대처하고 있는지를 잘 비교한 책이다.

2. 카슬, 스티븐·마크 J. 밀러. 2013. 『이주의 시대』는 castles외의 *The Age of Migration*(4판)을 번역한 것인데, 2014년에 5판이 나왔으니 이도 참조하시오.

2 장
이민의 역사

이혜경

    이민 현상과 이민정책에 대한 이론적·경험적인 연구는 많으나, 이민의 역사 자체에 대한 연구는 매우 적은 편이다. 그나마 있는 이민의 역사는 또한 지나치게 서구 및 유럽 중심적으로 이루어져 왔다. 이민이란 국경을 넘는 사람들의 이동이다 보니, 근대 국민국가가 출현한 17세기 이후의 인구이동만을 주로 다루는 경향이 있다. 특히 신대륙으로의 유럽인들의 대규모 이민에만 초점을 맞추기도 한다. 나아가 주요 저작에선, 제2차 세계대전 이후의 이민역사를 주로 다루는 경향도 있다(스티븐 카슬 외, 2013). 그러나 이민의 역사는 인류의 시작과 함께 시작된 매우 오래된 현상이다. 즉 현대 인류의 조상인 호모사피엔스는 최초로 세계 전 지역으로의 이동 및 이주에 성공하였고, 그 결과 가장 진화한 종이 되었다.

    그러므로 이 장에서는 이민의 역사를 그간의 서양 또는 유럽 중심적인 기술에서 벗어나, 동양과 중동을 포함한 전 지구적인 현상으로 다루고자 한다. 즉 공간적·시간적으로 더욱 확대된 이민의 역사를 다루고자 한다. 시기적으로는 인류의 역사를 선사시대와 역사시대로 나누고, 역사시대는 다시 고대 왕국부터 중세까지, 신대륙의 발견부터 세계대전까지, 그리고 전후 세계화의 시기로 나누어 살펴보고자 한다. 공간적으로는 고대 중국 등 동양과 비유럽 지역을 포함하여 세계 여러 지역을 균형 있게 다루고자 한다. 이렇게 시간적·공간적으로 확대된 이민의 역사를 살펴봄으로써, 이민의 보편성과 특수성에 대한 이해가 증진될 것이다.

1절 선사시대: 인류의 먼 조상부터 호모 사피엔스의 이주까지(기원전 700만 년 전 ~ 기원후 600년)[1]

지금까지 발견된 화석들에 의하면, 인류의 먼 조상은 약 700만 년 전에 아프리카에서 처음 나타나, 아프리카 내에서 이주를 하다가, 약 200만 년 전에는 아프리카 대륙을 벗어나 유라시아, 중동, 그리고 아시아까지 이주하였다.[2] 한편 현생 인류의 직접적인 조상인 호모 사피엔스 역시 약 25만 년 전에 아프리카에서 나타났다. 그리고 약 7만 년 전에는 아프리카 대륙을 벗어나 유라시아와 아시아와 유럽까지 이주를 하였다. 고대 인류와 현생 인류의 조상들은 이렇게 여러 차례에 걸쳐 아프리카 대륙에서 다른 대륙으로 이주하였는데, 고대 인류에 비하면 호모 사피엔스는 더 먼 지역까지 즉 아시아를 넘어서 호주까지 그리고 더 멀리 아메리카 대륙까지 이주하였다. 이 사실은 결국 오늘날 모든 인류의 뿌리는 공통된 조상에서 나왔다는 사실을 말해준다. 수 백 만년에 걸친 이러한 이주 역사에 비하면, 인류는 상대적으로 아주 나중에야 특정 피부색깔과 종족 그리고 언어 집단 등으로 나누어진 것이다(Bellwood, 2013:1).

호모 사피엔스는 약 7만 년 전에 아프리카 밖으로 이주하였다. 약 7만 년~3만 년 전에는 아시아와 유럽으로 이주하였고, 아시아에서 호주로 건너 간 것은 약 6만 년~5만 년 전이다. 당시는 늦은 홍적세(12만 5천 년 전~1만 2천 년 전) 시기로, 빙하기여서 전 지구적으로 해수면의 높이가 현재보다 약 130m 정도나 낮았다고 한다. 그러므로 대륙 간을 넘어갈 수 있는 육로가 열리어 호모 사피엔스의 '대륙 간 이주'가 가능했던 것이다.

한편 호모 사피엔스가 유럽으로 이주하였을 때 유럽 지역에는 이미 호모 네

---

1) 제1장에서 밝힌 바와 같이 이주란 국내이주와 국제이주를 포함하는 넓은 개념이고, 이민이란 국제이주를 의미한다. 민족국가의 국경이 점차 엄격해 지면서 국내이주와 국제이주가 구분된 것이므로, 이 장에서는 선사시대와 제국의 시대에는 주로 이주란 용어를, 근대 민족국가 이후의 시기에는 이민이란 용어를 사용하였다. 선사시대란 역사시대 이전으로 지역에 따라 그 시기가 다른데, 인류의 먼 조상이 나타난 700만 년 전부터 호모 사피엔스가 남아메리카 남쪽까지 이주하는 기원후 600년까지로 볼 수 있다.
2) 인류의 시작을 누구로부터 보느냐는 학자에 따라 다르지만, 두 발로 걷기 시작한 인류의 먼 조상은 약 700만 년 전에 아프리카에서 나타났다고 한다. 인간은 학술적 분류체계로는 유인원과(科)·호모속(屬)·인간종(種)'에 속한다. 호모속에 속하는 고대 인류들은 호모 하빌리스, 호모 루돌펜시스, 호모 에렉투스, 호모 네안데르탈인, 호모 사피엔스 등이다. 이 가운데 현생 인류의 직접적인 조상은 약 25만 년 전에 아프리카에서 출현한 호모 사피엔스이다.

안데르탈인이 있었다.3) 호모 사피엔스는 호모 네안데르탈인을 대체한 것으로 여겨지는데, 그 이유는 현대 유럽인의 유전자에는 호모 네안데르탈인의 유전자가 4% 미만으로 극히 적기 때문이다. 한편 신석기시대에 아나톨리아(옛날의 소아시아, 현재 터키지역)로부터 유럽으로 농업과 함께 인도·유러피안 언어가 전파되었다고 여겨진다(Renfrew, 1987).

아시아 지역으로 이주했던 호모 사피엔스의 일부는 약 1만 6천 년 전에는 시베리아로부터 당시에는 육로였던 베링해협을 건너 아메리카 대륙으로 건너갔다. 이들은 북아메리카 대륙을 횡단하였고, 그 후손들은 남아메리카까지 퍼졌다. 이들의 유해는 주로 맘모스의 잔재와 함께 발견되어 이들은 맘모스를 사냥했던 것으로 보인다(Hiscock, 2013:3).

선사·역사시대는 도구의 발달 정도에 따라 구석기, 신석기, 청동기, 철기 시대 등으로 나눌 수도 있다. 홍적세 시기는 구석기 시대와 겹쳐지고, 충적세 시기는 신석기 및 그 이후의 시기들과 겹쳐진다.4) 홍적세 말기인 구석기 시대(약 5만 년 전~1만 년 전)에는 인류는 수렵채취 생활을 하여 사냥감을 쫓아 이주하는 생활을 하였다. 구석기 시대에는 사냥한 동물과 곡식들을 저장하는 방법을 몰랐기 때문에 지속적인 이주는 일상생활 그 자체였다. 이러한 수렵채취 사회는 현재 브라질의 정글이나, 뉴기니, 아프리카의 일부 지역에서 아직도 발견되기도 한다.

지역에 따라 다르기는 하지만, 일반적으로 충적세 시기인 기원전 1만 년 전부터 신석기 시대가 시작되었고, 이 때 중동 지역에서부터 농경과 목축이 시작되었다(Bellwood, 2013:1). 벨우드에 의하면, 중동(기원전 9500~8000년)을 시작으로, 중국의 양쯔강과 황허강 유역(기원전 7000~5000년), 뉴기니 고원지대(기원전 4500년), 멕

3) 네안데르탈인은 작은 키에 비만하고 단단한 체격이었으며, 주로 동굴에서 살았다. 불을 사용했고, 동물을 사냥했다. 이들은 호모 사피엔스가 아프리카에서 유럽으로 이주한 이후인 3만 5천 년 경에 멸종하였다.
4) 약 45억 7천만 년 전에 지구가 생긴 이래 지구의 역사는 여러 시기로 나눌 수 있다. 지구상에 생물이 나타난 고생대(5억 4천만 년 전~2억 5천만 년 전), 공룡의 시기로 알려진 중생대(2억 5천만 년 전~6천만 년 전 경), 그리고 지구가 현재의 모습을 갖추게 된 신생대(약 6천 5백만 년 전~현재)로 나누어 본다면, 인류의 역사는 신생대의 사건이다. 이 신생대는 다시 제3기와 약 250만 년 전부터의 제4기(홍적세), 그리고 충적세로 나누어진다. 신생대 제4기인 홍적세 시기에 인류의 생물학적인 모든 진화가 다 일어났다고 한다(Bellwood, 2013). 홍적세 시기는 빙하기와 간빙기가 약 10만 년을 주기로 반복된 대빙하의 시기였다. 홍적세의 마지막 빙하기 이후로 현재까지는 충적세에 속한다. 최후의 1만 년에 해당되는 충적세 기간 동안 비교적 온난한 기후 속에서 인류는 구석기 시대 이래로 찬란한 문명의 꽃을 피운 것이다.

시코(기원전 3000~2000년) 등 전 세계 6개 지역에서 약간의 시차를 두며 농경이 시작되었다고 한다. 당시는 충적세 시대 초기로 아직 본격적인 온난한 기후로 넘어가기 전인데, 이 짧은 빙하기 시기 동안 위험을 관리하는 방안으로 농경과 목축이 고안되었다고 본다. 농경과 목축이 가능해지자, 인류는 더 이상 방랑하는 생활을 이어가기보다는 한 장소에 정착하기 시작하였다. 그러나 농경시대 이후에도 수렵과 채취의 생활은 병행되었고, 시간이 지나면서 농업 또는 목축에의 의존도가 점점 더 높아졌다.

한편 동아시아의 끝에 위치한 한반도에서 발견된 유물들 중 가장 오래된 것은 구석기 시대의 유물들이다. 그리고 신석기 시대부터 한반도에 거주하던 사람들은 중국은 물론 일본 등 이웃 지역과 여러 상호작용의 흔적이 발견된다. 일부의 사람들은 기원전 1000년 경에 한반도에서 일본으로 이주한 흔적이 있다. 이는 660년 경 백제의 멸망과 함께 백제인의 일부가 일본으로 이주한 것보다 훨씬 전의 일이다(Yi, 2013).

이상과 같이 선사시대는 인류의 역사가 곧 이주의 역사이고, 인류의 삶 자체가 생존을 위한 이주의 시대였음을 알 수 있다. 학자들은 현재는 충적세의 간빙기에 속하고, 최근 지구 온난화로 이 간빙기가 더 연장되고 있다고 본다. 그러므로 일부 학자들은 향후 사막이 더 확대되고 동토와 빙하가 계속 녹으면 결국 바다의 해수면이 높아져, 결국 선사시대와 같은 기후난민이 발생할 것이라고 경고한다. 2015년 12월의 파리기후변화협약은 이러한 우려가 반영된 인류의 대응체제이다. 그러나 이러한 기후난민에 대해서는 아직 논란이 분분하다. 왜냐면 이민 현상의 원인은 매우 복합적이므로 기후 요인 하나만으로는 이민이 일어나기 어렵기 때문이다. 그러나 그간 간과되었던 기후와 환경 등의 중요성이 높아진 것은 사실이다(Castles, 2014:209-211).

2절 역사시대: 고대 왕국부터 중세까지
(기원전 2000년 경 ~ 1500년)

고대 문명과 함께 역사시대가 시작된다. 최초의 문명은 메소포타미아와 이집트 등 중동·북아프리카 지역의 비옥한 강 주변에서 시작되었다. 이후 지중해 지역에서 그리스와 로마제국의 시대가 시작되었고, 로마제국의 멸망과 함께 유럽의 중세가 시작되었다. 동아시아에서는 황허 등 여러 지역에서 문명이 시작되었고, 대표적인 고대 왕국으로는 중국의 하·은·주가 있었고, 동양(중국)의 중세는 명나라 시대까지로 보기로 한다. '암흑시대'라 불리는 서양의 중세는 르네상스 또는 1492년 신대륙의 발견으로 끝이 난다. 한편 15세기 이후 서양의 상선들이 멀리 아시아와 중국에 도착하면서 동양의 중세도 막을 내린다.

1. 지중해 세계: 그리스와 로마(기원전 8세기 ~ 기원후 5세기)

이민과 관련된 유럽 고대 왕국 시기는 그리스와 로마에 한정하여 살펴보기로 한다. 지중해 세계에서 고대 미케네 문명이 몰락한 이후, 그리스를 중심으로 기원전 8세기 경부터 여러 작은 도시국가들이 형성되었다. 전성기 때에는 아테네 등 200개 이상의 도시국가(polis)가 번성하였다. 그리스 도시국가의 전형적인 모습은 외곽에는 방어 목적인 성벽이 있고, 성벽 안에 마을이 있었는데, 마을의 중심에는 신전과 시장이 있었다.

기원전 8세기부터 기원전 6세기까지 약 200년 동안 그리스인들은 고향인 도시국가를 떠나 지중해의 여러 지역에 식민지를 만들었다. 이는 당시 지중해 지역에서 그리스어가 어디까지 퍼졌는가를 조사하거나, 호머의 일리아드나 오디세이 등 당시의 기록들을 통해 그리스인의 이주에 대한 증거를 찾을 수 있다. 이러한 여러 자료들에 의하면, 당시 그리스인들의 해외 이주의 원인은 경제, 사회, 정치 등 다양한 요소로 이루어졌다. 예를 들면 오랜 가뭄과 기근으로 그리스인들은 이탈리아 시칠리아 섬의 시라쿠스 등에 식민지를 건설하였다. 한편 그리스 철학자인 플라톤(Plato)은 도시국가를 유지하기 위한 적정인구의 규모(5,040명)를 제안하며, 인구과잉의 한 가지 해결책으로 식민지 개척을 제안하기도 하였다.

당시 그리스 도시국가에서는 '시민'이란 토지를 소유한 사람이었다. 토지를 소유하지 못한 사람은 시민권도 없으므로, 이들은 불법으로 살아가거나 다른 지역으로 이주해야만 했다. 이들이 다른 지역으로 이주하였을 때, 먼저 살던 사람(원주민)들을 정복하여 대체하기도 하였고, 원주민과 공존하기도 하였고, 서로 결혼하여 섞이기도 하였다.

로마는 기원전 8세기 경 이탈리아 중부 작은 마을에서 시작하여 북아프리카 및 중동 등 나중에는 지중해 세계를 넘어 멀리 북유럽까지 아우르는 거대한 제국으로 발전하였다. 로마는 기원후 1세기 경 그 영토가 가장 넓었다. 기원후 5세기 경에는 게르만족의 침입으로 서로마제국은 몰락하고, 게르만족의 여러 독립국가로 갈라졌다. 그러나 동로마제국(비잔틴제국)은 중세까지 그 명맥을 이어갔다.

로마의 인구는 기원 후 1년 경 이미 100만 명에 달하였다(Ligt, 2013:1). 당시는 말라리아 등 전염병으로 인한 사망률이 매우 높았던 시기이므로, 로마의 인구가 100만 명이었다는 사실은 자발적 이주건 강제이주건 이주가 많았다는 사실을 보여준다. 로마시대 자발적인 이주란 주변의 다른 도시국가들로부터 로마로 이주하여 들어오는 것이다. 로마는 기원전 1세기 경부터 가난한 사람들에게 곡물을 무료로 혹은 정부보조금으로 나누어주는 제도가 있어서, 주변의 다른 도시국가들로부터 이민이 많았다고 한다. 리트(Ligt, 2013)는 기원후 1~2세기 경 로마에서 죽은 사람들의 장례비문을 조사하였는데, 그 결과 로마에서 출생하지 않은 경우가 상당히 많았고, 특히 이탈리아 전역으로부터 이민 온 사람들이 많았음을 밝혀내었다.

한편, 로마시대에는 강제이민도 많았는데, 이는 노예로 끌려오는 것이다. 당시 노예란 전쟁 포로였는데, 한니발 전쟁 등 시리아와의 전쟁에서 잡힌 시리아인들과 반란에 참여했던 유태인들이 주로 노예가 되었다. 기원후 1년 경 로마에 거주했던 노예의 규모는 10~30만 명(로마 인구의 10~30%)으로 추정된다. 로마시대 노예들은 대를 이어 그 신분이 세습되었는데, 상당수의 노예들은 해방되기도 하였다.

로마제국은 정복된 지역의 주민에게 '로마 시민권'을 주어 이들을 군인으로 징병하여 로마군대는 그 규모가 계속 커졌다. 로마제국의 시기에는 제국 내를 자유롭게 돌아다니는 유목민도 있고, '귀족 디아스포라(aristocratic diasporas)'란 용어가 있을 정도로 제국 내를 자유롭게 돌아다니는 지식인들도 많았다.[5] 제국 내 국경 도시들에는 주둔군이 있었고, 이들은 도적 떼나 해적들로부터 이민자와 여행자들과 물품의 이동을 보호하였다. 즉 "로마에 가면 로마법을 따르라"는 식으로 해당

---

5) 디아스포라에 대한 자세한 설명은 이 책 12장을 참조하시오.

지역의 규칙을 준수하는 한, 로마제국 시대에는 외교관, 상인, 유목민 등 내·외국인의 이주가 존중되었다.

2. 중세 유럽(5세기 ~ 1500년)

통상 유럽의 중세란 476년 서로마제국이 멸망된 이후부터 14세기 르네상스가 시작되기까지의 약 천 년 동안을 의미한다. 그러나 이민의 역사에서는 15세기 아프리카 및 신대륙의 발견 이전 시기를 중세로 보겠다. 중세 유럽은 종교가 가장 힘을 발휘했던 시기이다. 당시 카톨릭으로 통일된 유럽 사회는 지방분권적인 봉건사회로 영주와 기사, 그리고 농노 등으로 구성되었다. 중세 유럽은 기본적으로 농경사회이므로, 이주 또는 이민이 적었을 것으로 추정된다. 그러나 당시의 농업이란 기후의 영향을 많이 받았으므로, 가뭄 등으로 토지가 고갈되면 다른 지역으로 이주할 수밖에 없었다. 그리고 다른 지역의 영주가 더 좋은 조건을 제시하면, 농노들이 몰래 이주하기도 하였다. 그러나 이러한 이주는 비교적 소규모로 이루어졌다. 중세 유럽에서 대규모로 이루어진 이주는 바이킹, 게르만, 슬라브 등으로 대표되는 종족의 대이주였다.

바이킹족은 노르웨이와 북유럽 일대에서 수 세기 동안 무역과 약탈을 한 집단으로 러시아, 우크라이나, 프랑스, 영국 등 여러 지역에 정착하였다. 이들은 중세 시기 동안 유럽의 기사(knight)로 활약하기도 하였다. 이들의 일부는 북극지대를 넘어 북아메리카로 건너가기도 하였다.[6] 한편 게르만족의 이주는 4세기 말부터 6세기 말까지 그리고 그 이후까지 이어진 장기적인 이동이었다. 이들은 원래 노르웨이 등 북·동유럽 지역에 분포해 있던 주변부 집단들이었는데, 라인강과 다뉴브강을 건너 로마제국까지 이동하였다. 게르만족은 종족적으로 하나의 단일한 집단이 아니라, 이주하면서 계속 변화한 다종족적 연합체였다. 당시 게르만과 슬라브족의 이동은 대규모였으나, 이 밖의 다른 소규모적인 종족들의 이주도 많았다.[7] 이와 같이 중세의 유럽은 여러 종족 집단들이 분화하고 이주하는 역사였다.

---

6) 바이킹족은 중세시기 가장 활발한 탐험 종족으로 영국, 프랑스, 스페인이 바이킹을 습격하자, 그린랜드를 넘어 북아메리카 이뉴이트족의 땅으로 넘어갔다. 이는 콜럼버스보다 500년이나 앞선 사건이다. 그러나 북아메리카에 도착했던 바이킹들은 모두 몰살되었다.

7) 유럽의 중세는 종족들이 분화하는 시대였다. 앵글로 색슨족(영국), 프랑크족(프랑스), 서고트족(스페인), 그리고 북쪽의 바이킹족, 남동쪽(오늘날 중동 지역)에는 아랍족 등 실로 여러 종족들의 시대였다.

한편 11~13세기는 아서왕과 원탁의 기사로 대표되는 십자군 (원정)이민으로 유명하다. 당시 십자군에 참전한 기사들을 따라 농부(농노)들도 이베리아반도와 소아시아 및 중동지역으로 함께 동반이민을 하였다. 이는 세계의 끝까지 카톨릭을 전파하려는 선교이주이기도 하지만, 십자군 전쟁에 참여한 기사와 영주는 죄를 면죄받고 전리품까지 챙길 수 있다는 사회적·경제적 이민이기도 하였다. 11~13세기 200년 동안 이교도를 죽이면 면죄부를 얻는다는 이러한 종교전쟁으로 100만 명 이상이 죽었고, 대규모의 난민이민도 대량으로 발생하였다(BBC 다큐멘터리).

13세기 경에는 러시아와 헝가리 등 유럽의 북동지역이 칭기즈 칸으로 대표되는 몽골제국의 침입을 받았다. 이들이 침입한 길을 통해 아시아의 문물이 유럽으로 전해지는 계기가 되었다. 14세기가 되면 이러한 길을 통하여 페스트균이 유럽과 아시아로 전파되기도 하였다. 그 결과 페스트로 인한 이민도 많았다. 즉 페스트로 마을 사람들이 죽으면 다른 마을과 지역으로 떠난 것이다. 14세기 페스트로 당시 유럽 인구의 1/3 가까이가 죽었다. 이는 엄청난 손실로, 유럽의 인구와 경제가 회복하는데, 거의 1세기 반이 걸릴 정도로 그 피해가 굉장하였다.

이상을 종합하면, 유럽의 중세 시기는 장원과 농노로 특징되는 농경시대이므로 특정 영주 밑에서 농민들이 정주하는 삶으로 보인다. 그러나 그 이면에는 농지가 고갈되거나 전염병 등 여러 가지 이유로 중세 시기에도 이민은 일상적이었다. 한편 결혼이 제도화되면서 사람들은 집을 떠나 거주지를 옮기는 결혼이민도 일상적이었다(Hoerder, 2010). 그러므로 유럽의 중세 시기는 농부, 상인, 기사, 귀족 등의 이주, 고행자(수도사)와 순례자들의 방랑 이주, 종족들의 대규모적인 이주, 그리고 십자군 이민 등 매우 다양한 이주와 이민의 시대였다.

3. 고대 및 중세 비잔틴·중동·서아시아 세계

5세기 말 로마제국은 멸망하였으나 그 명맥은 비잔틴제국 또는 동로마제국으로 이어졌다. 비잔틴제국은 콘스탄티노플을 중심으로 발칸반도, 소아시아, 시리아, 이집트의 네 지역으로 구성뇌었다. 그러나 11세기 십자군 전쟁으로 콘스탄티노플이 함락되고, 15세기에는 오스만제국에게 패하여 동로마제국은 멸망하였다.

한편 중동 지역은 고대 메소포타미아 문명과 바빌로니아 왕국 등 여러 왕조를 거쳐 7세기 경에는 이슬람 종교의 탄생과 함께 이슬람제국으로 거듭난다. 이슬람 종교는 아라비아반도 메카 출신인 무함마드(Muhammad, 또는 마호메트 570~630년)에

의해 시작되었다. 그는 601년 메카에서 포교를 시작하였고 이후 메디나를 중심으로
아라비아반도 전체를 통일하였다. 7세기 경 아라비아반도에서 금광이 발견되어 금
채굴을 위한 이주가 많았다. 무함마드를 지지하는 이슬람교도(즉 무슬림)들은 이러한
금으로 대규모 군대를 만들어 이슬람제국을 건설하여 아라비아반도를 통일하였다.
'한 손엔 코란을 다른 손에는 칼'로 상징되는 무슬림은 8세기 경에는 북아프리카와
이베리아반도를 점령하고, 오늘날의 터키를 포함하여 멀리 중앙아시아에 이르는 대
제국을 건설하였다. 유럽이 암흑기를 겪고 있을 때, 무슬림 과학자들은 수학, 의학,
천문학 등 과학의 기초를 닦았고 아라비아숫자를 개발하였다(Berger, 2013:1). 중동
지역은 일찍부터 유목생활과 무역활동이 활발하여 비잔틴·아라비아·서아시아 간
이주가 활발하였다. 멀리 인도와 중국까지의 교역이민을 통해 동·서양 간 언어, 종
교, 과학, 의학, 철학, 문화 등이 활발하게 교환되기도 하였다.

　이슬람제국은 이슬람 신도에게는 완전한 평등을 보장하였으나 비신도에게는
인두세 부과 등 여러 차별 대우를 하여 당시 이슬람으로 개종하는 사람이 많았다
(Berger, 2013:1). 이슬람 종교는 같은 교인을 노예로 삼는 것을 금지하였기 때문에,
7세기 경부터 이슬람교로 개종하지 않는 사람들을 노예로 만들어 강제이민(노예무
역)하는 관행이 있었다(소피 라뮈뢰, 2012:30). 예를 들면 이슬람제국이 북아프리카,
중앙아시아, 코카서스 지역 등을 정복한 후 정복지의 사람들이 개종을 하지 않으
면, 이들을 노예로 만들어 중동지역으로 끌고 왔다. 이들은 유목민과 상인들의 노
예가 되어, 가정, 농장, 그리고 소금광산 등에서 노역을 제공하였다.

　한편 중동 팔레스타인 인근 지역에 뿌리를 둔 유대인 집단은 이민에 의하여
형성된 집단이다. 기원전 722년 (북)이스라엘이 아시리아에게 정복된 이후 흩어지
기 시작하여 그 이후 여러 차례 팔레스타인으로 돌아왔다가 흩어지기를 반복하였
고 로마시대에도 여러 차례 추방되었다. 유럽의 중세는 특히 종교의 시대였으므로,
유대인에게는 더욱 가혹한 시대였다. 11세기까지는 유대인들은 북아프리카와 중동
그리고 이베리아반도에 집중되어 있었다. 특히 이베리아반도는 유대교, 기독교(카
톨릭), 이슬람교의 세 종교가 공존하는 지역이었다. 그러나 11세기 기독교도는 십
자군 전쟁을 일으켜 유대교와 이슬람교를 추방·학살하기 시작했고, 12세기 무슬
림이 이베리아반도의 일부를 정복했을 때, 이슬람교도도 그 지역에서 유대인을 강
제로 추방하였다. 이처럼 유대인은 다른 두 종교 모두로부터 배척을 받았다.

　11~14세기 동안 유대인은 영국, 프랑스, 이탈리아, 독일 등 다른 지역에서도

추방되어 여러 지역을 떠돌게 되었다. 그러므로 (방랑)유대인은 언제든지 떠날 수 있게 교육을 강조하고 고리대금업은 물론 무역과 상업 등에 종사하게 되었다. 당시 유대인에 대한 편견은 셰익스피어의 소설에도 나타나는데, 셰익스피어는 유대인을 '샤일록'처럼 잔혹하고 탐욕스러운 고리대금업자나 상인으로 주로 묘사하였다.

중세 말이 되면서 유대인 디아스포라는 북아프리카, 중동, 이베리아반도는 물론 멀리 폴란드와 러시아 지역까지 유럽 전역에 분산되어 있었다. 유대인이 이렇게 널리 분산된 이유는 여러 가지이지만, 이들이 주로 무역, 상업, 행정 등 전문 직종에 종사하고 있어서, 현지 통치자들이 이들을 초청했기 때문이기도 하다(Toch, 2013:2). 한편 유대인은 멀리 인도와 중국까지 무역을 하였고, 이러한 무역은 종종 정착이민으로 이어졌다. 이들이 정착하게 되면, 원래 살던 지역에서 신부를 데려와 결혼이민과 연쇄이민도 이어졌다(Toch, 2013:7).

이상과 같이 비잔틴·중동·서아시아 세계에서도 게르만족의 로마 영토 내 이주, 슬라브족의 발트해·에게해 지역으로의 이주, 터키인들의 이주, 무슬림 유목민들의 이주, 유대인의 이주 등 여러 종족들의 이주가 계속되었다. 중세 중반인 11세기부터는 십자군 이민으로 대표되는 선교이민도 있었다. 이는 타종교를 말살·추방하는 종교전쟁이 되면서, 이로 인한 난민이민과 강제이민 등도 야기되었다.

4. 고대 및 중세 중국(기원전 2000년 경 ~ 15세기)

고대 중국은 기원전 2000년 경의 하·상(은)·주로 불리는 세 왕조로부터 시작한다. 기원전 221년에는 진나라가 중국을 통일하였다. 진나라 이후 중국은 한, 수, 당, 송, 원, 명(1368년~1644년), 그리고 청나라(1616년~1911년)로 이어진다. 유럽의 중세는 15세기 르네상스 및 신대륙의 발견으로 끝이 나지만, 중국의 중세는 그 시기를 명확하게 나누기가 어렵다. 중세란 용어 자체가 '근대' 이전이고, 근대란 신분 봉건제가 끝나고, 과학과 합리주의가 태동하는 시기라면 중국의 근대란 청나라 이후이거나 적어도 19세기 아편전쟁 이후일 수도 있다. 그러나 이 장에서는 중국의 항구에 유럽의 상인들이 도착하기 시작한 15세기 경까지를 살펴보기로 한다.

중국의 역사는 농경·정착문화로 알려져 있다. 그러나 중국의 역사란 유목민의 침입을 막기 위한 방어와 정복의 역사 곧 '이주의 역사'로도 볼 수 있다. 우선 중국은 고대 시기부터 인구가 증가하면 혈족(lineage)이 분가해 나가는 이주가 보편적이었다. 주나라의 기록에 의하면, 인구가 늘어나면 혈족이 분가하여 새로운 땅으로 가서 성벽을 쌓고 마을을 건설하였다. 그리고 중국 역사의 시작인 하·상·주 시기부터 중국은 다른 나라(왕국)를 패배시키면, 피정복 나라의 상류층 사람들을 강제이민 시키어 정복국가에 봉사하도록 하였다.

진시황으로 상징되는 진나라(기원전 221년~기원전 206년)는 제국의 관료제적인 기초를 다졌다. 로마제국 시대와 마찬가지로 진나라 시기에도 자발적 이민과 강제 이민이 많았다. 특히 중국은 진나라 시대부터 국가가 적극적으로 이민을 주도(조직)하였다. 우선 주변의 다른 국가들로부터 진나라로 들어오는 이민자에게는 토지와 집을 주고 3대에 걸쳐 세금을 면제하는 등 자발적인 (유입)이민을 적극적으로 장려하였다. 한편 멀리 떨어진 국경 지역에는 죄수를 보내어 개간시키고 그 대가로 사면해 주었다. 진나라 시기에는 국가 주도적인 강제이주도 많았는데, 인구가 적은 마을의 사람들을 인구가 10만 명 이상인 지역으로 강제이주를 시켜, 50만 명 이상인 도시로 만들었다. 이렇게 인구의 재배치를 통해 군사적인 힘을 강화하여, 진나라는 북쪽으로는 흉노족을 몰아내고 그 자리에 44개의 새로운 지역을 만들어 32만 명의 진나라 사람들을 이주시켰다. 국경을 계속 확장하면서 당시 국경지역으로 보낸 군인과 이민자의 수가 317만 명이나 되었다(Miscevic, 2013). 진나라는 중국을 통일하고 다스린 기간은 비록 짧았지만, 진(Qin)나라의 이름은 멀리 중동과 유럽에까지 알려져 오늘날 중국(Chin에서 China로)이란 이름을 멀리 서양에까지 알렸다(Miscevic, 2013).

이후 한나라(기원전 202년~기원후 8년; 기원후 25년~220년)는 진나라의 관료제적 기반 위에서 영토를 가장 많이 확장하였고 한자 등 중국 문화의 기틀을 만들었다. 한나라는 흉노족의 계속적인 공격으로 국경방어를 위해 진나라의 모델이었던 국가 주도적인 강제이민을 계속하였다. 당나라(618년~907년) 시기에도 수도 근처의 대운하와 수로를 연결하기 위한 대규모 건설에 부역노동자들이 동원되었다. 새로운 도시가 건설되면, 엘리트, 군인, 수공업자와 농민들을 대규모로 이주시켰다. 첫 번째 수도였던 장안(서안)은 실크로드의 동쪽 끝으로 기원후 750년에 이미 인구가 100만 명에 달하였다. 중국의 2000년 역사에서 당나라 시기가 가장 코즈모폴리탄적이었다(Hoerder, 2013:2). 장안에서 시작한 실크로드는 중앙아시아와 중동을 거쳐 멀리 지중해까지 연결되었다. 900년 경 당나라 말기에는 중국 인구는 이미 전 세계 인구의 1/3 정도였다(Hoerder, 2013:3).

북송(960~1127년)에서 남송(1127~1279년)으로 넘어가던 시기인 12세기에는 여진족의 대이동이 있었다. 송나라(북송)는 여진족에게 밀려 남쪽으로 내려갔다. 그러나 중국의 북방 민족(흉노, 거란, 여진 등)들은 중국인과의 상호작용을 통해 결국 중국화되었다. 13세기 말 송나라가 몽골의 원나라(1271~1368년)로 넘어갈 때, 중국의 인구는 당나라 초 인구의 두 배가 되어 1억 2천만~1억 4천만 명이 되었다(Hoerder, 2013:6).

몽고의 원나라(1271~1368)는 멀리 유럽의 북동쪽까지 침입하였지만, 그 길을 따라 거꾸로 페스트가 중국으로 들어오기도 하였다. 원나라 말기 중국은 페스트가 창궐하였고, 원나라를 넘어뜨리기 위한 여러 전쟁들로 중국의 중부와 북부는 인구가 부족해졌다. 이후 명나라가 세워진 후, 명나라 정부는 이 지역에 225만 명의 군인들을 배치하였다. 그리고 14세기 새로운 수도인 남경으로 인구를 재배치하는 등 14세기 말 30년 동안에 약 1,000만 명의 사람들을 중국 중부와 북부로 재배치하였다(McKeown, 2013:1).

한편 명나라(1368~1644년) 시기에는 소금, 숯, 석탄 광산 등이나, 차 농장, 그리고 실크, 도자기, 철 수공업을 위하여 많은 노동력이 필요했다. 지방에서 훈련된 기술자들은 자발적으로 이주하거나, 황제의 칙령에 따라 강제이주 당하였다. 당시 단순·저기술 노동자들은 '부랑자(vagabonds)'라고 불리었는데, 이들은 세금을 내지 못하거나 토지 소유자가 바뀌거나 또는 여러 다른 이유들로 집을 떠나 떠도는 사람들이었다. 이들이 일시적인 (부랑)이주를 끝내고 돌아온 경우에도 세금을 피하려고 주민으로 등록하지 않은 경우도 많았다. 이들 부랑자들은 주로 소금밭과 철 주물공장 등에서 일했다. 즉 당시의 경제발전을 위해서는 부랑자와 그들의 노동이주가 필요했다(Hoerder, 2013:7).

한편 10세기 경 송나라의 도자기와 실크는 멀리 중동과 지중해 지역에서도 인기가 높아서, 해상무역이 발달하였다. 송나라 이후, 원나라 시기에도 항구도시나 내륙도시에서는 코즈모폴리턴적인 상호작용이 계속되었다. 중동과 중앙아시아로부터 행정가, 상인, 기술자, 장인들이 중국으로 이민 왔다. 명나라 세 번째 황제인 영락제(1360~1424)의 명으로 무슬림 출신 환관이었던 정화(1371~1434)는 28년간 7차례나 해외원정(1405~1433년)을 하였다. 정화는 대규모 선단을 이끌고 동남아시아, 인도, 아라비아반도, 아프리카까지 일종의 해상 실크로드를 누볐다. 정화의 원정은 유럽의 대항해의 시작보다 70년이나 앞섰지만, 정화가 죽은 후 명나라는 다시 쇄국정책으로 전환하였다. 즉 황제의 칙령으로 대형선박이 폐기되고 항구가 닫히고 인구이동을 금지하였다. 명나라 시기인 15세기 중엽부터 서양의 상선들이 중국의 항구에 도착하기 시작했으나 당시 중국은 이들에게 항구를 개방하지 않았다. 한편 명나라의 해금정책으로 중국인의 해외 이민이 엄격히 금지되었어도, 15세기 경부터 중국의 남부지역에서 주변 동남아시아로 중국인의 이출(emigration)은 계속되었다. 그 결과 동남아시아 지역에는 중국인 디아스포라가 형성되기 시작하였다.

　　고대 및 중세 중국의 역사는 북방 민족들의 침입과 이를 막기 위한 제국(또는 방어)의 역사였다. 이를 위하여 진나라 시기부터 농부(가족)들의 자발적인 이주와 국가주도적인 강제이주가 많았다. 당나라 이후 중국은 한족과 북방민족 또는 중앙아시아와 멀리 중동 등 서쪽에서 온 (무역)이민자들을 받아들였다(Hoerder, 2013:3). 그러므로 중국은 매우 오랜 기간 동안 실제로 다종족적이었다. 그러나 이데올로기 면에서는 중국은 그간 다른 소수(minority) 종족들에게 주류 종족인 한족으로의 동화를 강요해 왔다(Hoerder, 2013:3).

3절 신대륙의 발견부터 세계대전까지(1500년 ~ 1945년)

　　15세기(1453년) 오스만제국이 비잔틴제국인 동로마제국을 멸망시켜, 기독교(카톨릭) 도시였던 콘스탄티노플이 이슬람 도시인 이스탄불로 바뀐 사건은 당시 지중해 세계를 포함한 중세 말 유럽의 왕국들에게는 실로 엄청난 사건이었다. 즉 당시 동양과 서양을 잇는 가장 큰 무역로가 서양에 적대적인 이슬람 수중에 들어간 것이다. 이에 유럽의 왕국들은 동양으로의 새로운 무역로를 찾아야만 했다. 콘스탄티노플이 함락된 지 30년 후에 포르투갈인이 아프리카 남단 희망봉(케이프타운)을 발견하였고, 1492년 스페인 왕의 후원으로 신대륙이 발견되자, 유럽의 식민주의 시대가 열리게 된다. 그 결과 15~16세기는 포르투갈과 스페인의 시대, 17~19세기는 대영제국의 시대 등 유럽의 시대가 활짝 열렸다. 한편 16세기 이후 유럽 내 주요 왕권국가들 간의 지난했던 전쟁은 1648년 베스트팔렌조약(Peace of Westphalia)에 의해 그간의 영토문제와 종교문제 등이 타결되었다. 그 결과 국민, 영토, 주권이라는 오늘날 국민국가의 특성이 형성되었다. 이러한 베스트팔렌 체제는 유럽에서 시작되어 유럽의 식민지 지역으로 확산되었고, 이후 식민지들이 독립하면서 유럽식 국가모델이 전 세계로 확산되었다(스티븐 카슬 외, 2013:26).

1. 15세기 포르투갈의 노예무역과 신대륙의 발견

유럽의 식민주의는 15세기 포르투갈인이 아프리카 서해안을 탐사하면서 시작되었다. 1452년 교황 니콜라스 5세는 '사라센,[8] 이교도, 비신도'의 수를 줄인다는 명목으로 노예무역을 승인하여 유럽의 아프리카 식민화와 노예무역을 정당화하였다. 이후 아프리카인 노예들은 유럽의 목화밭과 야채 농장으로 보내졌고, 16세기 초반부터 19세기 중반까지는 1,100만 명 이상이 대서양을 건너 신대륙으로 보내졌다. 수송 도중에 죽은 사람까지 고려하면, 2,200~2,400만 명이 노예로 잡혔다고 추정된다(Ajala, 2013: 6). 이 수치는 포획 과정에서 사망한 사람들은 포함하지 않은 것이다. 스페인 국왕 치하에서 1492년 신대륙의 발견은 유럽인의 신대륙으로의 이민의 문을 열었다. 스페인 사람들은 1492년부터 16세기 중반까지 군인, 상인, 전도사, 그리고 이민자의 신분으로 중·남아메리카와 카리브해 지역으로 이민하였다. 당시 현지의 잉카문명과 아즈텍문명을 파괴하고, 멕시코와 페루 등 중·남아메리카와 카리브해 지역에서 식민통치를 시작하였다. 당시 스페인 사람들과 함께 들어온 유럽의 병균들은 남아메리카 대륙의 원주민들을 거의 전멸시키어, 중·남아메리카와 카리브해 지역 집단농장(플랜테이션 혹은 아시엔다)에서 일할 노동력이 매우 부족하게 되었다. 이를 메운 것이 16~19세기 아프리카 노예의 강제이민이었고, 1830년~1920년대까지의 아시아인 부자유계약노동자(indentured workers)의 노동이민이었다. 스페인과 포르투갈이 유럽 국가들 중에서 가장 먼저 남아메리카를 식민화하자 15~16세기는 포르투갈과 스페인의 시대가 되었다. 특히 스페인은 남아메리카의 은을 대량으로 가져가 유럽 경제가 큰 활기를 띄게 되었고 이는 추후 산업혁명의 중요한 기반이 되었다.

2. 식민주의(colonialism)와 이민

유럽의 식민주의는 여러 종류의 이민을 야기하였다. 첫째는 유럽인의 이민으로 이들은 선원, 군인, 농부, 장사꾼, 성직자, 행정가 등으로 영구적이거나 또는 일시적으로 아프리카와 아시아, 나중에는 신대륙으로 건너갔다. 유럽의 식민주의로 인한 부의 축적은 유럽의 산업화를 촉진시키어 유럽 내부에서의 도시화 이주도 활

---

8) 사라센(Saracen)이란 시나이반도에 살던 아랍족을 지칭하거나 모든 이슬람 사람들을 부르던 말이다.

발해졌다.

둘째는 아프리카 노예의 강제이민이다. 이들은 16세기부터 19세기 중반까지 신대륙의 집단농장과 광산에서 노동을 착취당했다. 이들에 의한 설탕, 담배, 커피, 면화, 금 등의 생산은 18세기 영국과 프랑스, 스페인, 포르투갈, 네덜란드 등의 경제력과 정치력의 중요한 기반이 되었다. 1770년 아메리카 대륙에는 거의 250만 명의 노예가 있었는데, 이들의 생산량은 당시 유럽인 상업 총량의 1/3에 해당했다고 한다(스티븐 카슬 외, 2013:153).

유럽에서의 노예폐지 운동의 결과로 1807년 영국을 시작으로 하여, 유럽의 다른 국가에서도 노예매매가 폐지되었다. 그러나 영국의 식민지에서는 1834년, 네덜란드 식민지에서는 1863년, 미국 남부에서는 1865년에 가서야 노예제가 폐지되었다(Cohen, 1991:9; 스티븐 카슬 외, 2013:155).

노예제가 폐지된 19세기 후반에는 ‘부자유계약노동자’가 신대륙 등의 농장에서 일하게 되었다. 부자유계약노동자(indentured workers)란 인력 충원 브로커가 이주비용(즉 전도금)을 미리 내고 노동자를 먼 지역으로 보낸 후, 그 노동자가 계약된 일정 기간 동안 고용주에게 노역을 제공하면 자유를 얻을 수 있도록 된 이민자 고용 형태이다. 이들은 고용주가 미리 부담한 이주비용(즉 전도금)을 상환하기 위해 계약된 기간 동안은 거의 노예와 다름없는 자유롭지 못한 노동을 해야만 했다. 그러나 계약기간이 종료되면 자유를 얻을 수 있다는 점에서 노예와는 다르다(스티븐 카슬 외, 2013:152). 이들을 도제살이 노동자(bonded labor)나 쿨리(coolie)[9]라고 부르기도 하였다. 영국 식민 당국은 당시 영국의 식민지였던 카리브해 국가들의 사탕수수 농장에서 일할 노동자들을 인도에서도 충원했다. 영국인들은 말레이반도와 기타 식민지에서 일할 중국인 쿨리도 모집했다(스티븐 카슬 외, 2013:156). 네덜란드 식민 당국은 네덜란드령 동인도 제도를 건설하는데 중국인 노동력을 활용했다. 일본에서도 100만 명에 달하는 부자유계약노동자가 모집되었으며, 이들은 주로 하와이, 브라질, 페루 등으로 이민하여 노동을 제공했다(스티븐 카슬 외, 2013:156).

당시 거의 모든 식민지 국가들이 부자유계약노동자를 활용했다. 1834년부터 네덜란드 식민지에서 부자유계약노동자제도가 폐지된 1941년 사이에 1,200만 명에서 3,700만 명에 달하는 노동자들이 부자유계약노동자로 동원되었다고 추산된다

9) 쿨리(coolie)란 용어는 고된 일을 하는 사람이란 고력(苦力)의 중국어 발음(쿠리)에서 비롯되었다.

(Potts, 1990:63-103; 스티븐 카슬 외, 2013:156). 이들의 근로조건은 매우 열악했고, 계약을 위반했을 경우에는 혹독하게 처벌되었다. 고용주의 입장에서는 부자유계약 노동자가 노예보다 더 저렴한 경우도 흔했다고 한다(Cohen, 1991:9-11). 나중에 이들은 동아프리카, 카리브해 지역, 피지 등에서 자유로운 정착민이 되었다.

3. 유럽의 산업화와 신대륙으로의 이민 및 유럽 내 이민

식민지 착취를 통해 서유럽에 축적된 부는 18세기~19세기 산업혁명에 큰 기여를 하였다. 영국에서는 섬유공업이 팽창하여 16~17세기 지주들이 농지를 양 목장(목초지)으로 바꾸면서 농민들이 쫓겨나 부랑자로 떠도는 제1차 엔클로저(enclosure) 운동이 일어났다. 새로운 공장의 증가로 수공업자들은 임금노동자가 되었다. 유럽 전역에서 축출된 농민과 수공업자들은 떠돌아다니는 방랑자가 되었으며, 이들 '거지 떼'를 통제하기 위해 무지막지한 '구민법(poor laws)'이 도입되었다. 이들을 수용한 빈민수용소는 공장(제조업)의 첫 형태가 되었다. 영국에서는 교회의 구역인 교구의 견습생(즉 교구도제, parish apprentices)으로 고아들이 공장에서 값싼 미숙련노동을 제공하였다. 이들 모두를 '부자유 노동력(unfree labour)'이라고 부른다(스티븐 카슬 외, 2013:158).

유럽에서 산업화는 영국에서 먼저 시작되었고 이후 프랑스와 독일 등으로 확산되었다. 산업화가 본격화되기 직전인 17세기 경에도 유럽인의 삶은 이주가 보편적이었다. 시골에서 젊은이들은 추수철을 맞아 여기저기 떠돌아 다녔고, 땅을 얻기 위해 다른 지역으로 가거나, 기술을 배우거나 일자리를 찾아 도시로 떠나는 도제와 직공(apprentice, journeyman)의 이주가 보편적이었다. 당시 프랑스에서는 장남에게만 토지와 재산 등이 상속되어 차남 이하는 고향을 떠나 다른 마을이나 도시로 나가 돈을 벌어야 했다. 결혼은 통상 다른 마을 사람과 해서 결혼을 통한 이주도 보편적이었다. 18세기 이후 유럽은 인구변천의 과정에서 다산소사(多産小死)형의 인구폭발 시기를 맞이하였다. 이는 당시 농업혁명으로 생산량이 크게 증가하였기 때문이고, 신대륙에서 흘러들어오는 부가 축적되어 산업화로 인한 부도 빠르게 축적되었기 때문이다. 예를 들면 1750년~1800년 사이 독일의 인구는 1,840만 명에서 2,450만 명으로 33%나 증가하였고, 1800년~1913년에 사이에는 2,450만 명에서 5,850만 명으로 두 배가 되었다. 프랑스의 인구는 2,450만 명(1750년)에서 2,900만 명(1800년)으로, 그리고 4,150만 명(1913년)으로 크게 증가하였다. 이는 당시 해외로 이민 나간 수 백만 명을 제외한 수치이다.

1800년~1860년 사이는 주로 영국인과 독일인이, 1860년~1920년 사이는 아일랜드, 이탈리아, 스페인, 그리고 동유럽 출신 유대인 등 약 3,000만 명이 미국 등 신대륙으로 이민을 갔다(스키븐 카슬 외, 2013: 158-159). 그러므로 1850년부터 제1차 세계대전 직전까지의 시기는 유럽인의 '대량이민의 시기(Age of Mass Migration)'였고, 특히 '노동자의 대량이민(Proletarian Mass Migration)' 시기였다. 이러한 대량이민의 원인은 앞에서 살펴본 바와 같이 인구폭발, 산업혁명과 자본주의적 변화, 자작농이나 자기 사업에의 열망 등 '아메리칸 드림'까지 다양한 이유들 때문이었다. 한편 19세기 철도와 증기선 등 교통과 통신의 발달은 이러한 대량이민이 기술적으로 가능하도록 뒷받침하였다.

한편 19세기 유럽은 해외이민과 유럽 내 이민이 병행된 시기였다. 서유럽 사람들이 노동자(프롤레타리아)로 전락하는 것을 피하기 위해 신대륙으로 대량이민하자, 이들이 떠난 자리(서유럽)로 아일랜드, 폴란드, 이탈리아 등 주변 남·동유럽 출신 노동자들이 유입되었다. 가장 먼저 산업화를 이룬 영국은 다른 유럽 국가들로부터의 노동이민도 가장 먼저 받아들였다. 아일랜드에서는 1822년과 1846년~1847년의 대기근으로 영국, 미국, 호주로의 대대적인 이민이 발생했다. 영국으로 가장 많이 노동이민을 보낸 국가는 당시 영국의 식민지였던 아일랜드(19세기 중엽까지 70만 명)였고, 그 다음은 유대인 난민(19세기 말까지 12만 명)을 보낸 러시아였다(스티븐 카슬 외, 2013: 164-165). 즉 영국과 독일 등 서유럽 국가에서의 산업화 과정은 신대륙으로의 이민과 맞물려 일어났기 때문에, 내국인들이 떠난 자리를 주변 유럽 국가의 노동자들이 메우는 식으로 일종의 단계이민이 일어난 것이다.

4. 세계대전 시기(1914년 ~ 1945년)

20세기 초는 세계대전의 시기였다. 제1차 세계대전이 일어나자, 프랑스에 있던 벨기에인, 독일에 있던 이탈리아인, 그리고 미국에 있던 영국인들이 고국으로 돌아감으로써 전쟁으로 인한 귀환이민이 일어났다. 한편 전쟁의 당사자였던 독일과 프랑스는 군수품 공장에서 일할 노동자를 해외에서 모집하여 이들 국가로의 노동이민도 일어났다. 독일과 러시아 등은 점령지역에서 노동자들을 강제로 모집하기도 했다. 프랑스도 아프리카와 인도차이나 식민지에서 그리고 중국에서 노동자와 군인을 모집했다. 그리고 모든 전쟁 당사국들은 전쟁포로를 강제노동에 동원하였다. 한편 세계대전은 물론 러시아에서의 혁명과 내전들로 인한 난민이민도 일어 났다(스티븐 카슬 외, 2013:168-169).

그러나 20세기 전반 양차 대전 기간 동안에는 이민자의 수가 감소하였다. 이 는 한편으로는 1930년대 대공황의 여파 때문이었고, 다른 한편으로는 미국, 캐나 다와 호주 등 신대륙에서 이민자에 대한 적대감이 증가했기 때문이다. 당시 신대 륙 이민국가에서는 1880년대 이후 인종차별적인 배제법과 이민 쿼터제 등으로 중 국 등 특정 이민집단의 유입을 어렵게 하였다.

한편 제2차 세계대전이 일어나자 독일과 소련 등은 강제이민을 시켰다. 예를 들면 전시 독일은 700만 명에 달하는 노동자를 징집하였고, 전쟁 기간 동안 수 백 만 명의 유대인과 집시를 죽음의 수용소 등으로 강제이민 시켰다. 유럽에서 제2차 세계대전 기간 동안 약 3천만 명의 사람들이 이민을 하였다(스티븐 카슬 외, 2013: 172-3). 한편 아시아에서는 당시 제국주의 일본에 의한 조선인의 강제징용, 중국의 내전으로 인한 대량 이주, 소련에 의한 강제이주 등 제1·2차 세계대전 시기인 20 세기 전반은 실로 강제이민의 시기였다.

5. 이슬람 지역: 중동 오스만제국과 아프리카지역

중동에서는 1300년경에 일어난 오스만(Osman 혹은 Ottoman)왕국이 14세기에는 아나톨리아반도(현재 터키) 전역을 정복하고, 15세기에는 오스만제국이 되었다. 오스 만제국은 이후 유럽으로 세력을 넓혀 마케도니아, 불가리아, 세르비아 등을 점령하 고 다뉴브 강 남쪽의 유럽을 차지하였다. 15세기에는 콘스탄티노플(현 이스탄불)을 함락시켰다. 16세기에는 이집트 등 북아프리카와 아라비아반도를 통합하였고, 오스 트리아 합스부르크 왕가로부터 헝가리를 빼앗고 발칸반도 지역을 통합하였다.

그러나 18세기 유럽이 제국주의적 팽창과 산업혁명 등으로 크게 부흥할 때, 오스만제국은 이에 잘 대처하지 못했다. 그 결과 오스만제국은 쇠락하기 시작하여 19세기 초에는 영국과 러시아와의 전쟁에서 패하고, 이후 1912~13년에는 발칸전 쟁에서 패하여, 오스만제국은 유럽에서 완전히 축출되었다. 그리고 제1차 세세내전 의 패배와 내부의 혁명 등으로 오스만제국은 무너지고, 1923년 근대 터키가 건립 되었다.

오스만제국도 다른 제국들과 마찬가지로 국가주도적인 강제이민과 자발적인 이민이 있었다. 강제이주란 제국의 경계로 사람들을 이주시키는 것이지만, 이 밖에도 오스만제국은 유럽과의 종교 갈등으로 인한 난민이동도 많았다. 예를 들면 스페인이 15세기 말 이베리아반도에서 이슬람교인과 유대인을 모두 추방하는 국토회복운동(Reconquista)을 할 때 이들 난민을 받아들였다. 17~18세기에는 오스만제국이 유럽 국가들과의 전쟁에서 패하자, 그 지역에 살던 무슬림 난민들이 제국 내로 피난해 들어왔다. 18세기 말 러시아가 코카서스, 카스피해, 흑해 지역으로 남진하면서, 무슬림 난민이민이 대량 발생하였고, 러시아가 크림지역을 합병하자, 20만 명의 타타르인도 오스만 지역으로 도망해 왔다. 19세기 크림전쟁 시기에는 140만 명의 난민이 오스만제국으로, 또 다른 120만 명도 러시아의 침략을 피해 도망쳐 들어왔다(Akgündüz, 2013).

제1차 세계대전 기간에는 오스만제국으로부터 비이슬람교도(특히 아르메니아인과 그리스인)들은 현재의 터키 지역에서 탈출해야만 했고, 이슬람교인들은 반대로 오스만땅으로 난민이민을 해야 했다. 이와 같이 18~19세기 유럽과 중동에서 민족국가들이 만들어 지는 과정에서, 특히 중세의 유산이었던 기독교－이슬람 간의 갈등으로 난민이민이 수차례 발생했다.

그러나 다른 한편에서는 자발적 이민도 많았다. 아나톨리아·중동 지역은 순환적인 경제이민이 많은 지역이었다. 19세기에는 비록 제국이 수도로의 도시화이주를 엄격히 금지했어도 도시화 물결은 더욱 거세졌다. 그리고 비록 오스만제국과 유럽의 여러 국가 간 전쟁으로 민족주의가 고조되었어도, 비잔틴·중동·서아시아 세계를 물려받은 그리스·터키·러시아 간에 이민은 전통적이었고 일상적이었다. 아랍어를 사용하는 비무슬림인(즉 카톨릭인)들의 대다수는 나중에 오스만제국을 떠나 미국으로 이민을 갔다(Akgündüz, 2013: 3). 1923년 터키공화국이 건립될 당시 독립전쟁으로 다시 난민이민이 발생하였다. 그 결과 그리스와 평화협정으로 터키 내에 있던 그리스인은 그리스로, 그리스에 있던 터키인들은 터키로 왔다. 양쪽 모두 언어나 주관적인 정체성과 무관하게 종교가 국적을 결정했다.

한편 16세기 이후 유럽의 식민주의로 인한 피해가 가장 심각한 지역은 아프리카이다. 그간 북아프리카(마그레브) 지역은 이슬람세계에 속하고, 사하라 사막 이남은 지역적으로 고립되어 있다가 15세기 이후 유럽의 식민주의에 의해 큰 변화를 겪었다. 특히 대서양 노예무역은 비록 제국주의 유럽에게는 경제발전의 가장 중요한 요인이었지만, 아프리카(특히 서부와 사하라 이남) 대륙은 황폐해졌다.

1870년까지는 아프리카 대륙의 10% 정도만이 식민화되었다. 그 이유는 열대 풍토병으로 아프리카 대륙으로의 진출이 어려웠기 때문이다. 그러나 산업혁명의 결과로 1870년 이후 열대 풍토병에 대한 백신이 발명되었고, 총기와 기관총 등의 혁신으로 아프리카로 진출하는 것이 가능해졌다. 당시 영국은 이미 세계 곳곳에 식민지가 있어서 아프리카 식민화에 관심이 적었지만, 뒤늦게 제국주의 경쟁에 동참한 벨기에 왕 레오폴드 2세(1835~1909)는 1880년 콩고를 식민화하였다. 레오폴드 왕은 콩고 식민지 경영을 제3자나 사업가 또는 용병 등에게 맡기어 그들에 의한 잔학한 통치의 악랄함이 극에 달했다. 레오폴드 왕이 콩고를 지배한 19년(1880~1909년) 동안 콩고 인구의 약 절반(1,000만 명)이 사망했을 정도이다. 이는 할당된 고무 수확량을 못 채우면 손목을 절단하거나 처형하는 등 무자비한 수탈 때문이었다.

　　이와 같이 15세기 이후 아프리카는 유럽 열강의 각축 장소였으며, 천연자원이 풍부하여 더 수탈당했다. 이는 오늘날까지도 계속되어 정치가 불안정하고 경제개발이 더딘 형편이다. 식민주의는 비록 1945년 이후 종료되었지만, 그 유산인 빈곤과 저발전은 오늘날에도 아프리카 내 이민과 아프리카 밖으로의 이민의 중요한 원인이다.[10]

6. 중국(15세기 이후 동남아시아로의 이민 ~ 19세기 부자유계약노동자 이민)

　　명나라 시기인 15세기 초부터 중국의 남부지역에서 동남아시아 지역으로의 이민이 시작되었다. 14세기 말부터 15세기 초까지 즉 원나라 말부터 명나라 초까지의 전쟁과 극심한 혼란으로 해외이민이 시작된 것이다. 원래 중국 남서쪽인 복건성과 남쪽인 광동성 근처 해안지방에서는 농사지을 땅이 없거나 가난한 사람들에게 무역이민은 중요한 생존방식이었다. 계절풍은 이들의 배를 중국의 해안에서 동남아시아 쪽으로 밀어주었고, 몇 개월 후에 바람의 방향이 반대가 되면 이들은 집으로 돌아갈 수 있었다. 당시 동남아시아 왕국들은 중국에 공식적으로 조공을 받쳤는데, 이는 공식적인 조공무역은 물론 비공식적인 무역도 촉진하였다. 물론 당시의 유교 윤리는 무역이민을 경시하였지만, 가난한 사람들은 해적 또는 밀입국지가 되었고, 해금정책 등 여러 가지 사정으로 고향으로 돌아갈 수 없게 된 무역상과 이민자들은 15세기 이후 동남아시아 항구에 정착하기 시작했다.

---

10) 더 자세한 내용은 스티븐 카슬 외(2014)에 소개된 '이주의 시대 웹사이트'에서 "4.2. Migrations shaping African history"를 참조하시오.

중국은 명나라 시기에도 여전히 국가주도적인 (강제)이주의 시대였다. 그러나 명나라 말기의 혼란 시기에는 국가의 힘이 잘 작동하지 않아, 상인과 계절노동자 등이 명나라 전역을 자유롭게 돌아다녔다. 앞에서 언급한대로 정화의 원정 이후 명나라는 쇄국정책으로 전환하였다. 그러나 1567년에 그동안 금지되었던 해상무역이 다시 자유화되자, 동남아시아 항구와 중국의 고향 사이의 순환이민이 재개되었다 (Heidhues, 2013).

한편 16세기 이후에는 아시아의 여러 지역이 유럽의 식민주의를 겪게 되었다. 마닐라(1521년)와 나가사키(1571년) 등 주요 항구가 개방되었고, 17세기에는 아시아의 주요 도시들이 식민화되었다. 16~17세기 동안 중국의 남부에서 많은 사람들이 이웃 베트남과 말레이시아 등의 항구로 몰려가 노동을 제공하였다. 1630년대 스페인이 점령한 마닐라와 네덜란드가 점령한 바타비아(오늘날의 자카르타)와 대만 등에는 각각 4만 명 이상의 중국인 거주자가 있었다고 한다. 추후 이들 동남아 중국인(화교나 화인)들은 유럽인의 아시아 식민화를 돕는 중간자(middleman minority) 역할을 하였다.

청나라도 해적과 반란을 막기 위해 여러 번 해상무역을 금지하였으나, 중국 남부 사람들의 동남아시아 이민은 지속되었다. 청나라 시기에는 명나라에 뿌리를 둔 중원과 사천의 사람들(객가로 칭함)이 대거 남부 복건성이나 광동성으로 이주하였고, 일부는 대만으로 이주하였다.

청나라 시기에도 초기에는 국가주도적인 강제이주가 더 많았다. 즉 청나라 초기인 17세기에는 국경지대에 정착을 장려하기 위해, 세금 감면은 물론 토지나 보조금까지 주었다. 그러나 일부 국경 지역은 규제를 하였다. 예를 들면 1680년대부터 1850년대까지 한족은 만주지방으로 이주가 금지되었다. 그러나 18세기 이후에는 이주규제가 비현실적임을 알고 자유방임적 접근으로 돌아섰다. 그 결과 청나라 말기에는 중국 내 지역 간 이주가 매우 활발하였다.

청나라 말기인 19세기에는 서구 식민지의 침입은 물론 여러 농민반란(백련교도의 난, 태평천국의 난 등)들이 일어나, 중국은 황폐해졌다. 그래서 이 시기에는 국경 지역으로 가는 이주는 감소하였으나, 해외로 나가기 위해 해안 도시로 가는 이주가 증가하였다. 1850년~1920년대까지 약 70만 명이 해외로 이민을 갔고, 이들의 90% 이상은 동남아시아로 노동이민을 갔다.

그간 서구에서 나온 연구들은 19세기~20세기 초까지 동남아시아로 이주한 중국인 이민자들을 주로 부자유계약이민자로 묘사해왔다. 그러나 맥퀘엔(McKeown)에 의하면, 실제로는 중국인 이민자의 3% 미만만이 부자유계약이민자였고, 이들은 서양 식민세력의 농장에서가 아니라, 이미 동남아시아에 뿌리내린 중국인교포(디아스포라) 밑에서 일했다고 한다. 당시 동남아시아에는 이미 중국인 디아스포라가 많았기 때문이다(McKeown, 2013:4).

한편, 1870년대~1940년대까지 만주지역으로 3,000만 명 이상의 중국인들이 대량 이주하였다. 이는 과거의 국경이주가 부활한 것으로, 특히 일본의 만주침략에 대응하기 위하여 상인, 농부, 광부 등이 대거 강제 또는 자발적으로 이주하였다(McKeown, 2013:4).

결국 중국의 이주 역사는 고대 왕국부터 20세기까지 국가주도적인 이주가 보편적이었고, 15세기 이후에야 동남아 이민의 시대가 열렸다. 1792년에는 영국이 중국에 문호개방을 요구하여 광주(광저우)가 개항되었다. 이후 영국과의 아편전쟁(1차: 1840년~1842년)에서 패배하여, 1842년 남경(난징)조약으로 홍콩을 99년간 빼앗기고, 상해(상하이) 등 5개 항구가 강제로 개항되었다. 그리고 영국·프랑스와의 제2차 아편 전쟁(1856년~1860년) 이후에는 휴전에 중재역할을 한 러시아제국에게 1860년 연해주를 이양하는 등 서구세력의 침탈로 중국은 휘청거렸다. 1894년~1895년의 청일전쟁에서도 패하였고, 1911년 10월 10일에 일어난 신해혁명으로 결국 1911년 청나라는 멸망하였다. 1911년 중화민국이 설립되었고, 이는 1949년 중화민국(대만)과 중화인민공화국으로 분단되었다.

4절 전후 세계화와 이민(1945년 ~ 현재)

1945년 이후의 이민은 냉전시기(1945~1989년)를 기준으로 나누거나,[11] 1970년대 이후 세계화와 세계경제의 재편 시기를 기준으로 나눌 수 있다. 우선 냉전시기를 기준으로 나눈다면, 냉전 기간 동안에는 사회주의 진영과 자본주의 진영 간에 서로 자유로운 이동이 불가능하였다. 그러므로 주로 각 진영 내에서, 즉 양극체제의 주변부 지역에서 중심 지역으로의 노동이민 등이 일어났다. 한편 세계화

---

11) 냉전시대의 끝은 1989년 베를린 장벽의 붕괴로 보거나, 1991년 소련의 와해로 보기도 한다.

에 따른 세계경제체제의 재편을 기준으로 살펴보면, 1973년 제1차 석유파동이 분
기점이 된다. 즉 그 이전에 해당하는 1945년~1970년대 초반까지는 초청노동자제
도로 대표되는 노동이민의 시기였고, 그 이후인 특히 1980년 대 이후에는 이민의
양상이 매우 크게 변하였다. 이 절에서는 세계경제체제의 재편에 따른 이민을 유
입국 및 유입지역별로 여섯 지역으로 나누어 제2차 세계대전 이후 세계화와 이민
의 역사를 살펴보기로 한다.

1. 전통 이민국가로의 이민

　　미국, 캐나다, 호주 등 전통 이민국가로의 이민은 20세기 초반에는 좀 주춤거
렸다. 이는 세계대전과 대공황의 여파, 그리고 당시 비유럽인 이민자에 대한 배척
과 반이민 정서 때문이었다. 호주의 백호주의(White Australia Policy)로 대표되는
이러한 인종차별적인 이민정책은 1960대 중반부터 폐지되기 시작하여 20세기 후
반부터 이들 전통 이민국가로의 이민이 다시 크게 증가하였다. 미국에서 1965년
이민법이 개정되어 그간 인종차별적이었던 출신국별 할당제가 폐지되자, 아시아
와 남미로부터의 이민이 크게 증가하였다. 캐나다는 1966년 비차별적인 점수제도
(point system)를 도입하면서 비유럽계 이민자에게도 이민 문호를 개방하였다. 한편
호주는 20세기 초부터 1970년대 초까지의 차별적인 이민정책(백호주의)을 폐기하
고, 1973년 이후 아시아를 포함한 다양한 국가로부터 이민을 받아들이고 있다. 결
국 1960~1970년대 이후 이들 전통 이민국가의 이민정책은 기술(직업)이민, 가족
(재결합)이민, 인도적인 차원의 난민이민이라는 세 가지 틀로 구성된다. 미국이 현
실적으로 가족재결합을 더 강조해왔다면, 캐나다와 호주는 기술이민을 더 강조한
다는 차이는 있다.

　　전통 이민국가들이 1960대~1970년대를 기준으로 그간 (서)유럽계 이민자만
선호하던 차별적인 이민정책을 개정하게 된 이유는 1960년대 신사회 운동 등의
영향도 있지만, 1945년 이후 1970년대까지 세계경제가 호황기여서 이들 전통 이
민국가들에서 노동력 수요가 커졌다는 경제적인 원인도 있다. 1973년 호주의 백호
주의 폐지 역시 아시아 지역과의 무역개선 등 경제적인 이유가 가장 중요한 원인
중의 하나였다.

2. 선발 이민국가로의 이민

제2차 세계대전 이후 1970년대 초까지 경제호황기 동안 영국, 프랑스, 독일 등 서유럽 국가들은 구식민지 노동자들의 이주나 초청노동자들의 유입을 겪었다. 1973년 석유파동으로 대표되는 경제적인 침체기를 맞이하여, 이민의 문을 닫고자 하였으나 그리 성공적이지는 못했다. 한편 1993년부터는 유럽연합(EU, European Union)에 속한 국가의 국민들은 EU 공동체 내에서 자유롭게 이동할 수 있게 되어 EU 내 이민이 활발해졌다.

1) 초청노동자 제도

1945~1973년 기간 동안 서유럽 국가들은 일시적인 이주노동자 충원제도를 활용했다. 영국은 1946년~1951년까지 자발적 유럽노동자(European Voluntary Worker) 계획을 통하여 난민수용소와 이탈리아에서 주로 남성 노동자(약 9만 명)들을 데려왔다. 같은 기간 동안 추가로 10만 명의 다른 유럽인들이 취업허가를 받고 영국으로 들어왔다. 프랑스는 1945년 이민청을 설립하여 남유럽으로부터 조직적으로 노동자를 유입하였다. 한편 독일은 1950년대 중반부터 이탈리아, 스페인, 그리스, 터키, 모로코 등 지중해 연안 국가들로부터 초청노동자를 모집하였다. 독일에 체류하는 외국인노동자의 규모는 1956년 9만 5천 명에서 1973년에는 260만 명으로 증가하였다. 독일은 초기에 이들의 가족동반을 허용하지 않았으나, 1960년대 다른 노동력 유입국들과 인력 확보 경쟁으로, 부양가족 동반에 대한 규제를 완화시켰다(스티븐 카슬 외, 2013:184). 그러나 독일 등 선발 이민국가들은 1973년 석유위기에 직면하여 초청노동자의 모집을 중단하였다. 그러나 일시적인 외국인노동자로 여겨졌던 이들이 정주하게 되면서, 초청노동자 제도는 실패한 제도로 판명되었다.

2) 식민노동자의 유입

구식민지로부터의 노동이민을 받아들인 국가는 과거에 식민지를 많이 가졌었던 영국, 프랑스, 네덜란드 등이다. 영국은 1946년~1959년 사이 전통적인 노동력 공급처였던 아일랜드로부터 약 35만 명의 순이민자를 받아들였다(스티븐 카슬 외, 2013:185). 1945년 이후에는 카리브해 지역의 영국 구식민지와 인도와 아프리카의 신영연방 국가들로부터 노동이민자가 유입되었다. 영국에서 경제불황이 시작되자,

1962년 영연방이민자법에 따라 엄격한 규제를 실시하고, 신영연방국가로부터의 이민을 거의 중단하였다. 이들은 주로 아프리카계 카리브인과 아시아인 이민자와 그 자녀들이었는데, 이들은 과거 영국에서 공식적인 시민권을 누렸으나, 1981년 국적법이 매우 엄격해지면서 이런 특권들을 잃게 되었다(스티븐 카슬 외, 2013:186).

프랑스는 1970년 알제리인(60만 명), 모로코인(14만 명), 튀니지인(9만 명) 등 아프리카 구식민지로부터의 이민자가 많았다. 한편 비록 프랑스 시민으로 분류되어 이민통계에 잡히지는 않지만, 카리브해 과들루프 섬 등 해외 프랑스령에서도 많은 사람들이 들어 왔다.

한편 네덜란드에서는 두 가지 경로로 구식민지 이민자들이 유입되었다. 첫째는 최대 30만 명으로 추산되는 본국귀환자(repatriate)로 이들은 네덜란드·인도네시아 혼혈인 경우가 많았지만 네덜란드 시민권자들이다. 1965년 이후에는 카리브해 지역의 식민지였던 수리남에서 네덜란드로 이주해오는 흑인노동자의 수도 증가하였다. 그러나 1975년 수리남이 독립하면서, 이들은 네덜란드 시민권을 상실했다. 1970년대 후반 약 16만 명의 수리남인이 네덜란드에 거주하였다(스티븐 카슬외, 2013:188).

1945년 이후, 서유럽에서는 초청노동자와 식민노동자는 그 신분이 달랐다. 식민노동자는 일반적으로 시민적·정치적 권리를 인정받았으며 영주가 가능하였다. 그러나 초청노동자의 권리는 매우 제한적이었고 단기간 체류하다가 모국으로 돌아갈 것이라 기대되었다. 그러나 이 두 집단 모두 유입국의 제조업과 건설업 등 저숙련 업종에 집중되었다. 시간이 지나면서, 초청노동자들은 사회적 권리와 가족재결합 등 여러 권리들을 획득한 반면, 식민노동자들은 그들의 특권 중 많은 것을 잃어버리게 되면서, 두 집단의 법적 지위는 점차 유사해졌다. 결국 두 집단 모두 서유럽 사회에서 지역주민과 격리되어 종족적 소수자가 되어갔다(스티븐 카슬 외, 2013:193).

3. 후발 이민국가로의 이민

1973년 석유위기로 상징되는 세계경제의 재편기를 거쳐, 1980년대부터는 과거 노동송출국이었던 국가들의 일부가 새로운 이민 유입국으로 변모하였다. 대표적인 국가들은 그리스, 이탈리아, 스페인 등 남유럽 국가들과 일본, 대만, 한국 등 아시아의 국가들이다.

1) 남유럽 후발 이민국가

1970년대까지 남유럽의 국가들은 북미와 호주는 물론 서유럽으로 노동이민자를 내보내던 중요한 송출국이었다. 그러나 이들 국가들은 1980년대 이후 이민 송출국에서 이민 경유국으로 나아가 이민 유입국으로 변모하였다. 남유럽의 국가들에서는 이민자들이 주로 지하경제로 흡수되거나 전체 이민자 중 미등록 이민자가 많다는 문제가 있다(스티븐 카슬 외, 2013:202).

이탈리아는 체류 외국인의 규모가 1981년 30만 명에서, 1991년 60만 명으로 그리고 2014년에는 492만 명으로 크게 증가하였다. 스페인은 프랑코 사후 정치적·사회적 민주화를 겪으면서, 그리고 유럽공동체와의 관계가 회복되면서 이민변천을 겪게 되었다. 체류 외국인의 규모가 1990년 28만 명 미만에서 2010년 540만 명으로 급증하였다가 경제위기의 여파로 2014년 467.7만 명으로 약간 줄어들었다(스티븐 카슬 외, 2013: 202-203).[12] 이탈리아와 스페인은 1980년대 이후 최근까지 여러 번에 걸쳐 미등록 이민자에 대한 사면을 실시하였다. 그러나 이러한 합법화조치는 이들 국가 내의 미등록 이민자의 규모를 감소시키지는 못하였다.

2) 동남아시아의 이민

동남아시아 지역은 원래 다종족적 지역이었다. 네덜란드와 영국이 동남아시아 지역을 식민지화할 때 네덜란드가 점령했던 지역은 훗날 인도네시아로, 영국이 점령했던 지역은 말레이시아로 각각 독립하였다. 그 결과 인도네시아의 종족 구성은 자바인, 순다인, 마두루인, 말레이인 등이고, 말레이시아는 말레이인, 중국인, 인도·파키스탄인 등으로 구성되어 있다. 한편 싱가포르는 1963년 말레이시아 연방에 속해 있다가 1965년 탈퇴하여 독립공화국이 된 도시국가이다. 종족 구성은 중국인, 말레이인, 인도인 등으로 이루어져 있다. 그리고 싱가포르, 말레이시아, 인도네시아 등 동남아시아 지역은 지리적으로 국경이 서로 맞닿아 있어서, 인도네시아 노동자는 말레이시아로, 말레이시아 노동자는 싱가포르로 일찍부터 지역 내 노동이민이 지속되어 왔다. 특히 싱가포르와 홍콩은 1960년대 이래로 필리핀 가사노동자 등을 지속적으로 유입하였고, 싱가포르(1989년)와 홍콩(1990년) 등은 외국인노동자도 받

---

12) 2010년까지의 통계는 스티븐 카슬 외(2013) 참조, 그러나 2014년 통계는 http://ec.europa.eu/eurostat/cache/metadata/en/migr_pop2ctz_esms.htm 참조하시오.

아들이기 시작하였다. 그러므로 동남아시아 지역은 일찍부터 지역 내 이민이 일상
적이었다(이혜경, 1994, 1997).

3) 동아시아 후발 이민국가

아시아 지역에서의 후발 이민국가는 일본, 대만, 한국 등 동아시아 국가들이다.
이들 국가들은 지리적으로 섬이거나 반도국가로 국경이 바다 등으로 구분되어 국가
간 노동이민이 동남아시아 지역만큼 수월하지 않았다. 그러나 일본의 제국주의 경
험으로 그동안 세 국가 간의 식민주의적인 이민은 있었다. 한편 그간 미국 등 전통
이민국가 등으로 이민을 내보내던 일본, 대만, 한국 등 동아시아 국가들은 1980년
대 중반 이후에 이민변천을 겪게 되었다. 대만과 한국 등은 경제성장으로 신흥공업
국으로 부상하였고, 이미 선진 산업국가였던 일본의 경제는 급부상하여 일본, 대만,
한국 등 아시아 국가들에서 외국인노동자에 대한 수요가 대두되었기 때문이다.[13]
특히 1985년 이후 일본과 아시아 신흥공업국의 환율변화는 아시아 국가들 간의 임
금격차를 더욱 벌어지게 하였다. 그러므로 필리핀과 방글라데시 등 아시아의 주요
송출국들은 중동 노동시장의 위축에 따라 1980년대 중반부터 새로운 유입국을 물
색하고 있던 중이었다. 한편 베트남과 중국 등 아시아의 사회주의 국가들이 경제적
개방정책으로 선회하면서 새로운 이민 송출국으로 부상하였다. 1980년대 중반부터
는 아시아 지역 내 국가들이 자국민에 대한 출입국정책을 완화하여 자국민의 해외
여행이 자유로워지면서, 이는 상품과 자본의 이동은 물론 노동의 이동까지 증가시
켰다. 결국 일본(1990년), 대만(1992년)과 한국(1993년)의 순으로 외국인에 대한 출입
국정책이 변화하였다(이혜경, 1994: 454-456). 동남아시아와 동아시아 유입국들의 공
통점은 첫째, 아직까지는 단순·저기술 이민자에 크게 의존하고 있으며, 이들의 가
족동반을 허락하지 않고 있다. 둘째는 이민의 여성화 현상이다. 동남아시아 지역은
외국인 (여성)가사노동자의 유입이 많았다. 최근 동아시아 유입국에서도 급속한 고
령화로 간병인과 간호사 등 돌봄노동자의 유입이 중요한 이슈가 되고 있다. 한편
아시아 지역에서는 결혼이민이 증가하였는데, 주로 가난한 국가의 여성들이 일본,
대만, 한국과 싱가포르 등의 남성과 결혼한다는 특징이 있다. 아시아인의 노동이동

---

13) 동아시아 국가 중 일본은 1960년대 말부터 외국인노동자에 대한 수요가 있었으나, 1970년대
경제위기 등으로 그 수요를 잠재울 수 있었다. 이에 대한 더욱 자세한 설명은 이혜경(1997)
을 참조하시오.

과 결혼이민에 있어서 이민산업이 중요한 역할을 하고 있다.

4. 중동 · 북아프리카 지역

1970년대 이후 중동의 석유 붐으로 아라비아반도 내 석유산유국들은 아시아를 비롯하여 여러 지역에서 대규모적인 노동이민을 받아들이고 있다. 그러나 이들 국가들은 아직 정치적·사회적인 민주화를 이루어내지 못했다는 이유로 선발 또는 후발 이민국가로 분류되지 못하고 있다. 단지 터키는 제2차 세계대전 이후 독일 등 유럽으로 자국민을 송출하다가 1980년대 중반 이후 후발 이민국가로 분류되고 있다.

이슬람과 서구(기독교) 간의 갈등은 중세 십자군 전쟁, 근대 유럽(왕국들)과 오스만제국 간의 전쟁, 제1차 세계대전에서의 패배, 그리고 제2차 세계대전 이후에는 이스라엘과 팔레스타인의 갈등으로 이어지고, 2001년 9·11로 대표되는 테러리즘 등 아직도 진행형이다.[14] 최근에는 IS 등 일부 무슬림의 과격한 민족주의 운동으로 중동 지역 전체를 위험지역으로 보는 경향이 있다. 그러나 이슬람(지역)에 대한 연구들은 어느 한편으로 치우치거나 과장된 것이 많고(Vaisse, 2010), 북아프리카·중동·서아시아·중앙아시아로 이어지는 광대한 이슬람 지역 내에서의 그리고 지역 밖으로의 이민에 대한 객관적인 연구는 매우 부족한 실정이다.

2010년 12월 튀니지에서 시작된 정치적 소요는 전 아랍권으로 확대되어 '아랍의 봄'이 기대되기도 하였다. 그러나 2011년 초 리비아에서의 폭력적인 사태는 리비아 국민의 난민 이출을 야기하였고, 2012년 중반까지 리비아와 시리아 등에서 수백만 명의 난민이민을 야기하였다. 당시 유럽의 정치인들은 아랍의 난민들이 유럽으로 대거 몰려 올 것이라고 크게 걱정하였다. 그러나 실제로는 이들 난민들은 이웃 국가인 이집트와 튀니지 등 북아프리카 내 다른 국가로 갔다. 결국 아랍의 봄은 이 지역의 정치적인 큰 변화나 이민패턴의 큰 변화를 야기하지는 못하였다. 대규모 난민 발생은 리비아와 시리아뿐이었고, 다른 중동이나 북아프리카에서는 난민 이출이 거의 없었다(Castles et al, 2014: 14-15).

한편 아프리카의 이민 송출은 1960년대부터 시작되어 1990년대 이후 더 치열해졌다. 1990년대 EU가 제3국민의 지역 내 유입을 엄격히 통제하기 시작하면서, 브로커를 통한 위험한 밀입국 시도가 크게 증가하였다. 그 결과 아프리카에서 마

---

14) 더욱 자세한 내용은 이 책의 7장을 참조하시오.

그레브(Maghreb) 지역을 거쳐 EU로 들어가려는 (난민)이민자들은 큰 위험에 처해 있는 실정이다(Djane, 2013).

5. 중 국

중국은 1911년 중화민국이 설립된 후 국민당과 공산당의 내전을 겪다가 공산당이 승리하여 1949년 중화인민공화국이 되었고, 국민당은 대만으로 건너가 중화민국(대만)이 되었다. 중화인민공화국(PRC)은 초기에는 인구의 이주를 통제하였다. 즉 진나라 이후 중국의 오랜 전통에 따라 중화인민공화국(이후 중국)도 국경지대 등으로 인구를 강제적으로 재배치하였다. 예를 들면 600만 명의 한족을 신장 위구르 자치구로 이주시켜, 그 지역에서의 한족의 비율을 7%에서 40%로 끌어 올렸다(McKeown, 2013:4-5). 한편 1960년대~1970년대의 문화혁명의 기간 동안에는 1,700만 명의 젊은이와 지식인을 재교육(하방, xiafang)이라는 명목으로 지방으로 이주시켰다.

그러나 1979년 이후 중국이 시장경제를 받아들이면서 국가에 의한 이주통제가 점차 느슨해지고 있다. 과거의 국내이주가 주로 국경으로의 이주였다면, 최근에는 해안 도시로의 이주가 크게 증가하였다. 1985년 중국인의 해외 출입국이 자유롭게 되자, 노동이민, 교육이민, 기술이민, 결혼이민, 최근에는 투자이민까지 중국은 현재 전 세계에서 가장 중요한 송출국이 되었다. 한편 15세기 이후 동남아에 뿌리를 내린 중국인 디아스포라(화교와 화인)들의 중국으로의 순환이주는 중국으로의 자본과 노동의 이동을 동시에 증가시키고 있다. 즉 중국인(화교 포함)의 순환이민은 현재 중국의 개발에 지대한 역할을 하고 있다.

이민의 역사와 관련하여 중국은 매우 중요한 국가이다. 그 이유는 일찍부터 그 엄청난 인구규모로 인하여, 이민송출에 있어서도 황색위협(Yellow Perils)을 야기하여 특정 국가들의 이민정책에 지대한 영향을 미쳤기 때문이다. 예를 들면 1882년 미국의 중국인 배제법과 호주의 백호주의는 물론 1990년대 일본의 이민정책이 단순·저기술 외국인노동자 유입정책을 포기하고 그 대신 중남미에 있는 일본계 교포(닛케이진)의 활용정책으로 돌아선 배경, 그리고 러시아 극동지역에서의 중국인 이민자 유입에 대한 우려 등은 황색위협(또는 황색공포)과 관련이 있다.

한편, 최근 중국으로 유입되는 이민도 증가하고 있다. 급속한 경제개발과 인구변화로 중국은 매력적인 이민 유입국이 되어가고 있다. 중국으로 노동이민을 보내는 주요 송출국은 북한, 베트남, 남아시아, 그리고 아프리카이다(Skeldon, 2013:

IOM, 2013:77). 선진국 사람들도 중국으로 이민을 오는데, 그 대표적인 국가는 한국, 일본, 대만, 홍콩, 유럽, 북아메리카, 호주 등이다. 중국으로 유학을 오는 학생 이민도 크게 증가하고 있는데, 이들의 대부분은 한국, 미국, 일본으로부터이다. 한편 그간 중국이 내보냈던 유학생들의 상당한 규모는 모국인 중국으로 귀환하여 중국개발에 중요한 역할을 하고 있다(IOM, 2013:77).

6. 소련 및 독립국가연합(CIS) 지역

1991년 소련(USSR)이 붕괴하고 독립국가연합(CIS) 등 여러 국가들로 나누어지자, 이들 국가들 사이에서 종족적 이민이 발생하였다. 예를 들면 1990년대 약 100만 명에 달하는 러시아인 유태인이 이스라엘로 (귀환)이민을 하였다. 다른 한편 그간 냉전으로 민주 진영과 사회주의 진영 간 이민이 불가능하였는데, 탈냉전 이후 아프리카와 아시아로부터 러시아 등 독립국가연합으로 들어가는 이민이 쉬워졌다. 가장 대표적인 유입국은 러시아이다. 한편 2000년 이후 러시아와 우크라이나 등 독립국가연합과 동유럽 및 중유럽 국가들은 유럽으로의 주요한 송출국이 되었다.

이처럼 러시아는 송출국과 유입국의 역할을 동시에 하고 있으며, 최근 특히 러시아 극동지역으로의 (유입)이민이 매우 활발하다. 러시아 극동지역은 원래 열악한 자연 및 생활환경으로 인구유출이 많았던 지역이다. 그러므로 제정러시아 시기에는 강제이주 정책으로 범죄자를 극동지역으로 보냈고, 소비에트 시기에는 이와 병행하여 노동력 유입을 위한 각종 인센티브 정책을 시행했었다(김성진, 2007:85). 1992년을 기점으로 러시아는 전반적인 인구감소를 겪고 있는데, 1990년대 독립국가연합(CIS) 국가들로부터 러시아로 유입된 이민자 수를 감안하면 인구감소의 폭이 매우 크다. 특히 러시아 극동지역에서의 인구감소는 더 심각하여 러시아 총인구 감소분의 70%에 달하는 인구감소가 극동지역에서 일어나고 있다.

최근 러시아 극동지방에서는 이민자의 유입이 증가하고 있다. 특히 중국인 이민자가 가장 많은데, 이들은 합법적인 이민자 외에 미등록 이민자가 상당히 많다(김성진, 2007:87). 그러므로 러시아 극동지역의 지방정부는 중국인들의 유입에 대한 황색공포가 있다. 그 이유는 중국의 엄청난 인구규모 때문이며, 동시에 중국과 러시아 간 국경통제가 매우 어렵기 때문이다. 그러나 이러한 지방정부의 우려와는 달리 러시아 중앙정부는 중국인 이민자를 위협이 아니라 극동지역 개발을 위해 필요하다고 보고 있다(김성진, 2007:90).

소련의 해체 이후 동유럽의 국가들 가운데 폴란드는 2008년 경제위기 속에서도 경제가 계속 성장하여 곧 이민변천을 겪을 가능성이 높다(Castles, 2014:119). 그러나 에스토니아, 라트비아, 그리고 리투아니아로 대표되는 발트공화국은 노동시장 상황이 더 악화되어 이출(emigration)이 크게 증가하였다(Juska and Woolfson, 2015). 발트 지역 국가들은 1989년 이후 새로운 시장경제를 받아들여, 자본 통제는 거의 없고, 시장 개방, 사회복지의 축소, 노동권의 축소로 대표되는 신자유주의적인 처방을 그대로 따랐다. 그 결과, 서유럽 노동기준이나 범 유럽적 사회적인 기준에도 맞지 않고, 이웃한 중유럽 국가들(헝가리, 폴란드, 체코, 슬로바키아)과 비교해도 매우 열악한 고용제도를 만들었다. 그 결과 노동시장의 불균형으로 인한 인구의 탈출(exodus)이 매우 심각한 수준이다.

그러므로 그간 EU 공동체의 'EU 내 자유이동'이라는 이민과 관련된 혁신적인 실험은 서유럽에게는 유리한 프로젝트이나, 동유럽 및 중유럽에게는 그렇지 않음을 보여준다. 물론 EU의 실험은 향후 그 결과를 더 두고 보아야 알겠지만, 최근 그리스 경제위기와 이로 인한 그리스 젊은이들의 대규모적인 이민유출 역시 EU 프로젝트의 전망이 장미 빛만은 아님을 보여준다.

 ## 5절 요약 및 전망

선사시대부터 현재까지 인류는 아프리카에서 유럽과 아시아로, 그리고 신대륙으로까지 지구상의 모든 지역으로 이주하고 상호 결혼하여 그 결과 유전적·문화적으로 섞여왔다. 즉 이주와 무역 그리고 문화적인 상호작용은 곧 인류의 역사이다. 이러한 인류의 이주 및 이민역사를 뒤 돌아 보면, 이민은 인간의 제2 본능이라고 부를 만하다(Livi-Bacci, 2012).

선사시대 이래 이어져 온 이주의 역사는 우리에게 현생 인류의 조상은 호모 사피엔스의 한 무리이고, 이들의 이주를 통해 인류가 전 지구상으로 퍼지고, 훨씬 나중에야 피부색깔, 언어 집단, 종족 등이 분화되었음을 보여준다. 즉 외국인 대 내국인의 경계나 이에 따른 외국인혐오증 등은 인류의 긴 역사로 보았을 때 아주 나중에야 만들어진 것이다.

　　초기의 이주가 식량을 구하고 자연재해에서 벗어나기 위한 '생존 이주'이었다면, 왕국과 제국들이 형성되면서 정복을 위한 또는 정복에 의한 이동인 '식민지 이민'이 시작되었다. 식민지 이민은 국가에 의한 강제이민과 개인의 여러 가지 동기로 인한 자발적인 이민으로 나누어진다. 이민의 역사를 살펴본 결과, 식민지 이민은 '고대형'과 '근대형'으로 나누어짐을 알 수 있다. 고대형 식민지 이민은 로마제국, 오스만제국, 러시아제국, 중국제국 등으로 각 제국은 그 영토를 넓히고, 국경 방어를 위해 변경으로의 (강제)이주를 적극 추진했다. 그 과정에서 정복된 지역민의 포섭과 통합은 필수적이었다. 그러나 16세기 이후 근대형 식민지 이민은 유럽 여러 국가들의 경쟁적인 식민지 전쟁으로, 전자가 자신들의 제국 안으로 (식민지)사람과 자원을 포섭하기 위한 이민이었다면, 후자는 식민주의적인 찬탈을 위한 이민이란 점에서 차이가 있다. 그 결과 식민지 경쟁에서 우위를 차지한 서유럽에서 먼저 산업혁명과 자본주의가 발달하고, 이후 세계경제 체제 속에서 '구조적인 이민'이 증가할 수밖에 없는 실질적인 이민의 시대가 열렸다. 물론 이러한 구조적인 이민이라는 큰 흐름 속에는 여러 가지 동기에 의한 개인들의 자발적인 이민도 함께 자리하고 있다. 최근 교통, 통신, 정보의 발달로 전 지구적으로 다양한 이민의 시대가 더욱 활짝 열렸다.

　　전 역사를 통하여 인류는 여러 다양한 이유로 늘 이민해 왔다. 그러나 그간의 역사가 왕과 귀족 위주의 역사이므로 왕국이 번성할수록 상인, 노동자, 예술가, 학자 등 여러 다양한 사람들의 이민 역사는 묻히는 경향이 있었다. 더욱이 근대국가가 태동하는 17세기 이후 유럽에서는 국민(민족)국가의 국민(민족) 만들기가 본격화되면서, 그간 이민의 중요성과 역할이 의식적으로 간과된 경향도 있다. 그러나 본 장에서 살펴 본 바와 같이 선사시대는 물론 고대 왕국(제국)의 시기, 그리고 중세 및 근대에 이르기까지, 나아가 서양(유럽)은 물론 중동과 동양(중국)에 이르기까지 인류의 삶 자체가 이주 또는 이민의 역사이다. 그러므로 이러한 이민의 역사를 통해 인간과 사회는 안정과 정주가 자연스러운 상태가 아니라, 오히려 이민과 역동성이 더 자연스러운 상태임을 알 수 있다(마이클 새머스, 2013:26). 나아가 이민이야말로 세계화와 사회변천을 야기하는 가장 중요한 동력 중 하나이다. 그러므로 전 지구적인 이민의 시대란 피할 수 없는 역사의 자연스러운 흐름이므로, 향후 이민을 잘 관리하여 송출국과 유입국이 상호 발전할 수 있는 이민정책을 적극 모색해야 할 것이다.

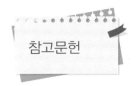
참고문헌

김성진. 2007. "사회안보와 러시아 극동의 이주문제: 연방관계에 대한 시사점을 중심으로." 『한국정치학회보』 41(3): 77-98.

라무뢰, 소피 · 기욤 롱(Lamoureux, Sophie, and Guillaume Long). 2012. 『세계의 이민 이야기: 이주와 다문화의 지구촌』. 박광식 역. 서울: 상수리.

새머스, 마이클(Samers, Michael). 2013. 『이주(Migration)』. 이영민 · 박경환 · 이용균 · 이현욱 · 이종희 역. 서울: 푸른길.

이혜경. 1994. "아시아 지역 내 노동이동과 정책적 대응." 이화사회학연구회 편. 『일상의 삶 그리고 복지의 사회학』. 사회문화연구소 출판부. 제16장, pp. 447~479.

_____. 1997. "아시아 태평양 지역의 외국인노동자 고용에 관한 연구." 『한국사회학』 31: 497-527.

카슬, 스티븐 · 마크 J. 밀러(Castles, Stephen, and Mark J. Miller). 2013. 『이주의 시대』. 4판. 한국이민학회 역. 서울: 일조각.

Ajala, Olayinka Akinsumbo. 2013. "African Slave Trade and Maritime Transportation." In *Encyclopedia of Global Human Migration,* edited by Immanuel Ness et al. Wiley Blackwell.

Akgündüz, Ahmet. 2013. "Turkey: Migration 18th-20th Century." In *Encyclopedia of Global Human Migration,* edited by Immanuel Ness et al. Wiley Blackwell.

Bellwood, Peter. 2013. "Prehistoric Migration and the Rise of Humanity." In *Encyclopedia of Global Human Migration,* edited by Immanuel Ness et al. Wiley Blackwell.

Berger, Lutz. 2013. "Muslim World, Medieval Era Migrations." In *Encyclopedia of Global Human Migration,* edited by Immanuel Ness et al. Wiley Blackwell.

Castles, Stephen, Hein de Hass, and Mark J. Miller. 2014. *The Age of Migration: International Population Movements in the Modern World.* Fifth Edition. Palgrave Macmillan.

Cohen, Robin. 1991. "East－West and European Migration in a Global Context." *Journal of*

Ethnic and Migration Studies 18(1): 9-26.

Djane, Kabran Aristide. 2013. "African Maghreb, Migration to the European Union, 1980–Present." In *Encyclopedia of Global Human Migration,* edited by Immanuel Ness et al. Wiley Blackwell.

Heidhues, Mary Somers. 2013. "Chinese in Southeast Asia, c.1400–1950." In *Encyclopedia of Global Human Migration,* edited by Immanuel Ness et al. Wiley Blackwell.

Hiscock, Peter. 2013. "Early Old World Migrations of *Homo Sapiens:* Archaeology." In *Encyclopedia of Global Human Migration,* edited by Immanuel Ness et al. Wiley Blackwell.

Hoerder, Dirk. 2010. *Culture in Contact: World Migrations in the Second Millennium (Comparative and International Working−Class History).* Duke University Press.

_____. 2013. "China and Inner Central Asia, 7th−13th−Century Migrations." In *Encyclopedia of Global Human Migration,* edited by Immanuel Ness et al. Wiley Blackwell.

International Organization for Migration. 2013. *World Migration Report 2013.*

Juska, Arunas, and Charles Woolfson. 2015. "Austerity, Labour Market Segmentation and Migration: A Case Study of Neoliberal Lithuania" (Under review *Journal of Baltic Studies*). Paper presented at the Korea International Migration Studies Association (KIMSA). Seoul. 20 April 2015.

Ligt, Luuk de. 2013. "Migration to Ancient Rome." In *Encyclopedia of Global Human Migration,* edited by Immanuel Ness et al. Wiley Blackwell.

Livi−Bacci, Massimo. 2012. *A Short History of Migration.* translated by Carl Ipsen. Polity Press.

McKeown, Adam. 2013. "Chinese Migration since 1368." In *Encyclopedia of Global Human Migration,* edited by Immanuel Ness et al. Wiley Blackwell.

Miscevic, Dusanka. 2013. "China: Ancient Era Migrations." In *Encyclopedia of Global Human Migration,* edited by Immanuel Ness et al. Wiley Blackwell.

Potts, Lydia. 1990. *The World Labour Market: A History of Migration.* London: Zed Books.

Renfrew, Colin. 1987. *Archaeology and Language: The Puzzle of Indo−European Origins.* Cambridge University Press.

Skeldon, Ronald. 2013. "Asia, Development and Migration." In *Encyclopedia of Global Human Migration,* edited by Immanuel Ness et al. Wiley Blackwell.

Toch, Michael. 2013. "Jewish Migration, Medieval Era." In *Encyclopedia of Global Human Migration,* edited by Immanuel Ness et al. Wiley Blackwell.

Vaisse, Justin. 2010. "Foreign Policy Magazine－Denying Eurabia." *The Brussels Journal,* (2010－01－07) (see http://www.brusselsjournal.com/node/4261).

Yi, Seonbok. 2013. "Korea: Archaeology." In *Encyclopedia of Global Human Migration,* edited by Immanuel Ness et al. Wiley Blackwell.

&c; 권장 도서 및 자료

카슬, 스티븐·마크 J. 밀러. 2013. 『이주의 시대』 4판. 한국이민학회 역. 서울: 일조각.

Ness, Immanuel and Peter Bellwood. ed. 2013. *The Encyclopedia of Global Human Migration.* 1st Edition. Wiley Blackwell.

Bellwood, Peter (eds.). 2014. *The Global Prehistory of Human Migration.* Wiley Blackwell.

(임마뉴엘 네스가 편집한 *Encyclopedia of Global Human Migration*은 총 5권으로 되어 있고, 그 제1권의 내용은 추후 독립된 책인 *The Global Prehistory of Human Migration*으로 출판되었다.)

BBC 다큐멘터리 [인류의 여정 (Human Journey)]

3장

이민정책 이론

설동훈

     이민정책은 국가가 자국의 국경을 넘나드는 사람들의 출입국관리, 체류관리, 사회통합, 국적관리 등을 다루는 종합적 정책이다. 그 중에서도 국가가 국경에서 행하는 출입국관리는 이민정책의 기본이라 할 수 있으므로, 그것부터 출발하여 이민정책 이론을 살펴보기로 한다. 어느 한 나라의 이민정책은 국경을 넘나드는 사람들의 이동 자체를 철저히 차단하는 것에서부터 완전히 자유로운 이동을 보장하는 것에 이르는 스펙트럼 상의 한 곳에 자리 잡고 있다. 그렇지만 국경을 넘는 사람들의 이동이 이민정책에 의하여 전적으로 결정되는 것은 아니다. 오히려 이민의 방향과 규모는 시장과 사회의 조건에 의하여 더욱 크게 영향을 받는다.

     가뭄, 홍수, 지진, 해일, 산불, 전쟁, 내전, 기타 집단 갈등 등 출신국의 요인으로 인해 고향을 등지고 다른 나라로 이주하는 사람이 있는가 하면, 출신국이 정치·경제·사회적으로 안정되어 있음에도 불구하고 다른 나라에서의 새로운 삶의 기회를 찾아 이주하는 사람도 있다. 즉, 이민의 흐름으로 보았을 때, 이주의 방향과 규모가 송출국 또는 유입국의 요인들 중 어느 하나 또는 양자에 의하여 결정되는 것으로 파악할 수 있다. 경우에 따라서는 국제인구이동의 원인이 송출국과 유입국이 아닌 제3의 나라 또는 세계체계에 있는 경우도 있다.

     이민은 개인의 선택에 의하여 이루어지는 것이 대부분이지만, 때로는 가족, 친족, 종족 등 사회집단의 선택에 의하여 이루어지기도 한다. 현대사회의 이주는 개인과 사회집단의 자발적 선택에 의한 것이 주류를 이루지만, 타인의 강제 또는 강요에 의한 것도 있다. 개인 또는 사회집단은 자신을 둘러싼 제도적 환경, 즉 국가·시장·사회 상황을 고려하여 이민 여부와 방향 등을 선택할 수밖에 없다.

그렇지만 이민을 개인이 새로운 삶의 기회를 찾기 위해 자신의 고국을 떠나 새로운 나라로 이동하고, 또 새로운 사회에 빨리 적응하는 단순한 행동으로 생각하는 것은 문제가 있다. 이민은 일반적으로 이민자의 더 나은 생활에 대한 욕구가 직접적인 개인적 동기로 작용하여 발생하는 것이지만, 여러 가지 경제적·사회적·정치적·종교적 요인이 더불어 개입하기 때문이다. 이민은 이민자를 보내는 나라나 받아들이는 나라의 사회 전체에 영향을 주고 사회변동을 일으키는 집단적 행동이다. 이민자는 송출국과 유입국이라는 상이한 나라의 사회적·경제적·정치적 과정 속에 자리 매겨져 있다. 송출국과 유입국에서 이민을 규정하는 여러 가지 조건의 변화가 이민의 규모·방향·형태를 좌우한다. 또한, 송출국과 유입국 정부의 이민정책도 국제인구이동의 내용과 규모에 많은 영향을 준다. 말하자면, 이민자의 이주 행위는 개인적 의사결정의 결과이지만, 이민의 선택지는 사회·경제·정치적으로 생성·제공된 것이다. 국가의 이민정책은 그러한 점에서 개인 또는 사회집단의 선택을 직접적으로 제약한다.

이 장에서는 전 세계 이민현황과 이민에 관여하는 사회제도를 국가, 사회, 시장의 측면에서 살펴본다. 이후 송출국과 유입국의 이민정책을 고찰하며, 세계 각국의 구체적 이민정책을 알아본 후, 이민정책 결정 과정에 관한 이론을 살펴보기로 한다.

1절 전 세계의 이민현황

오늘날 전 세계의 이민 규모와 특성을 알아보기로 한다. 2013년 자국을 떠나 해외에 거주 중인 사람 수는 2억 3,150만 명이었다. [그림 1]에서 국제인구이동의 방향을 선진국과 저개발국으로 구분하여 살펴보면, 저개발국→저개발국 8,230만 명 (35.6%), 저개발국→선진국 8,190만 명(35.4%), 선진국→선진국 5,370만 명(23.2%), 선진국→저개발국 1,370만 명(5.9%)의 순으로 나타났다. 흔히, 국제인구이동은 가난한 나라 사람들이 부자 나라로 이주하는 것으로만 생각하는 경향이 있으나, 실상은 그뿐 아니라 다른 방향으로의 이동도 활발함을 알 수 있다.

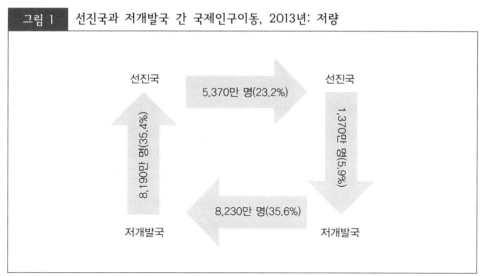

그림 1 선진국과 저개발국 간 국제인구이동, 2013년: 저량

선진국   5,370만 명(23.2%) →   선진국

8,190만 명(35.4%) ↑   ↓ 1,370만 명(5.9%)

저개발국   ← 8,230만 명(35.6%)   저개발국

자료: United Nations (2013a: 24).

표 1 국제인구이동의 출발지와 목적지별 이민자 수, 2013년: 저량

(단위: 백만 명, %)

		출발지								이민자 중 역내출신 비율(%)
		아프리카	아시아	유럽	중남미	북미	오세아니아	여러 지역	전체	
목적지	아프리카	15.3	1.1	0.8	0.0	0.1	0.0	1.4	18.6	82.3
	아시아	4.6	53.8	7.6	0.7	0.6	0.1	3.4	70.8	76.0
	유럽	8.9	18.6	37.8	4.5	0.9	0.3	1.3	72.4	52.2
	중남미	0.0	0.3	1.2	5.4	1.3	0.0	0.2	8.5	63.5
	북미	2.0	15.7	7.9	25.9	1.2	0.3	0.0	53.1	2.3
	오세아니아	0.5	2.9	3.1	0.1	0.2	1.1	0.1	7.9	13.9
	전체	31.3	92.5	58.4	36.7	4.3	1.9	6.4	231.5	
역내이주비율(%)		48.9	58.2	64.7	14.7	27.9	57.9			

자료: United Nations (2013a: 25).

[표 1]에서 국제인구이동의 목적지별 이민자 수를 살펴보면, 2013년에는 유럽 7,240만 명, 아시아 7,080만 명, 북미 5,310만 명, 아프리카 1,860만 명, 중남미 850만 명, 오세아니아 790만 명의 이민자가 거주하고 있었다. 출발지별로는 아시아 9,250만 명, 유럽 5,840만 명, 중남미 3,670만 명, 아프리카 3,130만 명, 북미

430만 명, 오세아니아 190만 명, 기타 여러 지역 640만 명의 이민자가 자국을 떠나 해외에 거주하고 있었다. 흥미로운 현상은 지역내 이주의 비율이 높다는 점이다. 아시아→아시아는 5,380만 명으로, 아시아 거주 이민자 7,080만 명 중 76.0%, 아시아 출신 이민자 9,250만 명 중 58.2%에 달한다.

[그림 2]는 2013년 세계 각국별 이민자 수를 지도에 나타낸 것이다. 미국·캐나다·오스트레일리아·뉴질랜드·아르헨티나·남아프리카공화국 등 이민으로 형성된 나라의 이민자 수는 각각 100만 명을 훨씬 상회한다. 독일·영국·프랑스·네덜란드·이탈리아·스페인·스웨덴 등 EU 회원국과, 일본·한국 등 선진 경제를 가진 나라의 이민자 수 역시 각각 100만 명을 상회한다. 그 뿐 아니라, 사우디아라비아·이란 등 중동과 베네수엘라 등 기타 지역의 산유국, 말레이시아·태국, 인도·파키스탄·방글라데시, 터키, 나이지리아·코트디부아르 등 지역경제 중심국에도 각각 100만 명 이상의 이민자가 거주하고 있다.

그림 2 세계 각국별 이민자 수, 2013년: 저량

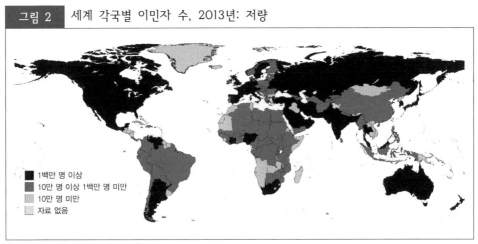

자료: United Nations (2013c).

중국, 인도네시아·필리핀·미얀마 등 동남아시아 개발도상국, 헝가리·폴란드 등 동유럽 나라들, 이집트·리비아 등 아프리카 개발도상국, 브라질·파라과이·볼리비아·콜롬비아·에콰도르·페루·칠레 등 남아메리카 개발도상국에는 10만 명 이상 100만 명 미만의 이민자가 거주하고 있다. 이민자 수가 10만 명 미만인 나라는 북한·몽골·파푸아뉴기니·베트남·캄보디아·라오스, 이라크, 소말리아·마다가스카르·

나미비아·앙골라·잠비아·시에라리온·모리타니·모로코·튀니지, 니카라과·온두라스·
엘살바도르·벨리즈·과테말라, 가이아나·수리남, 그린란드 등으로, 저개발국, 전쟁·
내란 중인 나라, 사람이 살기 힘든 지역 등이라는 특성을 가진다. 전 세계 나라 중
이민자가 거의 없는 나라 수는 매우 적다. 요컨대, 세계 각국은 대부분 이민자를 받
아들이고 있다.

2절 이민과 사회적 행위자 및 제도[1]

1. 세계체계와 사회, 국가, 시장

이민 현상과 관련된 사회적 행위자와 제도들 간의 관계를 보여주는 모형은
[그림 3]과 같이 나타낼 수 있다(설동훈, 1999, 2000). 이 모형에서 '세계체계'(world
system)는 모든 나라의 사회들을 하나의 질서로 연결시키는 국제적 사회체계로 정
의한다. 세계체계는 역사적 시간상에서 개별 나라 사회들의 기회를 제약하는 조건
을 부여한다. 세계체계가 개별 나라 사회에 미치는 영향은 일률적이지 않다. 즉,
각 나라 사회가 동일한 외부적 조건에 대하여 반응하는 양식은 상당한 차이를 보
인다.

'사회'(society)는 공동생활을 하는 인간의 집단으로 정의한다. 사회를 인간의
전체 집합으로 파악하면, 그것은 세계사회를 의미한다. 그러나 세계사회는 국경에
의하여 각 나라 사회로 분할되어 있다. 각 나라 사회에서 사람들, 즉 개인·가족·
지역공동체·계층 등은 제 각각 의사를 표출하므로, 사회는 통일된 논리를 산출하
지 못한다. 그렇지만 사회 자체가 침해당하는 것에 대해서는 적극적으로 방어하려
는 속성을 지니고 있는데, 폴라니(Polanyi, 1944)는 그것을 '보호주의'(social pro-
tectionism)라 명명하였다.

'국가'(state)는 원래 사회 속에 자리 매겨져 있었지만 하나의 독립된 제도로
등장한 것으로, 권력이나 정부 기구뿐 아니라 그것들에 귀속된 전반적 사회체계로

---

[1] 제2절과 제3절은 설동훈(1999: 24-37; 2000: 44-66)의 국제노동력이동 설명 모형을 국제인
구이동 설명 모형으로 수정한 것이다.

| 그림 3 | 행위자와 제도를 이용한 이민 설명 모형 |

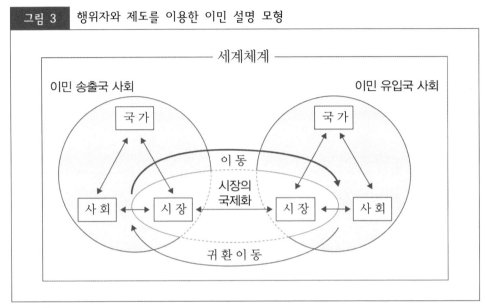

자료: 설동훈(1999: 25).

정의한다. 국가는 세계사회를 구획지어 영토를 설정하고, 그 내부에 있는 조직과 사람에 대하여 우월한 지위를 갖고 행위를 강제하는 권력을 정당화시킨다. 국가는 내부에 있는 사람과 조직에 충성을 강요하고, 세금·병역·노역 등의 형태로 각종 의무를 부과한다.

　'시장'(market)도 원래 사회 속에 자리 매겨져 있던 것이 독립한 것으로, 사람들 간의 상품 교환 행위가 가격을 형성하는 제도로 정의한다. 사람들은 시장에서 경쟁적 교환을 통하여 이윤을 확보하려는 경제적 행위를 수행한다. 시장은 국가의 속박을 벗어나 세계를 하나로 만들려 하는 전 지구적 지향을 갖고 있다. 역사적으로도 시장은 '원격지 교역'의 형태로 '세계시장'이 먼저 출현하였고, '전국적 국내시장'은 산업혁명 이후 운하와 철도의 시대가 온 이후 출현하였다.

　세계체계 속에서 사회·국가·시장은 개별 나라 내부와는 다른 의미를 지닌다. 우선, '사회'는 '인간의 전체 집합'으로 세계사회의 이상과 사회동포주의(cosmopolitanism)라는 이념을 갖고 있으나, 실제로는 개별 국가에 의하여 분할된 형태로 존재한다. 그렇지만 세계사회의 이상은 시민운동의 국제 연대를 추동하는 기본적 힘으로 작용한다.

　다음, '시장'은 세계를 하나로 통합하는 것을 지향한다. 상품시장·자본시장은 이미 그렇게 되어 있고, 엄청나게 강한 힘을 행사하고 있다. 그러나 노동시장의 통합은 '국가에 의하여 분리되고, 국경으로 구획 지어진 사회'의 저항에 직면하여 있다. 세계노동시장의 형성은 세계사회의 형성과 맞물리는 것이기에 개별 국가의 저항이 클 수밖에 없다.

끝으로, 국가는 이념형적으로는 세계정부의 형태로 세계시장에 개입하고 세계 사회를 통제 할 수 있다. 그러나 세계정부가 존재하지 않는 현대세계에서는 미국이 주도하는 국가 간 체계(列國體系 interstate system)가 그 역할을 수행한다. 국가 간 체계를 규정짓는 핵심 요소는 국력의 우열이다. 그러므로 국제인구이동과 관련된 분야에서는 대부분 저개발국인 이민 송출국 정부의 요구가 무시되고 선진국인 유입국 정부의 의사가 관철되는 경향이 강하다.

요컨대, 세계체계에서 시장은 통합되어 강력한 힘을 유지하는 데 반해, 사회와 국가는 국경으로 분리되어 있다. 그것은 국제인구이동이 발생하고 유지되는 제도적 환경을 조성한다.

2. 사회, 국가, 시장의 상호관계

개별 나라에서 사회·국가·시장의 상호관계는 세 가지로 구분하여 살펴볼 수 있다.

첫째, '사회와 국가의 관계'에서, 국가는 사회 속에서 출현하였으나 사회를 통제하는 기능을 수행한다. 그러나 국가의 자율성은 절대적인 것이라기보다는 상대적인 것이다. 즉, 국가는 사회 속에서 '자리 매겨진 자율성'(embedded autonomy)을 가진다. 또 사람들의 해외이주에 대한 국가 정책은 일률적이지 않다. 국가는 사회와 시장을 고려하여 정책을 펴기 때문이다. 예컨대, 중상주의, 경쟁자본주의, 독점자본주의 시대 국가의 이민정책이 다르고, 이민 송출국과 유입국의 정책이 다르다.

둘째, '사회와 시장의 관계'에서, 제도로서의 시장은 인간의 노동력을 상품화하는 노동시장을 통해 사회를 지배한다. 폴라니(Polanyi, 1944)가 지적하였듯이, 자본주의 초기에 인간 이주에 대한 국가의 규제가 철폐된 이후, 시장은 하나의 독립된 제도로서 사회를 지배하기 시작하였다. 각국의 노동시장에서 노동력 수급의 불균형은 국제인구이동을 유도하고 지속시키는 기본 요인이 된다. 현대 자본주의 사회에서 시장의 주역은 조직, 그 중에서도 기업이다. 기업은 국경을 뛰어 넘어 초 국적화 되는 추세에 있다. 이러한 시장의 지배에 대하여, 사회는 자체적 시민운동이나 국가정책을 통하여 저항하여 자기 의사를 관철하려 한다.

셋째, '시장과 국가의 관계'에서 국가는 항상 시장에 개입하여 왔고, 시장은 국가 개입을 최소화함으로써 자체의 작동 메커니즘을 유지하려 하였다. 국가의 시장 개입은 역사적·사회적 맥락에 따라 경제적 효율을 낳기도 하였지만 비효율을 초래하기도 하였다. 시장은 사적 재화 배분의 효율을 보장하는 제도이기는 하지만, 잘못될 경우 사회와 자연까지 파괴할 수도 있다. 국가는 시장 실패(market failure)를 막기 위하여 시장에 개입한다는 명분을 내세우고 있고, 그 경우 사회의 지지를 통해 정당성을 확보한다. 국가의 시장 개입 정도와 방식은 매우 다양하다. 시장의 효율성을 보장하기 위하여 최소한도로 개입한 국가도 있었지만, 사회의 보호를 명분으로 국가가 시장에 깊숙이 개입한 사례도 적지 않다.

3. 사회, 국가, 시장과 이민

[그림 3]은 국제인구이동을 분석하기 위하여 노동력 송출국과 유입국의 두 사회로 논리를 단순화한 모형이다. 세계체계에 속한 두 사회 사이에는 경제 발전 격차가 존재하며 임금수준이 다르다. 그래서 이민 송출국 사회의 사람들은 보다 나은 삶의 기회를 찾아 다른 나라로 이주하려고 한다. 그들 중 이민에 성공한 사람들은 새로운 사회에서 이민자로 생활한다. 그들이 해외로 진출하는 것은 '이동'으로, 모국으로 다시 돌아가는 것은 '귀환이동'으로 표시하였다. 한편, 두 사회 내부에서 이민을 촉진 또는 저해하는 시장·사회·국가의 상호작용 메커니즘이 작동하는 것으로 상정한다. 두 사회 내에서 시장과 사회 및 국가는 해외 이주를 선택하려는 사람들의 의지와 행동의 동기를 부여하거나 제약을 가한다. 물론 그 각각의 구체적 형태는 시대와 사회에 따라 달리 나타난다.

이민의 방향, 규모, 지속기간 등 구체적 형태는 각 나라에서 시장·사회·국가의 상호작용과 송출국과 유입국의 두 나라 사이 시장·사회·국가의 상호작용에 따라 구조적으로 결정된다. 일차적으로 시장·사회·국가는 각 나라 안에서 지속적 상호작용을 한다. 인구의 많고 적은 정도를 포함하는 전반적 국내 시장상황이 있고, 이민에 대하여 긍정적 또는 부정적 가치를 부여하는 사회의식이 있으며, 이민을 장려·방관·규제·금지하는 다양한 형태의 국가정책이 존재한다. 그 각각은 송출국과 유입국으로 구분되고, 두 나라 사이에서 역동적 상호작용이 이루어진다.

각국에서 시장·사회·국가는 자국민에게 직업과 거주지를 국내에서 구할 것인지 해외에서 찾을 것인지를 고를 수 있는 선택지를 제공한다. 여기서 이민 희망자가 이동 여부를 선택하지만, 그 선택지는 구조적으로 제한된다. 또한 그의 선택이 시장 원리에서 비롯한 경제적 합리성에 따라서만 이루어지는 것은 아니다. 행위 선택의 기준은 사회의 일반적 의식에 따르기도 하고, 국가의 정책과 제도에 의해 강제되기도 한다. 이민자는 시장·사회·국가 및 세계체계가 제시한 선택지 중에서, 앞의 여러 가지 행위 선택의 기준에 따라 외국에서 살기를 선택한 사람이다. 즉, 그의 선택은 '제한된 합리성'(bounded rationality)에 기반을 둔 것이다.

표 1 · 이민에 연관된 사회와 행위자의 문제와 목표 및 전략

구분	송출국 사회	이민자	유입국 사회
일차적 문제	과잉인구, 즉 구조적 실업과 불완전고용의 만연. 지방별·부문별 경제발전의 불균형.	소득 기회의 부족. 낮은 교육수준. 외부에 의해 유도된 경제·사회적 욕구의 증대. 개인적 발전 지체.	특정 지방·부문의 지속적 노동력 부족. 직업구조의 상향적 변화와 하층 직종의 인력난.
전략	대량 해외이출의 묵인 또는 장려.	단기, 중기, 내지 영구적인 이민.	이민자 고용.
목표·기대	인구 압력의 제거. 지방 수준의 이전소득과 국민경제 수준의 해외송금, 학습 과정을 통한 발전 효과, 사회·정치적 긴장 완화 등 부가 급부.	소득 원천. 저축 확대와 안정적 저축. '국내'와 '해외' 생활근거 확립 및 통합·재통합. 사회적 지위 상승.	지방·부문별 노동시장 문제에 대한 단기적 해결책. 경기변동의 완충장치를 도입. 노동시장의 유연성 확보.
이차적 문제	인구 구조의 파괴. 지방·부문별 인력 부족. 교육, 정치, 삶의 질 등 장기적 문제를 안고 있는 사회구조적 난맥상은 발전의 장애물로 작용. 반복적인 대량 해외이출.	이민자로서의 생활. 의사소통, 통합, 법적·정치적 지위 등 개인적·사회적 문제의 악화. 계획하지도 기대하지도 않았던 장기 체류와 반복적 이주. 투자 실패. 재통합의 실패.	사회 기반시설에 대한 이차적 수요. 보완효과에 의한 외연적 경제성장은 경제구조 조정을 지연시킴. 사회통합, 정치적 반대운동, 2세 문제 등 사회적·정치적 이민자 문제.

자료: Ronzani (1980: 200); Herbert (1996: 18).

<표 2>는 이민 송출국 사회와 유입국 사회 및 이민자 사이에서 발생하는 여러 가지 쟁점을 정리한 것이다. 이민은 송출국 사회와 유입국 사회 각각의 상황과 더불어, 이민자 개인 또는 그가 소속된 사회집단의 사정에 의해 영향을 받는다. 이 표의 내용은 우리가 일상에서 경험한 이민 현상, 즉 취업이주, 결혼이주, 유학이주 등과 관련된 문제점, 전략과 목표·기대 등을 파악하는 데 도움을 준다. 송출국 사회와 유입국 사회 각각의 목표·기대와 전략은 곧 바로 그 나라 정부의 이민정책을 통해 구현되고 있다. 그러므로 시장·사회·국가와 이민자의 관계를 살펴보기로 한다.

1) 시장과 이민

현대사회에서 시장은 특히 중요하다. 자본시장, 노동시장, 토지·주택시장, 결혼시장, 교육시장 등 다양한 영역에 걸쳐 시장 기제가 작동하고 있다. 시장 기제, 즉 '보이지 않는 손'에 의한 자원의 효율적 배분이 강조되고 있다. 시장 원리는 경제 영역뿐 아니라 비경제 영역까지 침투하여 지배하고 있으므로, 이민 현상을 이해하기 위해서는 이민이 발생하는 시장 상황을 살펴보는 게 중요하다.

자본주의 축적 구조는 노동력의 성격과 수요-공급의 기본 형태를 형성한다. 자본은 그 형태를 화폐·상품·토지·기계 등 매우 다양한 모습으로 바꾸어 가면서, 국내외 어디든지 투자 이윤이 발생하는 곳으로 이동한다. 중심부 자본은 중상주의 시대에는 식민지의 광산과 플랜테이션에 집중적으로 투자되었고, 산업혁명 이후에는 자국과 외국의 제조업 부문에 집중적으로 투자되었다. 자본은 이윤이 가장 많이 남는 산업부문과 지역으로 끊임없이 이동하며 투자되고 있다. 투자된 자본이 가치를 실현하기 위해서는 노동력을 필요로 하고, 그것도 최대 이윤을 낳을 수 있는 가장 저렴한 노동력을 필요로 한다. 자본주의 세계경제 수립 이후에는 자본 투자 양상이 국제인구이동의 규모와 방향을 결정하였고, 이민이 노동력 공급체계로써 본격적으로 작동하였다.

이민은 자본 투자의 지역적 위치와 밀접한 관계가 있다. 이민이란 형식적으로는 개인·공동체·사회집단의 선택에 의하여 이루어지지만, 내용적으로는 자본주의의 지역 간 불균형 발전에 따른 노동력 수요 격차라는 구조적 현상에 대한 인간의 반응이다. 다시 말해, 자본 투자는 노동력 상품을 지닌 인간의 이동을 가능케 하는 기본요인이다.

2) 사회와 이민

문화적 동질성이 강한 사회는 그 동질성을 유지하려는 경향이 있다. 그렇지만 각 사회가 성원의 외부 유출이나 외국인의 유입에 대하여 어떤 일관된 입장을 갖고 있는 것은 아니다. 외국인 유입에 대한 특정 사회의 반응은 시장과 국가 또는 세계체계와의 상호작용에 의하여 결정된다. 여기서는 몇 가지 사례를 살펴보기로 한다.

첫째, 노예무역이 최고조에 달했던 18세기 아프리카 사회는 성원의 해외 송출에 대하여 저항하였지만, 그것은 중심부의 강압과 무력에 의하여 철저히 무시되었다. 반면, 노예 노동력을 사용하였던 중심부 사회나 그 식민지 사회는 노예 수입에 대하여 긍정적 가치를 부여하였다.

둘째, 19세기 중엽 서유럽에서 미국으로의 이민이 활성화되었을 때, 아일랜드와 영국·독일 등의 사회는 자국민의 해외 이주에 매우 긍정적 가치를 부여하였다. 그것은 송출국 사회 자체의 논리라기보다는 빈곤과 굶주림으로 표현된 자국의 시장상황 때문이었다. 어쨌든, 그것은 결과적으로 이민 붐(boom)을 낳았다. 그들을 받아들였던 미국 사회는 서유럽인의 이주를 환영하였다. 하지만 미국 사회는 남부·동부 유럽인과 아시아인의 유입에 대해서는 저항하였다. 그것은 이민족의 유입이 미국 사회의 동질성을 해친다는 근거에서 비롯되었다. 거의 모든 사회는 자기 속에 쉽게 동화될 수 있는 외부 성원의 유입에 대하여 크게 문제 삼지 않지만, 이질적 문화를 가진 이민족의 유입에 대해서는 강력히 저항한다. 사회의 이러한 자기보호의식은 '이민법'과 '출입국관리법' 또는 '국적법' 등에 반영된다.

외국으로부터의 이민자 유입에 대한 사회의 '보호주의' 성향은 1880년대 미국에서 최초로 조직화되었다. 서유럽 출신 이민자의 유입이 거의 한계에 다다르면서 남부·동부 유럽으로부터의 신이민 유입이 급증하였고, 또 대륙횡단철도 건설근로자로 충원된 중국인을 비롯한 유색인종의 비율이 증가하게 됨에 따라, 백인 앵글로색슨 개신교도(white Anglo-Saxon protestant: WASP)로 대표되는 서유럽 출신 이민자들이 주류를 이룬 미국 사회는 자신들의 문화적 정체성이 파괴될 것을 우려하였다. 미국 사회는 자국의 '아시아화에 대한 공포'(황색공포, yellow peril) 때문에 아시아와 태평양 섬나라 출신 외국인의 이민에 대한 선별적 규제 정책을 시행하였다. 이러한 경향은 베버(Weber, 1893)가 독일 농촌의 '폴란드화'를 우려한 것과 같은 맥락으로 이해할 수 있다. 그것은 유럽인들이 아메리카 원주민을 백인 이민자로 대체함으로써 신대륙을 '유럽화'(박진빈, 2006 참조)시킨 것과 같은 현상이 발생할 것에 대한 두려움이었다. 그것은 19세기의 이민이 영구 정착을 전제로 한 '자유 이민'으로 이루어졌기 때문에 나타난 현상이었다. 과거의 노예는 그 수가 아무리 많더라도 우려의 대상이 되지 않았다. 이민 유입국 사회의 신규 이민자 유입에 대한 '선별적' 규제 요구는 국가 정책으로 표출되었다. 결국, 20세기 이후 이민 유입국 정부는 자국 내 인력부족을 해결하기 위하여 '영주를 목적으로 한 이민자'보다는 '일시적 취업을 목적으로 한 이주근로자'를 선별적으로 받아들이게 되었다.

한편, 이민자의 수입 여부와 그 규모 및 직종 등을 둘러싸고, 이민 유입국 사회에서는 다양한 의견이 표출된다. 예컨대, 내국인들은 이민자의 유입이 자신들의 고용기회를 박탈하고 임금수준을 저하시킬 가능성에 대하여 우려를 표명하고, 고용주는 심각한 노동력 부족을 해결하지 않으면 기업이 도산할지도 모르며 결국에는 내국인의 고용 기회를 침식시킬 것이라며 이민 수용을 요청한다. 사회 각 집단의 의견은 여러 갈래로 표출되는데, 어떤 것은 시장의 요구와 일치하지만, 그렇지 않은 것도 꽤 많다. 이처럼 시장과 사회의 요구가 대립하여 분쟁이 생겼을 때 최후의 조정자는 국가다.

3) 국가와 이민

국가는 폭력수단을 독점함으로써 국내 질서를 확보한다. 모든 나라의 정부는 사람과 물건의 통과에 관한 규정을 만들어 국경을 통제한다. 그렇지만 사람과 물건의 이동에 대한 내적·외적 통제를 완벽하게 달성한 나라는 하나도 없다. 모든 국가의 국경 통제 내용과 수준은 일률적이지 않고 매우 다양하다. 오늘날 대부분의 국가는 원하는 인력을 받아들이는 동시에, 원하지 않는 인력, 특히 극도로 빈곤한 외국인의 자국 내 유입을 막기 위하여 국경을 엄격히 통제하고 있다. 그러나 과거 중상주의 국가는 국력이 인구에서 비롯되는 것으로 보고, '자국민의 해외 이출(移出)을 규제하고 외국인의 자국 이입(移入)을 환영하는' 정책을 추진하였다. 이처럼 국가는 시장과 사회의 요구를, 신택적으로 또는 종합석으로 취합하여 정책으로 구현한다.

국가의 이민정책은 국경을 넘는 사람의 이동을 규제하는 장치이지만, 그것이 시장 또는 사회의 요구와 다른 방향으로 결정될 경우 종종 실패하기도 한다. 예컨대, 유입국 시장이 이민 노동력을 필요로 하고 더욱 나은 대우를 약속한다면, 유입국 사회가 그들을 환영하지 않고 유입국 정부가 제도를 통해 규제하더라도 이민자는 흘러들어 온다. 미국의 비합법이민자, 미국, 일본, 한국 등지에서 발견되는 비합법 이주근로자가 바로 그러한 예다. 반면, 유입국 사회와 국가가 합의하여 특정 자질을 가진 이민을 적극적으로 유치하려 해도 성공하지 못하는 경우도 있다. 오스트레일리아 정부가 1901~1973년 군건히 견지하였던 '비백인 이민 제한 정책' 즉 백호주의(白濠主義, White Australia Policy)를 파기하고, 다문화주의를 표방한 것은 유럽인의 이민 감소가 주요 원인이었다. 송출국의 사정도 마찬가지다. 국가가 해외이민을 규제하더라도 국내 시장상황이 열악하면 사람들은 어떻게든 해외로 이주하려 한다. 경제적 빈곤으로 인한 기아에 시달리다 못해 국경을 넘는 수많은 경제난민들이 바로 그들이다. 반면에 국가가 자국민의 해외이민을 거의 규제하지 않더라도 국내의 시장상황이 호전되면 해외이민 규모는 크게 감소한다. 1960년대 서유럽인들의 해외이민이 감소한 것은 바로 그러한 점 때문이다. 그러므로 각국 정부는 자국 사회와 시장의 조건을 고려하여, 이민정책을 수립할 수밖에 없다. 국가의 이민정책의 유형과 내용은 절을 달리하여 자세히 살펴보기로 한다.

3절 송출국과 유입국의 이민정책

국가의 이민정책은 '출입국관리법', '이민법' 등 법률적·제도적 형태로 표출된다. 각국의 출입국에 대한 제도적 조건은 이민의 양과 질을 결정하는 핵심적 변수이다. 그것은 <표 3>과같이 이민 송출국과 유입국의 두 측면에서 살펴볼 수 있다.

1. 송출국의 이민 통제

이민 송출국의 정책은 자국민의 이출을 금지하는 것으로부터 특정 집단을 강제 추방하는 것에 이르는 다섯 가지 유형을 설정할 수 있다. 첫째 '자국민의 이출을 금지하는 정책'은 중상주의에서 전형적으로 발견되었는데, 20세기에는 파시즘 체제 하의 이탈리아와 독일, 그리고 공산주의 국가들이 채택하였던 방식이다. 이는 국부(國富)의 창출과 체제의 안정적 유지를 위하여, 인구가 많은 것을 선호하는 입

표 3   국가의 이민 통제 수준

이출	이입
이출 금지: 국가의 주권으로써 외국인의 이입 금지와 자국인의 이출 금지를 병행하는 경우 (autarchy). 전체주의·공산주의 국가. 북한. 최소한의 예외는 인정됨.	**자유 이입**: 무제한적 자유 이입(laissez–faire)까지는 아니더라도, 인접국가간 국민들의 왕래가 꽤 자유로운 경우. 1950년대 이후 EU회원국 간 노동력이동.
선별 이출: 특정 자격을 가진 개인·집단·소수민족의 해외 이주를 선별적으로 허용하거나 불허하는 경우. 이집트의 내과의사 이민 제한. '두뇌유출' 방지 목적.	**이입 장려**: 이민자나 이주근로자를 유치·수입하는 경우. 19세기~20세기 초 오스트레일리아·뉴질랜드, 1942~1964년 미국, 1950~1960년대 서유럽, 1970~1980년대 중동 산유국.
이출 허용: 국민이 준법·납세 등 국민의 의무를 지킬 때는 자유롭게 이출하는 것을 허용하는 경우. 해외 이주를 포함하는 '거주 이전의 자유'를 국민의 기본권으로 간주. 서구 민주주의 국가.	**선별 이입**: 이민자나 이주근로자를 선별적으로 받아들이는 경우. 저숙련 이주근로자는 엄격한 기준에 의해 받아들이지 않음. 가족재결합과 난민 수용 등 최소한의 이민자 유입만 허용. 대부분의 국가.
이출 장려: 자국인의 해외 이주를 장려하는 경우. 파키스탄·방글라데시·스리랑카·필리핀·태국에서 중동으로의 이주근로자 송출, 터키에서 독일로의 이주근로자 송출, 알제리에서 프랑스로의 이주근로자 송출.	**이입 억제**: 이민자나 이주근로자를 가능한 한 받아들이려 하지 않는 경우. 법률적·제도적으로 이민자의 유입을 규제함에도 불구하고, 불법이민이나 서류미비이민자가 쇄도할 경우 정부가 그들의 유입을 봉쇄하기 힘든 경우가 많음.
강제 이출: 특정 개인·집단·계급·소수민족을 전체 이익을 위한다는 명분으로 강제로 내보내는 경우. 난민, 강제 노동이동.	**이입 금지**: 외국인의 장기 체류와 귀화가 사실상 불가능한 경우(autarchy). 이민자나 이주근로자 유입을 전혀 허용하지 않은 극소수 국가.

자료: Weiner (1985: 444-445); 설동훈(2000: 58).

장으로 볼 수 있으며, 국가가 시장과 사회를 지배하는 유형으로 이해된다.

둘째, '자국민의 이출을 선별적으로 허용하는 정책'은 특정 집단에 한해 이주를 허용하거나 금지하는 것인데, 이출금지를 제외하고는 이출규제가 상대적으로 가장 강한 형태다. 이집트 정부가 자국 의료인의 '두뇌유출'을 막기 위하여 채택하였던 방식이다.

셋째, '자국민이 원하는 경우 이출을 허용하는 정책'은 대부분의 민주주의 국가가 채택하고 있는 방식이다. 국가는 자국민이 소정 요건을 갖춘 경우 그의 자유로운 해외 이주를 보장한다. 자유민주주의 국가는 그것을 '거주이전의 자유'라는 관점에서 허용한다. 그렇지만 유입국 정부가 그 사람의 이입을 허용하지 않을 경우, 그는 이민에 성공할 수 없다. 대부분의 자유민주주의 국가는 자국민에게 자유로운 이출을 보장하지만, 외국인의 이입은 엄격하게 규제하고 있기 때문이다.

넷째, '국가가 국민의 해외 이주를 장려하는 정책'은 영국이 식민지를 개척하기 위하여 미국·오스트레일리아·뉴질랜드로의 이민을 장려하였던 것이 전형적 사례고, 최근 방글라데시·파키스탄·인도·스리랑카·필리핀·태국 등이 해외 송금을 기대하고 자국인을 해외로 송출하는 것도 그 보기다. 1960~1970년대 한국 정부가 한국인의 해외 이주를 장려한 것도 중요한 사례다.

다섯째, '국가가 특정인을 강제로 이출시키는 경우'는 중심부 나라 또는 그 대리인으로서의 노예상인이 아프리카 주민을 강제로 이주시킨 노예무역이 전형적 사례다. 피터센(Petersen, 1958)은 '국가에 의하여 이루어진 인구이동'을 강제이동으로 정의하고 있다. 이 정의에 따르면, 천재지변이나 전쟁·혁명·기아로 인한 '난민 이동'도 강제이동으로 간주된다.

이민 송출국의 정책이 이처럼 다양하게 나타나는 것은 각국 내부의 시장·사회·국가의 구조적 관계가 상이하기 때문이다. 중상주의 국가는 국가가 시장과 사회를 장악하여 '이출금지 정책'이나 '강제이출 정책'을 추진하였다. 이 양 극단을 제외한 나머지 여러 가지 형태는 시장·사회·국가 간의 역동적 관계 때문에 파생된 것이다. 한 가지 주목할 만한 사실은 1960~1970년대 이후 이민 송출국으로 등장한 나라는 거의 대부분 '이출장려 정책'을 추구한다는 점이다. 이는 국가 주도 공업화 정책과 관련이 있다. 그 나라들의 정부는 1970년대 중동으로 근로자를 송출하였던 한국의 발전 경험을 모델 사례로 삼고, 국가가 자국민의 해외 취업을 적극적으로 장려하는 정책을 채택하고 있다. 이것은 국가가 시장과 사회를 지배하는 형태로 볼 수 있다.

2. 유입국의 이민 통제

다음, 이민 유입국의 입국 규제 유형도 다섯 가지로 세분할 수 있다. 첫째, '이민자의 유입과 귀환을 완전히 자유롭게 허용하는 자유방임 정책'을 펴는 국가는 하나도 없다. 다만, 제한된 상황에서나마 자유로운 이동이 가능한 사례는 1950년대 이후의 유럽공동체와 그 후속 조직인 1990년대 이후의 유럽연합에서 발견된다. 이 경우도 '지역내 국가 출신'이라는 단서가 붙는다.

둘째, '외국으로부터 이민자를 유치하는 정책'은 꽤 많은 국가가 추진하였다.

대표적 사례는 19세기부터 20세기 초까지 오스트레일리아와 뉴질랜드가 영국과 서유럽 출신의 이민자를 적극적으로 유치한 것, 1942~1964년에 미국이 멕시코인 계절 농업근로자를 받아들인 것(bracero program), 1950~1960년대 서유럽 여러 나라가 전쟁으로 파괴된 산업시설 복구를 위해 이주근로자를 받아들인 것, 그리고 1970~1980년대 중동 산유국이 외국인 건설인력과 공장근로자, 가정부·요리사 등을 대량 충원한 것 등이다. 이 사례들은 노동력 부족이라는 시장 상황이 국가 정책을 그렇게 추동한 것으로 파악할 수 있다.

셋째, '이민자와 이주근로자를 선별적으로 받아들이는 정책'은 유입국 사회의 요구에 의하여 실시된 것이다. 전형적 사례는 1920년대 이후 미국 정부가 실시하고 있는 '출신국별 신규 이민 할당제도'인데, 이 정책은 전 세계 국가로 확산되었다. 또한 이주근로자의 수입에 대해서도 선별적 입장이 견지되는 경우가 대부분이다. 예컨대, 싱가포르는 말레이시아와 홍콩 출신에 대해서는 우호적 태도를, 태국과 인도네시아 출신에 대해서는 규제적 태도를 취한다. 일본 정부가 남미 출신의 '일본계 외국인'에게 입국과 체류에서 특혜를 베푸는 것도 같은 맥락이다. 이는 문화적·인종적 동질성을 확보하려는 유입국 사회의 요구가 적극적으로 반영된 형태로 볼 수 있다.

넷째, '국가가 외국인의 이입을 억제하는 정책'은 '구분하여 배제한 특정 집단'을 대상으로 시행된다. 그럼에도 불구하고 그들은 불법체류자 또는 서류미비이민자의 형태로 체류하는 경우가 허다하다. 불법체류자·서류미비이민자가 발생하는 까닭은 유입국의 시장상황과 국가정책이 일치하지 않기 때문이다. 유입국 내부에 이민자나 이주근로자가 취업할 수 있는 기회가 충분히 존재하여 그들을 유인하는 한, 국가의 강력한 규제에도 불구하고 불법체류자·서류미비이민자는 존속할 것이다. 현재의 미국·서유럽·일본·한국이 그 사례다.

다섯째, '외국인의 장기 체류와 국적 취득이 거의 불가능한 경우'는 이민자나 이주근로자 유입을 허용하지 않는 극소수 나라에서만 발견된다. 북한·쿠바 등 고립주의 노선을 견지하는 나라가 대표적 사례다.

유입국의 이민정책 유형론

한국은 20세기 거의 내내 이민 송출국이었으나 이제는 이민 유입국으로 그 성격이 확연히 바뀌었다. 그러한 점을 고려하여, 유입국의 이민정책을 다른 방식으로 분류하는 견해도 살펴보기로 한다.

스트라우바(Straubhaar, 1992)는 국가가 '무제한 이입 허용'(laissez-faire)과 '완전 이입 규제'(autarchy) 사이에 있는 '선별적 이입 관리'를 채택할 경우, 사용할 수 있는 정책의 목록을 제시하고 있다. 국가는 '시장 상황'과 '사회 의식'을 고려하여, 여러 가지 이입 촉진 정책 또는 이입 저지 정책 중에서 적당한 것을 선택한다.

그림 4 국가의 외국인 이입 규제 정도와 형태

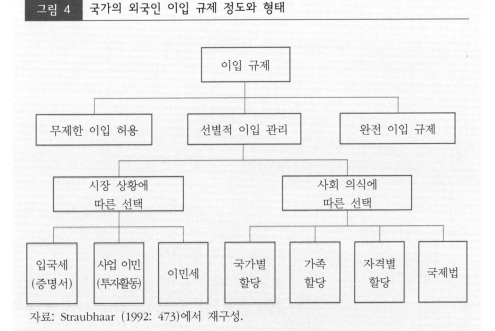

자료: Straubhaar (1992: 473)에서 재구성.

한편, 티머와 윌리엄슨(Timmer and Williamson, 1998)은 이민 수용국의 정책을 11점 척도로 세분하였다. 그들은 이입 촉진 정책에 양의 값을, 이입 저지 정책에 음의 값을, 중립적 정책에 0을 부여하여, 국가의 외국인 이입정책을 연속변수로 표현하였다. 다음은 그 척도의 측정기준이다.

5 홍보와 노동 관청을 통해 해외에서 근로자를 적극적으로 충원, 무료 토지 또는 토지 구입 보조금 제공, 여행 경비 전액 지원 또는 일부 보조, 임시 숙소 제공, 도착 항구로부터 내륙까지 무료 교통편 제공, 쉬운 국적 취득, 법적 재산 소유권 인정.

4 무료 토지 또는 토지 구입 보조금 지급, 이민 협정 또는 운송회사와의 계약, 숙소 제공, 근로자 충원, 쉬운 국적 취득, 법적 재산 소유권 인정.

3 이민자 유치를 위한 해외 사무소, 상륙 조정, 정착을 위한 토지 지정, 쉬운 국적 취득, 법적 재산 소유권 인정.

2 이민자 유치를 위한 해외 사무소, 상륙 조정, 쉬운 국적 취득, 법적 재산 소유권 인정.

1 적당한 홍보, 쉬운 국적 취득, 법적 재산 소유권 인정.

0 문호 개방, 이민자 유입을 장려하지도 않고 저지하지도 않음. 또는 이민자 유입에 대한 우호적 정책과 적대적 정책의 균형.

−1 운송회사에 대한 규제 그리고/또는 지원 운송 계약.

−2 이민자의 계층 제한(빈민, 국가의 감시대상이 될 가능성이 있는 자, 범죄자 등 배제), 또는 특정 나라 출신의 이민 영입 금지(예컨대 아시아인 배제)

−3 위의 규제에 부가하여, 외국인등록법, 국외 추방 규정, 재산 소유를 규제하는 법률, 비강제적 선별 법률(예컨대 문자해독능력 검사).

−4 이민할당량의 제한, 문자해독능력 검사 의무화, 또는 이민자 유입 규모를 대폭 감축하기 위한 기타 조치.

−5 이민 문호 폐쇄(또는 최소한만 개방).

　역사적으로 보면, '무제한 이입 허용'이나 '개방전략'을 채택한 경우에도 그 정도의 차이가 있음을 알 수 있다. 오스트레일리아·뉴질랜드 등은 과거 서유럽인의 이민에 대해서 단순한 이입 허용의 정도를 넘어 적극적으로 유치하였기 때문이다. 이 경우 정책은 양의 값을 갖는다. 물론 '완전 이입 규제'와 '폐쇄전략'은 극단적인 것으로, 세분의 여지가 존재하지 않으므로, −5에 해당한다. 결국 '선별적 이입 관리'와 '제한적 개방전략'은 이 척도에 의하면 −4부터 4에 걸쳐 있다 할 수 있다. 이 척도는 여러 개의 정책에 대한 평가를 합산한 것으로, 국가가 이민 희망자별로 상이한 정책적 대응을 하는 것을 고려할 수 있게 되어 있다. 티머와 윌리엄슨은 이 척도를 이용하여 19세기 후반부터 약 100년에 걸쳐 국가의 이민자 유입 규제가 점점 강화되어 왔음을 보여준다.

3. 송출국과 유입국의 이민 통제 비교

이민 송출국과 유입국의 정책을 비교하면, 양국의 정책이 서로 상충되는 사례가 일치하는 경우보다 훨씬 많다. 예컨대, 필리핀·방글라데시·파키스탄 정부는 적극적으로 이출장려 정책을 추진하고 있지만, 일본 정부는 이입억제 정책을 취하고 있다. 또한 '노동력의 질'과 관련하여 이민 송출국과 유입국의 정책이 대립되기도 한다. 국제무역기구(World Trade Organization: WTO) 체제 하 서비스 시장 개방에 관한 협상 안건을 놓고, 선진국은 고급인력에 대해서만 자유로운 노동력 이동을 허용할 것을 주장하고, 저개발국은 기술 숙련도에 상관없이 자유로운 노동력 이동을 주장한다. 이처럼 쌍방의 정책이 상충되는 경우 강국의 논리가 힘을 얻게 된다. 예컨대, 북미자유무역협정(North America Free Trade Agreement: NAFTA)의 핵심은 자유무역이라기보다는 '이민의 봉쇄'와 '관세 철폐'에 있다. NAFTA 지역 내에서, 미국과 멕시코 국경인 리오그란데 강은 두 개의 상이한 노동시장의 경계선과 정확히 일치한다. 상품은 자유롭게 국경을 넘나들지만, 사람들은 그렇게 하지 못하도록 정하고 있다.

UN의 다자간 국제협약 중 '모든 형태의 인종차별 철폐에 관한 국제협약'(International Convention on the Elimination of All Forms of Racial Discrimination, 1966)과 '모든 이주근로자와 그 가족의 권리보호에 관한 국제협약'(International Convention on the Protection of the Rights of All Migrant Workers and Members of their Families, 1990)의 가입국 분포를 통해, 이민 송출국과 유입국의 정책을 비교해 볼 수 있다. [그림 5]를 통해 2015년 12월 11일 기준 이 협약들의 가입 현황을 살펴보면, '모든 형태의 인종차별 철폐에 관한 국제협약'의 경우 대부분의 선진국과 저개발국을 포함하는 177개국(바티칸, 팔레스타인 포함)이 가입하였고, 앙골라, 부탄, 나우루, 팔라우, 상투메 프린시페, 싱가포르의 6개국은 서명만 한 상태며, 북한, 말레이시아, 브루나이, 미얀마, 남수단, 도미니카, 키리바시, 마셜 제도, 미크로네시아, 사모아, 투발루, 바누아투, 쿡 제도, 니우에(뉴질랜드령) 등 14개국만 가입하지 않았다. 다자간 국제협약의 가입은 정부가 협약서에 서명하고 의회가 비준을 해야만 완료된다.

그러나 '모든 이주근로자와 그 가족의 권리보호에 관한 국제협약'의 가입국은 알바니아, 알제리, 아르헨티나, 아제르바이잔, 방글라데시, 벨리즈, 볼리비아, 보스니아 헤르체고비나, 부르키나파소, 카보베르데, 칠레, 콜롬비아, 에콰도르, 이집트,

엘살바도르, 가나, 과테말라, 기니, 가이아나, 온두라스, 인도네시아, 자메이카, 키르기스스탄, 레소토, 리비아, 마다가스카르, 말리, 모리타니, 멕시코, 모로코, 모잠비크, 니카라과, 파라과이, 페루, 필리핀, 르완다, 세인트빈센트 그레나딘, 세네갈, 세이셸, 스리랑카, 시리아, 타지키스탄, 동티모르, 터키, 우간다, 우루과이의 48개국이고, 서명만 한 나라는 아르메니아, 베냉, 캄보디아, 카메론, 차드, 코모로, 콩고, 가봉, 기니비사우, 아이티, 라이베리아, 몬테네그로, 팔라우, 상투메 프린시페, 세르비아, 시에라리온, 토고, 베네수엘라의 18개국이다. 미국, 독일, 영국, 일본, 한국 등 선진국과 러시아, 중국, 인디아, 파키스탄, 태국 등 개발도상국을 포함하는 131개국은 이 협약에 가입하지 않았다.

　전자는 이민자를 포함한 외국출신자와 국내 소수자 집단 등에 대한 인종차별을 금지하는 국제협약이므로 이민 송출국과 유입국, 선진국과 저개발국에 관계없이 거의 모든 나라가 가입한 반면, 후자는 이주근로자에 대한 권리 보장 수준을 엄밀히 규정하고 있다는 점에서 이민 송출국이 주로 가입하였고, 이민 유입국은 대부분 미가입 상태에 있다.

그림 5 세계 각국의 주요 이민 관련 다자간 국제협약 가입 현황, 2015년 12월 11일 기준

각국의 지위

가입 (177)　　서명 (6)　　미가입 (14)

가. '모든 형태의 인종차별 철폐에 관한 국제협약'

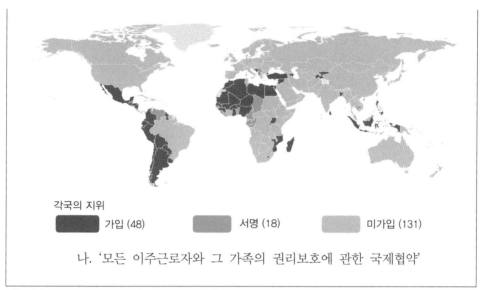

각국의 지위

가입 (48)　　　서명 (18)　　　미가입 (131)

나. '모든 이주근로자와 그 가족의 권리보호에 관한 국제협약'

자료: Office of the United Nations High Commissioner for Human Rights (OHCHR). 2015. "Status of Ratification Interactive Dashboard." http://indicators.ohchr.org.

4절 세계 각국의 이민정책

1. 구체적 이민정책

오늘날 세계 각국 정부에서 채택하고 있는 구체적 이민정책은 종류가 매우 많다. <표 4>에 제시한 것처럼, UN 인구국에서는 이민정책의 종류를 ① 이입에 대한 입장, ② 이입정책, ③ 영구 정착 정책, ④ 고숙련 근로자 정책, ⑤ 단기취업 근로자 정책, ⑥ 가족재결합 정책, ⑦ 비국민 통합 정책, ⑧ 귀화 정책, ⑨ 이민자 출신국 귀환 촉진 프로그램, ⑩ 불법이민에 대한 우려 수준, ⑪ 이출에 대한 입장, ⑫ 이출정책, ⑬ 복수국적 허용, ⑭ 재외국민 귀국 장려 정책, ⑮ 재외동포 관련 특별 정부조직, ⑯ 재외동포 투자 유치 정책 등으로 분류하고 있다(United Nations, 2013a, 2013b). 이 중 앞의 10개는 외국 출신 이민자 관련 정책이라면, 뒤의 6개는 재외동포, 즉 재외국민 또는 외국국적동포 관련 이민정책이라 할 수 있다. 그렇지만 '복수국적 허용'의 경우 재외동포뿐 아니라 국내 거주 이민자에게도 적용되는 정책이다.

　'이입에 대한 입장'은 정부가 자국으로 들어오는 합법 이민의 총량 수준을 어떻게 인식하고 있는가를 나타내는 지표이고, '이입정책'은 자국으로 들어오는 합법 이민 규모에 영향을 미치는 정부 정책을 의미한다. 세계 각국 정부는 지난 20년간 합법 이민에 대하여 개방적 태도를 보여 왔다. 2011년 기준 UN 인구국 데이터베이스에 포함된 세계 195개국 중 압도적 다수(73%)는 현재 이민자 규모가 적정하다고 보고 그것을 유지하려는 정책을 펴고 있고, 16%는 줄이려 하며, 11%는 늘리려는 정책을 취하고 있다. 이민 규모 감축 정책을 취하는 국가는 1996년 40%에 달하던 것이 16%로 줄었고, 이민 규모 증가 정책을 택한 국가는 같은 시기 4%에서 11%로 늘었다.

　'영구 정착 정책'은 자국에서 영구 정착을 하려는 이민 규모에 영향을 미치는 정부 정책을 가리킨다. '고숙련 근로자 정책'은 자국에 유입되는 고숙련 근로자 수에 영향을 미치는 정부 정책을 뜻하고, '단기취업 근로자 정책'은 자국으로 일하러 오는 단기취업 근로자 수에 영향을 미치는 정부 정책을 의미한다. '가족재결합 정책'은 가족재결합을 위한 이민 유입 규모에 영향을 미치는 정부 정책을 가리킨다. 유입국은 고급인재 유치에 주력하고 있다. 고숙련 근로자를 '증원'하려는 정책을 갖고 있는 나라는 2005년 전체의 22%였으나 2011년에는 39%로 상승하였다. 2011년 기준, '영구 정착 이민'과 '가족재결합 이민'을 '증원'하려는 정책을 채택한 나라는 각각 전체의 6%와 9%에 불과하였다. 4분의 3 이상의 나라들에서는 영구 정착 이민자와 가족재결합 이민자의 규모를 기존 수준으로 유지하려는 정책을 펴고 있다.

　'비국민 통합 정책'은 정부가 자국 사회에 비국민을 통합하려는 정책이나 프로그램을 갖고 있는지 여부를 의미한다. 대부분의 정부는 이민자를 자국 사회에 성공적으로 통합하는 것이 이민이 부여하는 기회를 극대화하는 방법이라는 것을 인정한다. 비국민 통합 정책을 추진하는 나라의 비율은 1996년 44%이던 것이 2011년에는 62%로 상승하였다. 경제발전 수준별로 살펴보면, 2011년의 경우 선진국의 91%, 개발도상국의 47%, 저개발국의 29%가 비국민 통합 정책을 갖고 있었다.

　'귀화 정책'은 이민자가 특정 조건에서 귀화하여 국민이 될 수 있도록 허용하는 법 규정이 있는지 여부를 뜻한다. 2011년 65%의 정부는 귀화 정책에서 덜 규제적 입장을 취하였고, 32%는 엄격히 규제하는 귀화 정책을 갖고 있었으며, 쿠웨이트·레바논·미얀마·나우루·아랍에미리트의 5개국은 귀화를 전혀 허용하지 않는다. 선진국의 78%, 개발도상국의 61%, 저개발국의 47%는 규제가 강하지 않은 귀화 정책을 갖고 있다.

표 4	이민정책의 종류와 세계 각국 정부의 대응	

이민정책의 종류와 내용	세계 각국 정부의 대응
이입에 대한 입장: 정부가 자국으로 들어오는 합법 이민의 총량 수준을 어떻게 인식하고 있는가를 나타내는 지표. 합법 이민은 영구 정착, 단기취업, 또는 가족재결합을 포함한다. 비호 신청자, 난민, 불법 이민자에 대한 정부의 입장은 고려하지 않는다.	① 적다; ② 적정; ③ 많다.
이입정책: 자국으로 들어오는 합법 이민 규모에 영향을 미치는 정부 정책.	① 증원; ② 유지; ③ 감원; ④ 불개입.
영구 정착 정책: 자국에서 영구 정착을 하려는 이민 규모에 영향을 미치는 정부 정책.	① 증원; ② 유지; ③ 감원; ④ 불개입.
고숙련 근로자 정책: 자국에 유입되는 고숙련 근로자 수에 영향을 미치는 정부 정책. 고숙련 근로자는 일반적으로 유입국의 노동력 수요에 부합하는 자질이나 숙련을 가진 사람들, 즉 고급기술, 전문 교육, 직업경력 등을 갖춘 근로자를 포함한다.	① 증원; ② 유지; ③ 감원; ④ 불개입.
단기취업 근로자 정책: 자국으로 일하러 오는 단기취업 근로자 수에 영향을 미치는 정부 정책. 단기취업이민은 계절근로자, 계약근로자, 사업연계근로자, 객원근로자, 또는 영주체류자격 획득을 기대하지 않은 채 정해진 기간 동안 취업하려 국경을 넘은 근로자를 포함한다.	① 증원; ② 유지; ③ 감원; ④ 불개입.
가족재결합 정책: 가족재결합을 위한 이민 유입 규모에 영향을 미치는 정부 정책. 가족재결합 이민은 보통 배우자와 미성년 자녀인, 피부양자로 간주되는 가족 구성원을 주로 포함한다. 배우자가 재정적으로 의존하지 않는 경우도 가족재결합 이민으로 간주한다.	① 증원; ② 유지; ③ 감원; ④ 불개입.
비국민 통합 정책: 정부가 자국 사회에 비국민을 통합하려는 정책이나 프로그램을 갖고 있는지 여부. 이 정책은 외국인에 대한 사회서비스 근거 규정, 외국인의 시민사회와 공동체 활동 참여, 외국인 대상 언어 교육, 외국인 차별 금지를 보장하기 위한 법률 조항 등을 포함한다.	① 있다; ② 없다.
귀화 정책: 이민자가 특정 조건에서 귀화하여 국민이 될 수 있도록 허용하는 법 규정이 있는지 여부. 특정 범주의 이민자에게만 귀화를 허용하거나, 귀화를 위한 거주기간 요건을 10년 또는 그 이상으로 하는 나라는 '엄격히 규제하는' 귀화정책을 가진 것으로 분류한다.	① 규제가 강하지 않은 귀화정책이 있다; ② 엄격히 규제하는 귀화정책이 있다; ③ 없다.

이민자 출신국 귀환 촉진 프로그램: 정부가 이민자들이 출신국으로 귀환하는 것을 권장하거나 촉진하려는 프로그램을 제도화한 것이 있는지 여부. 귀환지원 프로그램과, 출신국에서 귀환이민자를 통합하기 위한 제도를 포함한다.	① 있다; ② 없다.
불법이민에 대한 우려 수준: 정부가 자국으로 들어오는 불법이민에 대하여 우려하는 정도. 불법 이민자는 적절한 서류 없이 입국한 사람, 정부의 허가 없이 입국한 사람, 부여받은 체류기간을 초과하여 거주한 사람 등이다. 자국민이 외국에서 불법체류하는 것에 대한 정부의 우려 여부는 고려 대상이 아니다.	① 주요 관심 사안; ② 부차적 관심 사안; ③ 관심 사안이 아니다.
이출에 대한 입장: 자국민의 해외 이주 규모에 대한 정부의 입장.	① 적다; ② 적정; ③ 많다.
이출정책: 국민의 해외 이주 규모에 영향을 미치는 정부 정책.	① 증원; ② 유지; ③ 감원; ④ 불개입.
복수국적 허용: 자국민이 다른 나라 국적을 취득했을 경우 원래 국적을 보유하는 것을 허용하는 지 여부, 그리고 허용할 경우 복수국적 부여 조건 또는 제약은 어떠한가를 나타내는 지표. 그 조건은 나라(특정 나라에서는 복수국적이 허용되지만 다른 나라에서는 허용되지 않음) 또는 권리(국민의 완전한 권리에 몇 가지 제약을 가하는 형태로 복수국적을 허용함)와 관련된 것일 수 있다.	① 있다; ② 제한적 허용; ③ 없다.
재외국민 귀국 장려 정책: 해외에 거주하는 자국민의 귀국을 장려하기 위한 정부의 정책이나 프로그램이 있는지 여부.	① 있다; ② 없다.
재외동포 관련 특별 정부조직: 재외동포 관련 사안을 다루기 위한 특별 정부조직이나 부처가 있는지 여부.	① 있다; ② 없다.
재외동포 투자 유치 정책: 재외동포의 국내 투자를 장려 또는 촉진하기 위하여 채택한 구체적 정책. 그것은 재외동포 투자자에 대한 재정적 인센티브 제공을 포함한다.	① 면세, 보세; ② 재외동포 기업의 상품관세, 수입관세 인하; ③ 신용 제공 우대조치; ④ 인·허가 우대조치; ⑤ 투자 관련 행정절차 간소화; ⑥ 재외동포 채권, 뮤추얼 펀드; ⑦ 없다.

자료: United Nations (2013a: 13-15).

'이민자 출신국 귀환 촉진 프로그램'은 정부가 이민자들이 출신국으로 귀환하는 것을 권장하거나 촉진하려는 프로그램을 제도화한 것이 있는지 여부를 의미한다. 2011년의 경우, 자료가 가용한 58개국 중 40개국이 이민자 출신국 귀환 촉진 프로그램을 갖고 있었다. 선진국은 40개국 중 32개국이, 개발도상국은 18개국 중 8개국이 그 프로그램을 갖고 있었다.

'불법이민에 대한 우려 수준'은 정부가 자국으로 들어오는 불법이민에 대하여 우려하는 정도를 가리킨다. 2011년의 경우, 146개국 중 4분의 3에 해당하는 나라에서 불법이민을 주요 관심 사안으로 보고 있었다. 각국 정부는 이민법을 개정하고, 불법체류자 송환을 촉진하거나, 합법화 프로그램을 시행하는 등의 정책을 통해 불법이민에 대처하려 하였다.

'이출에 대한 입장'은 자국민의 해외 이주 규모에 대한 정부의 입장을 뜻하고, '이출정책'은 국민의 해외 이주 규모에 영향을 미치는 정부 정책을 의미한다. 2011년의 경우, 전 세계의 4분의 1에 달하는 나라에서는 이출 규모를 줄이려는 정책을 폈고, 3분의 2 가까운 나라에서는 현상 수준을 유지하거나 방임하는 정책을 추진하였으며, 9%의 나라에서는 이출을 장려하는 정책을 폈다. 1990년대 중엽 이후, 이출 정책의 구성 비율은 거의 변화 없이 유지되어 왔다. 이출 장려 정책을 펴는 나라 수가 근소하나마 증가하는 추세를 보인다.

'복수국적 허용'은 자국민이 다른 나라 국적을 취득했을 경우 원래 국적을 보유하는 것을 허용하는지 여부, 그리고 허용할 경우 복수국적 부여 조건 또는 제약은 어떠한가를 나타내는 지표다. 그 조건은 나라(특정 나라에서는 복수국적이 허용되지만 다른 나라에서는 허용되지 않음) 또는 권리(국민의 완전한 권리에 몇 가지 제약을 가하는 형태로 복수국적을 허용함)와 관련된 것일 수 있다. 2011년의 경우, 53%의 나라에서는 재외동포가 현지 국적을 취득하였을 경우 자국 국적을 보유할 수 있도록 허용하고 있었고, 19%의 나라에서는 소정 요건을 충족한 경우에 한해 복수국적을 허용하였으며, 나머지 28%는 복수국적 허용에 대한 아무런 근거 규정을 갖고 있지 않았다. 복수국적을 전혀 허용하지 않는 나라의 비율은 선진국 12%, 개발도상국 34%, 저개발국 37%였다.

'재외국민 귀국 장려 정책'은 해외에 거주하는 자국민의 귀국을 장려하기 위한 정부의 정책이나 프로그램이 있는지 여부를 가리킨다. 점점 많은 나라들이 재외국민의 귀환을 장려하는 정책을 추진하고 있다. 재외국민 귀국 장려 정책을 추진하는 나라의 비율은 1996년 43%이던 것이, 2005년에는 51%로 상승하였고, 2011년에는 64%로 재차 크게 늘었다.

　　'재외동포 관련 특별 정부조직'은 재외동포 관련 사안을 다루기 위한 특별 정부조직이나 부처가 있는지 여부를 의미한다. 많은 나라들에서 재외동포의 본국 투자를 장려하기 위하여 재외동포 관련 특별 정부조직을 설립·운영하고 있다. 2011년에는 144개국 중 114개국에서 재외동포와 그 가족 관련 업무를 다루기 위한 특별 정부조직을 설립한 상태였다.

| 그림 6 | 세계 각국의 주요 이민정책, 2011년 기준 |

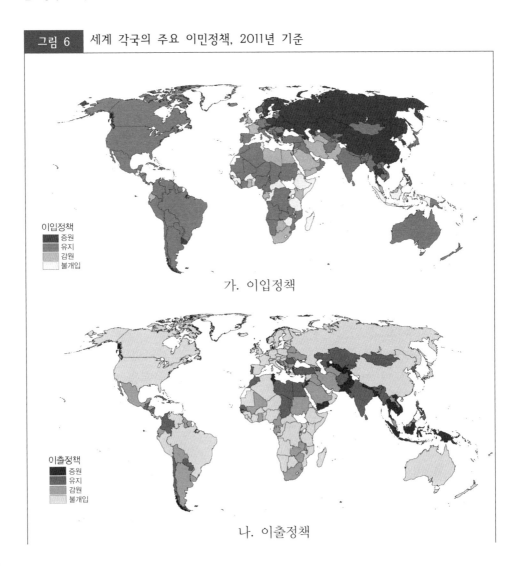

가. 이입정책

나. 이출정책

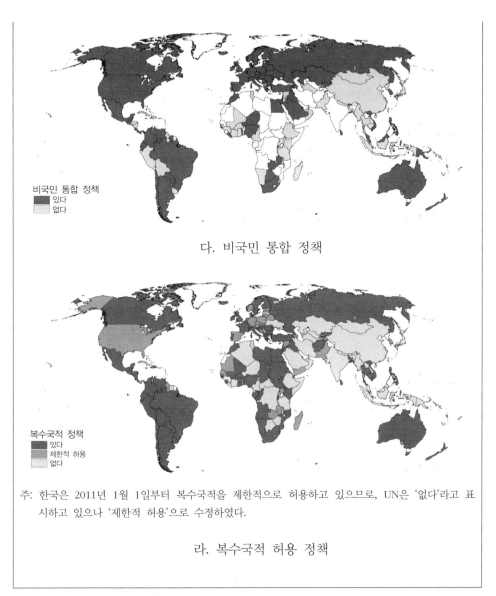

다. 비국민 통합 정책

주: 한국은 2011년 1월 1일부터 복수국적을 제한적으로 허용하고 있으므로, UN은 '없다'라고 표시하고 있으나 '제한적 허용'으로 수정하였다.

라. 복수국적 허용 정책

자료: United Nations (2013b).

'재외동포 투자 유치 정책'은 재외동포의 국내 투자를 장려 또는 촉진하기 위하여 채택한 구체적 정책, 즉 ① 면세, 보세, ② 재외동포 기업의 상품관세, 수입관세 인하, ③ 신용 제공 우대조치, ④ 인·허가 우대조치, ⑤ 투자 관련 행정절차 간소화, ⑥ 재외동포 채권, 뮤추얼 펀드 등을 뜻한다. 2011년의 경우, 101개국 중

46개국에서 여섯 개 정책 중 적어도 하나를 제도화하고 있었다. 그 중 '투자 관련 행정절차 간소화'와 '면세, 보세' 정책이 각각 23%와 19%로 가장 많이 채택되었다. 경제발전 수준별로는 선진국보다는 개발도상국 정부가 재외동포 투자 유치 정책을 적극적으로 추진하고 있다.

[그림 6]은 <표 4>에 소개한 정책 중 '이입정책', '이출정책', '비국민 통합 정책', '복수국적 허용 정책'의 네 가지를 골라, 세계 각국 정부가 취하고 있는 이민정책을 지도에 나타낸 것이다. 한국은 '이입정책'에서는 '증원'을, '이출정책'에서는 '불개입'을 표방하고, '비국민 통합 정책'이 '있고', '복수국적 허용 정책'은 '제한적 허용' 입장을 견지하고 있다.

2. 이민정책의 수렴

세계 각국의 이민정책은 제 각각의 시장과 사회 제도에 영향을 받기 때문에 매우 다양할 듯하나, 지금까지 살펴보았듯이 몇 가지 유형으로 수렴하고 있음을 알 수 있다. 그것은 각국 정부가 직면한 공통 대응 과제 때문이다. [그림 7]에서 볼 수 있는 것처럼, 세계 여러 나라들은 원하지 않는 이민자를 가급적 줄이려는 노력과, 난민 문제, 자국 사회에서의 반이민 정서에 대한 대응, 그리고 이민자들의 사회 통합 및 정치적 통합의 과제라는 공통된 과제에 봉착해 있다. 그러한 공통 대응과제에 봉착하여 각 국가들의 이주 정책과 제도, 이민자에 대한 정치·경제·사회적 권리와 사회적 서비스의 제공 등 이민정책은 몇 가지 유형으로 수렴되는 경향을 보인다(Cornelius, Tsuda, Martin and Hollifield, 2004).

"원하지 않는 이민자"를 줄이기 위하여 각국 정부는 출입국 심사를 엄정하게 집행하는 정책을 시행하는 한편, 국경 경비를 강화하는 정책을 시행하고, 불법체류 외국인 단속을 강화하는 정책을 시행한다. 2001년 9월 11일 미국 뉴욕과 워싱턴에서 발생한 테러사건 이후 미국 정부는 외국인에 대한 출입국 심사를 대폭 강화하였는데, 이러한 정책은 영국·프랑스·독일·일본·한국 등으로도 확산되었다. 2015년 시리아 난민이 터키, 그리스, 이탈리아 등을 경유하여 유럽으로 대거 몰려들자, EU에서는 'EU 회원국별 난민 할당제'를 시행하여 공동 난민정책을 수립하여 집행하였다(설동훈, 2015). 이민자의 체류기간이 장기화됨에 따라 유입국 정부에서는 그들을 자국 사회로 통합하기 위한 정책을 수립하였다. 독일은 외국인법을 폐지하고 이민법을 제정하여 이민자에 대한 사회통합 교육을 의무화하였고, 그러한 정책은 프랑스·

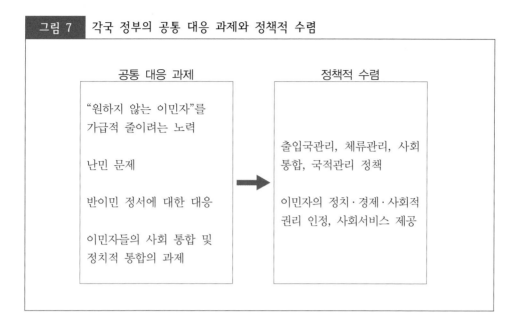

그림 7   각국 정부의 공통 대응 과제와 정책적 수렴

공통 대응 과제

"원하지 않는 이민자"를
가급적 줄이려는 노력

난민 문제

반이민 정서에 대한 대응

이민자들의 사회 통합 및
정치적 통합의 과제

정책적 수렴

출입국관리, 체류관리, 사회
통합, 국적관리 정책

이민자의 정치·경제·사회적
권리 인정, 사회서비스 제공

영국 등 유럽 나라는 물론이고, 한국·대만 등 아시아 여러 나라로도 확산되었다. 국제인권규범의 확산으로 인해, 상당수 이민 유입국은 이민자의 정치·경제·사회적 권리 인정, 사회서비스 제공 등에서 유사한 압력을 받고 있다. 약간 과장하여 말하면, 한 나라의 과거와 현재 이민정책의 차이가 동시대 공통 대응 과제를 갖고 있는 나라들 간의 이민정책의 차이보다 더 클 정도로 세계 각국의 이민정책은 몇 가지 갈래로 나뉘어 수렴하고 있다.

 5절 국가의 이민정책 결정 과정

각국의 의회 또는 정부는 어떻게 이민정책을 결정할까? 다시 말해, 의회 또는 정부에서 특정 방향의 이민정책을 결정하는 데 어떤 요인이 영향을 미쳤는지에 대하여 살펴보기로 한다. 그것을 설명하는 이론은 여러 가지가 있으나, '사회적 이해관계'(societal interests)와 '문화적·정치적 요인'(cultural−political factors) 중 어느 것을 더 강조하는가를 기준으로 살펴보기로 한다.

1. 사회적 이해관계

사회적 이해관계를 강조하는 입장에서는 이익집단들 간의 권력 관계, 정당과 선거 제도 등이 이민정책에 영향을 미치는 핵심 통로라고 본다. 예컨대, 이입으로 인해 편익을 누리는 이익집단이 이민정책에 영향을 미치고, 각 정당은 국민의 정서를 이용하여 당의 정치적 목적을 위해 선거에서 이민정책을 활용한다. 그러므로 이 입장에서는 정당의 이민정책 결정과정을 분석하는 데 주력한다.

게리 프리만(Gary P. Freeman)은 이민정책 결정 과정에서 '이해관계 주도 모형'(interest-driven model)을 제시하였다(Freeman, 1995, 2002). 그는 자유민주주의 국가는 인권에 바탕을 둔 자유주의 헌법, 경쟁적 정당제도, 정기적인 선거를 갖추고 있으므로, 국민(일반 유권자)과 이익집단(기업과 이민자 단체 등) 및 국가라는 세 요소가 중요하다고 본다.

자유민주주의 국가의 정치제도는 공공 쟁점에 자유로운 토의를 장려하는 개방적인 것이지만, 일반 국민은 '이민'과 같은 특수한 주제에 대해서는 충분한 정보를 얻기 힘들기 때문에 종종 무관심한 태도를 취한다. 더구나 선거가 있을 경우, 각 정당은 부정적 결과를 우려해 이민정책의 쟁점을 분명히 밝히지 않는 전략을 종종 취한다. 그러므로 이민정책을 좌우하는 힘을 파악하려면, 정당이 선거가 없는 평상시에 이익집단과 어떤 상호작용을 하는가를 밝히는 게 중요하다고 본다.

그는 이민정책의 경우, '비용을 지불하는 사람들'(일반 국민)은 분산되어 있는 반면, '혜택을 입는 사람들'(사업주단체와 이민자단체 등)은 집중되어 있다는 점에 주목한다. 사업주단체와 이민자단체는 자유주의적 이민정책의 혜택을 받는 대표적 집단이다. 사업주는 저렴한 노동력 원천을 확보할 수 있고, 이민자는 출신국에서 가족을 불러들일 기회가 늘어난다. 자유주의적 이민 정책의 비용을 치르는 사람들은 널리 분산되어 존재하는 납세자들, 또는 이민자들과 노동시장에서 경합하여야 하는 내국인 근로자들이다. 이민자는 대체로 노동조합이 조직되지 않은 영세 사업장에서 일한다. 이 부문의 내국인 근로자들은 조직률이 낮으므로, 사회적 발언권이 미약하다. 일반 국민은 이민 정책에 대해 무관심한 경향이 있다. 반면, 이민자들과 사업주들은 이해관계가 집중되어 있기 때문에 매우 잘 조직되어 있다. 그들은 분산된 이해관계자들과 대립할 경우 '정치적 우위'(political advantage)를 가진다. 이민자들과 사업주들은 별로 노력을 들이지 않고서도 집합행동을 할 수 있어서, 그들 자신을 쉽게 동원할 수 있다. 즉, 일반 대중의 영향력이 거의 없는 환경에서, 사업주단체와 이민자단체 등 '이익집단'은 '정치 엘리트'(의원)와 연대함으로써 자신의 목표를 달성한다. '분산된 비용'과 '집중된 이익'을 배경으로, 정치 엘리트는 비조직화된 일반 국민을 무시하고, 조직화된 이익집단의 압력을 따르게 된다. 그러므로 이민정책은 정치 엘리트가 자신의 정책 고객의 입장을 충실히 반영한 결과라는 것이다. 결국, 프리만은 이민정책이 고객정치(politics of clients)로 설명 가능하다고 주장한다.

2. 문화적 · 정치적 요인

자유와 인권 등의 가치로 대표되는 문화적 · 정치적 요인이 이민정책에 영향을 미치기도 한다. '자유권 전통과 법' 또는 '국제인권규범'은 비국민이라는 이유로 외국인 또는 무국적자의 '시민적 권리'를 제약하는 것을 어렵게 만든다. 제임스 홀리필드(James F. Hollifield)는 1965년 미국 이민법으로 표출된 '자유화'는 당시의 민권운동에 의하여 배양된 개혁의 간접적 결과였다고 본다(Hollifield, 1992). 1965년 미국 이민법 개정을 통해 '보편적 선별 기준'에 따라 이민을 수용한 결정은 자유민주주의의 핵심 가치를 반영하고 있으므로 이후 번복되기 힘들었다.

1977년 프랑스 최고행정법원은 이주근로자의 가족재결합을 막으려는 프랑스 정부의 노력이 타당성이 없다고 판시했다. 정부는 당시 영이민정책(zeo immigration policy)을 선언했지만, 최고행정법원의 판결로 인해 그것을 제도로 구체화 할 수 없었다. 결국, 프랑스는 포르투갈 이주근로자들에게 가족과 결합할 수 있는 권리를 인정하는 양자협정을 포르투갈 정부와 체결하였다.

또 각국 정부는 "원하지 않는 이민"과 불법이민을 통제하기를 원하지만 인간의 권리에 기초를 둔 자유주의는 그 국가의 손을 묶어 버리는 효과를 발휘한다. 정부는 적합한 절차를 밟지 않고서는 불법체류자를 단속하거나 강제 퇴거시키는 것이 불가능하게 되어 있다.

나아가, 홀리필드는 국가의 기능 자체가 시기에 따라 안전유지로부터 무역 · 투자를 거쳐 이민관리로 변해왔다고 주장한다. 따라서 그는 18세기 이전을 '군대국가', 18~19세기는 '무역국가', 20~21세기는 '이민국가'라고 부른다. 이러한 국가 기능의 변화를 잘 보여주는 예로 독일을 들 수 있다. 독일은 20세기 말까지 "이민국가가 아니다"라고 주장해 왔으나, 1999년 국적법 개정으로 '혈통주의'를 '거주지주의'로 바꾸었고, 2000년 이후 이민정책을 적극적으로 추진하고 있다. 현대 국가는 시장논리(개방)와 사회적 보호주의(폐쇄)라는 '자유주의적 역설'에 부딪치게 되지만, 결국 '자유주의의 압박'에 의해 이민정책은 개방의 방향으로 나아간다.

한편, 크리스티나 보스웰(Christina Boswell)은 이민정책에 반영되는 국가기능에 초점을 맞추어 이민정책 결정 과정을 설명한다(Boswell, 2007). 그는 국가는 정당성과 통치력을 유지하기 위한 정책을 수행하여야 한다고 전제한다. 이러한 맥락에서 정당성은 대중의 기대와 가치에 부합하는 정치적 행위와 실천으로 규정된다. 보스웰은 이민정책을 통해 표출되는 국가 정당성을 측정하기 위한 네 가지 기능, 즉 안보(security)·축적(accumulation)·공정(fairness)·제도적 정당성(institutional legitimacy)에 주목한다. 국가가 네 기능을 모두 이민정책에 반영하여 추진할 수 있다면 이상적이겠지만 현실에서는 네 가지 기능 사이에 긴장관계가 형성된다. 예컨대, 국가 안보를 이유로 이민의 문턱을 높일 수도 있고, 축적을 이유로 외국인 이주근로자 인권을 제약할 수도 있다. 따라서 특정 국가는 이러한 긴장관계를 해결하기 위해 네 가지 기능 중 몇 가지 기능을 강조한다. 정부는 국가의 네 가지 핵심 기능을 달성하기 위해, 다양한 이익집단이나 조직의 이해관계를 선별적으로 수용한다. 각 사회집단의 영향력은 각각의 특성에서 유래하는 것이 아니라, 정부의 입장과 일치할 때만 발휘된다.

3. 종합적 이해

설동훈과 존 스크렌트니는 이민정책 결정 요인을 '사회적 이해관계'와 '문화적·정치적 요인'뿐 아니라 '국제관계적 측면' 등을 종합한 모형을 제시하였다(Seol and Skrentny, 2009). 그들은 이민정책의 결정 요인을 파악할 수 있는 변수로, 다섯 개 영역의 열 개 지표를 제시하였다. 그것은 ① '초국가적 또는 국가 간 변수'로 '초국가적 제도'와 '송출국의 압력'을, ② '국내 법적 변수'로 이민자의 권리를 기준으로 판결을 내릴 수 있는 '독립된 법원의 존재'를, ③ '국내 이익집단'으로 '사업주 단체', '노동조합,' '이민자권익옹호단체·비정부기구·종교기관'을, ④ '국내 문화 변수'로 '국민 여론의 지지', '정치엘리트 문화', ⑤ '유입국 사회 내 이민자 관련 의식'으로 '이민자의 정착 의향'과 '유입국 국민의 이민 통제의 두려움'이다. 사회적 이해관계를 '국내 이익집단'으로 파악하였고, '문화적·정치적 요인'을 '국내 법적 변수'와 '국내 문화 변수' 및 '유입국 사회 내 이민자 관련 의식'으로 세분하는 한편, '초국가적 또는 국가 간 변수'를 추가하였다. 이처럼 이민정책을 결정하는 요인들을 변수로 파악할 경우, 우리는 비교연구방법을 통해 특정국 이민정책의 특성을 찾아낼 수 있다. 설동훈과 스크렌트니는 한국·일본 등 동아시아 국가에서 영구정착이민이 매우 적은 까닭을 EU와 같은 초국가적 압력이 부재하고, 정치엘리트들이 개발국가(developmental state)의 문화를 갖고 있는 데서 찾는다.

 ## 6절 요약 및 전망

국제인구이동은 이민정책뿐 아니라 사회, 국가, 시장, 세계체계 등에서 비롯된 다른 요인에 의하여 영향을 받는다. 그렇지만 현대 국가가 인간의 국경 횡단을 통제하기 시작한 이후, 이민정책은 국제인구이동의 방향과 규모 및 질을 규정하는 핵심 요인이 되어 왔다. 이민 송출국과 유입국의 정책은 정부 규제 수준을 기준으로 몇 가지 유형으로 분류할 수 있다. 그 둘의 관계를 살펴보면, 송출국과 유입국의 이민정책이 조화를 이루기도 하고, 상충되기도 한다. 전자의 예로는 한국이 아시아 여러 나라와 정부 간 노동력 송출－도입계약을 체결하고 이주근로자를 받아들이는 정책을 들 수 있다. 후자의 예로는 미국 정부가 멕시코 출신 저숙련 이주근로자의 유입을 적극적으로 막으려 하지만, 멕시코 정부는 자국인의 미국 이주에 대하여 아무런 규제도 가하지 않거나 심지어 권장하는 정책 기조를 견지하고 있는 것을 들 수 있다. 나라마다 각각 처한 상황이 다르므로, 각국의 이민정책은 그 형태가 제 각각일 것으로 생각하기 쉬우나, 자세히 살펴보면 그다지 그 종류가 많지 않다. UN 인구국에서 제시한 이민정책의 종류와 각각의 선택지는 몇 가지에 불과하다. 공통의 정책 과제를 가진 나라들의 이민정책은 수렴하기 때문이다. 경제적 전 지구화에 의하여 전 세계가 점점 더 긴밀하게 통합되어 가는 상황에서 한 나라의 이민정책이 다른 나라의 이민정책과는 완전히 다른 기조를 선택하기는 어려워지고 있다. 이러한 점 대문에, 우리는 각국의 이민정책 결정 요인을 '사회적 이해관계'와 '문화적·정치적 요인' 및 '국제관계적 측면'에서 찾을 수 있다. 우리는 이민정책 이론을 학습함으로써, 한국뿐 아니라 전 세계 각국의 이민정책을 개괄적으로 파악할 수 있는 것이다.

참고문헌

박진빈. 2006. 『백색국가 건설사』. 앨피.

설동훈. 1999. 『외국인노동자와 한국사회』. 서울대학교출판부.

_____. 2000. 『노동력의 국제이동』. 서울대학교출판부.

_____. 2015 "세계 각국의 난민 상황과 정책." 『See Futures』9: 10-15. KAIST 미래전략연구
    센터.

Boswell, Christina. 2007. "Theorizing Migration Policy: Is There a Third Way?" *International
    Migration Review* 41(1): 75-100.

Castles, Stephen, Hein de Haas, and Mark J. Miller. 2013. *The Age of Migration:
    International Population Movements in the Modern World.* 5th Edition. London:
    Palgrave Macmillan.

Cornelius, Wayne A., Takeyuki Tsuda, Philip L. Martin, and James F. Hollifield(eds.) 2004.
    Controlling Immigration: A Global Perspective, 2nd Edition. Stanford, CA: Stanford
    University Press.

Freeman, Gary P. 1995. "Modes of Immigration Politics in Liberal Democratic States."
    International Migration Review 29(4): 881-902.

_____. 2002. "Winners and Losers: Politics and the Costs and Benefits of
    Migration." pp. 77~96 in *Western European Immigration and Immigration Policy in
    the New Century,* edited by Anthony M. Messina. Westport. CT: Praeger.

Herbert, Wolfgang. 1996. *Foreign Workers and Law Enforcement in Japan.* London: Kegan
    Paul International.

Hollifield, James F. 1992. *Immigration, Markets, and States: The Political Economy of
    Postwar Europe.* Cambridge. MA: Harvard University Press.

Petersen, William. 1958. "A General Typology of Migration." *American Sociological Review*
    23(3): 256-265.

Polanyi, Karl. 1944. *The Great Transformation.* New York: Farrar and Rinehart Inc.

Ronzani, Silvio. 1980. *Arbeitskräftewanderung und gesellschaftliche Entwicklung: Erfahrugen in Italien, in der Schweiz und in der Bundesrepublik Deutschland.* Königstein im Taunus: Verlag Anton Hain.

Seol, Dong—Hoon, and John D. Skrentny. 2009. "Why Is There So Little Migrant Settlement in East Asia?" *International Migration Review* 43(3): 578-620.

Straubhaar, Thomas. 1992. "Allocational and Distributional Aspects of Future Immigration to Western Europe." *International Migration Review* 26(2): 462-483.

Timmer, Ashely S., and Jeffrey G. Williamson. 1998. "Immigration Policy Prior to the 1930s: Labor Markets, Policy Interactions, and Globalization Backlash." *Population and Development Review* 24(4): 739-771.

United Nations. 2013a. *International Migration Policies: Government Views and Priorities.* New York: United Nations.

_____. 2013b. *International Migration Policies 2013: Wallchart.* New York: United Nations.

_____. 2013c. *International Migration 2013: Wallchart.* New York: United Nations.

Weber, Max. 1893[1991]. "Die landliche Arbeitsverfassung." *Schriften des Sozialpolitik*, 58: 62-86. ("농업노동제도." 『막스 베버 선집』, 임영일·차명수·이상률 역. 까치. pp. 289~ 314.)

Weiner, Myron. 1985. "On International Migration and International Relations." *Population and Development Review* 11(3): 441-455.

제 2 부

이민 관리의 실제

4장

이민행정 제도 및 조직

한건수

인류 역사의 전 기간에 걸쳐 진행되어 온 인간의 이주는 근대 국민국가의 형성과 더불어 법과 정책에 의해 규제되고 관리되기 시작했다. 사람의 이동을 통제하고 관리하는 행정체계가 수립되었고, 국가마다 고유한 정책을 입안하고 이를 적용하기 시작한 것이다. 근대 국민국가 이전의 국경 혹은 영토 경계의 유지와 관리는 때로는 주술이나 공포를 유발하는 상징으로 이루어지기도 했고, 일정한 조세를 징수하는 수준에서 관리되기도 했다. 그러다가 국민국가의 확산을 계기로 사람의 이동이나 국경을 행정체계를 통해 관리하기 시작한 것이다. 이 장에서는 현재 국제사회에서 발견되는 다양한 이민행정 제도의 기본 개념과 내용을 살펴보고, 여러 나라의 이민행정 제도와 조직을 살핀 후 한국의 이민행정 제도를 소개할 것이다.

 1절 이민행정의 개요

이민행정은 국경을 넘는 사람의 이동을 통제하고 관리하는 것이다. [그림 1]은 이민정책과 이를 집행하는 행정체계를 요약하고 있다. 이민행정은 좁게는 외국인과 내국인이 자국 국경을 넘나드는 과정을 통제 및 관리하고, 자국으로 입국한 외국인이 국내에 체류하는 자격과 신분을 관리하는 행정을 말한다. 또한 외국인이 귀화를 통해 해당국의 국적을 취득하는 절차도 이민행정에 포함된다. 최근에 여러 나라에서 진행되는 변화 중 하나는 이민자의 사회통합 업무도 넓은 의미의 이민행정에 포함시키고 있다는 것이다. 이민행정의 구체적 업무는 출입국관리, 체류관리, 국적 및 사회 통합 등 네 가지로 구분될 수 있다.

1. 출입국관리

이민행정에서 가장 기본적인 업무는 출입국관리와 체류관리이다. 출입국관리 업무는 사증(Visa; 이하 비자로 표기) 발급에서 시작된다. 각국 정부는 자국에 입국하려는 외국인들에게 입국 목적과 필요에 따라 다양한 종류의 체류 자격을 규정하는 비자를 발급한다. 국가마다 비자의 종류는 다양한데, 대부분 입국 목적과 기간에 따라 특정 비자를 발급한다. 체류 기간에 따라 분류해 보면 단기 및 장기 체류 비자가 있으며, 체류 기간에 제한이 없는 영구 이주도 있다. 영주를 목적으로 하는 비자를 흔히 이민비자라 부르는데 이민비자를 발급 받은 외국인은 체류기간에 제한 없이 영주할 수 있다. 한국의 경우 체류기간이 90일을 초과하는 지에 따라 장기와 단기로 구분된다.

비자는 체류 목적에 따라서도 상이하게 발급된다. 상용, 취업, 유학, 관광 등 입국 목적에 따라 다양하게 발급되는 비자는 체류 기간뿐만 아니라 국내에서의 활동 영역도 규정한다. 예를 들면 학생비자의 경우 대부분 국가에서 특별한 허락 없이는 취업과 영리활동을 할 수 없다. 반면에 취업이나 경제활동을 허용하는 비자도 있는데, 직업의 종류나 전문성에 따라 다양한 비자가 발급될 수 있다.

출입국관리는 국경을 넘는 항만, 공항, 국경사무소 등에서 내국인과 외국인 모두를 대상으로 진행된다. 대부분 국가가 자국민에게는 비교적 간단한 심사 절차를 거친다. 유럽연합이나 특정 지역공동체에 가입된 국가에서는 해당 지역공동체 회원국 국민에 대해서는 내국인에 준하는 서비스를 제공하기도 한다. 반면에 외국인의 경우 비자 내역과 방문 목적 등을 확인하는 입국심사를 거치며 여권이나 비자 등 구비 서류의 진위를 파악한다.

출입국관리에서 중요한 행정 업무 중 하나는 밀입국을 예방하는 일이다. 항구를 통한 입출항시 신원과 승무원의 출입국을 감독하며 승선허가를 받지 않은 사람의 출입을 감독해야 한다.

| 그림 1 | 이민정책과 행정체계 |

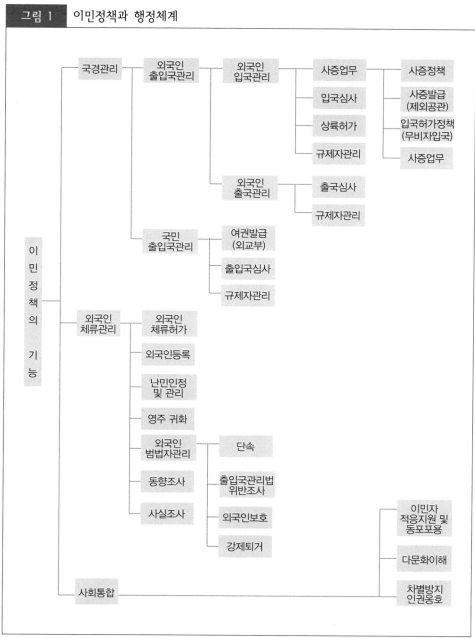

자료: 김기하 (2009: 10). 『한국 이민정책의 역사와 미래』. 법무부.

2. 체류관리

체류관리는 국내에 체류하는 외국인들이 체류 자격을 준수하며 체류할 수 있도록 통제 관리하는 업무이다. 불법체류 중인 외국인을 단속하여 출국시키는 것은 체류관리의 중요한 영역 중 하나이다. 또한 합법적으로 체류하고 있는 외국인들이 체류 기간과 목적에 맞게 체류할 수 있도록 행정적 지원을 한다. 체류 기간을 연장하거나 체류 목적을 변경하는 경우 심사를 통해 허가와 불허 결정을 내리고 집행한다. 체류자격을 유지하면서 체류자격외 활동을 신청하는 경우 해당 법규에 근거해서 허가와 불허 결정을 내리고 집행하는 것도 중요한 업무이다. 국내에 체류하던 외국인이 새로운 체류자격을 부여받아야 하는 경우, 내국인이 국적을 상실하여 외국인으로서 새로운 체류자격을 부여받아야 하는 경우도 체류관리 행정에서 담당해야 하는 업무이다. 체류관리와 관련된 업무로 국가에 따라 다르지만 장기 체류 중인 외국인을 등록하는 일도 포함될 수 있다.

3. 국적업무

국적 업무는 특정 국가 국민의 국적을 판정 및 관리하고 외국인이 해당국의 국적을 취득하고자 할 때 절차에 따라 국적을 부여하는 업무를 말한다. 국적판정은 국민 중 특정인이 국적을 유지하고 있는지 판정하는 것을 말한다. 재외동포의 국적을 판정해야 하는 경우도 있다. 국적관리는 국민 중 특정인이 국적을 상실하거나 포기할 경우, 국적을 상실했던 국민이 국적 회복을 신청하는 경우, 외국인이 해당국 국적 취득을 신청하는 경우 등의 업무를 관장하는 것이다. 국가에 따라 이중국적(복수국적)을 인정하는 경우 관련 업무도 포함된다.

외국인이 특정 국가의 국적을 취득하는 것을 귀화라 한다. 귀화의 절차와 기준은 나라마다 다르며, 모든 국가는 귀화를 신청한 외국인을 선별하여 국적을 부여한다. 최근 국제이주의 증가는 이민행정에서 국적업무의 증가를 초래하고 있다. 한국 이민행정에서도 국제이주의 증가로 인한 국민, 재외동포, 외국인 등의 국적민원이 급증하고 있다. 아래의 [그림 2]는 2000년 이후 한국인으로 귀화하거나 국적을 회복하는 사람이 급증하고 있음을 보여준다.

| 그림 2 | 한국의 귀화 및 국적회복 접수건수, 2001~2011. |

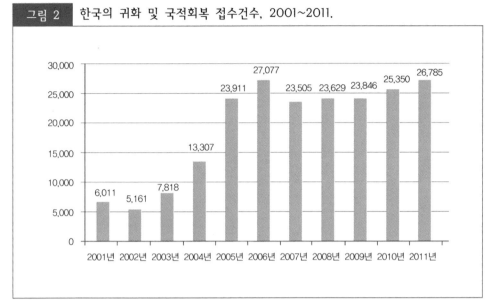

자료: 법무부 외국인·출입국관리본부. http://www.hikorea.go.kr/pt/InfoDetailR_kr.pt

4. 사회통합

사회통합이 이민행정 업무에 포함되는 것이 최근 국제사회의 공통적 추세이다. 정책 면에서도 이민정책과 사회통합정책이 연계되어 입안되고 집행되고 있으며 이러한 정책을 집행하는 행정체계에서도 종합과 연계가 늘어나고 있다.

사회통합의 의미는 이민행정 영역 밖에서도 다양하게 사용되고 있다. 국제이주와 관련 없이 특정 사회가 지역과 계층 등으로 분열된 상황에서 사회의 통합을 강화하는 현상을 사회통합이라 명명하기도 한다. 이에 반해 이민행정에서 말하는 사회통합은 이민자와 해당 국가의 시민들 간의 관계에서 생성된 개념이다. 국제이주 연구에서는 이민자들이 수용국과 그 사회의 성원이 되는 것을 중립적으로 표현할 때 사회적 편입(social incorporation)이라는 용어를 사용한다. 반면에 사회통합(social integration)은 이민자가 수용국 사회에 편입될 때 궁극적으로는 수용국 사회의 지배문화에 흡수되지만 그 과정은 점진적이고 양자 간 상호조정을 통해 진행되는 현상을 말할 때 사용한다(카슬 외, 2013: 418-419). 이민자의 일방적 동화를 강조하는 동화주의와 궁극적 지향은 유사하나 그 과정의 속도나 방법이 다르다는 것이다.

한국의 이민행정에서 사회통합이 본격적인 업무로 인식되기 시작한 것은 2007년 제정된 「재한외국인처우기본법」이 계기가 되었다. 이 법에서 "재한외국인이 대한민국 사회에 적응하여 개인의 능력을 충분히 발휘할 수 있도록 하고 ⋯⋯ 대한민국의 발전과 사회통합에 이바지함"이 주요한 목적으로 선언되었다. 국경관리를 중심으로 한 통제와 관리에서 이주민과 국민 간의 상호이해와 공존의 영역으로 확장하기 시작한 것이다(길강묵, 2011: 140).

한국정부의 이주민 대상 사회통합정책은 "이민자와 국민 간 상호작용에 의해 나타날 수 있는 사회갈등을 최소화하고, 이민자가 우리 사회 구성원으로서 국가·사회발전에 기여해 나가도록 하는 정책"으로 정의되고 있다(길강묵, 2011: 141). 이러한 정의를 고려하면 현재 한국의 사회통합정책은 이민자가 한국사회에 자연스럽게 적응할 수 있도록 지원하며, 한국인과의 사회갈등을 최소화하기 위해 상호작용을 통해 적응할 수 있도록 이민자를 지원하고 한국인을 계도하여, 궁극적으로는 이민자들이 한국사회에 조화롭게 동화되는 것을 지향한다고 할 수 있다. 실제 일부 학자들은 한국의 사회통합정책을 결혼이민자들이 일방적으로 한국사회에 동화될 것을 요구하는 '동화정책'의 점진적 과정이라고 평가한다(김영옥, 2010: 125, 조항록, 2011: 12). 반면에 사회통합 수준을 기본적 사회통합과 적극적 사회통합으로 구분하고 정주 가능성에 따라 다르게 적용해야 한다는 주장도 있다(김이선 외, 2011, 정기선 외, 2012).

 ## 2절　이민정책과 이민행정 체계

세계 각국의 이민행정 체계는 국가별 특성에 따라 다양한 조직으로 구성되어 있다. 이민행정체계는 해당국의 이민정책 맥락에 따라 고유한 특징을 지니기도 하고, 전체 정부조직의 특성에 따라 다양한 형식을 발전시켜 왔다. 따라서 이민행정 체계를 이해하기 위해서는 이민정책 유형과 해당국의 정부구조와 거버넌스도 함께 이해해야 한다.

이민행정 체계에 영향을 미치는 또 다른 요소는 지역공동체의 구성으로 국민국가의 정책과 거버넌스에 변화를 초래하거나, 이민정책이 국가안보와 연계되는 상황이다. 이 절에서는 이민정책, 지역공동체 출범, 이민과 국가안보의 관점에서 이민행정 체계를 검토할 것이다.

1. 이민정책과 이민유형

이민정책과 이민유형은 개별 국가의 이민행정에 영향을 미친다. 이민정책은 여러 가지 기준으로 분류될 수 있다. 가장 광범위하게 분류할 수 있는 기준은 개별 국가가 외국인을 자국 사회의 구성원으로 수용하는 원칙이다. 이민정책의 핵심 기조를 차지하는 외국인 수용의 원칙은 해당 국가의 세부적인 이민정책을 규정하기 때문이다. 다음으로 분류할 수 있는 기준은 이민정책의 세부적 내용으로 특정한 정책의 대상이나 목표로 구분하는 것이다. 모든 국가는 자국의 특별한 이민 관련 수요나 이민 관련 의제를 충족시키고 해결하기 위해 고유한 정책을 입안하고 집행한다. 이러한 정책의 목적이 이민행정 체계에 주는 영향을 살펴볼 수 있을 것이다.

1) 이민자 편입 원칙과 이민행정

이민정책의 기본적 분류는 특정 국가가 이민자를 수용하는 원칙으로 나눌 수 있다. 스티븐 카슬은 이민자의 수용원칙을 구분 배제(differential exclusion), 동화(assimilation), 통합(integration), 다문화주의(multiculturalism) 유형 4가지로 분류한다(카슬 외, 2013: 416-417). 그가 제시한 각각의 유형을 정리해 보면 첫째 구분배제 유형은 원칙적으로 외국인의 유입을 허용하지 않는 정책이다. 따라서 자국으로 유입된 외국인은 철저하게 구분되어 배제된다. 단기간 임시로 체류할 수는 있지만 해당국에 영주할 가능성은 아주 없다. 1990년대 이전의 독일이나 한국 정부의 정책이 이에 해당한다. 둘째 동화 유형은 이민자가 수용국의 사회와 문화에 철저하게 동화되는 것을 목표로 하는 정책이다. 오늘날 프랑스가 추구하는 이민정책이 대표적인 동화정책이다. 셋째 통합 유형은 최근 많은 유럽국가가 관심을 두는 정책으로 이민자와 자국 국민이 상호작용을 통해 서로의 차이를 이해하며 점진적으로 통합되는 것을 지향하는 정책이다. 비록 점진적이며 상호작용을 통한 변화를 전제하지만 궁극적인 목표는 수용국 사회로 이민자가 통합되는 것을 의미한다. 넷째 다문화주의 모형은 이민자를 수용하되 이민자들이 자신들의 문화적 정체성을

집단적으로 유지하는 것을 허용한다. 캐나다와 호주가 다문화주의를 이민정책의
기조로 선언한 바 있다.

이러한 이민정책의 기조는 각 정책에 적합한 이민행정과 추진체계를 구축하게
한다. 구분배제형 이민정책 기조 하에서 이민행정은 외국인의 입국을 통제하고 체
류 외국인을 관리하는데 집중하게 한다. 동화주의 정책의 이민행정은 이민자들이
수용국 사회에 동화할 수 있도록 다양한 동화지원 프로그램을 운영하는 것이 중요
한 영역이 된다. 통합 모형에서는 이민자와 자국민이 서로를 이해해 나가며 조정
하는 점진적 과정도 지원하지만 궁극적인 통합을 위한 제도적 개입에도 참여한다.
다문화주의 유형의 이민정책에서는 이민자들의 적응과 동시에 자신들의 문화적 권
리를 유지할 수 있는 지원을 함께 집행한다. 또한 이민정책의 범위와 대상이 이민
자에 국한되지 않고 사회 전반으로 확산되는 경우가 많다. 따라서 이민행정 역시
이민 담당 부서 외 다른 정부 부서와 밀접한 관련을 맺기도 한다.

2) 이민정책 목표와 이민행정

이민자를 수용해야 하는 개별 국가의 상황에 따라 특화된 이민정책이 수립된
다. 이민자를 수용하고자 하는 정책 목표는 다양하다. 인력 수급을 위한 노동력
확보, 유학생 유치, 난민 수용, 가족재결합 및 가족구성을 통한 정착형 인구 수용,
관광산업 활성화를 위한 관광객 유치 등을 예로 들 수 있다.

인력 확보가 이민정책의 중요 목표인 경우 이민행정은 자국의 인력 수요에
맞는 노동자의 입국과 체류를 관리하는 행정체계를 구축한다. 나라마다 필요한 인
력의 전문성이나 노동숙련도가 다르며 해당 인력의 규모도 차이가 있다. 저숙련
노동력의 경우 대부분 국가에서 영주를 허용하지 않는 경우가 많다. 일정 기간 체
류했다가 본국으로 귀환하는 것을 전제한다. 반대로 전문인력의 경우는 국가 간
유치경쟁을 벌일 정도로 다양한 혜택을 이민자에게 제공한다. 따라서 같은 인력
중심의 이민정책이라도 유치하고자 하는 대상에 따라 정책과 행정이 다를 수밖에
없다.

노동자의 숙련도나 전문인력의 기준은 국가마다 다르다. 나라마다 자국의 인
적자원 개발 수준이 다르고 필요한 인력의 특징이 다르기 때문이다. 전문기술인력
은 대부분 학력이나 직장 경력 등의 자격조건으로 제한되는 것이 보편적 관행이
다. 따라서 전문기술인력을 유치하고 관리하는 이민행정은 전문인력의 자격을 판

단하고 해당자에게 특혜를 주는 체계를 운영한다. 아래의 표에서 보듯이 영국의 고급기술외국인력 프로그램, 캐나다의 독립기술인력 프로그램, 미국의 다중 우선순위 제도 등이 그러한 예이다.

영국 고급기술인력 프로그램(HSMP; Highly Skilled Migrant Programme)
영국정부는 외국인력을 전문기술 능력에 따라 5개의 등급으로 정비하여 각각의 이민경로를 제시하고 있다. 이 프로그램은 이민 신청자의 교육수준, 직장경력, 전문성 등을 바탕으로 점수를 부여하여 우수한 전문인력을 확충하기 위한 제도이다. 가장 최고 단계인 1등급 인력에 속하는 이민 신청자(의사, 과학자, 최고경영자 출신)는 최우선적으로 수용하며 영주권 신청이나 배우자 및 피부양자녀의 입국도 보장해 준다. 이민신청자의 기술전문성과 영국의 인력 수요에 따라 우수 인력을 확충하려는 이민정책이다.

캐나다 독립기술인력 프로그램(Independent Skilled Worker Program)
캐나다 정부는 학력, 직장경력, 잠재력 등을 토대로 숙련된 기술인력을 선별하여 수용하고 있다. 이민신청자의 역량에 따라 부여된 점수로 우선 수용하는 프로그램인데 영어나 불어 등 언어 능력이 강조되는 추세이고 캐나다의 직업군 목록에서 선정된 특정 분야의 경력을 보유하고 있어야 한다. 선정되는 직종은 국내 노동, 산업, 경제상황에 따라 필요한 직종과 분야로 조정되기도 한다.

미국 다중우선순위제도(Multi-track Preference System)
미국은 매년 숙련인력 유치 인원이 제한되어 있기 때문에 자국의 필요에 맞는 전문인력을 우대하기 위한 제도를 만들었다. 취업이민비자를 발급할 때 우선순위를 5개의 등급으로 분류하여 각 등급마다 자격요건을 부여하고 순위에 따라 우대 조치를 부여하는 것이다. 전문기술인력은 비숙련근로자에 비해 선발 규모나 취업비자 발급 속도에 있어 비교할 수 없는 우대를 받고 있다.

저숙련 인력의 경우 해당국의 노동력 수요에 따라 관리 운영되는데 전문인력에 비해 영주체류를 제한하기 위한 행정 수요가 높은 편이다. 저숙련 인력의 체류관리가 강조되며 연관된 행정기관과의 협업이 다양하게 나타난다. 인력정책이 중시되는 이민행정은 전통적인 이민행정 업무(국경관리, 사증발급, 체류관리 등)뿐만 아니라 고용실태를 관리 감독하는 다른 행정 부서와 밀접한 협업관계를 유지한다.

전문인력 확보와 밀접한 관련을 맺고 있는 정책이 유학생 유치 및 관리 정책이다. 유학생 유치는 다른 국가의 우수한 인재를 자국의 인력으로 활용하기에 좋은 통로로 활용되고 있다. 선진국의 경우 자국에서 고등교육을 이수한 타국 출신 인재를 유치하기 위해 이민 수속 과정에서 특혜를 주는 쿼터제를 운영하고 있다. 유학기간 동안 언어 및 문화에 대한 적응 수준이 높아지기 때문에 인적자원으로서의 가치가 더 높기 때문이다.

난민 이주 또한 중요한 이민 통로이다. 전쟁이나 내전, 기근이나 자연재해로 인해 본국을 떠나 국경을 넘는 난민을 보호하고 지원하는 것은 국제사회의 의무이기 때문이다. 난민 지위의 신청과 인정, 난민지위 부여자에 대한 관리 등도 이민행정의 주요 영역에 포함된다.

가족재결합은 해외에 거주하는 가족 초청을 통해 이민자가 유입되는 것이다. 가족구성은 결혼이나 입양을 통해 가족을 구성하는 것인데 배우자와 입양 자녀 역시 이민자로서 입국하게 되기 때문에 이민행정 절차를 거쳐야 한다. 국가별로 가족재결합의 기준이나 원칙을 이민정책에서 결정하고 그에 따라 행정을 집행한다. 한국의 경우 국제결혼을 통해 입국하는 결혼이민자들이 대표적 사례이며 이민행정은 이러한 이민경로도 관리해야 한다.

해외관광의 증가는 국경을 넘는 관광객의 규모를 확대시키고 있다. 관광산업이 국가발전의 주요 전략으로 채택되면서 자국 국경을 넘나드는 관광객을 관리하는 것이 이민행정에서 비중을 높이고 있다. 관광객을 위한 특별한 사증과 관광객의 편의를 제공하기 위한 사증 면제 정책도 활발하게 채택되고 있다.

2. 지역 통합과 이민행정

국민국가 체제에서 이민정책과 행정은 개별 국가의 주권 영역이다. 그러나 최근 지역공동체가 확산되고 역할이 강조되면서 이민정책과 행정에도 변화를 가져오고 있다. 개별국가의 자율적 정책이 지역공동체의 결정과 합의에 의해 수정되거나 이민행정의 단위가 변경되기노 한다.

지역연합 회원국들의 통합 강도에 따라 이민정책 및 행정에 미치는 영향은 다르다. 동남아시아국가연합(ASEAN)은 회원국 국민의 역내 이동에 불편함을 없애는 수준에서 공항이나 항만에서의 출입국 수속 절차 간소화, 별도의 창구 운영, 사증 면제 등의 정책을 추진하고 있다. 동남아시아국가연합 차원에서 2020년까지

이민행정 체계의 협조를 강화하려고 노력하고 있다.[1]

유럽연합은 현존하는 지역 공동체 중에 가장 강력한 통합을 보여주고 있다. 제3절에서 상술하겠지만, 유럽연합은 다양한 수준의 공동체를 형성해 오며 통합의 강도를 강화해 왔다. 상품이나 서비스, 자본의 이동과 관련해서는 가급적 내부 국경을 약화시키려는 노력이 유럽공동체 시절부터 이어져 왔다. 그러던 중 1985년 유럽경제공동체 회원국 10개 국 중 5개국이 룩셈부르크의 쉥겐에서 공동 협정(Schengen Agreement)을 체결했다. 회원국 국민의 국경 이동에서 입국심사의 잠정적 폐지를 목표로 한 협정이었다. 이 협정은 5년 후 쉥겐협약(Schengen Convention)의 체결로 확대되었다. 회원국 간의 국경이동을 자유롭게 하기 위해서는 회원국의 외부 국경을 공동으로 통제해야 한다는 합의에 이르게 되었다(한경구 외, 2012: 108-110).

유럽연합이 출범한 이후 1997년 체결된 암스테르담 조약은 쉥겐협약에 의해 추진된 법률과 제도를 유럽연합의 법제로 통합시켰다. 유럽연합은 각각의 회원국들이 독자적인 이민정책을 수립하고 자체 행정기구를 통해 집행하지만 유럽연합 전체의 국경을 관리하고 통제하는 공동 국경관리 체계를 유럽집행위원회 산하에 구축했다. 유럽집행위원회의 내무총국(Director General for Home Affairs)은 이민행정을 총괄하며 유럽연합의 경계를 관리한다. 유럽집행위원회는 산하에 소속 외청으로 국경관리를 전담하는 프론텍스(FRONTEX)와 난민들을 관리하는 유럽비호지원청을 두고 있다. 프론텍스는 유럽연합이 2004년 출범시킨 기구로 유럽연합 외부의 경계를 관리하는 기구이다. 불법이민과 인신매매를 단속하며 테러리스트의 유럽연합 내 침투를 예방한다. 본부는 폴란드의 바르샤바에 두고 있다.

유럽연합과 같은 지역공동체의 출범은 이민정책과 행정체계의 단위를 지역공동체 차원으로 확대시키고 있다. 지역공동체 차원의 이민행정 추진체계는 역내 회원국의 국가별 행정체계와 긴밀한 업무 제휴를 통해 운영되고 있다.

3. 안보 위협과 이민행정 체계의 변화

이민이 안보의 문제로 인식되기 시작한 것은 탈냉전 이후 최근의 일이다. 제2차 세계대전 이후 이민은 노동력과 관련된 경제현상과 연관되어 인식되었다. 그러나 1980년대 이후 초청노동자 제도의 실패, 난민과 불법이민자의 증가로 인한 이

---

1) 14장 국제이민협력을 참조하시오.

민정주자의 증가는 국제관계의 변화와 맞물려 새로운 안보 의제로 대두되었다.

냉전 체제에서는 국가 간 갈등과 위협에 근거한 안보의제가 중요했으나 점차 비국가 행위자의 위협이 국가 안보의 위기를 초래하기 시작했다. 이러한 위협 중 상당수는 이민과 연계되기 시작했다. 터키와 알제리에서 발생한 분쟁이 독일과 프랑스로 이주한 해당국가 이민자를 통해 유럽의 국가 안보에 위협을 초래했다. 특히 2001년 9월 11일 알카에다(Al Qaeda)가 미국을 테러 공격함으로 이민은 국가 안보의 핵심 의제로 대두되었다. 알카에다가 전 세계의 이민자 네트워크를 통해 세력을 확장해 온 것이 드러나면서 이민과 안보는 분리할 수 없는 의제로 자리 잡게 되었다(카슬 외, 2013: 360-363).

미국과 유럽에서 발생한 이슬람 원리주의 테러 공격은 유럽 내 무슬림 이민자들에 대한 사회적 반감을 불러 일으켰고 역내 무슬림 주민의 사회적 편입에 대한 다양한 논란을 일으켰다. 마드리드, 런던, 파리 등에서 자국 내 무슬림 이민자가 관여된 테러가 발생하자 기존의 이민정책에 대한 비판과 성찰이 제기되었으며 그에 따라 정책 기조와 행정 서비스에서 변화를 보이기도 한다.

안보의 개념도 국가안보에서 인간안보(human security)로 확대되었다. 국경을 넘는 사람들 특히 저개발 국가 출신 이민자들이 국경을 넘는 과정에서 빈곤과 폭력, 인권침해로 인한 위험에 노출되면서 인간안보가 중요한 의제가 되었다(카슬 외, 2013: 365-366). 구소련 지역의 여성들이 북미, 유럽, 그리고 일본이나 한국과 같은 동아시아 국가의 유흥산업에 유입되는 과정에서 인신매매성 이주가 이루어지고 있음이 여러 연구를 통해 밝혀지기도 했다(seol and Han, 2011). 미 국무성은 매년 인신매매 국가별 보고서를 발간하면서 국가별로 인신매매 방지 현황과 실태를 보고하고 있다. 많은 나라들이 자국의 치안행정과 형법체계 내에서 인신매매 방지를 위한 대책을 강구하고 있으나 이민행정과 연계하지 않고는 소기의 목적을 달성하기가 어려운 실정이다.

미국은 안보 위협에 대처하는 방편으로 법무부가 주관하던 이민행정체계를 국토안보부를 신설하여 통합함으로써 이민행정을 국가안보의 차원에서 수립 집행하기 시작했다. 유럽연합 역시 이민행정체계를 유럽연합의 공동체 차원의 안보 문제로 수렴하고 있다. 불법이민을 차단하고 합법이민자는 선택적으로 수용하며, 난민 수용과 보호도 공동으로 관리하기 시작했다. 회원국가의 이민행정을 유럽연합 차원에서 조율하고 있고 회원국들의 이민자 통합 정책도 공유하며 조율하고 있다.

3절 이민행정 체계 사례 연구[2]

1. 전통 이민국가의 이민행정 체계

전통 이민국가는 이민으로 형성된 국가를 말한다. 북미의 미국과 캐나다, 태평양 지역의 호주 등이 대표적인 전통 이민국가에 속한다. 이들 국가는 이민자가 국가 형성의 주체였으며 이후 지속적인 이민자 유입이 국가 발전의 토대가 된 나라들이다.

전통 이민국가는 국가 발전에 있어 지속적인 이민자의 유입이 필요했다. 따라서 이민자를 수용하는 정책에서도 가장 개방적이었다. 다만 국가 형성 초기의 대부분 이민자들이 유럽 출신의 백인이었으나 이후 지속적인 이민자 유입 과정에서 유색인 이민자의 증가로 이를 막기 위한 정책적 개입이 있었다는 공통점이 있다.[3]

1) 미 국

미국과 캐나다는 북미의 전형적인 전통 이민국가이다. 두 나라 모두 대서양 이민체계(Atlantic Migration System)에 의해 초기 이민자들을 수용할 수 있었다. 대서양 체계는 새로운 항로를 개척하던 탐험가들이 아메리카 대륙에 도착한 16세기 이래 형성된 정치적 경제적 체계이다. 대서양 양안의 유럽과 아메리카, 아프리카와 아메리카 대륙이 식민지배의 틀 속에서 인적 이동과 자원의 이동 체계를 형성했고 대서양 양안의 정치경제 체계를 구축했다.

영국 식민지 시절의 미국은 영국과 유럽으로부터 대서양을 건너온 이민자들을 주로 수용했다. 대서양 노예무역을 통해 아메리카 대륙으로 강제 이주된 아프리카인 노예와 그 후손들이 이민자의 한 축을 이루었다. 미국이 건국된 이후 새롭게 이주해 온 이민자들은 주로 유럽 각지에서 온 백인 이민자들이었다. 서부 개척시대에 아시아계 이민자들이 농장과 철도 부설 노동자로 일시 이주해 왔으나 곧 이민법 개정을 통해 배제되었다.

미국의 이민 역사는 몇 가지 이민자의 특징을 낳았다. 첫째 미국사회의 이민

---

2) 해외 여러 나라의 이민행정 체계 사례는 필자가 참여한 연구(한경구 외, 2012)에 크게 의존하여 서술했다.
3) 2장 이민의 역사를 참조하시오.

자 중에는 영주권자의 규모가 다른 국가에 비해 큰 편이다. 미국의 영주권자 규모는 지속적으로 증가하고 있는데 2012년 통계에 의하면 1,031,631명에 달한다 (Homeland Security, 2013). 또한 유럽 이외 지역의 이민자가 증가하면서 인종적 다양성이 심화되었고 불법체류자의 규모가 급증했다. 특히 멕시코로부터의 밀입국이 증가했다(한경구 외, 2012: 15-16).

미국의 이민행정은 이민법, 귀화법, 난민법에 근거해서 집행된다. 이민법은 의회에서 제정되며 대통령이 승인권을 갖는다. 다만 이민법이 근본적으로 외국인을 대상으로 하고 있기 때문에 이민법은 헌법에서 규정한 모든 조항에 구속되지 않는다.

미국 정부구조에서 이민행정은 연방정부의 배타적 권한 하에 진행된다. 연방정부의 이민행정 부처는 연방정부의 타 부처와 상관없이 독자적인 행정을 집행하며 다른 부처는 이민행정에 관여할 수 없다. 주정부 역시 연방정부의 이민행정에 협조할 의무가 있으며 자체적으로 이민법을 제정하거나 이를 집행할 수는 없었다. 그러나 최근 들어 주정부 차원의 이민 관련 법안이 발의되고 있으며 이를 둘러싼 연방정부와의 갈등이 발생하기도 한다.

이민행정체계는 의회의 입법에 근거해서 설립된다. 대통령의 정책 제안이나 대법원의 결정사항이 이민 행정 체계를 변경하기도 한다. 9·11 테러 이후 부시 대통령이 미국의 이민행정체계를 대대적으로 개편한 것을 예로 들 수 있다.

미국의 이민행정 조직은 19세기 후반 연방정부 차원에서 조직된 이후 재무부 (1891년), 상업 및 노동부(1903년), 노동부(1913년)를 거쳤다. 1933년에는 이민 및 귀화 서비스(Immigration and Naturalization Service: INS)를 노동부에 설립했고, 1940년에 법무부로 이관했다. 법무부가 주관해 온 미국의 이민행정체계에 대대적 변화를 가져온 것은 2001년의 9·11 테러 공격이다. 미국 정부는 이민과 국가안보의 문제를 통합해서 관리하기로 하고 국토안보부(Homeland Security)를 설립했다. [그림 3] 에서 보이듯이 INS가 담당하던 이민행정과 통제기능을 국토안보부 내의 미국 시민권·이민서비스(US Citizenship and Immigration Service; USCIS)와 관세 및 국경보호국(Customs and Border Protection; CBP), 그리고 이민·관세시행국(Immigration and Customs Enforcement; ICE) 조직으로 분리 통합했다(한경구 외, 2012: 24-40).

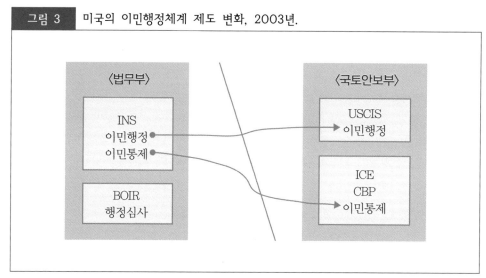

그림 3 미국의 이민행정체계 제도 변화, 2003년.

자료: 한경구 외(2012: 25).

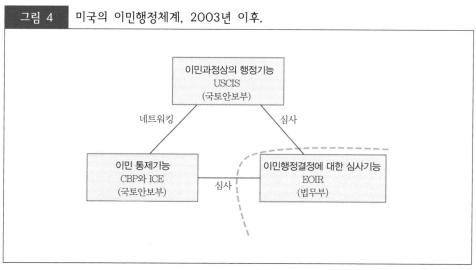

그림 4 미국의 이민행정체계, 2003년 이후.

자료: 한경구 외(2012: 28).

미국 시민권·이민서비스(US Citizenship and Immigration Service; USCIS):
USCIS는 국토안보부 산하에서 이민행정의 중추 역할을 한다. 각종 비자 프로그램(이민과 비이민) 집행, 난민 업무, 외국인 인력관리, 미국 내 이민자 실태 관리 등 이민행정의 전반을 관리한다.

이민·관세시행국(Immigration and Customs Enforcement; ICE):
ICE는 이민, 관세, 항공안전 등의 실무 감독 부서이다. 불법적인 이민브로커, 밀입국, 인신매매 조직, 이민자의 테러조직 참여 등을 감독할 뿐만 아니라 마약이나 미국의 안보에 위협이 되는 불법무기 등의 밀수와 수출을 적발한다. 사람의 이동과 상품의 이동을 안보차원에서 관리 감독하는 것이다.

관세 및 국경보호국(Customs and Border Protection; CBP):
CBP는 국경관리에 집중한다. 사람이나 상품이 미국의 국경을 넘나드는 공항, 항만, 국경에서의 감시 감독을 책임진다.

이민심사행정실(The Executive Office for Immigration Review; EOIR):
EOIR은 1983년 법무부 산하에 설립된 기관으로 이민행정 결정 사항에 대한 심사를 담당한다. 이민자들이 미국 정부의 행정 결정에 대해 심의해 줄 것을 요청하면 EOIR 산하 이민법정에서 심의하는 구조이다. 2003년 이민행정 대부분이 국토안보부로 이관되었음에도 이민심사행정실은 법무부에 잔류하며 미국 전체 27개 주와 푸에르토리코와 사이판 등에서 59개의 연방이민법정을 운영한다.

미국의 새로운 이민행정체계는 국토안보부 내에서 행정과 통제기능을 분리하여 상호 견제와 협력이 이루어지도록 하고 행정결정에 대한 심사를 법무부 조직에서 담당함으로써 균형을 이루게 한다. 연방정부와 주정부의 관계에서도 이민행정 전반은 연방정부가 관할하지만 주정부들이 해당 주의 사회문화적 특성에 맞춰 사회통합 관련 정책을 추진하는 보완적 협력관계를 유지하기도 한다.

오바마 행정부는 2014년 수백만 명의 불법이민자 추방을 유예하는 행정조치를 발표하며 이민행정체계의 전면적 개혁을 주문했다. 이에 따라 국토안보부는 10개의 개혁안을 제시하고 있는데, 주요 내용은 국경관리강화, 추방집행 우선순위 변경, 불법체류 중인 부모의 추방유예, 청소년 추방유예, 재입국 금지유예 대상 확대, 취업이민제도 개선, 배우자 노동카드 발급 확대 등이다. 오바마 행정부의 이민개혁안이 행정체계에 미치는 영향과 실질적 변화는 아직 가시화되지 않고 있다.

2) 캐나다

캐나다는 미국과 함께 대표적인 전통 이민국가에 속한다. 이민자들이 오늘날의 캐나다를 건설하는 데 주축이 되었고 이후 지속적인 이민자 유입을 통해 국가발전을 이룩한 나라이다. 이민역사나 지역적 근접성으로 인해 이민 관련 정책과 현상이 미국과 유사한 부분이 많다. 캐나다 역시 유럽계 이민자들을 주축으로 국가를 건설했고 일정시기에는 비유럽계 이민자의 입국을 억제하며 유럽계 중심의 이민정책을 추진했다. 그러나 미국과 마찬가지로 비유럽계 이민자의 유입이 늘어나면서 인구 구성에 있어 인종적 문화적 다양성이 확대되고 있다. 2011년 기준으로 캐나다의 이민자는 200여 개가 넘는 국가나 민족 출신으로 구성되어 있다.

차이점을 살펴보면 캐나다가 미국보다 이민자의 비중이 더 높다는 것이다. 전체 국민 중 외국출생자의 비중은 지속적으로 증가해 왔는데 2011년에는 680만 명으로 전체 인구의 20.6%에 달했다. 캐나다와 미국 모두 건국 이후 국가 발전에서 이민자의 역할이 중요했지만 그에 대한 사회적 평가는 캐나다가 미국보다 긍정적이다. 1971년 캐나다가 국가 정책의 원칙으로 다문화주의를 천명하며 다양성의 보호와 증진에 역점을 둔 것도 이런 배경에 기인한다.

캐나다는 최근에 이민정책에서 중요한 변화를 보이고 있다. 첫째는 캐나다 영토 내에서 영주권을 신청할 수 있게 함으로써 유학생들처럼 캐나다에 이미 입국한 상태인 외국인 중 자국이 필요한 인적자원을 확보하려고 한다. 둘째는 경제이민의 경우 직업의 범주와 등급을 세분하여 캐나다에 필요한 인적자원에 우선적으로 영주권을 할당하는 점수제 정책을 추진하고 있다. 셋째는 연방정부가 독점하던 이민자 선택 권한을 주정부에도 허용함으로써 지역 자체의 수요에 따라 이민자를 수용하게 해 주었다(한경구 외, 2012: 50-53).

캐나다의 이민정책과 이민행정은 기본적으로 연방정부의 관할이다. 다만 주정부 공무원들도 자기 지역의 이민행정 절차에 참여할 수 있다. 캐나다의 다문화주의 원칙이 퀘벡의 문화적 자율성을 인정하기 때문에 퀘벡 주에 합당한 이민정책을 입안하고 추진할 수 있는 자율성이 보장되는 것이다(한경구 외, 2012: 58).

캐나다의 이민행정체계는 이민과정에서의 행정 및 이민자 통합, 이민통제, 이민행정에 대한 심사나 재심 관리 등으로 분리되어 구성되어 있다. 캐나다의 이민행정체계도 미국과 함께 2003년 개편되었다. 이민행정체계의 구성과 조직을 살펴보면 [그림 5]와 같다.

시민권 및 이민부(Department of Citizenship and Immigration Canada; CIC)는 이민행정 조직에서 가장 중요한 중추기관이다. CIC는 비자 발급, 시민권, 체류자격 등을 심사하고 승인하거나 다문화주의 원칙의 구현 등을 담당한다. 미국과의 차이는 CIC가 독립 부처라는 점이다.

캐나다 국경서비스청(Canada Border Service Agency; CBSA)은 국경경비와 관리를 통해 이민을 통제한다. 밀입국 단속, 공항과 항만의 출입국 업무, 외국인 범죄자 단속, 외국인 보호소(Detention Center) 운영 등이 주 업무이다. 미국의 유사업무 기관인 관세 및 국경보호국(CBP)이나 이민관세시행국(ICE)에 비하면 규모나 예산 면에서 비교할 수 없게 작다.

이민·난민위원회(Immigration and Refugee Board; IRB)는 1980년대에 설립되었는데, 난민보호국, 난민항소국, 이민국, 이민항소국으로 구분되어 있어 사안의 성격에 따라 해당 부처의 법적절차를 진행할 수 있다. 캐나다는 미국과 달리 토론토, 몬트리올, 밴쿠버 3곳에 지역사무소를 두고 있으며 본부는 오타와에 있다(한경구 외, 2012: 63-68).

그림 5	캐나다의 이민행정체계

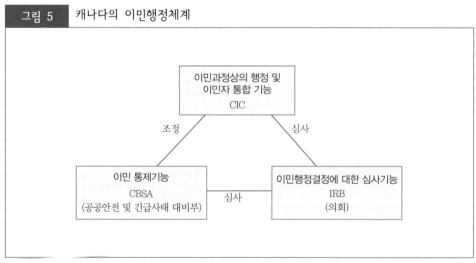

자료: 한경구 외(2012: 62).

3) 호 주

호주 역시 전통적 이민국가 중 하나이다. 영국 식민지로서 영국으로부터 죄수들이 이주한 곳이었지만 저임금 노동력 확보를 위해 중국인을 비롯한 비영국계 이민자들을 수용하다가 1901년 백호주의(WAP; White Australia Policy)를 표방하며 백인국가를 지향한 나라이다. 호주의 이민정책은 1947년 이후 철저한 계획 하에 추진되었는데 경제 및 전략적 판단에 기초한 결정이었다. 호주는 새로운 이민정책 패러다임에서 다시 영국인 중심의 이민자 수용 정책을 추진했고 이를 유럽 전역으로 확장했으나 1980년대 이후에는 더 이상 백호주의 이민정책을 유지하지 못했다(Castles et. al., 2014b: 3-4).

호주의 이민정책은 집권 정당의 정책에 따라 변동이 매우 심한 편이다. 백호주의를 표방하던 이민정책이 1977년에는 다문화주의 정책으로 변했고, 최근에는 '하나의 호주(One Australia)' 담론과 경합하고 있는 실정이다. 이러한 변화의 원인은 이민을 철저하게 자국의 경제 및 사회발전 전략으로 바라보는 선별적 이민정책에 대한 정치권과 호주 사회의 해석 결과에 따른 것이다. 또한 영연방에 속한 국가정체성이 강함에도 불구하고 아시아 지역에 속해 있는 지정학적 위치가 호주로 하여금 아시아 출신 이민자에 대한 양면적 감정을 갖게 하기 때문이다. 지속적인 국가발전을 위해서는 이민자가 필요하지만 아시아 국가 출신 이민자의 증가나 인접한 아시아 국가들의 경제발전으로 인한 위협감이 상존하고 있기 때문이다(한경구 외, 2012: 78-80).

현재 호주 이민정책의 핵심은 잠재적 이민자의 역량을 점수제로 환원한 후 자국에 필요한 인적자원을 선별적으로 수용하는 '기술이민' 제도이다. 호주 정부는 1979년 이민심사 점수제를 도입했는데 초기에는 자국의 인적자원 수요와 이민자의 지역 균형 분배를 고려했으나 2010년 이후에는 잠재적 이민자의 언어능력, 학력, 직업경력, 연령 등과 같은 개인적 역량도 평가에 반영하는 점수제를 운영하고 있다.

호주는 1945년 연방정부의 독립 부처로 이민부(Department of Immigration)를 신설하고 이민행정을 주관해 왔다. 2007년에는 이민시민권부(Department of Immigration and Citizenship: DIAC)로 개편되었다. 현재 호주의 이민행정 관리 체계는 아래의 [그림 6]과 같다.

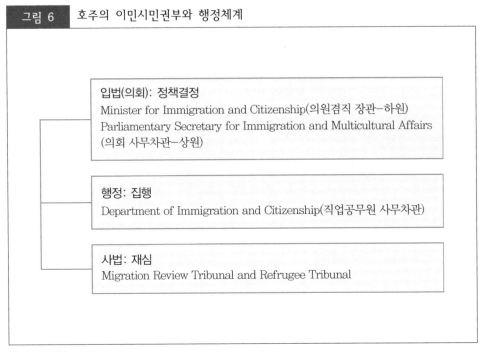

그림 6   호주의 이민시민권부와 행정체계

자료: 한경구 외(2012: 91).

　　이민시민권부는 현재 20개의 부서 및 특별 분과로 나뉘어져 있다. 주 업무 내용은 국경관리, 난민 및 비호관련 행정업무, 비자 발급 및 관리, 불법체류자 단속, 이민자 및 난민 정착지원, 다문화 및 사회통합프로그램 운영, 이민 관련 통계 조사 및 관리 등이다. 이민시민권부가 이민자 수용 계획을 입안하고 행정체계를 총괄하는 구조이다.

　　이민시민권부는 연방정부의 다른 부처와도 밀접한 업무 제휴를 하고 있다. 해당 부처는 교육·고용·사업장관계부, 지방·지역발전·지방자치부, 보건·고령화부, 가족·주거·공동체서비스·원주민부이다. 노동 관련 행정은 이민행정과 가장 밀접하게 연계되어 있다. 이는 호주가 인적자원 확보의 목적으로 이민정책을 입안하고 추진하기 때문이다(한경구 외, 2012: 94-95).

　　이민시민권부는 지방정부와 시민사회와도 행정업무를 제휴하고 있다. 연방정부 부처 간에는 '이민 및 다문화 사안에 관한 장관급 위원회'가 정책 조율을 맡고 있고 하원의 '이민상임위원회'는 의회 차원에서 연방정부의 이민 정책과 행정을 조사하고 의회에 보고한다. 정부의 이민행정 결정에 대해서는 '이민재심심판소'와 '난민재심심판소'가 이의제기를 처리한다. '행정소원심판소'는 호주 정부의 행정처분에 대한 항소를 심의한다. 지방정부는 연방정부에 지역에서의 이민자 수요를 보고하여 해당지역에서 수용하려는 잠재적 이민자의 자질을 추천한다. 또한 지역에 정착한 이민자의 사회통합정책을 담당한다(한경구 외, 2012: 96-100).

2. 선발 이민국가의 이민행정 체계

선발 이민국가는 제2차 세계대전 이후 1970년대 초까지 경제호황기 동안 이민자를 수용하면서 국가발전을 경험한 국가들이다. 영국, 프랑스, 독일 등 서유럽 국가들이 대표적 사례이다. 이들 국가들은 자신들의 구 식민지 출신 노동자를 수용하거나 부족한 노동력을 확보하기 위한 외국인근로자 제도를 운영했다. 선발 이민국가들은 1973년 석유파동을 계기로 심화된 경제침체기에 더 이상의 이민자들을 수용하지 않으려 했으나 기존에 입국한 이민자들이 귀국하지 않고 불법체류 상태에서라도 해당국에 잔류함으로써 이민정책의 목표와 결과가 일치하지 않는 결과를 경험했다.

1) 영 국

영국은 대영제국의 유산으로 인해 이민정책을 체계화하기 이전부터 지속적인 인구 유입이 있었다. 제국의 신민 자격으로 입국한 이민자들이 영국 사회의 일부가 되었으며 이후 국적 개념을 체계화하는 이민정책이 추진되었다. 제2차 세계대전 종전 후 영국은 과거 제국의 일부였던 영연방 국가들의 독립을 목도했다. 1948년 제정된 영국국적법은 영국 신민을 '영국 및 식민지 시민'과 '독립영연방국가 시민'으로 구분했으며 영국 내에서 동등한 권리를 보장했다. 독립영연방국가 출신 시민들의 이민이 늘어나면서 이들을 통제하기 위해 1962년 영연방이민법을 제정한 것이 이민정책과 행정의 기초가 되었다. 이후 여러 차례 이민법과 국적법을 개정하면서 영국 국민을 규정하게 되는데 1981년의 국적법 개정을 통해 국민국가로서의 국적법 체계를 구축했다(한경구 외, 2012: 142-145).

그림 7   영국 내무부의 이민행정 조직도

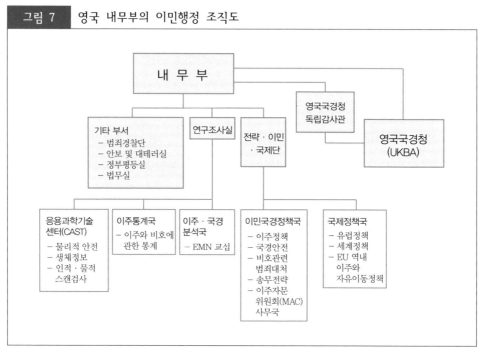

자료: 한경구 외(2012: 156).

그림 8   영국 국경청 행정조직

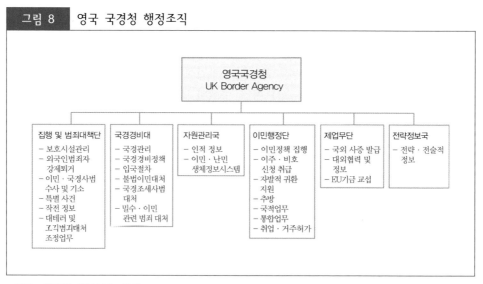

자료: 한경구 외(2012: 158).

이러한 배경으로 인해 영국은 내무부(Home Office)가 이민 및 난민 관련 행정의 주무 부처 역할을 해 왔다. 유럽연합 출범 이후에도 이민 관련 정책은 유럽연합의 공동이민정책에 전적으로 참여하지 않고 있다. [그림 7]에서 보이는 것처럼 내부부의 이민 관련 행정 조직은 산하 부처에 분배되어 있으며 2007년에 독립 외청으로 영국 국경청을 설치하여 국경관리와 통합 운영하고 있다.

영국 정부조직에서 이민행정과 관련된 또 다른 주요 부처는 법무부이다. 법무부는 이민비호심판소와 같은 사법행정에만 관여한다. 사회통합 관련 행정은 보건부, 노동연금부, 교육부, 문화·미디어·스포츠부가 지원한다.

2) 프랑스

프랑스도 제2차세계대전 이후 부족한 노동력을 확보하는 과정에서 남부와 동부 유럽에서 수용한 이민자와 과거 식민지였던 아프리카 국가 출신 이민자가 프랑스 이민자의 주축을 이루고 있다. 다른 유럽 국가와 마찬가지로 1973년 석유파동 이전까지의 노동력 수용 정책이 선별적 이민자 수용 정책으로 전환되었다. 프랑스의 공화주의와 이에 입각한 동화주의 정책은 이민정책과 행정에서 다른 국가와 달리 적극적 통합을 강조한다.[4]

프랑스는 1974년 이래 새로운 이민자 유입을 통제하고 있다. 저숙련 근로자의 이민을 통제하는 반면 전문인력 중심의 이민정책을 추진하고 있다. 신규 이민자는 프랑스 정부와의 계약을 통해 프랑스 국가정체성과 생활에 대한 교육을 받으며 언어교육과 프랑스 사회의 법과 제도를 배워야 한다.

프랑스의 이민정책과 행정은 내무부(Ministere de l'Interieur)가 총괄한다. 프랑스 정부는 내각 개편을 통해 여러 차례 이민행정 부처를 개편해 왔다. 사르코지 대통령은 2007년 이민통제를 통합하여 중점적으로 다룰 부서로 '이민·통합·국민정체성·공동발전부'를 신설했으나 2012년에는 내무부 산하로 다시 재편되었다. 현재 이민행정의 실무는 전국에 설치되어 있는 이민통합사무소(Office Francais de l'Immigration et de l'Integration; OFII)에서 담당하고 있다(한경구 외, 2012: 175-177).

이민통합사무소는 내무부 산하 독립 기관으로 파리의 중앙사무소, 28개 지방사무소, 8개의 해외사무소(모로코, 튀니지, 루마니아, 세네갈, 캐나다, 카메룬, 말리, 터

---

4) 이 책의 6장을 참조하시오.

키)로 구성되어 있다. 주요 행정 업무는 이민 후 5년간 이민자들이 프랑스 사회에 정착하는 과정을 지원하는 것인데 실질적으로는 합법적으로 체류하고 있는 이민자들을 통제하고 관리한다. 불법체류자는 내무부에서 직접 통제한다. 이민행정의 부처 간 업무 조율은 '이민관리를 위한 부처 간 위원회'를 두고 있는데, 총리가 위원장이며 9개 부처의 대표자가 참여한다(한경구 외, 2012: 178-180).

3) 독 일

독일은 프랑스와 달리 혈통에 근거한 이민정책을 유지해 온 국가이다. 실제 제2차 세계대전 이후 노동력이 부족한 상황에서도 처음에는 국외 거주 중인 독일계 동포들의 귀환을 통해 인력 문제를 해결하려 했다(이진영 외, 2014). 그러나 경제발전으로 인한 노동력 부족은 지속적인 이민 수요를 만들어 냈고 비독일계 이민자들을 수용해야 하는 상황에 이르렀다. 독일 정부는 이민자의 영구 정착을 막기 위해 교체순환원칙에 의해 이민자들이 정해진 계약 기간 동안만 독일에 체류하는 초청노동자 제도를 도입했다. 그러나 1973년 석유파동 이후 경기 침체기에 초청노동자 제도가 원래의 의도대로 이민자들의 독일 내 체류를 막지 못하는 것으로 드러나면서 독일의 이민정책은 본국귀환을 장려하는 단계를 거쳐 이민을 인정하는 실질적 정책으로 변경되었다. 또한 유럽연합의 출범과 공동이민정책의 확산도 독일의 이민정책에 영향을 미쳤다.

독일의 이민행정은 연방 내무부가 주관 부처의 역할을 맡고 있다. 내무부 산하에 '연방이민난민청'과 '연방행정청'을 두고 이민정책과 행정을 주관하고 있다. 연방이민난민청(Bundesamt für Migration und Flüchtlinge)은 뉘른베르크에 본부를 두고 있으며 독일 전역에 25개 지방청을 두고 있다. 주요 업무는 사증업무, 난민 수용과 인정 절차, 이민자 통합, 이민 현상 연구, 외국인 등록 등의 업무를 맡고 있다. 연방행정청은 독일계 재외동포 업무를 주관하며 내국인 처우를 보장받는 유럽연합 회원국 출신 외국인을 관리한다(한경구 외, 2012: 209-210).

'연방이민난민통합정책조정관'은 연방정부의 이민통합정책 전반을 보좌하는 직책으로 독일 전역의 이민행정을 조율한다(정기선 외, 2012: 26).

독일의 지방정부는 연방정부에서 결정되고 추진되는 이민자 통합정책의 실무적 집행을 담당한다. 주정부가 재정자율권이 있기 때문에 주정부 마다 해당 주의 상황에 맞게 개별적인 통합정책을 추진하는 경우가 많다(정기선 외, 2012: 114-117).

3. 후발 이민국가의 이민행정 체계

후발 이민국가는 나라마다 이민의 역사와 맥락은 다르지만 이주변천을 공통적으로 경험하고 있어 이민자들의 사회통합이 국가적 과제로 대두되고 있다.

남유럽의 그리스, 이탈리아, 스페인은 1980년대 이후 이주변천을 경험하고 있다. 1980년대와 1990년대 들어 남유럽 국가들로 유입되는 이민자의 규모가 급증하기 시작했다. 그리스는 비유럽연합 회원국인 알바니아, 불가리아 출신 이민자들이 상대적으로 많으며, 이탈리아와 스페인은 아시아와 아프리카 등 다양한 국적의 이민자들이 유입되고 있다. 이들은 남유럽 국가를 경유지로 선택하여 다른 유럽연합 국가로 이동하거나 남유럽 국가에 정착하기도 한다.

남유럽 국가들의 이민정책과 행정은 유럽연합 출범 직후에는 유럽연합 차원의 공동정책이나 프로그램이 부재했기 때문에 국가별로 추진되었다. 그러나 남유럽 국가들이 유럽연합의 다른 나라로 이주하려는 비유럽연합 이민자들의 경유지로 선택되자 유럽연합 차원의 대응 필요성이 증가하고 있다. 최근 남유럽 국가의 이민정책과 행정을 보면 국경관리 강화와 불법이민자의 합법화라는 양면 정책을 수행하고 있다. 즉 이미 입국한 불법이민자들을 합법화하여 관리하는 것이 시급한 과제임을 자각하고 있다. 동시에 더 이상의 불법이민을 차단하기 위한 정책, 그리고 인신매매나 밀입국 같은 조직범죄를 예방하려는 노력으로 국경관리를 강화하고 있다. 남유럽 국가들 특히 스페인과 이탈리아는 국경관리를 위해 프론텍스와 공조하여 지중해를 건너는 이민자들의 출발항구가 있는 국가들과 협력하여 불법이민을 방지하려고 노력하고 있다. 그러나 유럽연합 차원에서의 공동 대응은 여전히 부족한 상황이다.

같은 후발 이민국가이지만 일본과 대만은 전통 이민국가나 선발 이민국가와는 다르게 노동력과 결혼이민자로 양분되는 이민정책을 모색하고 있다. 이런 두 나라의 이민 환경은 한국과 매우 유사하다. 따라서 이들 국가의 이민행정체계를 별도로 살펴볼 필요가 있다.

1) 일 본

동아시아 국가 특히 한국과 일본은 결혼이민자나 외국인근로자를 수용하는 실질적 이민국가임에도 이민국가로서의 정체성을 강조하지는 않는다. 그러나 외국인근로자와 결혼이민자들이 실질적인 이민자로 입국하기 때문에 후발 이민국가로서 분류할 수 있다. 일본은 1980년대 이전까지 이민자를 송출하던 국가였다. 19세기 말에는 미국과 브라질, 멕시코, 과테말라 등 아메리카 대륙으로의 이민이 진행되었고, 일본이 한반도를 식민화하며 중국과 동남아시아를 침략한 이후에는 식민지와 점령지로의 이주가 진행되었다. 식민지로의 이주는 일본 내 이주로 간주했으나 만주국으로의 이주는 국외 이민이었다. 식민지와 점령지로 이주했던 일본인은 1945년 패전 이후 대부분 귀환했다. 패전 이후 일본인들은 1960년대 초반까지 해외 이민을 지속했다. 대부분 빈곤층이나 저학력 일본인들이 남미의 농촌지역으로 이민을 떠났다.

일본으로 이주해 온 외국인들은 1945년 패전 이전에 식민지에서 일본 본토로 이주해 온 한국인과 중국인(대만)들이었다. 일본이 패전한 후 상당수는 본국으로 귀환했지만 일부가 잔류하게 되었고 이들이 일본의 '올드커머(old comer; 재일 한인이나 중국인 등 구 식민지 출신 이민자를 지칭하는 일본식 용어)'를 형성했다. '뉴커머'들이 일본에 본격적으로 입국하기 시작한 것은 1980년대이다. 일본정부가 국제화 정책을 추진하면서 외국인 유학생 유치에 나섰고, 부족한 인력 문제를 해소하기 위해 산업연수생 제도를 도입함으로써 이주노동자를 수용하기 시작했다(이혜경, 1997: 500-504).

일본의 이민정책을 요약하면 다음과 같은 특징을 보인다. 첫째 일본의 정체성을 훼손하는 대규모 이민을 수용하지 않는다. 둘째 남미로 이주해 갔던 일본인의 후손들인 일본계 이민자(닛케이진, 日系人)를 혈통에 근거해서 수용한다. 셋째, 고령자 보호를 위해 2008년 이후 아시아 국가 출신 돌봄노동자를 수용하기 시작했다는 것이다(유길상 외, 2005).

일본은 공식적인 이민정책이 없기 때문에 이민행정은 출입국 관리 및 난민인정법을 근거로 한 출입국관리업무로 집행되고 있다. 현재 출입국 및 외국인 관리 업무를 담당하는 법무성의 입국관리국(入國管理局)은 미군정 하에서 출범한 외무성 산하의 입국관리부(入國管理部)에 뿌리를 두고 있다. 법무성 입국관리국은 8곳의 지방입국관리국, 7곳의 지방입국관리국 지국, 61개소이 출장소, 3개의 입국관리센터로 운영된다. 입국관리국은 3개의 입국자 수용소를 운영한다(한경구 외, 2012: 242-247).

업무분장은 법무성이 출입국관리에서부터 외국인 체류자격 부여, 외국인의 등록, 난민 인정 등의 업무를 주관하고 후생노동성은 외국인근로자를 관리한다. 일본정부는 외국인근로자 업무를 조율하기 위해 '외국인근로자문제 관계성청연락회의'

를 운영하고 있다. 법무성, 외무성, 후생노동성, 경제산업성, 국토교통성 등 5개 부처와 경찰청, 총무성, 재무성, 문부과학성, 농림수산성 등 총 12개 부처가 참여한다(한경구 외, 2012: 248-253).

2) 대 만

대만은 중국 본토로부터 국민당 정부가 옮겨온 후 이민 문제를 안보차원에서 국경관리와 통합하여 관리했다. 계엄령 하에서 '대만성허가입국 군공인원 및 여객 잠행방법'을 반포하고 입국관리통제를 시작했다. 중국 본토로부터의 안보 대책과 대만의 인구유출을 막기 위한 목적이었다. 군부 중심의 통합국경관리 체제가 일반 행정체계로 전환된 것은 1977년 내정부(內政部) 산하에 출입국관리국을 설치한 것이 계기가 되었다. 이후 여러 부처에 분산되어 있던 이민 관련 행정 업무를 내정부 산하의 '이민서(移民署)'로 통합시켰다.

이민서는 출입국관리업무에 해외 동포를 담당하는 화교위원회와 내정부 호적 행정부서, 경찰청의 관련 업무를 통합했다. 따라서 출입국 관리, 체류관리, 사회통합정책의 관리를 담당한다. 내정부 이민서의 행정 조직은 [그림 9]와 같다.

내정부와 함께 이민행정 업무를 조율하는 부처는 외교부의 영사사무국과 행정원 노공위원회 직업훈련국이 있다. 외교부의 영사사무국은 여권업무와 외국여권의 비자 발급을 담당한다. 행정원의 노공위원회 직업훈련국은 외국인의 고용허가와 관리를 담당한다.

현재 대만의 주요 이민쟁점은 이민자의 급격한 증가이다. 외국인근로자와 결혼이민자의 증가로 인한 현상인데 중국 본토 출신의 중국적 결혼이민자도 급증하고 있다. 이에 따라 이민자의 대만사회 정착 문제가 중요한 정책 의제로 대두되었다. 이민서가 전국 25개소에 설립한 지방사무소가 이민자 지원 업무를 주관하고 있다(한경구 외, 2012: 272-275).

그림 9   이민서(移民署) 조직

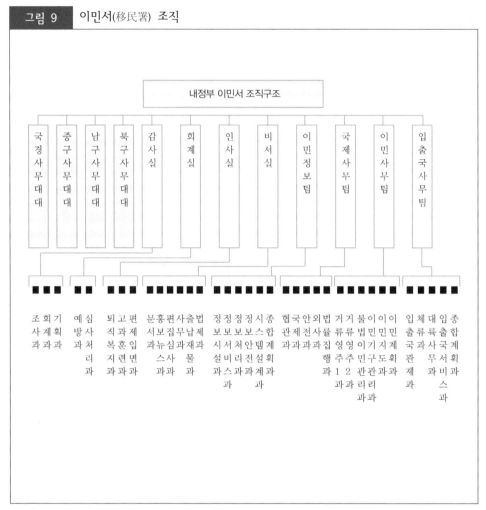

자료: 내정부 이민서 홈페이지(www.immigration.gov.tw).

4. 유럽연합

유럽연합의 이민체계를 별도로 살펴보는 이유는 지역 통합으로 인해 국민국가 체계의 변화가 구체화 된 상황에서 이민정책과 행정의 변화를 예상할 수 있기 때문이다. 유럽연합은 현존하는 지역공동체 중에서 가장 강력한 통합을 보여주고 있다. 유로화의 도입으로 경제적 통합이 상당 부분 진전된 상황이며 궁극적으로는 정치적 통합의 수준까지 목표하고 있다.

유럽연합은 이전 단계의 유럽경제공동체 단계에서부터 역내 회원국 국민들이 회원국 내에서 이동의 자유를 확대하려 노력했다. 유럽경제공동체 회원국 10개 국의 절반인 5개국(벨기에, 네덜란드, 룩셈부르크, 프랑스, 독일)이 1985년 룩셈부르크의 쉥겐(Schengen)에서 역내 국민의 입국심사를 점진적으로 제거하자는 협정을 체결한 것은 중요한 전기가 되었다. 이 협정은 5년 후 쉥겐협약(Schengen Convention)의 체결로 확대되었다. 회원국 간의 국경이동을 자유롭게 하기 위해 회원국의 외부 국경을 공동으로 통제해야 한다는 합의에 이른 것이다. 이 협약은 1995년에 발효되어 공동체 외부의 국경관리를 위한 공동의 규칙 제정, 사증과 관련된 법규의 국가 간 조화, 난민 신청과 처리를 위한 공동 규정, 경찰 협력 및 정보 공유 체계 구축을 추진하기 시작했다(한경구 외, 2012: 108-110).

　　유럽연합이 출범한 이후 쉥겐체제는 유럽연합의 법제에 포함되었다. 암스테르담 조약(1997년)과 리스본 조약(2009년)을 통해 쉥겐체제가 유럽연합의 법제로 구체화되었다. 이후 유럽연합 자체의 공동 이민행정 체계가 구축되었다. [그림 10]에서 보이듯 유럽집행위원회의 내무총국(Director General for Home Affairs)은 이민행정을 총괄하는 기관으로 유럽연합의 경계를 관리한다. 유럽집행위원회는 33개의 총국을 두고 있는데 법무총국은 회원국 국민의 권리와 자유이동을 관할하고 내무총국이 유럽연합 밖으로부터의 이주를 관할하는 구조이다. 좁은 의미의 이민행정은 주로 내무총국에서 주도한다.

　　유럽집행위원회는 산하 외청으로 국경관리를 전담하는 프론텍스(FRONTEX)와 난민들을 관리하는 유럽비호지원청을 두고 있다. [그림 10]의 프론텍스는 '유럽연합 회원국의 외부국경 업무협력관리를 위한 기관'의 불어 명칭으로 2004년에 설치되었다. 프론텍스는 폴란드의 바르샤바에 본부를 두고 있으며 각 회원국이 지정한 부처와 협력하여 국경관리 업무를 수행한다.

　　유럽비호지원청(European Asylum Support Office; EASO) 역시 유럽집행위원회 내무총국의 외청이다. 2010년에 설립되어 몰타의 발레타에 본부를 두고 있으며 회원국을 위한 공동훈련 및 교육, 역량강화, 정보와 데이터 공유, 특별한 상황에 따른 일시적 공동대응 및 지원, 제3국과의 협력체계 구축을 통한 해법 추구 등의 업무를 주관한다.

　　최근 지중해를 통한 유럽으로의 난민 이동에서 발생하는 구호 및 사고예방을 위해 프론텍스와 유럽비호지원청이 함께 공동대응하는 것에서 두 기관의 역할을 관찰할 수 있다.

그림 10   유럽집행위원회의 내무총국

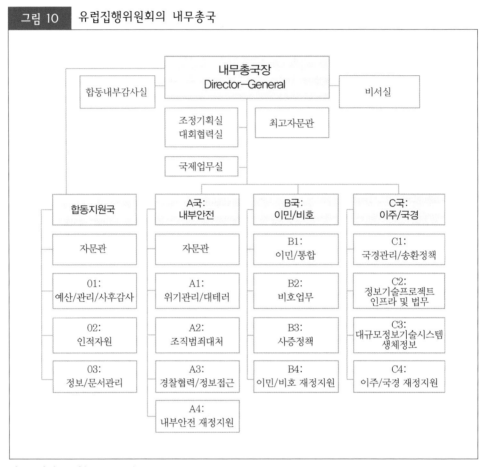

자료: 한경구 외(2012: 127).

　　유럽연합은 회원국이 독자적인 이민정책을 수립·집행할 경우 유럽연합 차원에서의 문제가 발생한다. 따라서 유럽연합은 규칙과 지침을 통해 회원국의 법제를 조화시키고 개별 회원국들이 유럽연합의 정책기조에서 이민정책을 수립하고 행정을 집행해야 한다. 따라서 회원국의 주무부처와 긴밀한 협력체계를 유지해야 한다. 유럽연합 회원국의 상당수는 내무부가 이민행정을 주관하며 일부 국가에서는 법무부가 주도한다. 반면에 녹립부처가 이민행정을 주관하는 국가도 있다.

| 그림 11 | 프론텍스 조직도 |

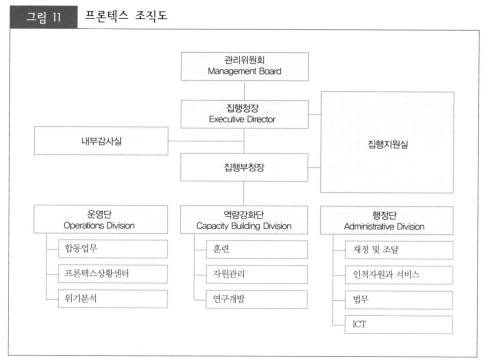

자료: 한경구 외(2012: 128).

 ## 4절 한국의 이민행정과 추진체계

　한국은 여전히 이민정책에서 '이민'이라는 용어를 조심스럽게 사용하고 있다. 일본과 마찬가지로 실질적 이민이 늘어나고 있음에도 국외이주에 국한되었던 과거의 이민경험, 그리고 여전히 외국인의 이민을 수용한다는 국민적 합의가 없기 때문에 이민정책이나 이민행정이란 용어 대신 외국인 정책, 출입국 행정이란 용어를 사용하고 있다. 물론 최근 들어 이민청 설립의 필요성을 주장하면서 적극적으로 이민이라는 용어를 사용하는 변화도 감지되고 있다.

　한국은 1988년 서울 올림픽 이후 늘어나기 시작한 외국인근로자와 결혼이민자를 통해 이주변천 현상을 경험하고 있다. 20세기 들어 한반도 밖으로 근대적 이주를 시작한 한민족이 한 세기 만에 700만 명이 넘는 규모로 확대된 것처럼 한국

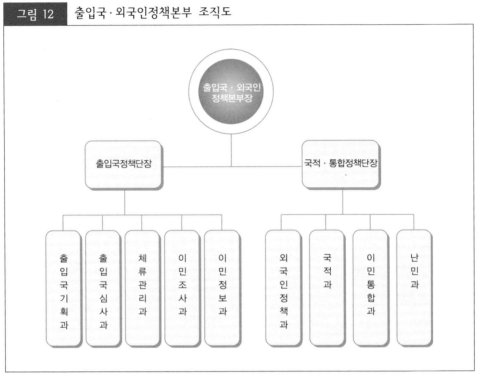

그림 12 출입국·외국인정책본부 조직도

자료: 한경구 외(2012: 127).

에서의 이민은 국외이주에 국한된 현상이었다. 그러나 서울올림픽 이후 국내 노동 시장과 인구구조의 변화는 저숙련 분야의 산업현장에서 노동력 부족 사태를 야기했고, 농어촌이나 도시 저소득층 남성 중 혼인하지 못하는 사람이 늘면서 국제결혼을 통해 한국으로 이주하는 여성결혼이민자들이 급증했다.

한국 정부는 국내 체류 외국인과 결혼을 통한 외국인의 국적 취득이 늘어나면서 기존의 단순 출입국 업무를 넘어서는 새로운 정책과 행정체계를 구축할 필요가 있다는 문제의식에서 2006년 제1회 외국인정책회의에서 '외국인 정책'을 수립했다. 정부는 외국인 정책을 "대한민국으로 이주하고자 하는 외국인과 자녀에 대해 영구적 또는 일시적 사회구성원 자격을 부여하거나 국내에서 살아가는 데 필요한 제반 환경조성에 관한 사항을 외교·안보·치안·경제·사회·문화 등 종합적인 시각에서 다루는 정책"으로 정의했다(김기하, 2009: 5-6). 이러한 외국인 정책은 실제 실질적인 이민정책의 일환이라 할 수 있다.

먼저 한국의 이민정책 내용은 크게 국경관리, 외국인 체류관리, 사회통합정책으로 분류할 수 있다. 이 내용은 앞의 제1절에서 표기한 [그림 1]에 나와 있다. 이러한 정책 내용은 대부분 출입국관리를 중심으로 발전해 왔다.

대한민국 정부 수립 당시 출입국 관리는 외무부 산하 업무로 분류되었으나 1961년 법무부로 이관되었다. 출입국관리에 대대적 변화가 일어난 것은 2007년 출입국관리국을 출입국·외국인정책본부로 확대한 것이다. 출입국·외국인정책본부는 본부장, 2 정책관(출입국관리정책관, 통합지원정책관), 1 기획관(정책기획관), 10개 과로 설립되었다. 이후 정부의 정부 조직법 개정에 따라 변화를 겪어 왔는데 현재의 조직도는 [그림 12]와 같다.

출입국·외국인정책본부는 지방에 19개 출입국관리사무소, 2개 외국인보호소, 1개 출입국외국인지원센터를 산하기관으로 운영한다.

한국의 이민행정 체계는 국무총리실 산하의 외국인정책위원회, 외국인력정책위원회, 다문화가족정책위원회, 재외동포정책위원회를 통해 업무를 조율한다. 해당 업무 별로 관련부처가 참여하는 위원회는 정책과 행정의 중복을 예방하고 효율적인 업무 분장과 협력 체계를 구축한다.

이민행정과 관련된 중앙부처는 여성가족부, 고용노동부, 보건복지부, 행정자치부, 외교부, 교육부 등이 있다. 다른 부처 역시 고유한 업무 중 이민자와 관련된 정책을 입안하여 추진하기도 한다. 농림축산식품부의 경우 농어촌 정책의 일환으로 다문화가정을 위한 행정 서비스를 제공하기도 한다.

한국의 이민행정체계에서 논의되는 쟁점 중 하나는 행정체계의 중복 예방과 주관부처의 실질적 행정독립이라 할 수 있다. 다른 국가의 이민행정 체계에서 보이듯이 특정 부처가 정책 입안과 행정 집행의 일관성을 유지해야 하며 그러기 위한 행정체계의 정립이 필요하다.

5절 요약 및 전망

이민정책을 구현하는 이민행정은 국가별로 고유한 이민자 수용의 역사와 이민자 유형에 따라 개별적으로 발전해 왔다. 이민행정체계는 시대적 상황에 따라 변동하는 이민정책의 범위와 의제를 구현하기 위해 지속적으로 변화해 왔다. 국경과 이민자를 관리하는 전통적 영역이 이민자 통합의 필요성이 증대함에 따라 정책 범위가 확장되었고 행정체계 역시 그에 부합하도록 변화했다. 9·11 테러에 따라 이민과 국가안보가 밀접한 관련을 맺기 시작하면서 이민행정이 국가안보체계와 병합되는 국가도 나타났다. 또한 인신매매나 밀입국, 밀수 같은 글로벌 조직범죄에 대항하면서 사람과 상품의 이동을 관리하는 체계가 통합되기도 했다.

이민행정은 해당국가의 이민정책 기조를 반영하기 위해 효율적으로 추진되는 것이 중요하다는 것이 여러 나라의 사례를 통해 확인되었다. 이런 관점에서 보면 한국의 이민행정체계는 효율성과 일관성 면에서 개선될 필요가 있다. 이민정책과 행정의 사령탑이 부재하는 상황에서 이민행정은 부처 간 중복과 경쟁이라는 비효율성을 지니고 있기 때문이다. 한국의 이민정책과 행정이 독립되고 일관된 체계를 갖출 수 있는 개혁이 시급한 상황이라 할 수 있다.

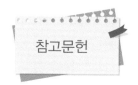
참고문헌

길강묵. 2011. "이민자 사회통합정책의 현황과 과제: 법무부의 이민 정책 현황과 과제를 중심으로." 『다문화사회연구』 4(2): 123-154.

김기하. 2009. 『한국 이민정책의 역사와 미래』. 법무부.

김영옥. 2010. "결혼이주여성의 한국사회 통합: 정책과 경험사이에서." 『다문화사회연구』 3(2): 123-154.

김이선·민무숙·홍기원·주유선. 2011. 『다민족·다문화사회로의 이행을 위한 정책패러다임 구축(V): 다문화사회 정책의 성과와 미래과제』. 한국여성정책연구원.

유길상·이규용·설동훈·박성재. 2005. 『이민정책에 관한 연구』. 고령화 및 미래사회위원회.

이진영·정호원. 2014. "독일의 재외동포 우수인재 유치 정책: '재외독일인 고급인력'을 중심으로." 『디아스포라연구』 8(1): 145-168.

이혜경. 1997. "아시아 태평양 지역의 외국인노동자 고용에 관한 연구." 『한국사회학』 31집: 497-527.

정기선·오정은·김환학·최서리·신예진. 2012. 『이주민의 지역사회 정착과 사회통합정책 연구』. 행정안전부.

조항록. 2011. "이민자 사회통합정책의 실제와 과제." 『다문화와 평화』 5(2): 5-31.

카슬, 스티븐·마크 J. 밀러(Castles, Stephen and Mark J. Miller). 2013. 『이주의 시대』 4판. 한국이민학회 역. 일조각

한경구·설동훈·이철우·이충훈·이혜경·정기선·한건수. 2012. 『해외 각 국의 이민정책 추진 체계 연구』. 법무부.

Castles, Stephen. 2014a. "Minorities in Canada." *The Age of Migration* Fifth Edition Website. http://www.age-of-migration.com/resources/casestudies/12-2.pdf

_____. 2014b. "The Migratory Process: A Comparision of Australia and Germany." *The Age of Migration* Fifth Edition Website. http://www.age-of-migration.com /resources/aom-web-chapter.pdf

Homeland Security 2013. "U.S. Legal Permanent Residents: 2012." *Annual Flow Report.*

Seol, Dong—Hoon and Geon—Soo Han. 2011. "Foreign Women's Life and Work in the Entertainment Sector of Korea from the Human Trafficking Perspective." In *Human Security, Transnational Crime and Human Trafficking: Asian and Western Perspective*, edited by Shiro Okubo and Louise Shelley. New York: Routledge.

5 장
이민자의 시민권

설동훈

법률용어로서 '시민권'은 '국적'과 동의어 내지 유사어로 사용되는 게 일반적이다. 그렇지만 역사적으로 국민·인민·시민 등 정치주체를 지칭하는 다양한 개념이 사용되어 왔음에 주목할 필요가 있다. 국민국가에서 시민과 국민의 근본적 대립이 존재하는 경우도 적지 않다. 특히 한 나라의 영토 내에서 생활하면서 사회적 권리가 부당하게 제약 받는 집단은 얼마든지 그러한 상황에 처할 수 있다. 이 장에서는 국민뿐 아니라 비국민의 사회성원 자격과 권리를 아우르는 개념으로 시민권을 정의하여, 비국민 또는 국적취적자의 시민권 관련 쟁점을 살펴보기로 한다. 여기서 비국민이란 외국인과 무국적자를 아울러 국민이 아닌 사람을 가리킨다. 또한, 독일과 일본 및 한국의 시민권 제도를 상호 비교하여 그 특성을 파악하기로 한다.

 1절 시민권 개념

1. 고전적 의미의 시민권

시민(citizen)의 문자적 의미는 도시(city)에 거주하는 사람이다. 고대 그리스의 폴리스에 거주한 '자유인 성인 남자'와, 중세 유럽의 자유도시에 살았던 봉건적 속박에서 해방된 '상인과 수공업자'가 시민이다. 그러나 18~19세기 이후 시민은 이제 더 이상 도시의 주민만을 의미하는 것이 아니라 국민국가(nation-state)의 성원을 가리키는 것으로 의미가 확장되었다. 시민이 특정한 나라의 '국민'과 동의어가 된 것이다.

국민국가는 국민(nation)과 국가(state)의 합성어이다. 국민은 공통의 유산과 공동 운명을 가졌다고 생각하는 사람들의 '문화적 공동체'이고, 국가는 특정 영토를 통제하는 '법률적·정치적 조직'이다. 국민국가는 영토 내에 거주하는 평등한 시민들을 통합한 '정치적 공동체'로 정의할 수 있는데, 외부인은 그 나라 시민이 아닌 것으로 간주된다. 국민국가의 특성은 가상 개념인 세계국가(universal state)와 대비함으로써 뚜렷이 부각된다. 세계국가에서 모든 인간은 자유롭고 평등한 세계시민이 될 수 있다. 그러나 실상 인류 공동체는 국민국가를 단위로 나뉘어져 있으므로, 한 나라의 시민은 다른 나라의 시민이 되기 힘들다. 즉, 국민국가는 시민 자격을 기준으로 자국인과 비국민(또는 외국인)을 구분한다.

국민국가에서 시민은 시민적·정치적·사회적 권리를 가진 주체다. 시민은 참정권을 비롯한 여러 가지 '권리'를 누림과 동시에, 공동체와 국가에 봉사할 '의무'를 진다. 일반적으로, 시민은 하나의 국민국가에만 소속되어 있다. 그것을 근거로 국민국가는 그 영토 안에 살고 있는 모든 사람을 시민으로 포섭한다. 대개 국민국가를 단위로 하는 시민권은 '어떤 나라의 국민이 되는 신분 또는 자격'을 의미하는 국적(nationality)과 같은 의미로 사용된다. 그 경우 시민과 국민은 동의어이다. 요컨대, 고전적 의미의 시민권은 국민국가의 영토를 근거로 한 시민 자격 또는 그에 수반되는 권리와 의무까지 포괄한다.

그렇지만 국민국가에서 시민과 국민 사이에는 근본적인 대립이 때때로 존재하고, 그것은 인종주의·외국인혐오증 등 여러 형태의 갈등으로 표출된다. 국민국가는 그 영토 안에 살고 있는 특정 집단의 사람들에게는 시민권을 부여하지 않거나, 문화적 동화(cultural assimilation)를 강요하곤 한다. 국민국가는 공식적으로 시민권을 소지한 사람 중 완전한 소속을 갖지 못하고 있는 집단에 대하여 권리의 일부를 박탈하기도 한다. 국민국가 내부에 출신국·계급·성·민족·인종·종교 및 기타 기준에 의한 차별이 존재한다는 것은 일부 피차별 집단은 완전한 시민이 될 수 없음을 뜻한다.

19세기 초 영국사회는 빈부격차가 매우 심각했다. 영국 총리를 지내기도 했던 디즈레일리(Benjamin Disraeli)는 1845년에 발표한 소설 『시빌』(Sybil)에서 열악한 처지에 놓인 노동계급의 상태를 근거로, 체제 적응자와 부적응자가 마치 다른 나라 사람처럼 제 각각 방식으로 생활하는 것으로 기술하였다(Disraeli, 1981). 한 나라에 사는 "두 국민"(two nations)이라는 표현은, 그 이후, '사회적 배제'를 기술하는 용어로 사용되고 있다. 예컨대, 1980년대 영국의 대처리즘(Thatcherism)이 완전고용과 계급타협을 기반으로 한 복지국가를 배격하고 냉혹한 경쟁 논리와 소유적 개인주의(possessive individualism)를 주창한 것을 빗대어, '두 국민 전략'(two nations policy)이라 평가하기도 했다(Jessop, Bonnett, Bromley and Ling, 1989). 여기서 '두 국민'이란 부당하게 차별당하는 집단, 완전하지 못한 시민권을 가진 집단, 또는 권력에서 체계적으로 배제된 국민이 존재함을 지적한 것이다.

2. 전 지구화와 시민권 개념의 확장

전 지구화는 국민국가를 기반으로 하는 시민권에 새로운 도전을 만들어내고 있다. 국경을 넘는 수많은 사람들의 이동은 '국민국가의 소속'이라는 기본 가정에 대하여 문제를 제기하고 있다. 세계 각국에서 외국인 인구가 증가하여 문화적 가치와 관행의 이질성이 급속히 증대하고 있다. 수많은 사람들이 여러 개의 시민권을 갖고 두 개 이상의 나라에서 살고 있고, 또 다른 수많은 사람들은 자신의 시민권이 있는 나라가 아닌 외국에서 생활하고 있다. 그러면서 과거 각국 정부가 가졌던 경제와 복지체계 및 국민문화를 통제하는 권력이 잠식되고 있다. 전 지구적 시장, 초국적 기업, 국제지역기구와 초국가적 국제기구, 증대된 문화다양성이 점점 중요해지고 있다. '한 나라에서 인생의 대부분을 보내는 사람'이라는 고전적 의미의 시민 개념은 점점 약해지고 있다.

외국인은 자신의 국적을 유지한 채 다른 사회에 거주하면서 생활하는 사람을 가리킨다. 각국의 시민권 규정은 대부분 자국민에게만 시민으로서의 자격과 권리를 부여하고 있다. 외국인은 자신들이 살고 있는 나라에서 시민이 될 수 없기 때문에 공민권이 부여되지 않는다. 국제인구이동의 결과, 시민으로 당연히 누려야 할 권리를 제대로 행사하지 못하는 수많은 사람들이 생겨났다. 국경을 넘나드는 이동과 이민자의 다중정체성(multiple identities) 때문에 특정 국민국가에 강한 소속감을 갖지 않은 시민의 수가 증가하고 있다. 그것은 민주주의의 실천 공간으로서 국민국가의 토대를 잠식하고 있다. 전 지구화에 따라 국적과 거주지의 불일치가 확대되면서 시민권 규정의 문제가 부각되고 있다.

많은 학자들은 이민으로 인해 변화한 상황을 충실히 포착할 수 있는 개념적

도구로 '시민권'을 사용하고 있다. 과거 도시국가의 시민 자격을 나타내기 위하여 개발된 '시민권' 개념이 전 지구화 시대 수많은 사람들의 인적 교류로 인해 발생한 상황을 기술하는 데 요긴하게 사용되고 있다. 이민자의 시민권 개념은 다양한 형태의 정치공동체 성원 자격뿐 아니라, 생명과 재산에 관한 권리 등 자유권(civil rights), 사회복지·의료보장 등 사회권(social rights), 선거권·피선거권 등 정치권(political rights)과, 그것을 보장하기 위한 제도·관행까지 포함하는 것으로 확장되어 왔다. 그러한 점을 고려하면, 시민권은 '정치공동체의 성원 자격'이라는 형식적 측면과, '그 성원 자격에 토대를 둔 개인의 권리·의무, 또는 그것을 보장하는 제도·관행 등' 내용적 측면을 아우르는 개념으로 정의할 수 있다(Turner, 1993; Aleinikoff and Klusmeyer, 2000; Seol, 2012). 시민권을 가진 주체인 시민은 '국민'에 국한되는 것이 아니라 그 사회에서 생활하는 '주민'을 가리키는 개념으로 확장된다(설동훈, 2005, 2007, 2013a). '주민'은 그의 체류자격이 합법적·불법적이든 관계없이 해당 지역에 실제로 거주하는 사람으로 파악한다. 비닐하우스 등 비주거용시설에 거주하는 국민이나, 그 사회에 거주하는 불법체류 외국인도 당연히 '주민'이다. 요컨대, 전 지구화 시대 시민권 개념은 국민뿐 아니라 비국민, 즉 '외국인' 또는 '무국적자'의 사회적 지위와 그의 권리·의무까지 포괄하는 것으로 파악할 수 있다(Hammar, 1990; Joppke, 1999; Seol, 2012).

경제적 전 지구화가 시민권에 미치는 영향에 대해서는 '전 지구적 시민권'의 출현과 '국민국가 시민권'의 지속이라는 두 가지 상반된 방향의 예측이 존재한다.

첫째는 전 지구화가 국민국가의 약화를 통해 국민국가와 결합된 시민권의 속성에 영향을 미친다는 입장이다(Soysal, 1994). 그러한 관점에 따르면, 대량 이민의 결과 세계 여러 나라들이 다민족 사회로 변화하였고, 그 결과 국민국가는 더 이상 문화적으로 동질적인 공동체가 아니게 된다. 이러한 입장을 견지하는 학자들은 '전 지구적 시민권'이 점점 실체를 가질 것이므로 '국민국가 시민권'은 필연적으로 약화될 것으로 본다.

둘째는 시민권이 '국민정체성'과 밀접한 관련을 깊고 있으므로, 전 지구화와 그로 인한 대량 이민에도 불구하고 시민권은 크게 변화하지 않을 것이라고 보는 입장이다. 시민권은 국민국가의 성원으로서 시민의 정체성을 형성한다. 로저스 브루베이커(Rogers Brubaker)는 프랑스의 개방적 시민권 제도와 독일의 폐쇄적 시민권 제도를 두 나라의 대조적인 '국민 정체성', 즉 프랑스의 '국가 중심의 국민 정체성'과 독일의 '종족 중심의 국민 정체성'이라는 문화적 요소로 설명한다(Brubaker, 1992). 나라마다 제 각각의 국민 정체성을 가지고 있는 한, 국민국가의 성원 자격 요건은 쉽게 바뀔 수 없다는 것이다.

이 두 입장 중 어느 것이 타당한지는 쉽게 단정할 수 없다. 실제 경험적 자료 를 살펴보면, 전자에 비해 후자의 설득력이 높다. 그렇지만 전자가 제시하는 미래 전망의 측면까지 무시할 수는 없다.

 ## 2절 이민자의 시민권

시민권과 관련하여 이민자는 '체류자격이 있는 외국인', '국적취득자', '체류자 격이 없는 비국민'의 세 유형으로 구분할 수 있다. 여기서는 각 유형별 시민권의 의미를 고찰한다.

1. '체류자격이 있는 외국인'의 시민권

외국인의 시민권과 관련하여 가장 중요한 개념은 '체류자격'이다. 체류자격은 유입국의 출입국관리 공무원이 자국 정부를 대신하여 외국인에게 부여하는 지위 다. 체류자격은 흔히 사증(査證, visa)과 혼동하여 사용하는 경향이 있으므로, 사증 과 체류자격의 의미를 설명하고 그것과 이민자의 시민권의 관계를 의미를 밝히기 로 한다.

사증이란 '여권 소지자가 정당한 사유와 자격으로 여행한다는 증명'으로 주재 공관의 영사(領事)가 발급한다. 그것은 "이 여권은 유효한 것이며, 사증에 기재된 범위 내에서 여권 소지자를 자국에 입국시켜도 문제없다"라는 의미로 영사가 국가 를 대표하여 행하는 배서(背書) 또는 확인을 뜻한다. 구체적 형태는 스티커, 도장, 또는 텍스트 등 다양하다.

[그림 1]은 대한민국 정부가 외국인에게 발급하는 사증을 보여준다. 대한민국 사증에는 다음 일곱 가지 사항이 기재되어 있다. ① 사증번호: 사증발급 일련번호. ② 체류자격: 외국인이 국내에 체류하면서 행할 수 있는 사회적인 활동이나 신분

그림 1   대한민국 사증, 2015년

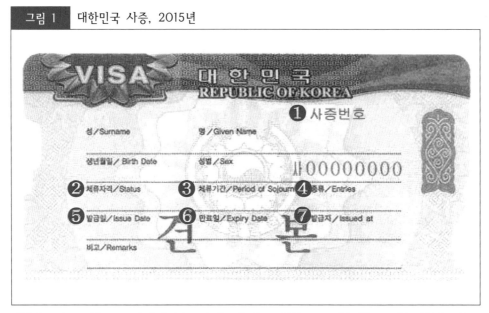

자료: http://www.hikorea.go.kr/pt/InfoDetailR_kr.pt?catSeq=148&categoryId=1&parentId=11&showMe
nuId=8

의 종류. ③ 체류기간: 대한민국 입국일로부터 기산하여 체류할 수 있는 기간. ④ 종류: 사증의 종류 즉, 단수사증인지 복수사증인지 여부 표시(S: 단수사증, M: 복수사증). ⑤ 발급일: 사증의 발급일. ⑥ 만료일: 사증의 만료일 즉, 사증 유효기간을 의미. 만료일 이전에 한국에 입국하여야 한다. 만료일이 지난 사증은 무효다. ⑦ 발급지: 사증발급지에 대한 정보.

사증은 국가 정책에 따라 그 의미가 달리 사용된다. 대부분의 나라에서는 사증을 '외국인의 입국허가신청에 대한 영사의 입국 추천 행위'로 파악하지만, 일부 나라에서는 '외국인이 그 나라에 입국할 수 있음을 인정하는 입국 허가 확인'으로 사용한다. 한국·일본·미국 등은 사증을 전자의 의미로 사용한다. 즉, 한국·일본·미국에서는 외국인이 재외공관에서 영사가 발급한 유효 사증을 소지한 경우에도, 공항 뚜는 항구 출입국관리시무소 입국심사관의 입국심사결과 입국허가 요건에 부합하지 않은 경우, 그의 입국은 허가되지 않을 수 있다.

사증면제제도

　개인의 국가 간 이동을 위해서는 원칙적으로 사증이 필요하다. 개인이 사증을 받기 위해서는 상대국 대사관이나 영사관을 방문하여 방문국가가 요청하는 서류 및 사증 수수료를 지불해야 하며 경우에 따라서는 인터뷰도 거쳐야 한다. 사증면제제도란, 이런 번거로움을 없애기 위해, 두 당사국이 상대방 국가의 국민이 관광, 친지 방문 및 상업 활동의 목적으로 사증 없이 자국에 입국하여 단기간 체류할 수 있도록 허가하는 제도다. 사증면제제도는 대체로 관광, 상용, 경유일 때만 적용하고, 취업, 유학, 거주 등 특정 방문 목적에 대해서는 별도의 사증을 요구하는 경우가 대부분이다. 사증면제제도의 시행 근거는 국가 간 사증면제협정이나 일방 또는 상호 조치에서 찾을 수 있다. [그림 2]는 2015년 10월 14일 기준 한국의 사증면제제도 운영 현황을 보여준다. 103개국 출신 외국인은 한국에 '무사증 입국'(visa-free entry)할 수 있다.

그림 2　한국의 사증면제제도 운영 현황, 2015년

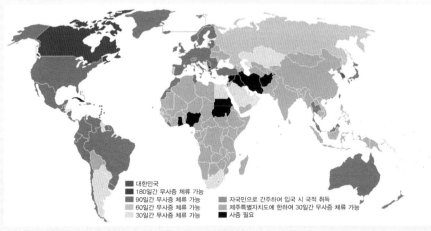

자료: http://www.hikorea.go.kr/pt/kr/info/popup/icis/VisaWaiver_pop.htm
　　　https://en.wikipedia.org/wiki/Visa_policy_of_South_Korea#/media/File:Visa_poli-
　　　cy_of_South_Korea.png

체류자격은 출입국관리사무소 입국심사관이 외국인의 여권에 부착 또는 기재된 사증을 확인한 후 "이 여권의 소지자는 소정 활동을 위해 이 나라에 체류해도 좋다"는 의미로 부여하는 지위다. 사증면제제도를 통해 입국한 외국인은 '사증면제'의 체류자격을 가진 것으로 간주한다. 체류자격이란 외국인이 그 나라에 체류하는 근거가 되는 것으로, '출입국관리법' 또는 '이민법'에서 규정한 활동을 할 수 있는 자격이라 할 수 있다. 외국인이 그 나라에서 할 수 있는 활동 범위는 이 체류자격에 따라 각각 정해져 있으며, '자격외 활동 허가'를 받은 경우를 제외하고 원칙적으로 외국인은 그 체류자격에 속하는 활동 범위 내에서 허용되는 활동 이외에 다른 경제활동을 해서는 안 된다.

한국의 출입국관리법 제10조는 '체류자격'을 정하고 있고, 출입국관리법시행령 제12조 관련 별표 1은 구체적인 체류자격과 그 활동범위 및 체류기간을 정하고 있다. 예컨대, 외국인이 한국에서 합법적으로 취업하기 위해서는 교수(E-1), 회화지도(E-2), 연구(E-3), 기술지도(E-4), 전문직업(E-5), 예술흥행(E-6), 특정직업(E-7), 연수취업(E-8), 비전문취업(E-9), 내항선원(E-10) 중 하나의 체류자격을 가져야 한다. 만약, 이러한 체류자격을 갖지 아니한 자가 국내에서 취업하게 되면, 그는 '자격외취업자'로서 불법체류자로 간주된다. 또한, '출입국관리법'은 비전문취업(E-9), 연수취업(E-8), 내항선원(E-10), 산업연수(D-3) 등의 체류자격을 가진 저숙련생산직 외국인근로자의 경우 동반(同伴) 사증을 발급할 수 있는 조항을 설정하지 않음으로써 '가족초청금지' 원칙을 견지하고 있다. 이러한 제약은 "원하지 않는" 외국인의 정착을 예방하려는 의도에서 비롯된 것이다.

한편, 유럽 여러 나라들은 사람들이 육로로 인접국으로 쉽게 이동할 수 있는 형태로 국경이 형성되어 있다. 이 나라들에서는 공항·항만 등 국경에서 정부가 외국인의 입국을 엄격히 통제하는 것이 원천적으로 불가능하다. 사증 제도를 이용한 외국인의 출입국관리 제도를 엄격하게 시행하기 어려운 나라에서는, 자국에서 취업, 유학, 거주 등 소정 목적으로 일정 기간 이상 체류하기를 원하는 외국인에게는 입국한 후 '외국인등록'을 의무로 부과하고 있다. 소정 목적 입국자의 경우 출신국 주재 공관에서 사증을 사전에 발급받을 것을 요구하기도 한다. 유입국 정부는 외국인등록을 신청하여 소정 요건을 충족한 외국인에게 '체류허가' 또는 '취업허가'를 발급한다. 체류허가와 취업허가 내용에는 그 기간과 범위의 제한이 있는 경우도 있고 없는 경우도 있다.

체류자격의 핵심이 체류허가 또는 취업허가라는 점을 고려하면, 사증 제도를 엄격하게 운영하는 나라나 그렇지 못하는 나라나 체류관리의 본질은 동일하다 할 수 있다. 유입국 정부는 자국에 체류하기를 원하는 외국인에게 그의 개인적 특성과 출신국 등을 고려하여 체류자격을 부여하는데, 그것은 그 나라에서 그 사람의 시민 자격을 결정한다. 체류자격에는 그의 체류 지위와 더불어 활동범위와 유효기간 등이 명기되어 있기 때문이다.

이민자들 중에는 그 나라에서 직업 선택의 자유를 누리면서 영원히 거주할 수 있는 권리를 부여받은 '외국인 영주권자'도 있지만, 유학생과 같이 소정 목적의 체류는 가능하지만 취업의 자유는 허용되지 않는 '체류기간이 정해진 외국인'도 있다. 외국인근로자들 중에서도 직업선택의 자유를 보장받는 사람이 있는 반면, 사업장 이동의 기회를 제약받는 사람도 있다. 외국인의 체류자격에 그러한 요건이 명시되어 있다.

한편, 한국 정부는 '외국인의 체류자격'과는 별도로 '외국인주민' 개념을 사용하고 있다. 행정자치부에서는 중앙행정기관 및 지방자치단체의 외국인주민 지원 정책 수립의 기초자료로 제공하고, 다문화사회 구현에 일조하기 위해 2006년부터 매년 '지방자치단체 외국인주민현황' 조사를 실시해 오고 있다. 여기서 '외국인주민'이란 ① 한국국적 미취득자(외국인근로자, 결혼이민자, 유학생, 외국국적동포, 기타 등록외국인), ② 한국국적 취득자(혼인귀화자, 기타사유 취득자), ③ 외국인주민 자녀(외국인부모, 외국인-한국인부모, 한국인부모)를 아우르는 개념이다. 그 구체적 정의는 <표 1>에 제시되어 있다.

그런데 '외국인주민' 개념은 두 가지 점에서 문제가 있다(설동훈·임경택·정필운, 2014: 4). 첫째는 외국인주민은 '외국인이 아닌 사람', 즉 '한국국적을 취득한 자'와 '외국인주민자녀 중 한국국적을 가진 자'를 포함한다. 국적법상 엄연한 한국인을 외국인으로 일컫는 것은 심각한 문제다. 둘째, 외국인주민의 하위 범주로 '외국인주민자녀'는 동어 반복적 개념 정의다. 특정 개념을 정의하기 위해 그 개념을 사용하는 오류를 범하고 있다. 이러한 점 때문에, 2010년에는 '외국인주민' 대신 '외국계주민'이라는 용어를 사용하기도 했으나, 그 이듬해부터는 특별한 고지 없이 다시 외국인주민이라는 용어를 사용하고 있다. 외국인주민이라는 용어 대신에 이민자 또는 이주민이라는 용어로 대체하는 것을 검토할 필요가 있다.

표 1	'지방자치단체 외국인주민현황' 조사의 외국인주민 개념 정의

범주		특성
한국국적을 가지지 않은 자		
	외국인근로자	체류자격이 기술연수(D-3), 교수 등 취업분야(E-1~E-7, E-9~E-10), 방문동거(F-1) 중 'F-1-4', 방문취업(H-2)인 자 * 체류자격 변경(법무부): 2011년: D-3, E-1~E-10, F-1-4 → 2012년: D-3, E-1~E-10
	결혼이민자	체류자격이 거주(F-2) 중 'F-2-1', 영주(F-5) 중 'F-6-2', 결혼이민(F-6-1~3)인 자 * 체류자격 추가(법무부): 2011년: F-2-1, F-6-2 → 2012년: F-2-1, F-6-2, F-6-1~3
	유학생	체류자격이 유학(D-2), 일반연수(D-4) 중 'D-5-1'인 자
	외국국적동포	체류자격이 "재외동포(F-4)" 중 국내 거소신고자 * 2011년에 "재외동포"(국내거소신고자)에 해당하는 자를 "외국국적동포"로 명칭 변경
	기타	체류자격이 외국인근로자, 결혼이민자, 유학생, 외국국적동포에 해당하지 않는 자
한국국적을 취득한 자		
	혼인귀화자	외국인 중 한국인과의 '혼인'으로 국적을 취득한 자
	기타사유귀화자	외국인 중 한국인과의 '혼인' 외의 사유로 국적을 취득한 자 * 한국인이 국적상실 후 회복한 경우 및 북한이탈주민은 제외
외국인주민자녀		* '한국국적을 가지지 않은 자' 중 '결혼이민자'와 '한국국적 취득자'의 자녀
	외국인부모	부모가 모두 '출생 시부터 한국인'이 아닌 경우
	외국인-한국인 부모	부모 중 한쪽이 '출생 시부터 한국인'이 아닌 경우
	한국인부모	'출생 시부터 한국인'인 부모 사이에서 출생하였으나 부(또는 모)가 이혼 후 '출생 시부터 한국인'이 아닌 자와 재혼한 경우

자료: 행정자치부, "외국인주민 현황 통계 이용자 안내문," 2015.

2. '국적취득자'의 시민권

이민자 또는 그 자녀의 국적취득은 국적법에 의하여 규율된다. 세계 각국 국적법의 국적 부여 원칙으로는 혈통주의와 출생지주의 및 거주지주의가 있다. 혈통주의와 출생지주의는 신생아에게 국적을 부여하는 기준에 따라 구분되고, 거주지주의는 그 둘의 중간 형태로 거주 요건을 반영하는 경우로 파악할 수 있다. 우리는 외국인의 자녀에게 국적을 부여하는 기준을 중심으로 고찰하기로 한다.

'혈통주의'(*jus sanguinis*, origin principle)는 아이가 부모와 동일한 국적을 가지는 것으로, 중유럽·동유럽 나라들, 한국·일본·중국 등 아시아 나라들이 채택하고 있다. 그 근저에는 개인은 가족·종족·민족에 속하는 존재로, 영토에 부착된 존재가 아니라는 발상이 있다.

혈통주의의 연원은 로마법(Roman law)에서 찾을 수 있다. 로마 시민은 투표권, 공직출마권, 고문 받지 않을 권리, 재판청구권, 소득의 10%인 속주세 면제권 등의 특권을 부여 받았다. 그렇지만 로마는 속주(屬州, province)의 자유민에게는 선택된 일부에게만 시민권을 부여했다. 속주 지도층이나 큰 공적을 세운 자, 장기 복무를 마친 속주 출신 군인·의사·교사, 로마제국 지배층에 의해 자유를 얻은 해방노예 등이 그들이다. 로마의 혈통주의 시민권 정책이 가져온 효과는 매우 컸다. 속주 출신 자유민은 로마 시민권을 얻기 위해 공적을 세우기 위해 노력할 수밖에 없었다. 혈통주의에 기초한 시민권은 획득 지위의 의미를 가졌던 것이다. 그 결과 로마는 최소 비용으로 제국을 운영하면서 강력한 군대를 유지할 수 있었다. 또 로마는 속주의 유능한 인재를 등용하고 속주화에 반발하는 이민족을 무마할 수 있었다.

프랑스 혁명 후인 1804년 『프랑스 민법전』에서, 프랑스는 국민의 자격을 정하는 기준으로 부계혈통주의를 채택했다. '영토를 지배하는 군주에 대한 충성'의 의미로 영토를 기준으로 프랑스인의 지위를 설정하는 기준 방식보다는, 가장(pater familias)으로부터 국적이 계승되는 것으로 규정하는 것이 합당하다고 생각했기 때문이다. 그것은 로마법의 원리를 다시 불러들인 것이기도 했다. 프랑스의 국적 기준은 유럽 대륙 전역으로 급속히 확산되었다(이철우, 2007: 13).

오늘날 혈통주의는 '부모 양계 혈통주의'와 '부계 우선 혈통주의'로 구분할 수 있다. 전자는 한국·중국·일본·태국·필리핀·이탈리아·스페인·그리스·네덜란드·오스트리아·덴마크·스웨덴·핀란드·노르웨이·아이슬란드·헝가리·체코·슬로바키아·불가리아·폴란드·루마니아·터키·이스라엘·에티오피아·나이지리아·가나·엘살바도르 등이 채택하고 있고, 후자는 인도네시아·스리랑카·사우디아라비아·쿠웨이트·아랍에미리트·시리아·레바논·이란·오만·이라크·이집트·알제리·모로코·수단·세네갈·마다가스카르 등이 채택하고 있다(그림 3 참조).

'출생지주의'(*jus soli*, territorial principle)는 아이가 어느 나라에서 태어나면 그 나라 국적을 가지는 것이다. 출생지주의의 연원은 '클레이스테네스(Cleistheness)의

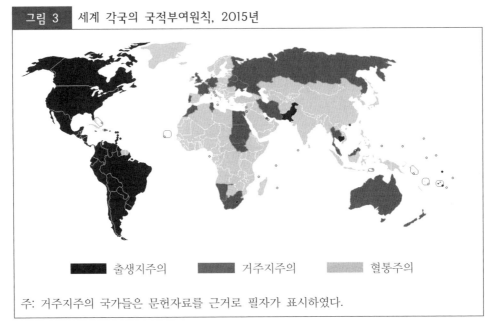

그림 3   세계 각국의 국적부여원칙, 2015년

출생지주의   거주지주의   혈통주의

주: 거주지주의 국가들은 문헌자료를 근거로 필자가 표시하였다.

자료: https://www.numbersusa.com/content/learn/issues/birthright−citizenship/nations−granting
    −birthright−citizenship.html

개혁'에서 찾을 수 있다. 기원전 6세기 아테네의 정치가 클레이스테네스는 군주를 참칭(僭稱)한 1인 지배체제였던 참주정(僭主政, tyrannos)을 혁파하고 '전 시민에게 완전히 평등한 참정권을 부여한다'라는 역사적 사명을 완수하기 위하여 민주주의 개혁을 시행하였다. 그는 도편추방법(陶片追放法, ostracism)을 시행한 데 이어, 재산·혈연·직업에 따른 참정권 차별을 해소하기 위하여 혈연 부족을 종횡으로 분할하고, 그렇게 나뉜 부분을 섞은 뒤 지역단위로 다시 재정비하여 데모스(demos)라는 행정구역을 만들었다. 데모스는 재산·혈연·직업을 따지지 않고 시민 간의 차별을 없앤, 새로운 개념의 행정구역이었다. 데모스에 등록된 시민은 재산·직업·혈연에 관계없이 참정권을 부여받았고, 해당 데모스에서 태어난 자유민 남자 아이는 출생에 의해 성인이 될 경우 시민권을 가질 자격을 부여받았다.

출생지주의는 '클레이스테네스의 개혁'에 부분적으로 포함된 데 이어, 212년 로마 황제 카라칼라(Caracalla)가 선포한 '안토니누스 칙령'(Constitutio Antoniniana)에 의해 전면적으로 채택되었다. 카라칼라는 로마 시민에게 부과되는 세금을 더 많이 징수하기 위하여, 로마 속주의 모든 자유민에게 시민권을 부여한다는 칙령을 발표하였다. 그 전에는 이탈리아 거주자, 로마제국의 여러 도시와 지방의 귀족, 속주에 건설된 식민지 도시의 주민들만이 로마 시민권을 가지고 있었다. 속주의 자유민은 대부분 '제한된 시민권'만을 갖고 있었고, 특별한 공로를 세운 경우에만 로마 시민이 될 수 있었다. 그렇지만 이 칙령으로 인해 속주의 자유민도 로마 시민이 될 수 있었고, 로마 또는 속주에서 태어난 자유민은 시민이 저절로 시민이 되었다. 이로 인해, 로마 시민권의 기본 원칙은 '혈통주의'에서 '출생지주의'로 바뀌었다. 속주 자유민에게 로마 시민권은 획득지위에서 귀속지위로 의미가 변화되었다. 그 후 출생지주의는 군주제에서 시민, 즉 신민(臣民)의 지위를 규정하는 원리로 자리 잡았다.

출생지주의는 13세기 말 영국에서 보통법(common law)에 기반을 둔 원칙으로 확립되었다. 그 당시 영국에서는 신민을 '국왕의 광영(光榮)이 깃든 강역(Graces Dominions)과 복종 안에서 출생한 자'로 정의했다. 그것은 1608년 캘빈 사건(Calvin's case)에서 다시 확인할 수 있다. 스코틀랜드의 제임스 6세가 잉글랜드 국왕(제임스 1세)으로 즉위한 후, 스코틀랜드에서 출생한 자가 잉글랜드법에 의해 토지에 대한 권리를 소구(訴求)할 수 있느냐가 쟁점이었다. 잉글랜드 사법부는 그의 권리를 인정하면서 국왕에 대한 충성은 시원적(original)이고 자연법적인 관계라고 선언했다. 한 사람의 신민 지위는 그가 출생한 영토에 대해 지배권을 가진 군주에 대한 자연법적 충성에서 비롯된다는 것이다. 국왕의 지배와 그에 대한 충성의 공간적 범위 내에서 출생한 것을 소속의 기초로 삼는 원리가 확립되었다. 출생지주의를 법으로 확립한 영국은 국왕-신민의 유대를 본국뿐 아니라 식민지까지 공간적으로 확대하였다. 대외팽창과 함께 영국 본토에서 출생한 자 외에 식민지 주민을 모두 국왕의 신민으로 규정했다. 이러한 제국 국적(imperial nationality)의 개념은 신민의 지위에 대신하여 국적 및 시민권의 개념을 처음으로 도입한 1948년 영국국적법(British Nationality Act)에서도 나타났고, 1981년 '개정 국적법'에 의하여 폐기되었다(이철우, 2007: 12-13).

미국에서는 수정 헌법 제14조(Fourteenth Amendment to the United States Constitution, 1868)에 근거하여 출생지주의를 규정하고 있다. 그것이 만들어진 배경은 다음과 같다. 1863년 1월 1일 미국의 에이브러햄 링컨(Abraham Lincoln) 대통령은 '노예 해방 선언'(Emancipation Proclamation)을 발표하여, 흑인 노예도 미국의 시민으로 인정한다는 원칙을 발표하였다. 그러나 미국 대법원은 1857년 '드레드 스콧 대 샌포드 사건'(Dred Scott v. Sandford) 판결에서, 흑인은 미국 시민이 아니며, 될 수도 없으며, 시민에게 허용된 특권과 면책권을 향유할 수 없다고 판시했다. 그러자 미국 의회는 1866년 '시민권법'(Civil Rights Act of 1866)을 제정해 '미국에서 출생한 모든 사람은 미국 시민이다'라고 규정하였다. 미국 수정 헌법 제14조는 의회가 미국 시민 자격을 바꾸는 법을 다시 만들거나, 대법원이 '드레드 스콧 대 샌포드 사건'과 같은 취지의 판결을 다시 하는 것을 방지하기 위한 목적에서 만들어졌다. 그것은 노예 출신 흑인과 그 후손의 자격을 규정하고 권리를 보장할 목적으로 마련된 것으로 이해할 수 있다.

미국 수정 헌법 제14조 제1절에서는 미국의 시민 자격을 정의하고, 각 주에서 시민권을 규정하도록 다음과 같이 요구하고 있다. "미국에서 태어나거나, 귀화한 자 및 그 사법권에 속하게 된 사람 모두가 미국 시민이며 사는 주 시민이다. 어떤 주도 미국 시민의 특권 또는 면책 권한을 제한하는 법을 만들거나 강제해서는 안 된다. 또한 어떤 주도 법의 적정 절차 없이 개인의 생명, 자유 또는 재산을 빼앗아서는 안 되며, 그 사법권 범위에서 개인에 대한 법의 동등한 보호를 거부하지 못한다." 이 규정에 근거하여, 미국 내에서 출생한 아이는 예외 없이 미국 시민인 것으로 해석되어 왔다. 또한 '그 사법권에 속하게 된 사람'이란 미국의 영토 밖에서 태어난 미국인의 친생자를 가리킨다. 다시 말해, 출생지주의 국적법을 채택하고 있는 나라에서도 자국인이 해외에서 낳은 자녀는 자국민으로 받아들이고 있다.

출생지주의는 영국뿐 아니라 스페인·포르투갈 등 다른 제국주의 국가와 그 식민지였던 나라로 확대되었다. 이러한 사실은 오늘날 출생지주의를 채택하고 있는 나라들 중 대부분이 과거 식민지였다가 독립한 나라들이라는 점에서 뒷받침된다. 미국·캐나다·브라질·아르헨티나·그라나다·아일랜드·잠비아·탄자니아·파키스탄·피지 등에서 채택하고 있다(그림 3 참조). 이 나라에서는 부모의 출신국과 체류자격(합법체류·불법체류, 단기체류·장기체류·영주 등)에 관계없이 자국에서 태어난 아이에게 국적을 부여한다.

그렇지만 최근 국적법의 원칙을 출생지주의에서 혈통주의로 바꾼 나라도 있다. 2004년 12월 인도는 방글라데시 등에서 온 불법체류 외국인이 늘자 국석법을 개정하여 부모의 국적을 따지기 시작하였다.

한편, '거주지주의'(*jus domicili*, residency principle)는 개인이 소정 기간 어느 나라에 거주한 이후 그 나라 국적을 가지는 것으로, 영국·독일·프랑스 등이 '출생지주의의 보충적 형태' 또는 '혈통주의의 보완적 제도'로 채택하고 있다. 영국에서는 1960년대와 1970년대에 반이민 정서의 강화 속에 영국 본토에서 출생한 영국시민권(British citizenship) 취득자 외 구 신민들의 입국을 제한하는 조치들이 취해졌고, 1981년 개정 국적법에 이르러 제국 국적은 해체되었다. 1981년 영국국적법은 그 원칙을 거주지주의로 수정하였다.

프랑스는 오랫동안 혈통주의를 견지하다가, 1997년 국적법 개정으로 1998년부터 거주지주의로 바꾸었다. 프랑스 내에서 외국인 부모로부터 태어난 아이들에 대해 18세가 되면 자동적으로 국적을 부여하도록 했으며, 이를 위해서는 11세 이후 프랑스 영토 내에서 최소한 5년 간 거주해야 하는 것을 원칙으로 했다.

독일 역시 혈통주의를 견지해오다가 1999년 국적법 개정으로 2000년 이후 거주지주의 원칙을 채택하고 있다. 2000년 1월 1일 이후 비 독일인 부모에게서 태어난 아이들은 두 부모 중 적어도 한명이 영주권을 가지고 있거나, 적어도 8년 이상 독일에 거주하였을 경우, 출생에 의해 독일 국적을 취득할 수 있다. 그렇지만 출생에 의해 복수국적을 갖게 된 이민자 2세는 18~23세에 의무적으로 하나의 국적을 선택해야 한다.

국적법의 기본 원칙이 출생지주의에서 거주지주의로 바뀌었거나, 혈통주의에서 거주지주의로 바뀌었거나, 그 내용은 크게 다르지 않다. 오늘날 영국·프랑스·독일·네덜란드·러시아·우크라이나·벨라루스·오스트레일리아 등에서는 '부모 양계 혈통주의'를 기초로 한 '조건부 출생지주의', 즉 '거주지주의'를 채택하고 있다(그림 3 참조).

한편, 비국민이었던 사람이 체류국의 국적을 취득한 경우도 있다. 국적취득자는 그 나라 국민이므로, 지위와 권리·의무 면에서 출생 시부터 국민이었던 사람과 거의 동등한 권리를 누린다. 그렇지만 완벽하게 동등한 것은 아니다. 예컨대, 미국의 경우 헌법 제2조 제5항에 의거하여 "출생에 의한 미국 시민이 아닌 자, 또는 본 헌법 제정 시에 미국 시민이 아닌 자는 대통령으로 뽑힐 자격이 없다. 연령이 35세에 미달한 자, 또는 14년 간 미국 내의 주민이 아닌 자도 대통령으로 뽑힐 자격이 없다."라고 규정하여, 국적취득자에게는 '대통령 피선거권자 자격'을 부여하지 않고 있다.

3. '체류자격이 없는 비국민'의 시민권

체류자격이 없는 비국민으로는 '무국적자'와 '불법체류 외국인'이 있다. 그들 역시 체류하는 나라에서 '인간으로서의 권리'를 갖는 것은 물론이고, 주민으로서 시민권을 누린다.

UN의 '무국적자의 지위에 관한 협약'(Convention relating to the Status of Stateless Persons, 1954)은 무국적자의 지위를 규율하고 향상시키기 위한 주요 국제 법으로, 무국적자가 자신의 기본권과 자유를 차별 없이 부여 받을 수 있도록 보장 하고 있다. 대한민국은 1962년에 이 협약에 가입하였으므로, 이 협약은 대한민국 헌법에 의해 국내법과 동일한 효력을 지닌다. '무국적자의 지위에 관한 협약'은 무 국적자를 "어떠한 국가에 의하여도 그의 법률의 시행 상 국민으로 간주되지 않는 자"로 엄격히 정의한다. 이를 '법적 무국적자'(de jure stateless)라고 한다. 그렇지만 '국적을 부여한 국가를 확인할 수 없는 경우, 즉 어떤 사람이 법적 무국적자임을 증명할 수 없고 특정국으로부터 보호를 받을 수도 없는 입장에 있는 자'도 '사실상 무국적자'(de facto stateless)에 해당한다. 이 협약은 '법적 무국적자'와 '사실상 무국 적자'를 구분하고 있지만, 그 두 지위의 유사성을 인정한다. '무국적자의 지위에 관 한 협약'의 최종 의정서는 "각 체약국은 한 국가의 국적을 가진 자가 그 국가의 보호를 포기함에 있어서 유효한 사유가 있다는 사실을 인정하는 경우 본 협약이 무국적자에게 부여하는 처우를 그에게 적용할 수 있는 가능성을 호의적으로 고려 한다."로 명시하고 있다. 각 당사국은 어떤 사람이 이 협약 상의 권익을 부여 받 을 자격이 있는지 여부를 자체 절차에 따라 결정한다.

무국적자의 발생 원인은 다양하지만 서로 중첩되기도 한다. 정치적 격변, 특 정 개인이나 집단을 표적 삼은 차별과 배제, 나라들 간의 국적법의 차이로 인해 생기는 간극, 영토 변경과 관련된 혼란, 결혼과 출생신고와 관련된 법이 간과한 문제, 다른 국적을 얻기 전에 기존 국적을 포기한 경우, 부계혈통만으로 국적을 인정하는 경우 등 여러 사유로 무국적이 발생한다. 기후 변화와 사막화로 인한 물 과 자원 분쟁이 평화롭게 공존하던 지역에서 갈등과 추방 문제를 일으킴에 따라 무국적자가 발생하기도 한다. 집단적으로 무국적자가 발생한 사례로는, 일본 패망 후 귀환하지 못하고 어떤 국적도 취득하지 않은 채 귀환을 희망하며, 북한 국적도 남한 국적도 취득하지 않고 '조선적'(朝鮮籍)을 유지하는 재일동포를 들 수 있다.

'무국적자의 지위에 관한 협약'에 의하여 무국적자로 인정받은 사람은 체류권 과 관련 권리를 보장받는다. 그렇지만 무국적자로 인정받은 사람에게 '국적'이 부 여되는 것은 아니다. 무국적자에게 얼마나 많은 권리가 부여되든지 간에, 그것은 '국적' 취득과 동일하지 않다.

한편, 출입국서류를 제대로 갖추지 못한 채 다른 나라에서 생활하는 사람들은 '서류미비 이민자', '미등록 이민자'(undocumented migrants), '비밀 이민자'(clandes-tine migrants), '비합법 이민자'(irregular migrants) 등으로 불린다. '불법체류 외국인'(illegal aliens)은 서류미비 이민자의 다른 이름이다. 접두사로 붙어 있는 '불법'이라는 가치 함축적 표현은 그들을 '범죄자'로 간주하도록 오도할 우려가 있기 때문에, 학계와 국제기구에서는 '불법체류 외국인'보다는 '서류미비 이민자', '미등록 이민자', '비합법 이민자'라는 용어를 선호한다. '서류미비 이민자'라는 용어를 사용해 왔으나, 그 용어는 관광·방문·유학 등 합법 사증을 발급받고 입국하여 '체류자격 외 취업'을 하는 경우를 포괄하기 힘들다는 지적이 이루어짐에 따라, 최근 UN과 국제노동기구 등에서는 '비합법 이민자'라는 용어를 주로 사용하고 있다. 그것은 이민자가 입국·통과·체류·출국 등 국제인구이동의 전 단계에 걸쳐서 어느 한 '규정'을 어긴 경우를 가리키는 개념이다(설동훈, 2006).

한국에서 '불법체류 외국인'은 '출입국관리법'에 의하여 규정되는데, 체류기간 초과자, 체류자격외활동자 및 밀입국자 등을 지칭한다. '체류기간초과자'는 체류기간 만료 전에 법무부장관의 체류기간연장허가를 받지 않고 체류기간을 초과하여 계속 체류한 자를 가리킨다. 사증에서 규정한 체류기간을 초과하여 국내에서 취업하고 있는 외국인이 여기에 해당한다. '체류자격외활동자'는 법무부장관의 '체류자격외활동허가'를 미리 받지 않고 체류자격에 해당하는 활동과 병행하여 다른 체류자격에 해당하는 활동을 한 자, 또는 법무부장관의 '체류자격변경허가'를 미리 받지 않고 체류자격과 다른 체류자격에 해당하는 활동을 한 자를 포함한다. 한국에 체류하는 것은 합법적이지만, 국가의 허가를 받지 않은 채 취업 또는 정치활동 등을 하여, 비합법 상태에 처한 외국인 등이 이 범주에 해당한다. 예컨대, 유효기간 3개월 이내의 단기 체류자격을 발급 받고 한국에 입국한 외국인이 그 기간에 국내에서 취업하는 것, 외국인 유학생이 허가를 받지 않고 취업하는 것, 또는 비전문취업 외국인근로자가 지정된 사업장을 이탈하여 다른 업체에 취업하는 것 등이 '자격외 취업'이다. '밀입국자'는 정식으로 입국 절차를 밟지 않고 입국하여 국내에 체류 중인 외국인이다. 또한 체류기간 초과 여부에 관계없이, 취업 관련 사증을 발급 받지 않았으면서도 국내에서 구직 활동을 하는 외국인도 비합법 이주자의 범주에 포함된다. 출입국관리법령에는 '불법체류 외국인'에 대한 처벌 조항이 있다. '불법체류 외국인'은 그 규정위반의 내용과 기간에 비례하여, 징역, 벌금형, 또는 강제퇴거 처분을 받는다. 그렇지만 '불법체류 외국인'도 한국에서 생활하는 동안 '인간으로서의 기본권'을 당연히 누릴 수 있다. 그것을 '불법체류 외국인의 시민권'으로 부른다.

불법체류자도 누리는 인간의 기본권

인간의 권리로 간주되어 외국인에게 인정되는 기본권은 다음 다섯 가지다. 첫째, 외국인도 '인간으로서의 존엄과 가치'를 지니며, '행복추구권'을 가진다. 모든 국민은 인간으로서의 존엄과 가치를 가질 뿐 아니라 행복을 추구할 권리를 가지기 때문에 외국인도 인간의 존엄성에 관한 대한민국헌법 제10조의 적용을 받음은 물론 행복추구권의 주체가 된다.

둘째, 대부분의 자유권은 인간의 권리를 의미하기 때문에 외국인에게도 원칙적으로 보장된다. 다만, 자유권 가운데 거주·이전의 자유(제14조), 언론·출판의 자유(제21조), 집회·결사의 자유(제21조) 등은 국가의 안전 등을 이유로 제한의 대상이 되고 있다.

셋째, 평등권은 상호주의 원칙에 따라 외국인에게 보장된다. 국내에 거주하는 모든 사람은 성별, 종교, 장애, 나이, 사회적 신분, 출신지역, 출신국가, 용모, 신체조건, 혼인여부, 임신 또는 출산, 가족상황, 인종, 피부색, 사상 또는 정치적 의견, 전과, 성적지향, 병력 등에 의해 고용, 재화, 용역, 교통수단, 상업시설, 토지, 주거시설, 교육시설, 직업훈련기관의 공급이나 이용에서 차별을 당하지 않을 권리를 가진다.

넷째, 외국인도 경제적 기본권을 가진다. 그러나 직업선택의 자유(제15조)를 비롯하여 토지소유권·광업권 등 각종 재산권에 관해서도 현행 법제도상 일정한 범위 내에서 내국인에 비하여 다양한 제한을 받고 있다.

다섯째, 청구권은 기본권을 보장하기 위한 기본권이므로, 일정한 기본권의 보장과 결부된 청구권은 외국인에게도 인정된다. 그렇지만 국가배상청구권과 범죄피해자구조청구권은 외국인은 내국인에 비하여 엄격한 제한을 받고 있다.

자료: 설동훈(2005: 49-50).

3절 이민자의 시민권 관련 법제: 이민법과 국적법[1]

이민자의 시민권 관련 법제로는 이민법과 국적법이 있다. 미국처럼 이민·국적법으로 그 둘이 하나로 묶여 있는 경우도 있고, 독일·일본·한국처럼 그 둘이 별개 법률로 구분되는 경우도 있다. 어느 경우든 이민법과 국적법이 포괄하는 범위는 크게 다르지 않다. 이하에서는 독일·일본·한국의 사례를 비교하여 살펴보기로 한다.

1. 이민법

우선, 독일·일본·한국은 명칭과 포괄 범위 및 내용이 다른 이민법을 갖고 있다. <표 2>는 독일·일본·한국의 이민법의 명칭과 제정·시행 시기를 보여준다. 독일 이민법은 2004년 제정되어 2005년 1월 1일부터 시행되고 있다. 정식 명칭이 '유럽연합 시민과 외국인의 이민 유입통제·경계설정과 체류관리 및 통합에 관한 법률'인 이 법은 기존 법률, 즉 '외국인법'과 '유럽경제공동체 회원국 국민의 입국 및 체류에 관한 법률'을 대체하였다. 그 각각의 내용은 이민법 제1장 '독일에서 외국인의 체류·취업·통합에 관한 법'과 제2장 '유럽연합시민의 일반적 자유이주에 관한 법'으로 포함되었다. 독일 이민법은 '지원'과 '요구'의 원칙을 천명하고 있다. 독일사회는 이민자에게 독일 사회·경제·정치에서의 기회균등과 접근성을 보장하는 '지원'을 하고, 이민자는 독일어의 습득과 민주주의 등 독일의 기본 가치를 습득하려는 노력을 하도록 '요구' 받는다. 구체적으로, 2005년 이민법은 국가에 이민자 사회통합프로그램을 지원할 의무를 지웠고, 이민자에게는 그 프로그램을 이수할 의무를 부여하였다. 한편, 독일 정부는 '망명절차법'(1982)을 통해 '난민' 인정 관련 절차를 규율하고 있다.

일본은 '출입국관리법'(1951)과 '외국인등록법'(1952)을 통해 외국인의 입국과 체류 등을 규율하고 있다. 일본은 1981년에 '난민의 지위에 관한 협약'에 가입하였고, 1982년에는 '출입국관리법'을 '출입국관리및난민인정법'으로 명칭을 바꾸어 오늘에 이르고 있다. 1990년에는 체류자격을 정비하면서 '정주자' 자격을 신설하여,

---

[1] 3절~5절은 설동훈(2013a)에 크게 의존하였다.

표 2	독일 · 일본 · 한국의 이민법

나라	이민법(시행 시기)
독일	외국인법(1965)[1] 유럽경제공동체 회원국 국민의 입국 및 체류에 관한 법률(1980)[1] 유럽연합시민과 외국인의 이민 유입통제·경계설정과 체류관리 및 통합에 관한 법률(2005) 망명절차법(1982)
일본	출입국관리및난민인정법(1951)[2] 외국인등록법(1952)[3] 일본과의 평화조약에 따라 일본국적을 이탈한 자 등의 출입국관리에 관한 특례법(1991)
한국	출입국관리법(1963)[4] 재외동포의 출입국과 법적 지위에 관한 법률(1999) 외국인근로자의 고용 등에 관한 법률(2004) 재한외국인처우기본법(2007) 다문화가족지원법(2008) 난민법(2013)

주: 1) 2005년 폐지.
　　2) 1982년 '출입국관리법'이 '출입국관리및난민인정법'으로 명칭이 바뀜.
　　3) 2010년 폐지.
　　4) 2002년 '영주' 체류자격 신설, 2012년 '사회통합프로그램' 조항 신설.
자료: 설동훈(2013a: 29).

닛케이진(日系人: 일본계외국인) 3세까지 취업이 가능하도록 하였다. 1991년에는 '일본과의 평화조약에 따라 일본국적을 이탈한 자 등의 출입국관리에 관한 특례법'을 제정하여, 제2차 세계대전 이전에 일본 국적을 가지고 일본에서 생계를 유지하고 있었던 올드커머(舊來人) 외국인에게 특별영주자라는 체류자격을 부여하였다. 또한 2010년 7월부터는 외국인등록제도의 근거가 되어 온 '외국인등록법'이 폐지되고, 체류관리의 기능이 '출입국관리및난민인정법'으로 일원화되었다.

　　한국에서는 '출입국관리법'(1963)을 통해 외국인의 입국과 체류를 관리하고 있다. 또한 특별법으로 '재외동포의 출입국과 법적 지위에 관한 법률'(1999)은 한국계 외국인에게 출입국과 체류의 편의를 제공하고 있다. 한국에서 일하는 저숙련 외국인근로자를 규제하기 위한 것으로 '외국인근로자의 고용 등에 관한 법률'(2004)이 있다. 한국 정부는 2002년에 출입국관리법시행령을 개정하여 '영주' 체류자격을 신설하였다. 2000년대 이후 이민자들이 증가하자, 한국 국회는 '재한외국인처우기본법'(2007)과 '다문화가족지원법'(2008)을 제정하여 정부에 사회통합정책을 시행할 의무를 부여하였다. 또한 2012년에는 '출입국관리법'을 개정하여 '사회통합프로그램' 조항을 추가하여 정책을 시행할 수 있는 근거 규정을 마련하였다. 한편, 한국은 1992년 '난민의 지위에 관한 협약'에 가입하였고, 그 직후 정부는 '출입국관리법'을 개정하여 난민 인정 업무를 수행하여 왔다. 그러다 2012년 2월 한국 국회는 '난민법'을 제정하였고, 그 법은 2013년 7월부터 시행하였다.

독일과 일본 및 한국 모두 이민법에 의하여 외국인에게 체류자격을 부여한다. 구체적 표현은 다르지만, 체류자격은 허용 체류기간에 따라 단기체류, 장기체류, 영주로 구분할 수 있는데, 장기체류와 영주 체류자격을 가진 사람은 각국의 이민 행정당국에 등록을 해야 한다.

독일과 일본은 통합 이민법을 갖고 있는 데 반해, 한국은 이민법이 여러 개별 법률로 분산되어 있다. 또한 일본의 출입국관리및난민인정법에는 이민자 사회통합 규정이 없지만, 독일과 한국은 이민자 사회통합을 이민법의 핵심 조항으로 포함하고 있다. 독일 이민법은 '지원과 요구의 원칙'을 견지하며 사회통합정책을 국가의 의무로 규정하고 있는데 반해, 한국의 출입국관리법·재한외국인처우기본법·다문화가족지원법은 정부가 이민자 사회통합정책을 추진할 수 있는 근거만 제시하고 있다.

2. 국적법

한편, 독일·일본·한국에는 공통적으로 '국적법'이라는 명칭을 가진 법률이 있다.

표 3   독일 · 일본 · 한국의 출생에 의한 국적 취득 원칙

구분(포함 시기)	독일	일본	한국
부계혈통주의	1842	1899	1948
부모양계혈통주의	1975	1985	1998
거주지주의	2000	×	×
출생지주의(부분)	2000	×	×

자료: 설동훈(2013a: 32).

<표 3>에서 보듯이, 독일·일본·한국의 국적법은 과거에는 아버지의 국적을 기준으로 자녀의 국적을 정하는 '부계혈통주의'를 원칙으로 하고 있었으나, 일정 기간 경과 후 그것을 개정하여 아이 출생 당시 그 아버지 또는 어머니 중 한 사람이라도 자국 국적을 가지고 있는 경우 자국 국적을 부여하는 '부모양계혈통주의'로 원칙을 바꾸었다. 그리고 세 나라 모두 '부모가 모두 분명하지 않거나, 국적이 없을 때, 자국에서 출생한 사람에게 자국 국적을 부여'하는 '보충적 출생지주의'를 채택하고 있다. 여기서 한 걸음 더 나아가, 독일은 1999년 국적법을 개정하여 자국에서 태어난 외국인 영주권자의 자녀 또는 외국에서 태어나 만 14세 이전에 자국으로 이주한 외국인 청소년에게 자국 국적을 취득할 수 있는 기회를 제공하는 한편, 독일에서 일정 기간 거주한 외국인에게 귀화 기회를 대폭 확대하였다. 그러나 일본과 한국에서는 그와 같은 정책적 전환은 아직 없다.

표 4   외국인 자녀의 독일 국적취득 기준

	독일 출생	외국 출생
국적 부여	○	○
국적취득 구체적 요건	○	○
체류	부모 영주권자	8년(6년 초등교육, 중등교육 4년 포함)
연령	출생 시	16~23세
기타 사항	23세 이전 복수국적 중 선택	복수국적 신고, 전과 없음

자료: Weil (2001: 26); 설동훈(2013a: 33).

이어서 각국의 국적 관련 정책과 제도를 살펴보기로 한다. 1842년 프로이센 국적법은 '혈통주의'를 원칙으로 하였고, 그것은 오늘날의 독일 '국적법'에까지 이어지고 있다. 독일은 한동안 '부계혈통주의'를 추구하였으나, 남녀평등에 위배된다는 헌법재판소의 판결로 1974년 '국적법'을 개정하여, 1975년 1월 1일 이후에는 '부모양계혈통주의'를 견지하고 있다. 또한 독일 연방의회는 '이민법'이 제정되기 5년 전인 1999년 7월 '국적법'을 개정하였다. 1999년 개정되어 2000년 1월 1일 발효된 국적법에 의하면, 독일에서 출생한 외국인은 부모 중 한 명이 독일에서 태어났거나, 그가 14세 이전에 독일로 이주한 경우 자동적으로 독일 국적을 취득할 수 있으며, 원할 경우 부모의 국적도 함께 보유할 수 있다. 부모가 8년 이상 합법적으로 체류한 독일 출생의 외국인 자녀는 원칙적으로 복수국적을 가지되, 18세 이후 23세가 되기 전까지 독일 국적과 부모의 국적 중에서 하나를 선택해야 한다. 또한 개정 국적법은 '일반 귀화'에 소요되는 최소 기간을 15년에서 8년으로 대폭 단축하였다. 말하자면, 독일은 국적법을 개정하여 장기체류 외국인의 귀화를 유도하는 한편, 그들의 자녀에게 독일 국적을 부여하는 방식으로 방향 전환을 하였다. 즉, 개정 국적법에서는 혈통주의 원칙의 예외 조항으로 '거주지주의'를 도입하는 한편, 부분적으로 '출생지주의'도 적용하고 있다. 또한 독일은 '단일국적의 원칙' 내지 '국적유일의 원칙'을 유지하되, 복수국적 용인 범위를 확대하였다. 예컨대, 독일에 귀화한 EU회원국 출신자는 2007년부터는 원 국적을 포기하지 않아도 된다.

일본은 메이지(明治) 정부가 집권하고 있었던 1899년에 '국적법'을 최초로 제정하였다. 이 국적법 제1조는 '혈통주의' 원칙을 천명하였다. 그 기조는 1950년 법률 제147호로 제정된 '국적법'에 그대로 계승되었다. '부계혈통주의'를 견지하던 일본은 1984년 '국적법'을 개정하여 '부모양계혈통주의'로 원칙을 변경하여 1985년 1월 1일부터 적용하고 있다. 일본인과 외국인 부부로 구성된 국제결혼가족의 자녀는 선천적 복수국적자가 되게 되었다. 일본은 선천적 복수국적의 방지·해소 수단으로 기존 '국적유보제도'를 강화하는 한편, '국적선택제도'를 신설하였다. '국적유보제도'는 외국에서 출생하여 일본국적과 외국국적을 함께 취득하게 된 일본국민 중 호적법이 정한 기한(3개월) 내에 일본국적의 유보 의사를 표시하지 않은 사람은 출생 시로 소급하여 일본국적을 상실하게 되는 제도다. '국적선택제도'란 20세 이전에 복수국적이 된 자는 22세까지, 20세가 달한 후에 복수국적이 된 자는 그 때부터 2년 내에 각각 하나의 국적을 선택해야 하고, 그것을 이행하지 않으면 국적선택의 최고(催告) 절차를 거쳐 일본국적을 상실하게 만드는 것이다. 그런데 일본 정부는 일본국적을 선택한 사람에 대해 그가 실제로 외국국적을 포기하였는지 여부에 관해서는 엄격한 증명을 요구하지 않고 있다. 즉, 실제로는 복수국적을 용인하는 방향으로 국적제도를 운용하고 있는 것이다.

한국은 1948년 국적법을 제정하면서 혈통주의를 채택하였다. 그 당시는 '출생한 당시에 부가 대한민국의 국민인 자'가 '출생과 동시에 대한민국 국적을 취득'하는 것으로 정의하여 부계혈통주의를 취하였다. 그러다 한국 국회는 1997년 12월 13일 '출생한 당시에 부 또는 모가 대한민국의 국민인 자'로 국적법을 개정하여, 부모양계혈통주의로 원칙을 바꾸었다. 개정 국적법은 1998년 6월 14일 시행되었다. 그 후 한국에서도 부모 중 어느 한 쪽이 한국인이고 다른 한 쪽이 외국인이면 그 자녀는 출생에 의하여 자동으로 부모의 국적을 모두 갖게 되었다. 혈통주의를 채택하는 나라에서는 성인이 된 국민의 복수국적을 원칙적으로 인정하지 않는데, 한국은 그것을 철저히 견지하였다.

한국은 독일·일본과 마찬가지로 자국 국적과 외국 국적을 함께 가진 복수국적자에게 '국적 선택 기간'을 설정하여 반드시 하나의 국적을 선택하도록 하는 의무를 부여하고 있다. 그것을 '국적선택의무'라 한다. 한국 국적법에 의하면, 만 20세가 되기 전에 복수국적자가 된 사람은 만 22세가 되기 전까지, 만 20세가 된 후에 복수국적자가 된 사람은 그 때부터 2년 내에 대한민국 국적을 선택한다는 뜻 또는 대한민국 국적을 이탈한다는 뜻을 법무부장관에게 신고해야 한다.

국회는 2010년 5월 4일 "복수국적 허용범위를 확대"하는 방향으로 국적법을 개정하였고, 개정 국적법은 2011년 1월 1일부터 시행되었다. 대한민국 국적을 취득한 후 외국국적을 포기하는 방식 이외에 국내에서 외국국적을 행사하지 아니하겠다는 서약을 하는 방식도 인정함으로써 복수국적 유지 기회를 부여하였다. 따라서 미국 등 출생지주의 국가에서 태어나 복수국적을 갖게 된 남성은 병역을 마쳤거나 면제를 받은 경우, 여성은 22세 이전에 국내에서 외국 국적을 행사하지 않겠다고 법무부에 '외국 국적 불행사(不行使) 서약서'를 제출하면 복수 국적을 유지할 수 있다. 예컨대, 출·입국할 때 한국 여권을 사용하고, 외국인 학교에도 입학하지 않으며, 외국 운전면허증을 사용하지 않겠다고 약속하는 것이다. 개인의 유·불리에 따라 박쥐처럼 국적을 바꾸는 얌체 짓을 하지 않겠다는 약속이다. 그렇지만 복수국적자가 '외국 국적 불행사 서약서'를 제출하지 않거나 '외국 국적 불행사 서약' 내용을 준수하지 않으면, 그는 1년 내에 하나의 국적을 선택하라는 법무부장관의 명령을 받는다.

한국의 복수국적제도

한국은 2011년 1월 1일부터 선천적 복수국적자뿐 아니라, 외국인 우수인재, 한국인과 결혼해 입국한 이민자, 어릴 때 외국으로 보내진 입양인, 국내에서 여생을 보내기 위해 영주 귀국한 65세 이상의 재외동포 등에게 복수국적을 제한적으로 허용하고 있다. 복수국적이 허용되는 대상은 다음 세 집단이다. 첫째,

한국인 부 또는 모의 자녀로 출생지주의 국가에서 출생한 사람, 또는 국제결혼 가정에서 출생한 사람(선천적 복수국적자). 둘째, 한국 국적 취득자 중 ① 혼인 상태를 유지하면서 귀화허가를 받은 결혼이민자, ② 한국에 특별 공로가 있거나, 우수 외국인재로서 귀화허가를 받은 사람, ③ 국적회복허가를 받은 재외동포 중 특별 공로가 있거나 우수 인재로 인정된 사람, ④ 미성년 해외입양으로 한국 국적을 상실하였다가 한국 국적을 회복한 사람, ⑤ 재외동포로서 만 65세 이후에 영주 귀국하여 한국 국적을 회복한 사람, ⑥ 한국 국적을 취득한 후 외국 국적을 포기하고자 하여도 그 나라의 법률 또는 제도로 인하여 국적 포기 의무를 이행하기 어려운 사람. 셋째, 본인의 의사와 무관하게 외국 국적을 취득하고 대한민국 국적 보유신고를 한 사람(후천적 비자발적 복수국적자).

한편, 국적법은 원정 출산으로 인한 복수국적자, 즉 "직계존속(直系尊屬)이 외국에서 영주할 목적 없이 체류한 상태에서 출생한 자"는 병역의무를 이행한 경우에만 국적이탈신고를 할 수 있도록 하고 있다. 또한 "출생 당시에 모가 자녀에게 외국 국적을 취득하게 할 목적으로 외국에서 체류 중이었던 사실이 인정되는 자"는 외국 국적을 포기한 경우에만 대한민국 국적을 선택한다는 뜻을 신고할 수 있도록 명시하고 있다. 이는 원정출산으로 태어난 "검은 머리 외국인"에 대한 제재 조항으로 이해할 수 있다.

자료: 설동훈(2013b: 256-258).

 4절 외국인의 영주권과 국적 취득 요건

1. 영주허가와 귀화의 절차

영주권 또는 영주권자란 해당 국가에 영원히 거주할 수 있는 권리 또는 그런 상태의 외국인을 가리킨다. 독일·일본·한국에서는 미국·캐나다·오스트레일리아 등 전통적 이민 수용국과는 달리 외국인 영주권 신청자를 위한 이민사증(immigration visa)이 없다. 외국인이 독일·일본·한국에서 영주권을 취득하기 위해서는, 일단 90

일 이상 체류할 수 있는 여러 사증 중 하나로 입국하여 일정 기간 체류한 후 체류자격을 변경하는 방법을 취하는 수밖에 없다. 즉, 이 세 나라 모두에서, 영주허가는 체류자격을 가지고 있는 외국인이 영주자로의 체류자격 변경을 신청하는 경우에 국가가 부여하는 '체류자격 변경 허가'의 일종이다. 독일·일본·한국의 이민법에서 규정하고 있는 영주자의 형태는 <표 5>에 제시되어 있다.

표 5 독일 · 일본 · 한국의 현행 이민법에 따른 영주권자 규정

구분	독일	일본	한국
일반	정착허가 소지자	영주자	영주자
특별	EU장기체류허가 소지자	특별영주자	×

자료: 설동훈(2013a: 35).

독일에서 영주허가는 외국인이 그 나라에 영주할 수 있는 권리를 말한다. 2005년 독일 이민법에 따르면, 독일에서 외국인에게 발급하는 영주허가는 EU회원국 국민과 제3국 출신 외국인을 구분하여 발급된다. EU회원국 국민들은 'EU장기체류허가'를, 제3국 출신 외국인은 독일에서 '체류허가'를 발급받은 지 5년이 지난 후 소정 요건을 충족하면 '정착허가'를 받을 수 있다. 그것들은 형식상 구분되지만, 내용은 거의 차이가 없다. 그 둘은 모두 '기간 제한 없는 체류허가', 즉 '영주허가'로 파악할 수 있다.

한편, 이민법 시행 이전, 다시 말해 2004년 이전에 '외국인법'에 의해 영주허가를 취득한 외국인은 현재에도 '외국인법'의 적용을 받고 있다. 그 당시에는 체류허가가 네 가지로 세분되어 있었는데, 그 중 '무기한 체류허가'와 '체류권' 소지자를 영주자로 파악할 수 있다.

일본에서 영주 '체류자격'은 국가가 영주를 인정하는 외국인에게 발부된다. 특별영주자는 '1952년 샌프란시스코 조약에 의하여 일본 국적이 박탈된, 1945년 당시 일본 거주 국적이탈자(조선인과 대만인) 또는 그 후손으로 일본 국내에서 출생한 자'에게 부여된다. 그 근거 법률은 '일본과의 평화조약에 따라 일본국적을 이탈한 자 등의 출입국관리에 관한 특례법'(1991)이다. '일반 영주자'는 '출입국관리및난민인정법'에 의하여 소정 요건을 충족한 외국인에게 체류자격 변경 허가의 형식을

취해 발부된다. 한편, 일본에는 정주자(定住者)라는 체류자격이 있는데, 법무장관이 닛케이진의 특별한 사유를 고려하여 3년 범위 내에서 거주를 허가하고, 또 체류자격 갱신을 허용하고 있다. 결과적으로 그들은 영주권자와 유사한 지위를 지니고 있다.

한국에서는 2002년 출입국관리법 개정을 통해 '영주' 체류자격을 신설하였다. 한국도 독일·일본과 마찬가지로 체류자격 변경 허가 제도의 한 형태로 영주제도를 운영하고 있다. 제도 시행 초기에는 재한화교가 압도적 다수를 차지하였으나, 2010년 제도의 개편으로 그 구성이 다양해졌을 뿐 아니라 수가 크게 늘었다. 또한, 한국은 '재외동포의 출입국과 법적 지위에 관한 법률'(1999)에 근거를 두고 '외국국적동포'에게 재외동포 사증을 발급하고, 그들이 국내에 체류할 경우 '외국국적동포 거소신고'를 하도록 하고 있다. 그들의 지위는 일본의 닛케이진과 유사하다. 닛케이진과 외국국적동포는 각각 일본과 한국에서 "사실상" 직업선택의 자유를 누리고, 사증을 회수 제한 없이 갱신할 수 있다.

표 6 독일·일본·한국에서 귀화 제도의 기본 특성

구분	독일	일본	한국
귀화 신청 가능 연령	전 연령	20세 이상 성인	19세 이상 성인
영주권 전치주의	○	×	×
국적 취득 시험 제도	○	×	○

자료: 설동훈(2013a: 37).

한편, 독일·일본·한국에서 외국인은 귀화 신청을 통해 해당국 국적을 취득할 수 있다. 귀화란 출생과 상관없이 그 나라의 국내법에서 정한 요건을 충족하고, 그 나라에서 정한 절차에 따라 국적취득을 신청한 사람에 대하여 국가가 그것을 허가함으로써 국민으로 받아들이는 제도다. 귀화의 요건이나 심사기준 등 귀화절차는 각국의 주권적 재량이 발휘되는 부분이다. 그 특성은 <표 6>에 제시되어 있다. 이 표를 작성할 때, 세 나라의 비교가 가능하도록 '일반귀화' 요건을 기준으로 삼았다.

표 7   독일·일본·한국의 외국인 인구 대비 귀화자 비율, 2000~2013년

(단위: %, 명)

구분		독일	일본	한국
각 연도	2000	2.5	1.0	—
	2005	1.7	0.8	3.5
	2009	1.4	0.7	3.0
	2010	1.5	0.6	1.9
	2012	1.6	0.5	1.3
	2013	1.6	0.4	0.9
5년간 평균	2001~2005	2.0	0.8	1.8
	2003~2007	1.8	0.8	2.3
	2006~2010	1.6	0.6	1.8
	2008~2012	1.5	0.6	2.2
인원	2010	101,570	13,072	17,323
	2013	112,353	8,646	13,956

주: 외국인 인구 중 연간 귀화자 수(유량) 비율 (%).
자료: OECD (2012: 233, 245, 247; 2015: 207, 219, 221); 설동훈(2013a: 37).

독일에서는 외국인 귀화 신청자의 연령 제한 규정이 없다. 즉, 독일에서는 미성년자도 귀화 신청을 할 수 있지만, 일본과 한국에서는 성인에게만 귀화 신청 기회를 부여한다. 독일에서는 외국인이 영주권을 취득한 지 일정 기간 경과한 이후에야 귀화 신청을 할 수 있도록 하고 있으나, 일본과 한국에서는 영주권 전치주의를 채택하지 않고 있다. 또 독일과 한국에서는 귀화를 신청한 외국인을 대상으로 하는 '국적 취득 시험 제도'를 운영하고 있지만, 일본에서는 그러한 시험 제도가 없다. 그 결과 독일에서 개정 국적법이 시행된 2000년 이후 귀화 절차가 간소화되었음에도 불구하고 귀화자 수는 별로 많지 않다. <표 7>에서 2013년 외국인 귀화자 수를 살펴보면, 독일 112,353명, 일본 8,646명, 한국 13,956명으로, 그것들은 같은 해 외국인 인구의 각각 1.6%, 0.4%, 0.9%에 불과하였다. 다시 말해, 독일·일본·한국에서 귀화는 그다지 활발하지 못함을 알 수 있다.

2. 영주권과 국적 취득 요건 비교 분석

각국의 이민법과 국적법, 또는 관련 법령이나 지침(guideline)은 외국인이 자국

에서 영주권 또는 국적을 취득할 수 있는 요건을 규정하고 있다. 여기에서는 독일·
일본·한국의 영주권과 국적 취득 요건을 살펴보기로 한다.

　　독일 이민법 제1장 체류법 제20조에서는 외국인이 정착허가를 발급받을 수
있는 요건으로 다음 아홉 가지를 제시하고 있다. ① 5년 이상 체류한 자. ② 안정
된 생계가 가능한 자. ③ 법정 연금보험료를 최소 60개월 이상 자발적 또는 비자
발적으로 납부를 하였거나, 보험회사에 가입한 보험 또는 연금에서 받게 될 수입
에 대한 증거를 제출한 자. ④ 지난 3년 간 6개월 이하의 소년원이나 감옥에서의
수감생활, 또는 고의적 법규 위반으로 인한 180일 이하의 벌금형을 선고 받지 아
니한 자. ⑤ 취업하고 있거나 곧 취업할 자. ⑥ 경제활동을 영구적으로 영위하는
사람에게 발부되는 다른 체류허가를 소지한 자. ⑦ 독일어에 대한 기본 지식을 가
진 자. ⑧ 독일의 법체계·사회체계, 생활양식 등에 대한 기본 지식을 가진 자. ⑨
자신을 비롯하여 가족들이 살기에 충분한 주거공간을 확보한 자.

　　독일 국적법 제10조 제1항에서는 귀화신청자는 신청 당시 8년 이상 독일에
적법하게 체류하고 있는 자로서, 체류법 제80조의 규정에 기초한 행위능력이 있는
자이거나, 법률상 대리권자가 있는 자여야 한다고 규정하면서, 그 요건을 다음 일
곱 가지로 제시하고 있다. ① 독일연방공화국의 '기본법'이 지향하고 있는 자유민
주주의적 기본질서를 이해하고 있어야 하며 이를 해하려는 시도를 한 적이 없어야
한다. ② 신청 당시에 '정착허가'를 지니고 있어야 한다. ③ 자기 자신과 가족을
부양할 수 있는 경제적 능력이 있어야 하며, 독일 사회법전에 기초한 사회부조금
의 신청 없이 생계를 영위할 수 있어야 한다. ④ 지금까지의 국적을 상실하거나
포기해야 한다. ⑤ 범죄로 인해 형벌을 부과 받은 적이 없고 채무변제무능력으로
인한 법률상의 조치들을 받은 적이 없어야 한다. ⑥ 충분한 독일어 능력을 지니고
있어야 한다. ⑦ 독일의 법률 및 사회질서에 대한 이해 및 독일의 생활양식에 대
한 이해가 있어야 한다. 영주권을 지닌 외국인의 귀화신청의 경우, 원칙적으로는
복수국적 소지가 허용되지 않지만, 예외적으로 국적법 제12조의 규정에 따라 복수
국적 소지자가 될 수도 있다.

　　일본 법무성 입국관리국의 '영주허가에 관한 가이드라인'(2006)은 외국인이 영
주허가를 발급받기 위해서는 다음 세 가지 법률상 요건을 충족해야 함을 밝히고
있다. ① 평소 품행이 방정(方正)할 것. 법률을 준수하고, 일상생활에서도 주민으
로서 사회적으로 비난받지 않는 생활을 하고 있을 것. ② 독립적인 생계를 영위하

기에 충분한 자산 또는 기술을 갖고 있을 것. 일상생활을 하면서 공공의 부담이 되지 않고, 소유한 자산 또는 기술 등으로 볼 때 장래에 안정된 생활을 할 수 있다는 전망이 설 것. ③ 해당인의 영주가 일본국의 이익과 합치한다고 인정될 것. ㈎ 원칙적으로 10년 이상 계속하여 일본에 체류하고 있을 것. 다만, 이 기간 중에 취로자격 또는 거주자격을 갖고 5년 이상 계속하여 체류했어야 한다. ㈏ 벌금형이나 징역형 등을 받지 않았을 것. 납세의무 등 공적 의무를 이행하고 있을 것. ㈐ 현재 보유한 체류자격이 출입국관리및난민인정법 시행규칙 별표2에 규정되어 있는 최장 체류기간을 갖고 체류하고 있을 것. ㈑ 공중위생 상의 관점에서 유해할 우려가 없을 것.

일본 국적법 제5조 제1항에서는 귀화 요건을 다음 여섯 가지로 제시하고 있다. ① 계속하여 5년 이상 일본에 주소가 있을 것. ② 20세 이상으로 본국 법에 따라 행위능력이 있을 것. ③ 소행이 선량할 것. ④ 자신 또는 생계를 같이하는 배우자, 그 외 친족의 자산 또는 기능에 의하여 생계유지가 가능할 것. ⑤ 국적을 가지고 있지 아니하거나 일본 국적 취득으로 그 국적을 상실하여야 할 것. ⑥ 일본국 헌법 시행일 이후에 일본국 헌법 또는 그를 배경으로 설립된 정부를 폭력으로 파괴하는 것을 꾀하거나 주장하고 또는 이를 꾀하거나 주장하는 정당 기타 단체를 결성하거나 또는 이에 가입한 적이 없을 것. 그리고 국적법 제5조 제2항에서는 외국인이 그 의사와 관계없이 그 국적을 상실할 수 없는 경우, 일본국민과의 친족관계 또는 특별한 경우나 사정이 있다고 인정되는 경우에는 귀화를 허가할 수 있음을 규정하여 제한적으로 복수국적을 허용한다.

한국 '출입국관리법시행령' '별표 1 외국인의 체류자격'에서는 영주 체류자격 발급 요건으로 다음 다섯 가지를 제시하고 있다. ① 대한민국 '민법'에 따른 성년이고, ② 본인 또는 동반가족이 생계를 유지할 능력이 있으며, ③ 품행이 단정하고, ④ 대한민국에 계속 거주하는 데에 필요한 기본 소양을 갖추는 등 법무부장관이 정하는 조건을 갖춘 사람으로서, ⑤ 합당한 체류자격으로 5년 이상 대한민국에 체류하고 있는 사람.

한국 국적법 제5조에서는 일반귀화 요건을 다섯 가지로 제시하고 있다. ① 5년 이상 계속하여 대한민국에 주소가 있을 것. ② 대한민국의 '민법'상 성년일 것. ③ 품행이 단정할 것. ④ 자신의 자산(資産)이나 기능(技能)에 의하거나 생계를 같이하는 가족에 의존하여 생계를 유지할 능력이 있을 것. ⑤ 국어능력과 대한민국의 풍습에 대한 이해 등 대한민국 국민으로서의 기본 소양(素養)을 갖추고 있을 것. 또한 국적법 제10조에서는 국적 취득자의 외국 국적 포기 의무를 규정하고 있다. 대한민국 국적을 취득한 외국인으로서 외국 국적을 가지고 있는 자는 대한민국 국적을 취득한 날부터 1년 내에 그 외국 국적을 포기하여야 한다. 한국 국적을 취득한 후 외국 국적을 포기하고자 하여도 그 나라의 법률 또는 제도로 인하여 국적 포기 의무를 이행하기 어려운 사람 등 사유가 인정되는 사람은 대한민국에서 외국 국적을 행사하지 아니하겠다는 뜻을 법무부장관에게 서약하고 복수국적을 인정받을 수 있다. 또한 한국 국적법 시행령 제4조 제1항은 "법무부장관은 [……] 귀화허가 신청자에 대한 귀화 요건을 심사할 때 관계 기관의 장에게 귀화허가 신청자에 대한 신원조회, 범죄경력조회 및 체류동향조사를 의뢰하거나 그 밖에 필요한 사항에 관하여 의견을 구할 수 있다"고 규정하고 있다.

한편, 독일·일본·한국의 규정은 '자국인의 외국인 배우자'가 영주권과 국적 취득 신청을 할 경우 체류기간 요건에서 특혜를 제공하고 있다. 그러한 사실과 이상에서의 논의를 정리하여 독일·일본·한국에서 외국인의 영주권과 국적 취득 요건을 <표 8>에 정리하였다. <표 8>을 분석하면, 다음 세 가지 사실을 발견할 수 있다.

첫째, 한국의 영주권·국적 취득 요건은 '품행 단정'(good character)을 포함한다. '품행이 단정할 것'이란 요건은 범법행위뿐만 아니라 직업·가족·전과 등 여러 사정을 종합해 볼 때, 자국 사회의 구성원으로 받아들이는 데에 지장이 없는 품성과 행동을 보이는 것으로 해석할 수 있다. 일본 법무성에서는 "법률을 준수하고, 일상생활에서 주민으로서 사회적으로 비난받지 않은 생활"을 하는 것으로 파악한다. 한국과 일본 정부는 품행 단정 조항을 근거로 영주권 또는 귀화 신청자의 범죄경력조회를 시행한다. 다시 말해, 한일 양국에서는 '범죄 경력 없을 것'이라는 명시적 조항이 없지만 실제로는 그것을 포괄하는 규정이 있는 것이다. 반면, 독일 국적법은 '범죄 경력 없을 것'만 규정하고 품행 단정 규정이 없다.

둘째, 독일과 한국의 영주권·국적 취득 요건에서는 '언어 능력'과 '사회·문화·역사·법 이해'라는 사회통합 가능성을 포함하고 있으나, 일본의 영주권·국적 취득 요건에서는 그것들을 고려하지 않고 있다.

셋째, 국가에 대한 충성 관련 사항은 독일·일본·한국에서 공통적으로 귀화 요건에서만 포함되고, 영주권 취득 요건에는 포함되지 않는다. 세 나라 모두 귀화

| 표 8 | 독일 · 일본 · 한국에서 외국인의 영주권과 국적 취득 요건 |

	독일		일본		한국	
	영주	귀화	영주	귀화	영주	귀화
체류기간						
일반 이민자	5년	8년*	10년	5년	5년	5년
국민의 배우자	3년	5년*	3년	3년	2년	2년
품성						
범죄 경력 없을 것	○	○	○	○	○	○
품행 단정	×	×	○	○	○	○
경제적 자립						
자산·소득·연금·취업·주거	○	○	○	○	○	○
사회통합						
언어 능력	○	○	×	×	○	○
사회·문화·역사·법 이해	○	○	×	×	○	○
국가에 대한 충성						
헌법 가치 준수	×	○	×	○	×	×
원국적 포기	×	○	×	○	×	○
충성 서약	×	×	×	×	×	×

주: * 영주권 취득 후 소요기간. '영주권 전치주의' 적용.
자료: 설동훈(2013a: 40).

자에게 원국적 포기 의무를 부여하여 '단일국적의 원칙' 내지 '국적유일의 원칙'을 견지하려 한다. 그렇지만 상황에 따른 복수국적은 용인하고 있다. 또한 국가에 대한 충성 서약을 귀화자에게 직접적으로 요구하지는 않는다는 점도 공통 사항이다. 독일과 일본에서는 각각 귀화자들에게 '헌법이 지향하는 자유민주주의적 기본질서를 준수'할 것, 그리고 '헌법에 기초하여 설립된 정부를 폭력으로 파괴하는 데 동조한 적이 없을 것'을 요구하고 있다.

5절 영주권자와 귀화자의 사회적 권리

베스트팔렌조약(Peace of Westfalen, 1648년) 이후 현대 국가는 영토를 근거로 주권을 갖는 것으로 간주된다. '국가 간 체계' 속에서 각 주권국가는 자국 영토 내에서 최고의 권위를 가지며, 그 국민에 대하여 배타적 권리를 부여하고 있다. 이 점에서는 독일과 일본 및 한국도 예외가 아니다. 독일은 헌법에 해당하는 '기본법'에서 '국민'과 '외국인'의 기본권을 구분하여 언급하고 있으나, 일본과 한국의 '헌법'에서는 '국민'의 기본권만 규정하고 있다. 독일의 경우 EU회원국이 아닌 외국인에게 집회의 자유, 여행과 거주의 자유, 노동시장에 자유로이 접근하는 것과 같은 '국민(시민권자)의 기본권'을 부여하지 않고, 기타 '국민의 기본권'에 대해서도 제한적으로 허용하고 있다. 일본과 한국의 헌법에 나타난 '국민의 권리'는 '인간'이 보편적으로 누리는 기본권과 대한민국 '국민'이 배타적으로 누리는 기본권이 섞여 있다. 그렇지만 법 해석을 통해, '인간이면 누구나 누릴 수 있는 권리'와 '국민 자격을 갖추어야 보장받는 권리'로 구분할 수 있다. 결국, 독일·일본·한국 세 나라에서 공통적으로 '인간의 기본권'과 '국민의 기본권' 및 '국가의 주권'을 구분할 수 있다. '인간의 기본권'은 모든 비국민에게 적용되는 것으로 불법체류자도 그 점에서 예외일 수 없다. [그림 4]는 그 셋의 관계를 모형으로 제시한 것이다.

그림 4   '국가의 주권'과 '인간의 기본권' 및 '국민의 기본권'의 관계

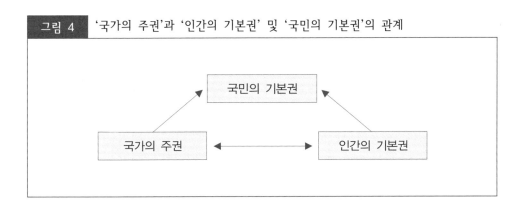

이 점을 고려하여, 영주권자와 귀화자의 권리를 제3국 출신 저숙련 외국인근로자와 비교하여 파악해보기로 한다. 교체순환원칙에 의하여 충원된 저숙련 외국

인근로자는 자신의 근로계약기간, 즉 체류자격에 기재된 기간 동안 해당 사회에 체류할 수 있다. 영주권자는 자신이 살고 있는 나라의 국적을 소지하지 않은 외국인이지만 해당 사회에 정착할 수 있다. 그렇지만 그가 중대한 범죄를 저지르는 등, 정해진 범위를 넘어서는 법위반을 할 경우 강제퇴거의 대상이 될 수도 있다. 귀화자는 자신이 사는 나라의 국민이 된 사람으로, 그 나라 여권을 가진다. 즉, 국민으로서의 권리와 의무를 모두 누린다.

외국인근로자와 영주권자 및 귀화자의 이민자로서의 권리를 비교해보면, 단기 체류 저숙련 외국인근로자는 그 사회에 정착하는 것이 불가능한 경우가 대부분이다. 그것은 독일·일본·한국에 공통된 사실이다. 독일에서 일하는 저숙련 외국인근로자는 소정 요건을 충족할 경우 본국에서 가족을 초청하여 함께 생활하는 것이 가능하다. 그러나 일본과 한국에서는 저숙련 외국인근로자가 자국사회에 정착하는 것을 방지하기 위하여, 외국인근로자의 가족초청권을 인정하지 않고 있다(Seol and Skrentny, 2009a; Seol, 2012).

'정착허가' 또는 '영주 체류자격'을 가진 외국인은 본국의 가족을 초청할 수 있다. 그들이 본국 가족과 재결합하기 위한 사증을 신청하면, 해당국 정부는 그 가족이 자국에서 생활할 수 있을 정도의 수입 유무, 주거 공간 유무, 범죄를 저지를 가능성 등을 심사하여 처리한다. 귀화자 역시 본국의 가족을 초청할 수 있다. 그것은 독일·일본·한국에서 공통이다.

한편, 독일과 한국에서는 정착 이민자 대상 사회통합 교육이 매우 활발하고, 일본에서는 그다지 활성화되어 있지 못하다. 저숙련 외국인근로자는 이 세 나라 모두에서 사회통합 교육의 범위 밖에 있다. 다시 말해, 저숙련 외국인근로자 대상 사회통합프로그램 자체가 거의 제공되지 않는다.

독일은 단일민족국가 의식과 전통이 매우 강하고, 국민들이 외국인에게 다소 배타적인 편이라는 지적을 받기는 하지만, 타문화에 대해 관대한 모습을 보이기 위해 노력해왔다. 더욱이 사회가 안정되어 있고 복지제도가 완비되어 외국인들이 안정적으로 거주할 수 있는 장점이 있다. 독일에서 합법적으로 체류하는 외국인들은 내국인과 동등한 수준의 사회보장제도 혜택을 누릴 수 있다. 그들이 취업하고 있을 경우 사회보험에 의무적으로 가입되고, 노동조합 가입에도 제한이 없다. 숙련 수준에 따른 차별도 없다.

외국인에 대한 배려·관용의 차원에서, 독일 정부는 이민자들이 자신의 언어·

생활습관·문화 등을 유지하며 살도록 허용해왔다. 그렇지만 그러한 환경에서 자란 어린이들이 독일어를 제대로 구사하지 못하고, 학교생활과 취업에 곤란을 겪으며, 결과적으로 국가의 사회보장 혜택에 의존할 가능성이 높다는 점이 지적됨에 따라, 정부는 그들을 독일사회에 동화시키기 위한 프로그램을 적극적으로 제공하고 있다. 시민단체들이 정부로부터 경제적인 지원을 받아, 외국인 학생이 많은 학교를 중심으로, 타문화의 이해를 돕기 위한 학습, 반인종차별주의 훈련, 이민자 청소년들의 만남을 주선하는 등 각종 프로그램을 시행하고 있다. 이민자 2세뿐 아니라 신규 유입 외국인근로자도 이러한 정책의 대상이 된다.

일본 정부는 '다문화·공생사회 추구'라는 목표를 세우고, 합법 체류 외국인에게 사회보험과 사회수당을 적용하고, 지방정부에서는 거주지 확인, 언어장벽 문제 해결, 외국인 가족의 세대 간 격차 문제의 해결 등을 위한 포괄적인 행정서비스를 제공하고 있다. 그렇지만 외국인 기능실습제도를 통해 충원된 생산직 외국인근로자는 기본적으로 사회통합정책의 대상이라기보다는 권리 침해가 있을 경우 상담서비스를 제공하고 구제 절차를 지원하는 수준에 그치고 있다.

한국은 '재한 외국인 처우 기본법'과 '다문화가족지원법' 등을 제정하여 합법체류 외국인을 지원할 수 있는 법적 근거를 마련하였지만, 대상 집단별 예산 배분을 살펴보면, 그 적용 대상이 한국인과 결혼하여 이민 온 외국인 집단에 집중되어 있다는 문제점이 부각된다. 또 한국 정부는 예산 부족을 근거로 외국인에게는 공공부조 제도를 거의 적용하지 않고 있다. 예컨대, '장애인 영주자'는 그 장애 등급이 아무리 높을지라도 공공부조 혜택이 주어지지 않는다. 영주자에게 자국인과 동등한 수준의 경제적(사회복지제도) 혜택을 부여하는 것은 전 지구적 표준이라는 점을 고려하면, 이러한 차별을 조속히 시정하는 것이 절실하다.

한국에서 취업 중인 생산직 외국인근로자 역시 정착으로 연결되는 사회통합의 대상이라기보다는 근로자로서의 권리 침해가 있을 경우 그 구제를 지원하는 정도에 그치고 있다. 한국산업인력공단 산하에 설치된 몇몇 외국인력지원센터뿐 아니라, 전국 150여 개에 달하는 민간단체에서도 그러한 역할을 수행하고 있고 있다.

독일·일본·한국에서 일하는 모든 외국인은 자유권적 기본권과 평등권을 누린다. 표현의 자유, 집회·결사의 자유, 재산권, 법 앞의 평등 등의 측면에서 이 세 나라 모두 정확히 일치한다. 자유권·평등권은 철저히 보장되고 있다.

'근로의 권리'란 일할 수 있는 권리를 의미하고, 그것이 노동이동과 관련될 경우 '직업 선택의 자유'와 바로 연결된다. 저숙련 외국인근로자의 경우 취업직종과 거주지역이 제한되어 있는 사증을 종종 발급받기도 한다. 그 경우 저숙련 외국인 근로자는 사업장을 자유롭게 바꾸는 것이 원칙적으로 제한된다. 그러나 영주권자와 귀화자는 '근로의 권리'와 '직업 선택의 자유'를 가진다.

사회보장제도는 공공부조·사회보험·사회서비스로 구분하여 살펴볼 수 있다. 저숙련 외국인근로자는 입국 시 '공공부조의 혜택을 받지 않겠다'는 서약을 하는 경우가 많다. 외국인근로자의 대다수가 취업하고 있음을 고려하면, 그들이 공공부조 대상자가 되는 것은 매우 희소하다. 영주권자는 정치적 권리를 제외한 나머지 사회·경제적 권리 면에서 그 나라 국민과 동등한 처우를 받는 게 보편적이다. 독일과 일본에서도 그러한 원칙이 적용된다. 그러나 한국에서는 영주권자에게 '국민기초생활제도', '의료보호제도', '기초연금' 등 공공부조를 제공하지 않고 있다. 한국에서는 결혼이민자라 불리는 '자국인의 외국인 배우자'에게는 일부나마 공공부조제도를 적용하고 있으나, 영주권자는 그 대상에 포함하지 않는다.

국민건강보험·국민연금·산업재해보상보험·고용보험(실업보험) 등 사회보험은 수익자 부담을 원칙으로 하고 있는데, 외국인근로자는 사회보험에 가입할 수 있고, 그 결과 어려운 상황에 봉착하면 사회보험의 혜택을 받을 수 있다. 영주권자와 귀화자 역시 사회보험 제도의 적용을 받고 있다. 이 점은 독일·일본·한국에서 공통이다.

사회서비스는 복지 수혜 계층을 대상으로 개발된 것이 많은데, 저숙련 외국인근로자는 사회서비스의 대상 집단으로 거의 고려되지 않는다. 하지만 영주권자는 국민과 거의 동등한 처우를 받는 경우가 대부분이다. 때로는 한국처럼 차별 대우가 발생하기도 한다. 예컨대, 서울특별시·부산광역시·경기도 등 한국의 주요 지방자치단체에서는 '지하철 노인 무료탑승제도'를 시행하여, 65세 이상 한국인 노인들에게 경제적 혜택을 제공하고 있다. 그러나 몇몇 지방자치단체는 예산상의 이유로 '화교' 등 국내 영주자에게는 그 제도를 적용하지 않고 있다.

한편, 독일·일본·한국 세 나라 모두 외국인의 참정권을 인정하지 않는다. 즉, 외국인의 국회의원 선거 투표, 일부 특수직군의 공무원으로 일하는 것, 군 복무, 정당원으로 활동하는 것 등은 법률에 의하여 금지되어 있어, 외국인의 정치 참여가 원천적으로 불가능하다. 그것은 독일·일본·한국의 세 나라에서 공통이다. 그렇지만 세 나라 모두 외국인의 '주민자치권'은 보장한다. 독일·한국에서는 외국인 영주권자가 지방자치제 선거에 참여하여 투표하는 것이 허용되지만, 일본에서는 그러한 활동이 금지되어 있다(Bauböck, 2005; Kondo, 2001).

독일에서는 EU 회원국 출신의 외국인들에게 기초 지방자치단체 선거권을 부여하고, 유럽의회 선거권도 부여한다. 1992년 2월 7일 체결된 마스트리히트 조약(Maastricht Treaty)은 유럽 통합의 최종목표가 정치적 통합이라는 것을 명시함으로써, 유럽연합의 시민들은 그들의 국적과 상관없이 자신의 주소지가 있는 모든 회원국에서의 참정권은 지속적으로 확대될 것으로 보인다.

일본 최고재판소는 1995년 "영주자 등에 있어서 그의 거주구역의 지방공공단체와 특별히 밀접한 관계를 가짐이 인정되는 자"에 대해서 "법률로 지방공공단체의 장, 그 의회의 의원 등에 대한 선거권을 부여하는 조치를 취하는 것은 헌법상 금지되고 있지 않다"(最高裁判所 判決, 1995年 2月 28日 民集 49卷 2号 639頁)는 취

표 9 독일 · 일본 · 한국에서 외국인근로자 · 영주권자 · 귀화자의 권리

	독일			일본			한국		
	이주 근로자	영주자	귀화자	이주 근로자	영주자	귀화자	이주 근로자	영주자	귀화자
이민자로서의 권리									
영주할 수 있는 권리	×	○	○	×	○	○	×	○	○
본국의 가족초청권	○	○	○	[×]	○	○	[×]	○	○
사회통합 교육 참여									
언어 능력 향상 교육	×	○	○	×	○	○	×	○	○
사회·문화·역사·법 이해 교육	×	○	○	×	○	○	×	○	○
자유권 · 평등권									
표현·집회·결사의 자유	○	○	○	○	○	○	○	○	○
재산권	○	○	○	○	○	○	○	○	○
법 앞의 평등	○	○	○	○	○	○	○	○	○
근로의 권리									
직업선택의 자유	×	○	○	×	○	○	×	○	○
사회복지의 권리									
공공부조	×	○	○	×	○	○	×	[×]	○
사회보험	○	○	○	○	○	○	○	[○]	○
사회서비스	×	○	○	×	○	○	×	[×]	○
정치적 권리									
지방자치 투표권	×	○	○	×	[×]	○	×	○	○
국회의원 선거권·피선거권	×	×	○	×	×	○	×	×	○
공무원으로 일할 권리	×	×	○	×	×	○	×	×	○
군 복무	×	×	×	×	×	×	×	×	×
정당원 가입·활동	×	×	○	×	×	○	×	×	○

자료: 설동훈(2013a: 40).

지의 판결을 내렸다. 이 판결 이후 자유민주당을 제외한 주요 정당에서 영주 외국인의 지방선거권을 인정하기 위한 법안을 제출하였으나 통과되지 못했다. 몇몇 현(縣)에서 영주 외국인의 주민투표권만 인정하고 있을 뿐이다.

한국의 출입국관리법 제17조 ②는 "대한민국에 체류하는 외국인은 정치활동을 하여서는 아니된다."라고 규정하여 외국인의 참정권을 인정하지 않는다. 그러나 주민자치권은 다르다. 일정요건을 갖춘 영주자격 소지자는 '공직선거법', '주민투표법', '주민소환에 관한 법률' 등을 통해 주민으로서의 자치권을 가진다. 외국인 영주자를 '주민'으로 인정하여 선거권과 주민투표권 및 주민소환권을 부여한 나라는 한국이 아시아 최초다. 이는 외국인 차별 금지라는 대원칙을 실천에 옮긴 선진적 제도로 평가된다.

 ## 6절 이민자 시민권의 미래

전 지구화는 시민권의 내용과 범위를 변화시키고 있다. 시민권은 국민의 배타적 권리를 의미하는 것에서 벗어나, 넓은 의미에서 인간의 권리의 하나로 확장될 가능성이 있다. 국적법 개정과 이민법 제정·개정을 통해 독일 사회가 변모한 모습을 확인하는 것은 매우 흥미 있다. 독일이 가입한 국제인권법이 합법취업 외국인근로자의 가족동반을 허용하도록 요구하고 있기 때문에 그러한 사항은 철저히 준수되고 있다. 이 점에서 국제인권규범과 시민권의 관계도 중요하다. 이민자의 시민권에 대한 비교·분석 결과, 독일이 이민자 통합에 대하여 가장 적극적인 준비를 하고 있고, 일본과 한국은 그 뒤를 이어 각각 몇 가지 점에서 앞서거나 뒤서거니 하고 있다. 일본은 사회통합프로그램, 주민자치권 제공 등의 측면에서 과거의 틀에서 벗어나지 못하고 있고, 한국은 영주권자에게 자국민 수준의 사회복지 혜택을 제공하지 못한다. 한국과 일본 두 사회에서도 "다문화사회"라는 청사진을 제시하고는 있으나, 그 구체적 프로그램이 갖추어져 있지 못하다. 그러한 점에서 독일 사례는 한국과 일본 두 나라에 유익한 참고가 될 것으로 보인다.

한국의 이민자 시민권 영역은 다른 나라와 마찬가지로 확장되어 왔다. 어떤 외국인은 특정 체류자격에 접근하기 힘든 상황이 있었는데, 국가가 그들을 배제하는 근거가 "국가안전보장·질서유지 또는 공공복리를 위하여 필요한 경우"라는 정당성을 확보하지 못하는 경우 그것은 주권으로 정당화되기 어렵게 된다. 그 결과 저숙련 외국인근로자의 경우 체류자격 취득과 변경에서 권리 영역이 점점 확대되었다.

한국 정부는 '재외동포의 출입국과 법적 지위에 관한 법률'을 근거로 외국국적 동포에게 재외동포(F-4) 체류자격을 부여하면서, '재미동포 등 선진국 동포들'과 '중국 조선족과 구소련 고려인 동포'를 달리 처우해 왔다. 조선족과 고려인 동포의 경우 국내에서 저숙련 직종에 종사할 가능성이 높다는 점을 들어 재외동포(F-4) 체류자격을 거의 부여하지 않았다. 이 점에 대한 비판이 잇따르자(Seol and Skrentny, 2009b), 정부는 조선족과 고려인 동포가 재외동포 체류자격을 얻을 수 있는 길을 열어주었고, 그것은 결과적으로 그들의 한국 생활을 훨씬 용이하게 만들어주었다. 외국인 고용허가제를 통해 입국한 저숙련 외국인근로자의 경우도 마찬가지다. 한동안은 '비전문취업'(E-9) 체류자격 소지자의 경우 '체류자격 변경'이 불가능하였으나, 이제는 자격증 취득이나 교육 이수 등 소정 요건을 충족하면 전문직종에 해당하는 '특정직업'(E-7) 체류자격으로 변경하는 것이 가능하게 되었다(Seol, 2014). 이러한 사실을 근거로, 한국에서 이민자의 시민권이 확대된 것으로 이해할 수 있다.

그렇지만 여전히 저숙련 외국인근로자의 경우, 비록 그가 합법 취업자라 할지라도, 가족과 함께 입국하여 한국에서 같이 생활하는 것은 허용되지 않는다(Seol and Skrentny, 2009a). 이러한 사실은 국내 이민자에게 주어진 시민권의 영역이 크게 확장된 것은 사실이지만, 다른 나라와 비교할 때 아직 더 나아갈 길이 멀다는 점을 말해준다.

참고문헌

설동훈. 2005. "외국인노동자와 인권: '국가의 주권'과 '국민의 기본권' 및 '인간의 기본권'의 상충요소 검토."『민주주의와 인권』5(2): 39-77.

_____. 2006. "국내 불법체류 외국인의 적정 규모 추정."『2005년도 출입국관리국 정책연구보고서』. 법무부. pp. 71~110.

_____. 2007. "국제노동력이동과 외국인노동자의 시민권에 대한 연구: 한국·독일·일본의 사례를 중심으로."『민주주의와 인권』7(2): 369-419.

_____. 2013a. "국제인구이동과 이민자의 시민권: 독일·일본·한국 비교연구."『한국인구학』36(1): 21-50.

_____. 2013b. "이중국적: 복수국적 제도 마련하고도 배타성, 형식주의 벽 못 넘어."『신동아』56(4): 256-259.

설동훈·임경택·정필운. 2014.『외국인 주민등록 통합방안 연구』. 행정자치부.

이철우. 2007.『국적제도의 개선방안: 보충적 출생지주의와 제한적 이중국적 용인을 중심으로』. 법무부.

Aleinikoff, Thomas Alexander, and Douglas B. Klusmeyer(eds). 2000. *From Migrants to Citizens: Membership in a Changing World*. Washington DC: Carnegie Endowment for International Peace.

Bauböck, Rainer. 2005. "Expansive Citizenship: Voting beyond Territory and Membership." *Political Science and Politics* 38(4): 684-687.

Brubaker, Rogers. 1992. *Citizenship and Nationhood in France and Germany*. Cambridge. MA: Harvard University Press.

Disraeli, Benjamin. 1981(1845). *Sybil, or the Two Nations*. New York: Oxford University Press.

Hammar, Tomas. 1990. *Democracy and the Nation State: Aliens, Denizens and Citizens in a World International Migration*. Aldershot. UK: Avebury.

Jessop, Bob, Kevin Bonnett, Simon Bromley, and Tom Ling. 1989. *Thatcherism: A Tale of*

Two Nations. London: Blackwell.

Joppke, Christian. 1999. "How Immigration Is Changing Citizenship: A Comparative View." *Ethnic and Racial Studies* 22(4): 629-652.

Kondo, Atsushi. 2001. *Citizenship in a Global World: Comparing Citizenship Rights for Aliens.* New York: Palgrave Macmillan.

OECD(Organisation for Economic Co-operation and Development). 2012. *International Migration Outlook 2012.* Paris: OECD.

Seol, Dong-Hoon. 2012. "The Citizenship of Foreign Workers in South Korea." *Citizenship Studies* 16(1): 119-133.

_____. 2014. "Immigration Policies in South Korea: On the Focus of Immigration Requirement and Incorporation to Korean Society." pp. 73~97 in *Migration and Integration: Common Challenged and Responses from Europe and Asia,* edited by Wilhelm Hofmeister, Patrick Rueppel, Ives Pascouau, and Andrea Frontini. Singapore: Konrad Adenauer Stiftung.

Seol, Dong-Hoon, and John D. Skrentny. 2009a. "Why Is There So Little Migrant Settlement in East Asia?" *International Migration Review* 43(3): 578-620.

_____. 2009b. "Ethnic Return Migration and Hierarchical Nationhood: Korean Chinese Foreign Workers in South Korea." *Ethnicities* 9(2): 147-174.

Soysal, Yasemin N. 1994. *The Limits of Citizenship.* Chicago, IL: University of Chicago Press.

Turner, Bryan S. 1993. "Contemporary Problems in the Theory of Citizenship." pp. 1~18 in *Citizenship and Social Theory,* edited by Bryan S. Turner. London: Sage Publications.

Weil, Patrick. 2001. "Access to Citizenship: A Comparison of Twenty Five Nationality Laws." pp. 17~35 in *Citizenship Today: Global Perspectives and Practices,* edited by T. Alexander Aleinikoff, and Douglas Klusmeyer. Washington DC: Carnegie Endowment for International Peace.

6 장

이민과 사회통합

한건수

　이민자를 수용하는 대부분 국가가 현재 당면하고 있는 우선 과제는 이민자의 사회편입 문제이다.[1] 미국이나 캐나다 같은 전통적 이민국가는 이민 수용의 오랜 역사 속에서 자국의 고유한 원칙과 정책을 입안하고 추진해 왔다. 물론 시대적 변화에 따라 해당 국가의 이민 및 편입정책이 수정되거나 근본적 변화를 겪기도 한다. 선발 이민국가인 유럽의 영국, 프랑스, 독일도 시대적 변화에 따라 자국의 이민자 편입정책을 보완해 왔다. 일본이나 한국과 같은 후발 이민국가의 경우 이민자 수용원칙에 대한 사회적 합의를 만들어 내지 못한 상태에서 증가하는 이민자에 대한 대응을 강구하고 있다.

　한국사회의 경우 이민자를 수용한 역사가 짧고 이민자 유형이 제한되어 있는 상태이지만 이민자 편입의 문제가 중요한 정책 과제로 대두되고 있다. 한국정부는 외국인근로자와 결혼이민자가 다수인 현 상황에서 이민자 편입 정책의 방향과 실천에서 사회적 합의를 만들어 나갈 필요에 직면해 있다. 정부가 제안하는 이민자의 '사회통합'은 결혼이민자에 국한되어 있으며, 원론적 방향은 제시하고 있지만 정책의 구체성이나 일관성 면에서는 여전히 보완될 필요가 있다. 시민사회도 이민자 편입에 대해서는 다양한 시각을 지니고 있지만 대부분 온정주의적 시각에 머물러 있으며 일부에서는 이러한 정서에 반대하는 주장을 제기하고 있다.

　이 장에서는 이민자 편입에 대한 국가별 원칙과 이에 근거한 정책을 살펴보

---

1) 사회편입은 이민자가 수용국 사회의 일원이 되는 과정을 중립적으로 기술하기 위해 선택된 용어이다. 사회통합은 학자에 따라 그 내용과 방향성에 대해 상이한 입장을 취하는 경우도 많다. 다음 절에서 그 내용을 상술할 것이다.

고 한국사회에 적용할 수 있는 정책적 함의를 논의하고자 한다. 이를 위해 이 장에서는 먼저 이민자 편입과 사회 통합에 대한 개념을 이해하고, 이에 근거하여 동화형 편입정책, 다문화형 편입정책을 시행하는 국가들에 대해 살펴볼 예정이다. 그런 후 이들 국가에서 제기되는 '통합'의 필요성과 그에 따른 정책적 변화를 소개한 후 이러한 변화가 한국사회에 함의하는 바를 논의할 것이다.

 ## 1절 사회통합의 개념과 이민자 편입

이민자를 수용하는 국가별 정책 유형을 이해하기 위해서는 관련 용어와 개념을 정리할 필요가 있다. 실제 나라마다 혹은 정책입안자마다 이민자를 수용하는 원칙이나 정책을 논의할 때 통합이나 동화와 같은 개념들을 자의적으로 사용하는 경우가 많기 때문이다. 학계에서도 자신이 사용하는 용어의 개념적 규정을 하지 않고 사용하는 경우도 있다. 최근 한국에서 많이 언급되는 '사회통합' 용어가 그 한 예라 할 수 있다. 정부나 시민사회에서 사회통합이라는 용어를 이민자뿐만 아니라 사회전반의 다양한 계층 간 통합을 의미하는 용어로도 사용하고 있다. 따라서 사회통합이라는 정책 용어가 함의하는 내용이 맥락에 따라 다양함에도 불구하고 그 개념을 특정하지 않고 사용하는데서 문제가 발생하고 있다. 예를 들면 정책 용어로서 'social integration', 'social inclusion', 'social cohesion', 'social in-corporation' 등은 각기 정책 대상의 범주와 목적에 따라 강조점과 의미가 다른 개념들임에도 한국어로 '사회통합'이라는 말로 같이 번역되어 사용되고 있다. 따라서 이민자 편입의 관점에서 사회통합의 의미를 이해하기 위해서는 중요한 개념들을 정확하게 정의하고 이를 적용할 필요가 있다.

이민자를 수용하는 사회가 해당 사회에 이민자를 편입시키는 정책은 국가마다 다양하게 발전해 왔다. 이들 정책의 내용을 규명하고 분류하기 위해 학자들은 각기 나름대로의 분류와 개념 정의를 시도하고 있다. 카슬 외(2013)는 이민자를 수용하는 과정을 의미하는 용어로 '통합(integration)'이라는 표현보다는 중립적 의미인 '편입(incorporation)'을 제안했다. 그들은 이민자 편입 유형을 구분 배제(differential ex-clusion), 동화(assimilation), 통합(integration), 그리고 다문화주의(multiculturalism)로 분류했다. 이때 이민자 편입에 있어 중요한 쟁점은 이민자가 개인으로 해당 사회에 편입되는가 아니면 공동체로 편입되어야 하는 가에 모아져 있다고 한다(카슬과 밀러, 2013: 416-420). 마이클 새머스(Michael Samers)는 카슬과 밀러 교수의 분류와 유사하게 배제, 동화, 다문화주의, 통합 유형을 제시하며 통합의 하위 유형으로 유럽연합국가에서 사용하는 동화와 유사한 형태, 다문화주의와 유사한 형태, 상호 순응이 역동적이고 쌍방향적 과정인 형태로 세분하고 있다(새머스, 2013: 369-371).

첫째, 구분 배제형 편입은 이민자를 주민들로부터 철저하게 구분하고 해당 사회의 주체로 수용하지 않는 것을 의미한다. 공식적으로나 비공식적으로 이민자를 수용하지 않는 경우, 그리고 노동력으로 수용하지만 철저하게 교체순환 원칙을 유지하며 외국인 노동력의 정착이나 정주를 허용하지 않는 경우를 말한다.

둘째, 동화형 편입은 이민자에게 자국 사회의 전통과 정치적 이상을 수용할 것을 요구하는 경우이다. 동화형 편입은 이민자를 수용한 많은 국가들이 가졌던 이상이었다. 미국의 경우 오랜 기간 모든 이민자들은 개인 수준에서 미국사회에 녹아들어 동화될 수 있다고 보았다. 미국 사회를 용광로(melting pot)로 비유한 것은 이런 기대의 표현이었다. 동화형 편입을 가장 강력하게 적용하고 있는 국가는 프랑스이다. 프랑스는 혁명 이후 공화주의에 입각한 국가를 건설해 왔다. 단일하고 분리될 수 없는 공화국을 유지하는 것이 최고의 가치이며 이에 따라 이민자들도 프랑스 공화주의 이상에 동의할 것을 요구하는 것이다.

셋째, 통합형 편입은 카슬과 밀러의 정의에 따르면 이민자와 수용사회가 서로 상호조정하며 적응해 나가는 유형이다. 동화 유형과 비교하면 이민자의 일방적 적응이 아니며, 적응 과정도 점진적이라는 점에서 차이가 있다. 그러나 여전히 이민자가 지배문화로 흡수되는 방향 자체는 동일하다(카슬과 밀러, 2013: 419).

넷째, 다문화주의형 편입은 이민자가 집단적으로 자신들의 문화를 유지하면서 동등한 권리와 참여를 보장받는 유형이다. 다문화주의형 편입 정책을 추진하는 사회는 국가가 어느 정도의 역할을 하는가에 따라 세분될 수 있다. 미국은 이민자의 종족 공동체도 인정되고 문화적 다양성도 공식적으로 인정되나 국가가 소수자의 문화를 유지하려는 정책을 책임지지 않는다. 반면에 캐나다는 다문화주의를 공공 정책의 원리로 선언한 경우이다. 연방정부는 캐나다 사회의 이민자와 소수자가 집단적 권리를 보장받기 위해 다양한 정책을 추진할 책임을 지니고 있다.

이민자 편입 유형 중 가장 많이 알려진 동화와 다문화주의 유형을 먼저 살펴보자.

2절 이민자 편입 유형으로서의 동화정책

이민자 편입 정책으로서의 동화정책은 수용국 입장에서는 매력적인 정책 유형이다. 이민자들이 수용국 사회에 동화된다면 이민자로 인한 정책적 과제나 사회적 의제들이 감소할 수 있기 때문이다. 일부 국가에서는 상당기간 이민자들이 해당 사회에 동화되는 모습이 관찰되기도 했다. 그러나 최근 들어 동화정책의 현실성과 정당성에 대한 논쟁이 강화되고 있다. 한국의 이민자 편입 정책 논쟁에서 동화정책은 매우 부정적으로 평가되어 왔다. 정부의 초기 정책이 집행되는 과정에서 한국문화의 소개라는 명분으로 이민자들에게 한국문화로의 동화를 강조하는 현상이 많았기 때문이다. 따라서 동화형 편입 유형에 대해서는 그 내용을 살펴보거나 정책의 실효성에 대한 고려보다는 이러한 유형의 정책 자체가 옳지 않다는 도덕적 판단을 내리는 경향이 있다. 이 절에서는 이민자 편입정책의 한 사례로 각 국에서 행해진 동화정책을 살펴보고, 동화정책 자체의 의미와 내용을 살펴보기로 하자.

1. 미국의 동화정책: '용광로'의 실패

동화정책의 대표적 사례로는 미국의 전통적 이민자 편입정책을 들 수 있다. 이민국가로 출범한 미국은 건국의 주축이었던 앵글로색슨계 백인 개신교도(WASP, white anglo-saxon protestant) 중심의 문화적 정체성을 형성했고 이것이 미국사회의 기초라고 생각했다. 더욱이 미국은 이민자들이 이러한 미국 문화에 자연스럽게 동화되어 살게 될 것이라는 신념을 유지했다. 이러한 신념은 미국을 '용광로(melting pot)'에 비유하며 개별 이민자들이 모두 미국사회에 녹아들어 하나가 되는 국가라는 국가적 자긍심으로 발전했다. 실제 초기 이민자들이 대부분 유럽 출신에 머물러 있는 상황에서 이민자들의 동화는 성공적이었다.

미국의 이민자 편입 정책이 변화되기 시작한 것은 이민 환경이 변화와 미국 내 소수자 집단의 권리가 확대되면서부터다. 이민법과 국적법의 개정은 새로운 이민 환경을 만들어 냈다. 이민자들의 구성과 출신국가가 다양해지면서 문화적 다양성이 증가되었다. 또한 1960년대 들어 민권운동의 확산으로 소수자 집단의 실질적 권리 보장이 개선되면서 소수자나 이민자 집단의 문화적 권리에 대한 인식도 강화되었다. 페미니즘과 다문화교육 진영의 문제제기는 1980년대 이후 미국사회를 더이상 앵글로색슨계 백인 개신교도 중심의 문화적 정체성으로 상징하지 못하게 만들었다. 교육 영역에서도 '누가, 무엇을, 어떻게' 가르칠 것인가를 두고 인종적, 민족적 소수자들과 여성주의자들의 문제제기는 미국사회의 가치 체계에 변화를 가져왔다. 미국사회가 다문화주의 정책을 공식적으로 표방하지는 않았지만, 이민자 편입 및 인종관계 정책에서 다문화주의적 가치를 반영하는 변화가 진행되고 있다. 용광로로 비유되던 이민자 편입정책의 신념도 이제는 각각의 야채들이 자신의 색과 맛을 유지하며 한데 어울려 또 다른 맛을 만들어 나가는 '샐러드 볼(salad bowl)'의 비유로 전환되기 시작했다.

9·11 테러 공격 이후 미국의 이민자 편입 정책이 국가 안보와 연계되어 보수화되는 경향도 발견된다. 멕시코에서 넘어 오는 불법이민자 단속과 국경관리를 강화해야 한다는 정치적 주장도 늘어나고 있다. 그러나 미국사회에서 그 비중을 높여가고 있는 이민자 출신 소수자 집단들은 이민자가 미국사회에 기여한 공헌을 강조하며 이민자 편입 정책에 당사자의 목소리를 높여나가고 있다.

2. 프랑스의 동화정책

이민자 편입 원칙에서 동화정책을 가장 확고하게 유지하고 있는 대표적 국가는 프랑스이다. 프랑스의 동화정책은 그 뿌리를 프랑스 혁명과 공화주의 이념에 두고 있다. 프랑스는 1792년 최초의 공화국을 설립한 이래 여러 차례의 왕정복고와 혁명을 거치며 지속적으로 공화국 체계를 만들어 왔다. 현재의 제5공화국은 1958년 수립되었고 오늘날 프랑스 공화주의 모델을 실천하고 있다. 프랑스 공화주의가 안정적 체제를 구축한 것은 20세기 초의 제3공화국 이후이다.

프랑스의 공화주의가 갖는 특징은 혁명을 통해 만들어 온 산물이며 국민적 합의의 결과이자 프랑스인의 자부심이라는 것이다. 제5공화국 헌법은 프랑스는 나눌 수 없고, 세속적이며, 민주적이고, 사회적인 하나의 공화국이라고 선언한다. 프랑스 공화주의는 단일성과 통합성, 교회의 권위에 반대하는 세속적인 특징을 강조하고 있다. 따라서 프랑스 공화국은 '특정한 종교나 개인 혹은 어떤 공동체가 분열시킬 수 없는 하나의 완전한 실체'라는 사회적 합의에 근거하고 있기 때문에 이민자의 편입 정책 역시 당연하게 프랑스 공화주의로의 동화를 요구하게 된 것이다 (박단, 2011: 272-275).

프랑스는 이민자들이 프랑스로 이주하기로 했다면 당연히 공화주의에 동의해야 하며 이것이 프랑스인이 되는 조건임을 강조한다. 이민자들의 동화를 위해 정부는 프랑스어 학습과 공화주의를 비롯한 프랑스 사회의 이해를 위한 교육을 지원한다.

[히잡과 공화주의]
히잡은 무슬림 여성 이민자의 전통 의상 중 하나로, 공공장소에서 머리를 감싸는 스카프이다. 무슬림 사회는 국가별 전통에 따라 스카프의 형태와 길이, 착용 방법이 다양하다. 히잡 착용이 프랑스 사회의 공공 의제가 된 것은 1989년 파리 근교의 중학교에서 발생한 학생 징계에서 비롯되었다. 모로코 출신의 무슬림 이민 가정의 여중생 3명이 수업 시간에 히잡을 착용하자 학교 측에서 이를 금지시켰고 학교 방침을 따르지 않은 학생들을 학교장이 퇴학시켰기 때문이다. 프랑스 언론이 이 사건을 집중 보도하자 프랑스 사회의 여론은 양분되었다. 무슬림 여학생들의 종교적 권리가 침해당했다며 프랑스가 종교적 자유와 문화 향유권을 보장해야 하고, 이를 위해서는 톨레랑스 가치를 확대 적용해야 한다는 주장과 정치와 종교를 분리하는 프랑스의 세속주의 전통을 지켜야 하며 이것은 프랑스 공화주의의 근간이라는 점을 강조하는 주장으로 갈라진 것이다.
프랑스 여론이 합의를 보지 못하고 양분되는 상황에서 무슬림 이민자 가정 여학생의 히잡 착용이 늘기 시작했다. 프랑스 내의 무슬림 사회도 입장의 차이를 보였다. 프랑스인으로서의 무슬림을 강조하는 세력은 히잡을 의무가 아닌 선택으로 해석하고자 했으나 이슬람 전통을 강조하는 세력은 절대적 의무로 강조했다. 비무슬림 사회는 교권주의자와 세속주의자로 분열되었다(박단, 2005: 41 - 53).

프랑스의 공화주의와 동화정책을 이해할 수 있는 중요한 사례가 위 박스에 나타난 무슬림 이민자 여성의 '스카프(히잡)'착용 관련 논쟁이다. 프랑스가 톨레랑스(관용, tolérance) 정신을 강조하고 있음에도 불구하고 무슬림 여학생의 교내 히잡 착용 문제를 해결하지 못한 것은 프랑스 공화주의의 정교분리 즉 세속주의 원칙 때문이다. 세속주의는 프랑스 공화주의의 상징적 요소이다. 제3공화국이 1905년 교권주익이 지배를 벗어나기 위해 징교분리를 선언하며 가톨릭 교회가 주도한 사교육을 벗어나 공교육을 통한 공화국 건설을 강조했다. 오늘날 공립학교에서 종교적 상징물을 착용해서는 안되는 이유가 바로 공교육의 세속화 원칙 때문이다. 무슬림 이민자들이 공립학교에서 이슬람교의 종교적 상징물로 해석되는 히잡을 착용할 수 없는 근거이다. 기독교인들이 십자가를 착용해서도 안 되고 유대교 신자들이 다윗의 별 모양을 드러내거나 키파(남성용 모자)를 착용해서도 안 된다.

프랑스의 이민자 편입 정책이 동화정책을 고수하는 이유는 프랑스 국가정체성의 뿌리인 공화주의 이상 때문이다. 프랑스 정부는 이민자들이 개별적으로 프랑스에 정착하여 동화 될 수 있는 다양한 지원책을 갖고 있다. 다만 이민자들이 출신 민족이나 국가 등에 근거한 집단을 유지하고 이를 통해 집단적 권리를 주장하는 것을 허용하지 않는 것이다.

3. 동화정책의 한계와 전망

미국이나 프랑스의 동화정책이 그 자체로 문제를 지닌다고 평가하기는 힘들다. 이민자를 수용하는 사회가 특정한 이념이나 가치에 근거하여 국가와 사회를 형성했는데 이민자를 수용하기 위해 이를 전면적으로 파기할 수는 없기 때문이다. 그러나 실제 해당 사회가 추구하는 동화의 이상이 현실 속에서 실천되고 있는지 그리고 그러한 이상이 과연 실현가능한 것인지는 검토할 필요가 있다.

미국이 동화정책을 포기하게 된 과정은 동화정책의 모순이라기보다는 미국의 인종관계나 민족관계가 더 이상 과거의 동화정책을 그대로 관철할 수 없게 변화했기 때문이다. 이민자의 출신국가나 지역이 유럽을 벗어나 아시아와 남미로 확장되었고, 민권운동의 경험과 성장은 더 이상 앵글로색슨계 백인 개신교 집단 중심의 국가정체성을 유지하지 못하게 했다. 현재 미국 사회는 이민자 편입 원칙에 있어 시민사회와 국가 차원의 공식적 정책은 차이를 보이고 있다. 시민사회 영역에서는 이민자 개인과 집단의 권리를 보장하고 문화적 다양성을 확장하려는 사회적 합의가 이루어지고 있다. 그러나 국가나 연방정부는 국경통제와 국토안보의 관점에 국한하여 이민자 편입 문제를 고려하고 있는 실정이다.

프랑스는 공화주의 이상을 공유하기 위해 개인으로서의 이민자들에게 모든 권리를 인정하며 지원하지만 집단으로서의 이민자들에게는 어떠한 권리도 인정하지 않고 있다. 프랑스의 국민 개념은 공화주의 이념에 동의하는 사람을 의미하며, 이러한 전통은 유럽 역사에서 프랑스가 정치적 이민자들을 수용하고 신념의 자유를 찾는 박해자들에게 안식처를 제공해 주는 공헌을 할 수 있게 했다. 그러나 오늘날 프랑스가 당면하고 있는 이민 환경은 과거와 매우 다르다. 이민자의 대부분이 북아프리카 출신 무슬림들로 구성되어 있고, 이들이 교외지역에 집단 거주하면서 사회적 격리를 당하고 있다. 극우파 정당인 국민전선(FN: Front National)이 부상하면

서 반이민 정서도 확산되고 있는 상황이다.[2)]

프랑스 동화정책의 현실을 가장 잘 보여주는 사건이 무슬림 이민자 청년들이 실업과 경제적 어려움 속에 폭동을 일으킨 것이다. 무슬림 이민자의 폭동은 2005년 이래 지속적으로 발생하고 있다. 프랑스 정부는 무슬림 이민자 청년들의 구직난과 경제적 어려움을 해소하기 위해 취업 과정에서의 차별을 예방할 수 있는 다양한 정책을 제시하고 있으나 무슬림 이민자들이 체감하는 차별과 소외는 크게 달라지지 않고 있다.

프랑스에서 소외받고 있는 무슬림 이민자들 중 일부는 종교적 정체성을 강화하기도 한다. 이러한 현상은 프랑스 사회 내 반이슬람 정서를 확산시키는 부작용을 낳고 있다. 즉 이슬람 부흥과 반이슬람 나아가 반이민 정서가 상호작용하면서 서로를 강화시키는 부작용을 낳고 있다. 프랑스 정부나 지식인들은 이러한 현실의 심각함을 공유하고 있지만 공화주의에 입각한 동화정책을 전면적으로 포기하지는 않고 있다. 정책의 개선과 사회적 계몽을 통해 공화주의 이념을 유지하는 동화정책을 보완하는 수준에서 사태를 해결하려는 노력을 하고 있다. 여기에서 주목해야 할 것은 프랑스의 톨레랑스(관용) 정신이다. 톨레랑스는 프랑스의 동화정책을 보완해 주는 중요한 사회적 가치이자 담론의 장이다. 프랑스 내 무슬림 이민자들과의 갈등을 공화주의 정신의 강제를 통한 일방적 해결을 도모하기 보다는 서로 이해하고 포용하는 톨레랑스 정신의 강화를 통해 풀어나가고자 하는 노력이 프랑스 동화정책에 있어 매우 중요한 요소임을 기억할 필요가 있다.

 3절 이민자 편입 유형으로서의 다문화주의 유형

이 장에서 논의하는 이민자 편입 정책으로서의 다문화주의 유형은 다문화주의 일반에 대한 설명이 아니다. 일반적으로 다문화주의로 호칭되는 가치 체계는 문화의 향유와 표현, 생산에 관한 일반적 권리, 정치경제적 의미에서의 소수자 권리를 비롯하여 광범위한 가치를 포괄하는 것이며, 보장되는 권리의 범위와 정도에서 다양한 유형으로 분류될 수 있다. 실제 '온건 다문화주의'와 '강경 다문화주의' 같은

---

2) 7장 이민과 안보 및 안전을 참조하시오.

구분(마르티니엘로, 2002)은 다문화주의 가치의 보장 범위와 정도에 근거한 분류이다.

그러나 이 절에서는 다문화주의 전반에 대한 이해보다는 이민자 편입의 유형으로서 다문화주의를 설명할 것이다. 다문화주의 유형은 이민자가 개인이나 집단 차원에서 자신의 문화적 전통을 유지하며 수용사회에 편입되는 것을 보장한다. 그러나 다문화주의 유형은 원론적 차원에서는 공통의 가치를 공유하지만 국가의 역할을 어느 수준에서 인정하는가에 따라 차이가 있다. 캐나다는 국가 차원에서 다문화주의 가치를 이민자 편입뿐만 아니라 국가 전반의 행정 원리로 선언한 대표적 국가이다. 호주는 이민자 편입 정책에서 극적인 변화를 보여준 국가이다. 이민국가임에도 불구하고 이민자 수용에 있어 인종적 선별을 강조한 백호주의를 적용했던 국가가 다문화주의 정책으로 전환했으며 정권이 교체될 때마다 이민자 편입 정책을 둘러싼 논쟁이 제기되고 있는 것이다.

1. 캐나다의 다문화주의 정책: 퀘벡과 이민자 편입

캐나다의 건국은 미국과 마찬가지로 유럽계 이민자들이 원주민을 배제하고 진행되었다. 식민과정에서 영국과 프랑스가 경합을 벌였고 그 역사적 유산으로 캐나다는 영국계 국민과 프랑스계 국민이 공존하는 국가가 되었다. 상대적으로 소수자인 프랑스계 국민들이 퀘벡(Québec) 주를 중심으로 자신들의 문화적 전통을 존중해 줄 것을 요구해 왔고 일부에서는 연방정부로부터 분리 독립을 주장하기도 했다. 따라서 캐나다 정부는 프랑스계 국민과의 공존을 위한 정책을 지속적으로 모색해 왔다. 영어와 프랑스어를 공용어로 사용하면서 공공 영역에서는 두 언어 모두를 지원했다.

캐나다로 이주하는 이민자들의 구성도 1970년대 이후 비유럽인 중심으로 전환되었다. 아시아계 이민자들이 급증했으며 카리브 지역 출신 이민자들도 늘기 시작했다. 캐나다 정부는 퀘벡 주 의제, 이민자 편입 의제, 원주민 의제를 총괄하는 정책적 원리로 다문화주의를 천명했다. 퀘벡 주 출신인 피에르 트뤼도(Pierre Elliott Trudeau) 총리가 두 차례 재임 기간(1968~1979, 1980~1984) 동안 캐나다의 다문화주의를 정립하고 필요한 입법과 헌법 개정을 주도했다. 캐나다 정부는 1971년 자국민이 인종, 민족, 언어, 종교에 상관없이 법 앞의 평등과 기회의 평등이 보장되며 그들의 가치관과 존엄성이 인정된다고 선언했다. 이후 인권법의 제정(1977), 헌법 개정을 통해 '인권과 자유 헌장'을 헌법에 포함시켰고, 헌법 제27조에 국가가 지향하는 가치로 다문화주의를 선언(1982)했다. 나아가 다문화법(1988)을 제정함으로써 다문화주의를 공식화했다(이유진, 2009: 6-7).

캐나다 다문화주의 정책은 다양성에 대한 인식의 필요성, 사회참여와 상호작용, 그리고 공용어의 지위 강화를 강조한다. 다양한 이민자와 소수자 집단이 문화적 다양성을 향유할 수 있어야 하며, 캐나다 사회의 주체로서 참여할 권리를 보장하고 상호작용을 통해 서로를 이해할 수 있는 환경을 만들어야 한다. 공용어의 존중은 영국과 프랑스계의 문화적 전통의 존중을 의미한다. 캐나다의 다문화주의는 이민자의 권리를 보장하는 인도주의적 가치만은 아니다. 캐나다의 국가발전을 위한 국가적 차원의 전략이라는 특징도 지니고 있다. 다양성의 확보와 사회적 포용을 통해 캐나다의 국가적 역량을 강화하려는 정책의 성격도 지니고 있다(김종태, 2014: 120-121).

캐나다는 매년 약 25만 명의 신규 이민자가 입국하고 있으며 이민 정책 전반에서 가장 성공적인 관리를 보여주고 있다. 캐나다는 가족이민, 경제이민, 난민 등 세 가지 범주의 이민자를 수용하고 있는데, 범주별로 이민자들을 엄격히 심사하여 이민자들의 수월한 정착과 캐나다 사회에 대한 실질적 기여가 가능하도록 지원한다. 특히 경제이민의 경우 이민 신청자의 역량을 점수화하여 인적자원이 우수한 이민자를 선별하고 있다.

정부의 성공적 이민관리와 전 세계의 이민자를 흡수하고 있는 미국의 이웃이라는 지정학적 위치 때문에 캐나다는 이민자에 대한 우호적 환경을 만들어 내고 있다. 이민자 편입의 원칙으로 제시된 다문화주의는 캐나다 내의 일반 시민들 중 소수자들에게도 적용되고 있다. 모든 국민이 평등한 권리와 기회를 보장받아야 한다는 정신은 이민자가 아닌 다양한 소수자들의 권리를 보장하는 것으로 확대되었다. 캐나다의 다문화주의는 이민자 편입 정책을 넘어 사회 전반의 정책 원리와 가치로 자리 잡음으로써 가장 안정적인 단계에 이르고 있다.

2. 호주의 디문화주의 정책

캐나다와 함께 적극적으로 다문화주의를 천명한 국가는 호주이다. 호주 역시 이민으로 형성된 국가이며 광활한 영토를 개발하고 국가발전에 필요한 노동력을 충족시키기 위해 지속적으로 이민자를 수용한 국가이다. 전체 인구 중 이민자가 차지하는 비중도 27.6%로 매우 높은 국가이다(OECD, 2015). 그러나 호주는 아시아에 둘러싸여 있다는 지정학적 입지로 인한 불안함 때문에 아시아가 가까움에도 불구하고 아시아권 이민자들의 이주를 허용하지 않았다. 영국으로부터 이주한 이민자들이 주축이 된 호주는 1901년 이민자 편입의 원칙으로 '백호주의(White Australia policy)'를 천명했다. 백인 이민자들만 선별 수용함으로써 호주의 인종적 정체성을 유지하려 한 것이다. 그 과정에서 호주 원주민은 철저하게 배제되었다.

호주의 백호주의는 1973년 인종차별 금지의 선언과 함께 폐지되었다. 이러한 변화는 1970년대 아시아지역의 경제발전과 지역정세의 변화에서 기인한 것이다. 호주가 지정학적 위치를 더 이상 거부하지 못하고 아시아에 대한 정책을 변경할 수밖에 없는 상황에 처하게 된 것이다. 아시아 국가와의 교역이 호주 경제에 매우 중요하게 되었음에도 불구하고 호주는 아시아 지역에 대한 이해 부족, 그리고 아시아 권 국가의 언어 구사 능력 부족 등으로 어려움에 직면한 것이다(설동훈 외, 2011; 한경구 외, 2012: 77).

호주 정부는 백호주의를 폐지하면서 1970년대 이후 다문화사회 관련 보고서를 발표했다. 이후 1977년에는 다문화사회로서의 호주 건설을 정책 목표로 설정했고 1982년에는 정책의 대상과 목표를 호주 사회 내부의 문화적 소수자들에게도 확대했다. 일련의 국가기본계획을 통해 다문화주의를 정책으로 구체화하는 노력을 했다(김이선 외, 2006: 261).

호주의 다문화주의 정책이 강조하는 주요 원칙은 네 가지로 정리된다. 첫째, 모든 호주인은 자유와 평등 및 다양성을 구현하는 원칙을 지지할 책임이 있다. 둘째, 자신의 문화와 믿음을 표현할 권리가 있으며 타인의 권리 역시 존중해야 하는 의무가 있다. 셋째, 모든 국민은 인종이나 문화 및 종교 등에 근거하여 차별받지 않을 권리가 있다. 넷째, 인구의 다양성에서 발생하는 문화적·사회적·경제적 혜택을 누릴 수 있다. 다른 말로 생산적 다양성의 혜택을 누릴 권리가 있다. 호주는 이러한 원칙을 실현해 내는 전략으로 공동체의 화합, 인종이나 민족과 상관없이 모든 이들에게 열려있는 접근성과 형평성, 그리고 마지막으로 생산적 다양성을 추진하고 있다(김이선 외, 2006: 261).

'생산적 다문화주의'라는 호주 다문화주의의 명칭은 호주가 추구하는 다문화 정책의 전략을 잘 보여준다. 다문화 정책의 필요성이나 의미를 옳고 그름의 문제나 윤리적 정당성으로만 설득하는 것이 아니라 다문화 정책이 실제 호주 사회의 발전에 공헌하고 있음을 보여줌으로 설득하기 때문이다. 이민으로 인한 다양성이

혁신과 창조의 자원임을 확인시켜 주는 것이다.

호주의 다문화주의는 캐나다에 비해 안정적으로 발전해 나가지 못했다. 같은 이민 국가이면서도 호주인들이 이민자에 대해 갖고 있는 양면적 감정 때문이다. 호주인들은 비록 백호주의를 폐기했음에도 불구하고 아시아인 이민자에 대해 여전히 양면적 감정을 지니고 있다. 호주인의 양면적 감정은 '인구증가인가 혹은 멸망인가' 그리고 '황색공포'라는 두 가지 표현에서 잘 드러난다(한경구 외, 2012: 78-80). 호주 정부는 제2차 세계대전에서 일본군의 공격으로 많은 고통을 겪었다. 또한 전후 노동력 부족으로 인해 경기 회복에 어려움을 겪었던 호주 정부는 이민을 통한 인구증대야말로 국가안보와 발전의 핵심 전략임을 국민에게 홍보했다. 인구를 증가시켜 국가발전을 이룩할 것인가 혹은 국가의 쇠퇴를 지켜볼 것인지를 국민에게 물은 것이다. 이러한 주장은 호주인으로 하여금 이민자가 국가 발전을 위한 중요한 자원이라는 인식을 내면화하게 해 주었다. '황색공포'는 호주의 지정학적 위치 때문에 호주 개척 초기부터 형성되었다. 실제 소수의 이민자들이 호주 원주민을 배제하고 원주민의 자녀를 부모로부터 격리하여 소위 '문명교육(civilization education and morals)'을 시켰던 경험이 그 반대의 역사에 대한 두려움을 호주인에게 주었다는 것이다. 금광개발 시기 노동자로 유입되었던 중국인에 대한 공포, 제2차 세계대전에서 경험한 일본인에 대한 공포가 아시아인에 대한 '황색공포'로 남게 되었다. 특히 아시아 국가와 경제교류의 필요성이 증가하고 그 과정에서 아시아인 이민자들이 늘어나게 되면서 호주인들의 '황색공포'가 수면위로 부상하고 있다. 최근 호주로 이주하는 난민이 증가하면서 이민자에 대한 부정적 여론도 확대되고 있다(한경구 외, 2012: 80).

이민에 대한 호주 사회의 양면적 감정은 호주의 다문화주의에도 영향을 미쳤다. 다문화주의는 정당정치 과정에서 정치적 이념이 되었고 정권이 바뀔 때마다 다문화주의를 유지할 것인가에 대한 논쟁이 벌어졌다. 보수적 정권이 집권하면 다문화주의 정책에 대한 비판도 증가했지만 역으로 다양성에 대한 존중이나 인종차별에 대한 반대 의식도 여전히 강력한 편이다. 최근 호주 사회에 이민자나 외국인에 대한 차별과 폭력이 도시를 중심으로 늘어나고 있으나 이러한 현상에 대한 호주 사회 내의 비판 여론과 개선 의지도 여전하다.

3. 다문화주의 정책의 한계와 전망

다문화주의 정책은 이민자와 소수자의 집단적 권리를 적극적으로 보장한다는 측면에서 긍정적 평가를 받아왔다. 실제 캐나다와 호주의 경우 유럽 이민자의 도래 이전부터 그 땅에서 살아온 원주민들은 오랜 배척과 차별을 겪다가 다문화주의 정책의 도입으로 일정한 권리와 명예를 되찾기도 했다. 이민자들 역시 종족적 소수자로서 겪던 고립과 차별을 개선할 수 있는 환경을 접하게 되었다. 나아가 다문화주의 정책이 이민자에 국한되지 않고 해당 국가의 소수자 집단의 권리 보장에도 확대되면서 다문화주의 정책은 사회 전반의 모순을 해결하며 평등하고 조화로운 사회로 이행하는데 기여했다는 평가를 받았다.

그러나 다문화주의 정책을 구현하는 국가에서는 이에 대한 찬반 논쟁도 지속되고 있다. 다문화주의 정책을 반대하는 사람들의 비판은 다음과 같다. 첫째, 이민자의 집단적 권리를 보장함으로써 다문화주의 정책이 오히려 이민자의 통합을 저해하고 있다. 이민자들이 새로운 정착지에서 주민들과 통합되기 보다는 자신들의 언어와 문화에 머물러 있어 장기적으로는 고립된다는 것이다. 둘째, 집단적 권리를 주장하기 위한 정체성의 정치가 강화되기 때문에 이민자뿐만 아니라 사회 전체를 파편화 시킨다. 셋째, 문화적 권리의 보호와 증진을 표방하며 경제적 차별과 같은 실질적 차별을 은폐할 뿐이다. 넷째, 다문화주의는 변화하는 국제사회와 세계경제에 효과적으로 대응하기 위한 초국적기업들의 이익 논리에 이용될 뿐이라는 것이다 (한건수, 2007, 2014).

이러한 비판이 얼마나 실체적 증거를 지니고 있는지는 엄밀하게 검토되어야 한다. 일부 국가에서 위에서 언급한 현상이 나타난다고 해서 이를 다문화주의 정책에서 기인한다고 단순하게 비판하는 면도 있기 때문이다. 다만 이러한 비판을 고려하는 이유는 다문화주의 정책도 그 자체가 완벽한 것은 아니기 때문에 지속적인 보완과 변화가 필요하다는 인식도 필요하기 때문이다.

실제 다문화주의 정책 자체가 집단 정체성에 근거한 권리 주장을 인정하고 있기 때문에 이민자들이 새로운 사회에 통합되기 보다는 기존의 집단 정체성을 토대로 종족적 소수자 집단을 형성하고 독립적인 공동체 의식을 강화한다는 비판은 이민자들이 동화되어야 한다는 전제에서 제기될 수 있는 비판이다. 이민자들이 종족적 소수자 집단을 형성하게 되는 환경은 다문화주의 정책이 관철되는 상황보다는 이민자에 대한 차별과 소외가 만연한 곳이다. 또한 문화적 권리를 보장받는다

고 하지만 여전히 경제적 어려움과 취업 문제로 고통 받는 이민자들이 존재하는
것은 다문화주의 정책이 이민자들의 정치적 참여를 증진시키고 경제민주화의 폭을
확대시킬 수 있도록 강화될 필요를 보여주는 것이라 할 수 있다.

　　다문화주의 정책 역시 동화주의와 마찬가지로 이민자의 사회적 편입을 얼마나
실질적으로 달성하고 있는지를 성찰하며 보완될 필요가 있다.

 ## 4절 해외 각국의 이민자 편입 지원정책: 이민자 '통합'의 필요성 증가와 대책

　　최근 해외 각국은 자국의 이민자 편입 정책에 대한 성찰과 변화를 모색하고
있다. 위에서 살펴본 이민자 편입의 중요한 유형인 동화정책이나 다문화주의 정책
모두 성공적이지 못하다는 자각에서 기인했다. 이민자의 정착을 원칙적으로 금지
하려 했던 구분·배제 모형은 계약기간 동안만 외국인노동자를 유치하려 했으나
외국인노동자의 실질적 정착을 막지 못했다. 동화정책을 추진한 국가는 이민자들
이 차별에 저항하며 실질적 동화가 불가능한 것이 아니냐는 회의감이 표출되고 있
고, 다문화주의 정책 역시 이민자나 소수자 집단의 실질적 권리를 보장하지 못하
고 있으며 이민자의 편입이 구호에 그치고 있다는 비판을 받고 있다.

　　특히 9·11테러 이후, 이민자 가정 출신의 자생적 테러리스트로부터 공격받은
영국, 프랑스 등 유럽 국가들은 자국의 이민자 편입정책에 대한 근본적 회의와 대
안 모색을 고민하고 있다. 테러집단의 글로벌 네트워크 구축에 이민자와 그 후손
이 이용되면서 이민자의 편입 문제는 국가안보의 문제로 확대되었다.[3] 이에 따라
기존의 이민자 편입 정책을 보완하거나 수정하려는 노력이 국가별로 다양하게 확
산되고 있다. 이들 국가들은 이민자 '통합' 혹은 이민자 '사회통합'이라는 용어를
사용하고 있는데, 이러한 개념은 앞에서 살펴본 이민자 편입 유형으로서의 통합모
델을 온전히 반영하는 것은 아니다. 그러나 이민자 편입 유형 중 하나인 통합 모
델이 여러 나라에 의해 관심을 받게 된 것은 사실이다.

　　통합의 기준이 국가에서 시민사회로 변경되어야 한다는 주장도 제기되고 있
다. 국제이주 연구자인 욥케(C. Joppke)는 다문화주의 정책에 대한 반성으로 네덜

---

3) 7장 이민과 안보 및 안전을 참조하시오.

란드 정부가 시민적 통합(civic integration)을 강조한 것을 사례로 들고 있다. 네덜란드 정부는 네덜란드 내의 가족과 결합하려는 이민자들에게 해당국의 네덜란드 대사관에서 시민적 통합을 입증할 수 있는 시험을 통과할 것을 요구하기 시작했다 (Joppke 2007). 네덜란드의 '시민적 통합' 개념은 학문적으로나 정책적으로 완성된 것은 아니나 유럽 국가들의 변화를 보여주는 사례로 볼 수 있다.

이 절에서는 유럽 국가들이 각국의 이민자 편입 정책을 수정 보완하는 변화의 흐름을 짚어 보고자 한다. 즉 새로운 이민자 편입 유형으로 전면적인 전환을 하지 않았지만 기존의 정책을 수정하여 이민자 '통합'의 필요성을 어떻게 반영하고 있는지 설명할 것이다.

1. 유럽의 이민자 편입 정책 변화

1) 프랑스의 이민자 편입 정책 변화

프랑스가 이민자 편입 정책으로 선택한 동화 정책은 프랑스 공화국의 이념인 공화주의 이념과 연계되어 있다. 이민자 편입을 위해 별도로 고안된 정책이 아니라 공화국의 이념에 근거한 국정 전반의 원칙을 반영하는 일관된 국가정책이다. 프랑스 공화국은 르낭(Ernest Renan)의 말대로 '국가는 함께 살고자 하는 의지의 소산' (르낭, 2002)으로 간주되었다. 따라서 국민이 되는 것은 공화국의 이상에 개인적으로 동의하고 가입하는 일종의 사회계약 절차이다. 프랑스 공화국의 국민이 각자 보유하고 있는 다양한 민족정체성은 오직 개별적이고 사적인 것에 불과한 것이다.

공화주의 국민 개념에서 프랑스 정부가 선택할 수 있는 이민자 편입정책은 동화정책일 수밖에 없다. 물론 정권에 따라 동화정책의 내용과 지향점에 대해 상이한 입장을 견지하기도 하며 이러한 정책이 논쟁되곤 했다. 우파 정권은 동화정책을 강조해 왔으나 사회당 정권은 이민정책에 있어 이민자들의 입장을 고려하는 경향을 보여주곤 했다. 미테랑 정권의 경우 일방적 동화에 대해 이민자들이 자신들의 문화적 전통을 어느 정도 유지할 수 있는 여지를 마련하는 이민자 편입 정책을 주장하며 '통합'이라는 용어를 사용하기도 했다.

프랑스의 이민자 편입 문제가 본격적인 논란의 대상이 된 것은 무슬림 이민자의 증가와 관련 있다. 프랑스 전체 국민 중 조부모까지 이민자의 배경을 갖고 있는 인구는 전체 국민의 약 30%에 이른다. 그러나 대부분 이민자들은 프랑스 국민으로 동화되었고, 현재 외국인으로 집계 되는 사람들은 전체 인구의 7%밖에 안 된다. 문제는 이처럼 이민자로 인식되는 사람들의 대부분이 알제리를 포함한 북아프리카 출신 무슬림이며 이들이 자신들의 문화를 유지하며 프랑스 사회에 동화되지 않고 종족적 소수자로 남아 있다는 것이다.

무슬림 이민자의 고립은 결국 2005년 소요사태로 표출되었다. 이 사건은 무슬림 이민자들이 집중적으로 거주하던 파리 북동부 지역에서 경찰의 검문을 피하던 무슬림 이민자 가정의 청소년이 감전사한 것에서 시작되었다. 사건 후 파리 교외에서 시작된 소요사태는 12일 동안에 프랑스 전역으로 확산되었다. 프랑스는 이 과정에서 차량 5,800대가 전소하고 1,500명이 체포되는 전례 없는 폭동을 경험하게 되었다. 소요사태를 계기로 프랑스는 현재의 동화정책에 대한 다양한 성찰과 토론을 통해 대안적 정책 방향을 논의해 나갔다. 그러나 대부분의 여론은 동화정책 자체를 수정해야 한다는 인식보다는 이민자 편입 정책의 내용과 집행 과정을 개혁하는 데 모아졌다.

프랑스 정부가 이민자들의 편입 과정을 강화하기 시작한 것은 2002년 이후이다. 자크 시락 대통령은 2002년 이민자 편입 정책을 강화하여 새로운 이민자에게 '유입통합계약(Contrats d'Accueil et d'Intégration; CAI)'을 맺는 정책을 제시했다. 이 계약은 이민자에게 프랑스어 사용과 공화국 이념에 대한 동의를 요구한다. 이 계약에 따라 이민자는 매년 정해진 시간의 프랑스어 수업을 들어야 하며, 프랑스 공화주의 이념과 시민교육을 받아야 한다. 프랑스어와 프랑스 공화주의에 대한 시민교육이 이민자들에게 의무로 강화된 것이다.

프랑스의 동화정책은 소요사태 이후 체계적으로 강화되었다. 2006년에는 '이민통합법안'이 상하원을 통과했다. 이 법은 이민자를 선별하여 수용하는 선택적 이민과 이민자의 사회통합을 위한 성공적 동화정책을 강조하며 정부에 힘을 실어 주었다. 사르코지 대통령은 이를 위해 '이민·통합·국가정체성·공동발전부'를 발족시켰다. 이민자의 유입을 억제하고, 이민자의 '통합'을 강화하며, 프랑스의 정체성을 수립하고, 공동발전을 촉진한다는 4개의 정책 목표가 이민사 편입 정책의 핵심 과제가 된 것이다(문지영, 2009: 46-48).

프랑스의 동화정책은 내부의 도전과 외부로 부터의 시련 속에서도 프랑스 이민자 편입 정책의 핵심을 유지하고 있다. 시리아 사태 이후 난민의 유입과 관련되어 관용적이었던 유럽 사회는 2015년 파리 테러 공격으로 다시금 도전받고 있다.

프랑스가 공화주의 이념에 기초한 동화정책을 앞으로 어떤 식으로 발전시켜 나갈 지는 모르지만, 현재 프랑스의 동화정책이 실효적인가에 대한 회의는 앞으로도 지속될 것으로 보인다. 또한 프랑스 정부의 강경한 이민자 편입 정책도 유지될 것으로 판단된다.

2) 독일의 이민자 편입 정책 변화

독일은 유럽의 다른 국가에 비해 비교적 늦게 이민자를 공식 수용한 국가이다. 독일은 오랫동안 혈통에 근거한 민족·시민권 모형을 유지하여 이민자 편입 정책으로는 구분·배제형(differential exclusion model) 정책을 유지했다. 패전 이후 전후 복구과정에서 부족한 노동력을 충원하기 위해 처음에는 국외거주 독일계를 이민자로 수용했다. 소련과 폴란드에 거주하던 독일인 '국외추방자'들이 800만 명 이상 귀국했다. 그러나 충원되지 못한 노동력을 확보하기 위해 1960년대 이후 1970년대까지 남부 유럽과 터키에서 초청노동자를 수용해야 했다. 이들은 계약기간이 종료되면 본국으로 귀환하는 조건이었다. 그러나 독일의 초청노동자 제도는 외국인근로자들이 귀환하지 않고 독일에 잔류함으로써 유명무실해졌다. 실제 2003년에 이르면 전체인구의 12.9%가 외국태생 주민에 이를 정도로 실질적 이민자가 증가하게 되었다. 이러한 상황은 독일이 구분·배제형 편입 정책, 즉 이민자를 수용하지 않는다는 정책 기조를 더 이상 유지할 수 없게 되었음을 보여준다(카슬과 밀러, 2013: 436).

이러한 변화를 반영하여 독일정부는 과거의 정책기조를 전면적으로 수정하기 시작했다. 독일 정부는 1999년 국적법을 개정하고 2000년에 발효했다. 새로운 이민법은 국적취득 원칙이었던 혈통주의에 부분적으로 출생지주의를 적용하게 했다. 이민자와 그 자녀들의 독일 국적 취득을 용이하게 하는 개정이다. 이어 2004년에는 처음으로 이민법을 제정했는데 이 법을 발효시킴으로 독일은 비유럽연합 국민들의 독일 이민도 가능한 국가가 되었다. 이민이 가능해지도록 이민법 체계를 수정한 독일은 이민자 편입 정책을 강조하기 시작했다. 독일 이민법은 이민자로 하여금 독일어, 독일의 법과 제도, 역사와 문화를 학습하는 사회통합프로그램에 들어오게 했다(한경구 외, 2012: 183-184).

독일의 이민법은 이민자 편입 정책을 '사회통합'이라는 명칭으로 추진하고 있다. 이민·난민청 조직 산하의 5개국 중 하나인 제3국에서 이민자 '통합' 업무를 총괄하고 있다. 이민·난민청은 과거 이민자들을 통제하고 관리하는 수준의 정책을 적극적 차원으로 전환시켰다. 이민자들이 독일사회에 적응할 수 있도록 독일어 교육, 독일 사회와 문화에 대한 교육 프로그램을 운영할 뿐만 아니라 이민자의 사회적 적응과정을 담당 직원이 지원하는 프로그램을 도입하였다. 독일 정부는 독일어 수업 600시간, 독일 사회 소개 수업(역사, 문화, 법규 등) 60시간의 교육프로그램에 참여할 것을 요구하고 있다. 정부가 통합과정의 비용을 지불하는 대신 이민자들에게는 통합과정에 참여하는 것을 의무로 요구하는 것이다. 이러한 통합 과정을 성실히 수행한 이민자들은 국적 취득을 위해 요구되는 의무 체류기간을 줄여주는 혜택을 주는 반면 참여하지 않는 이민자들에게는 사회보장급여를 삭감하거나 체류허가 연장에 불이익을 준다(한경구 외, 2012: 202-203).

3) 영국의 이민자 편입 정책 변화

영국은 광대한 식민지를 운영했던 대영제국의 역사적 유산으로 이민정책에 있어 다른 유럽 국가들과 차이점이 있다. 제국의 유산으로 시기별 국가별로 이민자의 입국 자격과 권리 등이 다양했기 때문이다. 영국은 제2차 세계대전 종전 후 처음 국적법을 제정(1948)한 후 이민법을 개정해 가면서 영국의 국민 자격을 구체화했다. 이에 따라 과거 대영제국의 신민이었던 사람들이 초기에 자유롭게 영국으로 이주한 반면 시일이 흐르면서 영국계와 비영국계가 구분되어 영국에 입국하여 정착할 수 있는 사람들이 제한되었다. 1981년에는 국적법을 개정하여 영국 본토에 거주하는 주민을 중심으로 영국인을 규정함으로써 제국을 벗어나 국민국가의 모습을 강화하게 되었다(한경구 외, 2012: 145).

영국의 이민자 사회는 과거 대영제국 시절의 신민에서 영국 사회 내에 체류하는 종족적 소수자 집단으로 재편되었다. 또한 국적법 제정이후 새롭게 영국으로 이주하는 이민자들도 포함되게 되었다. 과거 대영제국 신민으로 이주해 온 이주민의 후손, 영연방 독립 국가 출신 이민자, 세계 각지에서 이주해 온 현대 이민자 등 다양한 이주민들이 입국 시에는 다양한 자격과 권리를 지니고 있었지만 이제 영국 사회의 이민자 집단으로 재편된 것이다.

영국의 이민 역사가 이처럼 복합적이기에 이민자 문제와 영국 내부의 소수자 문제는 때로 중첩되기도 한다. 단순한 이민자 공동체의 문제가 아니라 영국 사회 내부의 인종관계가 중요한 통합의제가 된 이유이기도 하다.

영국의 인종관계는 아프리카, 아시아, 카리브해 지역 등 대영제국의 전 지역 출신 이민자들로 인해 매우 복잡하다. 흑인 청년들이 1990년대 이전 수차례 인종차별에 저항하는 폭동을 일으키기도 했으며 2000년대 들어서는 남아시아 출신 이민자들의 폭동도 발생했다. 최근에는 무슬림 이민자 공동체의 성장이 영국 이민자 통합에 있어 중요한 의제로 대두되고 있다. 무슬림 이민자의 규모는 아직 전체 국민의 2.7% 수준이지만 2005년 발생한 런던 폭탄 테러는 영국 내 거주하는 무슬림 이민자의 사회통합에 관심을 불러 일으켰다(카슬과 밀러, 2013: 427-428).

영국의 사회통합정책은 영국 국경청이 주도하고 있다. 영국 국경청의 이민행정단은 시민권이나 영주권 취득을 원하는 이민자들에게 영어(웨일스어 혹은 스코틀랜드 게일릭어) 구사력과 영국 사회에 대한 이해를 요구한다. 국적 취득에 있어서도 '영국적인 것', '핵심가치'의 이념을 묻는 시험을 통과해야 한다.

2. 북미의 이민자 편입 정책 변화

1) 캐나다의 이민자 편입 정책 변화

캐나다는 이민자가 전체 인구에서 차지하는 비중이 20%에 달할 정도로 OECD 국가 중 호주 다음으로 높은 국가이다(OECD, 2015). 캐나다 건국 이래 이민은 캐나다 역사와 발전에서 중요한 영역을 차지해 왔다. 캐나다의 이민은 1900년대 초와 1980년대에 폭발적으로 증가했다. 초기이민에서는 인종적 요소가 강조되어 유럽계 이민자들이 주를 이루었다. 그러나 20세기 후반에는 경제적 이유에서 이민자를 수용함으로써 이민자 구성이 다양해 졌고 다문화주의 정책을 본격적으로 추진하는 변화가 있었다. 최근 캐나다 이민정책의 특징은 캐나다에 필요한 이민자를 우선 수용하려는 선별수용 정책과 연방정부에서 관할하던 이민자 선택 권한을 주정부에도 부여했다는 것이다(한경구 외, 2012: 52-53).

캐나다의 이민자 편입 정책은 연방정부의 시민권·이민부(Department of Citizenship and Immigration Canada; CIC, 이하 이민부)가 총괄한다. 캐나다는 1966년 이민행정체계를 이원화해서 인력·이민부와 국가시민권부로 이민행정을 둘로 나누어 운영했다. 이후 인력·이민부는 고용·이민부로 전환했고 국가시민권부는 다문화주의·시민권부로 확대되었다. 이후 1994년 이원적으로 운영되던 이민행정업무를 시민권·이민부로 통합했으며 2009년부터는 다문화주의 정책을 함께 담당하고 있다(한경구 외, 2012: 60).

캐나다의 이민자 편입 원칙은 다문화주의 정책이다. 이민행정 전반을 주관하는 부처가 이민자 편입 정책도 함께 총괄하고 있는 행정체계를 구축했다. 다만 이 과정에서 연방정부는 주정부 및 민간부문의 시민단체, 국제기구 등과 협력체계를 구축하여 정책을 수립 집행하고 있다. 캐나다의 이민자 편입 정책은 이민자가 캐나다 사회와 문화, 정치, 경제 영역에서 빠르고 쉽게 정착함으로써 캐나다의 온전한 시민이 될 수 있도록 지원하는 것이다. 다만 그 과정에서 이민자 고유의 문화적 배경을 유지할 수 있도록 지원한다는 원칙이다(이유진, 2009: 12).

캐나다 역시 이민자의 통합이라는 용어를 사용하기 시작했다. 다문화주의 정책 기조하에 이민자 '통합' 프로그램을 운영하고 있는데 그 내용은 이민자 정착 및 적응 프로그램, 신규이민자 언어교육 프로그램, 호스트(Host) 프로그램으로 구성되어 있다(이유진, 2009: 14-16). 이 프로그램을 자세하게 살펴보면 다음과 같다.

① 신규이민자 언어교육 프로그램(Language Instruction for Newcomers to Canada; LINC)

신규이민자를 위한 언어교육 프로그램은 무료로 제공된다. 이민자들이 캐나다 사회에 신속하게 적응할 수 있도록 영어와 불어를 교육하는 프로그램이다. 이 프로그램에 등록할 수 있는 사람은 17세 이상의 신규이민자와 난민이다. 매년 약 5만 명이 이 프로그램에서 영어와 불어를 학습하고 있다.

② 이민자 정착 및 적응 프로그램(Immigrant Settlement and Adaptation Program; ISAP)

이민자 정착 지원 프로그램으로 신규 이민자가 캐나다 사회에 적응하는데 필요한 다양한 지원을 하고 있다. 입국 전이나 후에 캐나다 사회에 대한 오리엔테이션을 제공하고, 통번역 서비스와 거주 지역의 지원 서비스 단체나 프로그램을 안내하고 소개한다. 실제 캐나다에 살면서 필요한 다양한 생활정보와 취업지원 서비스도 제공한다.

정착 지원 프로그램의 사례로 이민자 자녀들이 입학하는 학교에 정착 지원 담당관을 배치한 프로그램을 살펴보자. 이 담당관은 이민자 자녀의 학교생활을 지원할 뿐만 아니라 부모들의 캐나다 사회 적응을 위한 오리엔테이션, 취업 워크숍을 제공한다.

정착 지원 프로그램은 연방정부가 이민자를 위한 정보센터나 상담센터를 지원하기 위해 예산을 배분하는 통로가 되기도 한다. 공공 센터 외에도 시민단체의 상담센터를 이민자들에게 소개하기도 한다.

③ 호스트 프로그램

호스트 프로그램은 이민자의 상담역이 되는 호스트를 이민자에게 연결해 주는 프로그램이다. 호스트는 이민자가 해당 지역사회에 정착하는 과정에서 친구이자 도우미의 역할을 맡아준다. 지역사회를 소개하고, 취업에 필요한 정보나 인적 네트워크를 연결시켜 주기도 한다. 때로는 언어 훈련을 도와주는 회화 연습 상대가 되기도 한다.

이민자를 위한 이러한 정착 및 적응지원 프로그램의 전달체계는 연방정부나 주정부의 지원을 받는 다양한 시민단체들로 이루어져 있다. 필자가 캐나다 이민자 정착지원 프로그램을 연구했을 때 관찰한 바에 의하면 밴쿠버 일대의 이민자 지원단체는 정부의 지원을 받기 위해 다양한 사업계획서를 제출하고 기관마다 고유의 업무를 특화시켜 나간다. 특정 민족이나 지역 출신 이민자를 주로 상담하는 대상별 특화기관도 있고, 취업이나 언어교육 혹은 가정폭력 상담처럼 특화된 서비스를 제공하는 기관도 있다. 이들 기관들은 방문한 이민자의 상담 내용에 따라 인접한 다른 지원단체를 소개하고 추천하기도 한다. 이민자 지원단체들은 주 단위의 연합회를 구성하고 있기도 하다. 이러한 연합회는 산하 단체들의 전문성과 역량을 강화하는 다양한 연수 프로그램도 운영한다.

캐나다의 이민자 편입 정책의 궁극적 단계는 시민권 취득이다. 캐나다의 시민권 취득 원칙은 혈통주의와 출생지주의가 결합되어 있다. 이민자는 영주권을 취득한 지 3년이 지나면 시민권을 신청할 수 있다. 시민권 취득 자격에 포함된 내용 중 영어나 불어로 의사소통이 가능해야 하며, 캐나다에 대한 기본적 지식을 지니고 있어야 한다는 조항은 이민자의 사회통합을 염두에 둔 조건으로 보인다. 실제 시민권 신청자 중 탈락률은 3~5% 정도로 매우 낮은 편이다(이유진, 2009: 24-25).

2) 미국의 이민자 편입 정책 변화

미국은 전통적인 이민국가로 5세기에 걸친 이민의 역사를 지니고 있다. 전 세

계에서 가장 많은 이민자를 수용하고 있는 국가이지만 정부차원에서 공식적인 이
민자 편입 프로그램을 운영하지 않는 나라이다. 미국은 1980년대 이후 건국의 주
축이며 초기 이민자의 절대 다수를 차지했던 유럽계 이민자의 비중이 급격히 줄어
들고 있다. 유럽계 이민자는 1970년대 까지 전체 이민자의 60%를 차지하고 있었
으나 2010년에는 전체 이민자의 12%에 불과할 정도로 축소되었다. 반면에 멕시코
와 남미 지역 그리고 카리브해 지역 출신 이민자의 비중은 19%에서 53%로 증가
했다. 이중 멕시코 출신 이민자의 비중이 가장 크게 증가했다. 아시아권 이민자
역시 9%에 불과했으나 2010년에는 전체 이민자 중 28%에 달할 정도로 증가했다
(한경구 외, 2012: 9-11).

　　미국의 이민자 편입 정책은 오랜 기간 동화정책이었다. 초기의 이민자들이 대
부분 유럽계 이민자였기 때문에 이민자의 편입은 자연스럽게 동화로 귀결되었다.
어느 나라에서 왔건 이민국가인 미국의 일원으로서 동일한 문화로 수렴되는 것이
이상이었을 뿐만 아니라 사회적 현실이기도 했다. 그러나 이민자의 구성이 다양화
되면서 '용광로'로 불리던 미국사회의 이민자 동화는 현실에서 부정되기 시작했다.

　　용광로로 비유되던 미국사회가 샐러드 볼로 비유되는 변화를 맞고 있다. 미국
인들은 아메리칸 드림의 상징이었던 동화정책을 비판하며 다문화주의 정책의 상징
인 샐러드 볼로 미국사회를 비유하고 있다. 문제는 이러한 논의들이 정부의 공식
적 정책차원에서 진행되지 않고 시장과 시민사회가 주도하고 있다는 것이다. 미국
정부는 이민자 통합에 대한 정책의 원칙을 표방하지는 않고 있다. 이민정책의 기
조는 선호체계에 의해 미국에 필요한 인재나 미국사회에 적응하기 쉬운 사람들에
게 우선적으로 이민의 기회를 부여하기 때문에 합법적 이민자 자체가 통합에 적합
한 사람들로 구성되는 측면이 있다. 따라서 통합 문제는 개인이나 초청하는 가족
의 문제로 넘겨지는 것이다.

　　이민자를 위한 공식적 편입 프로그램이 부재하기 때문에 영어를 학습하는 것
도 개인의 책임이다. 학생들은 학교에서 긴급한 이민자 교육법에 의해 학생들에게
이중언어 교육이 제공되지만 성인 이민자들은 성인교육기관이나 시민단체가 제공
하는 영어 학습 기회를 이용해야 한다. 영어를 중심으로 하는 동화 요구는 상존하
지만 운전면허를 비롯한 중요한 공공자료는 이민자에게 다양한 언어로 제공된다.
민간영역에서는 해당지역에 거주하는 종족적 소수자 집단에 따라 그들의 모국어를
사용하는데 어려움이 없으며 은행을 비롯한 영리업체에서도 고객의 언어로 된 자

료를 제공하기도 한다.

시민권 취득을 위해 요구되는 사회통합 관련 지식은 미국의 역사와 시민적 소양에 관한 것들이다. 이러한 자료는 이민국 홈페이지에 공개되어 있다. 시민권 취득을 위한 필기시험 예상문제를 공개함으로써 이민자들에게 미국의 역사와 시민적 소양을 학습하게 만들고 있다.

이민자의 통합은 여전히 이민자 개인의 노력에 맡겨져 있다. 이민과 관련된 미국의 정치적 논쟁은 이민자의 통합보다는 불법이민을 방지하기 위한 국경통제와 시민과 외국인 주민의 복지정책을 구분하는 복지개혁에 집중되고 있다.

 5절 한국의 이민자 편입 정책: 과제와 실천

1. 한국의 사회통합 논의와 현실

한국사회에서 사회통합이란 용어는 다양한 맥락과 차원에서 사용되고 있다. 가장 일반적인 용례는 사회구성원들의 갈등을 예방하거나 극복하여 공통의 정체성으로 통합을 이루어 나가는 것을 의미한다. 사회통합이 정부의 공식 정책 용어로 도입된 것은 2009년 대통령소속 사회통합위원회를 구성한 것이 시초이다. 대통령령으로 만든 사회통합위원회 규정에 따르면 사회통합위원회의 활동은 사회 각 계층의 의견수렴과 소통활성화를 증진시키며, 계층, 이념, 지역, 세대, 성, 인종, 다문화 간의 갈등을 해소하는 것으로 명시되어 있다.[4] 대통령령에 명시된 '다문화 간의 갈등'이라는 표현은 학문적으로는 정확한 표현도 아니며 정치적으로도 문제가 있는 표현이다. '다문화'라는 용어를 특정 집단을 지칭하는 용어로 사용하고 있기 때문이다. 대통령령 제정 당시 관행적으로 쓰였던 용법을 고려하면 그 의미는 이민자와 한국인 간의 갈등 혹은 이민자와 한국인 간의 문화 갈등을 의미하는 것으로 해석할 수 있다.

사회통합위원회의 홈페이지는 사회통합의 필요성을 한국 사회의 갈등과 분열에서 찾고 있으며 선진국에 진입하기 위한 선결과제로 명시하고 있다. 사회통합위

---

4) 대통령령 제22340호, 2010.8.13. 시행.

원회는 사회통합의 개념을 "다양한 특성을 가진 사회구성원들이 공동체에 대한 소속감을 갖고(정서적 차원), 공동의 비전 및 협조의지를 공유하며(의지적 차원), 실제적 행동으로 협력하는(행동적 차원) 상태를 지칭"한다고 규정한다.[5] 그렇다면 사회통합위원회에서 의도하고 있는 사회통합은 앞에서 소개한 여러 개념 중 어느 개념을 의미하고 있는지 살펴볼 필요가 있다.

사회통합위원회는 출범과 함께 위원회가 목표로 하는 사회통합의 내용과 의미 및 목적을 연구하면서 선진국의 정책 개념으로 제기되었던 사회통합 관련 개념들을 분석한 바 있다. 예를 들면 유럽연합이 1990년대 후반 제시했던 정책 개념인 'social inclusion'은 경제 및 복지 차원에서의 '사회적 배제 social exclusion'의 대립개념으로 도입한 것이다. 즉 경제와 복지 차원에서의 사회적 분리와 갈등을 해결하려는 것으로 빈부격차를 해소하고 복지 프로그램의 소외계층을 사회가 포용하는데 방점이 있는 개념이다. 이에 반해 'social cohesion'은 유럽평의회가 2000년대 들어 'social inclusion' 개념이 복지 영역에 치중되어 있다는 판단에서 새롭게 강조하기 시작한 개념이다. 통합과정에서 민주주의적 가치와 사회건강성 문제를 중요시 한다는 점이 차별성을 갖는다(엄정식 외, 2012: 74). 실제 OECD는 『한국의 성장과 사회통합(social cohesion)을 위한 틀』이라는 보고서에서 사회통합을 의미하는 개념으로 'social cohesion'이라는 용어를 사용하고 있다. 이 보고서에서 강조하는 'social cohesion'의 대상과 범주에 이주민은 별도 범주로 포함되어 있지 않다(OECD, 2011). 마지막으로 사회통합위원회의 연구는 'social integration'은 개인과 소수자들이 해당 사회의 보편적 이익과 가치를 수용하게 하는 공화주의에 근거한 정치적 개념으로 설명하고 있다(엄정식 외, 2012).

사회통합위원회가 추구하는 사회통합의 이상은 위에서 살펴본 개념들을 적용하면 'social inclusion'이나 'social integration'이 아닌 'social cohesion'으로서의 '사회통합'을 모색하고 있는 듯 하다. 문제는 사회통합위원회가 소개한 사회통합 개념이 이주민뿐만 아니라 한국사회 전반의 통합을 논의하면서 이주민의 편입과 관련된 정책 기조나 내용이 모호해 진 부분이 있다는 것이다.

한국의 이민자 편입 정책은 본격적으로 논의되거나 정립되지 않고 있다. 이민 정책 자체가 공론화되지 못했기 때문이다. 한국사회가 경제 활력을 유지하기 위해

---

5) 대통령기록관 '대통령소속 사회통합위원회 홈페이지' http://17harmonykorea.pa.go.kr/intro/harmonyInfo.asp

서는 외부로부터 노동력이 도입되어야 한다는 UN의 평가에도 불구하고 이민자 수용 문제는 여전히 민감한 문제이기 때문이다. 노동력 부족은 현재와 같은 초청노동자 제도로 외국인노동자를 수용하여 해결하는 것이 정부의 정책이다. 다만 글로벌 경쟁력을 갖춘 우수한 전문인력을 선별하여 수용하는 것과 결혼이민자의 정착을 지원하는 것이 현재 한국 정부의 이민자 편입정책이다.

2. 사회통합정책의 도입과 프로그램 현황

한국 정부의 이민자 편입 정책은 외국인노동자와 결혼이민자를 구별하고 있다. 외국인노동자는 산업연수생제도를 거쳐 고용허가제로 수용하고 있는데 두 정책 모두 본질적으로는 구분·배제형 정책이다. 계약 기간이 종료되면 원칙적으로 본국으로 귀환하는 것을 전제하고 있기 때문이다. 반면에 결혼이민자는 국적을 취득하여 정착하는 것을 지원하고 있다. 결혼이민자의 편입이 앞에서 살펴본 이민자 편입 유형(구분·배제, 동화, 통합, 다문화주의) 중 어떤 방향을 지향하는가에 대해 한국정부는 명확하게 입장을 밝히고 있지 않다. 정부와 시민사회가 결혼이민자의 편입 원칙에 대해 서로 다른 의견을 조율하지 못하고 있기 때문이다. 정부 부처 간에도 관점의 차이가 있으며 시민사회 내부에도 관점의 차이가 존재한다. 즉 한국사회는 이민자 편입의 방향과 원칙에 대한 정부의 입장이나 사회적 합의 모두 부재하기 때문에 이에 대한 토론과 정책 전망 개발이 시급하다.

한국 정부가 제한적으로 이민자 편입 정책을 펴고 있는 대상은 결혼이민자이며 부분적으로 외국국적 동포 중 귀환 정착 희망자를 포함하고 있다. 한국의 이민정책 추진체계는 법무부와 여성가족부로 크게 양분되어 집행되고 있다. 주요 이민자인 결혼이민자의 대부분이 여성이며 국제결혼의 대중화 과정에서 여성결혼이민자들의 인권이 침해된 경우가 많았고 다문화가정의 지원 문제도 가족정책에 포함되기 때문이다. 이러한 이민정책 추진체계는 결혼이민자의 편입 정책과 정착 지원 프로그램과 관련해서 두 부처의 경쟁과 중복행정이라는 문제점을 돌출 시켰다.

결혼이민자를 대상으로 하는 편입 정책인 사회통합프로그램을 도입하고 추진하는 과정에서도 두 부처는 의견을 달리했다. 정부는 2006년 외국인정책 총괄기구의 필요성과 정책 체계를 수립할 필요성을 인지하고 법무부로 하여금 외국인정책의 중심부처 역할을 하도록 했다. 법무부는 결혼이민자의 편입 정책으로 사회통합프로그램을 도입하여 운영할 계획을 2007년 공론화했다. 법무부의 계획은 제2차 외국인정책위원회(2007년 10월)가 외국인 정책 기조를 '질 높은 사회통합'으로 정리하며 지지를 받았고 2008년 '제1차 외국인 정책 기본계획'에 포함되었다. 법무부의 정책 제안은 '사회통합프로그램 이수제'였다. 법무부는 결혼이민자가 사회통합프로그램을 이수하면 국적 취득과정에서 혜택을 주는 방안으로 사회통합교육을 입안했다. 문제는 당시 여성결혼이민자들이 가정폭력과 인권침해의 위험에 노출된 사례들이 많은 상황에서 여성결혼이민자들에게 또 다른 의무를 지우는 것에 대한 반대 여론이 제기된 것이다. 사회통합프로그램을 의무화 하는 것은 여성결혼이민자들을 억압하는 정책으로 해석된 것이다. '이주여성활동단체 전국네트워크 함께하는 단체들'의 반대 성명으로 대표되는 시민단체의 반대 의견으로 사회통합프로그램 이수는 의무가 아니라 자율 참여의 방식으로 전환되었다(차용호, 2015: 75).

법무부가 주도한 사회통합프로그램의 도입은 쉽지 않았으나, 그 필요성에 대한 인식의 확산과 여성결혼이민자들에게 실질적 혜택이 돌아간다는 설득으로 정책과 프로그램이 자리를 잡기 시작했다. 제2차 외국인정책기본계획은 통합의 정책목표를 '대한민국의 공동가치가 존중되는 사회통합'으로 규정하고 있다. 그러나 그 공동가치는 구체적으로 규정되지 않고 있다. 제2차 외국인정책 기본계획에서 표방한 중점 통합과제는 아래와 같다.

> 자립과 통합을 고려한 국적 및 영주권제도 개선.
> 체계적인 이민자 사회통합프로그램 운영.
> 국제결혼 피해방지 및 결혼이민자 정착지원.
> 이민배경자녀의 건강한 성장환경 조성.
> 이민자 사회통합을 위한 인프라 구축.

정부는 사회통합프로그램을 결혼이민자뿐만 아니라 외국국적의 동포, 외국인근로자를 포함하는 이민자 전체로 확대했다. 사회통합프로그램의 법적 근거도 확립되었다. 법적 근거는 아래와 같다(법무부 출입국·외국인정책본부 이민통합과, 2015: 1).

> 출입국관리법 제39조 및 제40조, 시행령 제48조 내지 52조, 시행규칙 제53조 내지 제53조의3.
> 재한외국인 처우 기본법 제10조 내지 제17조 및 제20조, 제21조.
> 국적법 시행규칙 제4조.

사회통합정책과 프로그램은 외국인정책위원회와 재한외국인 처우 기본법에 따라 법무부가 외국인정책 총괄부서로서 표준화된 이민자 사회통합교육을 주관하게 되었다. 정부의 사회통합 관련 규정에 나타난 사회통합정책의 목표는 다음처럼 정의될 수 있다. 사회통합은 "재한외국인, 귀화자와 그 자녀 및 국민 등이 서로를 이해하고 존중하는 다문화사회 환경을 만들어 이민자의 대한민국 사회 적응을 지원하고 개인의 능력을 최대한 발휘하도록 하기 위한" 정책이다.6) 사회통합프로그램은 한국어와 한국사회의 이해를 중심으로 운영되는데, 한국사회의 이해 과목은 한국의 제도, 법률, 역사, 풍습, 공동생활, 언어, 생활정보 및 문화 등에 대한 이해를 높이기 위한 내용으로 이루어져 있다.

사회통합프로그램 초기에는 법무부, 여성가족부, 교육부, 문화부 등 다양한 부처에서 입안되고 추진되었으며 일부 프로그램은 부처별로 중복되어 편재되기도 했다. 그러나 사회통합프로그램의 중복이 문제로 되면서 법무부와 여성가족부 등이 서로 역할을 분담하는 조율이 진행되었다.

현재 법무부는 사회통합프로그램 운영을 담당하는 기관을 지정하여 이민자의 조기정착 지원뿐만 아니라 한국사회에 적응하기 위한 한국어 교육과 한국사회의 이해 교육을 주도하고 있다. 법무부는 사회통합프로그램의 일환으로 결혼이민자의 비자 심사에서 최소한의 한국어 능력을 확인하기 시작했다. 정부의 사회통합정책은 사회통합 교육 프로그램을 표준화하고 이를 강화하는 방향으로 추진되고 있다.

최근 정부는 사회통합프로그램의 대상을 난민과 유학생 등으로 확대시키고 있다. 이는 앞으로 한국사회가 나아갈 이민정책의 방향을 예측할 수 있게 해 준다. 글로벌 경쟁력을 갖춘 전문인력의 유치를 강화하고 국제사회에서 한국이 감당해야 할 의무를 확대해 나가는 것이기 때문이다.

3. 사회통합정책과 프로그램의 성찰과 전망

한국정부의 사회통합정책이 현재 당면하고 있는 가장 큰 문제는 정책의 원칙과 비전이 수립되지 않은 상태에서 이민자 정착지원 프로그램으로만 운영되고 있다는 점이다. 앞에서 살펴 본 것처럼 이민자 편입 정책은 이민정책과 연계되어 체계화 되어야 한다. 해외 각국의 이민자 편입정책은 그 사회가 합의한 원칙에 따라

---

6) 이민자 사회통합프로그램 및 그 운영 등에 관한 규정(2011년 개정).

운영된다. 프랑스와 캐나다가 각기 다른 편입 정책을 유지하는 이유는 특정 정책이 더 우수해서가 아니다. 또한 단순히 해당국가의 이민 환경 때문만도 아니다. 그 사회가 이루고자 하는 미래 전망을 어떻게 달성할 것인지 사회적 합의를 통해 선택한 과정이기도 하다.

한국사회의 이민자 통합 정책이나 프로그램은 정책의 원칙과 비전을 공유하지 못한 상태에서 이상적이고 계몽적인 추상적 정책 목표 하에 집행되고 있다. 모든 이민자를 대상으로 사회통합프로그램을 운영한다고 하지만 실제 그 대상은 여전히 결혼이민자에 국한되어 있을 뿐이다.

정책의 추진 체계 역시 분명하게 정립되지 못해 여전히 부처 간 중복 사업 문제가 제기되고 있고, 이민자 통합이 추구하는 바를 분명하게 드러내지 못하고 있다. 법무부가 외국인 정책을 총괄하는 부처임에도 불구하고 결혼이민자와 그 가족을 위한 많은 사업이 여성가족부에 편재되어 있다. 결혼이민자가 전체 이민자에서 차지하는 비중이 크다면 별 문제가 되지 않지만 현재 국내 체류 외국인 중 결혼이민자가 차지하는 비중은 높지 않다. 이런 상황에서 이민정책 추진체계가 분산되어 있다는 것은 바람직해 보이지 않는다.

한국의 이민자 사회통합정책이 발전하기 위해서는 첫째, 사회통합의 목표와 내용에 대한 엄밀한 규정과 그에 대한 사회적 합의를 도출하는 것이 시급하다. 한국사회의 소외계층을 아우르는 사회통합정책과 이민자 편입을 주관하는 이민자 통합 정책은 궁극적으로는 같은 맥락이겠지만, 현 단계에서는 이민자 편입의 문제를 명확하게 규정할 필요가 있기 때문이다. 둘째 이민자 사회통합정책의 대상을 분명하게 규정하고 확대할 필요가 있다. 국내에 체류하는 다양한 외국인 중 실제 우리 사회가 편입의 대상으로 인정하고 있는 이민자에게 특화된 정책이 필요하기 때문이다. 셋째, 사회통합정책의 추진체계를 분명하게 정립해야 한다. 이민자 통합은 복지, 인권, 문화, 교육 등 다양한 부처의 업무와 중첩될 수밖에 없다. 그렇기 때문에 정책의 방향과 내용을 총괄하는 주관 부처와 그 집행체계가 분명해야 정책의 일관성과 효율성을 높일 수 있다. 마지막으로 이민자 통합의 목표와 이를 달성하는 정책 수단이 좀 더 체계적으로 구축될 필요가 있다.

6절 요약 및 전망

이민자의 편입 유형은 구분배제형, 동화형, 사회통합형, 다문화주의형 등으로 분류될 수 있는데 동화형과 다문화주의형 편입 정책이 많이 채택되었다. 그러나 9·11 테러 이후 이민이 안보문제와 직결되기 시작하고 이민자 집단이 관련된 사회적 갈등과 소요가 일어나면서 이민자 편입 정책에 대한 관심이 늘어나고 있다. 동화형 정책이나 다문화주의형 정책 모두 보완되어야 한다는 성찰 속에서 이민자 통합의 중요성이 강조되고 있다.

이민자 통합은 이민자와 수용국 사회 주민 모두의 과제이다. 이민자의 일방적 동화가 아니라 서로 소통하며 조화를 이루어내야 한다는 문제의식이 커지고 있다. 유럽에서 제기되는 상호문화주의 논의가 대표적 사례이다. 상호문화주의는 일방적 통합이 아닌 쌍방향의 변화와 적응을 강조한다.

한국의 이민자 편입 정책은 그 필요성에 대한 합의는 존재하나 이민자 편입의 방향성과 내용에 대해서는 분명한 사회적 합의가 이루어지지 않고 있다. 부처마다 '사회통합'의 필요성을 강조하고 있지만, 구체적 정책이나 프로그램의 내용에서는 일방적 동화와 다문화주의적 관점이 혼재되어 있다. 정부차원에서 이민자 편입 특히 이민자의 통합 문제에 대한 정책 기조가 일관된 관점에서 체계적으로 구축될 필요가 있다. 그런 면에서 해외 각 국의 이민자 편입 정책과 그 변화에 대한 연구와 비판적 논의는 매우 중요하다.

참고문헌

김이선·김민정·한건수. 2006.『여성결혼이민자의 문화적 갈등경험과 소통증진을 위한 정책과제』. 한국여성개발원.

김종태. 2014. "서구중심주의와 한국의 다문화 논의: 캐나다 사례와의 비교." 윤인진 편.『한국 다문화주의의 성찰과 전망』. 고려대학교 아세아문제연구소.

김혜순. 2011. "결혼이민자 다문화가족 사회통합정책." 정기선 편.『한국 이민정책의 이해』. IOM 이민정책연구원. 서울: 백산서당.

르낭, 어네스트(Renan, Ernest). 2002.『민족이란 무엇인가』. 책세상.

마르티니엘로, 마르코(Martiniello, Marco). 2002.『현대사회와 다문화주의: 다르게, 평등하게 살기』. 윤진 역. 한울.

문지영. 2009. "'동화주의'와 '다문화주의'사이에서: 프랑스의 이민자 통합정책."『다문화사회연구』 2(1): 33-66.

박단. 2005.『프랑스의 문화전쟁: 공화국과 이슬람』. 책세상.

____. 2011. "프랑스 공화국과 이민: '새로운 공화국'을 향하여?" 이용재 외.『프랑스의 열정: 공화 국과 공화주의』. 아카넷.

법무부 출입국·외국인정책본부 이민통합과. 2015.『법무부 이민자 사회통합프로그램 개관』. 법무부내부문서.

새머스, 마이클(Samers, Michael). 2013.『이주(Migration)』. 이영민·박경환·이용균·이현욱· 이종희 역. 서울: 푸른길.

설동훈·강기정·이병하. 2011.『다문화가족 사회통합 관련 정책과제 개발 및 발전방안 연구: 우리나라와 외국의 정책현황 및 추진체계 비교분석을 중심으로』. 여성가족부.

엄정식·이기상·김성곤·김문환·윤경로·이원복·손동연. 2012.『문화는 소통이디』. 철학과 현실사.

이유진. 2009. "캐나다의 이민자 통합정책 레짐에 대한 연구."『다문화사회연구』 2(1): 5-32.

전경옥·홍태영·이유진·양기호·이규용·오성배·김영란·홍기원. 2013.『다문화사회 한국의 사회통합』. 한국학술정보.

정기선·전광희·은기수·김석호·강동관·이정우·최서리. 2011.『인구구조 변화 등에 대비한 이민 및 사회통합정책 방향 연구』. 법무부 출입국·외국인정책본부.

차용호. 2015. "외국인 사회통합교육 정책변동에 관한 연구: 이민정책에 관한 외부환경 변화와 정책기업가의 활동을 중심으로." 서울대학교 행정대학원 석사학위 논문.

카슬, 스티븐· 마크 J. 밀러(Castles, Stephen and Mark J. Miller). 2013. 『이주의 시대』 4판. 한국이민학회 역. 일조각.

한건수. 2007. "비판적 다문화주의: 한국적 다문화주의의 모색을 위한 인류학적 성찰." 유네스코 아시아·태평양 국제이해교육원 편. 『다문화사회의 이해』. 동녘.

_____. 2014. "한국사회의 다문화주의 혐오증과 다문화주의 실패론: 어떤 다문화주의인가?" 윤인진·황정미 편. 『한국 다문화주의의 성찰과 전망』. 고려대학교아세아문제연구소.

한경구·설동훈·이철우·이충훈·이혜경·정기선·한건수. 2012. 『해외 각 국의 이민정책 추진 체계 연구』. 법무부.

Joppke, Christian. 2007. "Immigrants and civic integration in Western Europe." In Keith Banting et.al. eds, *Belonging? :Diversity, Recognition and Shared Citizenship in Canada.* Montreal: McGill−Queen's University Press.

OECD. 2011. 『한국의 성장과 사회통합을 위한 틀』. www.oecd.org/korea.

_____. 2015. *International Migration Outlook 2015.*

7 장

이민과 안보 및 안전

이진영

　이민과 안보의 관련성은 비교적 최근에 주목받은 분야이다. 그러나 탈 냉전기에 급속하게 전개된 전 세계적 사람의 이동과, 세계화는 이민과 안보의 중요성을 어느 때보다 더욱 부각시키고 있다. 이민과 안보는 다양한 층위에서 검토되고 있다. 이민자, 사회, 국가, 세계라는 다양한 행위자와 범죄, 안전, 테러, 전통 안보 및 인간안보 등 다양한 주제로 논의되고 있다. 중요한 점은 글로벌 시대인 지금 국경을 넘어서 일어나는 이민현상이 예전과 달리 복잡한 양상을 지니고 전개돼 여러 행위자와 다양 주제가 복합적으로 결합되고 있다는 점이다. 이민에 있어 안보 논의는 이민으로 인한 안보 위협이 국가와 사회의 변화를 야기하기 때문에 발생하는 것이다. 이민이란 국경을 넘어서 일어나는 현상으로 그에 따른 이민자의 등장은 수용국의 국경, 정체성은 물론 국가 자체의 안전에 대한 논쟁을 불러일으켰다. 이 논쟁은 두 가지 방향으로 전개된다. 하나는 국가의 정체성이란 무엇인가 하는 논의이다. 다른 하나는 무슬림 이민자의 증가에 따른 극우 반이민 정치세력이 국내 정치에 등장했다는 점이다.

　또한 이주와 안보 논의는 개별 국가를 넘어 급속하게 국제화하였다. 난민과 함께 대두한 초국가적 테러는 이민을 안보와 급속하게 연결시켰고, 유럽연합처럼 여러 국가 간 공동의 이민정책의 필요성을 국제사회에 제기하였다. 반면, 누구를 위한 안전과 안보인가하는 논의 역시 이민에서 있어 안보 논의를 복잡하게 만들었다. 보통 안보는 국가 중심으로 논의되었는데, 이주민을 안보의 중심에 두면서 인간안보라는 새로운 논의를 촉발시켰다. 또한 수용국 국민이나 시민의 안전과 관련하여서는 이민자 범죄 논의를 불러일으켰다. 결과적으로 지구화 시대 이민에서의 안전 안보 논의는 이민자 개인 및 집단, 개별국가, 국제 협력 등 다양한 층위를 가진 복잡성을 그 특징으로 하고 있다.

그러므로 이 장에서는 다양한 측면에서 전개되는 이민과 안보 논의를 고찰하고자 한다. 먼저 1절에서는 이민에서의 안전과 안보 논의가 발생하여 전개되는 양상을 2015년 발생한 유럽난민 사태와 파리 테러를 중심으로 살펴본다. 수용국 중심의 개별 국가의 안보 논의가 어떻게 세계화되는지 그 과정을 설명할 것이다. 2절에서는 안보 논의를 국가 내 이민자에 초점을 두어, 무슬림 이민자 문제가 어떻게 사회통합과 연계되는지 그리고 다문화 반대 운동 등과 연계하여 정치화되는지를 살펴본다. 3절에서는 이민과 안보문제의 국제화 과정을 난민문제 및 국경에 대한 협력 등을 통해 살펴본다. 전 지구적으로 논의되는 난민, 인신매매, 이민산업 등과 관련된 쟁점을 살펴보고, 이민자의 안전에 초점을 둔 인간안보 문제도 고찰하고자 한다. 마지막으로 4절에서는 한국에서는 외국인 범죄로 불리는 이민자범죄를 살펴보고, 이를 통해 한국에서의 이민과 안보 논의의 전망을 살펴보고자 한다.

 ## 1절 이민에서의 안전 및 안보 논의의 대두

1. 2015년 '유럽 난민사태'와 '파리 테러'

2015년 여름부터 급격한 증가를 보이면서 진행된 중동 지역 난민의 서유럽으로의 이동은 유럽연합은 물론 전 세계에 충격을 주었다.[1] 특히, 터키 해변에 반쯤 얼굴을 파묻고 죽어있는 세 살배기 어린 아이의 사진은 난민의 인권에 관해 전 세계적 공분을 불러일으켰다. 그 결과 독일을 비롯한 서유럽 각국은 난민 수용의 입장을 천명하였다. 특히 독일의 메르켈 총리는 "시리아 출신 난민을 모두 받아들이겠다"라고 선언했다. 독일 시민사회 역시 환대하였다. 중앙정부와 주정부, 종교단체, 일반 주민들이 협력해서 천막과 컨테이너는 물론 교회·체육관·빈집까지 난민들의 거주지로 제공하고 생필품을 지원하여 연대감을 표시하였다. 9월 6일, 메르켈 총리는 대연정 수뇌부도 참석한 회의를 통해 긴급 종합대책을 마련했다. 관련

---

1) 난민에 대해서는 13장을 참조하시오.

예산으로 100억 유로(약 13조원)를 책정하고, 난민 숙박시설 15만 동을 건립하고, 난민 관련 행정업무를 담당할 연방 공무원과 사회봉사 요원도 대폭 늘리며, 편의를 위해 아랍어 서비스도 하기로 했다. 반면, 경제적 목적으로 입국하는 '불법 이주자'와 난민은 엄격히 구분하기로 했다(시사 In-Live, 2015.9.17.). 2015년 9월 현재, 독일에 망명을 신청한 뒤 대기 중인 난민이 74만여 명에 달함에도 불구하고, 독일의 가브리엘 부총리는 "독일은 앞으로 몇 년 동안 매년 약 50만 명의 난민을 받을 수 있을 것이다"라고 언급했다(뉴스 1, 2015.9.8.).

그러나 난민이 아닌 경제적 이민자까지 몰려들어 통제 불능의 상태로 치닫자 상황은 변하기 시작하였다. 독일의 한 연구소는 "독일이 난민 관리비용으로 올해만 211억 유로(약 26조3750억 원)를 써야 하며, 이는 정부가 올해 예산으로 책정한 100억 유로의 2배가 넘는다"고 지적하였고, 유입될 난민도 예상치 80만 명보다 더 많은 110만 명에 110만 명에 이를 것이라고 분석하였다(연합뉴스, 2015.11.11.). 이미 터키계를 포함한 400만 무슬림 인구가 있는 독일이 무슬림 인구의 급격한 증가로 무슬림 국가화하는 것 아니냐는 비판도 증가하였다. 가난한 빈민에게 이미 많은 사회복지 예산을 쏟아 붇고 있는 유럽 각국에서, 국민의 반(反)난민 정서가 확대되고 있는 점도 무제한 난민 포용에서 통제로 돌아서게 만든 요인이 되었다. 독일 내무부는 '유럽연합(EU)에 온 난민들이 첫발을 디딘 EU 회원국에서 난민 등록을 해야 한다'고 규정한 더블린 조약을 모든 난민에게 다시 적용한다고 밝혀, 중동에서 독일로 들어오는 난민들이 도착 국에서 먼저 등록절차를 마치도록 하였다. 또한 난민의 유입통로인 터키와 아프리카 국가들과의 협의하여, 이 지역에 대한 지원을 늘려 난민 발생을 억제하고자 하였다. 11월 12일 열린 유럽연합-아프리카 정상회의에서, 아프리카 국가들에 18억 유로(2.2조원)의 자금을 EU가 지원하는 대신 이민자 본국 송환에 협조를 얻기로 하였다. 유럽연합이 30억 유로(3.8조원)를 시리아 난민의 주요 경유 국가인 터키에 지원하고, 터키는 이 재원으로 난민 캠프를 설치하는 방안을 협의하는 와중에 '파리 테러'가 발생하였다.

2015년 11월 13일 발생한 파리에서의 연쇄테러는 2차 세계대전 후 프랑스에서 발생한 최악의 참사로 기록되었다. 문제는 테러범 중 일부가 그리스에서 난민 등록을 한 후 프랑스로 들어온 것으로 확인되면서, 난민을 가장한 테러가 현실화되었고, 난민에 대한 통제를 강화하려는 움직임이 현실화되었다는 점이다. 유럽연합의 공동난민정책은 물론, 각국의 이민정책과 이민자 관리에도 비상이 걸린 것이다. 또한 다른 테러범들이 무슬림 프랑스 시민인 것으로 확인되면서, 프랑스의 이민자 통합정책에도 다시 한 번 문제가 제기되었다. 무슬림 이민자 집단 거주지인 파리 북부 생드니에 숨어있던 테러범의 은신처를 준 군사작전으로 급습하면서, 프랑스 이민정책은 새로운 시기에 접어들게 되었다.

10년 전인 2005년 가을 파리 외곽에서 발생하였던 심각한 폭동을 프랑스 정부는 이민과 경제의 관점에서 접근하였다. 즉, 폭동 발생 지역에 대한 경제적 지원을 하면 이민자가 프랑스사회에 좀 더 통합될 것으로 예상한 것이다. 60조원이 넘는 예산을 집행하여 대규모 도시재생 프로젝트를 진행하였다. 하지만 동시에, 이민자에게는 더욱 엄격한 관련 법률과 입법 조치를 취했었다. 그럼에도 불구하고 2007년 다시 새로운 폭동이 발생하였고, 새로 집권한 올랑드 대통령의 좌파 정부는 이후에 이민정책에 대해 명확한 입장을 나타내지 못하고 있었다. 다만, 2015년 유럽 난민 사태의 원인이 이슬람국가(IS)의 시리아 점령이라 생각한 올랑드 정부는 더 이상의 난민 유입을 막고자 시리아에 대한 공습을 진행하였다. IS가 이에 대해 반발하여 테러 요원을 난민으로 가장해 파리에 잠입시켜, 국내 조직과의 협조 속에 파리 테러가 발생한 것이다.

2015년 유럽 난민 사태와 파리테러는 이민과 안보 논의를 이민정책의 중요한 부분으로 다시 올려놓은 계기가 되었다. 또한 위에서 언급한 것처럼, 이민과 안보 논의에 다양한 층위가 있다는 점을 보여주었다. 즉 이민자인 무슬림 난민이나 혹은 프랑스 시민이라는 개인적 층위부터, 무슬림 사회 및 각 국의 시민사회, 각 국 정부, 그리고 유럽연합과 세계라는 다양한 층위의 행위자들이 결합되어 테러문제가 발생한 것이다. 또한 경제적 소수자의 문제 혹은 기타 문제로 발생한 범죄와 폭동이 이민자(한국에서는 외국인)의 범죄 문제는 물론, 거주자들의 안전 문제 및 더 나아가 국제적 테러와 결합하고 있다. 프랑스의 예를 들면 소수자인 무슬림과 국제적 테러조직인 IS가 결합하여, 프랑스 시민의 안전을 위협하는 것이다. 특히 국제정치에서 전통적으로 논의되던 전쟁이나 테러 논의가 이민과 결합하는 새로운 양상이 나타났고, 국가나 세계적 차원의 안보 문제뿐 이니라, 이민자 혹은 난민의 '인간안보'까지 다양한 주제가 결합하여 발생한 것이다. 이제 이민은 정치의 문제, 국제정치의 문제가 되었고, 국가 및 세계 안보에서 이민은 중요한 쟁점이 되었다. 즉, 시리아 내전과 IS의 탄생이라는 국내 정치 문제가 난민을 발생시키고, 테러와 국제조직이 국내 조직과 연계되며, 난민의 인권 등 인간 안보문제가 이민에서 새롭게 대두하였고, 반면 수용국에서는 시민의 안전과 이민정책이 결합되어 이민자범죄 문제와 더불어 반이민 정서가 나타났으며, 난민과 테러라는 주제에 대한 국제적 공조와 협조가 나타난 것이다. 글로벌 시대 국내의 이민문제는 국제 이민문제화하며, 국제 이민문제는 국내 이민문제와 밀접하게 연관되어 진행되고 있는 것이다. 즉, 글로벌 차원에서 이민과 안보 문제가 현실화 된 것이다.

사실, 아프리카나 중동지역에서 유럽으로의 사람의 이동은 특별한 것이 아니었다. 그러나 2015년 들어 발생한 대량 난민 사태는 이민에 있어 안전과 안보에 관한 문제에 다시 한 번 주목하게 하고 있다. 중동난민의 발생 원인은 가깝게는 2011년부터 시작된 시리아 내전에서 찾을 수 있다. 반정부 조직의 시위가 시리아 정부에 의해 무자비하게 진압되면서, 반정부 세력의 무장투쟁이 전개되었고, 시리아는 내전 상태에 들어가게 되었다. 이미 이 시기 난민이 발생하였지만, 주로 인접국과 연관되는 지역적 문제였을 뿐이다. 시리아 난민 문제가 국제화되는 계기는 시리아 내전에 대한 열강의 입장 차이와 함께, IS가 등장하기 시작하면서부터이다. 이슬람 수니파 무장조직인 IS는 중동지역 특히 시리아, 레바논, 요르단에 걸친 레반트(Levant) 지역에 이슬람 신정국가를 세우는 목적 아래, 무자비한 처형을 통해 공포정치를 실시하였고, 그 결과 IS의 점령을 피해 대피하는 대량 난민을 발생시켰다. 이들 난민들이 유럽으로 대거 이동하면서 유럽에 2015년 대량난민 사태를 일으킨 것이다. 또한 2차 세계대전 이후 최대 규모의 난민 이동이라는 사태가, 파리테러와 연관되면서 이민과 안보 논의가 다시 점화된 것이다.

2. 9 · 11과 안보 논의의 시작

그렇다면 이민과 안보의 결합은 언제 발생하였는가? 이민에 있어 안보 논의는 비교적 최근에 발생하였다. 세계화(globalization)가 진행되면서 발생한 다양한 사례들이 있지만, 그 직접적 계기는 2001년 9월 11일 미국 뉴욕의 쌍둥이 빌딩에 가해진 항공기 자살 테러인 9·11 테러였다. 이민자들에 의해 이루어진 것으로 알려진 9·11 테러는 그 수법이나 규모에 있어 이전과는 다른 형태의 테러였다. 9·11을 통하여 이민은 안보와 연결되어 논의되고, 안보의 영역이 되었다. 또한 테러리즘이 이민논의의 중심에 서게 되었다. "모든 것이 변하였다. 세계는 결코 이전과 같아질 수 없다"는 미국 법무장관의 언급이나, "이제는 새로운 시기에 접어들었다"는 부시 대통령의 언급은 9·11이 미국의 이민정책은 물론 미국 및 국제정치에 준

충격을 잘 표현하고 있다(김연진, 2012).

그 결과 21세기가 시작된 이후 10년(2001~2010)간 미국에서는 국가, 국경, 국토의 안보 논의가 모든 것의 중심에 놓이게 되었다. 테러와의 전쟁은 국민국가 중심의 안보라는 전통적 안보 틀에서, 전 세계를 대상으로 하는 비전통 안보문제의 하나로 이민 문제를 대두시켰다. 즉 이민이 안보의 중심 주제가 된 것이다. 9·11 테러사건 이후 미국 이민정책은 국가안보와 반(反)테러리즘이 그 중심에 놓이게 되었으며, 그 결과 이민에 대한 지속적인 감시와 관리 그리고 통제가 기본이 되는 이민 집행이 이루어졌다. 관련제도의 정비는 물론 새로운 법의 제정과 집행 강화, 국경 관리의 통제 및 강화가 이루어졌다.

제도의 변화에서 가장 먼저 이루어진 것은 9·11 직후 신속하게 제정된 "애국자법"이다. "테러행위를 할 우려가 있는 어떤 외국인도 증거나 청문 없이 추방하거나 구금할 수" 있는 이 법은 테러리즘에 대한 국내 안보 강화, 감시절차의 강화, 법 집행의 강화, 국경 관리의 통제 및 강화가 목적이다. 그 결과, 국토안보부가 2003년 3월 정식 출범하였다. 국토안보부는 이민국과 세관은 물론, 해양수비대, 교통보안국, 연방위기관리청까지 포괄하여 테러방지를 위해 22개 관련 부서를 포괄하여 설립된 조직으로, 안보에 기초한 이민정책의 새로운 통합기구로 형성되었다(정하명, 2015). 국토안보부의 설립 목표는 테러리즘 예방 및 안전보장 증진, 국정 안정과 관리, 이민법의 집행과 관리, 사이버 공간의 보호와 안전, 재난 대비 및 복구이다. 즉, 이민정책을 테러 및 안보와 연관하여 집행토록 하였다. 특히 새로운 형태의 테러 및 불법적 이민 관련 범죄가 발생하고 있는 사이버 공간도 포함한 점에서, 이민관리의 미래마저 대비하는 중요한 정책적 변화라 할 수 있다.

그 결과, "국토안보를 위한 국가전략(National Strategy for Homeland Security)"을 정책의 목표로 설정하면서, 사람의 이동에 따른 이민을 안보 시각에서 재규정하였다. 가령 이동성과 파괴력이 강한 테러리즘은 국경과 운송에 심각한 영향을 줄 수 있으므로, 안보에 기반을 둔 국경의 재 개념화가 필요하다는 점을 규정하였다. 이는 글로벌 시대 사람의 이동이라는 이민이 안보와 밀접하게 연관되어 있음을 명시한 좋은 예이다.

여기에 덧붙여, 미래의 국경이 현재 국민국가들의 국경을 넘어서거나, 사이버 상에서는 국경이 사실상 존재하지 않는 점에도 주목하였다. 국경을 무시하고 전개되는 테러리스트의 위협, 마약 등 국제 조직 범죄, 사이버 범죄 등이 좋은 사례인

데, 이를 막기 위한 국제사회의 정보공유가 여러 측면에서 필요하다는 점도 역설하였다. 그 결과, 이민과 국경 관리라는 측면에서 새로운 제도적 조치들이 고안되고, 공유되었다. 가령 승객들이 비행기에 오르기 전 사전 조사를 하도록 한다든지, 외국 국적자에게 기계로 판독이 가능한 데이터를 요구한다든지, 신분을 나타낼 수 있는 새로운 기술을 개발하는 등의 제도적인 장치들이 고안된 것이다.

제도적 측면에서 특히 주목할 점은 이민, 국경보호, 시민권 관련 업무가 국토안보부 내에서 결합되어 집행된다는 점이다. 즉, 이민정책을 집행할 때 안보에 대한 우선적 고려가 숨어있는 것이다. 안보에 대한 고려는 제도적 정비뿐 아니라 이민자 개인의 삶에도 큰 영향을 미쳤다. 국가안보출입국 등록제(NSSEERS: National Security Entry Exit Registration System)는 외국태생 무슬림에게 등록과 지문날인을 요구하고, 알카에다(Al–Qaeda: 사우디 아라비아 출신의 오사마 빈 라덴이 조직한 테러단체로 9·11 테러를 주도함)가 활동하는 국가로부터 입국하는 비시민권자의 경우 잠재적인 테러리스트로 간주하여, 등록, 면담, 심사, 구금 프로그램이 가능토록 하였다. 2011년 특정국가에 대한 이러한 조항은 폐지되었지만, 이민자에 대한 단속을 통해 이민자 통제를 강화하려는 관리정책은 유지되고 있다(김연진, 2012).

결론적으로, 9·11 테러를 기점으로 이민에 있어 안보 논의가 구체적으로 이민정책에 반영되어, 제도화되고 집행되었다. 또한 이민과 안보 논의가 결합하면서 나타난 다른 측면인, 시민의 안전과 이민자에 대한 인간안보 문제 역시 강조되기 시작하였다. 이러한 일련의 전개는 각 국가에서 이민정책을 둘러싼 논쟁을 격화시켜, 이민정책이 정치와 선거의 주요 쟁점으로 등장하는 이민정책의 정치화를 더욱 강화시켰다. 또한 국가안보, 사회안보, 인간안보 등 층위를 달리하는 안보 논의를 유발하였고, 국경을 넘는 다양한 이민 현상들이 안보의 측면에서 조명되는 새로운 계기를 만들었다. 또한, 2015년 발생한 유럽에서의 대량 난민과 파리 테러는 9·11 이후 이민과 안보가 결합되는 상황을 다시금 확인시켜주었다.

2절 국가 내에서의 이민과 안보 논의

이민과 안보 쟁점은 국내와 국제 사회를 넘나들면서 논의되고 있다. 위의 절에서 살펴본 바와 같이 이민이라는 현상 자체가 국경을 넘나드는 것으로, 이민자들에 대한 테러나 범죄는 국제적 현상임과 동시에 국내적 현상이기도 하다. 다만 분석의 편의상 구분하여 살펴본다. 특정 국가의 국내에서의 이민과 안보 논의는 주로 북미와 유럽 등 서구 국가에서 출현한 무슬림(회교도) 이민자에 의한 여러 형태의 사회 국가적 정체성에 대한 위협에서 출발한다. 또한 이에 대한 반작용으로 나타난 이민에 반대하는 극우 및 민족주의 세력 즉, 반(反)이민 정치세력의 대두로 살펴볼 수 있다.

1. 무슬림 이민자와 안보 논의의 시작

무슬림 이민자에 의한 안보적 위협 논의는 유럽에서 1990년대부터 시작되었다. 물론 서구에서 무슬림과 기독교의 갈등은 오랜 일이지만, 문화적 충돌과 관련하여 정치화하고 의제화한 것은 1990년대 탈냉전 시기부터 시작되었다. 즉 서구적 가치관에 기초하여 성립된 근대 서구 국가가 이민자들에 의해 가치관이 위협받는 문화충돌 현상이 일반화되면서 정치화되는 것이 이민자 안보 논의의 핵심이다. 문제는 이런 문화 충돌이 무슬림에 의해 발생하였다는 점이다.

서유럽에서 쟁점이 된 최초의 사건은 1988년 영국에서 시작된 '살만 루시디 사건'이다. 살만 루시디란 인도계 무슬림 영국인이 쓴 '악마의 시'란 소설에서, 예언자 무함마드를 거짓말쟁이로 묘사하고, 그의 성생활을 언급하는 등 신성 모독적인 표현을 하였다고, 영국 무슬림들이 반발한 사건이다. 처음에는 영국 내 무슬림에 의해 시작된 운동이 전 세계적으로 확대되면서, 서구에서 표현의 자유라는 가치와 무슬림의 종교적인 신념의 보호라는 가치가 충돌한 대표적인 사건이 되었다. '악마의 시'에 대한 판매를 금지하고, 살만 루시디를 신성모독죄로 처벌받게 해달라는 요구가 받아들여지지 않자, 영국 무슬림 단체들은 1989년 초부터 '악마의 시'를 불태우는 행사를 진행하였다. 그러나 종교적 신념을 보호해달라는 무슬림들의 요구보다는 오히려 표현의 자유라는 가치와 충돌한다고 주장하는 영국 정치인들의 문제 제기가 여론의 지지를 더 받게 되고, 때마침 이란의 혁명지도자인 호메이니 가 살만 루시디에게 '죽음의 저주'를 내리면서 이 문제는 표현의 자유와 종료적 신 념을 넘어서는 정치적 문제로 급격하게 부상되었다(박재영, 2008).

일부 영국 정치인들은 영국의 가치를 존중하지 않는 이민자에게 본국으로 돌 아갈 것을 요구하였고, 반면 호메이니에 의해 150만 달러의 현상금이 걸린 살만 루시디는 10여 년 간 사실상 은둔생활을 하였다. 무슬림들의 요구에 대해 영국 정 부는 대체적으로 선택적 개입에 의한 무시를 하였는데, 그 결과 불만을 품은 무슬 림의 사회통합 문제가 영국 이민정책의 중요한 의제로 부상하였다. 영국 정부는 의사표현의 자유와 법의 지배라는 원칙에 의거하여, 무슬림들이 요청한 도서 판매 금지를 할 수 없다고 밝힌 것이다.

살만 루시디 사건이 발생하고 25년이 지난 2015년 1월에 프랑스 파리에서는 샤를리엡도(Charlie Hebdo)에 대한 테러 사건이 발생하였다. 샤를리엡도란 프랑스 의 풍자전문 좌파 성향의 주간지이다. 이 주간지 사무실에 이슬람 극단주의자 테 러리스트들이 침입, 편집장을 포함 12명이 사망하였다. 샤를리엡도에 실린 만평이 이슬람을 모독하였다고 판단한 예멘의 알카에다 조직이 저지른 테러였다. 샤를리 엡도는 여러 차례 이슬람 관련 만평을 게재하였고, 이에 대해 무슬림들의 위협을 받아왔다. 2006년 이슬람교 창시자 무함마드에 대한 만평을 게재하면서 이슬람권 의 비난을 받았고, 2011년에도 무함마드를 부정적으로 묘사한 만평을 게재해 화염 병 공격을 받았다. 2012년에는 무함마드 누드를 묘사한 만평을 게재하여, 이슬람 단체로부터 명예훼손으로 제소되기도 했다. 이에 알카에다는 2015년 테러사건 1년 전에 이미 편집장 스테판 샤르보니에르를 현상수배하기도 하였는데, 결국 2015년 비극적 테러가 발생한 것이다(오창룡, 2015).

그러나 위의 살만 루시디 사건처럼 샤를리엡도 테러사건 역시, 표현의 자유를 중시하는 서구사회의 거센 반발을 불러일으켰다. '나는 샤를리다(Je suis Charlie)'라 는 구호 아래, 10만여 명의 시민들이 거리로 나와 테러에 반대하는 시위를 전개하 였다. 특히 테러가 발생한 기간에 발행된 샤를리엡도의 커버스토리가 오히려 서구 사회의 이슬람혐오를 비판하는 기사인 것으로 알려지면서, 극단주의 이슬람 테러 에 대한 반감이 정치적 행동으로 표출되었다. 반면 일반 이슬람과 극단주의 이슬 람을 구분하여야 하고, 서구 사회 내 무슬림을 종교적 관점이 아닌 소수집단으로 바라보아야 한다는 반론도 제기되었다. 그러나 중요한 점은 위의 두 사건을 통해,

무슬림 이민자와 안보 논의가 급격하게 의제화되고 정치화되었다는 점이다. 즉 하나의 중요한 사건이 쟁점화 되면서, 현실 정치와 이민은 새롭게 결합되기 시작한 것이다.

2. 서구 사회 무슬림 이민자와 사회통합

1990년대부터 서구 사회를 위협하여 '안보 문제화'한 일부 극단주의 무슬림들의 행동은 이민자 사회통합이라는 과제를 이민정책의 중요한 의제로 만들었다. 주요 서유럽 국가들은 국내 차원에서 무슬림 이민자들을 자국의 가치 체계에 편입시켜 사회의 정당한 구성원으로 대우하고, 동시에 사회 갈등을 최소화할 수 있는 방법을 모색하기 시작하였다. 이는 무슬림 이민자들을 일반 이민자와는 다른 대상으로 범주화하는 것을 의미함과 동시에, 무슬림 이민자의 사회 통합이 정치 의제로 부상하였음을 의미한다.

위에서 살펴본 살만 루시디 사건과 같은 유럽 내 무슬림과 유럽사회와의 충돌은 점차 정치운동으로 발전하여, 유럽 각국에서 소요사태나 테러 혹은 정치적 이견 표출로 이어졌다. 유럽 무슬림 이민자의 정치화는 탈냉전 이후 지난 사반세기 동안 나타난 중요한 국제정치 현상이자, 유럽의 국내정치 현상이다. 한 통계에 따르면, 1990년 이후 유럽 내 정치적 시위 및 저항에서 이민 문제는 점차 중요한 부분을 차지하고 있다. 유럽통합이나 국제적 이슈는 물론, 각 국의 실업 및 경제문제, 각종 사회문제, 정치 문제가 산적함에도 불구하고, 이민문제가 중요한 문제로 급격하게 정치화하고 있음을 알 수 있다(최진우, 2012).

무슬림 이민자의 정치화 배경에는 여러 요인이 있다. 먼저 서유럽 각국에서 무슬림 이민자가 급속하게 증가하였고, 이민자의 세대교체가 시작되었다는 점이다. 프랑스의 경우 1960년대 알제리 사태가 진정되면서 유입된 125만 명의 프랑스 국민과 일부 무슬림 이민자들의 후속 세대가 사회 전면에 등장한 시기가 1980년대 이후부터이다. 영국 역시 식민지였던 인도, 파키스탄, 방글라데시 등 아시아 이민사(영국에서 통념상 '아시안'이란 Asian sub-continent, 즉 인도대륙민을 의미한다) 중 무슬림 인구가 사회 전반에 정착하여 집단화를 시작한 시점도 1980년대이다. 독일의 경우, 1961년부터 시작된 터키계 이민자들이 정착하면서, 가족을 초청하고 하나의 이민 사회를 형성하여 후속세대가 사회 전면에 나타나게 된 시기가 1980년대 중반 이후부터이다. 즉, 서유럽 주요 3개국의 무슬림 이민자들은 60년대 독신 노동자로 혹은 식민지에서 입국하여, 가족을 초청하던지 형성하여 2세가 출생한 후, 그 2세가 청년층이 되는 시기가 80년대 중후반으로 일치하게된 것이다. 두 번째로 지적할 것은 무슬림 이민자들에 대한 사회 경제적 차별이나 배제였다. 1960년대와 70년대 서유럽 국가에 도착한 무슬림 이민자들은 주로 독신으로, 임시 거주 후 본국으로 돌아갈 것으로 기대되었다. 그 결과 외국인노동자를 특정 직업, 업무 및 지역에 한정하는 제한 정책을 실시하였다. 그러나 70년대 이후, 각 국의 완화된 이민정책으로 이들은 정착하면서 시민권을 획득하였다. 그러나 시민권자임에도 불구하고 사회 경제적으로는 사실상 분리 배제되는 상태였다. 즉, 도심이나 교외에 민족, 인종 혹은 종교에 의한 집단 거주지가 발달하게 되고, 그 결과 노동시장에서의 분절과 함께 사회 복지 정책에서도 대부분 열악한 상태로 남게 된 것이다. 교육이나 취업에서의 불이익은 세대를 넘어 이어지게 되어, 사회 불안정의 한 요소가 된 것이다.

세 번째의 요인은 전 세계적으로 진행된 지구화와 그에 따른 국제정치적 요소이다. 냉전의 해체 과정에서 국제정치적으로 중요한 문제는 소련에 대한 포위였다. 1979년 발생한 아프가니스탄에 대한 소련의 침략 및 점령에 반대하는 이슬람 저항운동을 미국 등 서구가 지원하면서 무슬림의 국제적 연대가 1980년대부터 진행되었다. 다양한 정보통신 기술의 발달로 급진주의 무슬림 운동은 급격하게 국제화되었고, 탈레반, 알카에다, IS로 이어졌으며, 유럽 내 무슬림들과 네트워크화되기 시작하였다. 처음에는 살만 루시디 사건과 같은 이슬람 가치에 대한 도전에 대응하는 소박한 국제적 연대로부터 시작하였지만, 탈냉전 이후에는 전 세계적으로 진행된 민족과 종교 의식이 고양되면서 중동 및 중앙아시아 그리고 북아프리카에서 진행된 급진 이슬람 원리주의 운동과 연관되면서 과격화되었다.

1980년대와 1990년대가 서구 사회 내에서 무슬림의 후속 세대가 등장하는 시기였다면, 이는 후술할 난민의 유입으로 더욱 확대되었다. 냉전 후 격화된 민족분쟁과 국가 해체 등으로 급증한 난민은 21세기 들어 더욱 증가하기 시작하였고, 이 중 무슬림 난민이 대다수를 차지하게 된 것이다. 그 결과 서유럽 각 국의 무슬림 이민자 인구는 급증하여, 서유럽 5개 국가가 100만 좌우의 무슬림 인구를 보유하게 되었다. 2015년 추산 프랑스의 무슬림 인구는 500만을 상회하는 것으로 추정되며, 독일 300만, 영국 160만, 스페인 100만, 네덜란드 95만, 이탈리아 80만, 벨기에 40만, 오스트리아, 스위스, 덴마크, 스웨덴이 각기 30만 전후의 무슬림 인구를 보유하게 된 것이다. 즉 유럽 전체로 무슬림 이민자의 수는 추정치로 1,500만에 육박하게 되어, 유럽 통합의 진행과 함께 유럽 내 하나의 거대한 집단으로 자리 잡게 된 것이다.

이러한 무슬림 이민자에 대한 사회 통합 노력은 처음에는 개별국가의 이민정책의 테두리 안에서 이루어졌다. 그러나 거듭되는 이슬람 극단주의자들의 정치 행동과 국제적 네트워크로 이루어지는 무슬림 이민자들의 정치적 저항으로 유럽연합(EU)에서는 공동의 이민 및 망명정책을 마련하는 단계로까지 진행되게 된다.

무슬림 이민자들의 정치적 저항은 정치 참여의 한 형태로 출발하였다. 그러나 곧 국제적 네트워크에 의해 극단주의적 테러와 결합되면서 그 양상을 달리하게 되었다. 최근에는 극단적 이슬람의 영향을 받은 소위 '외로운 늑대(Lone Wolf)'라는 자생적 무슬림 이민자 테러리스트도 나타나고 있다. 즉, 20세기에는 주로 인종차별에 대한 무질서적 저항운동의 성격이 강하였다면, 21세기 들어 좀 더 조직화된 테러의 양상을 띠게 되었고, 그 테러는 국제화된 것이다. 영국에서는 1980년과 81년, 1985년과 1986년, 1991년 등에 주로 런던 남부의 흑인 밀집지역에서 발생한 폭동이 대표적 인종관계 폭동이다(정희라, 2011). 프랑스에서의 상황 역시 다르지 않았다. 중요한 점은 이슬람이라는 종교보다는 이민자에 대한 차별이 인종적 편견과 결합하여 발생했다는 점이다. 이 시기에는 오히려 이민자에 대한 극우 세력의 테러와 방화 등이 문제가 되었다. 통일된 독일에서는 통일의 후유증으로 상대적 박탈감이 큰 동독 지역에서 이민자에 대한 폭력이 증가하였다.

그러나 늘어난 무슬림 인구와 전 지구화로 인한 새로운 세계질서 속에서 국제적이고 경쟁적으로 이루어진 이슬람 선교가 결합하면서, 서구에서의 무슬림 이민자의 저항은 새로운 단계에 접어들게 된다. 소련에서 독립한 중앙아시아 및 코카서스 이슬람 국가에 대한 사우디아라비아 및 터키 등의 선교 지원과, 서구에 의한 아프가니스탄 전쟁 및 이라크 전쟁은, 중앙아시아, 중동 및 북아프리카에 이르는 이슬람 벨트에서 이슬람을 급속하게 재확산시켰다. 또한 난민의 대거 유입은 난민 출신국 및 출신 민족 무슬림과 서구 거주 무슬림을 네트워크화 시키면서, 무슬림의 정치운동은 새로운 양상에 접어든 것이다. 즉, 모국에서의 문제가 거주국의 무슬림 이민자에게 확산되기도 하고, 거주국에서의 차별과 배제에 불만을 품은 무슬림 이민자가 폭력화하는 계기를 맞게 된 것이다. 즉 테러와 무슬림 이민자가 결합되는 양상이 확산되는 것이다.

1995년 알제리를 지원하는 프랑스 정부에 항의하는 차원에서 시작된 지하철 폭탄 테러는 그 시작이었다. 7월에서 9월까지 AIG(무장 이슬람 그룹: Armed Islamic Group)에 의해 자행된 테러는 총 8차례 발생하여, 10명이 사망하고 200여 명이 부상하였다. 그러나 AIG테러는 이슬람과의 연계는 아니었다. 2005년 파리 외곽에서 발생한 폭동은 테러는 아니었으나, 이슬람 저항운동이 이후 테러 형태로 발생할 수 있는 중요한 기반을 제공하였다. 무슬림 이민자 청소년 두 명이 순찰 돌던 경찰을 피하고자 변전소로 들어가 감전사한 사건으로 촉발된 시위는 폭동으로 발전하였고, 프랑스 전국 35개 지역의 무슬림 소요로 확산된 것이다. 실업과 경찰 등 공무원의 무슬림 청년들에 대한 고압적 태도에서 비롯된 이 소요 사태는 프랑스의 공화주의 모델에 대한 근본적 질문을 제기하였고, 무슬림이 집단적으로 자신들의 종교적 정체성을 확인하는 계기가 되었다(박재영, 2008). 경제적 차별에 의해 발생한 소요 사건으로 규정한 사르코지 정부의 대응은 문제를 해결하지 못했고, 2007년 폭동이 다시 발생하였다. 2007년의 폭동은 2005년보다 더 격렬하여, 무슬림 이민자들은 경찰을 향해 화염병을 던지거나, 시설에 대한 방화를 시도하였다. 도시게릴라로 규정하여 진압한 프랑스 정부의 강력한 조치로 소강상태에 놓이게 된 이후, 잠재된 무슬림 이민자의 불만과 과격 이슬람 단체와의 결합이 2015년 발생한 샤를리엡도 테러와 파리 테러로 귀결된 것이다.

영국 역시 예외가 아니다. 1990년대 아시아계 이민자들이 집단 거주하는 곳에서 저항운동의 형태로 여러 차례 시위가 발생하였다. 이러한 시위는 2001년 만체스터의 아시아계 여성이 운영하는 그로서리(식료품점)에 백인 청년이 돌을 던져 시작된 파키스탄 및 방글라데쉬 출신 청년들의 시위로 발전하였는데, 당시 시위는 종교적인 것이 아니었다. 그러나 2005년 런던 지하철 및 버스에서 발생한 자살 폭탄 테러는 경우가 다르다. 이 테러가 영국의 공교육을 받고 자란 영국 태생의 무슬림 이민자 2세들에 의해 이루어진 것으로 알려지면서, 영국 사회가 큰 충격을 받았으며, 영국에서도 무슬림 이민자와 테러가 결합되기 시작하였다. 2007년 발생한 글라스고우 공항 터미널 폭탄 테러와 2011년 발생한 원자력발전소 테러 모의 및 2013년 영국의 참전에 항의하는 영국군에 대한 테러까지, 이후 무슬림 이민자의 테러는 급격하게 정치화하게 된다.

21세기 들어 무슬림 이민자와 그와 연관된 테러는 유럽 각 국에서 발생하면서 확산되었다. 특히 이슬람이란 종교에 대한 차별과 무슬림 이민자에 대한 차별

이 서구 사회 내에서 문화충돌과 결합되면서, 복잡하게 전개되었다. 대표적인 것이 소위 '히잡 논쟁'이다. 히잡이란 무슬림 여성이 머리에 착용하는 스카프 같은 것으로, 머리, 귀, 목을 가리는 무슬림 여성의 전통적 의상의 한 형태이다. 얼굴만 내놓고 머리부터 발 끝까지 가리는 차도르, 눈만 내놓는 니깝, 눈 부분 마저 그물로 가리는 부르카에 비해 가장 온건한 방식이다. 그러나 공공장소에서 히잡 착용은 무슬림 여성으로서의 정체성을 나타내는 것을 넘어서, 서구에서 무슬림 여성의 저항성 및 정치적 참여를 표현하는 하나의 수단이 되었다. 공립학교에서의 히잡 착용에 대해 독일은 개인의 종교적 자유보다 국가의 종교적 중립성이 우선한다는 2003년 헌법재판소의 판결을 통해 사실상 금지라는 조치를 취하였다. 프랑스 대혁명 이후 종교와 세속의 분리를 주장하는 공화주의 전통에 충실한 프랑스 역시, 2004년 종교적 상징 착용금지법을 통해 사실상 공공장소에서의 히잡의 착용을 금지하였다. 이러한 조치는 히잡 착용이 단순한 종교적 신념을 표현하는 것이 아닌, 급진 과격 무슬림 운동과 결합되는 하나의 상징물로 여겨진 것으로, 서구 사회 무슬림 이민자의 사회 통합과 관련하여 관용을 나타내는 하나의 상징적 준거틀로 작용하였다.

3. 반(反)이민과 이민정치의 대두

국내 차원에서 이민과 안보 문제의 결합은 이민 및 이민자에 반대하는 반이민 운동이라는 수용국의 새로운 정치적 운동으로도 나타났다. 이민 반대 운동은 이민정책의 역사만큼 역사적으로 오래되었다. 인종과 민족에 근거하여 차별적으로 이민을 받아들이는 법률의 제정도 일종의 반이민 운동으로 1882년 미국에서 반포한 중국인 배제법(Chinese Exclusion Act)이 그 한 예이다. 여기에서는 극우주의 세력의 등장과 그에 따른 이민문제의 정치화가 시작되는 1970년대 이후로 한정하여 논의하겠다.

2015년 파리 테러 발생 후 1개월이 안된 12월 6일 프랑스에서 실시된 광역지방선거에서, 극우 성당인 국민전선(FN)이 28.14%를 득표해 1위를 차지했고 13개 선거구 중 6개 선거구에서 승리하는 이변을 연출하였다. 13개 선거구에서 총 4460만 명의 유권자가 참여한 이 선거에서 2만 1456명의 후보가 출마했는데, 그간 소수당에 불과하였던 국민전선이 집권당인 올랑드 대통령의 사회당은 물론, 전 대통령 사르코지가 이끄는 우파 진영을 근소한 차이로 물리치고 1위를 차지한 것이다

(중앙일보, 2015.12.8.). 1972년 창당한 이래 처음으로 선거에서 1위를 차지한 국민전선은 유럽연합(EU) 내 국경 통제 재개, 무슬림 이민자 반대, 유로화 폐지 등을 공약으로 내세웠다. 즉 이민과 관련된 쟁점이 주요 공약 중 두 개를 차지한 것이다. 반이민 운동은 이제 유럽에서 명백한 정치적인 주요 현상이 되었으며, 이민문제는 정치화되었다. 사르코지가 2006년 이민 및 통합법(Immigration and Integration Law)을 만들고, 경제적 선별 이민정책, 장기 거주자 의무 통합정책, 모국과 수용국의 상호발전을 강조하면서, 통제에 근거한 이민정책을 천명하고 2007년 대선에서 당선된 것 역시 프랑스에서 이민 문제가 정치에 있어 중요한 의제로 자리 잡았음을 반증하는 것이다. 반면 10년도 지나지 않은 2015년에 국민전선의 마리 르펜 대표가 득표율 41.9%로 1위를 차지하고, 남부 지역에서 출마한 르펜의 조카 마리옹 마레샬 르펜도 40.6%로 1위를 차지한 것은 2015년에는 반이민 정서가 현재 프랑스의 큰 정치적 흐름으로 자리 잡았다는 것을 말해준다. 비록 일주일 후 열린 2차 결선투표에서는 완패했으나, 이러한 흐름이 강력하게 존재하는 것을 확인시켰다.

  대서양 건너 미국의 경우도 예외가 아니다. 2016년 대통령선거를 앞두고, 공화당 경선 후보 주자인 도널드 트럼프는 프랑스 파리 테러 사태와 미국 캘리포니아 샌버너디노 총격사건(2015년 12월, IS를 추종하는 무슬림부부가 무차별 총격을 가해 14명이 사망한 사건) 후 미국인의 반(反)이슬람 정서를 자극하며 지지율을 높이는 이민정치를 하였다. 불법 체류 멕시코인들을 성폭행범이라고 매도하기 시작하며 대중의 관심을 끄는데 성공한 트럼프는 1100만 불법이민자 전원 추방, 미국과 멕시코 사이 국경장벽 설치, 출생에 의한 자동 시민권(Birthright citizenship) 폐지를 통한 이민자 제한이라는 반이민정책을 구체적으로 범주화하였다. 이민문제를 가장 중요한 선거 쟁점으로 부상시킨 것이다. 트럼프에 대한 국민의 지지가 일시적 바람일 것이라는 전문가들의 예상과는 달리, 파리 테러와 샌버너디노 총격 사건 후 그에 대한 지지는 더욱 굳건해졌다. 그는 반이민의 관점에서 외교·안보정책을 바라보아, '이슬람국가(IS)' 격퇴를 위한 대규모 지상군 투입 등 강력한 대(對)테러 전쟁은 물론, 무슬림 공동체 데이터베이스(DB)화, 일부 모스크 폐쇄 등 반이슬람 정책을 지속한 것이다. 트럼프가 공화당의 대통령 후보가 되거나 혹은 안 되거나 하는 점은 부차적 쟁점이다. 중요한 점은 바야흐로 이민이 미국 정치에서 가장 중요한 의제 중 하나로 부상했다는 점이다.

반이민 운동과 극우 정당의 약진은 21세기 들어 유럽을 중심으로 더욱 강화되고 있는 현상이다. 특히 2015년 발생한 대량난민 사태는 후술할 유럽연합의 난민에 대한 공동 대응을 약화시켰고, 극우정당을 더욱 강화시키거나, 이민에 반대하는 보수 정당의 입지를 강화하는 결과를 가져왔다. 폴란드에선 2015년 10월 25일 실시된 총선에서 난민 수용에 반대하는 중도우파 성향의 법과 정의당(PIS)이 1989년 공산정권이 무너진 후 처음인 과반 의석을 차지하며 8년 만에 정권을 탈환했다. 스위스의 10월 18일 실시된 총선에서도 이민자와 난민의 수를 엄격하게 제한해야 한다고 주장한 우파 성향의 스위스 국민당(SVP)이 전체 하원 의석 200석 가운데 65석을 차지하여 1위를 했다. 이보다 앞서 6월에 열린 덴마크 총선에서도, 배타적 이민정책을 표방한 극우성향의 덴마크 국민당이 21% 득표율로 제2당이 되어, 중도우파인 자유당과 함께 정권을 차지하였다. 5월 실시된 영국 총선에서 난민을 떼거리라고 표현한 집권여당인 보수당이 압도적인 표차로 노동당에 압승했다. 극우정당인 영국독립당의 반이민 노선이 반영된 결과이다. 핀란드에선 4월 총선을 통해 극우 정당인 진짜핀란드인당이 제2당이 되면서, 우파인 중도당과 집권연정에 참여하고 있다. 스웨덴에서도 2014년 총선에서 극우 정당인 스웨덴민주당이 제3당이 되었고, 노르웨이에서도 2013년 총선에서 보수당과 진보당 등 우파 계열 4개 정당이 정권을 잡았다. 즉 반이민의 기세는 극우정당의 약진이나, 반이민에 대한 정책을 정강정책에 수용하는 우파 보수 정당들에 의해 지난 수년간 지속적으로 점증하고 있다(이코노미스트, 2015.12.14.). 2015년의 난민 사태와 파리 테러는 이러한 흐름에 기름을 붓는 것과 같은 효과를 가져왔고, 반이민의 이민정책은 가장 중심적인 정치 의제로 등장하였다.

 ## 3절 이민과 안보 논의의 국제적 확산

국내에서의 이민과 안보문제는 제2절에서 살펴본 것처럼 수용국에서 특히 무슬림 이민자들을 중심으로 한 정치참여나 시위 및 소요 그리고 테러에 이르기까지 발생하였고, 이와 함께 수용국 국민들의 반작용이라 할 반이민 및 극우정당의 약진이란 형태로 광범위하게 진행되었다. 그러나 지난 사반세기 나타난 이민과 안보 논의에서 중요한 또 하나의 관점은 이민과 안보 논의가 초국가적으로 확산되는 국제 문제가 되었다는 점이다. 즉, 개별국가별 이민 통제나 관리 혹은 사회 통합의 문제 가 국민국가의 경계를 넘어 국제화한 것이다. 물론 이민이란 현상 자체가 국민국가 의 국경을 넘는 현상이기에 당연하다고 할 수 있으나, 세계화(globalization)시대 달 라진 점은 초국가적 이민문제가 새롭게 등장하였다는 점이다. 앞서 살펴본 테러의 문제, 이 책의 13장에서 논의될 난민문제, 14장에서 논의될 유럽연합의 공동 이민 및 난민정책에서의 안보 쟁점, 그리고 인권 차원에서 제기되는 인간안보 문제 등이 이민정책과 관련하여 국제적으로 제기되고 있는 초국가적 이민과 안보 문제이다.

1. 난민과 국경 그리고 안보

파리 테러의 용의자 2명이 그리스에서 난민 등록 후 프랑스로 입국한 것으로 나타나 난민 위장 테러의 현실화를 우려하는 목소리가 커지고 있고, 난민에 대한 통제를 주장하는 반난민정책과 반이민정책이 유럽에서 점차 힘을 얻어가는 과정을 위에서 살펴보았다. 그러나 국경을 넘는 난민문제에 대한 쟁점은 테러와의 연결만 이 아니다. 난민의 권리도 다른 쟁점이다. 난민에 대한 국제적 보호는 사실상 의 무 사항으로, 국제사회는 난민에 대한 보호와 지원을 하여야 하는 것이다. 문제는 난민이 이민정책의 핵심적 사항인 국경 통제를 넘어, 한 국민국가로 들어오거나 혹은 경유하여 다른 국가로 이동한다는 점이다. 그 결과 국가 안보위협에 대한 부 담이 난민 보호라는 인권적 조치와 상호 대립되면서 한 국가의 이민정책을 규정하 게 된 것이다. 2015년 대량 난민 사태의 발생 이전에 크게 국제적 쟁점이 된 사 건으로는 '탐파 위기'와 '람페두사의 비극'이 있다.

탐파위기(Tampa Crisis)란 2001년 8월에 아프가니스탄 비호신청자 439명을 태 운 인도네시아 선박이 호주 크리스마스 섬(서부 호주 퍼스로부터 서북쪽 2700Km 떨 어진 호주 최북단 영토) 근처에서 침몰하는 사건이 발생하면서 촉발된 사건이다. 당 시 그 지역을 지나던 노르웨이 화물선 탐파(Tampa)선이 이들을 구조하여 호주영토 에 들어가기를 요청했으나 호주정부는 이들을 불법이민자로 규정하고 거절하였다. 또한 이민법 개정을 통해 합법적 승인 없이 호주 해상지역에 들어와서 난민 비자를 신청하는 경우 이를 인정하지 않으며, 해상으로 진입한 이런 비호신청자들을 파푸아 뉴기니와 나우루공화국에 설치된 강제구금소에 머무르게 하는 '태평양 해법'(Pacific Solution)을 발표하였다. 더군다나 호주정부는 호주 해상에 접근한 선박에 대해 무력을 통해 강제 추방을 할 수 있도록 허용하는 국경보호법안(The Border Protection Bill) 역시 통과시켜, 원천적인 자국 영토 및 영해에서의 난민 발생을 억제하고자 하는 정책을 발표하였다(이병렬·김희자, 2011). 1990년 후반부터 소위 '불법 해상 도착'(illegal maritime arrivals) 이민자의 수가 급증하면서, 국경 관리와 난민 수용 문제가 호주사회 전역에 논쟁적인 사회문제로 부상하면서 나타난 '반난민'적 조치였다. 같은 해, 아프가니스탄 난민을 태운 또 다른 선박이 호주 진입을 시도했으나 거부당하는 사건이 발생했다. 이후 이 배는 침몰하여 146명의 아동과 142명의 여성, 65명의 남성이 물에 빠져 사망하는 비극적 상황이 발생하였다. 그 결과 호주의 '반난민' 정책은 호주사회뿐 아니라 국제사회의 비난의 대상이 되었다. 탐파위기는 사람의 이동이라는 이민이 정치, 안보, 외교, 인권 등 다양한 국제적 논의의 쟁점이 되는 상황을 잘 보여주고 있다.

또 다른 안보와 관련된 쟁점은 '람페두사의 계속되는 비극'이다. 2013년 10월 3일 이탈리아 남부 시칠리아 부근의 섬 람페두사에서 500여 명의 아프리카 난민을 실은 20여 m 길이의 작은 고기잡이배가 전복됐다. 람페두사 해안 800m 부근에 이르러 엔진 고장이 나자 도움을 요청하기 위해 갑판 위에 불을 지핀 것이 잘못돼 배 전체로 불이 붙었고, 결국 배가 뒤집히면서 전원이 바다에 빠지는 사고가 발생했던 것이다. 194명이 사망했고 150여 명이 실종됐다고 한다. 그와 유사한 사고는 그 이후에 계속적으로 발생하였다. 람페두사의 비극은 계속되었고, 난민 문제에 대한 유럽 차원의 국제적 공조가 요청되었다.

2015년 발생한 대량 난민사태는 이와 같은 배경 속에 나타난 것이다. 터키 해변에 반쯤 얼굴을 파묻고 죽어있는 세 살배기 아일란 쿠르디의 사진은 탐파 위기와 람페두사의 비극을 되새기기에 충분하였다. 그러나 실제 국경에서의 상황은 다르게 전개되었다. 람페두사가 위치한 지중해 루트와는 달리 육지를 통한 발칸 루트에서 국경이 통제되는 상황이 나타난 것이다. 이에 난민들은 세르비아와 접한 헝가리 국경에서 입국을 허용하라고 시위를 벌였고, 경찰이 난민들에게 최루탄과 물대포를 쏘며 난민들을 해산시키는 과정에서 충돌이 벌어졌다. 이 과정에서 헝가리 경찰은 철조망을 자르거나 훼손한 난민을 체포했으며, 국가비상사태를 선포하여 기관총을 장착한 군용차를 국경에 배치했고, 국경검문소를 잠정 폐쇄했다. 이후 전개된 상황은 위의 1절 1항에서 설명하였다.

즉 난민 문제의 국제화는 테러와의 연관 이외에도 난민의 수용을 둘러싸고,

인권과 보호라는 난민의 안전 문제와 국경 통제를 통한 국가의 안보 문제가 상호 충돌하는 지점에 위치해 있는 것이다.

2. 인간안보와 이주민 인권의 국제화

안보의 문제를 국가중심이 아닌 인간에 초점을 두어 접근하는 새로운 관점이 인간안보(human security)이다. 1994년 국제연합개발계획(UNDP)이 새로운 안보개념으로 제시하였고, 코피 아난 전 UN사무총장이 UN 내 인간안보위원회를 설치하면서 국제적으로 조명받은 개념이다. 전통적으로 안보란 외부로부터의 군사적 위협에 대한 대응에서 출발한 개념이지만, 냉전으로 세계대전의 발발 가능성이 줄어들면서 다양한 형태의 분쟁이 안보 위협을 주는 요소라는 생각이 대두하였다. 그 결과 인간안보의 요소로 평화와 안보, 경제발전 및 복지, 인권존중, 환경보존, 사회정의, 민주화, 군축, 법치, 좋은 정치 등의 다양한 개념이 포함되었다. 또한 인간의 평화를 해칠 수 있는 모든 요소를 안보위협의 요인으로 보며 여기에는 군사적인 위협뿐만 아니라 경제적 고통으로부터의 자유, 삶의 질, 자유와 인권보장 등이 포함되었다. 그 결과 이주민의 인권과 관련한 다양한 쟁점들도 인간안보의 한 부분으로 새롭게 규정되게 되었다(이용승, 2014).

이주민 관련 인간안보는 이주과정 중의 안보와 이주 후 수용국에서의 안보 쟁점으로 나눌 수 있다. 이주과정 중의 인간안보란 밀입국과 인신매매와 관련된 이주 산업 속에서의 이주민의 인권을 의미한다. 밀입국이란 국경 통제로 합법적인 이민의 길이 막힌 이민자가 선택하는 불법적인 방법으로, 종종 사전 비용지불과 이민후 사실상 준 노예상태에서의 빚을 갚는 과정을 모두 포함한다. 2015년 대량 난민사태에서도 밀입국은 중요한 쟁점이었다. 한 신문에 따르면, 밀입국 산업이 마약이나 무기거래보다 더 규모가 커지고 있으며, 수십억 달러에 이를 것이라고 하였다. "난민 1명이 리비아에서 지중해를 건너 이탈리아로 가는 데 적게는 900달러(약 107만원)에서 많게는 4000달러(약 477만원)가 소요된다. 터키에서 그리스까지는 1000달러(약 199만원)에서 2000달러(약 238만원)가 든다. 세르비아·헝가리 국경에서 오스트리아까지는 1000달러 이상을 내야 불법택시를 타고 이동할 수 있다. 시리아에서 독일까지의 전체 육로 비용을 합치면 1만 2500달러(약 1500만원)에 달한다"고 한다(국민일보, 2015.9.3.) 물론 제트기를 타고 이동하는 밀입국도 있으며, 유럽을 거쳐 영국으로 이어지는 밀입국일 경우 그 비용은 더욱 증가한다. 인신매매는 성적 서비스나 강제노동 등의 행위에 종사케하여 인간을 물품처럼 거래하는 것으로 국경을 넘어 이루어질 경우, 국제적 인신매매라 할 수 있다. 주로 가난하거나 취약한 여성 및 아동 그리고 소수자를 대상으로 조직범죄에 의해 이루어지는 인신매매 산업은 국제적으로 그 규모가 크게 증가하는 산업이다. 북한에서 탈북한 여성들에 대한 중국 내에서의 인신매매는 잘 알려져 있다. 물론 전 세계적으로 다양한 형태의 인신매매가 다양한 지역에서 다양한 산업을 통해 이루어지고 있다. 인신매매 과정에서의 다양한 인권적 위협은 인간 안보에 대한 도전이라 할 수 있다.

이주 후 수용국에서의 안보 쟁점은 국제인권위원회가 2008년 한국에 권고한 이주민 관련 인권상황에 대한 검토보고에 잘 나타나 있다. 가령 이주여성에게 한국인과 동등한 시민적 권리를 보장하여야 한다든지, 차별시정을 권고하는 조치가 포함되며, 미등록이주노동자(불법체류자)에게는 단속 및 보호 과정에서의 인권침해 방지가, 그들의 자녀에게는 교육권 보장이 권고되고 있다. 특히 이주 여성 및 아동의 권리에 초점을 두어 국제협약에 가입할 것도 권고한다. 물론 구체적으로 이주민에 대한 인권적 침해에 대한 쟁점도 중요하다. 외국인노동자의 경우, 임금체불이나 열악한 근로조건 및 주거환경, 과한 노동 시간 등에 의한 기본적 인권침해의 소지가 많고, 특히 한국에서는 단순기능인력 중심으로 가족결합권이 인정되지 않는 이민이기에 구체적 인권침해 사례가 인간안보 차원에서 논의될 수 있다. 특히 미등록 외국인노동자의 자녀의 경우 국가 차원의 합법적 신분제도가 없기에, 아동으로서의 교육받을 권리나 기타 권리가 위축되는 인간 안보적 위험에 노출되어 있는 것이다(김수경, 2015). 이러한 난민이나 이주민에 대한 인간안보 문제는 13장 난민문제와 14장 국제협력에서 좀 더 구체적으로 논의될 것이다.

 4절 이민자 범죄와 한국의 이민과 안보 논의

이민과 안보 논의 중 또 하나의 쟁점은 이민자의 범죄이다. 이민자의 범죄는 여러 측면에서 이민 수용국의 안전과 안보에서 주목을 받아왔다. 이민자는 수용국의 사회규범에 익숙지 않은 사람들로, 수용국 사회의 시민적 유대감을 파괴하여 사회 질서를 깨트리고 사회문제를 야기할 수 있는 존재로 쉽게 부각되기 때문이다. 특히, 노동의 분절화에 따라 이민자가 사회경제적으로 낮은 계층에 편성될 가능성이 크고, 지역적으로도 빈민 지역에 거주함으로써 범죄와의 연관성이 크다고 인식될 수 있기 때문이다. 한국에서 이민자 범죄는 '외국인 범죄'로 부르고 있다. 2012년 수원에서 발생한 중국동포(조선족) 오원춘의 토막살인 사건은 한국 사회에 큰 충격을 준 사건으로, 외국인 범죄에 대한 경각심을 불러 일으켰다.

그렇다면 외국인 범죄란 무엇이며, 이민자범죄와는 어떻게 구별되는가? 어떤 이유로 발생하며, 그 양상은 어떠한가? 특히 글로벌 시대 독특한 범죄의 양상이 있는가? 한국사회에서 외국인 범죄의 양상은 어떠하며, 이민정책에선 어떤 접근 방법을 가지고 있는가? 우리는 어떤 시각으로 외국인 범죄 문제를 바라보아야 하는가?

1. 이민자 범죄 및 외국인 범죄의 개념과 발생 이론

외국인 범죄와 이민자범죄는 개념상 구분이 가능하다. 외국인 범죄란 한 국가의 국적을 소지하지 않은 자로, 단기간의 방문을 포함하여 중장기간 거주하는 외국적 소유자가 일으킨 범죄를 의미한다. 반면 이민자 범죄란 여러 이유로 한 국가로 이주를 한 자가 일으킨 범죄를 의미한다. 즉, 국적이라는 틀과 이민이라는 틀을 바라보는 관점에서 차이가 있는 것이다. 반면 범죄의 발생이라는 측면에서 보면 차이가 없다. 외국인 범죄라고는 하지만 해당 국가의 시민권을 얻지 못한 영주자 혹은 일시 거주자들은 시민권을 얻은 자국 출신의 이민자들과 공동거주하거나 혹은 집단거주를 하는 경우가 많고, 이민자(외국인) 범죄 역시 이 공동체를 중심으로 일어나는 경우가 많기 때문이다. 가령 독일의 베를린에 거주하는 터키계 이민자들을 보면, 터키 국적자와 독일 국적자가 전체적으로 일정 지역을 중심으로 거주하는 특색을 보이고 있다.

즉 외국인 범죄와 이민자 범죄를 구분하는 것은 사실상 어렵고, 다만 이민자 범죄라고 언급할 때 그 범위가 외국인 범죄보다는 좀 더 넓다고 할 수 있다. 그러나 한국에서는 통칭 '외국인범죄'라고 칭하고 있다. 하지만 외국 국적자 중 중국동포(조선족) 등 재외동포가 다수를 차지하고 있는 현실에서, 외국인 범죄라고 명명하면 같은 민족인 재외동포를 단순 외국인으로 범주화하는 오류를 범하게 된다. 특히, 한국 국적을 취득한 귀화자가 10만에 육박하는 현실에서, 이들 역시 외국인으로 범주화는 것은 명백한 개념상 오류인 것이다. 그러므로 '이민자 범죄'라는 용어를 사용하는 것이 더욱 적절하다 할 것이다.

그렇다면 왜 특별히 이민자 범죄에 주목하는가? 이민자 범죄가 발생하는 이유에 대해서는 사회해체이론, 차별기회 이론, 사회유대 이론 등 여러 입장이 있다 (홍세영·이현, 2011). 사회해체이론에 의하면 문화 사회적 이질성을 보유한 이민자의 비율이 높을 경우, 지역 공동체가 약화 해체되어 그 지역사회의 범죄율이 증가한다고 한다. 즉 지역사회와 이민자 공동체의 갈등이 반(反)사회적 결과를 가져오는데, 그 결과 이민자 범죄가 발생하게 된다는 것이다. 그러나 이 이론은 이민자들의 공동체가 한 사회 내에 적절하게 건설되어 네트워크화 할 때 오히려 안정적이라는 여러 사례를 통해서 한계를 지니고 있음을 알 수 있다. 즉 차이나타운이나 런던 이스트엔드의 남아시아 공동체 타운의 경우 오히려 범죄 발생 비율이 높지 않기 때문이다. 차별기회이론이란 이민자들이 범죄를 계층 상승의 한 기회로 사용한다는 것이다. 이민자들이 주로 빈민지역에 거주하는 현실에서, 빈민지역은 상대적으로 범죄율이 높고, 범죄에 노출될 개연성이 크다고 할 수 있다. 이에 상대적 박탈감을 느낀 이민자들이 범죄를 계층 상승의 기회로 여기고 범죄에 노출될 개연성이 크다는 것이다. 특히, 특정 이민자 집단은 공통적인 민족적, 문화적 공유를 하는 하위 문화를 형성할 개연성이 크기에, 이들이 지배 문화로 포섭될 여지가 줄어들고 오히려 일탈의 기회가 증가한다고 보는 것이다. 그러나 민족, 문화 공동체가 오히려 이민자들에게 여러 기회를 제공하고, 노동에 대한 애착을 줄 수 있다는 점에서 이 이론은 한계를 가지고 있다. 특히, 이민자들의 불안정한 체류 자격은 범죄유혹을 감소시키며, 불리한 환경 속에서도 일에 더욱 열중하여 인구 증가를 가져올 수 있기 때문이다. 마지막으로 이민자들의 사회적 유대가 약하여 범죄의 발생이 가능하다는 사회유대이론이 있다. 모든 개인은 범죄에의 유혹이 있을 수 있는데, 그 유혹은 가족, 친지 혹은 여러 사회적 기제와의 유대 속에서 억제된다는 것이다. 이민자들은 이런 유대가 상대적으로 약하기에 범죄에 노출될 가능성이 많다는 것이다. 그러나 위에 언급한대로 민족과 문화에 바탕을 둔 공동체에 속해 있는 경우에는 오히려 범죄율이 감소하고 있다는 점에서, 사회유대이론은 가능성과 한계를 모두 가지고 있다. 즉, 사회적 유대가 약한 공동체 밖의 개인에게는 개연성이 클 수 있지만, 이민자 공동체의 사회적 유대성이 강한 경우가 많아 오히려 범죄가 감소될 수 있기 때문이다.

중요한 점은 이민자의 범죄율이 수용국 일반인의 범죄율보다 높지 않음에도 불구하고, 이민자 범죄가 사회적으로 더 부각된다는 점이다. 이는 언론 등의 이민자들에 대한 부정적 보도 행태가 주 원인이다. 또한 부정적 언론 보도는 수용국 국민들의 이민자들에 대한 부정적 태도를 강화시키는 한 요소로 작용하고 있다. 그 결과, 이민자 범죄 쟁점은 이민자들에 대한 사회통합정책의 문제임과 동시에, 이민자들의 안전 및 안보에도 영향을 끼칠 수 있는 요소이다.

2. 한 국가 내의 이민자 범죄의 양상

그렇다면 이민자들이 일으키는 범죄의 양상은 어떠한가? 수용국의 일반 범죄와 동일한 유형과 다른 유형은 무엇인가? 이민자만의 독특한 범죄 유형이 있는 것인가? 이민자 범죄의 가장 큰 특징 중 하나는 이민과 관련한 범죄이다. 출입국과 체류와 관련된 다양한 범죄가 해당된다. 먼저 입국 시 관련 서류의 위조, 변조, 부정 취득과 사용 등이 이에 해당된다. 즉 이런 서류를 통하여 비자를 취득하거나 혹은 입국하면 입국 범죄라 할 수 있다. 체류 역시 동일하다. 체류 목적 외 불법 취업이나, 체류 연장에서의 불법 행위, 국적 취득과 관련한 불법 행위 등이 포함된다. 체류 기간을 도과하여, 불법체류하는 이민자를 미등록 외국인이라 순화해서 부르지만, 불법체류도 이민 측면에선 사실상 범죄 행위로 간주하는 경우가 많다. 또한 자신의 입국 및 체류 관련이 아닌, 타인의 출입국과 관련한 서류의 위변조도 이민자 범죄의 한 양상이다.

일상적인 범죄인 강도, 절도, 폭력도 사실상 이민자 범죄에서는 출입국과 체류 문제와 연관되어 이루어지는 불법적 행위인 경우가 많다. 즉 불법체류 등으로 신분상 불이익을 고용주나 혹은 기타 상대에게 받는 경우, 보복적 성격으로 이루어지는 범죄가 이민자 범죄의 많은 부분을 차지하고 있다. 여권의 위변조, 송금에 따른 불법 행위, 임금 체불, 기타 이민자가 수용국의 언어와 사회 실정에 어두워 의뢰한 다양한 서비스가 제대로 이루어지지 않을 경우 나타나는 보복적 범죄가 이에 해당된다. 살인, 강간 등 강력 범죄 역시 이민자 상호 간 혹은 이민과 관련한 사건이 원인이 되어 발생하는 경우가 많다. 가령, 이민정책에서 가족을 동반하지 않은 남성 노동자만을 취업 허가하여 나타날 수 있는 성 관련 범죄의 증가도 여기에 해당한다. 여성의 경우, 취업 목적과는 달리 유흥업에 불법 종사하면서 범죄에 더욱 노출되는 경우도 포함된다(최영신·강석진, 2012).

그러나 이민자 범죄에서 가장 큰 특징은 조직화, 국제화하는 범죄의 양상이다. 이민자가 모국과 수용국 사이에 위치하고, 이민 자체가 불법적이고 조직적인 형태로 이루어지는 경우도 많아, 이민자 범죄의 국제화와 조직화는 일반적인 특징이다(전대양·김종오, 2011). 이민자들의 조직범죄의 국제화는 이민 전 단계부터 모국에서 이미 조직화된 범죄 조직이 수용국에 이민자로 위장하여 침투하는 경우가 증가하고 있다. 특히 이들 이민자 조직 범죄자들은 자국민이나 다른 이민자들을 대상으로 하는 범죄는 물론, 수용국의 범죄 조직과 연계하여 양국 국민은 물론 다른 나라까지 포함하는 광역화 경향을 보이고 있기도 하다. 그 결과 범죄의 양상도 달라지고 있다. 단순한 이민 관련 서류의 위변조부터, 마약, 밀수, 청부살인, 환치기 등 금융범죄, 합법과 불법의 경계에서 이루어지는 여러 사업까지 다양한 양상을 보인다. 그 결과 이민자에 의한 조직 범죄는 그 양상이 더욱 비밀스럽고 고도화하며 대규모로 이루어지고 있다.

3. 한국에서의 이민과 안보 논의와 외국인 범죄

한국에서의 이민과 안보 논의는 비교적 초기 단계이다. 왜냐하면 이민을 보내는 나라에서 받는 수용국으로 변모한 역사가 30여 년으로 일천하며, 이민자가 전 인구에서 차지하는 인구 비율이나 숫자가 그리 크지 않기 때문이다. 또한 이민자의 급속한 증가도 최근 10여 년간에 이루어진 일이어서, 이민에 대한 논의 자체도 초기 단계이기 때문이다. 이민자 중 재외동포의 비중이 높고, 중국동포와 한족 등 중국 국적자가 다수를 차지하면서 특정 지역에 군집하는 특징도 한국에서의 안보 논의가 최소화되고, 서구 국가와는 다른 형태로 나타나는 원인이 되었다. 또한, 2015년 발생한 파리 테러에 시리아 난민이 연관되었다는 소식에 지난 14년간 통과되지 못했던 '대 테러 방지법'에 대한 논쟁이 재점화된데서 알 수 있듯이 아직 안보 논의는 활성화되지 않았다. 즉 국민 및 공공 안전 차원에서 테러에 대한 접근을 하였고, 여기에 이민정책은 연관되지 않았던 것이다. 이민은 서구와는 달리 안보논의에서 주도적 역할을 하지는 못하였다.

반면 한국에서의 이민과 안보 논의는 이민자 범죄로 특징 지워진다. 이민자범죄에 대한 쟁점은 이민정책의 전개과정과 밀접하게 연관되어 진행되었다. 특히, 앞서 언급한 중국동포의 연쇄살인 사건이나 토막살인 사건과 같은 강력 사건이 발생하면서, 중국동포를 동포가 아닌 중국 국적의 '조선족'으로 범주화하여 구분하는 현상이 나타나기 시작하였다. 2010년 이후 특히 두드러진 이런 현상은 '조선족 혐오론'으로 이어지고, 한국의 이민정책은 물론 재외동포정책에도 커다란 도전으로

다가오고 있다. 즉 외국인 이민자 일반에 대한 혐오가 아니라, 동포에 대한 혐오가 먼저 두드러진 점은 한국에서 이민과 안보 논의의 특징 중 하나라 할 수 있다.

한국에서 이민자 범죄는 외국인 범죄로 통칭되어 불리고 있다. 그러나 외국인 범죄라 하지만 이민자가 가진 특수한 환경, 즉 출입국과 체류와 관련한 범죄가 아닌, 일반 범죄와 연계되어 주로 논의되고 있다. 외국인 범죄의 기본 양상이 주로 출입국 관련 범죄에서 촉발되는데도 불구하고, 외국인범죄로 호칭하는 것은 이민자범죄를 이민정책 차원에서 접근하는 것을 사실상 제한하는 것이다. 입국 관련 서류의 위변조, 부정취득과 사용, 취업을 목적으로 한 외국인이 여권이나 사증을 위조하거나 사진 교체, 심사 인위 변조, 타인 명의의 여권 등을 사용하는 경우가 출입국과 관련된 이민자 범죄이며, 여기에서 촉발된 다른 일반 범죄가 다수를 차지하는 것이 이민자범죄의 특징이기 때문이다.

아래 <그림 1>은 국내 체류 외국인의 증가와 외국인 범죄 추이를 2010년부터 살펴본 것이다. 2004년 80만에 이른 한국 내 외국인은 지난 10여 년간 지속적으로 증가하여, 2014년에 180만에 이르게 되었다. 특히 2010년 126만에 이른 후 50% 증가하였고, 아래 그림에 보듯 외국인 범죄 건수 역시 같은 기간 19,445건에

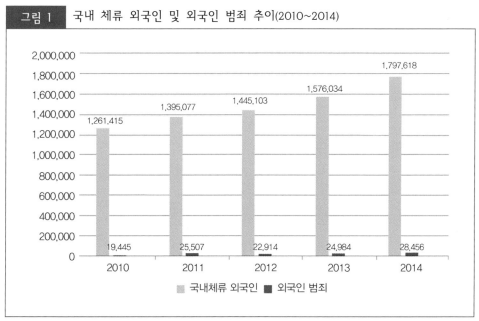

그림 1   국내 체류 외국인 및 외국인 범죄 추이(2010~2014)

출처: E－나라지표.

서 28,456건으로 비슷하게 증가하였다는 것을 알 수 있다. 즉, 한국의 외국인 범죄율은 대략 거주외국인 대비 1.5% 정도임을 알 수 있다. 또한 인구 10만 명 당 범죄건수로 볼 때, 2011년 기준 한국인은 3,692명, 외국인은 2,429명으로 내국인 범죄율보다 낮은 수치이다(최영신·강석진, 2012).

　이를 범죄 유형별로 보면 아래 <표 1>와 같다. 살인과 같은 강력 범죄나, 절도의 경우는 일정한 범위에서 진폭을 보이고 있는 것을 알 수 있다. 반면 강도의 경우는 지속적으로 줄고 있으며, 강간과 같은 성범죄와 폭력과 같은 경우는 지속적으로 증가하고 있는 특징을 보이고 있다. 보이스 피싱 등 지능범 역시 증가하고 있다.

표 1　외국인 범죄 유형별 건수 및 비교(2010~2014)

구분	2010	2011	2012	2013	2014
계	19445	25507	22914	24984	28456
살인	82	94	84	73	80
강도	191	143	141	104	74
강간	238	305	348	499	500
절도	1581	1643	1554	1743	1774
폭력	5533	7573	8073	8338	8641
지능법	2407	2466	2231	2299	2888
마약	689	216	221	200	312
기타	8724	13067	10262	11728	14187

출처: E−나라지표.

　이런 지표는 한국 내 외국인 범죄에 대한 통상적 언론 보도나 일반인들의 이해와는 상반되는 것이다. 즉, 조선족을 중심으로 살인, 강간 등 강력범죄가 많으며, 이주민의 범죄율이 내국인보다 상대적으로 높아 추방해야 한다는 이민 반대론자들의 논거가 설득력이 없는 것이다. 반면 불법체류의 경우 2014년 현재 208,778명으로, 비전문취업(고용허가제)(25%), 사증면제(22%), 통과비자(22%), 방문취업비자(16%) 등이 원인으로 밝혀졌다. 이는, 이민자에 대한 적절한 체류관리가 불법체류를 감소시킬 수 있는 요인임을 알 수 있다.

　외국인 조직범죄 양상 역시, 서구 국가에 비해 아직 심각한 수준은 아니다.

그러나 정부는 2009년 대검찰청 산하에 외국인조직범죄 합동수사본부를 설치하였다. 검찰, 경찰, 관세청, 법무부 출입국외국인정책본부의 유관 기관이 참여하여, 전담수사팀과 정보수집 분석팀을 만들어 날로 조직화하는 외국인 범죄에 대응하여 단속을 강화하고, 모국의 범죄 조직과 국내 조직과의 연계를 차단하는 선제적 대응을 선언하였다. 특히, 외국인 강력범죄에는 중형을 선고하고, 형 확정 후 국제수형자 이송제도를 활용하여 바로 본국으로 송환토록하며, 불법체류자의 경우에도, 강제퇴거 절차와 형사사법 절차가 병행되도록 하는 조치를 취하여, 강력한 조직범죄에 대한 대응을 천명하였다(대검찰청 마약조직범죄부 보도자료, 2009.10.27.).

이민자 범죄 이외에, 앞 절에서 살펴본 이민과 안보 논의 중 한국에 적실성 있는 사례와 연구는 많지 않다. 국내 차원에서 반이민 운동의 양상도 크게 표출되고 있지 않다. 다만 주로 온라인 상에서 다문화정책 및 이주민 유입반대에 대한 다양한 담론이 제기되고 있을 뿐이다(강진구, 2012). 그러나 이런 담론들 역시 구체적인 외국인이나 이민자 혐오, 극우 민족주의와의 결합 보다는 이민자의 사회적 배제, 희생양 만들기를 통한 선정주의, 단순한 불만 표출에 그치고 있다. 물론 특정 시기에 사회적으로 이민에 반대하는 운동이 공개화되고, 정치화할 가능성은 언제든 열려있다.

난민이나 이민 관련 산업 역시 큰 주목을 받고 있지 못하다. 난민과 관련된 안보 논의는 한국에서 큰 주목을 받고 있지 못하다. 이주민과 안보 논의는 오히려, 북한이탈주민(탈북자)과 연관되어 많이 논의되었다(김용민, 2013). 다만 현재 한국의 이민정책에서, 탈북자가 포함되지 않는 점에서 논외로 한다. 물론 이주민의 인권과 국가안보에 대한 논의가 인간안보 등 이주민의 시각에서 검토되고 있으나(김수경, 2015), 사회적 반향은 그리 크지 않은 형편이다.

결론적으로 한국에서의 이민과 안보 논의는 주로 외국인 범죄라는 이민자 범죄에 초점을 두고 이루어지고 있다. 그러므로 개방과 이민의 시대인 지금 이민에 대한 관리제도와 적절한 통제 기제를 조화시키는 이민정책만이 출입국 관련 범죄를 최소화한다는 것을 알 수 있다. 외국인의 일반 범죄도, 불안정한 체류 등 이민 관련으로 발생하는 것이 크기 때문이다. 폭력과 강간의 지속적 증가는 가족결합이 없이 고립되어 살고 있는 한국 내 이민자들의 특성이 더욱 두드러진 것으로, 이에 대한 대책이 필요함을 보여준다. 특히 외국인 범죄와 사회 통합의 연관 구조에 주목하여, 미디어의 역할이 중요하다. 자극적이고 과장된 보도는 사회적 소수자인 이민자들에 대한 편견을 가져올 수 있는 요소이므로, 이에 대한 적절한 대책 역시 필요하다. 또한 조직범죄에 대하여서는 관련 국가와의 공조를 통하여, 해결하는 국제 협력이 필요하다.

 ## 5절 맺는 글

　　지금까지 이 장에서는 이민과 안보 논의가 어떻게 연결되어 새롭게 등장하였고, 국제화하였는지를 살펴보았다. 즉 이민자, 사회, 국가, 세계라는 행위자의 측면뿐 아니라, 범죄, 안전, 테러, 전통 안보 및 인간 안보의 영역에 이르기까지 다양한 층위에서 이루어지고 있는 이민과 안보 논의를 살펴본 것이다.

　　제1절에서는 이민에서 안보 논의가 비교적 최근 현상인 것을 설명하였다. 9·11 테러와 함께, 2015년 발생한 대량난민 사태와 파리 테러가 안보논의를 이민정책에서 매우 중요한 주제로 부각시켰다는 점을 설명하였다. 2절에서는 국내적 차원에서 이민과 안보가 연계되는 과정을 유럽 내 무슬림 이민자의 증가와 그 영향으로 설명하였다. 단지 테러만이 아닌, 무슬림 이민자의 증가가 가져온 서구 사회의 변화와 문화충돌 그리고 이들을 사회에 통합하려는 정책의 변화 속에서 어떤 안보적 쟁점이 발생하였는지 살펴보았다. 특히, 무슬림 이민자의 집단 정체성이 각 국가의 정체성과 충돌하면서 나타나는 반작용으로 반이민 운동과 극우세력의 정치화 과정을 설명하였다. 반이민 운동은 점차 세력을 넓혀 이젠 정치에서 이민이 가장 중요한 쟁점 중 하나로 부상하였음을 논증하였다. 3절에서는 이민과 안보 논의를 국제 차원으로 넓혀 발생하는 다양한 쟁점을 고찰하였다. 다양하게 쟁점화되는 난민문제를 이민자의 입장에서 접근하여, 인간안보와 이민자의 관계를 설명하였다. 특히 다양한 이민산업화가 가져온 이민자의 인간안보 위기에 대해서도 설명하였다. 4절에서는 한국에서의 이민과 안보 문제를 논의하였다. 한국에서 이민과 안보는 서구와는 달리 비교적 논의되지 않는 주제이며, 다만 이민자 범죄 차원에서 주로 설명되고 있다. 그러기에 외국인 범죄라는 틀에서 바라본 한국의 이민과 안보 논의를 설명하였다. 한국 이민정책에서는 이민자 관리 측면에서, 그리고 국가의 시각에서 이민과 안보 논의가 주로 이루어지고 있는 점을 강조하였다. 특히, 외국인

범죄에 대한 한국 사회의 왜곡된 시각은 반이민 운동으로 확산될 수 있는 소지도 있으므로, 조심스럽게 접근해야 한다는 점을 강조하였다.

사실 이민과 안보 논의는 어떤 시각에서 바라보는가에 따라 그 양상이 다르다. 즉 국가와 이민자 시각은 다를 수 있다. 수용국의 시각에서 보면 이민자 자체가 안보적 위협이다. 왜냐하면 한 국가 내의 안보와 국경통제의 범위를 넘어 이동하는 것이 이민자이며, 한 국가 내의 범죄나 테러로 인한 사회문제를 야기하는 것 역시 이민자이기 때문이다. 물론 이민자 시각에서 보면, 이민자에 대한 인간안보 위협 역시 중요하다. 전 지구화 시대인 지금, 이민의 양상은 안보적 측면에서 변모하고 있다. 전 지구적 테러와 조직범죄에서 이민문제가 중요시되고 있고, 행위자의 변화에 의한 비대칭성의 증대와 상호 연계의 동학은 새로운 위협과 융합 양상을 보이고 있다. 2015년 발생한 대량난민 사태와 파리 테러가 상호 연관된 것은 이민과 안보 관점에서 10여 년 전만해도 상상하기 어려웠다. 또 다른 형태의 연관 구조가 앞으로 어떻게 나타날지 예측하는 것은 여전히 어렵다. 다만, 지난 사반세기 동안 이민에 있어 안보 논의가 새롭게 등장하였으며, 이민 문제가 정치화하였고 중심적인 주제로 급부상하였다는 점은 분명하다. 이 점에서 앞으로도 이민과 안보 논의는 이민정책에서 가장 중심적 주제의 하나로 자리 잡을 개연성이 높다 할 것이다.

참고문헌

강진구. 2012. "한국사회의 반다문화담론 고찰 : 인터넷 공간을 중심으로."『인문과학연구』32: 5-34.

김수경. 2015. "이주민의 인권과 국가 안보: 이주 노동자와 결혼 이민자를 중심으로."『사회와 이론』26: 187-214.

김연진. 2012. "9/11은 전환점이었는가?: 9/11과 국가 안보, 그리고 미국의 이민 정책."『미국사연구』. 35: 235-268.

김용민. 2013. "탈북자와 납북자문제: 인간안보적 해결방법의 모색을 중심으로."『아태연구』20(3): 131-157.

박재영. 2008. "유럽 다문화사회의 문화충돌: 영국·프랑스·독일을 중심으로."『다문화연구』4: 107-138.

_____. 2012. "독일 다문화사회의 터키인 공동체: 쟁점과 전망."『다문화콘텐츠연구』12: 7-38.

신동준. 2010. "외국인 체류자 범죄 문제와 사회통합 방안." 한국사회학회 심포지움 논문집. 2010년 9월 17일. pp. 109~131.

오창룡. 2015. "'샤를리 엡도' 테러 사건을 둘러싼 쟁점들."『진보평론』63: 160-173.

이병렬·김희자. 2011. "캐나다, 호주, 독일, 프랑스 난민정책의 특성에 대한 연구."『한국사회정책』18(2): 33-68.

이용승. 2014. "국제이주와 인간안보."『국제관계연구』19(2): 137-169.

전대양·김종오. 2011. "외국인 조직범죄의 실태와 대응방안에 대한 연구."『사회과학연구』18(2): 59-84.

정하명. 2015. "미국에서 국토안보부의 출범과 위기대응법제의 변화."『공법학연구』16(1): 27-45.

정희라. 2011. "다문화 민족주의는 가능한가? 영국의 이주자문제와 다문화주의를 중심으로."『역사학보』212: 147-166.

최영신·강석진. 2012. "외국인 밀집지역의 범죄와 치안실태 연구." 형사정책연구원 연구총서. pp. 1~300.

최진우. 2012. "유럽 다문화사회의 위기와 유럽통합."『아시아리뷰』2(1): 31-62.

홍세영·이현. 2011. "외국인 범죄 실태와 대응방안에 관한 연구."『교정연구』52: 25-51.

제3부

분야별 이민정책

8 장

인구와 이민

정기선

　6.25전쟁 직후 시작된 베이비붐과 함께 우리나라 인구가 급속히 증가하자 정부는 1970년대 초반부터 출산율을 줄이고자 강력한 가족계획을 실시했다. 당시 좁은 땅덩어리에 너무 많은 사람들이 살고 있어서, 가능하면 다른 나라로 이민을 가는 것을 권장하는 사회적 분위기마저 있었다. 경제발달 수준에 비해 인구가 너무 많고 일자리도 부족하니 미국이나 캐나다, 호주로 이민을 가거나 독일이나 중동에 일자리를 찾아 나가는 것을 정부가 적극 권장했다. 그 후 40년도 채 지나서 않아서 이제는 저출산·고령화로 인한 인구감소를 염려하게 되었다. 생산가능인구 감소와 노인인구 급증으로 인한 노인부양 부담 증가, 내수시장의 침체와 저성장, 연금 등 복지비용 지출을 둘러싼 세대갈등 등 다양한 사회문제가 예상되고 있다. 이러한 문제에 대처하기 위한 방안들을 논의하는 가운데 이민을 적극적으로 활용하는 방안도 모색되고 있다. 본 장에서는 바로 이 문제를 다루고자 한다.

　경제규모에 비해 인구가 너무 많아서 인구과잉이 문제가 될 때 뿐 아니라 저출산으로 인구감소가 문제가 될 때에도 이민정책이 문제해결 방안의 하나로 활용되어 왔다. 본 장에서는 인구과잉으로 인한 이민자 송출 문제보다는 저출산·고령화로 인한 이민의 적극적 활용에 초점을 두고 살펴보고자 한다. 본 장에서는 먼저 저출산·고령화 현상이 나타나게 된 인구학적 원인은 어디에 있으며, 현재 저출산·고령화의 현황 및 추세가 어떠한 지를 살펴본다. 두 번째로는 저출산·고령화로 인한 인구변화에 대한 대응으로서 이민 수용의 필요성과 이를 둘러싼 논쟁들을 살펴본다. 세 번째는 저출산·고령화 문제를 겪고 있는 주요 선진국에서 이민이 어떻게 활용되고 있는지 살펴볼 것이다. 마지막으로 우리나라는 이민정책의 관점에서 저출산·고령화 추세에 대해 어떻게 대응해 왔으며, 향후 과제는 무엇인지를 살펴본다.

 1절 저출산 · 고령화 현황과 전망: 이민활용의 필요성 증가

1. 인구와 이민 관련 주요 개념

한 사회의 인구규모와 구성은 출산율, 사망률, 인구이동(순이민)에 의해서 결정된다. 출산율은 주로 합계출산율을 통해 표현하는데, 합계출산율은 가임기(15~49세) 여성 1명이 일생 동안 출산할 것으로 예상되는 평균 출생아 수를 나타낸 지표로서 연령별 출산율의 총합을 의미한다. 사망률은 특정기간 동안 사망자 비율－통상 1년에 인구 1000명당 사망하는 비율－을 말하며, 생존기간(기대수명)이 얼마나 되는 지로 표현되기도 한다. 순이민은 국경을 넘어 나가는 이민자와 들어오는 이민자 수의 차이를 말한다. 저출산·고령화 현상도 바로 이 3요소의 변화로 나타난 인구현상이다.

출산율이 인구대체수준인 2.1명보다 지속적으로 낮게 유지되고 인구이동(이민)으로 외부로부터 인구유입이 없다면 결국 총인구는 감소하게 된다. 지속적으로 낮은 출산율은 인구규모를 줄일 뿐 아니라 인구구성에서도 변화를 초래한다. 지속되는 저출산은 인구구성에서 15세 이하 유소년인구의 비중을 점차 낮추며, 상대적으로 경제활동인구와 노인인구의 비중이 높아지게 되면서 인구고령화에 기여하게 된다. 다른 한편, 낮은 출산율과 함께 기대수명의 연장으로 사망률 역시 계속 떨어지면서 노인인구 비중은 더 빠르게 증가하게 되어 인구고령화가 더욱 심화되게 된다.

저출산으로 유소년부양비가 줄어드는 시점에 곧바로 노인부양비가 늘어나는 것은 아니다. 이때 유소년부양비는 생산가능인구(15~64세) 100명이 부양하는 14세 이하 유소년의 수를 말하며, 노인부양비는 생산가능인구 100명이 부양하는 65세 이상 노인의 수를 말한다. 유소년부양비가 줄어듦에도 아직 노인부양비가 본격적으로 증가되지 않아 인구구조적으로 생산가능인구 대비 총부양비(유소년과 노인 부양비)가 가장 낮아지는 시기를 인구보너스(demographic dividend)라고 부른다(Harper, 2014). 이 시기에는 풍부한 노동력과 국민총생산 및 투자도 높아져 경제성장에 긍정적 기여를 한다(Bloom et al., 2003). 줄어드는 부양비 덕분에 경제활동인구가 저축과 소비할 수 있는 여력도 높아져 내수시장 활성화에 기여하게 된다.

그런데 인구보너스 기간이 끝나면서 부양인구에 비해 규모가 컸던 생산가능인구가 65세 이상 노인인구로 편입되면서 노인부양비가 급격히 증가하고, 지속적인 저출산으로 과거보다 적은 규모의 유소년인구가 생산가능인구로 유입되면서 생산가능인구의 감소를 가져와 인구고령화는 더욱 급속히 진행되게 된다. 이 시기를 인구부담(demographic onus) 또는 인구결손(demographic deficit)이라고 부른다. 이 시기에 생산가능인구가 급격히 줄어들면서 생산과 소비도 급감하여 경제성장이 둔해진다는 의미에서 인구절벽(demographic cliff)이라고 칭하기도 한다(Dent, 2014). 인구고령화로 인한 생산성 저하, 소비력 감소에 따른 내수시장 부진, 연금, 의료비용 증가로 인한 경제적 부담 가중, 노인부양부담을 둘러싼 세대 간 갈등 등 여러 가지 사회문제가 본격적으로 대두되는 시기이다.

인구보너스 기간 중에 출산력을 높이기 위하여 노력한 결과 출산력이 회복된다고 하여도 이들이 생산가능인구로 편입되기 위해서는 최소한 20년 이상 기다려야하기 때문에 상당기간 생산가능인구 부족으로 인한 문제는 과제로 남게 된다. 이 시점에 이르면 노동시장에서의 인력 수요공급의 불일치로 인한 이민자의 한시적 활용 차원을 넘어서 인구적 관점에서 영주이민자의 적극적 도입을 본격적으로 논의하게 된다. 즉, 국제이주를 통한 순이민 증가가 인구문제 해결을 위한 대안으로 중요성이 커지게 된다.

인구대체수준 이하의 저출산이 지속됨에도 상당기간 동안은 인구증가가 계속되는 현상을 인구모멘텀(population momentum)이라고 한다. 이는 현재 자녀를 출산하는 코호트와 바로 앞 코호트 간의 절대적인 규모의 차이 때문에 현재 출산율에 변동이 있어도 그 효과가 인구성장률에 즉각적으로 반영되지 않아서 나타나는 현상이다. 원래 인구모멘텀 효과는 개발도상국가에서 출산율이 큰 폭으로 빠르게 떨어짐에도 인구증가가 계속되는 현상을 나타내는 개념으로 소개되었다(Keyfitz, 1971). 최근에는 저출산국가들이 출산장려정책을 적극적으로 펼쳐 출산율이 높아졌더라도 상당기간 동안 인구가 계속 감소하는 현상에도 이 개념을 적용한다(Lanzieri, 2013). 인구모멘텀으로 인하여 인구대체 이하의 출산율을 경험하고 있음에도 상당 기간 동안 인구증가가 계속되어 출산율 하락의 심각성을 인식하지 못하기도 한다. 이 때문에 저출산문제에 대한 정책적 대응이 늦어지기도 하고 출산관련 정책의 효과성

에 대한 비판이 일어나기도 한다.[1)]

2. 인구고령화 현황과 전망

1) 기대수명 증가와 지속되는 저출산

2013년 UN의 세계인구전망에 따르면 세계인구의 기대수명이 1950년대 초반 47세에서 2000년대 초반에 67세로 20년가량 늘어났고, 2040년대 후반에는 76세가 될 전망이다(United Nations, 2013). 경제발전 수준에 따라 기대수명에 차이가 있으나 그 차이는 점차 줄어들고 있다. 선진국의 경우 기대수명이 1950~55년 65세에서 2010~15년 78세, 2045~50년 83세로 늘어난 반면, 개발도상국은 1950~55년 42세에서 2010~15년 68세, 2045~50년 75세이다. 선진국과 개발도상국 간 기대수명의 차이가 1950~55년에 23세나 나던 것이 2010~15년에는 10세로 줄어들었고, 2045~50년에는 8세로 더 줄어들 것으로 예상되고 있다. 따라서 인구고령화 현상은 선진국이 개발도상국보다 더 빠르게 진행되고 있기는 하지만 전 세계적인 추세라고 볼 수 있겠다.

합계출산율을 보면, 선진국은 1950~55년 2.83명에서 2000~05년에 인구대체수준보다 훨씬 낮은 1.58명까지 떨어졌다가 다시 약간 높아져서 2045~50년 1.85명을 예상하고 있지만 여전히 인구대체수준에는 못 미치고 있다(United Nations, 2013). 개발도상국의 경우 1950년대 6명이던 합계출산율이 지속적으로 떨어져서 2010~15년에 2.63명, 2045~50년 2.29명이 될 것으로 예상되고 있다. 선진국의 경우 향후 40년 동안 인구대체수준에 못 미치는 저출산이 지속되는 가운데 기대수명은 계속 높아져서 이민을 수용하지 않는다면 총인구 감소와 인구고령화가 심화될 것이다. 반면, 개발도상국에서는 인구대체수준 이상의 출산율로 인구는 지속적으로 증가하는 가운데 기대수명의 연장으로 인구고령화도 동시에 진행될 것으로 보인다.

선진국 중에도 남유럽이 기대수명은 높으면서도 출산율이 2000년대 1.35명으로 떨어졌던 것이 2045~50년에도 1.76명 정도밖에 회복되지 않아 저출산·고령화

---

1) 전광희(2015)는 우리나라 2014년 현재 출생아 수는 43만 5천 명이지만 1970년대 기준으로 인구모멘텀 요인을 제거한다면 2014년의 출생아 수는 26만 4천 명 수준에 불과하며, 2014년 사망자수가 26만 6천 명임을 감안하면 우리나라는 사실상 인구감소시대에 진입했다고 보는 것이 타당하다고 지적하고 있다.

표 1 주요 선진국의 기대수명과 출산율: 1950~2050

		기대수명				합계출산율			
		1950~ 1955	2000~ 2005	2010~ 2015	2045~ 2050	1950~ 1955	2000~ 2005	2010~ 2015	2045~ 2050
전통 이민국가	미국	68.6	77.2	78.9	83.5	3.33	2.04	1.97	1.99
	캐나다	68.9	79.7	81.4	85.8	3.65	1.52	1.66	1.83
	호주	69.4	80.4	82.4	87.2	3.18	1.75	1.88	1.86
선발 이민국가	독일	67.5	78.6	80.7	85.4	2.13	1.35	1.42	1.64
	프랑스	67.1	79.5	81.7	86.6	2.75	1.88	1.98	1.99
	영국	69.3	78.4	80.5	85.0	2.18	1.66	1.88	1.90
후발 이민국가	이탈리아	66.3	80.2	82.3	87.3	2.36	1.25	1.48	1.79
	스페인	64.2	79.6	82.0	86.8	2.53	1.29	1.50	1.79
	포르투갈	59.7	77.3	79.8	85.3	3.10	1.45	1.32	1.62
아시아	일본	62.2	81.8	83.5	88.4	3.00	1.30	1.41	1.72
	한국	47.9	77.4	81.4	88.4	5.05	1.22	1.32	1.68

출처: UN (2013). World Population Prospects: The 2012 Revision.

문제가 가장 심각하다(United Nations, 2013). 개발도상국도 지역에 따라 저출산·고령화를 겪는 정도에 차이가 있다. 동아시아는 1950~55년 출산율이 5.6명에서 2000~05년 1.5명으로 급속히 떨어져서 서유럽과 비슷한 수준을 유지하고 있으며, 기대수명 연장은 선진국에 비해 급속히 이루어지고 있어서 단기간에 선진국과 유사한 수준의 인구고령화 문제를 경험할 것으로 보인다. 반면, 아프리카나 서아시아는 출산율이 낮아지기는 했어도 2010~15년에도 각각 4.7명, 2.7명으로 지속적인 인구성장을 경험할 것이며, 기대수명이 높아져서 노인인구가 증가해도 평균적으로 비교적 젊은 인구를 유지할 것으로 예상되고 있다.

<표 1>에서는 선진국 가운데 선별된 대표적인 이민유입국가와 아시아의 일본과 한국의 저출산·고령화 현황과 전망을 보여준다. 표에서 살펴본 선진국 가운데 후발 이민국가에 속하는 이탈리아와 스페인은 기대수명이 다른 유럽국가들에 비해 높은 편이면서 출산율은 2000년대 초반에 1.2명으로 한국과 마찬가지로 초저출산율을 경험하였으며, 2010년대 초 출산율이 약간 상승하였어도 1.4~1.5명, 2045~50년에도 1.79명으로 저출산이 지속될 전망이다. 선발 이민국가들 중에는 독일의 출산율이 2000년대와 2010년대 1.3~1.4명으로 매우 낮으며, 2040년대 후

반에도 1.64명으로 저출산 회복이 상당히 어려울 것으로 예상되고 있다. 반면, 전통 이민국가들 가운데 미국만이 저출산의 덫에서 비교적 자유롭다. 캐나다와 호주는 2000년대에 들어와 출산율이 각각 1.52명, 1.75명으로 낮아졌다가 약간 높아져서 2040년대 후반에는 1.8명대를 유지할 것으로 전망된다. 선발 이민국가 중 프랑스와 영국은 2010년 이후 출산율 1.8~1.9명을 유지함으로서 독일보다는 나은 상황이다. 따라서 선진국 중에는 독일과 남유럽국가들이 저출산·고령화 문제를 가장 심각하게 겪을 것으로 예상되며, 그 정도가 우리나라와 일본에 견줄만하다.

2) 노인인구비중, 중위연령 및 노인부양비의 증가

인구고령화의 정도는 65세 이상 노인인구 비율을 통해서 가늠하는데, 통상적으로 65세 이상 노인인구가 7%이면 고령화사회(ageing society), 14%이면 고령사회(aged society), 20%를 넘으면 초고령사회(super-aged society)라고 부른다. 인구고령화 문제는 65세 이상 노인인구의 절대적 수가 늘어난다는 사실보다 전체 인구에서 노인인구가 차지하는 비율이 증가하는 사실에 더 주목하게 되는데, 이는 노인부양부담의 증가와 밀접하게 관련이 있기 때문이다.

2013년 현재 세계 인구 중 65세 이상 노인인구가 약 9.7%를 차지하여 세계 인구도 고령화사회에 들어와 있다고 볼 수 있다(UNDESA, 2013). 2050년이 되면 이 노인인구가 19.7%로 증가하여 초고령사회에 근접하게 될 것으로 예상된다. 앞서 살펴본 기대수명과 출산율 변화의 결과로 노인인구의 비율은 지역에 따라 상당한 차이를 보인다. 65세 이상 인구의 비중이 유럽은 2013년 21.4%에서 2050년 36.4%로 증가할 것이 예상되며, 개발도상국은 2013년 7.2%에서 2050년 17.2%로 2배 이상 증가한다. 2000년대 초반 저출산이 심각했던 남유럽의 경우 2050년에 65세 이상 노인인구가 45.2%가 되어 가장 높은 인구고령화 비율을 보일 것이며, 뒤이어 서유럽이 40.4%이고, 비교적 저출산 문제가 덜 심각했던 북미나 호주, 뉴질랜드도 30%를 넘은 노인인구를 갖게 된다. 남유럽과 서유럽은 2050년에 80세 이상 인구의 비중노 12%를 넘어선다. 개발도상국 중 동아시아는 65세 이상 노인인구가 2013년 12.4%에서 2050년 32.7%로 높아지며, 북미나 호주, 뉴질랜드보다 노인인구비중이 더 높다. 그리고 아프리카만이 2050년에도 노인인구가 6.8%로 가장 젊은 인구를 갖는다.

65세 이상 노인인구의 증가는 중위연령과 노인부양비 증가에서도 확인된다

(UNDESA, 2013). 선진국의 경우 중위연령이 2013년 40.5세에서 2050년 44.5세로 높아지며, 유소년부양비와 노인부양비가 2013년에는 각각 25명, 26.5명으로 비슷했는데, 2050년에는 유소년부양비 27.7명, 노인부양비 44.4명으로 노인부양비가 급증한다. 남유럽의 경우, 중위연령이 2013년 42.4세에서 2050년에 50.1세로 높아지며, 노인부양비가 28명에서 61명까지 증가한다. 개발도상국도 아프리카를 제외하고 아시아는 중위연령이 2013년(29.6세)에 비해 2050년(39.8세)에 10세 이상 높아지며, 특히 동아시아는 2050년에 중위연령 47세, 노인부양비 41.8명으로 선진국과 유사하게 인구고령화 문제를 경험하게 될 것이 예상된다.

    <표 2>는 이민유입국가 유형에 따라 주요 선진국의 인구고령화 정도를 보여준다. 중위연령으로 보아 2013년 인구고령화 수준이 높은 국가는 일본(45.8세), 독일(45.6세), 이탈리아(44.3세) 순이다. 이들 국가는 2050년이 되면 중위연령이 50세가 넘게 되며, 포르투갈과 스페인도 중위연령 50세 이상인 국가군에 속하게 된다. 2013년 65세 이상 노인인구가 일본, 독일, 이탈리아만 20%를 넘던 것이 2050년에는 대부분의 선진국들이 20%를 넘고, 일본, 독일과 남유럽국가들은 30% 이상으로 증가한다. 이들 국가는 80세 이상 고령인구의 비중도 10%를 넘는다. 한국은 2013년에 65세 이상 노인인구의 비율이 12.1%로 이민국가들에 비해 낮았으나, 2050년에는 34.9%로 대부분의 이민국가보다 높고, 일본에 근접하게 된다. 2050년 노인부양비를 보면, 일본이 71.8명으로 가장 높고, 후발 이민국가인 남유럽국가, 한국과 독일이 60명 이상이 될 것으로 예상되고 있다.

3. 인구고령화에 따른 사회문제와 대응방안

1) 저출산 · 고령화로 인한 사회문제들

    앞에서 살펴본 바와 같이 선진국을 중심으로 가속화되고 있는 인구고령화 현상은 여러 가지 사회문제를 야기한다. 우선적으로 생산가능인구의 인구감소로 인하여 노동력이 부족하게 되고 노인인구의 증가로 노동생산성도 떨어지게 된다. 생산활동에 종사할 때보다 구매력이 떨어지는 노인인구가 증가하고, 노인들에 비해서 소비유발효과가 큰 유소년인구가 감소하면서 소비가 위축되어 내수시장이 침체되고 투자도 감소되는 등 악순환이 일어난다. 노인인구가 증가하면서 장기요양서비스와 같이 노동집약적 서비스 수요가 증가하기는 하나 이 산업은 생산성과 성장잠재력이 낮다는 한계가 있다. 노인인구증가로 인해 경제수요가 감소함으로써 경

| 표 2 | 주요 선진국의 연령대별 인구구성, 중위연령 및 부양비: 2013 & 2050 |

		연령대별 구성비 (%)				부양비			
		0~14	15~64	65~79	80+	중위연령	유소년부양비	노인부양비	총부양비
		[2013]							
전통이민국가	미국	19.5	66.5	10.3	3.7	37.4	29.4	21.0	50.4
	캐나다	16.4	68.4	11.1	4.1	40.1	24.0	22.2	46.3
	호주	19.1	66.6	10.5	3.8	37.2	28.6	21.5	50.2
선발이민국가	독일	13.1	65.8	15.7	5.4	45.6	19.9	32.1	52.0
	프랑스	18.2	63.9	12.1	5.7	40.7	28.6	27.9	56.5
	영국	17.6	64.9	12.7	4.8	40.2	27.1	26.9	54.0
후발이민국가	이탈리아	14.1	64.8	14.8	6.4	44.3	21.7	32.6	54.3
	스페인	15.4	66.9	12.2	5.6	41.4	23.0	26.6	49.5
	포르투갈	14.8	66.5	13.7	5.1	42.2	22.2	28.2	50.5
아시아	일본	13.1	61.9	17.8	7.3	45.8	21.1	40.5	61.6
	한국	14.9	72.9	9.7	2.4	39.4	20.4	16.7	37.1
		[2050]							
전통이민국가	미국	18.2	60.4	13.5	7.9	40.6	30.1	35.5	65.6
	캐나다	16.5	58.8	15.0	9.7	43.3	28.0	42.0	70.0
	호주	17.9	60.0	13.8	8.2	40.6	29.9	36.7	66.6
선발이민국가	독일	12.6	54.7	18.3	14.4	51.5	23.1	59.9	82.9
	프랑스	17.0	57.6	14.8	10.7	43.4	29.5	44.2	73.7
	영국	16.6	58.7	15.2	9.5	43.3	28.3	42.1	70.4
후발이민국가	이탈리아	13.9	53.1	19.2	13.8	49.9	26.2	62.3	88.5
	스페인	13.9	51.6	21.7	12.9	50.4	26.9	66.9	93.8
	포르투갈	12.0	53.6	22.1	12.4	52.5	22.5	64.3	87.7
아시아	일본	12.5	50.9	20.9	15.6	53.4	24.6	71.8	96.4
	한국	12.0	53.1	20.7	14.2	53.5	22.6	65.7	88.2

출처: UNDESA Population Division (2013). Profiles of Ageing.

제에 부정적인 영향을 준다는 주장에 대해, 경제수요는 사람의 수보다는 총수입에 영향을 받으며 오늘 날과 같은 개방경제에서 시장은 국내 소비자의 수에 의존하지 않는다는 주장이 있지만, 그 정도가 어느 정도 인지에 대해서는 아직 의문이 있다 (Harper, 2014: 47). 결국 인구고령화에 따른 생산력과 소비력 감소는 경제성장의 가능성을 낮추게 될 것이라는 주장이 설득력을 얻고 있다. 노인인구가 증가하면서 사회보장비용, 의료비용의 지출은 증가하는 반면, 납세자의 감소로 연금과 사회복지재정에 부담이 가중된다. 수적인 면에서 노인들의 정치적인 영향력이 확대되는 가운데, 사회복지 비용분담에 대한 세대 간 갈등이 사회적 쟁점으로 비화될 가능성도 커지게 된다.

2) 인구고령화에 대한 대응 방안들

저출산·고령화로 야기되는 인구규모(인구의 양)와 인구구성(인구의 질)상의 문제를 해결하기 위해 다양한 정책방안들이 시도되고 있다. 출산력, 사망력, 국경 간 인구이동(이민)의 3요소 중 사망률은 정책개입이 불가능하기 때문에, 인구감소와 인구고령화를 저지하거나 둔화시킬 수 있는 방법으로 출산력 제고와 이민을 통해서 해결방안을 모색하게 된다. 저출산·고령화에 대한 정책적 대응 방향 중 하나는 출산력 저하를 막고 적어도 인구대체수준에 가깝도록 출산율을 높이는 것이고, 다른 하나는 국제인구이동에 의한 이민자 유입을 활용하는 것이다.

출산율 제고를 위해 다양한 정책수단들이 동원되고 있지만 막대한 비용을 들임에도 불구하고 인구대체수준까지 출산율을 높이는데 성공한 선진국은 극히 드물다. 출산율을 높이는데 어느 정도 성공하였다 하더라도 높아진 출산율 효과가 인구구성에 반영되는 데에는 적어도 20년 이상이 지나야 하기 때문에, 상당기간 저출산을 경험한 국가들의 경우 생산가능인구 감소에 대한 대응방안 마련은 불가피하다.

저출산·고령화의 여파로 인한 생산가능인구 감소에 대응하기 위해, 우선적으로 여성, 노인, 청년 인구 중 유휴인력의 노동시장참여율을 높이기 위해 노력한다. 예를 들어, 은퇴시기 연장, 여성의 노동시장참여 촉진, 청년과 노인 일자리 창출과 노동시장참여 지원 등의 정책을 우선적으로 활용한다. 이처럼 내국인 노동력을 최대한 활용될 수 있도록 노력함에도 부족한 노동력을 보충하기 위해 이민자 도입 및 활용을 적극적으로 고려하게 된다. 인구문제에 대한 대응 방안으로서 이민의 활용에 대한 자세한 논의는 다음 절에서 살펴보기로 한다.

2절 인구문제 대응방안으로서 이민의 활용

1. 인구과잉과 이민

출산력이 낮아지기는 하나 인구대체수준보다는 높고 사망률은 지속적으로 떨어져서 인구가 증가하고 있는 저발전국가나 개발도상국 대부분은 인구과밀과 일자리 부족 문제를 해결하기 위한 방안으로 (나가는) 이민을 활용하려고 한다. 실제로 1970~80년대 개발도상국의 과잉인구문제를 해결하는 방안을 모색하면서 (나가는) 이민을 인구팽창의 압력을 다소나마 낮출 수 있는 대안으로 보았다. 대부분의 개발도상국가에서는 노동력은 풍부하나 일자리가 부족하고, 임금수준도 낮기 때문에, 많은 젊은이들이 좋은 일자리를 찾아 국제이주를 선호하게 된다. 국가차원에서도 해외로 나간 이민자들이 보내오는 송금이 국가경제에 상당한 기여를 하고 있기 때문에 (나가는) 이민을 적극 장려하게 된다.

2. 저출산·고령화와 이민

앞서 살펴보았듯이 대부분의 선진국들은 저출산과 고령화로 인한 인구문제를 겪고 있다. 저출산·고령화가 심화되면서 인구규모(총인구)의 감소, 비대한 노인층으로 인한 인구구성의 불균형이 나타난다. 저출산·고령화 문제를 해결하기 위한 방안으로 대부분 국가들은 이민자 유입보다는 출산율을 높이기 위해 우선적으로 노력한다. 하지만 한번 낮아진 출산율은 국가의 적극적 노력에도 불구하고 쉽게 높아지지 않는다. 이 때문에 일본과 같은 예외적인 경우를 제외하고는 대부분의 저출산국가들이 출산력제고 정책과 이민유입정책을 병행하여 활용하고 있다. 이때 이민을 통한 인구유입을 어느 정도 적극적으로 활용할 것인지, 어떤 방식으로 이민자를 받아들일 것인지, 이민자 유입 허용 규모는 어느 정도로 할 것인지, 이민자가 증가함에 따른 사회통합의 문제를 어떻게 다룰 것인지가 과거 어느 때보다 중요하게 된다.

1) 대체이민 논의

저출산·고령화로 인한 인구문제를 해결하기 위한 대안으로서 이민활용에 대한 본격적인 논의가 촉발된 것은 2000년 UN인구국에서 대체이민(replacement migration) 연구보고서를 발표하면서다(United Nations, 2000). 이 보고서는 저출산·고령화의 심화로 일어나는 총인구의 감소, 생산가능인구의 감소, 전반적인 인구고령화(잠재부양비 상승)를 저지하기 위하여 이민을 받아들인다면 그 규모가 어느 정도가 될 지를 추계하고 있다. 이처럼 인구문제 해결을 위해 받아들이는 이민을 대체이민이라고 한다.

이 보고서에서는 프랑스, 독일, 영국, 이탈리아, 미국, 러시아, 일본, 한국 등 8개국과 유럽, 유럽연합이 2000~2050년 기간 동안 총인구, 생산가능인구, 잠재부양비를 정점수준으로 유지하기 위해 필요한 대체이민 규모를 1995년 인구를 기준으로 한 인구성장 중위추계(세계인구추계 1998년 개정판)를 토대로 추정하였다(<표 3> 참조). 이때 대체이민의 규모는 해당 연도 입국자 수에서 출국자 수를 뺀 값으로 순이입자의 수, 즉 순이민 규모로 정의한다. 연평균 대체이민자의 수는 인년수(persons in year)의 개념으로 전년에 들어왔던 이민자가 모두 나갔다고 가정했을 때, 그 다음 해에 새로 들어와야 하는 이민자의 수를 뜻한다. 전년도에 들어와서 나가지 않은 이민자가 있다면 실제로 신규로 들어오는 이민자는 남아있는 이민자

표 3 2000~2050년 기간 중 인구목표치 달성에 필요한 연평균 대체이민 규모: 유량

시나리오		I	II	III	IV	V	VI
인구 목표치		인구성장 중위가정	영이민, 인구성장 중위가정	최고수준 총인구 유지	최고수준 생산가능 인구유지	잠재부양비 3.0 이상 수준 유지	최고수준 잠재부양비 유지
연평균 대체 이민 규모 (천 명)	한국	−7	0	30	129	232	102,563
	독일	204	0	344	487	810	3,630
	러시아	109	0	498	715	532	5,068
	미국	760	0	128	359	898	11,851
	영국	20	0	53	125	273	1,194
	이탈리아	6	0	251	372	702	2,268
	일본	0	0	343	647	1,897	10,471
	프랑스	7	0	29	109	321	1,792
	유럽	376	0	1,917	3,227	4,701	27,139
	유럽연합	270	0	949	1,588	3,073	13,480

주 1) 잠재부양비: 생산가능인구(15~65세)를 65세 이상 인구로 나눈 값임.

출처: UN (2000). Replacement Migration.

를 뺀 수만큼 들어와야 하므로 이 표에서 제시된 수치보다 적을 것이다.

이 보고서에 따르면 저출산 문제가 상대적으로 덜 심각한 미국이나 프랑스, 영국도 1995년 이후 이민이 없을 경우 도달할 최고수준의 총인구 규모를 유지하기 위해서는 2000~2050년 기간 동안 매년 2만 9천 명(프랑스)~12만 8천 명(미국)의 이민자 유입이 필요하며(시나리오 III), 생산가능인구를 유지하기 위해서는 연평균 10만 9천 명(프랑스)~35만 9천 명(미국)의 이민자를 받아들여야 하는 것으로 나타났다(시나리오 IV). 인구고령화를 저지하기 위해 생산가능인구가 65세 이상 노인을 부양하는 잠재부양비가 가장 높았을 때를 유지하기 위해서는 179만 명(프랑스)~1,185만 명(미국)의 이민자를 매년 새로이 받아들여야 하는 것으로 추계되었다(시나리오 V).

한국의 경우, 1995년 이후 이민이 없을 경우 도달할 총인구의 정점을 계속해서 유지하려면 2000~2050년까지 매년 3만 명의 이민자를 수용해야 하며, 최고 수준이었을 때의 생산가능인구를 유지하려면 2000년부터 50년간 매년 평균 12만 9천 명 이민자를 받아들여야 하며, 최고 수준이었을 때의 잠재부양비를 유지하려면 이민 유입 규모는 더욱 커져서 매년 1억 25만 명의 이민자를 신규 수용해야 한다고 제시하였다. 최고 수준의 잠재부양비를 유지하기 위해서 한국이 일본보다 10배 이상 더 많은 이민자를 유입해야 한다는 대체이민 추계결과는 1995년 인구를 기준으로 했을 때 한국의 최고수준 잠재부양비가 12.6명으로 매우 높기 때문이다. 이미 상당히 고령화가 진행된 일본보다 상당히 높은 잠재부양비를 출산율이 급격히 낮아짐에도 불구하고 유지해야 하기 때문에 대체이민 수요가 그 만큼 커지게 된 것이다.

그런데 이와 같은 한국의 대체이민 추계는 1983년부터 인구대체수준 이하로 떨어진 출산력이 1.6~1.7명 정도는 유지되었던 시점인 1995년 인구센서스를 토대로 한 것이다. 1995년 이후 한국의 출산력은 계속 하락하여, 2000년대 1.1~1.2명까지 낮아졌다. 이러한 저출산 추세를 반영한 2010년 인구센서스 결과를 토대로 전광희는 2010~2060년 기간 동안 인구감소와 고령화를 막기 위해 필요한 대체이민규모를 <표 4>와 같이 재추계 하였다(전광희, 2014; 정기선 외, 2011).

통계청 2011년 장래인구추계 중위(표준)시나리오에 따르면,[2] 총인구는 2030년

---

2) 통계청 2011년 장래인구추계 중위(표준)시나리오는 출산력이 2010년 현재 1.23명에서 2045년 1.42명으로 증가한 후 지속될 것이며, 국제이동은 2010년 인구 1000명당 1.7명(약 8만여 명)에

| 표 4 | | 추계유형별 대체이민의 규모, 2010~2060년(통계청 장래추계 중위 시나리오) | | | | | | | |

	총인구 (만 명)	유소년 인구 (0~14세) (만 명)	생산연령 인구 (15~64세) (만 명)	고령자 인구 (65세 이상) (만 명)	주소비층 인구 (0~64세) (만 명)	추계유형별 대체이민의 규모(만 명)[1]			
						총인구 감소 저지	생산연령 인구감소 저지	잠재적 부양비감 소저지	주소비층 인구감소 저지
2010	4,941.0	797.5	3,598.2	545.2	4,395.8	0	0	0	0
2011	4,977.9	777.1	3,635.3	565.6	4,412.3	0	0	97.3	0
2012	50,00.4	755.9	3,655.6	589.0	4,411.5	0	0	231.2	.9
2015	5,061.7	704.0	3,695.3	662.4	4,399.3	0	0	676.1	13.1
2016	5,080.1	689.9	3,703.9	686.4	4,393.8	0	0	825.5	18.6
2017	5,097.7	684.0	3,701.8	711.9	4,385.8	0	2.1	996.1	26.6
2020	5,143.5	678.8	3,656.3	808.4	4,335.1	0	47.6	1,678.6	77.2
2025	5,197.2	673.9	3,490.2	1,033.1	4,164.1	0	213.7	3,327.6	248.2
2030	5,216.0	657.5	3,289.3	1,269.1	3,946.9	0	414.5	5,086.1	465.5
2031	5,214.6	652.9	3,251.7	1,310.0	3,904.6	4.3	452.2	5,393.5	507.8
2035	5,188.8	624.7	3,089.0	1,475.1	3,713.8	42.3	614.9	6,645.4	698.6
2040	5,109.1	571.8	2,887.3	1,650.1	3,459.0	137.9	816.6	8,002.4	953.3
2045	4,981.0	517.1	2,717.1	1,746.8	3,234.2	282.3	986.7	8,810.4	1,178.1
2050	4,812.1	478.3	2,534.7	1,799.1	3,013.0	467.0	1,169.2	9,338.1	1,399.3
2055	4,612.5	459.4	2,381.7	1,771.3	2,841.2	680.9	1,322.2	9,307.8	1,571.2
2060	4,395.9	447.3	2,186.5	1,762.2	2,633.8	909.9	1,517.4	9,442.4	1,778.6
연평균 인원 (50년간)						213.8	647.9	5,857.1	765.5
연평균 인원 (최초 도입 이후)						356.4	736.2	5,857.1	765.5
최초 도입 후 연평균 대체이민 수 / 정점 인구 수 (%)						6.9	14.3	113.9	17.4

주: 1) 대체이민(replacement migration)은 자연인의 수로 볼 수 있기는 하지만, 좀 더 정확히 말하
자면 인년(person-years)의 개념으로 보는 것이 타당함.
 2) 주소비층인구은 '64세 이하 인구'로 정의하고, 미성년(0~19세) 대 성년(20~64세)의 소비비중
을 1:1로 가정함.
자료: 정기선 외 (2011). <표 V-6>, <표 V-7>, <표 V-10>, <표 V-13>의 통계청 중위
시나리오 기준 대체이민의 추계결과를 요약한 것임.

에 5,216만 명으로 정점에 도달한 후 감소하게 되는데, 이 최대 총인구를 유지하
기 위해서는 2031년 4만 3천 명을 시작으로 2040년 138만 명, 2050년 467만 명,

서 2060년 0.58명으로 순유입이 감소할 것을 가정하고 있다.

2060년 910만 명의 이민자가 신규 유입되어야 한다. 총인구 감소 저지를 위해 2031년~2060년 기간 동안 매년 평균 356만 명 이민자를 받아들여야 한다. 이는 인구성장 중위시나리오 정점인구의 6.9%에 해당하는 수치이다.

15~64세 생산가능인구는 2016년 3,703.9만 명으로 정점에 도달한 뒤 감소하는데, 이 최대 생산가능인구를 유지하기 위해서는 2017년 2만 1천 명을 시작으로 2020년 47만 명, 2030년 414만 명, 2040년 816만 명, 2050년 1,169만 명, 2060년 1,517만 명의 이민자를 받아들여야 한다. 2017~2060년 기간 동안 매년 평균 736.2만 명의 이민자를 받아들이는 것으로 정점의 생산가능인구의 19.9%가 이민자 유입을 통해 이루어진다는 의미이다. 15~64세 인구를 65세 이상 인구로 나눈 잠재부양비는 2010년 6.6명으로 최대치인데, 이는 6.6명의 생산가능인구가 1명의 65세 이상 고령자를 부양한다는 의미이다. 정점의 잠재부양비(6.6)를 유지하기 위해서는 2060년까지 매년 평균 5,857만 명의 이민자를 받아들여야 한다. 즉 노령화로 인한 부양비 부담이 가장 낮았던 때를 기준으로 이를 유지하려면 한국의 인구가 가장 많았던 때보다도 더 많은 이민자를 매년 받아들여야 한다는 비현실적인 수치가 나온다.

전광희는 총인구, 생산가능인구 및 잠재부양비 보전을 위한 대체이민 추계에 덧붙여, 인구고령화로 소비력이 떨어지는 것을 막기 위해 '소비주도층 인구'를 유지하기 위한 대체이민을 추계하였다(정기선 외, 2011). 이에 따르면, 소비주도층인 미성년인구(0~19세)와 성년인구(20~65세 미만)의 소비비중을 1:1로 가정했을 때에는 소비주도층이 2011년 4,412만 명을 정점으로 감소하기 시작한다. 정점의 소비주도층을 유지하기 위해서는 2012~2060년 기간 동안 매년 765.5만 명의 이민자를 받아들여야 하며, 정점의 소비주도층 인구의 17.4%가 이민자 유입을 통해 확보되어야 한다. 자녀양육에 지출되는 비용이 생산활동에 종사하는 성인인구의 비용보다 커지게 되면 소비주도층을 유지하기 위해 받아들여야 하는 이민자 수도 더 커진다(정기선 외, 2011: 165-166).

UN의 대체이민 보고서에서 대체이민을 추계하는 방식이 방법론적으로 문제가 있고,[3] 대체이민 규모가 비현실적이라는 비판이 있지만(Coleman, 2002; Bijak, 2005

---

3) 대체이민을 추계하면서 국제비교를 위하여 각국의 이민자들의 연령 및 성별 분포가 동일하다고 가정하고 그들의 출산율과 사망률 패턴이 정주국 국민과 유사해질 것이라 가정하고 있다. 그런데 미국 같이 가족초청이민을 많이 받아들이는 전통적 이민국가와 노동력 활용을 위하여 특정 연령층 또는 성별을 선별하여 받아들이는 국가들과는 이민자 특성에 있어서 상당한 차이가 있을 수밖에 없다.

등) 대부분 선진국에서 대체인구수준 이하의 출산율과 기대수명의 연장이 지속되는 가운데 경제성장을 유지하기에 적합한 인구규모와 구조를 위해서는 이민에 대한 수요가 증가할 수밖에 없음을 알리는 데에는 상당한 기여를 하였다.

　　UN의 대체이민 보고서 발표 이후, 저출산·고령화 문제 해결에 있어서 이민의 역할에 대한 활발한 논쟁이 있었다. 대체이민에 대해서 부정적인 견해를 피력한 대표적인 학자로 콜만(David A. Coleman)은 고령화 저지를 위해서는 감당할 수 없는 수준의 이민자 유입이 필요하기 때문에 이민은 저출산·고령화로 야기되는 여러 인구학적, 사회경제적 문제에 해결책이 될 수 없다고 본다. 그는 보다 현실적인 대안은 실업률을 낮추고 은퇴연령을 높이며 일과 가정 양립이 가능한 환경을 조성함으로써 여성 경제활동 참여율을 높임으로써 잠재부양율을 높이는 것이라고 본다. 맥니콜은 이민자들이 이민 당시에는 젊고 건강한 연령층이지만 이들 역시 노령화되고, 이들의 출산력도 이민수용국의 낮은 출산력 수준에 근접해가기 때문에 저출산·고령화 문제에 대한 이민의 효과는 제한적이라고 주장한다(McNicoll, 2000). 그는 또한 고령화로 인해 생산성이 낮아진다고 생각하는 것은 육체노동만을 생각해서 그런 것이며 기술의 발달로 노동의 질과 생산성도 높아질 수 있다고 본다. 그리고 인구가 감소하더라도 자유무역협정을 통해 인구확대 효과를 볼 수도 있기 때문에 인구감소가 곧 경기침체를 가져오는 것은 아니라고 주장한다.

　　다른 한편, 저출산·고령화 문제를 해소하기 위해 출산율을 높이려는 노력보다는 이민자 유입을 증가시키는 것이 더 효과적이라고 보는 입장이 있다. 인구정책은 한번 선택하면 쉽게 변경할 수 없지만 이민자유입정책은 노동시장의 수요에 따라 쉽게 조정이 가능하다고 본다. 이민자유입정책은 인적자본을 육성하는 비용 부담 없이 값싸게 인력을 활용하는 정책이며, 이민자를 순환원칙에 따라 한시적으로만 활용하는 경우에는 이민자의 고령화로 인해 들어가는 사회비용도 절감할 수 있다는 점에서 효율적인 정책이라고 평가한다. 젊은 연령대 이민자유입은 단기적으로 생산가능인구를 증가시킴은 물론, 출산율을 높이고, 인구규모를 증가시키며, 노동력 대체에 직접적인 영향을 미친다. 하지만 인력을 송출하는 국가들도 인구고령화 문제를 겪고 있기 때문에 기술수준을 갖춘 이민자를 원하는 수만큼 유입하는 것이 점차 어렵게 될 전망이다. 따라서 단기적인 전략으로는 저출산과 고이민를 결합한 정책이 유리해 보이나 40년 이상을 바라보는 장기적 관점에서는 고출산과 저이민의 결합이 생산가능인구 확보에는 더 많은 기여를 할 것이라고 본다(Kippen and MacDonald, 2004; Cangiano, 2010). 같은 맥락에서 이민자들의 출산력도 이주 후 시간이 지날수록 원주민과 유사한 수준으로 떨어지며, 이들 역시 고령화되기 때문에 결국에는 인구결손(demographic deficit)을 높이는데 기여할 것으로 보는 입장도 있다(Harper, 2014: 47-48). 물론 이민자를 받아들임으로써 혁신, 경제성장, 고용 및 복지에 기여하는 간접적 효과도 있다.

대체이민이 저출산과 고령화로 인하여 야기되는 문제에 대한 근본적인 대책이 될 수는 없다고 하더라도 출산장려정책 등 다른 정책대안들과 함께 활용함으로써 고령화 진행속도를 완화시켜주는 효과는 있다고 본다(Wilson et al., 2010; Grant et al., 2004; Hoorens et al., 2011). 실제로 윌슨 등(Wilson et al., 2010)은 유럽 여러 국가들에서의 인구추이를 보면 순이민(net migration)이 인구를 안정시키는 주요한 요인의 하나가 되고 있다는 사실을 보여주고 있다. 따라서 대체이민이 유럽의 고령화 문제를 해결하는 치료제는 아닐지라도 사회적, 경제적 지속성을 유지하기 위한 정책들이 보완된다는 전제 하에서 유용하게 활용할 수 있는 정책대안이 될 수 있음을 보여준다.

2) 적정인구 논의

대체이민의 논의는 저출산으로 인하여 인구감소를 이미 겪고 있거나 조만간 겪게 될 대부분의 선진국들이 인구가 최대 규모였을 때를 기준으로 출산력 제고의 수준을 감안하고 나서도 부족한 인구를 이민으로 받아들인다면 그 규모가 어느 정도가 되는지를 가늠해보고자 했던 것이다. 대체이민 규모를 추정하는 계산법에는 해당 국가가 경험한 혹은 경험하게 될 최대 인구규모를 유지하는 것이 국가경쟁력을 유지하는데 필요하다는 가정이 깔려있다.

그런데 적정인구는 '주어진 조건에서 최고의 생활수준을 가져다주는 크기의 인구'로 정의하면서, 어느 정도의 인구 규모가 바람직한 가를 묻는다(권태환·김두섭, 2002). 1960년대 인구가 급증하면서 '인구폭탄'으로 인한 자원고갈과 환경문제 등을 제기하면서 '적정인구' 논의가 시작되었다(Ehrlich, 1968). 한 사회(혹은 국가)의 바람직한 인구규모는 어떤 기준을 목표로 하느냐에 따라 달라질 수 있다. 환경론적 관점에서는 적정인구를 생태계의 지속가능성, 생물의 다양성 보존 등 자연환경과 인공환경 모두를 고려하여 삶의 풍요성, 편리성, 능률성, 안정성, 쾌적성 측면에서 사회적으로 수용할 수 있는 인구로 정의한다(정대연, 2006). 경제학적 의미에서의 적정인구는 "그 사회 또는 국가의 기술, 자본, 노동 등 생산요소의 선택 가능한 경로 위에서 현재와 장래의 세대에 걸쳐 사회후생수준을 극대화하는 인구경로" 혹은 "산업의 생산성을 최대한 발휘할 수 있는 인구"로 본다(이삼식 외. 2011: 27-29). 이때 적정인구는 노동력의 근원인 인구 이외의 기술, 자본, 토지 등 생산요소를 정태적인 상태로 가정하고 있는데, 실제로는 기술이나 생산설비, 자원 등이 끊임없이 진보하고 있기 때문에 적정인구를 산정하는 것 자체가 현실성이 떨어진다는 비판도 있다.

이러한 한계가 있음에도 불구하고, 지속가능한 경제성장과 국가적 위상 및 선진국 수준의 사회복지를 유지할 수 있는 적정인구를 추정해내고, 이 적정인구를 유지하기 위해서 정책적으로 어떤 노력을 기울여야 하는지를 보기 위해 적정인구 개념이 많이 활용되고 있다. 같은 맥락에서 이삼식 등(2011)은 한국의 적정인구를 산출하는데 세 가지 조건을 고려한다. 첫째, 국제정치적으로 국가위상을 갖는데 필요한 인구규모, 둘째, 경제적 측면에서 국내적으로 지속가능한 성장과 국제사회에서 중요한 의사결정에 참여할 수 있는 수준의 국력(경제규모)을 유지하기에 필요한 인구규모, 셋째, 성장과 복지 간 국가재정의 안정화를 유지하기 위한 인구규모이다.

한 국가의 국제적 위상과 사회의 지속가능성을 유지하면서 성장과 복지 간 균형을 이루기 위한 인구학적 수요로서 적정인구가 추계되면, 이 적정인구를 유지하기 위해서 인구규모와 인구구성의 3대 결정요인 중 출산력(출산율)과 국제이동(순이민)의 수준을 어느 정도로 할 것인지의 목표를 도출할 수 있게 되며, 이 목표를 달성하기 위해 국가는 어떤 정책적 선택을 할 것인지를 고민하게 된다. 즉, 적정인구를 유지하기 위해 국가는 고출산－저이민을 선택할 것인지, 저출산－고이민을 선택할 것인지를 고민하게 된다. 실제로 출산력을 높이기 위한 정책방안들이 목표출산율을 달성하지 못할 경우에 정책적 대안으로서 국가는 이민수용의 규모와 방법, 시기 등을 본격적으로 검토하게 된다.

이삼식 등(2011: 92-93)은 "국내적으로 지속가능하면서 대외적 위상을 유지할 수 있는 경제규모 및 복지수준을 누릴 수 있는 수준의 인구규모 및 구조"를 적정인구로 설정하고, 2010~2080년 기간 동안 한국의 적정인구를 추계하고 있다. 이를 위해, 한국경제가 장기적으로 경제성장률 3%를 유지하여, 현재 세계 GDP에서 차지하는 비중을 2.1%에서 2021년 2.2% 수준까지 확대한 다음 이를 2080년까지 유지하고, 2021년부터 성장－복지 간 통합재정수지가 균형을 유지한다는 가정을 한다. 이 가정 하에, 한국의 적정인구 규모는 <표 5>에서 확인할 수 있듯이, 2030~2050년까지 5,000만 명 수준, 2060년 4,700만 명 수준, 2080년 4,300만 명 수준으로 추정한다. 적정인구의 인구구조를 보면, 노인인구의 비중이 2010년 11.1%에서 계속 높아져서 2066년 39%까지 높아진 다음 감소해서 2080년 34.7%로 낮아질 것으로 추정했다. 이렇게 추계된 적정인구의 경로가 실현되기 위해서는 합계출산율이 2010년 1.23명에서 2045년 1.8명까지 증가한 후 유지된다는 가정을 한다(이삼식 외, 2011: 126).

이렇게 추계한 적정인구를 통계청의 2011년 인구추계와 비교해보면(<표 7> 참조), 전체 규모면에서 통계청의 중위인구추계와 근사하다. 그러나 적정인구와 통계청 중위인구 간의 차이는 시간경과에 따라 점차 커지는 경향이 있다. 중위가정을 기준으로 보면, 2010년에서 2040년까지는 적정인구가 통계청 인구추계 규모보다 적다가 2045년부터는 적정인구가 더 많아지기 시작하여, 2060년에는 351만 명이 더 많을 것으로 추정된다(이삼식 외, 2011: 119).

이삼식 외(2011)에서 추계한 적정인구(중위)를 유지하기 위해서 부족한 인구가 2050년 126만 명, 2060년 351만 명인데 이를 받아들여야 하는 이민자의 수로 생각한다면, 앞서 논의한 대체이민의 수 즉, 총인구감소 저지를 위한 대체이민을 기

표 5 적정인구 추정 결과

	2011년 장래인구추계(중위)(A) (만 명)	적정 인구규모 (만 명)				적정인구와 추계인구차이 (B−A) (만 명)	적정 인구구조 (%)			
		총인구 (B)	유소년 인구	생산 가능 인구	노인 인구		총인구	유소년 인구	생산 가능 인구	노인 인구
2010	4,941.0	4,852	789	3,527	536	−89	100.0	16.3	72.7	11.1
2015	5,061.7	4,925	677	3,598	650	−137	100.0	13.7	73.1	13.2
2020	5,143.5	4,960	626	3,545	790	−183	100.0	12.6	71.5	15.9
2030	5,216.0	5,010	585	3,210	1,214	−206	100.0	11.7	64.1	24.2
2037	5,163.2	5,039	568	2,963	1,507		100.0	11.3	58.8	29.9
2040	5,109.1	5,031	550	2,870	1,611	−78	100.0	10.9	57.0	32.0
2050	4,812.1	4,938	485	2,627	1,826	126	100.0	9.8	53.2	37.0
2060	4,395.9	4,747	488	2,423	1.836	351	100.0	10.3	51.0	38.7
2070		4,520	515	2,299	1,706		100.0	11.4	50.9	37.8
2080		4,299	522	2,285	1,492		100.0	12.1	53.2	34.7

출처: 이삼식 외 (2011). <표 3−3> 재구성. pp. 93~95.

준으로 2050년 467만 명, 2060년 910만 명에 비해 상당히 낮게 추산된 것을 알 수 있다. 이 적정인구추계가 출산율 1.8명, 경제성장율 3.0% 이상을 가정하고 있기 때문에, 2015년 현재 1.3명을 넘지 못하는 출산율과 3%에 못 미치는 저성장전망을 고려할 때 대체이민과 적정인구 분석이 이민정책을 펼치는 데에 있어서 부여하는 의미에 대해 심도 있는 고민이 필요한 것 같다.

3절 주요 선진국의 인구규모 및 구성에 미치는 이민의 영향

1. 주요 선진국의 인구 및 이민자 유입 현황

이민을 통하여 국가를 건립한 미국, 캐나다, 호주 등 전통 이민국가에서 인구정책은 국가의 존립과 유지 및 발전을 위한 핵심전략이었으며, 국민 확보차원에서 영주이민자를 지속적으로 받아들여 왔다. 이들 국가에서는 매년 일정 규모의 영주이민자를 받아들이고 있으며, 우수한 자질의 이민자를 선별하여 받아들이기 위한 다양한 이민유입제도가 발달되었다.

전통 이민국가를 제외한 대부분의 선진국들도 오랜 기간 동안 이민자를 받아들여 왔지만 처음부터 영주이민자로 이들을 받아들이는 방식은 아니었다. 제2차 세계대전이 끝난 후 경제부흥기에 해외로부터 외국인력을 대거 받아들인 선발 이민국가들의 경우, 이민자 유입은 부족한 노동력을 채워주는 한시적 활용 목적이 대부분이었다. 즉, 저출산·고령화와 같은 인구적인 문제와는 별개로 내국인 노동시장의 수요와 공급 불일치로 인하여 나타나는 산업 및 직종 부문별 노동력 부족문제를 해결하기 위해 한시적으로 활용할 인력으로서 이민자를 받아들였던 것이다.

애초에는 단기순환을 목적으로 들어온 외국인근로자들이 사용주의 요구와 외국인근로자 개인의 열망 및 당시 정책 환경 변화 속에 오랜 기간 장기체류하게 되고, 이들 장기체류 외국인근로자들의 가족결합권을 인정하게 되면서 가족동반이나 가족초청이 늘어나 정주외국인 규모가 확대되고, 이들 중 상당수가 영주 또는 귀화하게 되면서 이주배경 인구를 형성하게 된다.[4] 이러한 이민자 수용 경로를 경

---

4) 이민자 규모를 말할 때, 외국국적자(외국인), 해외출생자, 이주배경인구 등 개념을 활용하는

험한 대표적인 국가가 독일이다. 독일은 1950대 후반부터 이탈리아, 그리스 등 남유럽국가를 시작으로 나중에는 터키 등으로부터 단기순환을 전제로 한 외국인력 활용 정책인 초청노동자제도를 통해 많은 이주노동자를 받아들였다. 그러나 1973년 세계석유파동으로 경제불황이 오자 초청노동자제도를 폐지하고, 국내 체류 이주노동자의 귀환정책를 적극적으로 실시하면서 동시에 장기체류 이주노동자의 가족결합을 허용하였다. 그 결과, 2012년 현재 171만 명의 터키계 이민자를 포함한 1,634만 명(인구의 20%)의 이주배경인구를 갖게 된 것이다(최영미, 2014).

<표 6>은 주요 선진국의 인구 및 이민자 유입현황을 보여주고 있다. 전통 이민국가 중 호주는 인구 중 27%가 해외출생자이며, 캐나다는 거의 20%가 해외출생자이다. 유럽연합 27개국(현재는 28개국임)의 총인구 5억 중 9.4%인 4천 7백만 명이 해외출생자이며, 외국국적자는 6.5%, 3천 2백만 명이다. 선발 이민국가인 독일, 프랑스, 영국에 살고 있는 해외출생자는 11~12%로 그 비율이 유럽연합 전체 평균보다 높은 편이며, 외국국적자 비율은 프랑스(5.8%)에 비해 영국(7%)과 독일(8.7%)이 더 높다.

1990년대부터 이민자 유입이 급격히 늘어난 남유럽의 후발 이민국가의 경우, 이민자 유입의 역사는 선발 이민국가들보다 짧지만 해외출생자나 외국국적자의 비율이 선발 이민국가들과 거의 유사하다. 표에 제시된 후발 이민국가들 중 스페인은 해외출생자나 외국국적자 비율에 있어서 뿐 아니라 제3국 출신(비EU 출신) 이민자의 비율에 있어서도 이탈리아와 포르투갈은 물론, 선발 이민국가들보다도 높다. 앞서 언급했듯이 1950~60년대부터 이민자를 받아들였던 선발 이민국가들은 남유럽의 후발 이민국가들에 비해 이민사유가 고용보다 가족결합이라는 비율이 훨씬 높은 편이다. 이런 경향에서 포르투갈은 예외적인데, 가족결합을 목적으로 들어온 이민자들이 고용을 위해 들어온 이민자들보다 2배 이상 많다.

2. 주요 선진국의 인구문제와 이민자 활용

이번에는 주요 선진국들이 현재의 인구규모 및 구성을 갖게 되는 데에 이민자 유입이 어떤 영향을 미쳤는 지를 몇몇 국가의 사례를 중심으로 살펴보자.[5]

데, 이들 개념의 차이에 대한 상세한 설명은 정기선·김혜진(2015)을 참조하시오.

5) 여기서 소개하는 해외사례들은 김양희 외(2010), 정기선 외(2011)의 연구를 많이 참고하였음을 밝혀둔다.

표 6	주요 이민수용국가의 이민자 유입현황(2010)

		총인구 (천 명)	이민자						이민사유[3]	
			외국국적			해외출생			고용	가족
			천 명	%	비EU 출신	천 명	%	비EU 출신	%	%
전통 이민국가	미국[1]	308,745	22,480	7.3		39,956	12.9			
	캐나다[2]	34,019				6,618	19.6			
	호주[1]	22,485				5,994	26.6			
EU-27		501,098	32,493	6.5	20,157 (4.0)	47,348	9.4	31,368 (6.3)		
선발 이민국가	독일	81,802	7,131	8.7	4,585 (5.6)	9,812	12.0	6,416 (7.8)	13	54
	프랑스	64,716	3,769	5.8	2,451 (3.8)	7,197	11.1	5,078 (7.8)	14	64
	영국	62,008	4,368	7.0	2,445 (3.9)	7,012	11.3	4,767 (7.7)	23	45
후발 이민국가	이탈리아	60,340	4,235	7.0	2,994 (5.0)	4,799	8.0	3,206 (5.3)	44	50
	스페인	45,989	5,664	12.3	3,336 (7.3)	6,423	14.0	4,094 (8.9)	47	40
	포르투갈	10,638	457	4.3	363 (3.4)	793	7.5	602 (5.7)	25	62

주 1) 미국, 호주 자료는 김환학 외(2012) 참조.
　2) 캐나다 총인구는 2011년 12월 기준이며, 해외출생 이민자 수는 2009~2010년 기준임. OECD (2012) Annex 1.A1 Table 1.A1.1 p. 47 참조.
　3) OECD(2012) Table 1.1 p. 25 참조.
출처: Bijl and Verweij(2012). <Table 1.3> 재구성; 김환학 외(2012); OECD(2012)

　전통 이민국가의 경우 이민은 인구성장의 주요 동력이다. 미국은 1970~80년대 출산율이 1.8명으로 낮아졌다가 1990년대 이후로 인구대체수준에 근접한 다음 안정적으로 유지되고 있는데, 이런 미국도 현재의 인구규모를 유지하는데 인구의 자연증가에 더하여 이민자 유입이 중요한 역할을 하였다. 한 연구에 따르면, 이민이 없었다면 미국의 총인구는 2006년 1.27억 명으로 추계되며, 이는 실제 3.07억 명보다 2억 명 정도 적은 수치로 미국의 현재 인구 규모를 형성하는데 60% 정도를 이민이 기여한 것이라고 한다(Chamie, 2009). Little과 Triest는 1990년대 미국의 인구성장의 약 35%가 이민에 의한 기여로 본다(Little and Triest, 2002).

캐나다는 1970년대 출산율이 인구대체수준 이하로 떨어지기 시작해서 2000년 1.49명까지 낮아졌다가 2007년에 1.7명을 회복하였는데, 이 과정에서도 총인구는 계속 증가하였다. 1990년대 캐나다 인구성장의 59.7%가 이민이 기여한 것이며, 2001~2006년 기간 중 증가한 약 160만 명 인구 중 120만 명이 이민에 의한 증가라고 한다(CBS News. 2007.3.13., 정기선 외, 2011: 80 재인용). 캐나다에서는 인구정책의 목적을 달성하는데 이민의 역할을 이민법에 담고 있으며, 인구규모와 성장률, 인구구조, 인구의 지역분배 등을 감안하여 매년 이민계획을 수립, 국회에 보고하도록 의무화하고 있다. 이는 캐나다 인구정책에 있어 이민의 중요성을 반영하는 것이다.

호주 정부는 1950~60년대부터 국가발전에 지속적인 인구성장의 중요성을 인지하고 적극적인 이민자 유입정책을 펼쳐왔다. 1960년 이래로 순이민의 수가 2~18만 명에 이르고, 출산율이 1980년대 이래로 1.8~1.9명을 유지하고 있지만, 총인구 증가는 자연증가보다 이민에 의한 증가가 크다. 호주 이민시민부(DIAC) 발표에 따르면, 2008년 연간 인구성장의 68%가 이민에 의한 것이며, 2011년에도 이민은 호주 연간 인구성장에 약 53%까지 기여하고 있다.

다른 한편, 선발 이민국가들은 1970년대부터 인구대체수준 이하로 떨어진 저출산 문제를 경험하고 있지만, 어느 국가도 이민을 인구정책으로 접근한 적이 없다가, 2010년대에 들어와서 이민정책과 인구문제를 연계하여 논의하고 있다. 독일은 1970년대부터 출산율이 인구대체수준보다 훨씬 낮은 1.6명으로 떨어졌고 1990년대 1.5~1.4명, 2000년대에는 1.3명으로 더 떨어졌음에도 인구문제를 이민정책과 연계하여 논의를 시작한 것은 2000년대 초반이다. 독일 총인구는 2003년 8,254만 명을 정점으로 계속 감소하다가 2011년 증가세로 돌아섰는데, 이러한 반전에는 이민자 유입의 기여가 크다. 이처럼 이민자 유입이 크게 늘어나게 된 것은 2004년 EU에 새로 가입한 동유럽국가 국민의 자유로운 이동을 2011년까지 유예했었는데, 이것이 풀린 영향이 크다. 독일은 약 40년간 낮은 출산율이 지속되었음에도 불구하고 총인구가 감소하지 않았던 이유는 비교적 높은 순이주율이 유지되었기 때문이다.

영국은 1970년대 이미 인구대체수준 이하로 출산율이 떨어지기 시작해서 2001년 1.63명으로 가장 낮은 수치를 경험한 이래로 현재까지도 1.7~1.8명에 머물고 있다. 이런 가운데 1990년대 이후 영국으로 이민자 유입이 빠르게 증가하고 있다. 특히 영국은 2004년 EU 확장으로 회원국이 된 동유럽국민들의 자유로운 이동을 독일이나 프랑스처럼 2011년까지 유예기간을 두지 않고 바로 받아들이면서 이민자 수가 급증하였다. 이민자의 순유입이 1990년대 연 10만 명 수준에서 2004년에는 21만 명까지 증가하였다. 생산가능인구 중 이민자의 비중도 1995년 8.2%에서 2006년 12%로 증가하였다. 영국인구 중 해외출생 인구 비중이 1993년 7%(380만 명)에서 2013년에 12.5%(780만 명)로 급증하였으며, 외국국적자의 비율도 1993년 4%에서 2013년 7.9%로 증가하였다(Rienzo, 2014). 영국 정부가 인구정책 차원에서 이민을 수용한 것은 아니더라도 최근 인구변화에 이민은 중요한 역할을 하고 있다. 2009~2010년 사이 총인구 증가(47만 명) 중 50%는 순이민에 의한 증가였음이 이를 증명해보이고 있다(Cangiano, 2011). 2010~2011년 영국 인구성장률은 EU 평균 보다 2배 이상 높았다(Holehouse, 2011). 2020년을 기점으로 EU 인구가 줄어들 것으로 예상되는데 비해 영국 인구는 현재와 같은 출산율과 이민자의 순유입이 지속된다면 계속 증가할 것으로 예상되고 있다(Holehouse, 2011; 김양희 외, 2010). 2027년 영국의 총인구가 7천만 명까지 증가할 것이라는 통계청의 예측에 따라 이러한 인구증가가 환경과 공공서비스 등의 부담을 감안하여 지속가능한지에 대한 논란이 일고 있으며, 특히 다양한 사회문화적 배경을 가진 이민자 증가가 영국의 정체성 위기 등 사회적 결속력에 미치는 부정적인 영향을 감안하여 이민유입 규모를 축소해야 한다는 주장이 대두되고 있다(Cangiano, 2011).

후발 이민국가 중 이탈리아는 1995년 합계출산율이 1.14명이었고, 현재도 1.5명으로 유럽에서 출산율이 가장 낮은 국가에 속한다. 그 결과, 내국인 인구가 1999~2006년 사이에 70만 명까지 감소하였음에도 총인구는 오히려 210만 명이 증가하였다. 이는 이민자와 그 자녀들의 유입에 따른 결과이다(Castiglioni and Dalla Zuanna, 2009; Perlmutter 2014: 342 재인용). Castiglioni와 Dalla Zuanna는 2006년 한해 30만 명의 신규이민자와 5만 명 이민자 자녀가 이탈리아에 들어왔으며, 2007~2026년 기간 동안 20~59세 생산가능인구를 유지하려면 매년 30만 명의 신규 이민자 유입이 필요하다고 보고 있다.

이민자의 연령층이 생산가능인구에 집중되기 때문에 유입국의 인구구조를 개선하는 데에도 기여하는 바가 크다. 2000년도 미국인구조사에 의하면 해외출생자의 59%가 생산가능연령대인 25~54세인데 반해, 미국출생자의 42%만이 같은 연령대이다. 호주의 경우 2004~2008년까지 5년간 이민자의 95%가 45세 미만이고, 41%는 생산가능연령대인 25~44세인 반면, 호주인구의 62%만이 45세 미만이며

25~44세 연령대는 28%이다(Commonwealth of Australia, 2009). 영국 재무부에 따르면, 2002~2005년 출산으로 인한 생산가능인구의 증가는 연간 0.2%인 반면, 이민으로 인한 생산가능인구 증가는 0.5%라고 한다. EU 27개 국가의 인구 중위연령이 40.6세인 반면, 이민자들의 중위연령은 28.4세이며, 이민자 중에서도 제3국 출신 이민자의 중위연령은 27.5세로 더 낮다(European Commission, 2011). 이처럼 이민이 주로 젊은 연령층에서 이루어지고 있기 때문에 단기간 생산가능인구 유지 및 고령화의 속도를 늦추는데 효과가 있음은 분명하다.

최근 영국, 미국, 호주 등에서는 인구와 이민정책 담론에서 '지속가능성', '적정인구'개념이 중요하게 대두되고 있다. 2010년 호주의 노동당 정부는 전임 캐빈 러드 (Kevin Rudd) 총리의 '거대한 호주(Big Australia)' 담론 대신 기간산업개발과 공공서비스개선을 고려한 '지속가능한 인구' 정책으로 전환할 것을 강조하였다. 인구유입이 지속적으로 이루어지고 있는 미국에서도 'more is better'이라는 정책보다는 인구동태적 현실이나 인구추계 및 환경부담 등을 고려한 적정인구의 틀 속에서 이민정책을 준비해야한다는 주장이 제기되고 있다(Chamie, 2009). 영국에서도 국내 가용한 자원을 감안하여 적정 인구규모와 구조를 조절할 필요가 있다는 주장이 제기되고 있으며, 영국의 카메론(David Cameron) 보수당 당수는 현 수준의 인구성장을 '지속가능성을 고려하지 않은 인구성장'이라고 보고 이민유입 규모를 축소할 것을 주장한다.

 4절 한국의 저출산·고령화와 이민의 활용: 현황과 전망

1. 한국의 저출산·고령화 현황과 전망

우리나라는 1962년 정부가 가족계획정책을 본격적으로 추진하기 전끼지 출산율이 6명으로 높았다. 1970년대 강력한 가족계획 추진에 힘입어 출산율이 1983년에 인구대체수준인 2.06명까지 급격히 감소했다. 이후에도 출산율은 계속 감소하여 1980년대 후반 1.5명, 1990년대 전반기 1.6~1.7명으로 약간 높아졌다가, 1990년대 말에는 1.4명으로 다시 더 떨어졌다. 2000년대에 들어와서도 출산율 하락은

그림 1	한국의 인구피라미드

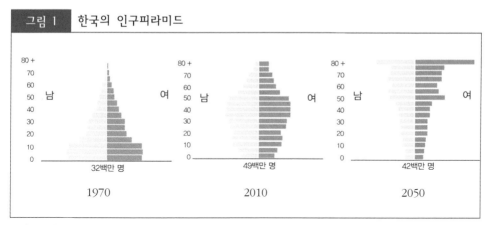

출처: 통계청(2009). 세계 및 한국의 인구현황.

지속되어 2005년에 1.08명으로 세계 최저의 출산율을 기록했으며, 출산율을 높이려는 정부의 노력에도 지금까지 1.3명 선을 넘지 못하고 있다.

다른 한편, 한국인의 기대수명은 1960년 60세에서 2010년 80세로 50년 동안 20세가 늘어났다. 통계청의 장래인구추계에 따르면, 기대수명은 2020년 82.6세 (남: 79.3세, 여: 85.7세), 2030년에 84.3세(남 81.4세, 여: 87세), 2050년에 88.4세(남: 85.1세, 여: 91.8세)로 계속 늘어날 전망이다.[6]

이러한 저출산 추세와 인구고령화의 결과, <그림 1>에서 보듯이 한국 인구는 1970년대 인구피라미드에서, 2010년에는 30~50대 연령층이 두터운 항아리 모양으로, 그리고 2050년에 역삼각형으로 변해갈 것으로 예측되고 있다. 1980년대 중반부터 인구대체수준 이하로 떨어진 저출산이 지속되면서 유소년부양비는 점차 줄어들고 있지만, 1955~1973년 베이비붐시대에 태어난 사람들의 대부분이 경제활동을 하는 기간인 대략 2020년까지는 노인부양비가 아직 크게 높아지지 않아서 총부양비가 가장 낮은 시기이다. 이 시기는 다른 어느 때보다 저축을 할 여력이 크고, 생산활동에 투자도 좀 더 활발하게 이루어질 수 있기 때문에 인구보너스 시기라고 부른다. 인구보너스 시기가 끝나면서 노인인구가 급속도로 늘어나서 경제부담으로 작용하는 "인구부담(demographic onus)"이 시작된다.

실제로 우리나라 생산가능인구는 2016년을 정점으로 줄어들 예정이다. 65세 이상 노인인구가 빠르게 늘어나서 인구비중이 2018년 14%로 고령사회에 진입하

---

6) 2020년, 2030년 기대수명은 2011년 통계청 장래인구추계(2012.2.23. 자료갱신일)에 따른 것이며, 2050년 기대수명은 2014 갱신한 장래인구추계 자료를 따름(2014.11.28. 자료갱신일).

고, 2026년 20%를 넘어 초고령사회가 될 전망이며, 2060년에는 40%를 넘을 것으로 전망되고 있다. <표 8>에서 알 수 있듯이, 우리나라의 인구고령화 속도는 전 세계적으로 유래 없이 빠르게 진행되고 있다.

표 7 한국의 연령별 인구규모 및 구성(중위시나리오 기준): 1970~2060

		1970	1980	1990	2000	2010	2020	2030	2040	2050	2060
인구수 (천 명)	0~14세	13,709	12,951	10,974	9,911	7,975	6,788	6,575	5,718	4,783	4,473
	15~64세	17,540	23,717	29,701	33,702	35,983	36,563	32,893	28,873	25,347	21,865
	65세 이상	991	1,456	2,195	3,395	5,452	8,084	12,691	16,501	17,991	17,622
인구 구성 (%)	0~14세	42.5	34	25.6	21.1	16.1	13.2	12.6	11.2	9.9	10.2
	15~64세	54.4	62.2	69.3	71.7	72.8	71.1	63.1	56.5	52.7	49.7
	65세 이상	3.1	3.8	5.1	7.2	11.1	15.7	24.3	32.3	37.4	40.1

출처: 통계청(2012). 2011년 장래인구추계.

표 8 인구고령화 속도: 한국과 주요선진국과 비교

	고령화사회 (7%)	고령사회 (14%)	초고령사회 (20%)	고령사회 도달 소요기간(년)	초고령사회 도달 소요기간(년)
한국	2000	2018	2026	18	8
일본	1970	1994	2006	24	12
독일	1932	1972	2010	40	38
미국	1942	2014	2030	72	16
프랑스	1864	1979	2019	115	40

자료: Ronzani(1980:200); Herbert(1996:18).

2. 저출산 · 고령화 관련 이민활용 논의

우리나라의 저출산 추세가 1980년대 중반부터 시작되어 지속적으로 심화되었음에도 1995년에 와서야 기존의 인구증가억제정책의 성과와 향후 인구정책 추진 방향을 종합적으로 분석·평가하였다. 그 결과를 반영하여 1996년에 인구증가억제정책을 폐지하고 그 대신 '인구 자질 및 복지증진정책'으로 전환하기로 하였다(이삼식, 2013). 2000년대에 들어서 출산력 1.2명 이하의 초저출산현상이 지속되자 2004

년부터 본격적인 저출산·고령화 대응 정책을 마련하게 되었다. 2005년 저출산고령사회기본법이 제정되었고 제1차 저출산고령사회기본계획(2006~2010)이 수립되어 2006년부터 실시에 들어갔다. 그로부터 다시 10년이 지나서 이제 제3차 저출산고령사회기본계획을 수립하여 2016년부터 실시에 들어가게 된다.

1) 저출산·고령사회기본계획에서의 이민활용 논의

제1차 저출산·고령사회기본계획(2006~2010)의 4대 정책분야(저출산, 고령화, 성장동력, 사회적분위기 조성) 가운데 이민(외국인) 활용정책은 성장동력분야에서 담고 있다. 성장동력 분야에서는 저출산·고령화로 인한 노동력 규모 감소에 대비하여 여성·고령자·외국인력 등 잠재인력을 효율적으로 활용하기 위한 정책들을 포함하고 있다. 저출산·고령사회에서 성장동력 확보를 위해 여성·고령자 등 잠재인력이 노동시장에 적극 참여할 수 있도록 여건을 조성하는 한편, 전문·기술 외국인력을 적극적으로 유치하고, 외국국적 동포 인력의 효율적 활용을 위해 방문취업제 등 취업절차 개선 및 체류 지원을 하고, 고용허가제의 조기정착, 다문화사회 적응을 위한 사회통합프로그램을 활성화한다는 계획을 수립하고 있다.

제2차 저출산·고령사회기본계획(2011~2015)에서도 성장동력 확보 차원에서 우수 외국인력 유치, 외국국적 동포 활용에 초점이 맞춰 있다는 점은 1차 기본계획과 거의 차이가 없다. 2차 기본계획에서는 1차 기본계획에 비해 외국국적 동포나 우수외국인력을 대상으로 자유로운 출입국과 장기거주 또는 영주할 수 있는 체류자격-예를 들어, 재외동포(F-4), 거주(F-2), 영주(F-5)비자-을 부여받을 수 있는 기회를 더 확대하였다. 외국국적 동포들의 국내 경제활동 참여확대를 위해 중국이나 구소련지역 동포에게도 재외동포(F-4)자격을 부여받을 수 있는 기회를 확대하고, 재외동포(F-4)자격 동포들에게 영주(F-5)자격 취득 기회를 확대하였으며, 전문인력의 경우 점수제에 의한 거주 및 영주자격을 부여하는 제도를 활성화하였다.

1차 기본계획에 비해 2차 기본계획에서 외국국적 동포나 우수 외국인들이 국내에 장기체류 또는 영주할 수 있는 제도적 기반을 확대하여 구축하고 있다는 점은 인구정책 차원에서 이민 활용에 좀 더 근접하고 있다고 볼 수 있겠다. 하지만 90일을 넘어 장기체류하는 외국인들 가운데 41.2%가 단순순환원칙에 따른 단순기능직 근로자임을 감안할 때 아직 우리나라 이민정책은 노동시장 인력수급 미스매치 해결을 위한 외국인력 활용정책이 큰 비중을 차지한다고 볼 수 있다.

2) 저출산 · 고령화 심화에 따른 인구정책으로서의 이민활용 가능성

앞에서 살펴본 우리나라의 인구고령화 전망에 따르면 현재의 인구보너스 기간이 끝나는 2020년대부터 생산가능인구의 감소와 노령인구의 급속한 증가가 예상되며, 그때부터는 현재의 단기순환을 전제로 한 외국인력 활용정책과는 차원이 다른 인구정책으로서 이민 활용의 필요성이 확대될 것으로 보인다. 2011년 장래인구추계를 활용한 우리나라 대체이민 수요 분석에 따르면 생산연령인구 감소 저지를 위해 2025년에는 213만 명, 2030년에는 414만 명, 2035년에는 452만 명의 이민자를 받아들여야 한다고 하였으며, 2030년 이후 총인구감소 저지를 위해서는 2040년 138만 명, 2045년 282만 명, 2050년 467만 명의 이민자를 받아들여야 한다고 하였다(<표 4> 참조).

국내적으로 지속가능한 성장과 국제적 위상을 유지할 수 있는 경제규모와 복지수준을 유지하는데 적합한 우리나라 적정인구 추정에 따르면(이삼식 외, 2011), 2045년부터는 2011년 장래인구추계에서 전망한 인구(중위시나리오)가 적정인구에 미치지 못하는 것으로 전망한다(<표 5> 참조). 그런데 이 적정인구 추계가 출산율이 2010년 1.23명에서 2045년에는 1.8명까지 증가할 것을 가정하고 있는데, 최근까지 출산율 상승추이를 보면 1.8명까지 출산력을 높이기는 쉽지 않을 것으로 보이며, 이 경우 적정인구에 미치지 못하는 인구를 갖게 될 시점은 좀 더 빨리 올 수 있다.

2010~2050년 기간 동안 인력수급 전망은 우리나라의 이민 수요를 보다 구체적으로 보여준다. 이삼식 외(2011: 161-166)의 연구에 따르면, 2011~2030년 기간 동안 노동시장 인력수급현황은 출산율 수준과 상관없이 총량적으로 인력공급 초과 상태로 전망한다. 그런데 총량적으로는 인력이 공급초과 상태이지만, 직종별로는 인력수급의 미스매치현상이 나타난다. 즉, 서비스종사자, 농림어업숙련종사자, 장치·기계조작 및 조립종사자, 그리고 단순노무종사자는 인력부족이 나타나는 반면, 관리자, 전문직, 사무종사자, 기능종사자 등 여타 직업에서는 공급초과 현상이 나타난다.

2000년대 초 저출산 시기에 태어난 세대가 본격적으로 노동시장에 진입하고 베이비붐세대가 노동시장에서 거의 빠져나간 2031~2040년의 인력수급전망에 따르면, 현 수준의 출산율이 유지되는 경우 총량적 인력부족현상이 나타나며, 직종 간 인력수급의 미스매치현상은 더욱 심화될 전망이다. 관리직, 전문가, 사무종사자만 공급초과이고 여타직종은 인력부족이 나타나며 단순노무직종은 인력부족이 가장 크게 나타날 것으로 전망하고 있다. 만일 출산율이 1.7명 이상으로 회복된다면 2031~2040년 기간 중에도 총량적 인력부족현상은 나타나지 않을 전망이며, 직종별 인력수요 미스매치에 따른 인력부족현상은 지속적으로 나타날 것이다.

2041~2050년은 1990년대부터 2020년에 이르기까지 지속되어온 저출산시대 출생자들 대부분이 노동시장에 들어와 있는 시기로서 저출산에 따른 노동인력 수급의 영향을 가장 크게 받는 시기이다. 현 수준의 출산율이 유지될 경우 총량적 인력부족문제는 심화될 것이며, 관리직종과 사무직종을 제외한 모든 직종에 인력부족문제가 발생하게 된다. 전문직종조차도 인력부족문제가 심각하게 나타날 것으로 추정되고 있다. 출산율이 1.8명 수준 이상으로 높아질 경우에는 총량적 차원에서 인력부족은 없을 것이나 직종간 인력 미스매치문제는 여전히 발생할 전망이다.

이삼식 외(2011)는 2040년 이후부터 본격적으로 발생할 인력공급부족에 대처하기 위해서 지금부터 20년간에 걸쳐 출산력 제고정책을 우선적으로 실시할 필요가 있다고 본다. 그리하여 2045년까지는 출산율이 1.8명 수준을 회복하도록 해야 한다는 것이다. 이를 위해 가족형성의 사회문화적 및 경제적 장애요인을 제거하고, 자녀양육이 부담스럽지 않은 사회여건을 조성하며, 양성평등적 일·가정양립이 가능한 사회를 구현하도록 우선적으로 노력할 것을 주장한다.

다른 한편, 이민자 유입과 관련하여서는 '외국인력정책'에 초점을 두고 있다. 2011~2030년 기간 동안에는 생산 관련 단순노무직에 인력부족을 채워주기 위해 외국인력을 안정적으로 공급할 필요가 있으며, 2030년 이후 산업구조의 변화와 더불어 노동시장 여건도 달라질 가능성이 높기 때문에 정착형 이민정책보다는 한시적 단기순환원칙을 고수할 필요가 있다고 본다(이삼식 외, 2011: 189). 2031~2040년 기간 동안에도 외국인력의 적극적 활용이 필요하지만 이때에도 외국인력은 정착형보다는 교체순환원칙에 따라 운영될 필요가 있다고 본다. 이 시기에는 농림어업숙련종사자와 단순노무종사자의 인력부족 규모는 50% 정도 감소하는 반면, 서비스, 판매, 기능, 장치·기계조작 및 조립종사자 등 다양한 숙련수준 및 직종에서 인력부족이 나타난다. 따라서 외국인력의 공급도 단순노무인력을 도입할 때보다는 정교한 수요예측과 도입절차를 강구해야 할 필요가 있다. 2041~2050년에는 총량적 노동력

부족이 나타나며 적정인구를 유지하는데 필요한 인력부족 문제를 한시적 외국인력 정책을 통해 해결하기는 곤란하므로 인구의 공급확대를 위한 이민정책 기조를 새롭게 정립할 필요가 있다고 본다(이삼식 외, 2011: 191).

적정인구를 유지하기 위한 방안으로서 이민자 유입 및 활용정책은 향후 우리나라 인구의 규모와 구조 변동과 긴밀하게 연계하여 중장기적 비전과 목표를 가지고 설정해야 한다. 시기적으로 인력부족이 발생하는 직종과 기술수준을 정확하게 예측하고, 이를 기초로 다차원적 이민자 도입 원칙을 수립해야 한다. 단기순환원칙을 전제로 한 단순기능 외국인력 활용, 숙련기능 외국인력의 정확한 수요파악과 기술·기능 검증 및 선별방식 체계화, 국내 산업의 경쟁력을 높여줄 우수외국인재의 적극적 발굴·유치정책 등 다차원적 외국인력 활용정책과 장기체류 및 영주, 귀화 이민자로의 전환정책과의 연계관계를 명확하게 하는 것은 앞으로 더욱 중요하게 될 것이다.

5절 맺는 글

본 장에서는 우리나라를 포함하여 대부분의 선진국들이 당면하고 있는 저출산·고령화로 인한 인구문제를 풀어나가는데, 이민이 어떤 역할을 해왔으며 앞으로 어떤 역할을 하게 될 것인지를 살펴보았다.

저출산·고령화로 인한 인구문제는 인구규모와 구성에 있어서의 문제이다. 지속적인 인구대체수준 이하의 출산율은 먼저 생산가능인구의 감소를 가져오며, 이어서 총인구도 감소하게 된다. 인구구성 면에서는 노인인구 비중의 증가가 문제가 된다. 저출산으로 생산가능인구가 충분히 보충이 되지 않는 가운데, 늘어나는 노인인구는 노인부양비 부담을 가중시키게 된다. UN의 세계인구전망을 볼 때, 인구고령화의 문제는 전지구적인 현상임을 알 수 있다. 선신국들만큼 심각하지는 않지만 대부분 개발도상국가들도 인구고령화를 경험하고 있다. 저출산으로 인한 인구감소와 고령화는 노동력 부족, 생산성과 소비력 감소에 따른 저성장 유발, 세수감소와 사회부양부담 증가 등으로 다양한 사회적 문제를 유발시키게 된다.

저출산·고령화문제를 풀기 위한 대안은 출산력 제고와 이민자 유입이다. 대부분의 선진국들이 저출산·고령화문제를 해결하기 위해 출산력 제고 정책을 선호하나, 실제 정부가 노력하는 만큼 출산력을 높이는데 성공하기도 어렵고 그 효과가 나타나는 데도 장시간이 필요하다. 이 때문에 이민자 유입이 보다 현실적인 정책으로 활용되고 있으며, 실제 이민자 유입이 인구 안정화에 미치는 긍정적 효과를 전통 이민국가는 물론 독일, 영국 등 많은 유럽국가에서도 확인할 수 있다. 그럼에도 불구하고 전통 이민국가가 아닌 대부분의 선진국이 인구문제에 대한 해법으로 이민을 적극적으로 받아들인다고 공언하기를 꺼리는 이유는 이민자 유입에 따른 사회통합의 비용 부담과 함께 국가정체성 문제를 포함한 이민의 정치적 쟁점화 가능성 때문이다.

　2000년 UN이 발표한 한국과 일본을 포함한 8개 국가의 대체이민규모에 대한 추계는 향후 50년 후 인구문제 해결을 위한 이민 활용의 필요성은 더욱 커질 것임을 확인시켜 주고 있다. 최근 국내에서도 지속가능한 경제성장과 국가적 위상 및 선진국 수준의 복지 유지를 위해 필요한 적정인구를 추계하고, 이를 바탕으로 목표 출산율과 경제성장률을 설정하고, 이민자도입 규모를 산정하기도 한다. 이 과정을 통해서 확인할 수 있는 것은 우리사회가 지속발전하기 위해서는 적정인구에서 설정한 가정이 어느 정도 부합하느냐에 따라 규모의 차이는 있겠지만, 어떠한 경우라 하더라도 상당 정도의 이민자 유입은 어쩔 수 없는 선택이 될 수밖에 없다는 것이다.

　우리나라 인구문제의 해법으로 이민활용의 필요성을 논의하면서 종종 제기되는 반론 가운데 통일이 되었을 때 북한인구가 그 대안이 될 수 있다는 주장이 있다. 하지만 통일이 되어도 북한인구 역시 고령화 과정에 있으며, 통일 후 북한지역 또한 개발이 되어야 하기 때문에 많은 노동력을 필요로 할 것이며, 따라서 남한의 저출산 고령화로 인한 노동력부족을 메워줄 대체인력으로 활용 되지 못할 가능성이 매우 높다. 그런 점에서 우리나라도 지속적인 출산력 제고노력과 함께, 여성 및 노인인력의 적극적 활용, 그리고 적극적인 이민 활용이 동시에 추진될 필요가 있다. 다시 말해, 이민 활용을 국가 인구 및 발전전략의 하나로 인정하면서, 효율적인 이민정책이 구현될 수 있도록 이민수요에 대한 철저한 분석과 우수한 이민자를 받아들이기 위한 이민자 유입정책을 개발하고, 다양한 민족적 문화적 배경의 이민자 수용에도 한국민으로서 확고한 정체성 확립에 문제가 없도록 적극적 이민자통합정책을 추진해 나갈 필요가 있다.

참고문헌

권태환·김두섭. 2002. 『인구의 이해』. 서울대학교 출판부.

김양희·강유덕·손기태·김은지·이현진. 2010. 『주요국의 저출산고령화 대비 성장전략 연구와 정책 시사점』. 대외경제정책연구원 연구보고서 10-25.

김환학·오정은·최서리·한태희·이승복·박가영·신예진. 2012. 『주요국가의 이민정책 추진체계 및 이민법』. IOM이민정책연구원.

설동훈. 2015. "한국의 인구고령화와 이민정책." 『경제와 사회』 106: 73-114.

이삼식. 2013. "인구정책의 현황과 향후과제." 『보건복지포럼』.

이삼식·오상훈·이상돈·구성열·최효진. 2011. 『미래 인구변동에 대응한 정책방안』. 한국보건사회연구원 정책보고서

전광희. 2014. "한국의 인구와 이민정책: 인구감소시대의 활로로 이민정책이 나아갈 방향." 『이민정책』 1: 8-13.

_____. 2015. "저출산·고령화 대응전략으로서 이민정책 활용 방안 모색." 2015년 한국이민학회 전기학술대회 자료집.

정기선·김혜진. 2015. "이주민통계 국제비교 현황과 시사점." IOM이민정책연구원 통계브리프 No. 2015−01.

정기선·전광희·은기수·김석호·강동관·이정우·최서리. 2011. 『인구구조 변화 등에 대비한 이민 및 사회통합정책방향 연구』. 법무부.

정대연. 2006. "환경측면에서 한국의 적정인구추계." 『한국인구학』 29(1): 269-292.

최영미. 2014. "독일의 이주민 실업현황과 고용지원 프로그램." IOM이민정책연구원 이슈브리프 No. 2014−05.

Bijl, Rob and Arjen Verweij (eds.). 2012. *Measuring and Monitoring Immigrant Integration in Europe: Integration Policies and Monitoring Efforts in 17 European Countries.* The Netherland Institute for Social Research.

Bijak, Jakub, Dorota Kupiszewska, Marek Kupiszewski, and Katarzyna Saczuk. 2005. "Replacement Migration Revisited: Migratory flows, population and labour force in Europe, 2002−2052." UNECE Work Session on Demographic Projection Presentation Paper. Vienna. September 21−23. 2005.

Bloom, David E., David Canning, and Jaypee Sevilla. 2003. *The Demographic Dividend− A New Perspective on the Economic Consequences of Population Change.* RAND Publications. Santa Monica. CA.

Chamie, Joseph. 2009. "US Immigration Policy Likely to boost Population." Yale Global July 30. 2009. (http://yaleglobal.yale.edu).

Cangiano, Alessio. 2010. "Building Demography into Migration Research: Population Change and the Latent demand for migration in 21st Century Europe." Centre on Migration, Policy and Society (COMPAS) Working Paper No.82.

_____. 2012. "The Impact of Migration on UK population growth." Migration Observatory Briefing. COMPAS. University of Oxford, UK. January 2012.

Coleman, David A. 2002. "Replacement Migration, or why everyone is going to have to live in Korea: A Fable for our times from the United Nations." *Philosophical Transaction of the Royal Society B: Biological Sciences* 357: 583-598.

Dent, Harry S. Jr. 2014. *The Demographic Cliff: How to survive and prosper during the Great Deflation of 2014−2019.* New York: Penguin Publishing Group.

Ehrlich, Paul Ralph. 1968. *The Population bomb: Population control or race to oblivion?.* Sierra Club/Ballantine Books.

Grant, Jonathan, Stijn Hoorens, Suja Sivadasan, Mirjam van het Loo, Julie DaVanzo, Lauren Hale, Shaw na Gibson, and William Butz. 2004. *Low Fertility and Population Ageing: Causes, Consequences, and Policy Options.* The RAND Corporation.

Harper, Sarah. 2014. "Migration and Ageing Societies." In *International Handbook on Ageing and Public Policy,* edited by Sarah Harper and Kate Hamblin. Edward Elgar Publishing.

Holehouse, Matthew. "Britain's population growing at twice EU average." The Telegraph. 2011.8.17.

Hoorens, Stijn, Jack Clift, Laura Staetsky, Barbara Janta, Stephanie Diepreveen, Molly Morgan Jones, and Jonathan Grant. 2011. *Low Fertility in Europe.* The RAND Corporation.

Keyfitz, Nathan. 1971. "On the Momentum of Population Growth." *Demography* 8(1): 71-80.

Kippen, Rebecca and Peter McDonald. 2004. "Can Increased Immigration be a Substitute for Low Fertility?" *People and Place* 12(3): 18-27.

Lanzieri, Glampaolo. 2013. *Long−term Contribution of Migration in Ageing Populations: Japan compared with Europe*. Eurostat.

Little, Jane Sneddon and Robert K. Triest 2002. "The Impact of Demographic Change on U.S. Labour Markets." *New England Economic Review*, First Quarter: 48-68.

McNicoll, Geoffrey. 2000. "Reflections on 'replacement migration'." *People and Place* 8(4): 1-13.

OECD. 2012. *Setting in: OECD Indicators of Immigrant Integration 2012*. OECD Publishing.

Perlmutter, Ted. 2014. "Political Parties and Italian Policy, 1990−2009." *In Controlling Immigration: A Global Perspective*. 3rd edition, edited by James F. Hollifield, Philip L. Martin, and Pia M. Orrenius. Stanford University Press.

Rienzo, Cinzia and Carlos Vargas−Silva. 2014. "Migrants in the UK: An Overview." Migration Observatory Briefing. COMPAS. University of Oxford.

United Nations. 2000. *Replacement Migration: Is It a Solution to Declining and Ageing Populations?*. New York: United Nations.

_____. 2013. *World Population Prospects: The 2012 Revision*.

UNDESA Population Division. 2013. *Profiles of Ageing 2013*.
   http://esa.un.org/unpd/popdev/AgingProfiles2013/default.aspx

Wilson, Chris, Tomáš Sobotka, Lee Williamson, and Paul Boyle. 2010. "A Simple Method for Estimating Inter−generational Replacement Based on Fertility and Migration− European Examples." ESRC Centre for Population Change Working Paper Number 9.

9장

노동이민과 경제

이규용

이 장에서는 노동이민이 경제에 미치는 영향을 살펴본다. 이 장의 구성은 크게 네 부분으로 이루어진다. 첫째, 노동이민과 이주근로자의 개념을 정의하고 노동이민의 유형을 살펴본다. 둘째, 노동이민에 대한 수요와 공급이 발생하는 이유를 살펴본다. 셋째, 노동이민의 전 세계적인 흐름을 개략적으로 살펴보고 한국으로의 노동이민의 특징을 파악한다. 넷째, 노동이민이 경제에 미치는 영향에 대한 다양한 논의를 유입국과 송출국의 관점으로 나누어 검토한다. 이러한 논의를 통해 노동이민이 갖는 경제적 의의를 이해하도록 한다.

 1절 노동이민의 개념과 유형

1. 노동이민의 개념

노동이민(labor migration)이란 한 나라의 국민이 취업을 목적으로 다른 나라로 일시적 또는 영구적으로 이주하는 것을 의미한다. 노동이민자와 비슷한 개념으로 이주근로자가 있다. 이주근로자(migrant workers)란 국경을 떠나 타국에서 경제활동에 종사하는 사람을 뜻하며 반드시 취업목적으로 입국한 노동이민자만 해당되는 것은 아니다. 준영구적 또는 영구적으로 이주한 많은 사람들이 취업활동에 종사하고 있으면 이들도 이주근로자에 포함되기 때문에 이주목적에 따른 체류자격별로 파악한 노동이민자와는 개념적으로 차이가 있을 수 있다. 한편, 이주근로자와 유사한 개념으로 외국인력 또는 외국인근로자(foreign workers)가 있다. 양자는 같은 개념으로 통용되기도 하지만 외국인근로자가 국적을 기준으로 구분하고 있다는 점에서 차이가 있다.

이 글은 노동이민을 중심으로 기술하지만 취업목적 이외의 입국자들도 상당수가 취업활동에 종사하고 있기 때문에 논의에 따라서 노동이민, 이주근로자, 외국인력을 혼용하여 사용하고자 한다. 노동이민은 다양한 방법으로 구분할 수 있는데, 체류기간 및 계약형태에 따른 구분, 숙련수준에 따른 구분이 대표적이다.

2. 노동이민의 유형

1) 체류기간 및 계약형태에 따른 구분

노동이민은 일반적으로 활동 기간에 기초해 구분할 수 있다. 크게는 영구이주근로자와 일시적 이주근로자로 구분할 수 있다. 영구이주근로자(established migrant workers)란 고용을 제공하는 유입국에서 몇 년 정도 근무한 후 무제한으로 거주할 수 있도록 허용되고 별도의 제약 없이 일할 수 있는 근로자를 의미한다. 영구이주근로자는 실업 시에도 강제 출국 당하지 않으며 고용과 거주에 대한 특정 조건이 맞으면 가족들과 재결합할 수 있는 권리를 갖는다.

일시적 이주근로자(temporary migrant workers)는 특정 직업이나 직무에 한해 정해진 기간 동안 외국에서 근무할 수 있도록 허용된 근로자를 의미한다. 일시적 이주근로자에는 계약이주근로자, 계절이주근로자, 일시적 프로젝트 이주근로자, 자연인 주재(MODE 4) 등이 있다. 계약이주근로자(contract migrant workers)는 유입국에서 특정기간에 걸쳐 특정 직무를 수행하는 계약 하에서 일하는 이주자를 의미한다. 입국 이후에는 직업을 바꿀 수 없으며, 계약 기간이 만료되면 자신이 수행하던 직무가 계속되는지 여부에 상관없이 출국해야 한다. 계약 생신은 가능하나 계약 갱신 이전에 출국을 의무화하는 경우가 많다.

계절이주근로자(seasonal migrant workers)는 수행하는 일이 계절적 상황에 의존하기 때문에 일년 중 특정기간만 유입국에서 일하는 근로자를 의미한다. 프로젝트 근로자(project-tied workers)는 외국의 특정 고용주에 의해 수행되는 특정 프로젝트만을 정해진 기간 동안 수행하는 근로자를 의미한다. 고용주는 프로젝트가 완료되면 프로젝트 근로자를 출국시켜야 한다. 끝으로 세계무역기구(World Trade Organization: WTO)에서 논의되고 있는 인력이동협정에 나타난 자연인 주재(Mode 4)도 넓은 의미에서 노동이민에 포함된다.[1] 자연인 주재는 서비스공급자가 자연인의 신분으로서 타 회원국의 영토 내에서 주재하면서 서비스를 공급하는 형태를 말한다. 여기에는 상업적 주재(Mode 3)와 연계된 것과 그렇지 않은 것으로 구분된다. 상업적 주재와 연계된 범주에는 유입국에 설립된 자회사 및 지사에 파견된 임원, 관리자, 전문가 등의 기업내전근자와 기업설립을 위해서 방문하는 상용방문자 등이 있다. 상업적 주재와 연계되지 않은 자연인 주재는 서비스판매를 위해 방문하는 상용방문자, 본국의 법인에 소속된 계약서비스공급자(CSS: Contractual Service Supplier), 독립적으로 활동하는 서비스 공급자, 즉 독립전문가(IP: Independent Professional)[2] 등이 있다(김준동 외, 2011: 4). 이들도 노동이민의 범주에 포함된다고 볼 수 있다.

2) 숙련수준에 따른 구분

노동이민은 이주자의 기술이나 숙련수준에 따라 전문기술 노동이민(전문기술인력)과 저숙련 노동이민으로 구분할 수 있다. 전문기술인력은 "고등학교 이후의 교육(tertiary education; 직업 교육 혹은 대학 등과 같은 고등교육)을 이수했거나 전문직(건축, 회계 및 금융 전문가, 엔지니어, 기술자, 연구자, 과학자, 요리사, 교사, 건강 및 의료 전문가, IT관련 전문가 및 엔지니어 등을 포함) 경험이 있는 기술 및 지식 소유자"로 정의되고 있다. 국제이주기구(International Organization for Migration)도 전문기술인력 개념을 "(입국하려는) 국가가 특혜를 제공할 만하다고 인정하는 기술을 보유

---

1) 세계무역기구(World Trade Organization: WTO)에서 서비스교역을 관할하는 『서비스교역에 관한 일반협정(General Agreement on Trade in Services: GATS)』에서는 서비스교역의 공급형태를 Mode 1~Mode 4까지 네 가지로 분류하고 있다. Mode 1은 '국경간 공급'으로서 주로 통신수단 등을 통해 다른 회원국의 영토 내로 서비스를 공급하는 경우를 가리키며, 전통적인 상품교역의 개념과 가장 근접한 형태이다. Mode 2는 해외유학이나 해외치료와 같이 타 회원국의 소비자에 대해 자국 영토 내에서 서비스를 공급하는 경우를 가리키는데, 주로 소비자의 관점에서 약칭하여 '해외소비'라고 한다. Mode 3는 '상업적 주재'의 약칭되며 타 회원국의 영토 내에서 자회사나 지사를 설립함으로써 현지의 상업적 주재를 통하여 서비스를 공급하는 형태이다(김준동 외, 2011).

2) 엄밀하게 말하면 계약서비스 공급자(CSS)는 본국의 법인소속 여부를 떠나 서비스 공급계약을 기반으로 현지에 상업적 주재 없이 서비스를 공급하는 Mode 4 형태이므로, 독립전문가(IP)도 이에 포함된다고 할 수 있다.

하고 있는 근로자로서 거주기간, 고용변동 및 가족재결합에 있어서 비교적 우대를 받는 사람들"로 정의하고 있다.

전문기술인력 개념과 관련하여 가장 복잡한 문제는 기술이나 숙련을 어떻게 정의하고 분류할 것인가이다. 숙련(skill)에 대한 기준과 근거가 나라마다 상이하기 때문이다. 업종이나 직종별로도 숙련도의 차이가 서로 다르다. 예를 들어 정보통신, 금융, 법률, 문화예술 등의 분야는 각 분야별로 숙련에 대한 서로 다른 개념을 가지고 있으며 숙련도의 정도도 다르기 때문에 서로 비교하기 어렵다. 숙련도를 판단하는 준거기준도 나라마다 다르기 때문에 서로 비교하기 어려운 문제도 있다. 숙련도를 판단하는 준거로 가장 많이 사용하는 학력조차 나라마다 교육제도가 다르고 각 과정별 연수 등에서도 차이가 나는 등 서로 비교하기 어려운 실정이다(이규용 외, 2008:6)

이러한 제한점과 어려움으로 인하여 각 나라별로 자신들이 주로 필요로 하는 인력의 특성에 따라 전문기술인력을 정하는 기준을 독자적으로 마련하여 사용하는 경향이 있다. 그럼에도 불구하고 국가 간 전문인력의 이동을 촉진하기 위한 자격이나 기술수준을 표준화하려는 노력이 이루어지고 있으며 이는 상호인정협정(Mutual Recognition Agreement : MRA)을 통해 나타나기도 한다.

한편, 저숙련 인력은 대개 제조업, 건설업, 농축산업, 어업, 서비스업 등에서 생산 및 단순 업무에 종사하는 인력을 의미한다. 단순하고 반복적인 업무를 수행하며 주로 서비스 직종의 단순 서비스 업무 종사자, 기능원 및 관련 기능 종사자, 장치 기계 조작 및 조립 종사자, 단수 노무종사자 등이 해당된다.

 2절 노동이민의 공급과 수요

국가 간 노동이동은 배출(공급)하는 요인과 흡인(수요)하는 요인에 의해 야기된다. 이 절에서는 노동이민을 받아들이는 이유는 무엇이며 누가 필요로 하는가? 그리고 사람들이 자국을 벗어나 다른 나라로 일하러 가는 이유는 무엇인지를 살펴보도록 하자.

1. 노동이민 공급

국가 간 노동이동을 설명하는 경제학 이론으로 신고전학파 이론이 있다. 신고전학파는 이주노동의 공급을 비용과 편익에 기초하여 설명하고 있다. 핵심개념은 인적자본(human capital)에 대한 투자이다. 사람들은 교육이나 직업훈련에 투자하듯이 이주에 투자할 결정을 내리게 된다(스티븐 카슬 외, 2013:56). 이동에 따른 편익의 현재가치가 금전적 비용과 비금전적 비용을 초과하면 사람들은 일자리를 바꾸거나 이동을 하거나 또는 두 가지 모두를 선택하게 될 것이다. 이동의 순편익(net benefit), 즉 편익에서 비용을 뺀 값의 현재가치의 크기가 이동에 대한 의사결정에 영향을 미친다. 이를 식으로 나타내면 다음과 같다(Ehrenberg and Smith: 2004). 노동이동에 따른 순익의 현재가치는 새로운 직업으로부터 얻는 효용이 클수록, 이전의 직업으로부터 얻는 효용이 적을수록, 이주에 따른 비용이 적을수록, 새로운 직업이나 새로운 지역에서 일할 것으로 예상되는 기간이 길수록 커질 것으로 예상된다. 즉 지역적 노동이동을 고려할 때 상대적으로 가난한 지역으로부터 부유한 지역으로 이동할 가능성이 크다.

$$\text{순편익의 현재가치} = \sum_{t=1}^{T} \frac{B_{jt} - B_{it}}{(1+r)^t} - C$$

단, B_{jt} = t년에 새로운 일자리 j로부터 얻는 효용

B_{it} = t년에 과거의 일자리 i로부터 얻는 효용

T = j일자리에서 일할 것으로 기대되는 기간

r = 시간할인율

C = 이동에 따른 효용손실(금전적 비용과 비금전적 비용)

이 이론이 함의하는 바는 이주가 인적자원의 변화를 야기한다는 것이다. 이민자가 떠나는 지역과 도착한 지역이 다르기 때문에 두 곳에서 벌 수 있는 소득 수준도 다르다. 가령, 어떤 사람이 한 지역에서 시간당 1만 원을 받는데, 다른 지역으로 이주하면 같은 노동조건에서 시간당 2만 원을 받는다고 하면 이주를 함으로써 인적자원이 두 배로 증가한다. 따라서 이주도 교육훈련과 더불어 인적자원을 증가시킬 수 있는 방법으로 설명한다.

Sjaastad(1962)의 모델에 의하면 어떠한 사람이 더 쉽게 이주할 가능성이 있는가를 이론적으로 예측할 수 있다. 첫째, 두 지역 간 이동을 통해 더 많은 임금을

획득하는 사람이 그렇지 않은 사람보다 이주를 선택할 가능성이 클 것이다. 전문기술력을 가진 근로자일수록 이동에 따른 임금격차가 비숙련 근로자 보다 크기 때문에 같은 비용을 들여 이주를 한다고 가정하면 전문기술력을 가진 근로자가 이주를 할 가능성이 높다고 할 수 있다. 둘째, 두 지역 간 임금격차가 같은 근로자 사이에서도 상대적으로 젊은 근로자가 나이가 많은 근로자보다 이주할 가능성이 높다. 왜냐하면, 같은 이주비용을 들인다 할지라도, 더 오랜 기간 동안 노동이 가능한 젊은 이주자의 순편익의 현재가치가 크기 때문이다(이규용 외, 2005: 35-36).

신고전파의 인적자본이론은 이주결정에 대한 이론적 틀을 제공하지만 개별 이주자들이 특정 국가를 선택하는 구체적 행태는 설명하지는 못한다. 이동하고자 하는 이주자의 존재는 필요조건일 뿐 충분조건은 아니다. 이주자가 타국으로 이동하기 위해서는 이들에 대한 타국의 수요가 전제되어야 하며, 제도적으로 이들의 유입을 제약하지 않아야 한다. 유입국의 수요와 이주공급자의 요건이 맞을 때 특정 국가로의 이주 공급이 이루어진다고 볼 수 있다.

2. 노동이민 수요

일반적인 노동이민의 형태를 보면 저개발 국가에서 개발국가로의 저숙련 이동이 많은 비중을 차지한다. 이러한 노동이민은 상호간의 필요(needs)를 충족시킨다. 저개발 국가에는 취업을 원하는 젊은 노동력이 많아서 잉여 노동력을 수출할 '필요'가 있는 반면에 개발국가 또는 선진국에서는 노동시장에 진입하는 젊은 노동력이 감소하고 있어서 늘어나는 일자리를 채우지 못하거나 특정 부문에서의 인력부족을 자국민의 노동공급으로 충족시킬 수 없어서 노동력을 수입할 '필요'가 생긴다. 외국인력에 대한 수요는 단순히 인구학적인 요인에만 의존하는 것은 아니며 사회적 현상과도 관련이 있다. 개발국가에서 저숙련 노동력에 대한 수요는 특정 산업 분야의 저임금, 열악한 노동환경, 낮은 사회적 지위에 의해 발생하며 이는 내국인의 노동력이 절대적으로 부족해서라기보나는 해당 일자리를 기피하기 때문이기도 하다(스티븐 카슬 외, 2013).

이주노동에 대한 수요를 결정하는 요인은 인구학적 측면과 구조조정 측면의 두 가지로 분류할 수 있다. 첫째, 인구학적인 측면에서의 차이이다. 개발도상국의 경우 출산율이 높아 생산연령인구(15~64세)의 비중이 급격히 증가하고 있는 반면에 고용의 기회는 적어 실업이 증가하는 경우가 많다. 따라서 국가적으로는 노동력의 공급 과잉을 완화하기 위해서 그리고 근로자 개인적으로는 취업의 기회를 얻기 위해서 외국으로 노동이동을 하고자 하는 유인을 갖게 된다. 반면에 선진국은 일반적으로 출산율이 낮고 고령화의 진전으로 인해 생산연령인구의 비중이 감소함에 따라 노동력이 부족한 실정이며 이에 따라 외국인력에 대한 수요가 발생한다.

둘째, 경제일반의 실업률과는 상관없이 산업 구조조정의 측면에서 경쟁력을 상실한 산업이나 근로조건이 열악한 산업 등에서 지속적으로 노동력 부족을 경험하는 경우가 있다. 경제 전체적으로는 실업률이 지속적으로 높은 수준을 유지하고 있음에도 불구하고, 이른바 3D 업종이라고 일컬어지는 부문을 중심으로 노동력의 확보가 어려운 산업이 동시에 존재하는데 이들 산업에서는 인력부족을 완화하기 위해 해외로부터의 노동력 수입을 기대하는 경향이 강하다.

경제 전반적인 실업의 존재와 특정 부문에서의 노동력 부족이 동시에 존재하는 상황이 나타나게 된 원인에 대해 뵈닝(Böhning, 1984)은 내국인 근로자들의 생활수준 향상과 전통적인 직업구조의 병존 현상에서 찾고 있다. 생활수준은 지속적으로 빠르게 향상하였지만 경제발전이 전통적인 직업구조를 온존시킨 채 이루어졌다는 것이다. 따라서 사실상의 완전고용이 달성된 상태에서 이루어진 생활수준의 향상은 기대수준과 자질이 향상된 근로자들과 육체적으로 고되고 금전적 보상도 적은 일부 직종을 공존시키고, 젊은 근로자들이 하위직종을 떠나 보다 나은 직업을 갖게 될 가능성을 높였다는 것이다. 그 결과 근로자들은 열악한 근로조건을 가진 직장에 가지 않고 차라리 실업을 선택하게 되는 것이다. 이러한 근로자들의 생활방식의 변화는 노동력의 재생산에 많은 차질을 가져오며, 기업은 저임금과 열악한 근로조건에 개의치 않는 노동력의 수입을 선호하게 된다(유길상 외, 2001: 12).

물론 이주근로자를 활용하는 대신 인력부족문제를 해결하는 다양한 방법이 있다(Rush 2010). 첫째, 노동시장 정책이다. 임금수준을 높이거나 근로조건을 향상시켜 미취업자의 고용을 촉진하는 방안이나 기존 인력들의 근로시간을 증가시키는 방법을 선택할 수 있다. 둘째, 기술집약적 또는 자본집약적으로 생산방식을 변화시키는 방법이다. 셋째, 노동비용이 더 낮은 국가로 생산기지를 옮기는 것이다. 넷째, 생산품이나 서비스를 덜 노동집약적인 분야로 바꾸는 것이다.

그러나 현실적으로 이러한 방법들을 즉각적으로 사용하는 것은 쉽지 않으며 업종이나 직종에 따라서는 가능하지 않은 경우도 있다. 경제학 이론에 따르면 일시적인 인력부족 문제는 임금이 조정됨으로써 해결 할 수 있으나 현실적으로 노동공급의 임금탄력성은 산업이나 직종, 그리고 근로자 특성에 따라 다르다. 어떤 부문에서는 일정 수준의 임금인상이 내국인 근로자의 노동공급을 증가시키는데 충분할 수 있지만 다른 산업에서는 상대적으로 일의 난이도나 열악한 근무환경 등으로 인해 그렇지 못할 수 있다. 또한 노동집약적 산업의 경우 이윤의 감소나 상품가격, 예산제약, 산업부문 내에서의 경쟁 등의 문제로 임금을 쉽게 인상하지 못하는 어려움이 있다. 생산방식의 특성상 기술 또는 자본집약적인 형태로 변경하는 것이 어려운 업종들이 있다. 농업이나 음식업, 건설업, 사회서비스 분야 등은 주로 저임금 노동에 의존하고 있으며 이들 부문에서 다른 여건이 일정할 때 임금을 상승시키는 것이 쉽지 않으며 서비스 분야의 경우 노동집약적 특성을 갖고 있어 생산방식의 변경이 어렵다. 이러한 이유 등으로 외국인력의 활용은 단기 인력부족에 대응한 매력적인 방안이며 산업화가 진행된 나라일수록 고용주들의 외국인력에 대한 의존성은 높아지는 경향이 있다.

　　산업구조가 고도화되면서 저숙련 일자리는 선진국으로부터 후진국으로 이전되어 왔지만 모든 저숙련 직종을 저임금 국가로 수출할 수는 없다. 특히 건설업, 숙박업, 음식업 등은 고객이 거주하는 곳에 있어야 하기 때문에 이 분야의 인력부족은 외국인력에 대한 수입을 필요로 한다. 또한 지속적인 저출산 현상으로 저임금 일자리에 대한 노동공급의 감소는 이들 부문에서의 인력부족을 심화시켜 이주노동에 대한 수요확대로 나타나고 있다.

　　이상과 같이 인구변동이나 산업구조의 변화, 국가 간 임금격차는 국가 간 노동이동을 촉진 시키는 기제로 작용하여 왔으며 이러한 현상은 향후에도 지속될 전망이다.

 ## 3절　노동이민의 추세와 특징

　　그렇다면 노동이민의 흐름은 어떠한가? 세계적 추세와 특징은 무엇인가? 한국으로의 노동이민의 추세와 특징은 어떠한지에 대해 살펴보자.

1. 노동이민의 흐름: 전 세계적인 경향

국가 간 노동이동은 산업화과정과 궤를 같이 하고 있다. 제2차 세계대전 이후 선진국에서 대규모 자본을 통한 투자집중과 생산의 확대로 인해 비전문 외국인력에 대한 수요가 급증하였다. 이에 따라 1973년 석유위기 이전까지 제조업, 농업 등 전통적인 노동집약산업에서 초청노동자(단기순환)의 유입확대가 이루어져 왔다. 1970년대까지 OECD회원국으로 이주한 노동이민자는 대부분 저숙련 근로자였다. 이들은 사업장 및 지역별 이동에 제약을 받았으며 가족동반도 금지되었다.

그러나 1970년대를 거치면서 생산기지의 해외이전, 기술혁신에 따른 제조업 분야에서의 생산직근로자에 대한 수요구조의 변화, 서비스 부문의 확장 등으로 기존의 저숙련 외국인력정책에서 변화가 나타났다. 저숙련 인력의 대량유입은 금지되었으나 기존에 유입된 외국인근로자들은 정주화하기 시작하였고 가족초청이 이루어져 이민사회를 형성해 나갔다.

1990년대 이후 급격한 출산율의 저하, 저숙련 직종의 해외이전의 한계, 숙박업·건설업·식당 등에서 인력부족이 심화됨에 따라 2000년대 들어 이주 규모는 다시 증가하기 시작했다. 이는 인구변동에 기인하는 바가 크다. 생산가능인구가 감소하고 노년부양비가 증가하고 있는 추세는 아시아, 아프리카, 남미 등으로부터 인구이동을 촉진시키고 있다. 국제화에 따른 영리활동의 기회와 고용기회가 계속해서 증가하였으며, 고숙련 근로자의 경우 이러한 경향은 더욱 두드러졌다. 많은 국가에서 고숙련 근로자에 대해 입국 시 특혜를 주는 제도를 도입했다. 반면, 저숙련 이주근로자에 대한 수요는 계속 부정하면서도 제한적인 단기이주 및 계절적 이주근로자 고용이나, 서류미비 이주자를 활용하여 수요에 충당하였다. 저출산 현상이 가속화되면서 생산가능인구의 감소 및 고령화는 노년 부양비의 증가로 이어져 이민에 대한 수요는 지속적으로 증가할 전망이다.

2013년 기준으로 21개 OECD 국가의 총 인구 약 7억 5천만 명 중 해외출생 이민자[3]는 11.7%로 약 8천 8백만 명이다. 해외출생 이민자의 규모를 보면 미국이 약 4천 1백만 명으로 가장 많으며, 두 번째가 독일(1천만 명)이다(OECD, 2015). 그

---

3) 해외출생 이민자(foreign-born migrant)는 해외에서 출생하여 유입국으로 이주한 이민 1세대로서 국적취득 여부에 관계없이 본인의 이주경험을 중심으로 정의한다. 따라서 이들 중에는 외국 국적자와 귀화자가 모두 포함되는 개념이며, 해외에서 출생한 유입국 국민이 국내로 들어온 경우는 배제된다. 주로 OECD, EU의 이민자유형 분석에 많이 활용되는 개념이다.

리스, 스페인, 이탈리아와 같은 남유럽국가의 경우 이민자의 40~50%가 고용을 목적으로 이주를 한 사람들인 반면, 네덜란드, 독일, 프랑스 등 서유럽 국가의 경우에는 고용을 목적으로 한 이민은 10~14% 정도이고, 가족이민이 50~70%를 차지한다. 1950~1970년대에 한시적 활용을 목적으로 저숙련 이주근로자를 대규모로 받아들였던 서유럽 국가들은 한시적 이주근로자들이 장기체류 또는 정주함에 따라 이들의 가족재결합, 가족형성(본국출신 배우자를 맞이함)으로 인한 가족이민이 지금까지도 계속 되어 노동이민보다 훨씬 더 큰 비중을 차지하게 된 것이다(이규용 외, 2014: 126).

    <표 1>은 2000년 이후 OECD 국가들의 이주근로자 규모 및 이들이 전체 노동인구에서 차지하는 비중을 보여주고 있다. 노동력인구 기준은 국가별로 다소 차이가 있으나 15~64세 기준이며 이주근로자는 해외출생자를 기준으로 하고 있는데 표에서 보듯이 이주근로자의 규모가 크게 증가하고 있음을 알 수 있다.

표 1 OECD 국가들의 해외출생 노동력(foreign-born labour force) 추이

(단위 : 천 명, %)

	2000	2001	2002	2003	2004	2005	2006	2007	2008	2009
호주	..	2,360.2	2,397.1	2,450.6	2,502.0	2,584.0	2,663.1	2,778.9	2,914.9	3,061.7
	..	(24.5)	(24.6)	(24.7)	(24.9)	(25.0)	(25.2)	(25.8)	(26.5)	(26.9)
오스트리아	474.2	514.9	507.3	557.3	584.6	624.6	662.0	695.4	682.8	686.7
	(12.4)	(13.5)	(13.3)	(14.3)	(15.3)	(15.6)	(16.2)	(16.8)	(16.3)	(16.3)
벨기에	454.6	456.7	489.1	499.3	512.1	535.9	569.8	498.6	473.8	656.7
	(10.4)	(10.7)	(11.3)	(11.4)	(11.5)	(11.7)	(12.3)	(10.6)	(10.0)	(13.8)
캐나다	..	3 150.8	..	..	..	..	3,634.8	..	..	..
	..	(19.9)	..	..	..	..	(21.2)	..	..	..
덴마크	..	..	..	154.4	161.0	167.1	175.3	188.1	202.7	204.7
	..	..	..	(5.4)	(5.9)	(6.1)	(6.4)	(6.6)	(6.8)	(6.9)
에스토니아	..	..	..	..	..	..	..	..	..	92.2
	..	..	..	..	..	..	..	..	..	(13.8)
핀란드	..	..	..	81.3	87.6	96.0	102.1	112.8	124.2	..
	..	..	..	(3.1)	(3.4)	(3.6)	(3.9)	(4.2)	(4.6)	..
프랑스				2,855.8	3,052.9	3,025.6	3,146.6	3,308.6	3,332.8	3,266.8
				(10.7)	(11.3)	(11.1)	(11.4)	(11.9)	(11.8)	(11.6)

그리스	266.6	290.3	338.2	349.4	402.7	421.7	400.2	426.6	477.7	575.9
	(5.9)	(6.5)	(7.4)	(7.5)	(8.5)	(8.9)	(8.3)	(8.8)	(9.8)	(11.8)
헝가리	66.8	55.2	54.8	77.0	85.2	78.9	73.8	73.7	89.8	94.0
	(1.7)	(1.4)	(1.3)	(1.9)	(2.1)	(1.9)	(1.7)	(1.8)	(2.1)	(2.3)
아일랜드	135.8	153.3	170.8	185.9	187.6	232.4	287.3	339.6	443.2	404.0
	(7.9)	(8.7)	(9.5)	(10.1)	(9.9)	(11.8)	(13.9)	(15.8)	(20.3)	(19.0)
이스라엘	..	..	..	..	..	..	..	..	943.4	931.0
	..	..	..	..	..	..	..	..	..	..
이탈리아	..	..	..	..	..	1,907.2	2,094.6	2,245.0	2,546.5	2,787.2
	..	..	..	..	..	(7.9)	(8.6)	(9.2)	(10.3)	(11.3)
룩셈부르크	75.5	79.0	79.8	84.1	89.1	89.8	91.3	98.3	98.7	111.0
	(41.0)	(42.0)	(41.4)	(43.5)	(45.0)	(44.4)	(44.6)	(46.6)	(46.4)	(48.6)
멕시코	118.8	..	..	..	..	138.1	150.9	160.3	160.9	185.5
	(0.4)	..	..	..	..					
네덜란드	895.3	867.9	932.0	906.0	929.1	968.1	931.4	949.4	989.4	996.5
	(11.2)	(10.7)	(11.3)	(10.9)	(11.2)	(11.6)	(11.0)	(11.1)	(11.4)	(11.5)
뉴질랜드	..	372.3	..	..	..	..	498.8	..	..	..
	..	(19.9)	..	..	..	..	(23.8)	..	..	..
노르웨이	138.1	139.9	153.3	163.2	166.4	173.5	186.9	817.0	215.3	239.8
	(6.0)	(6.0)	(6.5)	(7.0)	(7.1)	(7.4)	(7.8)	(8.4)	(8.5)	(9.5)
폴란드	..	..	..	..	58.8	55.9	50.9	43.2	51.7	49.7
	..	..	..	..	(0.4)	(0.3)	(0.3)	(0.3)	(0.3)	(0.3)
포르투갈	276.9	302.2	321.3	349.2	379.3	405.5	417.1	444.0	497.5	495.0
	(5.6)	(6.1)	(6.3)	(6.8)	(7.4)	(7.8)	(7.9)	(8.4)	(9.4)	(9.4)
슬로베니아	..	..	..	..	..	..	..	..	..	88.9
	..	..	..	..	..	..	..	..	..	(8.7)
스페인	804.4	1,085.5	1,448.4	1,832.6	2,240.7	2,782.0	3,229.6	3,719.8	4,132.6	4,229.2
	(4.5)	(6.1)	(7.8)	(9.5)	(11.2)	(13.4)	(15.1)	(16.9)	(18.2)	(18.5)
스웨덴	445.5	448.7	442.5	452.8	461.4	497.8	521.6	..	..	..
	(10.1)	(10.0)	(9.9)	(10.1)	(10.3)	(10.8)	(11.2)	..	..	..
스위스	1,007.4	..	..	..	..	..	..	..	..	..
	(26.3)	..	..	..	..	..	..	..	..	..
영국	..	..	..	..	..	..	3,081.0	3,340.0	3,678.0	3,698.0
	..	..	..	..	..	..	(11.0)	(11.8)	(12.6)	(12.9)
미국	18,028.5	18,994.1	20,917.6	21,563.6	21,985.2	22,421.6	23,342.9	24,777.8	25,085.5	24,814.6
	(12.9)	(13.4)	(14.6)	(14.8)	(15.1)	(15.2)	(15.6)	(16.3)	(16.4)	(16.2)

주: 괄호안은 전체 노동력인구 대비 비중을 의미한다.

자료 : OECD International Migration Outlook(2011), 2012년 보고서부터 stocks of foreign-born labour force 통계는 제시하지 않고 있다.

2. 한국으로의 노동이민 추세와 특징

한국으로의 노동이민은 체류자격에 따라 살펴볼 수 있다. 한국의 노동이민제도는 숙련수준에 따라 체류자격을 구분하고 있다. 저숙련 근로자를 대상으로 하는 고용허가제(E-9)와 방문취업제(H-2)가 있으며, 숙련 근로자를 대상으로 하는 제도로는 전문인력제도(E-1~E-7, C-4, D-9)가 있다. 전문인력제도는 숙련도에 따라 전문인력, 준전문인력, 숙련기능인력으로 구분하기도 한다.[4] 그러나 한국에서 취업활동을 하는 이주근로자에는 이러한 취업목적의 노동이민자만 있는 것은 아니다. 결혼이민자나 유학생, 그리고 재외동포 등과 같이 비취업비자로 입국한 이민자들의 상당수가 취업활동에 종사하고 있다. 이하에서는 체류자격 유형별로 이민자의 규모 및 추이와 이주근로자의 현황을 살펴보자.

한국으로의 이민의 특징을 <표 2>에 근거하여 살펴보면 다음과 같다(이규용 외, 2014:11~21). 첫째, 비영구 장기체류자이다. 유학생의 유입은 지속적으로 증가하여 왔음에도 불구하고 체류 유학생 규모가 2012년 이후 다소 감소한 것은 유학생의 대부분이 유학기간이 끝나면 출국하고 있기 때문이다. 비전문취업자와 방문취업자 수는 정부가 정책적으로 판단하여 결정하고 있기 때문에 이들의 변화는 정부의 정책에 따른 쿼터 조정의 결과이다.[5] 비전문취업자는 지속적으로 증가하여 2014년에 27만여 명에 이르며, 방문취업자는 2010년에 30만 6천 명으로 가장 높은 수치를 보였으나 2012년 이후 6만여 명이 감소한 상태이다. 이는 정부가 2009년부터 중국동포에게 방문취업비자(H-2) 대신 재외동포비자(F-4)를 적극적으로 발급한데 기인한다.

둘째, 준영구 취업자인 전문인력 비자 입국자이다. 규모면에서 보면 회화지도가 가장 많은 비중을 차지하고 있으며 핵심적인 전문인력 비자인 교수, 연구, 특정활동 체류자 규모는 증가추이를 보이고 있다. 교수자격 체류자는 2006년 1,159명에서 2009년에 2천 명을 상회하였으며 2014년에 2,664명이 체류하고 있다. 연구비자는 2009년까지는 2천여 명 수준에 머물렀으나 2010년에 전년대비 3백 명가량이 증가한 후 매년 2~3백 명가량 증가하고 있다. 주로 산업분야의 기술 인력인 특정활동 체류자는 전문인력 중 가장 큰 폭의 증가를 보이고 있다. 특정활동 체류자는 2014년 19,109명으로 2006년 대비 3배 이상 증가하였다.

셋째, 준영구 형태인 가족으로 입국한 체류자이다. 방문동거 체류자는 2006년 13만 2,885명이었으나 2007년에 5만 5,294명으로 크게 줄어든 이후 4~6만여 명 수준을 유지하고 있다. 거주 비자 체류자는 2011년까지 지속적으로 증가하여 왔으나 2012년에 6만 3,362명으로 크게 하락하였고 2014년에는 다시 3만 7,504명으로

---

4) 이에 대한 자세한 내용은 10장에서 설명한다.
5) 고용허가제와 방문취업제에 대해서는 10장을 참조하시오.

표 2   체류 유형별 이민자 규모(저량: stock)

(단위: 명)

	2006	2007	2008	2009	2010	2011	2012	2013	2014
비영구 장기체류									
유학(D-2)	30,101	41,780	52,631	62,451	69,600	68,039	64,030	60,466	61,257
비전문취업(E-9)	161,867	175,001	190,777	188,363	220,319	234,295	230,237	246,695	270,569
방문취업(H-2)		228,686	299,332	306,283	286,586	303,368	238,765	240,178	282,670
준영구 1(취업)									
교수(E-1)	1,159	1,279	1,589	2,056	2,266	2,474	2,631	2,637	2,664
회화지도(E-2)	15,001	17,721	19,771	22,642	23,317	22,514	21,603	20,030	17,949
연구(E-3)	2,095	2,318	2,057	2,066	2,324	2,606	2,820	2,997	3,195
특정활동(E-7)	5,729	7,175	8,405	8,896	10,712	14,397	17,451	18,213	19,109
준영구 2(가족)									
방문동거(F-1)	132,885	55,294	45,258	45,632	42,212	45,092	52,674	60,927	71,203
거주(F-2)	103,125	118,994	130,290	132,329	138,669	138,418	63,362	39,704	37,504
동반(F-3)	11,468	13,122	13,665	14,652	15,409	17,607	18,795	20,150	21,809
결혼이민(F-6)	93,786	110,362	122,552	125,087	141,654	144,681	148,498	150,865	120,710
혼인귀화자			39,067	56,205	66,474	77,203	84,933	93,953	101,560
준영구 3(기타)									
재외동포(F-4)	29,574	34,695	41,732	50,644	84,912	136,702	189,508	235,953	289,427
영주(F-5)	13,957	16,460	19,276	22,446	45,475	64,979	84,140	100,170	112,742

자료: 법무부 출입국 외국인정책본부, 출입국·외국인정책 통계연보 각 년도. 이규용 외, 2014:20의 자료를 보완하여 작성하였다.

하락하였다.

넷째, 준영구 비자인 재외동포와 영주자이다. 재외동포 체류자는 2006년 2만 9,574명에서 이후 지속적으로 큰 폭의 증가를 보여 2014년 현재 28만 9,427명에 이르고 있다. 영주비자 체류자도 2006년 1만 3,957명에서 매년 지속적으로 증가하여 2014년 현재 11만 2,742명이 체류하고 있다. 영주체류 자격제도는 2002년 4월에 도입되었으며 2004년까지는 영주권자의 대부분이 대만출신이었으나 2006년부터는 일본인이 급증하였고 중국출신은 2010년부터 증가하기 시작하였다. 2010년 영주권자의 세부 비자유형을 보면 외국국적동포가 42.5%이고, 그 다음으로 국민의 배우자(26.4%), 재한화교(25.4%)이다(정기선 외, 2012: 11).

다음으로 한국으로 유입된 이민자의 경제활동 실태를 통해 노동이민의 규모를 살펴보자. <표 3>은 2015년 기준으로 우리나라에 체류하고 있는 외국인들의 경제활동실태를 체류자격별로 보여주고 있다. 생산가능인구인 15세 이상 외국인은

1,373천 명이며6) 이 중 취업자수는 93만 8천 명이다. 취업자수를 생산가능인구로 나누어 표현하는 외국인 고용률은 68.3%로 우리나라 전체 고용률(2015년 10월 기준 60.9%)에 비해 높다. 이는 외국인 취업자 중 가장 많은 비중을 차지하는 방문취업제 동포를 포함한 고용허가제 외국인의 대부분이 취업활동에 종사하고 있는데 기인한다. 정주형 이민자로 볼 수 있는 영주권자(F−5)의 고용률은 73.9%로 높으며, 재외동포(F−4)의 고용률은 59.7%이고 결혼이민자의 고용률은 48.7%이다. 결혼이민자의 연령분포가 주로 20~30대임을 감안할 때 이 연령층의 우리나라 여성 고용률(2015년 10월)이 20대는 59.8%대이고 30대는 57.1%임을 볼 때 결혼이민자의

표 3 외국인 체류자격별 경제활동 상태(2015년)

(단위 : 천 명, %)

구분		15세 이상 외국인	경제활동 인구	취업자	비경제 활동인구	경제활동 참가율 (%)	고용률 (%)
외국인 합계		1,373	986	938	387	71.8	68.3
(구성비)		(100.0)	(100.0)	(100.0)	(100.0)		
체류 자격	비전문취업(E−9)	265	264	264	0	99.8	99.7
	(구성비)	(19.3)	(26.8)	(28.1)	(0.1)		
	방문취업(H−2)	288	248	234	40	86.1	81.4
	(구성비)	(21.0)	(25.1)	(25.0)	(10.3)		
	전문인력 (E−1~E−7)	47	47	47	0	99.3	98.9
	(구성비)	(3.4)	(4.7)	(5.0)	(0.1)		
	유학생 (D−2, D−4−1)	88	13	10	75	14.9	11.4
	(구성비)	(6.4)	(1.3)	(1.1)	(19.4)		
	재외동포(F−4)	301	195	180	107	64.6	59.7
	(구성비)	(21.9)	(19.7)	(19.2)	(27.5)		
	영주(F−5)	112	87	83	26	77.2	73.9
	(구성비)	(8.2)	(8.8)	(8.8)	(6.6)		
	결혼이민 (F−2−1, F−6)	124	64	61	60	51.7	48.7
	(구성비)	(9.1)	(6.5)	(6.5)	(15.5)		
	기 타	148	68	60	79	46.2	40.6
	(구성비)	(10.7)	(6.9)	(6.4)	(20.5)		

주: 기타 체류자격은 위의 체류자격을 제외한 방문동거(F−1), 거주(F−2), 동반(F−3) 등임.
자료 : 통계청, 2015년 외국인 고용조사.

6) 2014년 5월 말 기준 법무부 「등록외국인명부」와 「국내거소신고 외국국적동포명부」의 15세 이상 외국인 수를 말한다.

고용률이 내국인에 비해 상대적으로 낮음을 알 수 있다.

　이상으로 노동이민의 특징 및 추이를 살펴보았다. 전 세계적으로 노동이민은 지속적으로 증가추이를 보여 왔으며 한국 또한 예외는 아니며 이러한 추세는 향후에도 지속될 전망이다.

 ## 4절 노동이민의 경제적 영향

　이민은 유입국과 송출국에 다양한 영향을 미치며 여기에는 편익과 비용이 모두 포함된다. 송출국의 입장에서 보면 이민자의 송금, 투자, 기술이전과 같은 긍정적인 효과가 있는 반면에 노동력의 유출에 따른 경제적 손실이 발생한다.

　유입국의 입장에서 보면 노동시장에서 인력 부족을 해소하고 산업 생산을 늘리는 데 기여하며 이주자들이 장기 거주하는 경우 소비자로서의 역할도 커지므로, 이주근로자들이 그들 수입의 일부분을 소비한다면 노동에 대한 파생효과가 나타난다. 또 이주근로자들의 낮은 노동비용으로 인해 제품 공급이 증가하고, 이에 따라 제품의 가격이 하락하면 내국인들은 저렴한 비용으로 제품을 소비할 수 있게 된다. 이주근로자 유입으로 인한 경제적 편익뿐만 아니라 문화적 다양성을 고취시키는 효과도 있다.

　이주근로자 유입에 따른 효과는 각국의 노동시장 상황에 따라 다르다. 노동시장에서 인력부족이 발생하고 있는데 이주근로자들이 부족한 부분을 채워준다면 편익은 클 것이다. 그러나 실업이 만연해 있는데 이주근로자들이 낮은 임금과 통제하기 쉬운 이점으로 노동시장에서 우위를 점하게 된다면 편익보다는 비용이 더 커질 것이다. 또한 이민자의 유입은 임금감소 또는 임금증가율의 억제, 실업, 주택, 취학인구, 범죄, 문화와 공동체 해체, 복지 지출, 공공서비스, 공공재정 등의 문제까지 광범위한 영향을 미친다. 나아가 정착한 이주근로자들이 은퇴 후 취약계층으로 전락할 경우 이들에 대한 사회복지비용 지출이 확대될 수 있다. 한편 이민자 2세들이 노동시장에 제대로 통합되지 않고 낮은 임금과 저고용률을 보일 경우에는 이민자의 유입에 따른 장기적 영향이 확대될 수 있다.

　이주근로자의 유입에 따른 비용과 편익은 도입되는 이주근로자의 특성, 이주근로자의 노동시장 참여 형태, 이민 관련 제도 등에 따라 달라지기 때문에 이들의 영향에 대한 분석을 통해 편익을 제고하기 위한 정책적 노력이 중요하다. 이주근로자의 유입에 따른 편익과 비용은 이주근로자의 숙련수준이나 체류형태, 즉 한시적 체류인지 혹은 영구적 체류인지에 따라 달라지기 때문에 이주근로자의 유입에 따른 편익과 비용은 이론적 논의와 실증적 분석을 통해 뒷받침할 필요가 있다. 이하에서는 노동이민의 경제적인 영향을 유입국과 송출국에 미치는 영향으로 나누어 살펴보기로 한다.

1. 노동이민이 유입국에 미치는 영향

1) 이주근로자의 경제적 효과

어떤 나라에 이주근로자가 들어와서 생활하는 것은 광범위한 경제적 영향을 미친다. 노동시장과 공공재정이 그 주된 영역이다. 노동시장에서는 이주근로자의 연령과 숙련수준에 따라서 효과가 각각 다르고, 공공재정 부문은 이주근로자의 납세로 혜택을 볼 수 있고, 이주근로자로부터 발생하는 추가 공공지출로 인해 부담을 안게 될 수도 있다. 이주근로자의 특성이 다양하기 때문에 이들의 경제적 효과를 단정하는 것은 쉽지 않다. 예컨대 이주근로자의 유입이 임금 등에 미치는 경제적 영향에 대한 경험적 연구들이 축적되어 있지만, 단순하게 일반화하기는 어렵다. "특정 사회·경제적 환경에서 어떤 결과가 나왔다"는 식의 결론이 많고, 명확한 결론이 있는 경우는 드물다. 임금이 시장의 힘에 의해 결정된다면 조정기간 중에는 이주 근로자의 유입으로 실업이 증가하겠지만, 시간이 지남에 따라 유입국의 임금수준이 낮아지고 고용이 증가할 수도 있다.

이주근로자의 숙련수준과 유형이 다양하다는 점을 고려하면 상황은 더욱 복잡해진다. 이주근로자의 유입으로 노동력의 규모와 숙련 구성이 변화하면 평균임금과 임금구조 역시 변화할 것이며, 그 결과 불평등이 발생할 수도 있다. 만약 이주근로자의 유입이 압도적으로 단순노무직에 치우쳐 있다면, 단순노무직 종사자의 임금이 하락할 것이고 동시에 전문기술직 종사자에 대한 수요가 늘어날 것이며 따라서 전문기술직 종사자의 임금은 상승할 것이다.

이주근로자 유입이 유입국 경제에 미치는 효과에 관한 경제학 이론들이 있지만, 이주근로자의 유입과 임금 또는 고용 사이의 경험적 증거 또는 통계적 상관성은 종종 약하며 확정짓기가 어렵다. 이주근로자의 유입과 실업률 사이에는 명백한 관계는 없지만, 새로운 이주근로자의 유입으로 자국민의 실업이 증가할지 모른다는 우려의 목소리는 늘 존재해 왔다.

그러나 적어도 다음의 내용은 분명해 보인다. 경기팽창과 부문별 노동력부족 시기의 이주근로자 유입은 두 차원에서 노동시장에 영향을 미친다. 첫째, 노동수요가 확대되고 빠르게 증가할 때 즉각적으로 이러한 수요를 충족할 수 있다. 둘째, 보유한 숙련이 거의 없는 이주근로자가 유입되면 자국민의 사회 계층적 지위가 높아지고 보다 역동적이고 사회에서 더 높은 가치를 두는 부문으로 자국 노동력이 재배치되는 효과를 갖는다. 사회적 사다리의 밑 부분에서의 활동들은 매력적이지 못하여 만성적 노동력부족을 드러내는데, 이주근로자들이 그 부문의 활동을 맡게 된다. 자국민의 지리적 또는 부문 간 노동이동이 활발하지 못한 나라에서는 이주근로자가 노동시장에 유연성을 불어넣음으로써 성장을 촉진하는데 기여할 수 있다.

2) 이주근로자의 유입에 따른 이익과 손실

이주근로자 유입이 유입국의 국내 근로자에게 해가 된다는 주장은, [그림 1]의 (가)에서 제시한 '단순노동자 노동시장에 미치는 효과'와 같은 단일시장 분석에 종종 기초하고 있다(한홍순 외, 옮김, 2004). 일정 범위 내에서는 이 주장은 타당성이 있을 수 있다. 이주근로자의 유입으로 저숙련 근로자의 공급이 증가하면 내국인들의 임금과 고용수준은 모두 감소된다. 유입국 근로자들에게 지급되는 총임금(total wage bill)은 [그림 1] (가)의 $W_1 0 N_1 B$로부터 $W_2 0 N_3 D$로 하락한다. 일부 내국인들은 감소된 임금에 대응하여 시장을 떠나며, 시장에 머무르는 근로자들의 임금은 하락한다.

그러나 저숙련 이주근로자의 유입이 국내근로자들에게 불리한 영향을 미치더라도, 이주근로자 유입이 내국인들 전체에게 필연적으로 해가 된다고 결론을 내리는 것은 섣부른 판단일 수 있다. 소비자들의 입장에서 보면, '값싼 노동력'을 가진 이주근로자의 유입은 노동의 생산물을 사용하는 소비자들에게는 편익을 준다. 임금이 감소하고 고용이 증가함에 따라, 해당 노동력에 의해 생산되는 재화와 서비스는 양이 증가되고 가격은 하락한다.

고용주는 적어도 단기적으로는 명백히 편익을 얻는다. [그림 1]의 (가)에서 고용주의 이윤은 W_1AB에서 W_2AC로 증가한다. 이윤의 증가는 다음과 같은 효과를 갖는다. 자본에 대한 수익을 증가시킴으로써, 투자자들이 공장과 설비에 투자를 증가시키는 신호로서의 역할을 한다. 또한 증가된 이윤은 보다 많은 사람들이 고용주가 되도록 유발시킬 것이다. 자본과 고용주 수의 증가는 궁극적으로 이윤율을 정상수준으로 하락시키겠지만, 최종적으로 국가의 자본보유량은 증가하고 일부 근로자들이 고용주가 될 수 있는 기회가 만들어진다.

앞의 모형은 이주근로자의 유입이 수요곡선에 영향을 미치지 않는 것으로 가정하였다. [그림 1]의 (가)에서 수요곡선은 고정되어 있다. 이주근로자들이 자신의 근로소득 중 단순근로자에 의해 생산된 재화와 서비스를 소비하는 부분이 작을 수 있기 때문에, 단지 하나의 시장을 살펴볼 때는 무리한 가정이 아닐 수 있다. 그러나 이주근로자들은 유입국에서 소비자로서 지출하게 마련이다. 그렇게 추가된 수요는 [그림 1]의 (나)에 제시된 것처럼 다른 사람들을 위한 고용기회를 만들어 낸다. 그러므로 저숙련 이주근로자와 명백한 대체관계에 있지 않은 근로자 또는 일반 시민들은 기존 경제활동인구에 이주근로자들이 추가되어서 나타나는 소비수요의 증가로 인해 편익을 얻는다.

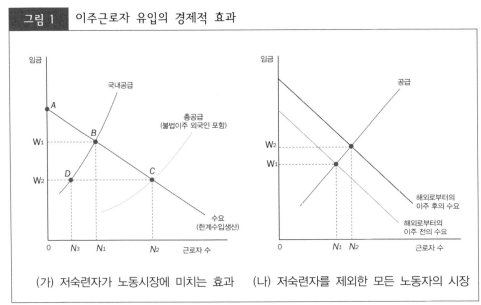

그림 1 이주근로자 유입의 경제적 효과

(가) 저숙련자가 노동시장에 미치는 효과   (나) 저숙련자를 제외한 모든 노동자의 시장

자료 : 한홍순 외 옮김, 2004:374, 377.

한편, 자국민 숙련 근로자와 저숙련 근로자가 모두 이주근로자와 대체관계에 있다고 가정하면 이주근로자가 유입국에서 보완성을 갖는 방법은 '규모효과'(scale effect)가 '대체효과'(substitution effect)를 압도하는 것이다. 이주근로자 유입으로 경제활동인구 규모가 커지면서 총수요가 증가하기 때문에 '규모효과'가 커질 수 있으며 이로 인해 총 고용이 증가할 수 있을 것이다.

3) 이주근로자의 유입에 따른 순편익

이민자는 유입국의 소비자, 고용주, 그리고 숙련근로자와 미숙련근로자를 포함하는 여러 그룹의 내국인근로자들에게 영향을 미치며 이 그룹들 중 일부는 명백히 이익을 얻고 있음에 틀림없다. 이들 중에는 고용주, 소비자, 그리고 생산에 있어 이주근로자들과 보완관계에 있는 근로자들이 포함된다. 생산과정에서 이주근로자와 높은 대체관계에 있는 내국인근로자들은 손실을 입을 가능성이 가장 큰 반면, 다른 그룹에 속한 내국인근로자들의 이익 또는 손실은 대체효과와 규모효과라는 잠재적으로 상쇄되는 효과 때문에 이론적으로 예측할 수 없다. 나아가, 실제효과들은 여전히 불확실하지만 위에 언급한 여러 그룹들에 대한 추정된 효과들은 매우 작다.

그렇다면, "만약 유입국에서 이민자로 인해 이익을 얻는 사람들과 손실을 입는 사람들이 모두 존재하고 한다면, 이익을 얻는 사람들이 손실을 입는 사람들을 보상하고도 여전히 이전보다 나아졌다고 느낄 수 있는가?"에 대한 대답이 필요하다. 이 질문에 대한 답은 만약 이민자가 유입국에서 내국인들의 총가처분소득(aggregate disposable income)을 증가시키면 '그렇다'가 될 것이다. 해외로부터의 이주자들은 소비자임과 동시에 생산자이며 따라서 이민자의 유입이 유입국에 거주하고 있는 사람들을 전체적으로 더 부유하게 만드는지 아니면 더 가난하게 만드는지 여부는 이민자들이 얼마만큼을 소비하는가와 비교하여 상대적으로 전체 생산에 얼마만큼을 추가하는가에 좌우된다. 만약 해외로부터의 이주자들이 자신들의 소비를 유입국의 납세자들의 소득에 의존한다면 유입국 사람들의 1인당 가처분 소득은 하락한다. 그러나 만약 이주자들이 일을 하여 자신들의 소비를 자신들의 근로소득에 의존한다면, 이민자들은 유입국에서 태어난 사람들의 1인당 가처분소득을 감소시키지 않는다. 게다가 이윤극대화라는 고용주의 행태를 설명하는 모델은 이주자들이 자신들의 한계생산물 가치를 초과하지 않는 임금을 지급받을 것임을 시사한다. 따라서 만약 이민자들의 근로소득이 유입국에 추가시키는 생산물의 총 가치에 미치지 못한다면 유입국 사람들의 총가처분소득은 증가할 것이다(한홍순 외, 옮김, 2004: 380).

4) 불법체류 이민의 경제적 영향

이민자의 유입이 합법적이건 불법적이건 관계없이 유입국의 노동시장에서 인력난을 완화시켜 주고 시장임금을 안정시키는 효과가 있는데, 구체적인 효과의 정도는 내국인과 외국인이 서로 대체관계에 있는지 보완관계에 있는지에 따라 달라진다. 이주근로자가 내국인과 보완관계에 있다면 불법취업 외국인이 증가하더라도 내국인 일자리를 잠식하지 않고, 오히려 외국인이 유입되지 않았더라면 구조조정에 의해 없어졌을지도 모를 내국인의 일자리들이 이주근로자의 유입에 의해 유지되는 효과를 야기한다. 반면에 내국인 노동시장에서 이주근로자가 대체관계에 있다면 이주근로자의 유입은 내국인의 일자리를 잠식하는 효과가 있으며, 그 효과의 정도는 내국인 노동공급의 탄력성에 달려 있다. 외국인의 노동공급은 매우 탄력적인 데 반하여 내국인 노동공급은 매우 경직적이라면, 사업주는 내국인을 고용하는 대신 외국인의 고용을 더 선호하게 될 것이므로 내국인의 일자리 잠식효과가 더 크게 될 것이다.

불법적으로 체류하고 취업하는 외국인근로자는 합법근로자들보다 일을 더 많이 하기를 희망할 가능성이 높고, 불법체류 및 불법취업 사실이 발각될까봐 사업주와의 협상에서도 불리한 위치에 있어서 근로시간이 더 길고 임금수준은 낮을 가능성이 있다. 경제이론에 의하면 이주근로자의 유입은 시장임금수준을 낮추고 내국인과 외국인의 고용을 증대시켜 전체 고용을 증가시키며, 이는 국내총생산(GDP)을 증가시키고 자본의 수익률을 향상시키는 효과가 있다. 특히 불법취업 이주근로자들이 합법취업 이주근로자에 비하여 임금수준은 낮고 근로시간이 길 것이라는 노동경제학의 이론이 성립되고 다른 조건이 일정하다면, 고용 및 국내총생산의 증가 효과는 이주근로자를 합법적으로 고용할 경우에 비해 불법적으로 고용할 경우에 더욱 커지게 된다. 그러나 실업률이 증가하는 가운데 불법취업 이주근로자가 증가하는 경우에는 불법취업 이주근로자가 내국인과 합법취업 이주근로자를 노동시장에서 퇴출시키는 역할을 할 수 있다. 왜냐하면 불법취업 이주근로자의 의중임금(reservation wage)은 내국인근로자 및 합법취업 이주근로자의 의중임금보다 낮기 때문에 사업주는 불법취업 이주근로자를 고용하려고 할 것이기 때문이다(Tapinos, 2000).

불법취업 이주근로자는 간접세(indirect tax) 부담을 회피할 수는 없지만 소득

세(income tax) 부담은 회피하는 경향이 강하다. 불법취업 이주근로자는 고용의 불법성 때문에 사회보험료를 납부하지 않는 경향이 강하다. 합법취업 이주근로자는 사회보험제도로부터 받는 혜택이 보험료 부담보다 더 큰 것이 일반적인 현상이므로 사회보험재정의 건전성은 더 나빠질 수 있다.

그런데 불법취업 이주근로자를 최소화하기 위해 입국심사를 엄격히 하고, 불법취업 이주근로자를 색출하여 사업주는 처벌하고 불법취업 이주근로자는 추방하는 통제비용(control costs)이 사회보험재정의 건전성에 미치는 효과보다 훨씬 큰 것이 현실이다. 이주근로자의 불법체류와 취업으로 인한 사회적 비용까지 고려하면, 이러한 비용은 불법취업 이주근로자의 고용에 따른 국내총생산의 증가 효과를 상쇄하기 때문에 이주근로자는 합법적인 절차를 거쳐 이루어지도록 하는 것이 바람직하다(Tapinos, 2000, 이규용 외, 2007).

5) 실증분석결과와 함의

이주근로자의 유입이 국민경제에 미치는 효과는 이주근로자의 숙련수준과 일에 대한 태도 등 이주근로자의 자질, 이주근로자가 고용되는 산업 및 직종, 내국인 근로자의 노동공급과 수요의 조건, 그리고 분석대상 기간(time horizon) 등에 따라 달라질 수 있다. 저숙련 이주근로자의 유입이 경쟁력이 없는 유입국의 한계기업의 구조조정을 지연시켜 장기적으로 고용 및 국내총생산에 부정적인 영향을 미칠 수 있고, 유입국의 빈곤계층의 일자리를 잠식할 수도 있다.

이주근로자 유입의 경제적 효과에 관한 실증연구들은 주로 임금이나 고용 등 노동시장 결과에 미치는 영향을 중심으로 분석이 이루어져 왔다. 이주근로자의 유입이 함축하는 직접적인 의미는 노동력의 공급 증가이고 그에 따른 일차적 영향은 임금인하 압력, 그리고 대체관계에 있는 내국인근로자의 고용감소 등 노동시장 결과라는 점, 그리고 이주근로자의 유입에 대한 반대의 주된 논거가 내국인 근로자들에게 미치는 부정적 영향이라는 점 등을 감안하면, 이주근로자 유입의 경제적 효과에 관한 평가가 주로 노동시장 효과를 중심으로 이루어졌다는 점은 이해할 만하다.

이주근로자가 유입국의 노동시장에 미치는 효과에 대해서는 부정적인 측면과 긍정적인 측면이 함께 주장되어 왔다. 노동시장이 1차 노동시장과 2차 노동시장으로 분단되어 있는 경우, 이주근로자의 유입에 따른 2차 노동시장에서의 임금하락은 2차 노동시장에서의 내국인의 노동공급을 더욱 감소시켜 이주근로자의 수요를 증가시키는 효과가 있을 것이다(Layard et al., 1991, 이규용 외, 2007:15).

이주근로자들이 생산을 확대하고 내국인의 이익을 증가시키는 효과는 본질적으로 노동공급이 증가하는 데에서 비롯되는 것으로 이주근로자의 유입은 임금수준을 평균적으로 하락시키는 효과를 갖는다. 그러나 전반적인 국내 임금에 미치는 효과는 매우 작으며 이는 이주근로자가 국내인력과 경합하거나 대체할 수 있는 범위가 좁은 데에 기인한다.

동일한 이유로 이주근로자가 국내인력과 경합하는 좁은 영역에서는 내국인의 임금에 상당한 영향을 미칠 수 있으며 이러한 영향은 어떠한 이주근로자가 유입되어 어떤 부문에 종사하는가에 따라 크게 달라진다. 미국의 연구결과에 의하면 이민자 유입이 국내 노동시장에 미치는 효과는 전체적으로는 크지 않으나 저학력이 대부분인 이주근로자와 경합하는 위치에 있는 미국의 저숙련 노동력의 임금과 일자리에는 부정적인 영향을 끼쳤던 것으로 나타나고 있다.

현재 한국 내 총 취업자 중 외국인 취업자 비중은 3~4% 수준인데 이들 중 90% 이상이 저숙련 인력으로 일부 업종에 집중되어 있다. 이를 근거로 저숙련 노동시장에서는 이주근로자의 영향이 상당히 있을 것으로 추정되나 그 영향에 대한 평가는 분석자료의 제약 등으로 충분한 연구가 이루어지지 못하고 있는 실정이다. 우리나라에서 저숙련 이주근로자가 취업하고 있는 산업은 주로 제조업, 건설업, 음식숙박업이다. 저숙련 일자리에서 외국인이 증가하고 있다는 사실로부터 국내 저숙련 근로자의 지위가 악화되었다고 단정할 수는 없으나 개연성은 있다.

저숙련 일자리에 이주근로자의 공급이 증가한다면 이 분야의 임금은 하락하며 이에 대응하여 국내인력은 임금의 손실 없이 다른 일자리로 이동하였을 수도 있기 때문에 이주근로자에 의한 일자리 대체(displacement effect)가 반드시 국내 저숙련 근로자들의 노동시장에서의 지위를 악화시켰다고 볼 수는 없다. 그러나 이러한 직장이동을 포함한 조정과정에서는 내국인이 영향을 받았으며 일자리를 상실할 가능성이 있다.

이주근로자는 단순근로를 담당함으로써 내국인이 저렴한 가격에 서비스를 구매할 수 있도록 하며 결과적으로 후생수준을 높인다는 긍정적인 측면이 있다. 반면에 국내의 저숙련 노동력에 미치는 효과는 단순근로를 외국인 인력이 담당할 때 내국인이 보다 생산적인 다른 일자리로 이동할 수 있는지의 여부에 따라 달라진다.

일반적으로 청소, 경비, 음식업 분야에서는 대체될 수 없는 단순근로 일자리가 존재하며 임금은 소득증가에 따라 생산성과 관계없이 상승하므로 단순근로자도 경제성장의 혜택을 공유하게 된다. 그러나 이주근로자의 유입은 이러한 일자리의 임금을 국제가격 수준에 맞추어 하락시키므로 성장의 혜택이 분산되는 경향이 있다. 따라서 이주근로자의 국내 저숙련 인력에 대한 영향은 국내 저숙련 인력의 지위가 이주근로자 유입으로 어떻게 변화 하였는가로 판단하여야 한다.

한편, 이주근로자의 정주화가 진행될 경우 이에 대한 문제가 발생한다. 저숙련 이주근로자는 상대적으로 빈곤층이 될 가능성이 높으므로 이주근로자에 대한 사회복지 지출이 그들의 조세납부액을 초과하여 재정적으로 순 부담이 될 가능성에 대한 우려는 어느 국가에서나 존재한다. 사회복지 지출은 노령기에 집중되기 때문에 이주근로자가 재정적으로 순 부담이 되는가의 여부는 어떤 연령대의 이주근로자가 유입되는가에 의하여 주로 결정된다. 우리나라의 경우 현재는 동포를 제외한 이민자 대부분의 연령이 낮기 때문에 사회복지 지출 규모가 크지 않으나 장기적으로 이들이 고령화됨에 따라 사회복지지출은 증가하게 될 것이다. 따라서 이에 대한 대책을 마련할 필요가 있다.

요약하면 이주노동이 경제에 미치는 전반적인 결과에 대한 합의는 없다. 대부분의 연구들은 이주노동이 경제성장과 1인당 국민소득에 이득이 된다고 본다. 그러나 이주근로자와 일자리를 놓고 경쟁하는 근로자(주로 저숙련 노동자)에게는 불리할 수 있다고 주장한다. 이러한 논쟁은 쉽게 해결될 수 없으며 이주근로자를 고용하려는 고용주의 노력, 관련 제도의 정비 등을 통해 부정적인 영향을 완화시켜야 할 것이다.

2. 노동이민이 송출국에 미치는 영향
여기서는 노동이민이 송출국에 미치는 영향을 송금과 두뇌유출의 측면에서 살펴본다.

1) 노동이민과 송금
(1) 송금의 흐름
2015년 전 세계 총 송금은 약 5,882억 달러로 추정되며, 2017년 전 세계 총 송금액은 6,360억 달러에 달할 것으로 예상된다(The World Bank, 2015). 송금액은

1996년 이후 공적개발원조(official development assistance: 이하 ODA) 사업비보다도 많아지기 시작하였으며, 2015년 현재 세 배 이상이다. [그림 2]는 송금과 ODA 그리고 해외직접투자(FDI)의 흐름을 보여주고 있다.

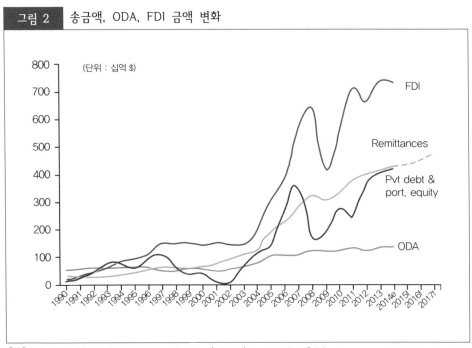

그림 2 송금액, ODA, FDI 금액 변화

출처: The World Bank.2015. Migration and Development Brief 24

[그림 3]과 [그림 4]는 2014년 기준 송금 수취액과 발송이 가장 많은 상위 10개국을 보여주고 있다. 송금 수취가 가장 많은 나라는 인도와 중국으로 2014년 인도로 약 700억 달러가 송금되었고, 중국으로는 640억 달러가 송금되었다. 반대로 송금의 주요 진원지인 국가도 있다. 송금의 가장 큰 진원지는 미국으로 2014년 한 해 미국에서만 1,310억 달러가 해외로 송금되었다. 그 다음으로는 사우니아라비아가 450억 달러, 아랍에미레이트연합이 290억 달러이다. 프랑스와 독일은 상위 10위 송금국가이면서 동시에 상위 10위 송금 수취국으로 2014년 프랑스에서 해외로 250억 달러를 송금하였고, 반대로 해외에서 프랑스로 210억 달러가 들어왔다. 독일은 해외로 160억 달러를 송금하였으며, 240억 달러가 해외에서 독일로 송금되었다.

| 그림 3 | 2014년 세계 상위 10개 송금수취국(Remittance-receiving countries) |

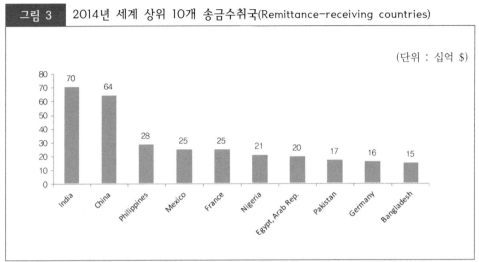

자료: Bilateral Remittance Matrix 2014(World Bank)
　　　(http://pubdocs.worldbank.org/pubdocs/publicdoc/2015/10/936571445543163012/bi−
　　　lateral−remittance−matrix−2014.xlsx)

| 그림 4 | 2014년 세계 상위 10개 송금발송국(Remittance-sending countries) |

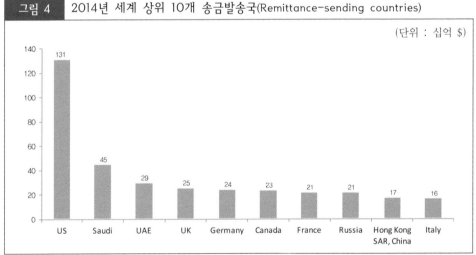

자료: Bilateral Remittance Matrix 2014(World Bank)
　　　(http://pubdocs.worldbank.org/pubdocs/publicdoc/2015/10/936571445543163012/bi−
　　　lateral−remittance−matrix−2014.xlsx)

(2) 송금의 경제적 영향

송금의 경제적 영향에 대한 핵심의제는 송금액의 경제적 활용과 송금흐름의 경제성으로 요약할 수 있다. 송금의 경제적 활용이란 송금이 단순히 빈곤에서 벗어나고 보다 나은 소비를 추구하는 것을 넘어, 보다 생산적인 곳으로 투자됨을 의미한다. 송금은 다른 유형의 국제적 자본흐름인 FDI나 ODA와는 기본적으로 동기가 다르다. 송금의 동기로는 자국에 남아있는 가족, 부모 형제자매들의 소득증대로 빈곤 탈피와 같은 이타심, 자기 자산의 증식과 같은 완전한 사리추구, 자녀·형제들에게 교육기회를 제공함으로써 장래에 대한 보장을 받으려는 가족 간의 암묵적 합의 혹은 상호 교환과 보상, 가족 간의 동의하에 일정한 목표 수준의 부를 축적하기 위해서 송금하는 목표 지향적 저축 등이 있다(강동관 외, 2013a: 99).

송금의 이유는 개인적인 측면에서 보면 경제개발과는 전혀 무관한 것처럼 보인다. 하지만 송금수신자들의 소득 및 저축 증대와 교육으로 인한 생산성 향상은 결과적으로 거시적 경제효과를 창출할 수 있다. 송출국가의 소비지출과 재투자에 의한 경제개발과 이로 인한 총생산량이 증대하기 때문이다.

이에 따라 송금의 경제적 효과에 관한 연구들도 진행되어 왔는데 주된 주제들은 송금으로 인한 소득 및 투자지출에 관한 총생산 효과, 송금 소득과 분배 효과, 가족에 대한 투자와 결과 등이다. 예를 들면 Richard and Jimenez(2007)는 이민과 송금이 소득분배와 빈곤을 감소시키고 소득분배효과가 있음을 보여주었고, OECD(2007) 연구는 저숙련 노동자의 경우 숙련노동자에 비해 가족을 동반하지 않은 경우가 많아, 이들의 이주로 인해 자국 내의 저숙련 실업률이 낮아지고 있음을 실증적으로 보여주었다(강동관 외, 2013b: 25).

한편, 송금에 따른 부정적인 효과에 대한 논의도 있는데 즉, 자국 내의 노동력감소, 불로소득증대에 따른 비생산적인 의존성향, 게으름, 과시적 소비 등의 도덕적 해이의 증대, 임금과 물가 상승 등에 따른 네덜란드 병(Dutch Disease)[7] 발생 가능성 등 부정적인 효과에 대한 연구도 진행되어 왔다. 자국민의 이주로 인하여 소득(총생산) 손실이 발생한다는 연구도 있다(강동관 외, 2013b: 25).

송금에 따른 부정적 효과는 송금의 문제라기보다는 송금 관리체계의 문제라고 볼 수 있다. 송금활용의 성과를 높이기 위해서는 송금과정이 비용 효율적으로 처

---

7) 자원이 많은 나라가 자원을 수출해 경제적 호황을 누리면서 산업 경쟁력 제고를 등한시하다가 결국 경제 위기 상황에 처하는 현상을 말한다.

리되어야 한다. 이에 따라 송금의 경제적 활용과 더불어 중요한 쟁점으로 떠오르는 것이 송금과정(corridor)의 경제성이다. 송금과정의 경제성이란 송금이 비용 효율적(cost effectiveness)인 방법으로 이루어지는 것을 의미한다. 송금이 비용 효율적이기 위해서는 송금과정은 물론 송금과정에서 발생하는 모든 수수료에 대한 투명성이 요구된다. 송금 과정에 있어 투명성을 강조하는 것은 거래주체간의 정보 비대칭성 문제를 완화하여 비용 효율적인 방법을 선택할 수 있도록 하자는데 목적이 있다(강동관 외, 2013b:26).

한편, 유입국의 입장에서 볼 때 송금수수료와 같은 이슈 외에 송금과 경제개발이라는 관점에서의 중요한 역할이 추가적으로 제기된다. 즉 귀환근로자의 인적자본투자와 송금과의 매개기능이다. 이주근로자의 해외에서의 노동 및 체류과정은 어떤 형태로든 인적자본의 투자과정이며 귀환을 대비한 교육훈련이나 귀환 이후의 경제활동의 핵심자본으로서 송금의 활용을 높이기 위해서는 이들의 역량강화가 필요한데, 유입국이 이러한 역할을 담당할 수 있다. 특히 한국의 고용허가제와 같이 정부의 관리체계를 통한 이주근로자의 활용방식에서는 이주근로자에 대한 체류지원이나 귀환프로그램의 일환으로 교육훈련을 실시하는 것이 보다 용이하다.

2) 두뇌유출과 두뇌획득

(1) 두뇌유출의 개념

노동력이 유출되는 나라의 노동시장에서는 노동공급이 감소하므로 임금은 상승하고 고용은 줄어든다. 송출국의 노동공급이 탄력적이면 노동시장은 단기적으로 영향을 적게 받고 이주근로자가 임금수준이 높은 유입국에서 번 소득으로 본국에 송금하게 되면 송출국의 복지나 후생이 증가한다. 이러한 경제적 효과와 더불어 노동이민이 송출국에 미치는 효과에 대한 논의 중 가장 많이 언급되고 있는 것이 두뇌유출이다.

두뇌유출(brain drain)이란 국가 간 임금격차 및 일자리 기회 때문에, 인력, 특히 교육수준이 높고 인적자원의 축적이 많은 고급인력이 다른 나라로 이전하는 현상을 뜻한다. 일반적으로 개발도상국에서 선진국으로 이전하는 현상이 보편적이지만 선진국 사이에서도 두뇌유출이 일어나기도 한다.

두뇌유출은 송출국가의 인적자원을 감소시킴으로써 그 나라의 경제활동 수준과 경제성장률을 감소시킬 가능성을 내포하고 있다. 특히, 많은 개발도상국가에서는 고등교육에 대하여 상당한 수준의 정부의 보조가 이루어지고 있기 때문에, 대졸자들이 다른 나라로 이주함에 따라 송출국의 정부보조도 유입국으로 이전되는 효과가 나타난다. 이와 같이 개발도상국가에서 선진국으로 정부보조금이 흘러가는 역류현상에 대해 이민자 세금 같은 국제적인 제재를 가하자는 제안도 있었지만 정치적인 어려움 때문에 그다지 호응을 받지 못하였다.

(2) 두뇌유출과 두뇌획득

두뇌유출이 경우에 따라 송출국에 도움을 줄 수 있다는 이론들도 적지 않게 볼 수 있다. Stark(2004)는 다음과 같은 두 가지 점에 착안하여, 두뇌유출이 송출국에 도움이 될 수 있음을 지적하였다. 첫째, 전문기술인력이 주가 되는 두뇌유출자의 업무는 상당 부분 긍정적인 외부효과(positive externality)를 가지고 있다. 두뇌유출의 가능성이 열리면 전문기술자가 유입국에서 높은 소득을 누릴 수 있다는 가능성 때문에 더 많은 사람들이 전문기술을 갖추기 위해 인적자본에 투자하게 되고 출발지 국가의 인적자본 수준이 증가하게 된다. 두뇌유출로 감소된 인적자본의 양이 두뇌유출 가능성으로 인한 인적자본의 증가보다도 작다면 두뇌유출은 송출국의 인적자본을 증가시키게 한다.

두 번째로 두뇌유출이 출발지 국가에 도움이 될 수 있다는 것은 두뇌유출자 중에 일부가 다시 본국으로 귀향함으로 인한 경제적인 효과 때문이다. 특히 두뇌유출자가 송출국가에서는 취득 가능하지 않은 인적자본의 투자를 유입국에서 하게 된다면, 이러한 두뇌획득으로 송출국가의 경제에 도움이 될 수 있다. 최근에는 이러한 두뇌획득을 넘어서 두뇌순환에 대한 연구들도 증가하고 있다(이규용 외, 2005: 38-39)

5절 요약 및 함의

이 장에서는 노동이민이 경제에 미치는 영향을 살펴보았다. 제1절에서는 노동이민의 개념과 유형을 살펴보았다. 제2절에서는 노동이민을 받아들이는 이유는 무엇이며 누가 필요로 하는가? 그리고 사람들이 자국을 벗어나 다른 나라로 일하러

가는 이유는 무엇인지를 살펴보았다. 제3절에서는 노동이민의 세계적 흐름과 한국의 추세 및 특징을 통해 전 세계적으로 노동이민이 지속적으로 증가하여 왔으며 이러한 추세가 향후에도 지속될 것임을 알 수 있다. 제4절에서는 노동이민이 유입국과 송출국에 미치는 다양한 영향을 유입국에서의 경제적 효과와 송출국에서의 송금의 영향 및 두뇌유출과 두뇌획득이라는 관점에서 살펴보았다.

노동이민은 경제발전과 산업화과정을 거치면서 구조적인 변화를 겪어 왔지만 여전히 더 나은 일자리를 찾아 이동하려는 노동공급 요인과 산업구조의 변화에 따른 노동시장의 미스매치 현상으로 이들에 대한 수요가 확대되어 왔다. 특히 세계화와 더불어 우수인재 유치를 위한 각국의 노력들은 국제 노동이민을 더욱 촉진시키고 있다.

노동이민이 유입국의 경제 및 사회에 미치는 영향은 매우 다양하며 긍정적인 측면도 있지만 부정적인 측면도 무시하지 못한다. 이에 대해서는 많은 연구와 논쟁이 있으며 이러한 논쟁은 쉽게 해결되기 어렵다. 따라서 중요한 것은 이주근로자를 고용하려는 고용주의 노력, 정부의 제도 등을 통해 부정적인 영향을 완화하기 위한 노력이다.

한국사회에서 이민정책을 둘러싼 논의도 다양하게 전개되고 있으며 지속적인 경제성장을 위한 이민유입의 확대를 주장하기도 하고 이민의 부정적 영향을 고려하여 필요인력의 교체순환방식을 보다 엄격히 관리하여야 한다는 주장도 있다. 인구확대 차원에서의 이민자 유입정책은 지속적으로 이민자가 유입되지 않는 한 이민자의 고령화문제에 직면할 뿐만 아니라 이들의 복지 충당을 위한 재정투자의 확대에 직면할 우려가 있다. 우수인재 중심의 경제이민 확대가 필요하다는 주장에 대해서는 공감하지만 이들의 유입이 지속가능할 것인지에 대한 현실적인 어려움이 있다.

이주근로자의 활용문제는 우리사회의 당면화두로 대두되고 있지만 이에 대한 적절한 해법을 찾아내기가 쉽지 않은 실정이다. 이는 노동시장이나 경제적 관점뿐 만 아니라 사회적·정치적·문화적 관점에서의 논의도 필요하기 때문이다. 바람직한 이민정책의 방향 모색을 위한 학제간의 활발한 논의가 요청되고 있다.

참고문헌

강동관·김안나·박재규·이정환·이창원·이현아. 2013a.『한국의 이주동향 2013』. IOM이민정
    책연구원 이민정책연구총서.

강동관·강병구·성효용. 2013b.『외국인 근로자의 송금요인 분석』. IOM이민정책연구원.

김준동·강준구·여지나·이규용·허재준·박성재·노용진·오계택·이혜경. 2011.『인력이동분야
    협상의 대응방향』. 대외경제정책연구원.

카슬, 스티븐·마크 J. 밀러(Castles, Stephen, and Mark J. Miller). 2013.『이주의 시대』. 4판.
    한국이민학회 역. 서울: 일조각.

유길상·이규용. 2001.『외국인 근로자의 고용실태와 정책과제』. 한국노동연구원.

이종원·노용진. 2013.『출입국통계 품질개선 연구』. 통계청.

이규용·노용진·이승렬·박성재·오계택·고영우. 2008.『해외우수기술인력 유치지원제도 발전
    방안』. 한국산업기술재단.

이규용·노용진·이정민·이혜경·정기선·최서리. 2014.『체류 외국인 및 이민자 노동시장
    정책과제』, 한국노동연구원.

이규용·박성재·김선웅·노용진·김재훈. 2005.『전문기술 외국인력 노동시장 분석』. 한국노동
    연구원.

이규용·유길상·이해춘·설동훈·박성재. 2007.『외국인력 노동시장 분석 및 중장기 관리체계
    개선방향 연구』. 한국노동연구원

이규용·이승렬·박성재·노용진. 2011.『외국인력 노동시장 분석』. 한국노동연구원.

정기선·김석호·박원호·윤광일. 2012.『2012년 체류 외국인 실태조사 : 영주권자와 귀화자를
    중심으로』. IOM이민정책연구원.

Bhagwati, J. N. and J. D. Wilson. 1989. *Income Taxation and International Mobility*.
    Cambridge. MA: M.I.T. Press.

Bohning, W. R. 1984. *Studies in International Labour Migration*. Macmillan Editor London.

Brown, Richard P. C., and Eliana Jimenez. 2007. "Estimating the Net Effects of Migration
    and Remittances on Poverty and Inequality: Comparison of Fiji and Tonga." United

Nations University. *World Institute for Development Economic Research.* Research Paper No. 2007/23.

Ehrenberg, R. G. and C. J. Smith. 2006. *Modern Labor Economics.* Addison—Wesley Educational Publishers Inc.

Kang, Dong Kwan and Kyu—Yong Lee. *2014. Remittance service in the Republic of Korea,* ILO

Layard, R., Nickell, S. and R. Jackman. 1991. *Unemployment, Macroeconomic Performance and the Labour Market.* Oxford University Press.

Sjaastad, L. A. 1962. "The Costs and Returns of Human Migration." *Journal of Political Economy* 70(5): 80-93.

Stark, Oded. 2004. "Rethinking the Brain Drain." *World Development* 32(1): 15-22.

OECD. 2015. OECD International migration outlook.

Ruhs, M. and B. Anderson. 2010. *Who Needs Migrant Workers? Labour Shortages, Immigration and Public Policy.* Oxford : Oxford University Press.

Tapinos, Georges. 2000. "Irregular Migration: Economic and Political Issues." *Combating the Illegal Employment of Foreign Workers.* OECD.

The World Bank. 2015. Migration and Development Brief 24.

10 장

외국인력정책

이규용

외국인력정책이란 외국인력의 도입 및 활용에 관한 제반 정책을 의미한다. 여기서 외국인력이란 좁은 의미로는 취업자격을 부여받은 외국인을 의미하지만 넓은 의미에서 보면 비취업자격으로 이주하였으나 취업활동에 종사하고 있는 외국인을 모두 포함한다. 세계화 및 인구변동 등에 기인하여 선진국에서는 일찍부터 외국인력을 유치 및 활용하여 왔으며 관련제도를 정비해 왔다. 각국의 외국인력정책은 노동시장 구조, 산업화 과정, 인구구조의 특성, 지리적 여건 등에 따라 차이를 보이고 있다. 그럼에도 불구하고 대체로 우수인력에 대해서는 적극 유치 및 정주화정책을 견지하고 있는데 비해 비전문인력에 대해서는 한시적인 유입정책을 실시하고 있다. 이 장에서는 외국인력정책에 대해 살펴보도록 하자. 1절에서는 외국인력정책의 역사적 전개를, 2절에서는 외국인력정책의 유형과 활용원칙을 3절에서는 외국인력정책의 주요 쟁점을 살펴보고 4절에서는 한국의 외국인력정책에 대해 알아본다.

 ## 1절 외국인력정책의 역사적 전개

1920년대 이후 선진 공업국들은 해외이민자의 유입에 대한 규제를 강화하는 한편, 부족한 노동력은 단기 노동계약에 의한 이주 근로자의 유입을 통해 해결하려 하였다. 단기 노동이주자를 일컫는 개념으로 해외이주 근로자(migrant workers)·

외국인근로자(foreign workers)·초청 근로자(guest workers) 또는 출가 노동자(出稼
勞動者) 등 다양한 용어가 사용되고 있다. 용어는 다양하지만 그 의미는 '일정 기
간 다른 나라에 가서 돈벌이를 하는 사람'으로 정의할 수 있다. 이들이 장기체류하
는 경향이 증가하고 영연방 국가 출신과 같이 내·외국인의 구분이 애매한 경우가
있으며, 개인의 교체는 빈번할지라도 이 집단 자체는 사실상 영속적으로 존재한다
는 점을 중요시하여 이주근로자(immigrant workers)라고 명명하기도 한다(Castles
and Kosack 1985; 설동훈 1999).

이 절에서는 주로 1920년대 이후의 외국인력정책의 역사를 살펴본다. 유럽의
선발 이민 국가들은 필요 인력의 확보를 위해 다양한 외국인력정책을 사용하였으며,
이 틀은 후발 국가인 아시아 지역에서도 변용되어 적용되었다. 여기서는 유럽 및 아
시아에서 시행되어 온 외국인력 유입정책 역사의 출발점을 중심으로 살펴보자.

1. 유럽 및 미국 등 선발 이민국가

미국은 1913년 미국 노동부가 설립되어 이민자의 고용 관련 업무를 담당하기
시작하였고, 제1차 세계대전 중에는 근로자를 동원하고 해외인력을 유입하는 역할
을 수행하였다. 1920년대 이민법 개정으로 유럽으로부터의 이민규모가 급격히 감
소하자, 미국 노동부는 멕시코·카리브해 국가 및 캐나다 등 인접국으로부터 단기
노동력을 조달하는 정책을 실시하였다. 이주근로자의 유입은 제2차 세계대전이 종
료될 무렵부터 한층 더 강화되기 시작하였다.

유럽에서는 1, 2차 세계대전 이후 산업화가 빠르게 진전되면서 단기 이주근로
자를 노동력의 원천으로만 받아들이고, 계약기간이 만료되거나 필요가 없어지면
모국으로 되돌려 보내는 방식이 많이 활용되었다. 제2차 세계대전 종전 후부터
1950년대까지 유럽에서는 전후 복구사업이 활발히 진행되었고, 전쟁으로 막대한
전사자 및 부상자가 발생함에 따라 경제활동인구가 절대적으로 부족한 상황에 직
면하여 이에 대한 처방으로 이주근로자 도입정책을 적극적으로 추진하였다. 이에
따라 1958년 1월 1일 서독·프랑스·이탈리아·벨기에·네덜란드·룩셈부르크의
6개국에 의해 발족된 EEC 유럽경제공동체(European Economic Community: EEC)에
속한 국가들 사이에서는 비교적 자유롭게 노동력 이동이 이루어질 수 있었고, 이
탈리아는 대표적 노동력 송출국이 되었다. 노동력 부족을 해결하기 위하여 프랑스,
독일(서독) 등에서는 이주근로자 유입정책을 지속적으로 추진한 데 반해, 영국은

1920년대에 수립된 보호주의적인 외국인 도입규제정책을 계속 견지하였다.

이주근로자의 도입국과 송출국의 관계를 비교해 보면, 유럽의 외국인력 활용
정책은 두 가지 양상이 나타났다. 하나는 과거 식민지였던 국가들에서 영국·프랑
스·네덜란드로의 이민이고, 다른 하나는 일반적인 이주근로자의 충원이다(Castles
and Kosack 1985: 488). 대부분의 서유럽 국가들은 단기계약 이주근로자의 충원에
의존하였고, 영국도 1962년 「영연방이민법」을 통해 과거 식민지였던 국가로부터의
이민자 유입을 중단한 후에는 '이주근로자'의 비중을 높였다.

독일(서독)과 프랑스의 이주근로자 충원 및 관리 정책은 다음과 같은 4가지 특
징을 갖고 있다. 첫째, 이주근로자 도입계약은 송출–유입 양국 간의 쌍무협정에
의하여 체결되고, 둘째, 정부가 이주근로자의 모집과 직업소개를 독점하여 국민의
이익을 고려하도록 하며, 셋째, '자국민 혹은 유럽공동체(European Community: EC)
회원국 우선원칙'에 의하여 이주근로자가 취업할 수 있는 지역·직종을 제한하고,
넷째, 이주근로자의 취업에 대해서는 유효기간 1년인 취업허가증을 발급하여 체류
기간을 제한한다. 그리고 일정기간 체류한 이주근로자는 모국으로 돌려보내고 다른
사람을 받아들인다는 '교체순환정책'을 표방하였다.

유럽공동체에 속한 국가들에서 이주근로자의 도입은 1973년에 사실상 종결되
었다. 1973년의 석유위기와 이에 따른 경기침체가 서유럽으로 확산되어 실업률이
높아짐에 따라 각국 정부는 이주근로자의 유입에 대하여 강력한 규제조치를 취하
기 시작하였다. 영국과 프랑스는 1970년대 초반부터 이주근로자 유입규제정책을
펴다가 1974년부터 규제를 한층 강화하였다. 서독은 1973년에 이주근로자 모집을
전면적으로 중지하였고, 1974년부터 체류 허가제도를 도입함으로써 이주근로자의
출국을 강요하였다. 또한 1980년대 이후 각국은 불법체류 근로자에 대한 단속을
강화하는 한편, 이주근로자의 귀국 장려정책을 펴기 시작하였으나 그다지 효과를
거두지 못하였다.

귀국촉진정책을 강력히 추진했음에도 불구하고 서유럽 여러 국가에서 장기 체
류 중인 외국인 수가 감소하지 않자, 한편으로는 이들을 자국 사회로 통합하려는
정책을 병행하기 시작하였다. 독일(서독)은 '8년간 중단 없이 합법적으로 취업한 외
국인에게는 무기한의 특별노동허가를 부여'(1978년)하고, '18세 전에 부모와 함께
독일(서독)에 입국한 이주근로자의 자녀로서 일정한 보통교육·직업교육을 이수한
자에게는 5년의 특별노동허가를 부여'(1980년)하였다. 또한 '독일 출생 외국인 3세

는 자동적으로 독일 국적을 취득하고, 부모 중 한 사람만 독일인이라도 그 자녀는 자동적으로 독일 국적을 취득'(1999년)하게 하는 등 이주근로자의 신분을 안정시키는 한편, 그 자녀들에게 독일 국적을 부여하여 독일사회로 통합하려는 정책을 병행하는 방향으로 나아가기 시작했다.

2. 아시아의 후발 이민국가

싱가포르, 대만, 한국은 고용허가제를 실시하고 있는 대표적인 아시아 국가들이다. 1970년대 초부터 인력부족을 경험한 싱가포르는 외국인력을 제한적으로 도입하기 시작하였다. 처음에는 말레이시아 국적의 외국인력을 우선적으로 도입하였으나 인력난이 심화된 1970년대 후반 이후에는 도입 대상을 다른 국가로 확대하였다. 싱가포르는 전문기술 외국인력을 받아들이는 것을 장려하는 한편 단순기능 외국인력의 도입은 엄격히 통제하고 있다. 외국인력 도입규모와 관련해서는 총량규제를 하지 않고 '업종별 외국인력 고용상한비율'(dependency ceiling)을 정하여 통제하고 있다. 건설업, 제조업, 조선업, 서비스업(호텔 등), 가정부 등 심각한 인력부족을 겪고 있는 산업에 외국인력을 공급하되, 각 산업별 외국인력 상한선 규제를 통해 각 업종·직종별 단위 노동시장(개별 기업 고용주)의 외국인력 수요를 조절하고 있다. 싱가포르 정부는 불가피하게 단순기능 외국인력을 받아들이지만 이들에 대한 고용의존도가 높아지는 것을 방지하기 위하여 고용부담금(levy) 제도를 실시하고 있다.

대만은 1970년대부터 연평균 10%를 넘는 고도성장을 이룩하면서 시작된 인력난이 1980년대 중반에 들어 극심해지자 1989년 10월 정부부문 공공시설 공사에 외국인근로자의 취업을 허용하고 1992년 5월말에는 '외국인 고용허가 및 관리법'을 제정하여 민간부문에도 외국인 취업을 합법화하였다. 처음에는 제조업의 일부 업종 및 건설업 등 6개 업종에만 외국인 취업을 허용하였으나 이후 간병인, 가정부, 선원으로 대상을 확대하였다. 대만도 싱가포르와 마찬가지로 업종별로 외국인력 고용상한 비율을 적용하여 외국인력 도입규모를 통제하고 있으며 내국인 노동시장 보호를 위해 싱가포르의 고용부담금과 유사한 취업안정비 제도를 운영하고 있다.

한국은 1994년부터 산업연수생제도를 통해 연수생 신분으로 외국인력을 도입하기 시작하였다. 이 후 연수생 신분이 아닌 근로자 신분의 외국인력을 도입하는 고용허가제의 필요성을 지속적으로 제기하여 왔으며 이러한 노력에 힘입어 2004년

8월 17일부터 고용허가제가 시행되었다. 한국의 고용허가제는 대만이나 싱가포르와 유사한 외국인력 제도이지만 공공기관을 통한 외국인력의 공급체계방식을 갖추고 국내 인력수요에 부합하는 적격자의 선정 및 송출비리의 근절, 불법체류율이 높은 국가에 대해서는 인력쿼터를 줄이는 등 외국인력 고용관리 체계와 외국인력 송출규모와 연계한 국가별 쿼터 조절 및 송출국의 외국인력 관리를 유도하고 있다는 점에서 차별성을 갖고 있다.

　　이상과 같이 외국인력정책은 1920년대 선발 이민국가인 유럽 및 미국에서 시작하여, 2차 세계대전 후 부족한 노동력을 보충하는 방향에서 다양한 방법으로 시도되었다. 후발 이민국가인 아시아 지역에서도 유사한 외국인력정책이 1980년대부터 시작되었다. 그렇다면 각 국에서 실시하고 있는 외국인력정책들은 어떠한 특징을 갖고 있는가? 이에 대해서는 다음 절에서 살펴보기로 한다.

2절 외국인력정책의 유형과 활용원칙

1. 외국인력정책의 유형

　　외국인력정책이란 노동력으로서 이민자를 도입하여 활용하는 정책을 의미한다. 외국인력을 도입하는 이유는 주로 인력부족의 해소, 생산가능인구의 확보, 국가 경쟁력 제고 등 다양한 목적에 기인하고 있다. 외국인력 도입 방식은 각 국의 경제 사회적 환경의 차이에 따라 다양하게 나타나고 있다. 이민이 국가 형성에 중요한 역할을 해온 전통적 이민국가와 경제적 수요에 따라 외국인력을 한시적으로 받아들여 온 국가의 외국인력정책 기조는 다를 수밖에 없다. 많은 국가들은 서로의 성공과 실패를 교훈 삼아 외국인력 관련 법제도 및 메커니즘을 발전시켜 왔으며 유사한 제도를 운영하고 있는 국가들에서는 제도 운영방식이 수렴되는 경향을 보이기도 한다(Cornelius et.al. 2004; 이혜경 2008; 2011).

　　외국인력정책은 국가별로 상당한 차이가 있으나 유입국의 경제와 사회발전에 크게 도움이 되는 인력을 선별하여 활용하기 위해 노력하고 있다는 점은 공통적이다. 전문기술 외국인력과 고급 외국인력에 대해서는 적극적으로 유치하여 장기체류를 허용하고 있는데 비하여 저숙련 외국인력은 인력유입국에 장기적으로 부담을 지울 수 있고 산업구조 조정을 지연시킬 수도 있으므로 엄격한 규제를 통해 최소 규모로 한시적으로 활용하도록 하고 있다. 저숙련 외국인력은 내국인의 고용, 임금, 근로조건 등에 부정적인 영향을 미칠 가능성이 크기 때문이다(유길상 외, 2004: 5).

외국인력 도입정책을 크게 유형화하면 다음의 두 가지 유형으로 구분할 수 있다. 영주자로서 도입한 후 노동력으로 활용하는 방식인 정주형 이민자 도입과 비영주 형태의 노동력으로 도입하는 한시적 이민자 도입 정책이다. 미국의 경우 이민자가 처음부터 영주권을 받고 들어 올 수 있도록 허용하는 정주형 이민 국가이지만 특정 부문의 일시적인 근로자에 대해서는 한시적인 취업자격 제도를 운영하고 있기도 하다. 정주형 이민자 도입정책은 공급주도적 제도(supply-driven systems)라고 볼 수 있고 한시적 외국인력 도입정책은 수요주도적 제도(demand-driven systems)라고 볼 수 있다(유길상 외, 2004: 3).

1) 정주형 이민자 도입

공급주도적 제도에서는 외국인력의 유입 과정이 인력공급자인 외국인근로자에 의해 주도되며 외국인이 이주를 희망하면 이주를 희망하는 잠재적인 외국인 풀(the pool of potential immigrants)로부터 가장 양질의 외국인력을 선별하기 위한 유입국(host country)의 선별 절차(screening process)가 뒤이어 이루어진다(유길상 외, 2004: 4).

캐나다와 호주, 뉴질랜드와 같은 전통적 이민국가들은 생산가능인구의 확보 차원에서 오랫동안 영주이민을 적극적으로 받아들여 왔다. 전통적 이민국가에서 영주이민제도는 전반적으로 생산가능인구의 확보를 목적으로 운영되고 있다. 영주이민은 수용 목적별로 크게 ① 경제·취업, ② 가족(재)결합, ③ 인도주의로 구분할 수 있으며 최근 가족(재)결합이나 인도주의보다 경제·취업 목적으로 수용하는 정주형 이민자 규모가 커지고 있다.

이들 국가에서는 영수이민(permanent migration)을 희망하는 고급숙련 외국인력을 교육수준, 직업수행에 필요한 전문지식과 기술 언어능력, 연령, 기타 이주 후 성공적으로 적응하는데 영향을 미칠 수 있는 자산상태 등 제반 요소들을 점수화하여 일정 점수 이상인 외국인에게만 이주와 취업을 허용하는 점수제(point sys-tems)를 활용하고 있다. 점수제는 외국인력 유입 국가에 장기적으로 혜택을 줄 것으로 생각되는 객관적 기준을 미리 공표하고 이러한 기준을 충족시키는 고급 외국 인력을 선별하여 도입할 수 있다는 점에서 외국인력 선발의 투명성·일관성·효율성을 높일 수 있는 장점이 있는 것으로 평가되고 있다.

그러나 점수제는 높은 점수를 받고 이주한 외국인이 과연 사업주가 필요한 능력을 갖춘 사람인지를 정확히 분별해낼 수는 없으며, 점수를 부여하는 기준이 국가경제에 실질적으로 기여할 수 있는 외국인을 선별해 내는 최선의 기준인가에 대해서는 논쟁의 여지가 있다.

공급주도적 제도는 고급숙련 외국인력을 장기적으로 활용하는 데 외국인력정책의 비중을 두는 국가에서 주로 시행되고 있다. 그러나 공급 주도적 제도를 시행하는 국가에서도 고급 숙련 외국인력에 대해서는 점수제를 적용하여 인력을 선발하여 영주권을 부여하지만 저숙련 외국인력에 대해서는 점수제를 적용하지 않고 있는 경우가 많다. 공급주도적 제도를 시행하고 있는 인력유입국에 취업하고자 하는 저숙련 외국인력의 경우에는 취업허가를 받아서 한시적으로 취업을 하는 '한시적 외국인력 도입' 방식이 주로 적용되고 있다.

2) 한시적 외국인력 도입

수요 주도적 제도에서는 외국인력의 수요자인 유입국의 고용주가 외국인의 고용을 허가해줄 것을 정부당국에 요청함으로써 외국인력의 도입과정이 시작된다. 유입국의 정부는 외국인의 고용이 내국인의 일자리를 잠식하지 않고 내국인의 임금이나 근로조건에 부정적인 영향을 미치지 않는 경우에 한해 외국인의 고용을 허가한다. 고용허가를 받은 고용주는 외국인력의 고용이 허용된 분야에 허가받은 인원의 범위 내에서 고용주의 책임 하에 외국인을 선별하여 고용한다. 이러한 제도는 미국, 독일, 영국, 프랑스, 한국, 대만, 싱가포르 등에서 시행하고 있다.

고용허가 방식은 고용주야말로 외국인력의 경제적 기여도를 가장 잘 판단할 수 있는 최적의 위치에 있으며 외국인력의 수요자인 고용주가 필요로 하는 외국인력을 선택하여 고용할 수 있도록 하는 것이 가장 바람직하다는 논리에 근거하고 있다. 따라서 수요주도적 제도는 수요자인 고용주의 만족도를 높이는데 효율적이라는 장점이 있다. 반면에 고용주의 이해관계와 국민경제 전체의 이해관계가 상충될 수 있고 고용주가 외국인력을 단지 저임금에 의존하여 활용하려고 할 경우 기업구조조정을 지연시켜 장기적으로 국가경쟁력을 저해할 수 있으며, 외국인력의

과다유입으로 추후 사회적 비용을 과다하게 발생시킬 수 있다는 단점이 있다(유길
상 외, 2004:5).

이러한 제도를 활용하는 대부분의 국가에서는 외국인력을 일정기간 동안 한시
적으로만 고용하며, 외국인력의 고용이 허용되는 분야도 특정분야로 제한하고 있
다. 그러나 이 방식을 시행하는 국가도 고급숙련 외국인력에 대해서는 이러한 제
한을 대폭 완화하거나 제한을 두지 않고 있다. 일부 국가는 체류허가가 수차례 갱
신되어 일정기간 이상 체류하는 외국인에 대해서는 영주를 허용하기도 한다.

2. 외국인력 활용 원칙

앞에서는 외국인력정책을 두 가지로 유형화하여 살펴 보았다. 각국이 시행하
고 있는 외국인력정책은 다양성을 보이고 있지만 거의 공통적으로 준수하고 있는
원칙을 도출한다면 다음의 다섯 가지로 요약할 수 있다. 첫째, 국내노동시장 보완
성의 원칙이다. 이는 내국인으로 충원할 수 없는 부분에 한하여 외국인력을 최소
한으로 도입하여 보완적으로 활용하며, 외국인의 고용이 내국인의 고용기회를 잠
식하거나 임금 및 근로조건을 저해하지 않도록 한다는 '내국인 우선고용의 원칙'으
로서 외국인력을 활용하는 모든 국가가 보편적으로 채택하고 있는 원칙이다. 내국
인 구인노력을 하였음에도 내국인을 채용하지 못한 사업주에 한하여 외국인근로자
의 고용을 허용하는 노동시장 테스트(labor market test)를 준수함으로써, 외국인이
내국인의 일자리를 잠식하거나 대체하는 것이 아니라 외국인의 고용이 인력부족을
겪고 있는 국내 기업의 애로를 해소해 줌으로써 국내 기업의 해외이전이나 경쟁력
저하를 방지하도록 노력하고 있다.

둘째, 송출비리 방지 및 외국인력 선정·도입 절차의 투명성 원칙이다. 외국인
력의 도입 과정에서 과도한 중개수수료를 지불하고 입국하는 외국인력은 중개수수
료를 보상받기 위해서 합법 체류기간을 초과하는 경향이 있기 때문에 송출비리는
불법체류와 불법취업의 주요 원인이 되고 있다. 이에 따라 송출비리를 방지하고
외국인근로자의 선발 및 도입 절차를 투명하게 하기 위해, 인력도입국은 송출국과
쌍무협정을 체결하고 공공부문에서 외국인근로자의 선정·도입 업무를 담당하게
함으로써 민간송출회사의 개입 및 부조리 소지를 제거하는 국가가 많다.

셋째, 단기취업 목적으로 입국한 외국인의 정주화 방지원칙이다. 단기취업 목
적으로 입국한 외국인이 장기체류할 경우, 궁극적으로는 가족 동반과 영주권 부여

가 불가피하게 되고 저숙련 외국인근로자의 정주화는 많은 사회적 비용을 야기하게 된다. 이러한 문제를 방지하기 위해 외국인근로자의 국내 취업기간을 일정 기간으로 한정하는 것이 보통이다.

넷째, 내외국인간 균등대우의 원칙이다. 내외국인근로자에 대한 균등대우의 원칙은 국제협약에서 규정하고 있을 뿐만 아니라 모든 국가가 보편적으로 채택하고 있는 원칙이다. 따라서 외국인근로자는 사회보험 및 노동관계법의 적용에 있어서 내국인과 동등하게 보호를 받는다. 일부에서는 내외국인간 균등대우의 원칙을 외국인근로자에게 내국인과 동등한 임금을 지급해야 하는 것으로 오해하는 경우도 있으나 내국인간에도 생산성, 근무경력 등에 따라 임금이 다르듯이 외국인근로자의 경우도 정당한 사유로 임금 등에 차이를 두는 것은 가능하다. 그러나 외국인근로자라는 이유만으로 부당하게 차별하는 것은 안 된다.

다섯째, 산업구조조정 저해 방지의 원칙이다. 이는 외국인력의 도입이 국내의 산업 및 기업구조조정에 나쁜 영향을 끼치지 않도록 하여야 한다는 것이다. 외국인력을 저임금으로 활용할 경우 값싼 외국인력에 안주하여 기업의 구조조정을 지연시킴으로써 장기적으로 기업과 국가의 경쟁력을 저하시킬 수 있다. 오늘날 국가와 기업은 변화하는 국내외의 경제사회 환경 속에서 경쟁력을 높여가기 위하여 지속적으로 개혁과 구조조정을 추진하고 있다. 따라서 외국인력의 고용이 유입국의 경쟁력 없는 사양산업을 연명하게 하여 경제의 고부가가치화와 산업구조 고도화를 위한 산업구조의 조정을 저해해서는 안 된다. 대부분의 국가들이 비록 법률을 통해 명시적으로 산업구조조정 저해 방지의 원칙을 천명하지는 않고 있으나, 이는 외국인력정책을 추진하는 데 있어서 묵시적으로 공감대가 형성된 기본 원칙이라 할 수 있다(유길상 외, 2004: 7-8; 이규용 외, 2014).

3절 외국인력정책의 주요 쟁점

외국인력정책은 크게 외국인력 도입 정책, 활용정책 그리고 귀국정책으로 구분할 수 있다. 이 과정에서 야기되는 외국인력정책과 관련한 주요 쟁점으로 외국인력 도입허용 분야 및 인력의 자격요건·도입규모·도입방식 등 도입관련 쟁점,

외국인력 수요조절과 내국인 노동시장 보호와 인력 배분 등 활용관련 쟁점, 불법
체류 및 귀국지원 등 귀국관련 쟁점을 지적할 수 있다. 이 절에서는 외국인력의
도입, 활용, 귀국의 과정에 나타나는 쟁점을 살펴본다.

1. 외국인력 도입 관련 주요 쟁점

1) 외국인력 도입허용 분야

　　대부분의 국가에서는 외국인력 도입허용 분야를 지정하고 있으며 노동시장 여
건이나 경제 환경변화에 따라 이를 변경하고 있다.[1] 도입허용 분야는 업종을 기준
으로 하거나 직종을 기준으로 하고 있다. 인력부족리스트를 작성하여 공표하고 있
는 국가들인 영국이나 호주, 독일 등은 외국인력의 고용허용 분야를 직종을 기준
으로 하고 있으며 대부분 전문기술인력을 대상으로 하고 있다. 싱가포르는 업종을
기준으로 하고 있으며 대만의 경우 업종을 기준으로 하지만 도입 분야를 구체적으
로 명기하고 있는데 가령 제조업의 경우 이상온도작업, 분진작업, 유독기체작업,
유기용제작업, 화학처리, 비자동화작업 및 기타 특정제조공정으로 제한하고 있어
직종의 성격이 강하다. 한국의 경우 전문직, 준 전문직, 숙련 기능인력에 대해서는
직종을 기준으로 하며 단순인력은 업종을 기준으로 하고 있다. 업종을 기준으로
하는 경우 외국인력 고용 허용범위를 업종단위로 제한할 수 있다는 장점이 있으나
도입규모나 외국인력의 도입 필요성에 대한 논거를 만들 때 업종 내 다양한 직종
중 어떤 직종을 기준으로 해야 되는가에 대한 적용상의 어려움이 있다.

　　외국인력 도입허용 분야에서 무엇보다 중요한 점은 어떤 기준에 근거하여 도
입허용 분야를 결정할 것인가이다. 도입허용 분야의 결정 방식은 나라마다 다소
차이가 있지만 주로 국내 노동시장의 수요, 즉 인력부족을 토대로 하고 있으며 이
에 기초하여 인력부족리스트를 정기적으로 작성하고 있다. 독일은 독일 경제에 필
요한 핵심인재를 전 세계로부터 유치하기 위해 이들을 대상으로 다양한 혜택을 제
공해 왔다. 이들은 사전에 고용계약이 없어도 독일에서 취업활동을 할 수 있는 거
주 자격을 부여받고 있다. 반면에 제3국 출신의 기술 인력에 대해서는 취업 가능한
직종을 작성하고 있다. 지역에 있는 연방고용노동청(Bundesagentur fuer Arbeit : BA)

---

[1] 핵심인재로 간주되는 인력에 대해서는 유치정책을 취하고 있기 때문에 이들의 취업허용 분야
　에 대한 별도의 제한은 없으며 특별히 인력을 유치하고자 하는 분야를 선정하기도 한다.

산하 노동사무소에서 인력수급에 대한 조사(skilled-worker bottleneck analysis)를 실시하고, 최종적으로 연방고용노동청이 지역 단위에서 인력이 부족하다고 판단된 직업을 종합하여 포지티브 리스트(Positiv liste) 혹은 화이트 리스트(White list)라고 불리는 전국의 인력부족직업 리스트를 작성하고 있다. 영국은 제3국 출신 기술인력(Tier 2)을 도입하기 위해 독립기관인 이민자문위원회(MAC)가 12개의 지표를 이용하여 인력부족직업 리스트를 작성하고 있다. 최소 2년에 한 번씩 신규 인력부족직업 리스트를 발표하고, 6개월에 한 번씩 부분적으로 리스트를 업데이트하여 신속하게 인력 충원이 필요한 직업을 리스트에 포함시키고 있다(이규용 외, 2014: 95).

2) 외국인력 도입 규모

외국인력에 대한 수요를 측정하여 도입규모를 결정하는 것은 매우 중요하고 어려운 문제이다. 많은 국가들에서 외국인력의 총 도입 규모 또는 업종별 도입규모를 설정하여 운용하고 있으며, 일부 국가에서는 도입 분야별로 외국인력의 고용상한비율(dependency ceiling)을 설정하고 있다. 매년 외국인력의 도입한도(quota)를 명시적으로 밝히지 않는 국가들도 외국인력의 과다유입에 따른 내국인의 일자리를 잠식하지 않도록 비공식적으로 외국인력의 도입한도를 설정하고 있다.

일반적으로 외국인력 도입규모의 결정은 노동시장상황에 의존한다. 국내노동시장에서 인력이 부족할 때 외국인력을 도입하므로 해당 분야의 인력부족 규모를 추정하는 것으로부터 이에 대한 논의가 시작된다. 그러나 통계적 방법론을 활용하여 외국인력에 대한 수요를 추정하더라도 추정결과를 그대로 외국인력의 도입규모로 설정하는 것이 아니라 정치권, 정부 관련부처, 노사단체, 학계 및 NGO 등의 의견까지 수렴하는 정치적 과정을 거쳐 최종적으로 결정하는 것이 보통이다(유길상 외, 2004: 10).

전통적 이민국가에서는 정주형 이민자 도입규모의 목표치를 정하고 매년 목표치를 수정하고 있다. 전체 목표치와 함께 각각의 목적별(① 경제·취업, ② 가족(재)결합, ③ 인도주의) 목표치도 발표한다.[2] 또한 이들 국가에서는 정주형 이민제도

---

[2] 예를 들어, 캐나다 정부는 2014년 한 해 24만 명에서 26만 5천 명 사이의 정주형 이민자를 수용하려는 도입목표(target)를 발표했다. 전체 규모 중 63%(164,500명)는 경제이민자 도입을 위해 할당되었고, 나머지 37%(96,400명)는 가족(재)결합이나 인도주의 목적으로 이민자를 도입하기 위해 할당하였다(이규용 외, 2014: 91).

외에 기간제 외국인력 도입제도(Temporary Foreign Worker Program)도 운영하고 있다. 캐나다 정부의 기간제 외국인력 도입제도나 호주 정부의 457 비자(Temporary Work <Skilled> visa)는 캐나다와 호주의 정주형 이민자 유입정책의 적용 대상이 아니다. 미국에서는 20개 이상의 비이민비자(기간제 외국인력 도입제도)가 있고 대부분의 비이민비자는 수적 제한이 있다.

정주형 이민제도를 실시하지 않는 대부분의 국가에서는 외국인력의 도입허용 분야와 도입규모를 관리하여 운영하고 있다. 유럽 경제 공동체(EEC)가 발전하여 1993년 11월 1일 마스트리흐트 조약에 의해 설립한 유럽연합(European Union:EU) 회원국 간에는 노동력의 자유로운 이동이 보장되어 있어 EU 국가의 외국인력정책은 비EU 국민(non-EU nationals)을 대상으로 한다. 자국민이나 EU 국민 또는 EU 국가에서 체류허가를 이미 받은 비EU 국민에 의해 채워질 수 없는 일자리에 한해 사업주에게 한시적인 외국인 고용허가(temporary work permit)를 허용하여 외국인력을 고용하도록 하고 있다. 계절적 외국인근로자와 국경왕래 외국인근로자(border commuters)에 대해서도 취업이 엄격히 제한된다. 구체적인 외국인력정책은 EU 내에서도 국가별로 다르다.

가령 영국의 경우 EU 통합에 따른 역내 인력유입이 확대됨에 따라 제3국 출신자의 유입규모를 통제하고 있다. 2008년부터 이들을 5개 집단으로 분류하여 각각의 집단별로 배정된 기본점수를 취득해야 체류자격을 가질 수 있도록 점수제를 운영하고 있다. 영국이 유치하고자 하는 핵심인재(Tier 1)를 제외하고 영국 취업을 희망하는 모든 비EU 회원국 국민들은 후원자(고용주)가 있어야 영국 이민이 허용된다. 핵심인재(Tier 1)의 경우 도입규모에 상한선(cap)을 두지 않는데 비해 기술인력(Tier 2)에 대해서는 도입규모에 상한선을 두고 점수제를 운영하고 있다(이규용 외, 2014: 90-93).

2. 외국인력 활용관련 주요 쟁점

외국인력 활용관련 주요 쟁점은 내국인 노동시장 보호를 위한 외국인력의 수요조절문제와 외국인력 배분 문제 등이 있다.

1) 외국인력 수요조절과 내국인 노동시장 보호

외국인력을 받아들이는 나라의 임금 및 근로조건은 인력 송출국에 비해 양호하기 때문에 외국인력에 대한 수요억제장치가 없을 경우 상대적으로 값싼 외국인력을 더 많이 고용하고자 할 것이며 더 많은 외국인근로자들이 인력유입국으로 이동하려는 현상이 발생한다. 외국인력의 유입이 많아지면 인력유입국의 내국인 일자리는 외국인력에 의해 잠식당할 수 있기 때문에 이를 방지하기 위하여 적어도 다음의 두 가지 원칙을 준수하도록 하고 있다. 첫째, 내·외국인간의 임금 및 근로조건 등에서의 차별을 금지하여 외국인을 저임금으로 고용하지 못하게 하는 것이며 둘째, 직업안정기관에서의 노동시장테스트(labor market test)를 통해 외국인을 고용하고자 하는 사업주는 반드시 일정기간 동안 내국인의 고용을 위해 노력하도록 하고 그 기간 중에 내국인을 고용하지 못한 경우에 한해 외국인을 고용하도록 허가하고 있다(유길상 외, 2004: 13).

노동시장 보호를 위한 각국의 방식은 크게 네 가지로 구분할 수 있다(Martin Ruhs, 2014). 첫째, 미국에서 H-1B 비자(전문인력을 대상으로 하는 단기취업비자) 외국인력을 채용할 때 적용하는 방법으로 노동시장 테스트 없이 외국인에게 내국인과 동일한 근로조건을 제공해 주면서 내국인 노동시장을 보호하는 방식이다. 둘째, 영국에서 실시하는 방법으로 고용주가 내국인 구인노력을 했다고 정부에 보고하면 정부가 이를 근거로 외국인력 고용을 허용해 주는 형태이다. 셋째, 독일에서 실시하는 방법으로 공공기관이 고용주의 내국인 구인노력을 확인한 후 외국인력 고용을 허용해 주는 형태이다. 두 번째 방식에 비해 세 번째 방식이 국내 노동시장 보호를 제대로 실현하기 위한 방식이지만 후자 역시 구인노력을 확인하기가 쉽지 않은 한계가 있다. 네 번째 방식은 스웨덴에서 실시하는 방식으로 노동시장 규제를 통해 내국인 노동시장을 보호하는 것이다(이규용 외, 2014: 103-107 참조).

그런데 내·외국인근로자간 처우에서 차별금지원칙을 실제로 적용할 때 임금이나 근로조건이 차이가 날 경우 이러한 차이가 차별인지 아니면 정당한 격차인지를 판단하기가 쉽지 않은 등 모호한 경우가 많다. 또한 외국인력에 대한 수요를 억제하기 위한 장치인 노동시장 테스트의 실효성 문제도 있다. 주어진 임금 및 근로조건에서 필요로 하는 내국인력을 구할 수 없었다는 것을 확인하기가 쉽지 않기 때문이다. 이러한 이유로 외국인력의 수요조절, 내국인 노동시장 보호, 외국인력 유입으로 손실을 입는 내국인 근로자 지원 등의 목적으로 외국인 고용부담금제도를 실시하기도 한다. 외국인근로자 고용부담금제도는 외국인근로자를 고용하는 고용주 또는 외국인근로자에게 임금의 일정부분을 납부하도록 금전적 부담을 지우는 것이다. 이 제도는 싱가포르, 대만, 말레이시아, 태국 등 여러 나라에서 시행되고 있으며, 미국도 H-1B 사증에 대해 고용부담금제도를 도입하고 있다. 외국인근로자 고용부담금제도의 목적은 외국인근로자의 고용규모 조절, 산업구조조정의 속도 조절, 외국인근로자 도입에 따른 행정적·사회경제적 비용의 충당 등 여러 가지가 있지만, 그 취지들의 기본적인 전제는 외국인근로자의 수요 조절에 있다. 이런 점에서 외국인근로자 고용부담금제도는 쿼터제와 함께 외국인근로자 고용규모를 조절하는 대표적인 방법이라고 볼 수 있다(설동훈 외, 2011:41).

2) 외국인력 배분

많은 국가들은 매년 도입하는 외국인력의 규모를 설정하고 있다. 외국인력 도입규모를 발표하는 국가들에서는 한정된 인원을 누구에게 우선적으로 배분하느냐가 중요한 정책 이슈가 된다. 산업이나 직종별 혹은 사업장별로 배분하는 것은 외국인력 고용의 혜택을 특정 집단이 독식하는 것을 방지하기 위함이다. 호주는 기술이민과 기간제 외국인력에 대해 상한선이 설정되어 있다. 특정 직종으로 이민자(영주 및 한시적) 배분이 편중되는 것을 방지하기 위해 직업별 외국인력 도입 제한(Occupation Ceiling)을 하고 있다. 사업장별로 외국인력 채용규모를 조절하기도 한다. 캐나다 정부는 기간제 외국인력 도입의 상한선을 정하지 않지만, 사업체당 전체 피고용인 중 외국인력 비율을 제한하여 전체 외국인력 도입규모를 조절할 뿐만 아니라 사업장 간 외국인력 배분을 하고 있다.

대만과 싱가포르는 외국인력의 총량을 공식적으로 설정하고 있지는 않으나 업종별 외국인력 고용상한 비율(dependency ceiling)을 실시하고 있으며 한국은 매년 고용허가제로 도입하는 외국인력의 도입규모를 공표하고 있고 업종별 규모별로 외국인력 고용상한 비율을 정해 놓고 있다.

3. 귀국 관련 정책 쟁점

귀국 관련 정책쟁점은 불법으로 체류하고 있는 외국인근로자에 대한 정책과 귀국지원정책으로 대별할 수 있다.

1) 불법체류 외국인근로자

대부분의 선진국에서 불법으로 체류 및 취업을 하고 있는 외국인력의 규모가 증가추세를 보이고 있으며 이 문제는 외국인력을 활용하고 있는 모든 나라에서 주요 쟁점이 되어 왔다. 불법취업 외국인근로자란 체류국의 법령이 요구하는 조건을 충족시키지 못한 상태에서 체류하면서 근로하고 있는 근로자를 말한다. 불법취업 외국인근로자가 반드시 불법체류 외국인과 일치하는 것은 아니다. 합법적으로 체류자격을 가진 외국인도 취업허가 없이 취업을 하면 불법취업자가 된다. '불법체류 외국인력'이라는 용어는 '불법체류'라는 사실과 '외국인력', 즉 '수입을 목적으로 노동력을 제공하는 외국인'이라는 두 가지 개념이 혼합되어 있다. 따라서 불법체류 외국인력은 합법적인 체류자격이 없는 외국인(불법체류자)은 물론 불법으로 취업하고 있는 외국인(불법취업자) 모두를 포함하는 개념으로 이해하여야 할 것이다(이규용 외, 2007: 171; 최서리 외, 2014).

그러면 불법체류 외국인근로자가 왜 문제가 되는가? Wickramasekara(2004)는 불법체류 외국인근로자 문제가 각국에서 쟁점이 되고 있는 이유로 다음 세 가지를 들고 있다. 첫째, 외국인근로자 보호의 문제(protection problem)이다. 외국인근로자가 불법적인 체류와 취업상태에 놓이게 되면 인권의 보호, 임금과 근로조건 등 노동권의 보호로부터 매우 취약한 위치에 처하게 되며, 특히 여성 외국인근로자의 경우 더 심각한 상황에 처할 수 있다.

둘째, 외국인력 유입국에서의 외국인 관리 및 안보 측면에서의 문제(manage-ment problem and security issue)이다. 외국인근로자가 불법체류 및 취업을 하게 되면 임금 및 근로조건을 보호받기 어렵기 때문에 낮은 임금에 장시간근로를 하는 경향이 있으며, 이는 국내 근로자와의 불공정 경쟁(unfair competition)을 야기하게 되고 장기적으로는 국내 근로자의 임금 및 근로조건을 저하시킬 수 있다. 또한 불법체류 외국인근로자는 산업재해를 당하거나 질병에 걸리더라도 발각이 두려워서 병원에 가서 치료도 받지 않는 경향이 있어 전염병 등에 취약해져 내국인의 건강을 위협할 수도 있고, 외국인에 의한 범죄의 증가, 주거환경의 악화 등의 사회적 비용을 증대시킬 가능성이 높다.

셋째, 정치적 문제(political problem)이다. 불법체류 외국인이 많아지면 이들의 인권침해, 범죄 등의 문제에 대해 송출국과 여러 가지 외교적 문제가 야기될 소지가 많아지며, 국내적으로 불법체류 외국인의 증가에 대해 정치적 압력을 받게 된다.

이와 같이 불법체류 외국인력의 문제는 다양한 문제를 야기하기 때문에 각국은 외국인력의 활용이 불가피하다면 이를 합법적인 체계 내에서 활용하도록 노력하고 있다. Wickramasekara(2004)는 외국인의 불법체류 및 불법취업을 최소화하기 위한 정책을 ① 외국인의 유입단계 내지는 예방단계의 정책, ② 귀국, 재입국, 제재와 처벌을 통한 불법체류 및 불법취업을 억제하는 정책, ③ 합법화 조치(regularisation and am-nesties), ④ 양국 간 및 지역적 협력의 네 가지로 유형화하였다. 또한 Tapinos(2000)는 외국인의 불법체류 및 불법취업을 최소화하기 위한 정책을 ① 외국인력의 유입과 체류기간에 대한 통제, ② 외국인력의 불법고용에 대한 통제, 그리고 ③ 자유무역과 협력을 통한 송출국에서의 인력유출 압력의 완화 등으로 유형화하였다.

외국인의 불법체류와 취업은 외국인력의 유입에서부터 귀국까지 모든 단계에서 발생할 수 있다. 따라서 외국인의 불법체류와 취업에 영향을 미치는 모든 이해당사자, 즉 외국인근로자, 외국인의 선발·교육·송출업무를 담당하는 송출국의 송출기관과 유입국의 관련기관, 외국인을 고용하는 기업, 외국인의 불법체류와 취업을 단속하는 유입국의 관련기관, 유입국에서 체류하는 동안 외국인근로자의 체류와 취업에 영향을 미칠 수 있는 유입국의 관련기관과 단체 등 다차원적 접근이 이루어져야 한다(Tapinos, 2000).

2) 귀국지원 정책

외국인력의 불법체류를 방지하고자 유입국들은 귀국지원을 위한 다양한 프로그램을 발전시켜왔다.[3] 영국의 자발적 귀환 및 재통합 프로그램(Voluntary Assisted Return and Reintegration Program)은 영국에 있는 망명자들 중 본국으로 돌아가기를 희망하나 방법이 없어 곤란을 겪는 사람들에게 자발적, 합법적이고 품위 있는 본국 귀환을 돕고자 추진된 프로그램이다. 1999년에 자발적 귀환프로그램(Voluntary Assisted Return Programme)으로 시작된 이 프로그램은 2002년 3월 재통합지원이 도입된 이후 명칭이 변경되었고, 귀환준비, 출입국 서류준비, 출입국 지원, 자국에서의 소규모 창업 지원 등을 하고 있다. 독일은 특정집단의 외국인을 대상으로 이들의 자발적 귀국 또는 제3국으로의 이주를 촉진하기 위하여 연방정부와 주정부가 공동으로 귀국촉진프로그램을 추진하는 한편, 몇 개의 주에서는 이에 추가하여 주정부 또는 지방

---

3) 14장에서 논의되는 이민과 개발협력의 결합 프로그램은 귀국지원정책에 새로운 관점을 제시하고 있다.

자치단체 차원에서 독자적으로 외국인 자진귀국촉진프로그램을 실행하고 있다(이규
용 외, 2007: 264-297 참조). 한국의 경우도 1차 이민정책 기본계획에 이러한 내용을
담고 있다.

외국인력 유입국의 입장에서 보면 귀국지원은 정주화에 따른 사회적 비용을
줄인다는 점에서 중요하며, 외국인근로자 및 송출국의 입장에서 보면 귀환 및 정
착을 통해 자국의 경제발전에 대한 기여와 본인의 재적응이라는 점에서 의의가 있
다. 나아가 양국이 상호 우호적 네트워크를 구축할 수 있는 계기가 된다는 점에서
서로 윈윈 할 수 있는 긍정적 파급효과를 갖고 있다. 귀국지원정책의 방향은 외국
인력의 도입, 체류 및 귀국이라는 전 단계에 걸쳐 정책이 이루어질 필요가 있으며
이는 송출국과의 협력체계를 갖추고 추진하여야 한다. 외국인력의 인적자원개발이
라는 측면과 귀국 이후 노동시장 통합 및 재적응이라는 정책목표를 병행할 필요가
있다(이규용, 2013: 236).

지금까지 외국인력정책 관련 주요 쟁점을 도입, 활용, 귀국관련 쟁점으로 나
누어 살펴보았다. 외국인력정책은 지속적으로 변화하여 왔으며 최근의 정책 흐름
은 다음과 같은 특징을 보이고 있다. 첫째, 캐나다와 호주 같이 오랫동안 점수제
를 통해 '잠재력'만으로 이민자를 선별해 온 전통적 이민국가에서도 일자리 제의
등 노동시장 '성과'가 중요한 선별기준이 되고 있다. 점수제를 통해 선별된 이민자
들의 노동시장 성과가 기대 수준에 못 미치자, 이들 국가에서는 공급 중심에서 수
요 중심의 경제(기술)이민정책으로 전환하였다. 그 결과, 기간제 프로그램을 통해
한시적 체류자격을 부여한 후 노동시장에서의 성과에 따라 영주권 신청자격을 부
여하는 방향으로 전환하고 있다.

둘째, 외국인력을 도입함에 있어 노동시장과의 연계성을 가장 중요한 요소로
고려하고 있고, 노동시장 분석을 통해 객관적인 자료를 생산하여 외국인력 도입에
활용하고 있다.

셋째, 각국은 자국이 유치하고자 하는 우수해외인재들을 제외한 모든 외국인
력의 도입 시 국내 노동시장에 대한 보호원칙을 견지하고 있다. 사업주에게 내국
인 구인노력을 의무화하거나 채용하는 외국인력에게 최소한의 근로조건을 제공하
도록 하는 등 외국인력 고용이 국내 노동시장에 부정적인 영향을 미치지 않도록
하고 있다.

최근에는 전 세계적으로 기술인력 중심으로 외국인력정책이 발전되어 왔고,

노동시장과의 연계성을 구체적으로 실현하기 위한 제도구축이 더욱 강조되고 있다. 다양한 기술수준의 외국인력을 도입할 수 있는 법·제도를 발전시키고 관련 인프라를 구축하고 있으며 자격검증 관련 법·제도와 인력부족직업 리스트, 노동시장 보호 장치 등이 이러한 노력의 일환으로 볼 수 있다(이규용 외, 2014: 142).

 ## 4절 한국의 외국인력정책

1. 외국인력의 유형과 추이

국내에서 취업활동에 종사하고 있는 외국인력의 규모는 정의를 어떻게 하는가에 따라 달라진다. 출입국 통계의 외국인력은 취업활동이 가능한 체류자격을 의미한다. 취업목적의 체류자격으로는 전문인력비자와 비전문취업비자(E-9)가 있다. 전문인력 체류자격으로는 교수(E-1), 회화지도(E-2), 연구(E-3), 기술지도(E-4), 전문직업(E-5), 예술흥행(E-6), 특정활동(E-7) 등이 있다. 비전문취업비자는 고용허가제로 입국하는 외국인에게 발급하는 체류자격이다. 전문인력과 비전문인력의 구분은 취업허용 분야와 해당 분야의 취업에 요구되는 학력과 경력이 주요한 기준으로 되어 있다.[4]

한편, 취업목적은 아니지만 취업자격을 부여할 수 있는 비자들이 있다. 가령, 강의나 강연, 연구, 기술지도 또는 일시흥행, 광고 등 수익을 목적으로 단기간 취업활동을 하려는 외국인에게 발급되는 단기취업(C-4)비자나 구직 중인 유학생(D-10-1)비자, 그리고 기술창업을 준비 중인 외국인을 위한 체류자격(D-10-2)비자는 전문인력 체류자격으로 볼 수 있다

[그림 1]은 출입국통계로 파악되는 외국인력 추이를 보여주고 있다. 여기서 전문인력은 앞에서 언급한 전문인력 취업비자와 단기취업비자를 포함한 인력이며, 단순인력은 방문취업제 동포를 포함한 고용허가제 근로자를 말한다. 국내 외국인력 규모는 증가추이를 보이고 있다. 비전문인력은 2007년 443천 명에서 증가하여

---

4) 대부분의 국가에서 전문인력과 비전문인력의 구분은 이들이 취업하는 분야에서 요구하는 전문성과 숙련도를 기준으로 하고 있으며 싱가포르와 같이 임금수준을 기준으로 전문인력 여부를 구분하기도 한다.

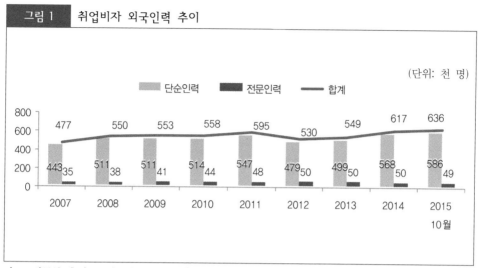

그림 1 취업비자 외국인력 추이

자료 : 법무부 출입국·외국인정책본부, 「출입국 통계월보」. 각 호.

2015년에 586천 명에 이르고 있으며, 전문인력은 2007년 35천 명에서 2015년 10월 말 현재는 49천 명에 이르고 있다. 그러나 이 숫자는 엄밀히 말하면 취업비자를 발급받은 인원을 의미하는 것이지 실제 취업자를 뜻하는 것은 아니다. 이 들 중에는 실업상태나 비경제활동 상태에 놓여 있는 경우도 있다. 가령 방문취업비자 발급건수는 2015년 현재 303천 건이지만 이 비자로 입국한 동포들이 모두 취업하고 있는 것은 아니다.

한편, 보다 넓은 의미에서 보면 비취업비자로 입국하였지만 취업활동에 종사하고 있는 경우도 모두 외국인력 범주에 포함할 수 있다. 이에 관한 통계는 2012년부터 통계청에서 매년 실시하고 있는 외국인 고용조사 결과를 통해 파악할 수 있다. 통계청 조사는 국내 상주외국인(등록외국인＋국내거소신고 외국국적 동포) 중 15세 이상 인구를 모집단으로 한 표본조사이다. 통계청의 외국인 고용조사에 따르면 2015년 기준으로 생산가능인구인 15세 이상 외국인은 1,373천 명이며 이 중 취업자수는 938천 명이다. 여기에는 비전문취업, 방문취업, 전문인력, 유학생, 재외동포, 영주권자, 결혼이민자 등 국내 체류 외국인 중 조사시점 현재 취업 중인 외국인을 포괄하고 있다.

이상으로 국내에 체류하고 있는 외국인력의 유형과 추이를 살펴보았다. 다음 절에서는 구체적으로 한국의 외국인력정책을 파악하기 위해서 전문인력과 비전문인력으로 구분하여 살펴본다.

2. 전문외국인력정책

전문인력은 비자체계로 구분하여 범주화할 수 있다. 한국의 전문인력정책은 비자 체계에 기초하여 전개되었다.

1) 비자체계로 본 전문외국인력 제도

비자체계로 본 전문외국인력 제도는 크게 전문인력, 준전문인력, 숙련기능인력으로 구분할 수 있다. 전문인력은 E-1부터 E-7까지의 취업비자를 발급받은 외국인력이 이에 해당된다. 전문인력에게 부여하는 체류자격 상한(1회)은 예술흥행과 회화지도가 2년이며, 특정활동은 3년이고 그 외는 5년으로 되어 있으며 이들은 반복갱신이 가능하다는 점에서 준영구 체류자격으로 볼 수 있다. 비자체계에 의한 전문인력을 구체적으로 살펴보면 다음과 같다.

전문외국인력의 도입 분야는 다음과 같다. 먼저 교수(E-1)는 「고등교육법」에 의한 전임강사 이상의 교원 자격을 갖춘 자와 고급과학기술인력이 해당된다. 교원 자격에는 한국과학기술원 등 학술기관의 교수, 전문대학 이상의 교육기관에서 임용하는 전임강사 이상의 교수, 대학 또는 대학부설연구소의 특수분야 연구교수가 해당된다. 고급과학기술인력은 전문대학 이상의 교육과학기술 분야의 교육·연구지도 활동에 종사하고자 하는 자로서 교육부 장관의 고용추천이 있는 자가 해당된다.

회화지도(E-2)는 외국어 전문학원 또는 초등학교 이상의 교육기관 등에서 외국어 회화지도를 목적으로 입국하는 자에게 발급되며, 해당 외국어를 모국어로 하는 국가의 국민으로서 대학 이상의 학교를 졸업하고, 학사학위 이상의 자격을 소지한 자 또는 이와 동등 이상의 학력이 있는 자여야 발급받을 수 있다.

연구(E-3)는 자연과학 분야의 연구·산업상 고도기술 연구개발, 방위사업법 규정 연구기관에서 연구활동, 자연과학 분야 또는 산업상의 고도기술개발 연구활동, 고급과학기술인력으로 구성된다. 자연과학 분야 연구·산업상 고도기술 연구개발자는 특정 연구기관 육성법, 「정부출연 연구기관 등의 설립·운영 및 육성에 관한 법률」에 의한 연구기관에서 자연과학 분야의 연구 또는 산업상의 고도기술의 연구개발에 종사하는 과학기술자가 이에 해당된다. 자연과학 분야 또는 산업상의 고도기술개발 연구활동은 「기술개발촉진법」 등 관련법령에 따라 자연과학 분야 또는 산업상의 고도산업기술을 개발하기 위하여 대학이나 기업부설 연구소 등의 기관 또는 단체와 계약을 맺어 동 기관 또는 단체에서 연구하는 과학기술자가 이에 해당된다. 고급과학기술인력은 정부출연연구소, 국·공립연구소, 기업부설연구소 등 이공계 연구기관에서 자연과학 분야의 연구 또는 산업상 고도기술의 연구개발에 종사하고자 하는 자로서 교육부 장관의 고용추천이 있는 자가 이에 해당된다.

기술지도(E-4)는 「외국인투자촉진법」에 따라 대한민국 국민에게 기술 제공과 산업상 고도기술 제공을 범주로 한다. 전자는 「외국인투자촉진법」의 규정에 의한 기술도입 계약에 따라 대한민국 국민 또는 대한민국 법인에게 기술을 제공하는 자가 이에 해당된다. 후자는 상기자 이외에 국내에서 구할 수 없는 산업상의 고도기술 등을 국내 공·사기관에 제공하는 자가 이에 해당된다.

전문직업(E-5)은 대한민국의 법률에 의하여 인정된 외국의 국가공인자격증을 소지한 자로서 대한민국 법률에 의하여 행할 수 있도록 되어 있는 인력이 이에 해당된다. 구체적으로 항공기조종사, 의사, 병원에서 인턴·레지던트 과정을 연수하는 자 등이 이에 해당된다.

끝으로 가장 광범위하며 일반적인 전문인력을 지칭하는 특정활동(E-7)자격은 대한민국 내의 공·사기관 등과의 계약에 의하여 법무부 장관이 지정하는 활동에 종사하고자 하는 전문외국인력에게 발급되는 자격이다. 여기에서 '전문외국인력'이란 「재한외국인처우기본법」 제16조에서 규정하는 전문적인 지식, 기술 및 기능을 가진 외국인력을 의미한다.

<표 1>에서 보듯이 특정활동(E-7) 자격에 해당되는 직종은 2015년 현재 82개 분야이며 이 자격은 다시 전문인력, 준전문인력, 숙련기능인력으로 구성되어 있다. 전문인력은 표준직업분류체계에 기초한 고위임직원 및 관리자와 전문가 중심으로 해당직종이 선정되어 있다. 66개 직종으로 이 중 관리직 15개 직종, 전문가 및 관련 종사자 51개 직종으로 구성된다. 준전문인력은 사무종사자 3개 직종, 서비스종사자 4개 직종, 판매서비스 종사자 1개 직종으로 구성되어 있다. 사무종사자는 호텔 접수사무원, 항공운송 사무원, 의료 코디네이터이며, 서비스종사자는 운송 서비스종사자, 카지노 딜러, 관광통역 안내원, 주방장 및 조리사이고 판매종사자는 면세점 또는 제주영어교육도시 내 판매사무원이다(이규용 외, 2014: 162-163).

표 1	특정활동(E-7) 비자의 해당 직종

전문성 직업대분류		해당직종(총 82개 직종)
전문인력	1. 관리자	66개 직종 (관리직 15개 직종, 전문가 및 관련 종사자 51개 직종)
	2. 전문가 및 관련종사자	
준전문인력	3. 사무종사자	8개 직종 (사무종사자 4개 직종, 서비스종사자 4개 직종)
	4. 서비스종사자	
	5. 판매종사자	
숙련기능인력	6. 농림어업종사자	8개 직종 (농림축산어업 숙련종사자 3개 직종, 기능원 및 기능종사자 5개 직종)
	7. 기능원 및 관련기능종사자	
	8. 장기계조작 및 조립종사자	

자료 : 정기선 외(2013), 『숙련기능 외국인력 도입 및 활용방안 연구』, 법무부.

숙련기능인력이란 비전문취업인 고용허가(E-9) 체류자격으로 취업활동 중인 외국인근로자가 자신의 숙련도를 인정받아 체류자격이 특정활동으로 변경된 외국인력을 의미한다. 정부는 2008년 1월 고용허가제 외국인근로자(E-9) 중 숙련된 근로자에게 거주(F-2) 자격을 부여하여 선별적으로 정주를 허용하는 제도를 실시하였다. 하지만 거주(F-2) 자격 요건이 너무 엄격하여 제도의 실효성이 없다는 산업현장 및 국회 등의 요청에 따라, 2011년 10월부터 비전문취업(E-9) 체류자 중 숙련 외국인근로자에게 특정활동(F-7) 자격을 부여하는 제도를 마련하였다. 현재 이 제도는 '농림축산어업 숙련기능인', '뿌리산업체 숙련기능공', '일반제조업체 및 건설업체 숙련기능공'에 적용되고 있는데, 이들 직종에서 최근 10년 이내에 4년 이상 비전문취업(E-9)으로 관련 '업종'에 합법적으로 취업해 온 외국인이 일정 요건을 갖추었을 때 특정활동(E-7)으로 체류자격 변경이 허용된다. 세부 직종을 보면 농림축산업의 경우 농축축산어업 숙련기능인, 동물사육사, 해삼양식기술자가 이에 해당되며 제조 및 건설 관련 숙련기능직으로는 악기 제조 및 조율사, 뿌리산업체 숙련기능공, 일반제조업체 및 건설업체 숙련기능공, 조선용접공, 항공기정비원 등이 해당된다. 2015년 12월 현재 외국인 전문인력의 체류현황을 보면 전문인력 종사자는 66개 직종에 8,592명이고 준전문인력은 8개 직종에 10,031명이 그리고 숙련기능인력은 8개 직종에 845명이 있다(출입국 외국인정책 통계월보, 2015년 12월).

전문인력 도입직종의 결정체계를 보면 다음과 같다. 표준 직업분류체계에 기초한 고위임직원 및 관리자와 전문가 중심으로 해당직종을 선정한다. 직업분류체계상 소분류(세 자릿수), 세분류(네 자릿수) 및 세세분류(다섯 자릿수)를 기준으로 운영하고 있다. 도입직종의 결정방식은 다음과 같다. 법무부 지침에 의거하여 신청을 받게 되면 전문성 등을 판단하여 기존 허용분야와 유사한 경우로서 국가경쟁력 강화를 위해 필요하다고 인정되는 경우 적극적으로 도입을 결정하며 주로 표준 직업분류 체계상의 전문가 및 관련 종사자나 관리자 직종에서 선정한다. 전문인력의 자격요건은 직종에 따라 다소 차이가 있으나 대체로 석사 이상 또는 학사 및 경력 1년 이상 또는 경력 5년 이상을 요구한다. 전문외국인력 고용업체의 자격요건은 직종에 따라 세부적으로 규정되어 있는데, 가령 고용기획자를 고용하는 업체의 경우 연간 10억 원 이상의 공연매출 실적이 요구된다. 일반적으로 전문인력에 대한 쿼터는 없으나 직종에 따라서는 쿼터를 설정하기도 한다(이규용 외, 2014: 164-165, 정기선 외: 2015).

준전문인력 및 숙련기능인력의 도입은 다음의 네 가지 방식으로 구분되어 있다. 첫째, 고용주가 외국인력을 직접 선발 및 채용하여 법무부에 사증발급을 신청한다. 둘째, 고용주가 외국인력을 직접 선발 및 채용한 후 주무부처의 추천을 받아 법무부에 사증발급을 신청한다. 셋째, 정부가 외국인력의 채용을 지원하는 경우로 현재 조선용접공을 선발할 때 송출국의 협조를 통해 정부가 인력 선발과정에 직접적으로 개입한다. 넷째, 국내에서 E-9 체류자격으로 취업활동 중인 외국인근로자가 자신의 숙련도를 인정받으면 체류자격을 변경하여 도입한다. 숙련기능인력의 경우 내국인 노동시장 보호장치로 직종별 임금요건과 사업체별 외국인력 쿼터 및 직종별 외국인력 쿼터를 설정해 놓고 있다. 가령, 호텔 접수사무원 400명, 농축어업 숙련기능인력 300명, 뿌리산업체 숙련기능공 300명, 조선용접공 400명 등이다(정기선 외: 2013).

2) 전문외국인력정책의 전개

위에서 살펴본 바와 같이 전문외국인력정책은 좁은 의미에서는 취업비자(E-1~E-7)를 발급받는 외국인력에 대한 정책을 의미한다. 하지만 넓은 의미에서는 우수인재 유치를 위한 전자비자제도 도입, 점수이민제 및 영주권제도 활성화, 해외 우수인재의 발굴 및 취업알선, 유학생 유치 및 관리 강화, 그리고 더 나아가 창업 및 투자유치를 통한 경제 활성화, 투자이민 활성화 및 다양화 정책도 전문 외국인력정책에 포함된다고 볼 수 있다.

해외우수인재 유치정책의 흐름을 살펴보면 <표 2>와 같다. 글로벌 경쟁이 심화되면서 국적을 불문하고 우수 인재의 확보가 국가 및 기업의 경쟁력을 좌우하는 핵심요소로 부각됨에 따라 세계 각국은 우수한 유학생 및 전문인력을 유치하기 위해 정부 주도의 다양한 인재 유치 전략을 추진하고 있다. 우리정부도 예외는 아니다. 우리 정부는 1970년대부터 국가 경쟁력 강화 및 글로벌 네트워크 확대를 위해 우수한 동포 및 외국인 과학자 등 해외 인재의 유치를 위한 다양한 정책을 추진하였다. 특히 2000년대 들어와 우수인재 유치를 위한 국가 간 경쟁이 치열해지자 우리 정부도 다각적인 대책을 마련하여 왔다.

표 2 우리나라 해외 우수인재 유치 정책 흐름

시 대	1970년대	1980년대	1990~2000년대 초	2000년대 중반	2000년대 후반
관 점	두뇌 유치(Brain gain)			두뇌 순환(Brain circulation)	
집중대상	자국인 (해외한인과학 기술인력)	자국인 + 외국인 (첨단분야 기술자)	자국인 + 외국인 (중견급 이상)	자국인 + 외국인 (석학급)	
유동요인	경제적 처우/애국심		연구조건/삶의 질		
주요정책	재외 한인과학기술자 유치 사업('68)	Brain Pool('94) / BK21('99) / Study Korea Project('04)	WCU('08) / WCI('09) / Study Korea 2020('12)		

자료 : 관계부처 합동 보도자료, '외국인 전문인력 및 해외동포 활용 생태계 조성', 2014.1.23.

정부는 2008년에 글로벌 고급인력 유치방안을 마련하여 Contact Korea 운영, 구직비자 도입, 점수제 도입, 비자체계 개선 및 체류지원 등의 정책을 추진하여 왔다. 이에 따르면 글로벌 고급인력은 크게 1) 경영, 기술, 교육, 지식서비스 등의 분야에서 특별한 지식, 경험 등을 보유한 자로서 경제발전에 기여하는 외국인 전문인력과 2) 경영자, 연구원, 과학자, 엔지니어, 교수, 금융·의료·디자인·건설·첨단산업(IT, BT, 신소재 등) 관련 전문가 등으로 범주화하고 있다. 이는 「출입국관리법 시행령」상 E-1(교수)~E-7(특정활동)[E-6(예술흥행) 일부 제외] 자격 및 D-8(기업투자) 자격에 해당하는 인력이 이에 해당된다.

2014년 1월에는 관계부처 합동으로 해외 우수인재 유치·활용방안을 마련하여 추진하고 있다. 정책 목표는 크게 두 가지이다. 첫째, 인재유형별 유치·활용전략을 설정하고 인재유형에 따라 연구교육형, 기업활동형, 미래잠재형으로 구분하여 추진한다. 유치 인력유형을 비자체계로 보면 연구교육형 인재는 교수(E-1)와 연구(E-3)가 해당되며, 기업활동형은 기술지도(E-4), 특정활동(E-7) 및 기술창업 중 제조업과 전문서비스업(D-8)이 해당된다. 정부의 둘째 목표는 외국인 친화적인 사회·문화 인프라 조성으로 여기에는 정주여건 및 출입국 제도 개선, 글로벌 인재교류 기반확대, 범정부적 종합 지원체제 강화가 포함된다.

이상으로 전문인력정책을 우수인재 유치정책을 중심으로 살펴보았다. 정부의 다각적인 노력에 힘입어 해외 유학생 및 전문인력의 국내 유입이 증가하여 왔으나 국내로 유치된 인재의 다수가 자국 및 타국으로 이동하는 등 전문인력을 유치 및 활용하는데 여전히 어려움이 있다. 그럼에도 불구하고 장기적이고 지속적인 경쟁력 강화의 관점에서 해외 전문인력의 유치 및 활용은 향후에도 중요한 정책과제이며 연장선상에서 유학생 활용 및 투자이민자의 유치 또한 매우 중요하다.

3. 비전문 외국인력정책

전문인력정책과 함께 비전문 외국인력정책은 한국의 외국인력정책에서 중요한 부분이다. 여기서는 비전문 외국인력정책의 전개과정 및 제도 현황에 대해 살펴본다.

1) 비전문외국인력정책의 전개

한국에서 비전문외국인력이 유입되기 시작한 것은 1980년대 후반부터이다. 이후 비전문외국인력정책은 많은 논의와 시행착오를 거쳐 오늘날 고용허가제로 정착되어 운영되고 있다. 그 동안 전개된 비전문외국인력정책은 크게 다음의 네 단계로 구분할 수 있다. 첫째, 외국인력정책의 도입기(1993~2000. 4)이다. 1980년대 후반 이후 3D업종 기피현상이 심화되면서 단순기능인력 부족문제가 심각해지자 정부는 외국인력을 근로자 신분이 아닌 연수생 신분으로 도입하여 활용하는 정책을 시행하였다. 이 시기는 외국인력 활용 경험이 일천하여 불법체류자 만연, 송출비리

문제, 사업장 내에서 외국인력 활용을 둘러싼 갈등 등이 다양하게 표출된 시기라고 볼 수 있다.

둘째, 외국인력 활용을 둘러싼 갈등의 확대 시기(2000. 4~2004. 8)이다. 이 시기에는 연수생이라는 신분적 제약으로 도입쿼터가 많지 않은 상태에서 국내의 외국인력에 대한 수요가 지속적으로 증가하여 불법체류자 비율이 80%에 육박하는 등 산업연수생제도의 지속적인 유지가 어려운 상황으로 전개되었다. 산업연수생제도를 연수취업제(2000년 4월)로 전환하여 연수제도와 취업제도를 결합하도록 하였으나 본질적인 제도 개선으로 이어지지는 못하였다. 연수취업 제도는 연수생이 일정 기간 연수 후 소정의 검증 절차를 거쳐 취업 자격을 획득하면 정식 근로자로 인정하는 제도로, 기존의 2년간 산업연수생 신분의 체류 이후 연수생이 아닌 근로자 신분으로 1년간 더 체류할 수 있도록 하는 것이다. 외국인력 도입과정의 투명성, 외국인력 관리의 효율화는 단순히 연수취업제의 도입으로 해결될 수 있는 문제가 아니었던 것이다.

한편 이 시기의 또 다른 특징은 2002년 11월부터 동포를 대상으로 실시한 취업관리제의 등장이다. 그동안 산업연수생은 중소제조업, 건설업, 농축산업에만 배정되었으며 서비스산업에 대해서는 외국인력의 취업을 불허하였다. 그러나 현실적으로 상당수의 동포들이 서비스업 부문에 취업하고 있기 때문에 취업관리제를 도입하여 서비스업도 합법적으로 외국인력을 활용할 수 있도록 하였다. 취업관리제는 외국인력에게 연수생 신분이 아닌 근로자 신분을 부여하는 제도로, 이들의 취업 허용 분야는 음식점업, 사업지원 서비스업, 사회복지서비스업, 청소 관련 서비스업이다. 취업 허용 대상은 국내에 8촌 이내의 혈족 또는 4촌 이내의 인척이 있거나 대한민국 호적에 등재되어 있는 자 및 그의 직계존비속으로서 40세 이상인 외국 국적 동포로 한정하고 있다.

셋째, 고용허가제 도입 및 정착기(2004. 8~2007. 3)이다. 이 시기는 고용허가제와 기존의 산업연수생제도의 병행기(~2006년), 고용허가제 정착에 따른 통합시기(2007. 1. 1) 그리고 동포에 대한 저숙련 외국인력정책 통합시기로 구분된다. 동포인력에 대해서는 고용허가제 시행과 동시에 외국국적 동포에게 방문동거 체류자격을 부여하고, 국내에서 취업활동이 가능한 취업관리제는 '특례고용허가제'라는 이름으로 고용허가제에 흡수·통합되었다. 2007년 3월 4일부터는 특례고용허가제에 국내에 호적 또는 친족이 있는 외국국적 동포뿐만 아니라 국내에 연고가 없는 외국국적 동포에게도 취업을 허용하는 방문취업제를 도입하였다. 이에 따라 고용허가제는 일반외국인을 대상으로 하는 '일반고용허가제'와 외국국적 동포를 대상으로 하는 '특례고용허가제'로 구분된다. 일반고용허가제와 특례고용허가제로 이원화된 형태를 갖추고 있지만 고용허가제로 통일된 저숙련 외국인력 제도가 안정적으로 정착한 시기이다.

넷째, 고용허가제 발전기(2007. 3~현재)이다. 안정적인 제도 정착을 토대로 고용허가제는 이후에도 지속적인 제도개선 노력을 기울여 왔다. 지금까지의 저숙련 외국인력정책이 우리 몸에 맞는 외국인력 공급정책으로서 고용허가제 도입을 위한 준비 및 정착기의 성격을 갖고 외국인력에 대한 통제(control) 및 관리의 효율화(management)를 표방하여 왔다면 이 시기는 외국인력에 대한 통합(integration)적 관리를 요구받고 있는 시기라고 볼 수 있다.

2) 비전문외국인력 제도 : 고용허가제

(1) 고용허가제의 개요

고용허가제는 내국인 인력을 구하지 못한 기업이 적정 규모의 외국인근로자를 합법적으로 고용할 수 있도록 허용하는 제도이다. 고용허가제는 다음과 같은 원칙을 지속적으로 견지하고 있다. 첫째, 내국인을 고용하지 못한 사업장에 외국인 고용을 허용(보충성)한다. 이에 따라 외국인력 도입규모, 도입업종, 사업장별 외국인 고용한도 및 신규도입 외국인력 고용한도 등을 제한하며,[5] 외국인 고용사업주에게 내국인 구인노력의무(7일 또는 14일)를 부과하고 외국인근로자의 사업장 변경을 제

---

5) 고용허가제(일반) 외국인근로자의 사업장 변경은 원칙적으로 제한하고 있으며 다음의 경우에만 사업장 변경이 허용된다(자료 : 외국인 근로자의 고용등에 관한 법률). 외국인 근로자(제12조 제1항에 따른 방문취업 동포<H-2>는 제외한다)는 다음 각 호의 어느 하나에 해당하는 사유가 발생한 경우에는 고용노동부령으로 정하는 바에 따라 직업안정기관의 장에게 다른 사업 또는 사업장으로의 변경을 신청할 수 있다. [개정 2010.6.4 제10339호(정부조직법), 2012.2.1] [[시행일 2012.7.2]]
첫째. 사용자가 정당한 사유로 근로계약기간 중 근로계약을 해지하려고 하거나 근로계약이 만료된 후 갱신을 거절하려는 경우
둘째. 휴업, 폐업, 제19조 제1항에 따른 고용허가의 취소, 제20조 제1항에 따른 고용의 제한, 사용자의 근로조건 위반 또는 부당한 처우 등 외국인 근로자의 책임이 아닌 사유로 인하여 사회통념상 그 사업 또는 사업장에서 근로를 계속할 수 없게 되었다고 인정하여 고용노동부장관이 고시한 경우
셋째. 그 밖에 대통령령으로 정하는 사유가 발생한 경우

한한다. 단 방문취업으로 입국한 동포들은 취업허용업종 내에서는 사업장 이동의 제한을 받지 않는다.

둘째, 외국인력 도입 관련 비리나 브로커의 개입을 차단하기 위해 공공부문이 직접 관리한다(투명성). 즉, 정부 간 양해각서(MOU)를 체결하고, 공공부문이 외국인근로자 선정·도입·알선을 담당하도록 한다.

셋째, 시장 수요에 맞는 외국인력 선발·도입을 지향한다(시장수요 존중). 이를 위해 기능수준평가, 한국어능력시험, 외국인 알선 시 3배수 추천제 등을 시행하고 있다.

넷째, 외국인근로자들이 정주화하지 않도록 제도를 설계하였다(단기순환). 외국인근로자의 취업활동 기간은 원칙적으로 3년이나, 고용주가 외국인근로자의 취업활동 기간(3년)이 만료 되어 출국하기 전에 재고용 허가를 요청하는 경우에는 귀국조치 없이 2년 미만의 범위(1년 10개월)에서 취업활동 기간 연장이 가능함에 따라 최대 4년 10개월 간 취업활동이 가능하며 이 기간이 끝나면 본국으로 귀국하여야 한다. 다만 일정 요건을 갖춘 외국인근로자는 2011년 11월부터 실시하고 있는 특별한국어시험제도[6]와 2012년 7월부터 실시하고 있는 성실근로자 재입국 특례제도[7]를 통해 일정 기간(특별한국어시험 합격자 중 지정알선 대상자는 6개월, 성실근로자 재입국 특례제도 해당자는 3개월) 경과 후 재입국이 가능하다.

다섯째, 노동관계법 등 내국인 근로자와 동일하게 대우한다(차별금지). 합리적인 이유 없는 부당한 차별 금지, 근로기준법·최저임금법·산업안전보건법 등 노동관계법을 내국인과 동등하게 적용하고 있다.

---

6) 적용대상은 재고용(고용허가기간 연장) 이후 자발적으로 귀국한 외국인 근로자로 이전 사업장에서 1년 이상 근무 했고, 귀국일로부터 6개월이 경과한 경우에 한정된다. 이전 직장과 동일한 업종으로 응시한 경우 '재입국자 지정알선 구직자명부'에 포함된다. 시험은 송출국에 설치된 CBT(Computer-Based Training) 시험장에서 실시되고, 이후의 절차는 신규 외국인력 선발과정과 동일하다. 특별한국어시험 합격자를 고용하는 경우 신규 고용허가서 발급한도의 제한을 받지 않는다. 고용센터는 특별한국어시험 합격자를 일반 신규 입국자보다 우선적으로 알선하고, 알선 시 사용자에게 해당 외국인 근로자가 재입국자임을 알린다. 재입국자는 출국전 취업교육이 면제되고, 입국 후 취업교육을 이수한 후에 사용자에게 인계된다. 이후의 과정은 신규 입국자와 동일하다.

7) '성실근로자 재입국 특례제도'의 적용대상이 되기 위해서는 다음의 세 가지 요건을 모두 충족하여야 한다. ① 취업기간 중 사업장 변경이 없을 것(단, 횟수에 산입되지 않는 사업장 변경 시는 최종 사업주와 근로계약 1년 이상 유지 필요) ② 외국인력정책위원회가 도입업종이나 규모 등을 고려하여 내국인을 고용하기 어렵다고 정하는 사업 또는 사업장에서 근로하고 있을 것(현재, 농축산업, 어업, 50인 이하 제조업에 대해 인정) ③ 재입국 후 1년 이상의 근로계약을 체결하고 있을 것

(2) 비전문 외국인력의 근로조건

고용허가제(특례 포함)하의 외국인근로자란 단순기능 업무에 종사할 수 있는 비전문취업사증(E-9) 및 방문취업사증(H-2)을 발급받아 취업활동 중인 자를 의미한다. 일반 고용허가제(E-9)로 입국하여 취업활동을 하려는 외국인은 자국에서 실시하는 한국어능력시험(산업인력공단 주관)에 합격하여 구직자명부에 등재 후 외국인력정책위원회에서 정한 업종(제조업, 농축산업, 어업, 건설업 등)의 사업주와 고용센터를 통한 알선으로 근로계약을 체결하면 소정의 취업교육을 이수 후 비전문취업사증(E-9)을 발급받아 입국하여 해당 사업장에서 취업활동을 할 수 있다. 방문취업 사증(H-2)으로 입국하는 재외동포는 입국하여 소정의 취업교육 이수 및 구직등록 후 고용센터를 통한 알선 또는 자율구직으로 외국인력정책위원회에서 정한 업종(제조업, 서비스업, 농축산업, 어업, 건설업)의 사업장에서 취업활동을 할 수 있다.

고용허가제를 통해 고용된 외국인근로자는 내국인과 동등하게 노동관계법을 적용하여 산재보험·최저임금·노동 3권 등 기본적인 권익을 보장받는다. 사업주의 근로계약위반, 부당 해고 등 위법·부당한 처분에 대해서는 노동위원회 등을 통해 권리 구제가 가능하다. 국민연금은 상호주의 원칙에 따라 외국인의 본국법이 대한민국 국민에게 국민연금 등을 적용하지 아니하는 경우 적용이 제외되며, 고용보험은 임의가입으로 되어 있다. 외국인근로자들의 임금체불에 대비하여 임금채권보장법이 적용되지 않는 사업장 또는 상시 근로자수 300인 미만의 사업장의 고용주는 임금체불보증보험에 가입해야 한다.

고용허가제에 따라 입국한 외국인근로자가 국내에서 취업활동을 할 수 있는 기간은 정주화 방지를 위해 원칙적으로 3년으로 제한되며 동 기간 중 가족을 동반해서는 안 되고 취업기간 만료 후에는 출국해야 하며, 출국 후 6개월(재취업 제한기간)이 경과하지 아니한 자는 고용허가제에 의하여 다시 취업할 수 없다. 단, 취업활동기간(3년)이 만료하여 출국하기 전에 사업주가 고용센터에 재고용 허가를 요청한 경우에는 1회에 한정하여 2년 미만의 범위(1년 10개월)에서 취업활동기간을 연장 받을 수 있다.

외국인근로자 근로계약 기간은 2009년 10월 법 개정을 통해 취업활동 기간(3년) 내에서 사업주와 외국인 근로자간 합의에 따라 자율 결정하도록 하고 있고, 외국인근로자의 사업장 변경은 원칙적으로 금지하되 사업체의 휴·폐업, 고용주의 정당한 근로계약 해지 등 불가피한 사유가 있는 경우에 한하여 다른 사업장으로의 변경이 허용된다. 불법고용 사업주에 대해서는 일정기간(1년 또는 3년) 외국인근로자의 고용이 제한된다.

2012년에는 비전문인력 정주화 방지 원칙(취업기간 만료자 귀국)을 견지하면서도 기업에서 숙련인력을 계속 활용할 수 있도록 「성실근로자 재입국 특례제도」를 실시하였다. 이에 따라 사업주는 법정 요건[8]을 충족하는 외국인근로자에 대해 재고용 취업활동기간(4년 10개월)이 만료하기 전에 재입국 후의 고용허가를 신청할 경우 출국 3개월 후에 재입국하여 동일한 사업장에서 취업활동을 다시 시작할 수 있도록 허용하였다. 「성실근로자 재입국 특례제도」에 따른 재입국 취업은 1회에 한하여 허용하되, 취업활동 기간은 다시 최대 4년 10개월간 허용된다.

(3) 취업허용 업종 및 도입규모

비전문인력의 도입분야는 일반고용허가제와 특례고용허가제에 따라 달리 적용하고 있다. 일반고용허가제는 제조업, 건설업, 농축산업, 어업이 중심이고 서비스업의 일부 업종이 포함되어 있다. 특례고용허가제는 일반고용허가제 취업허용업종 외에 서비스업종을 포함하여 모두 36개 업종으로 구성되어 있다. 고용허가제 허용업종은 일반 외국인력의 경우 2004년 제조업, 건설업, 농축산업으로 시작하여 2013년 현재 어업, 일부 서비스업(냉장·냉동 창고 등) 등으로 확대되었다. 방문취업 동포의 취업허용업종은 2004년 건설업, 일부 서비스업(6개)으로 시작하여 제조업, 농축산업, 어업 및 서비스업(음식업, 가사·간병, 도·소매업 등)으로 확대되었다.

---

8) 성실근로자 재입국 특례제도'의 적용대상이 되기 위해서는 아래 세 가지 요건을 모두 충족하여야 한다. ① 취업기간 중 사업장 변경이 없을 것(단, 횟수에 산입되지 않는 사업장 변경 시는 최종 사업주와 근로계약 1년 이상 유지 필요) ② 외국인력정책위원회가 도입업종이나 규모 등을 고려하여 내국인을 고용하기 어렵다고 정하는 사업 또는 사업장에서 근로하고 있을 것(현재, 농축산업, 어업, 50인 이하 제조업에 대해 인정) ③ 재입국 후 1년 이상의 근로계약을 체결하고 있을 것.

표 3	취업허용 업종의 변화		
	2004년	변 화	2011년~
일반(E−9)	제조업 건설업 농축산업	2005년 2006년 2011년 일부 서비스업 추가 2006년 어업 추가	제조업, 건설업 농축산업, 어업 일부 서비스업(5개)
특례(H−2)	건설업 일부 서비스업(6개)	2005년 2006년 2007년 2011년 서비스업 추가 2006년 제조업, 농축산업 어업 추가	제조업, 건설업 농축산업, 어업 다수 서비스업

자료 : 고용노동부.

외국인력 도입규모는 매년 말 외국인력정책위원회에서 국내 경제상황, 노동시장 동향, 불법체류 추이 등을 종합적으로 고려하여 결정하고 있다. 2004년 8월 31일에 최초로 필리핀 근로자 92명이 입국한 이래 매년 수만 명의 외국인근로자(E−9, H−2)들이 한국에 입국하여 취업활동을 하고 있다. 고용허가제 일반과 동포로 구분한 도입규모의 변화는 <표 4>와 같다. 연도별 도입규모는 지속적으로 증가 추이를 보여 오다 2008년 말 글로벌 금융위기의 여파로 2009년과 2010년에 크게 감소한 후 2011년에 증가하여 이후 5~6만 명 수준을 유지하고 있다. 일반 외국인력(E−9)은 제조업, 농축산업 등을 중심으로 배정하고 있으며 업종별 배분원칙을 갖고 있는데 비해 방문취업 동포는 2010년부터 303천 명으로 총량관리를 하면서 업종별 배정을 하지 않고 있다.

표 4	연도별 외국인력 도입규모의 변화

(단위: 명)

구분	2004	2005	2006	2007	2008	2009	2010	2011	2012	2013	2014	2015
합 계	41,000	18,000	72,800	109,600	132,000	34,000	34,000	48,000	57,000	62,000	53,000	55,000
일반(E−9)	25,000	14,300	34,750	49,600	72,000	17,000	34,000	48,000	57,000	62,000	53,000	55,000
동포(H−2)	16,000	3,700	38,050	60,000	60,000	17,000	−	−	−	−	−	−

주: 입·출국이 잦은 방문취업 동포(H−2)는 2010년부터 총 체류한도(303천 명)로 관리하고 있다.
자료 : 고용노동부.

고용허가제 일반의 경우 업종별 배분을 하고 있다. <표 5>에서 보듯이 2015년 고용허가제 도입 규모는 56,000명이며 이들의 업종별 배분은 제조업이

43,889명으로 가장 많고 그 다음으로 농축산업 6,092명, 어업과 건설업이 각각 2,619명, 2,300명이며 서비스업은 100명이다.

표 5 외국인력의 업종별 배분

(단위: 명)

구분	2004	2005	2006	2007	2008	2009	2010	2011	2012	2013	2014	2015
합 계	25,000	14,300	34,750	49,600	72,000	17,000	34,000	48,000	57,000	62,000	53,000	55,000
제조업	17,000	12,000	30,600	42,100	60,800	13,000	28,100	40,000	49,000	52,000	42,250	43,889
건설업	6,000	1,000	100	4,400	6,000	2,000	1,600	1,600	1,600	1,600	2,350	2,300
서비스업		300	250	200	400	100	100	150	150	100	100	100
농축산업	2,000	1,000	1,500	1,900	4,000	1,000	3,100	4,500	4,500	6,000	6,000	6,092
어 업			2,300	1,000	800	900	1,100	1,750	1,750	2,300	2,300	2,619

자료 : 고용노동부.

4. 한국의 외국인력정책 평가

그 동안 한국의 외국인력 활용정책은 인력부족에 근거한 외국인력 도입확대 논의가 중심이 되어 왔으며 외국인력 유입에 따른 다양한 사회경제적 편익과 비용을 고려하지 못한 것으로 평가되고 있다.

고용허가제는 저숙련 외국인력의 활용에 따른 산업구조조정의 저해, 외국인력 유입에 따른 내국인 노동시장에 대한 부정적 영향 등의 문제점들이 지적되어 왔다. 또한 외국인력의 권익보호 관점에서 볼 때 차별 금지 등에서 정책의 사각지대 문제가 있다. 전문인력 정책 또한 도입직종의 타당성 문제, 도입되는 전문인력의 자격검증 문제, 우수 인재 유치의 현실적 어려움 및 전문인력의 활용전략 관점에서도 제도 개선의 여지가 많다. 비전문 외국인력정책과 전문외국인력정책의 이원화에 따른 정책 추진체계의 비효율성 문제도 지적되고 있다. 또한 중장기적인 관점에서 외국인력에 대한 수요의 확대가 요청되지만 단기적으로는 국내의 유휴인력 활용문제, 저임금근로자의 광범위한 존재 그리고 외국인력 유입문제는 외국인력정책 나아가 우리나라 고용정책이 풀어야 할 과제이다.

그럼에도 불구하고 향후 인력수급 여건을 고려할 때 외국인력에 대한 수요는 지속적으로 증가할 전망이며 국가경쟁력을 강화하기 위한 해외 우수인재의 유치 또한 적극적으로 추진해 나가야 한다. 특히 인구변동 문제는 우리사회의 노동력 활용패턴이 과거와는 다른 방향으로 전환되어야 함을 시사하고 있다. 유휴인력 활용, 출산 장려정책과 더불어 외국인력의 활용은 향후 노동력 부족에 대응한 중요한 정책 고려대상이기 때문이다. 이런 점에서 외국인력정책 나아가 이민정책을 국가경쟁력 제고 및 지속적인 한국경제의 성장동력 확보와 경제 활성화를 위한 미래 핵심전략으로 설정하고 적극적으로 대처할 필요가 있다.

한국형 이민정책을 정립하고 필요인력의 선별유입, 인력의 양성에 초점을 두는 양성형 이민정책의 모색 및 이에 부합하는 관련제도의 정비가 필요하다. 인구변동과 산업구조변화, 국제적 흐름에 조응하여 외국의 우수인재유치, 유학생 활용, 비전문인력 활용제도의 개선, 이민자 통합 등 다각적인 차원에서 정책방안이 모색될 필요가 있다. 외국인력을 유치하는 차원을 넘어 외국인력 활용에 따른 사회경제적 편익을 제고하는 방향에서 접근이 이루어져야 할 것이다.

 5절 전망과 과제

국가 간 노동이동은 2000년 들어 보다 확대되는 추세이며 향후 이러한 추세는 보다 가속화될 전망이다. 이는 인구변동에 기인하는 바가 크다. 인구대체율 2.1을 밑도는 출산율로 저출산 현상이 가속화되면서 생산가능인구의 감소 및 고령화는 노년 부양비의 증가로 이어져 이민에 대한 수요는 지속적으로 증가할 전망이다. 지역 간 소득격차의 확대는 빈곤국가로부터의 노동력 유출을 보다 촉발시키는 기제로 작용하고 있다. 이에 따라 아시아, 아프리카, 남미 등으로부터 인구이동을 촉진시키고 있다. 국제화에 따른 영리활동의 기회와 고용기회가 계속해서 증가하였으며, 고숙련 인력의 경우 이러한 경향은 더욱 두드러졌다. 많은 정부들이 고숙련 인력에 한하여 입국 시 특혜를 주는 제도를 도입했다. 반면, 저숙련 인력에 대한 수요는 계속 부정하면서도 제한적인 단기이주 및 계절적 이주근로자 활용이나 불법체류 취업자를 활용하여 수요에 충당하여 왔다.

그럼에도 불구하고 외국인력의 유입은 유입국가의 개인이나 지역사회 또는 국가 전체적으로 경제, 사회, 정치, 문화 및 기타 분야에 다양한 영향을 미치기 때문에 외국인력정책은 다차원적인 측면을 고려하여야 한다. 최근의 주요 국가들의 외국인력정책이 국내의 수요나 노동시장 환경변화를 고려한 수요 주도적 정책으로 변화하고 있음은 눈여겨 볼 필요가 있다.

외국인력의 정주화는 소비의 주체로서 긍정적 측면도 있지만 사회적 갈등에 따른 비용문제도 제기된다. 외국인력의 유입 효과에 대한 대부분의 논의가 노동시장 및 경제적 효과에 주로 초점을 맞추고 있지만, 사회·문화·복지 효과도 중요한 정책이슈이기 때문에 이에 대한 논의도 보다 활발히 이루어질 필요가 있다.

이런 점에서 외국인력 유입 및 활용정책의 과제를 요약하면 크게 두 가지 방향에서 정리할 수 있다. 첫째, 외국인력의 유입과정에서 선별기능을 강화하는 것이다. 둘째, 선별기능이 잘 되더라도 외국인력 유입에 따른 편익을 제고하거나 비용을 줄이기 위한 환경의 조성, 체류지원 및 통합 정책의 확대, 외국인력에 대한 법·행정 조치의 엄격성, 기업내 인적자원관리의 효율화, 외국인력에 대한 국민 인식의 변화 등 다양한 차원에서 논의가 이루어져야 할 것이다. 외국인력 유입 국가의 편익을 제고하는 목표와 유입되는 외국인력에 대한 체류 및 통합지원은 같은 목표를 갖고 있는 것이다.

참고문헌

관계부처 합동 보도자료. 2014. '외국인 전문인력 및 해외동포 활용 생태계 조성.'

설동훈. 1999. 『외국인노동자와 한국사회』. 서울대학교출판부.

설동훈·이규용·노용진, 2011. 『외국인 고용부담금제 설계방안』. 고용노동부

유길상·이정혜·이규용, 2004. 『외국인력 제도의 국제비교』. 한국노동연구원·국제이주기구.

이규용·유길상·이해춘·설동훈·박성재. 2007. 『외국인력 노동시장 분석 및 중장기 관리체계 개선방향 연구』. 한국노동연구원.

이규용. 2014. "외국인력과 사회통합." 전경옥 외. 『다문화사회 한국의 사회통합』. 이담출판사. pp. 196~237.

이규용·노용진·이정민·이혜경·정기선·최서리. 2014. 『체류 외국인 및 이민자 노동시장 정책과제』, 한국노동연구원.

이규용·이승렬·박성재·노용진. 2011. 『외국인력 노동시장 분석』. 한국노동연구원.

이혜경. 2008. "한국 이민정책의 수렴현상: 확대와 포섭의 방향으로." 『한국사회학』. 42(2): 104-137.

_____. 2011. "한국이민정책사." 정기선 편. 『한국 이민 정책의 이해』. IOM이민정책연구원 pp. 19~40.

이혜경·노웅진·백필규·박성재·이규용·이상돈·정기선. 2014. 『한국사회 중장기 변화에 부합하는 외국인력정책 발전방안 연구』. 고용노동부.

정기선·조영희·최서리·강동관·신지원·이상돈·이종원·김석호·안정근. 2013. 『숙련기능 외국인력 도입 및 활용방안 연구』. 법무부.

정기선·김석호·고지영·이규용·이혜경·이창원·최서리. 2013. 『2013년 체류외국인 실태조사: 고용허가제와 방문취업제 외국인의 취업 및 사회생활』. 법무부.

정기선·최서리·이창원. 2015. 『고용허가제 출신 숙련기능 외국인력의 활용 현황 및 시사점』. IOM이민정책연구원.

최서리·이창원·김웅기·정혜진, 2014. 『국제비교를 통한 국내 외국인 불법체류 관리정책 개선 방안 연구』. IOM이민정책연구원.

Castles, Stephen, and Godula Kosack. 1985. *Immigrant Workers and Class Structure in Western Europe*. Second Edition. New York: Oxford University Press.

Cornelius, Wayne, Philip Martin, and James Hollifield (eds.). 2004. *Controlling Immigration: A Global Perspective*. Stanford, California: Stanford University Press.

Ruhs, M. 2014. "Immigration and Labour Market Protectionism." In Migrants at Work, edited by C. Costello and M. Freedland. Oxford University Press.

Tapinos, Georges. 2000. "Irregular Migration: Economic and Political Issues." *Combating the Illegal Employment of Foreign Workers*. OECD. pp. 13~43.

Wickramasekara, Piyasiri. 2004. "Irregular Migration in Asia: Issues and Policies." *ILO Sub-regional Training Workshop on Labour Migration Policy and Management*. Ayutthaya, Thailand. 2~6 August.

11 장

결혼이민과 이민자 2세

김현미

19세기 말부터 20세기 초에 한국을 방문했던 외국의 선교사나 여행자들은 한국을 '혼인 국가'(Marrying country)라 불렀다(Kendall, 1996). 외국인들의 눈에 비쳤던 당시의 한국 사회는 결혼에 중요한 의미를 부여하는 사회로, 거의 모든 사람이 결혼을 하고, 결혼을 했는지 안 했는지의 여부가 중요한 관심사가 되며, 결혼 여부에 따라 사회적 대접도 달라지는 사회였다. 100년이 지난 지금 한국인들은 결혼을 자연스런 통과의례보다는 선택이라 생각하기도 하고, 결혼을 하고 싶어도 하지 못하는 사람들이 증가하고 있다. 인종, 국적, 지역이 다른 사람들 간의 국제결혼이 급증한 것 또한 새로운 변화다. 결혼이민자들은 한국 사회의 최초의 정착형 이민자로 한국사회를 그간 폐쇄적인 단일 민족주의적 지향에서 다문화 사회로 이동하는 계기를 제공해 준 외국인이다. 본 장에서는 국제결혼과 결혼이민의 정의, 역사적 과정, 이민정책의 성격을 검토하면서 향후 결혼이민자 사회통합정책의 비전과 방향에 대해 생각해본다.

 1절 국제결혼과 결혼이민의 개념

1. 국제결혼의 정의

UN은 결혼은 '남편과 아내라는 법적 지위를 구성하는 결혼행위, 의례 및 과정을 의미한다'고 제안한다. 또한 결혼의 합법성은 공공적, 종교적 혹은 각 국가에서 인정한 방식에 의거한다고 정의하고 있다. 이혼은 이렇게 결합된 부부의 법적인 종결을 의미한다. 이런 정의를 바탕으로 국제결혼의 개념 또한 정의될 수 있다(UN, 2001). 국제결혼(international marriage)은 배우자 중 적어도 한명이 외국인인 경우에 해당하는 결혼을 의미한다. 국제결혼은 내국인과 외국인 간의 결혼이라는 의미에서 혼재결혼(mixed marriage)과 '외국인 간의 결혼'(foreign marriages)을 포괄하는 개념으로 사용된다. 국제결혼은 지역과 국가의 경계를 넘어 혼인이 이루어진다는 점에서 국경을 횡단하는 결혼(cross-border marriage)이라 불리기도 한다. 국적이나 시민권이 다른 사람 간의 결혼은 아니더라도, 한 국가 내에서 종족, 인종, 종교가 다른 사람간의 결혼을 지칭하는 의미로 교차결혼(intermarriage)이란 개념이 사용되기도 한다.

국제결혼은 가족 구성을 목적으로 국적이나 시민권이 다른 사람들 간의 혼인이므로 가족의 기능을 수행하기 위해서는 한 배우자가 다른 배우자의 지역으로 이주하는 경향이 강하다. 이 때문에 이민 연구에서 국제결혼은 '가족이민'으로 간주된다. 가족이민의 유형은 크게 세 가지로 나눠진다(Kofman, 1999). 첫째는 가족동반 이민이다. 가족 구성원 모두가 다른 국가로 이민하는 것을 의미한다. 둘째는 가족재결합(family reunion)이다. 이미 해외로 이주한 가족 구성원과의 재결합을 위해 떨어져 있던 나머지 가족이 이주하는 것이다. 이들은 수용국에서 다시 가족을 구성한다는 의미에서 가족재결합이라 부른다. 가족재결합은 가족 구성원의 일부가 먼저 이주지역에 정착하여 장기체류의 권리 혹은 영주권이나 시민권을 획득한 후 다른 가족 구성원을 초청하는 방식으로 이뤄지기 때문에 다른 가족 구성원은 부양 가족 또는 피부양자의 지위로 이민이 허용된다. 세 번째는 가족형성(family formation)을 위한 이주다. 혼인이나 입양 등을 통해 새로운 가족을 만들기 위해 이주하는 경우는 가족형성이민으로 불린다. 특히 혼인을 통한 가족형성을 위해 홀로 국경을 넘는 이주자를 결혼이민자(marriage migrant)라 부른다. 보통 결혼이민자는 국적이나 영주권을 가진 배우자의 나라에서 장기간 체류하면서 궁극적으로는 시민권을 획득할 수 있는 권리를 부여받기 때문에 이민의 한 유형으로 간주되고 이를 결혼이민(marriage immigration)이라 부른다.

이민연구에서 국제결혼은 사회의 개방성을 가늠하는 척도로 이해되기도 한다. 누가 누구와 결혼하고 결혼할 수 있느냐의 문제는 특정 사회의 동화와 배제의 정도를 보여줄 수 있다. 종족이나 국적 등이 다른 사람들과의 결혼이 용이해진 것은 세계화(globalization)에 따른 이동성과 접촉이 증가되면서 오는 자연스런 결과이며, 국제결혼을 통해 배우자의 국가에서 정착하는 것이 예전보다 용이해졌기 때문이다. 그러나 한편으로는 정착형 이민자로 오랜 기간 다른 나라에 살았던 이민자들이 여전히 주류 구성원이나 다른 집단들과의 사회적 거리감 때문에 국내에서는 배우자를 구할 수 없어 일어나는 현상이기도 하다. 이들은 주로 종족이 같은 출신국에서 배우자를 구하게 되고 이를 동족 국제결혼(co-ethnic international marriage)이라 부른다. 이 경우 국제결혼은 지속적으로 이어지는 연장된 이민의 과정이며 결과로 이해된다.

2. 결혼이민과 가족

국제결혼과 이민을 통해 구성된 가족의 성격을 지칭하는 여러 가지 용어가 존재한다.

1) 세계가족

울리히 벡과 엘리자베트 벡-게른스하임(2012: 36)은 장거리 사랑을 통해 출신지가 다른 사람들이 이룬 가족을 '세계가족'이라 부른다. 세계가족은 두 가지 유형이 있는데 첫 번째는 서로 다른 나라나 대륙에 떨어져 살지만 같은 문화에 속하는 '다지역-가족'이고, 두 번째는 같은 곳에 살지만 구성원이 서로 다른 나라나 대륙 출신으로 구성된 '다민족-가족'이다. 한국의 다문화가족은 두 번째 유형의 '다민족-가족'인 경우가 많다. 세계 가족은 지구적으로 존재하는 다양한 차이들이 만나고 접속되는 장소가 되므로, 같은 나라에 살고 거주하는 일국적, 소위 '정상'가족으로 간주돼 온 가족과 구별된다. 이 때문에 전통적인 일국가족과는 달리 가족구성원간의 '차이' 때문에 오는 어려움이 있다. 언어 및 문화적 차이, 감정 및 의사소통의 어려움이 존재한다. 그러나 이런 어려움이 늘 가족 해체로 이어지는 것은 아니다. 국제결혼의 당사자들은 결혼을 통한 가족 만들기에 대한 열망과 욕구가 누구보다 강한 사람들이기 때문에, 전형적인 가족 개념을 포기하지 않는다. 오히려 이들은 다양한 사랑과 삶의 형태들에도 불구하고 전통적인 의미의 가족을 유지시키려 한다는 점에서 가족 규범을 충실히 따르는 경향이 있다.

2) 초국적 가족(transnational family)

결혼이민을 통해 구성된 가족은 배우자의 나라인 수용국의 가족 전통만을 따르는 것이 아니다. 국제결혼 가족은 '초국적' 성격을 지닌다. 결혼이민자는 한편으로는 수용국 문화에 적응하고 동화하려 노력하지만 동시에 본국 가족과의 연결성을 잃지 않고 가족 내 역할을 수행하고자 한다. 결혼이민자는 모국과 수용국의 가족 규범과 역할 모두를 동시에 삶의 준거로 삼으면서 의사결정을 하고 가족을 유지해간다. 이런 점에서 국제결혼가족을 초국적 가족이라 부른다. 즉, 초국적 가족은 이민자와 그의 가족이 두 문화권의 가능성 및 구속과 한계에 반응하며 만들어내는 새로운 형태의 가족을 의미한다. 이 때문에 초국적 가족은 다양한 문화적 습관, 성역할과 가치관, 효의 개념, 양육과 모성에 대한 이해 등 여러 면에서 가족구성원간의 협상과 연대를 새롭게 만들어나가고 이 과정에서 본국과 수용국 가족 문화와는 완벽하게 일치하지 않는 새로운 가족 실천을 만들어가기도 한다.

3) 글로벌 가구화(global householding)

글로벌 가구화란 가족이라는 최소한의 사회적 단위의 기능이 두 국가 이상에 상주하는 가족구성원들에 의해 유지되고 재생산되는 것을 의미한다(마이크 더글라스, 2010). 즉, 가족이 한 장소에 함께 살면서 각각의 역할을 수행하기 보다는 가족 구성원들이 여러 나라에 흩어져 살면서 가족을 구성하고 유지하고 재생산하는데 필요한 기능을 수행하면서 연결성을 갖는다는 의미다. 예를 들어, 자녀들의 교육이나 좋은 삶을 위해 아이를 외국에 보내면서 엄마는 아이의 양육을 담당하기 위해 아이를 따라가고, 아버지는 가족 유지를 위한 생계를 담당하기 위해 본국에 남거나 흩어져 살다가 정기적으로 만나는 '기러기 가족' 또한 글로벌 가구화의 전형적인 예가 될 수 있다. 또한 국제결혼 가족 또한 글로벌 가구화의 예가 될 수 있다. 즉, 결혼이민을 했지만 여전히 본국의 가족을 돌보거나 서로가 도움을 주고받으면서 가족을 유지할 때 글로벌 가구화라는 개념을 적용할 수 있다. 즉, 글로벌 가구란 신체적으로 아이를 출산하는 것뿐만 아니라 보다 넓은 의미에서 수입 및 노동의 공유를 통해 재생산 활동을 하는 사회적 단위가 두 개국 이상의 가구에서 이뤄지는 것을 의미한다. 글로벌 가구는 가족의 삶의 주기에 따라 결혼 및 배우자 찾기, 출산 및 입양, 자녀 양육과 투자, 살림 및 재생산, 가구 바깥에서 이루어지는 생계활동, 세대 간에 이루어지는 노인 돌봄 문제, 은퇴 이주의 제 측면에서 두 나라 이상에 퍼져있는 가구원들의 협조와 교류를 통해 '가족'을 유지해나간다. 그러나 글로벌 가구는 가구 구성원의 글로벌한 움직임과 교류를 통해 가구를 형성하고 유지하려는 노력을 증대시킬 때만이 그 안정성이 유지된다. 때문에 가족원들의 상호방문과 이후의 지속적인 교류는 가족 재생산의 안정성을 위해 필수적인 과정이다.

결혼이민자의 경우 본국가족과 수용국에서 구성된 가족 구성원 모두가 가족의 기능을 수행한다는 의미를 내포한다. 국제결혼 이민자들은 고향을 주기적으로 방문하고, 정기적 또는 부정기적인 '송금'을 통해 본국 가족의 경제적 지위를 개선시키고자 노력한다. 양육과 교육에 있어서도 본국과 수용국의 두 가족의 협력은 필수적이다. 본국 가족구성원을 초청해 아이 양육에 참여하게 하는 행위, 노동 이주를 통해 경제활동을 증진하는 행위, 아이를 이민자의 본국에 보내 교육하는 행위들을 모두 포함한다. 여건이 허락되면 수용국의 배우자가 이민 온 배우자의 나라로의 역이주를 하기도 한다.

3. 이민자 2세

보통 외국인으로 가족이민을 통해 정착한 이민자의 자녀는 이민자 2세로 불린다. 이민의 역사가 긴 나라의 경우, 이민자 3세, 4세로 세대가 확장될 수 있다. 이민자 2세라는 개념은 외국인 배우자가 결혼이민을 통해 구성한 가족의 경우, 이들의 자녀를 지칭하는 용어로 사용되기도 한다. 생물학적 순혈 개념을 강조해왔던 나라들에서 종족, 인종, 국적이 다른 사람들 간의 결합을 통해 태어난 자녀들은 피의 섞임이란 의미에서 종종 혼혈로 불리지만 이 용어는 낡고 문제적이다. 즉, 순혈의 우수성이나 정상성을 전제하면서 사회적 낙인이나 차별적 용어로 사용되기 때문이다. 결혼 이민자와 국민 배우자, 또는 다양한 종족 간 결혼을 통해 태어난 자녀들은 일본의 경우 '하프' 또는 '더블'로, 한국의 경우는 다문화가족 2세 등으로 불린다. 미국의 경우 부모의 다양한 유산을 물려받았다는 점에서 혼합문화전통을 가진 아동(mixed heritage children)이란 용어를 사용하기도 한다.

또 다른 용어로는 '이주배경 아동'이란 개념이다. 이주배경 아동은 본인 혹은 부모가 이주의 경험이 있는 아동을 포괄적으로 지칭하는 개념으로, 여기서 아동이란 '18세 미만인 사람'을 뜻하며 국제적으로 널리 적용되는 미성년의 기준인 <UN 아

동권리협약>에 따른 것이다. '이주배경 아동'이란 개념은 한국에서 2000년 이후 사용되기 시작했다. 이들을 지원하는 무지개청소년센터에서 정의한 '이주배경 청소년'은 ① <다문화가족지원법>에 따른 다문화가족 자녀 ② <외국인근로자의 고용 등에 관한 법률>에 따른 외국인근로자의 자녀 ③ 결혼이민자가 한국인 배우자와 재혼하여 본국의 자녀를 데려온 경우와 국제결혼가정의 자녀 중 외국인 부모의 본국에서 성장하다 청소년기에 재입국한 경우인 '중도입국청소년' ④ <북한이탈주민의 보호 및 정착지원에 관한 법률>에 따른 북한이탈주민 중 청소년기에 해당하는 집단인 '탈북청소년' ⑤ 제3국 출생 북한이탈주민 자녀 ⑥ 난민지위를 인정받고 일정 기간이 경과한 후 귀화를 통해 대한민국 국적을 취득한 난민 및 그 자녀 등이 포함된다(김철효 외, 2013: 15-16). 즉, 이주배경 아동 및 청소년은 주로 외국에서 태어나 성장했지만, 부모의 재혼, 취업 등으로 부모를 따라 입국한 국제결혼 재혼가정, 이주노동자 가정, 탈북자 및 난민가정의 자녀를 포괄적으로 지칭한다.

　　다문화가족의 자녀들이 한국국적자인 것에 반해, 이주배경 아동은 한국국적자와 한국국적미보유자로 나뉘고, 일부 난민 가족의 아동의 경우 본국을 떠나 한국에서 비호를 신청할 당시 출생한 아이들의 출생신고가 되지 않아 무국적 상황에 놓여있는 아동 또한 존재한다.

2절 결혼이민의 원인과 체제

1. 결혼이민의 증가 원인과 유형

1) 종족내혼형 국제결혼

　　'종족내혼'(ethnic endogamy)형 결혼이민은 유럽 및 미국 등 이민을 적극적으로 받아들인 국가의 이민자와 이민자 2세 또는 3세 등 후속세대가 부모의 출신지역의 동족집단이나 종교가 같은 사람들과 결혼하는 것을 선호하면서 생기는 국제결혼의 유형이다. 이를 동족혼(co-ethnic marriage) 또는 족내혼(ethnic endogamy)이라 부른다.

　　결혼이민의 역사는 '종족내혼형'(ethnic endogamy) 결혼에서 시작되었다. 19세기부터 20세기 초 유럽 여성들이 결혼 상대자를 구하기 위해 신대륙으로 대거 이주를 간 것이 그 기원이다(Lee, 2013: 1). 신대륙으로 먼저 이주해 간 유럽 남성들과의 편지 교환을 통해, 또는 그들이 낸 광고를 보고 결혼이민을 떠난 여성들을 '편지신부'로 불렀다. 이후 사진의 발명으로 사진교환을 통해 결혼이민을 간 여성들은 '사진신부'로 불렀다. 당시 미국으로 이주해 간 일본, 중국, 한국인들은 인종간의 결혼을 금지하는 미국법 때문에 현지에서 배우자를 구하기 어려웠고, 결국 본국에서 배우자를 데려와야 했다(Lee, 2013: 1). 이런 형태의 동족간 국제결혼은 이후에도 결혼이민자의 다수를 차지하게 된다. 1980년대 보트피플이라 불리며 베트남을 탈출했던 이민자 그룹 2세들이 본국인 베트남에 배우자를 구하러 오는 것, 또는 유럽의 이민자 그룹의 2세 또는 3세들이 인도, 파키스탄, 아프리카 지역 등 부모의 출신지역에서 배우자를 찾는 것이 그 예이다. 한국계 이민자 그룹도 언어가 통하고 문화적 차이가 많지 않다는 전제하에 한국에 와서 배우자를 찾는 것도 동족혼에 바탕을 둔 국제결혼의 예다. 1990년대 한국의 국제결혼에서 조선족 여성들이 배우자로 선호된 이유도 동족 간 결합으로 언어나 문화적으로 이질성이 덜하다는 믿음 때문이었다.

이민자 자녀들이 정착한 지역의 주류집단이나 다른 이민자 집단의 구성원과 혼인관계를 맺는 것을 꺼려하거나, 혼인이 쉽지 않을 경우, 종족내혼형 국제결혼을 선호하게 된다. 이는 수용국에서 문화적 소수자로 살아갈 수밖에 없는 이민자 집단이 결혼적령기가 되어도 배우자를 구하지 못하는 결혼압박을 경험하기 때문이다. 즉, 결혼을 통해 배타적인 방식으로 사회문화적 응집력을 만들어가는 주류 집단이나 다른 종족의 이민자그룹의 구성원을 배우자로 맞아들이기가 쉽지 않기 때문에 자신의 본국이나 출신지역에서 배우자를 데려오게 된다.

또한 국적이 다른 동족 간의 국제결혼은 이주자들이 취해 온 '결혼 전략'이다. 이 때 국제결혼은 이민자 가족의 인종적 순수성을 지키기 위한 가족 전략의 하나로 채택되기도 하고, 불확실한 결혼시장에서 신뢰와 안전을 확보할 수 있는 방법으로 채택된다. 즉, 부모나 자신의 출신지에서 배우자를 데려오는 것이 가장 확실하고 안전한 방법이라 간주된다. 동족혼은 문화적 또는 종교적 차이에서 오는 갈등을 해결해주고, 교육, 품성, 성격 면에서 좀 더 적합한 배우자를 얻을 수 있으며, 자식에게 종족 집단의 문화를 전수 할 수 있다는 생각에서 선호된다(Shaw and Charsley 2006: 416). 또한 이미 오래 전에 이민을 떠나온 부모세대는 자식들의 결혼을 통해 소홀해질 수밖에 없었던 본국의 친족 연결망을 재활성화하면서 고국과의 연결의 끈을 만들 수 있다는 생각에서 동족혼을 선호하게 된다. 동족 간 결혼은 종교적 전통이나 전근대적인 '배우자관'의 결과이기도 하지만 동시에 이민자집단이 믿을만한 배우자를 얻기 위한 적극적인 전략이기도 하다.

2) 이민의 여성화(feminization of migration)

전 세계적으로 국제결혼과 결혼이민의 증가는 정치경제적 변화와 밀접한 관련을 갖는다. 최근의 전 지구적 이민 패턴 중 가장 두드러진 변화는 기존의 남성 위주의 생산영역으로의 이주에서 여성들이 주로 담당해왔던 재생산 영역으로의 여성이주로 확장되고 있다는 점이다. 이를 이민의 '여성화'(feminization)라 부른다. 이민의 여성화는 신자유주의적 구조 개혁의 결과로 여성의 빈곤화가 가속되면서, 이주자 중 여성의 수가 급증하고 있고, 이들 이주 여성들이 전통적으로 '여성의 일'로 취급되던 가사노동, 육아나 환자 간호와 같은 돌봄노동 등을 하기 위해 국제 이주하는 것을 의미한다. 국제결혼 또한 배우자의 국가로 이주하는 여성의 수가 다수라는 점에서 이민의 여성화로 간주된다. 먼저 이주한 남성이 부인이나 자녀 등을 데리고 왔던 전통적 이민 패턴과는 달리 이민의 여성화는 여성이 남성의 의존자나 종속자로서 이주하는 것이 아니라 '생계부양자'로 이주한다는 점에서 새로운 현상이다.

여성들이 대거 결혼이주를 했던 역사적 사실로 비쳐볼 때 이민의 여성화는 새로운 현상은 아니지만 1980년대 중후반 이후 주요 이민 송출국에서 해외취업을 나가는 이민자(emigrants) 가운데 여성의 비율이 폭발적으로 증가했다는 점에서 주목할 만하다. 제1세계나 아시아의 경제부국은 공통적으로 출산율 저하, 결혼율 저하, 급격한 노령화의 상황을 맞이하게 된다. 또한 맞벌이 부부 가족이 증가하면서 가족 내 '돌봄노동의 공동화'를 메우기 위해 임금이 저렴한 다른 나라 여성들의 노동력을 사용해야 했다(Ehrenreich and Hochschild, 2002; 파레냐스, 2009). 즉, 돌봄의 공동화를 해결하는 방법으로 아시아 지역의 여성들이 가족형성과 재생산 노동을 담당하는 '이주인력'으로 동원되고 있다. 이 때문에 미국을 비롯한 유럽, 아시아의 도시 지역에는 가정부, 환자 돌보미, 보모 등의 역할을 수행하기 위해 이주하는 여성들이 급증하고 있다.

마찬가지로 글로벌 신자유주의화로 인한 농촌과 도시 지역의 빈곤이 심화되면서 경제빈국의 자국민 '송출'이 가속되고 있다. 경제협력개발기구(OECD)는 지난 20년간 서구로의 대규모 이주와 정착형 이민을 막기 위한 방법으로 시장 개방과 직접 투자를 일차적 목표로 설정했다. 이를 위해 제1세계 유입국은 투자나 원조를 해주는 대신 개발도상국의 구조 조정의 필연성을 역설하며 강요해왔다. 경제 위기를 경험하는 아시아 국가들은 늘어나는 외채 부담을 줄이기 위해 국민들의 대규모 이주를 장려하고, '암묵적으로' 후원하게 된다(김현미, 2006). 사회보장제도나 공공자원이 부족한 중국, 베트남, 태국, 캄보디아, 필리핀 등과 같은 경제개발도상국의 경우, 실업과 빈곤화라는 위기를 극복하고자 결혼이나 노동의 방법으로 자국을 떠나 해외로 이주하는 국민이 급증하고 있다. 또한 동구권 사회주의의 몰락으로 급격하게 전 지구적 자본주의 시장으로 편입된 국가들의 상황 또한 이민의 여성화를 촉진시킨다. 구소련연방국가(CIS) 출신의 여성들은 소비에트 연방 시대에 공적 노동에서 여성들에게 상대적으로 평등하게 일자리를 제공해주었던 쿼터시스템(Quota system)이 붕괴하면서 일자리를 잃었고, 여성들은 이에 대한 적극적인 대응 방식으로 이주를 감행하고 있다(Tavernise, 2003).

　구조 조정 과정에서 훈련이나 취업에서 배제되어 빈곤한 상태에 머물러야 하는 여성들은 위기를 적극적으로 극복하는 방식으로 이민을 선택하는 경우가 많다. 생계를 위해 자국의 정부에 의존하기보다는, 알선 업체에 큰돈을 지불하면서 외국의 고용주를 직접 찾아 나서고 있는 셈이다. 만성적인 실업과 가난을 해결하고자 송출국 정부는 노동이민을 장려하고 있는데 이민자들이 본국으로 송금하는 외화는 다른 어떤 경제 활동보다 국가의 경제력을 강화하기 때문이다. 그러나 여성들에게 개방된 합법적인 이민이나 이주 통로가 매우 제한된 상황에서 자본이 없는 여성들은 상대적으로 거래 비용이 적게 드는 분야, 가사 및 돌봄노동, '결혼', 또는 유흥업 분야로 이주하는 경향이 높다.

　최근의 국제결혼은 가족형성 및 아이 양육의 고비용 구조 때문에 내국인과 결혼을 하기 어려운 남성인구가 증가하면서 늘어난다. 전통적인 남성 생계자 모델을 현실화시킬 수 없는 많은 저소득층 남성들은 자국에서 배우자를 구할 수 없는 상황이므로 국가 간의 경제 격차를 활용하여 다른 나라 여성들을 배우자로 맞아들인다. 국제결혼은 신자유주의적 세계화 과정에서 혜택을 받지 못한 경제적으로 주변화된 남성들과 자원이 빈약한 여성들의 이주 욕망이 결합되면서 급증한다. 국제결혼은 가족형성과 유지, 아이 출산 및 사회화의 역할이 민족이나 국가 단위에서 해결될 수 없게 되면서 증가하고 있다. 이런 점에서 국제결혼은 '아래로부터의 세계화(globalization)'라고 볼 수 있다.

3) 사랑의 지구화

세계화가 가속화되면서 국가 간 사람들의 이동이 증가하고, 이에 따라, 종교, 인종, 국적, 종족, 출신지가 다른 사람간의 결혼이 자연스럽게 증가한다. 인터넷 등 미디어 테크놀로지의 발달로 지역적 거리에도 불구하고 24시간 접속이 가능하고, 문화적 친화력과 친밀성을 생성하고, 유지하며 확장시켜낼 수 있는 지구촌 환경 또한 국제결혼 증가에 기여한다. 인터넷을 통한 전 지구적 연결망은 채팅이나 펜팔을 통해 '인터넷 로맨스'를 실현시킬 수 있는 가능성을 증폭시켰고(Constable, 2003), 또한 결혼이민을 기획하는 사람들 간의 거래와 협상이 이루어지는 공간이 되기도 한다. 이처럼 국제결혼은 개인들의 문화적 상상력과 글로벌 커뮤니케이션 시스템의 발달을 통해 증가하고 있다.

해외 진출 기업이나 다국적 기업에 종사하는 사람들이 증가하면서 국적과 인종, 종족, 종교가 다른 사람들이 일터에서 만나 친밀성과 낭만적 감정을 쌓는 기회 또한 증대된다. 이들은 종교나 가족 규범 등에서 상대적으로 자유로운 조건으로 배우자를 선택하게 된다. 즉, 각자의 종족성이나 출신지의 차이보다는 둘 간의 관계에 주목하는 경향이 강해진다.

즉, 국제결혼의 증가는 세계화로 인한 '개방성'이 확장된 결과라 볼 수 있다. 벡·벡-게른스하임(2012)은 이런 의미에서 국제결혼을 국경과 대륙을 넘어 이뤄지는 '사랑의 지구화' 현상의 하나로 본다. 사랑의 지구화는 지리적, 문화적, 정치적 경계를 넘어선 사랑을 의미한다.

2. 결혼이민 체제

코프만 외(Kofman et.al, eds, 2000)는 이주 문제는 구조와 행위자를 연결하는 이민 체제(migration regime), 이민 제도(migration regulations), 그리고 개별 이민자라는 세 가지 차원의 문제를 포괄한다고 주장한다. 이민 체제는 이주에 관여하는 각 국의 법이나 제도의 속성, 송출국과 수용국의 관계, 이민자의 진입을 결정하는 조건과 거주와 고용에 관한 권리들을 규정하는 통치 체제를 의미한다. 즉, 이민자라는 범주를 구성하는 단일 국가 또는 초국가적인 권력의 속성을 의미한다. 이민 제도는 이주를 가능하게 하는 공식적 국가 기구와 중개업자, 비공식적 네트워크를 포함하는 일련의 제도들을 의미하고, 이 과정에서 경제적 이윤을 만들어내는 이민 산업(migration business)의 규모가 결정된다. 이민의 문제는 이러한 이민 체제와 이 민 제도라는 구조적 조건과 더불어 고유한 역사, 사회적 정체성, 자원 조건 속에서 이주를 결정하는 개별 이민자의 상황을 분석해야 한다.

결혼이민 또한 송출국과 수용국의 이민 체제에 영향을 받게 된다. 이민은 유입—이주—정착—귀환의 전 과정을 포함하기 때문에 국제결혼에 개입하는 정책과 법률의 성격이 국제결혼 이민자와 가족들의 시민권과 사회적 지위를 구성하는데 결정적인 영향력을 행사한다. 즉, 국제결혼 이민체제는 왜 특정 국가에서 결혼이민을 받아들이고, 정책의 목표가 무엇이고, 이를 가능하게 하기 위한 구체적인 법률과 제도는 무엇인가에 관한 부분을 포괄한다. 또한 송출국의 경우, 자국의 국민과 외국인의 결혼을 가능하게 하는 국제결혼 관리 규정이나 결혼 등록에 관한 법률 등이 이에 포함된다. 또한 국제결혼은 자발적 개인들의 선택이라는 자유주의적 관점만으로 이해될 수 없기 때문에 실질적으로 국제결혼을 통한 초국적 이주를 가능하게 하는 중개 및 브로커 시스템이 어떻게 작동하는가를 분석함으로써 파악될 수 있다. 즉, 친족 연결망, 연쇄이주 고리 등 이민자의 사회적 연결망을 비롯해서 상업적 중개업에 의해 대규모로 이뤄지는 국제결혼의 구체적인 중개구조 및 관련 법률이 포함되고, 이와 관련을 맺고 있는 다양한 산업들이 함께 연구되어야 한다.

실제로 아시아 지역의 국제결혼은 저출산 및 인구 고령화 등의 위기를 경험하고 있는 아시아 경제발전국가들이 이 위기를 해결하기 위해 제한적이나마 영구이민을 받아들이면서 급증하고 있다. 국제결혼은 세계화가 심화되면서 나타나는 국가 간의 경제 격차, 성별 역할 이분법에 기초한 이성애 결혼제도에 대한 맹신과 돌봄의 사회화의 부재, 결혼을 상품화하는 중개업체들의 전략 등 중층적인 문제들이 관여된 복합적인 요인의 결과이다. 이 때, 이주 브로커나 중개업자는 각 국의 이민정책과 제도의 특징이나 '약점'을 파악하여 송출과 유입, 정착의 전 과정에 개입하면서 '이윤'을 만들어낸다. 이민산업의 특수한 분야인 결혼중개 사업은 단순히 결혼 브로커만을 의미하지 않는 다층적인 사업을 포함한다. 이러한 이주 비즈니스에는 중개업자, 변호사, 통역자, 관광업자를 포함하여 다양한 중간 매개자들이 결합된다. 즉 송출국과 유입국의 중개업체뿐 아니라 호텔, 서류대행업자, 웨딩업체, 여행사,

관광업체 등 현지에서 활동하는 다양한 이익 집단이 결합된 체제로 작동한다. 중층적인 하청과 연결 고리를 통해 결혼 중개 시스템이 구축된다(고현웅 외, 2005).

이민정책으로서 국제결혼을 이해하기 위해서는 각국의 이민정책과 국제결혼제도의 여부, 출입국관리와 국제결혼이민자의 지위, 국적과 귀화에 관한 법률을 포함해서, 국제결혼 중개구조와 관련 법률 및 제도, 정착 및 사회통합 지원제도의 여부, 결혼 이주와 다른 이주노동제도와의 연관성 등을 다각적으로 검토해야 한다.

결혼이민자 사회통합정책의 목표는 크게 '동화'(assimilation)와 '통합'(integration)으로 나눌 수 있다. 동화는 이민자가 점차적으로 수용국의 가치를 받아들이게 되면 본국에서 내재화된 가치는 점차 희석 될 것이라고 믿는 관점이다. 반면에 통합은 이민자와 수용국 구성원들 간의 '상호인정과 수용'의 철학에 바탕을 둔 개념이다. 이민자는 본국의 문화적 가치를 부정할 필요 없이 다문화적 가치를 수용한다. 다종족, 다국적 배경을 가진 사람들이 단일 문화적 사회의 구성원이 되는 것을 옹호하는 것이 동화라면, 다문화적 배경을 가진 사람들이 기존과는 다른 새로운 사회를 구성해간다는 점으로 정책을 펼치는 것이 '통합'이라 할 수 있다. 이민자와 수용국 구성원간의 완벽한 분절을 목표로 하는 정책은 고립/분리 정책이라 할 수 있다. 결혼이민자의 통합의 정도를 측정하는 기준은 노동시장에서의 이동성, 가족 재결합, 교육, 정치적 참여, 장기체류권과 국적, 반차별(anti-discrimination) 등이다. 각 국의 결혼이민자 정책의 적절성은 이 분야의 통합의 노력을 얼마나 보여주고 있는지에 따라 판단될 수 있다.

 ## 3절 각국의 결혼이민 현황

1. 유럽과 미국의 결혼이민

유럽의 경우, 쉥겐협약을 통해 EU에 가입한 국가 시민들 간의 자유로운 이동이 가능해지면서 이주가 활발하게 진행되고 있다. '사랑의 지구화'에 따른 개방성의 증가와 유럽지역의 사회경제적 매력 때문에 '편의에 의한 결혼'(marriage of convenience)을 추구하는 사람들이 급증하면서 국제결혼 또한 증가하고 있다. 편의에 의한 결혼이란 결혼의 목적이 배우자간의 경제적 이해관계에 의해 정략적 또는 도구적 형태를 띤 결혼을 의미한다.

또한 종족, 인종, 종교, 출신지와 국적이 다른 사람들 간의 결혼을 의미하는 혼합결혼(mixed marriage)도 증가하고 있다. 이민의 역사가 길어지면서 이민자의 자녀들이 부모의 출신지로부터 배우자를 데려오는 종족 내혼 결혼도 줄어들지 않고 있다. 란지어리(Lanzieri)의 2011년 보고서에 의하면 유럽 전역의 국제결혼의 정확한 통계를 파악하는 것은 쉽지 않다. 실제로 유럽의 많은 나라에서는 전통적 형태의 결혼 외에 '등록된 파트너' 제도가 법적으로 인정되고 있고, 장기간 동거를 하는 사실혼 부부도 많다. 또한 동성 간 결합을 결혼으로 인정하는 7개의 유럽 국가도 있기 때문에 다양한 형태의 결혼의 '혼재성'이 존재한다. 이런 혼재성은 국제결혼의 통계와 형태를 파악하는 것을 어렵게 만든다. 결혼이민자가 수용국의 국적, 즉, 시민권을 획득하는 방식도 다양하다. 북부와 서부 유럽 국가들에서 외국인 남성에 비해 외국 여성과의 국제결혼 비율이 훨씬 높은 것은 이민의 여성화 현상과 깊은 관련이 있다. 특히 동구권의 경제 상황이 열악해지면서 가사노동, 돌봄노동, 유흥 등의 분야로 이주하는 여성들이 증가하고 있고, 국제결혼 또한 증가하고 있다.

미국의 경우 국제결혼은 교차결혼(intermarriage)의 한 형태로 이해하고 있다. 교차결혼은 종교, 인종, 종족이 다른 사람들 간의 결혼을 의미한다. 1980년대는 교차결혼의 비율이 전체 결혼의 6.7%에 불과했지만, 2010년에는 약 15%로 증가했다. 미국 내 교차결혼은 신혼부부 다섯 쌍 중 한 쌍 꼴로 이루어지며 학력이 높을수록 교차결혼의 빈도 또한 비례하는 경향을 보인다. 미국 시민권자와 결혼한 결혼이민자는 이민법상 여러 혜택들이 주어지고 보통 6개월 이내 영주권 획득이 가능하다. 이 때문에 결혼이라는 통로를 통해 미국에 입국하려는 외국인을 식별하는 것이 결혼이민과 관련한 중요한 정책이 되고 있다. 즉, 미국의 경우는 결혼의 순수성이 의심되는 위장결혼에 대해 매우 엄격한 조치를 취하고 있다는 점이 강조되고 있지만, 결혼이민자나 결혼이민자가 포함된 가족에 대한 포괄적인 사회통합정책은 부재한 편이다. 미국 국제결혼중개업에 관한 법률(International Marriage Broker Regulation Act of 2005)은 특정 기간 동안 결혼을 반복하는 자국민에게 비자 보증을 허락하지 않음으로써, 상습적으로 국제결혼을 하는 자국민을 처벌하고, 국제결혼이 미국으로의 입국을 위한 단순한 비자 획득의 방편으로 남용되는 것을 처벌하고 있다. 또한 국제결혼 신청자들은 가정폭력, 범죄 여부, 성범죄, 연쇄적인 알코올 혹은 약물 중독 등에 대한 정보를 공개해야 하고, 이와 같은 정보를 외국인 약혼자 혹은 배우자에게 송부하도록 법률로 정하고 있다.[1]

미국의 경우 약혼자에게도 비자를 발급하고 있다. 만일 배우자가 약혼자 비자(K 비자)를 통해 미국에 입국한 경우에는 입국일로부터 90일 이내에 반드시 그 시민권자인 초청자와 결혼해야 한다. 만일 결혼이 취소되는 경우에는 90일 이전에 출국해야 한다. 또한 동성 간 결혼을 인정하는 주에 한 해서는 동성결혼을 한 외국인의 결혼이민도 허용한다.

이민국가인 유럽과 미국 등에서 국제결혼은 '사적인 결정'으로 존중되지만 위장결혼의 가능성에 대해서는 매우 엄격한 입장을 취하고 있다. 그러나 배우자에 의존하여 이주를 감행한 여성이주자가 이혼이나 별거, 일방적인 배우자 유기 등을 경험할 때, 이에 대한 사회적 지원책이 부재한 것이 문제로 지적되고 있다.

2. 동아시아의 결혼이민

1) 동아시아 결혼이민의 특성

1980년대 중후반 이후 동아시아 경제발전국에서 국제결혼이 급증한 것은 사회경제적 변화가 결혼과 배우자 선택에 미친 영향력 때문이다. 자국민간의 결혼과 가족형성을 통해 안정적으로 인구 조절 및 사회적 노동력을 확보해왔던 일본, 대만, 싱가포르, 한국과 같은 경제발전국은 심각한 수준의 출산율 저하, 고령화, 지역적 인구 불균형이라는 인구학적 위기를 경험했다. 그러나 '민족가구'로는 이러한 위기를 극복하기 힘든 상황을 맞이하게 되었다. 이는 곧 국가의 위기로 받아들여진다. 이들 사회의 공통점은 경제성장과 고학력화 등으로 소비중심 사회로의 변화가 빠르게 일어나면서 결혼에 대한 가치관이 빠르게 변화하고 있다는 점이다. 이성애(heterosexuality)에 기반을 둔 결혼 및 가족 제도는 '남성 생계부양자, 여성 가사노동자'라는 성별 노동분업을 통해 인구 재생산을 이룩해 왔고, 여성들이 무임으로 수행해왔던 가사 및 육아 노동을 통해 자본 축적을 가능케 함으로써 빠른 경제발전을 이루어왔다. 그러나 남성들의 생계부양자로서의 역할이 불안해지고, 여성들

---

1) 결혼 중개업자는 여성의 자국어로 작성된 남성의 신상 정보, 폭력에 관한 범죄기록, 성적 범죄 기록 등을 제공하고 가정폭력법과 그 밖에 관련 법에 관한 정보를 제공한 후 서면으로 작성된 동의서를 얻기 전까지는 여성과의 연락을 주선해서는 안 된다. 이를 어길 시에는 2만 5천불 이하의 벌금형에 처하거나 5년 이하의 징역에 처한다.

또한 학력 및 경제력을 갖추기 시작하면서 여성들은 의무나 통과의례가 아닌 선택으로 결혼을 받아들이기 시작했다. 공사 영역 모두에서 여성들의 경제적 역할과 기여가 강조됨에도 불구하고 가족 내 성평등이나 민주적 가사 분담은 지체된 상황에서 여성들이 할 수 있는 선택은 그리 많지 않다. 결혼 시기를 늦추거나 출산을 조절함으로써 일과 가족의 양립을 유지하기 위해 애쓰거나 커리어와 경제적 독립을 위해 결혼을 하지 않는 것이다. 무엇보다 일본과 한국 등 동아시아 국가는 정착형 이민을 받아들이지 않는 비이민국가였기 때문에 유럽이나 미국처럼 외국인의 가족이민을 통해 인구학적 위기를 해결해왔던 경험이 부재한 상태에서 저출산과 인구의 노령화는 심각한 위기로 받아들여졌다. 급속한 경제발전에서 혜택을 받지 못한 결혼적령기를 넘긴 저소득층 남성의 수가 급증했고, 여성들의 경우 결혼을 자연스런 통과의례가 아닌 '선택'으로 간주하는 경향이 강해졌다. 외국인 이민을 전면적으로 허용하기보다는 외국인의 단신(單身) 이주인 결혼이민을 통해 이 위기를 해결하고자 했기 때문에 일본, 대만, 한국의 최초의 정착형 이민자는 결혼을 통해 국민의 배우자로 유입된 외국 여성들이었다(김현미, 2014: 26-7).

동아시아 지역의 국제결혼의 증가를 분석한 논문(Lee, 2010, 2013; Tseng, 2010)들은 1990년대 국제결혼은 국내 결혼시장에서 불리한 위치에 있는 저소득층 남성들, 특히 농촌지역 남성들의 결혼 수요의 결과라고 주장한다. 일본은 주로 농촌에서 부모로부터 농사와 땅을 물려받은 남성들, 대만의 경우는 농사나 미숙련 제조업에 종사하는 남성들이 국제결혼의 주요 수요자라는 것이다. 한국 또한 농촌 남성들에 의해 국제결혼이 시작되었지만 지금은 도시 저소득층 남성이나 재혼을 원하는 남성들이 주요 수요층이 되고 있다.

동아시아의 대규모 국제결혼은 이전에 유럽이나 미국 등에서 행해진 상업적 형태의 결혼 경향에 영향을 받아 상업적 중개업과 사회적 네트워크에 의한 소개에 의해 이뤄진다. 1970~80년대 유럽 및 미국 남성과 아시아 여성의 결혼이 '우편주문신부' 등을 통해 이뤄지면서 여성의 상품화와 인권 침해를 초래했다. 동아시아는 중개나 중매에 의한 면대면 맞선을 통해 성혼이 이뤄지지만 여전히 여성의 상품화에 대한 논란이 있다. 중개업뿐만 아니라 일자리, 투자, 사업, 교육 등의 목적으로 다른 지역에 이주한 아시아인들에 의해 구성된 다양한 사회적 네트워크가 증가하면서 소개 및 중개를 통한 국제결혼 또한 증가한다. 국제결혼을 한 여성들이 친구나 자매 등을 국제결혼시장으로 끌어들이면서 '여성 이주 연쇄'가 일어나 국제결혼이 특정지역에서 급증하게 된다.

　동아시아 국가들은 특히 종족적 동질성이 강하기 때문에 결혼이민자의 급증은 사회적 우려를 낳기도 한다. 가족을 통해 국가 주권과 민족 문화의 정체성을 생산해왔던 한국을 포함한 일본, 대만 등 동아시아 국가에서 가족은 전통과 고유문화를 보존하는 문화적 지표로 사유되어 왔다. 그러나 국제결혼을 통해 외국인 여성이 증가하면서, 가족과 지역 사회의 문화적 혼종성 또한 증가하게 되었고, 소위 단일한 민족 문화의 재생산은 불가능해졌다. 그러나 저출산과 가족 해체라는 위기를 극복하기 위해 여성 이주자를 가장 절실하게 요청하는 분야 또한 가족이라는 재생산 영역이다. 이 때문에 지속적인 경제 발전과 자본 축적을 위해 이주자를 필요로 하는 한국과 같은 아시아의 경제발전국은 민족국가 유지와 재현의 중요한 장소인 가족이 초국가적이며 문화적으로 혼종적인 공간으로 변해가는 딜레마에 봉착하게 된다. 국가 유지를 위해 정책적으로 장려된 국제결혼이 다양한 문화권의 이주여성의 유입을 통해 의도하지 않은 새로운 흐름을 맞게 되었기 때문이다. 아시아에서 급증한 국제결혼은 전형적인 동아시아 단일민족 중심의 시민권(East Asian mono-ethnic citizenship) 개념을 변화시키고 있다. 다문화주의를 경험한 적이 없는 동아시아 국가에서 국제결혼은 다양한 기대와 우려를 낳고 있다. 한편으로는 다문화 담론을 통해 결혼이민자의 사회통합을 적극적으로 지원하지만 동시에 결혼이민자에 대한 과도한 동화 정책 및 사회적 분리를 통해 결혼이민자를 이등시민으로 고착화시키는 등의 문제를 낳고 있다.

2) 일　본

　일본에서 국제결혼은 1980년대 이후 증가했다. 전체 결혼 중 국제결혼이 차지하던 비율이 1965년에는 0.43%였으나, 1980년에는 0.93%, 2005년에는 5.77%로 급증했다(Liaw et. al, 2010: 53). 2006년 국제결혼이 4만 쌍에 이르러 전체결혼의 6.11%를 차지하며 최고의 수치를 기록했지만 이후는 매년 평균 2만 쌍 정도로 줄어들면서 안정적인 증가를 보이고 있다. 2013년 국제결혼은 총 혼인건수의 3.25%를 차지한다. 즉, 새로 결혼하는 30쌍 중 한 쌍이 국제결혼 커플이다. 이 수치는 대만과 한국에 비해 적지만 국제결혼의 증가라는 글로벌 트렌드가 그대로 반영되고 있다.

　국제결혼은 외국과의 교류가 증가하고 일본 내 '엔터테이너' 여성의 유입이 증가하면서 늘어나고 있다. 1960년대부터 농촌 남성들이 결혼적령기를 넘겼음에도 불구하고 내국인 배우자를 얻기 힘든 상황, 즉, '결혼압박'이 심해지면서 지방정부가 나서서 일본남성과 아시아 여성의 결혼 중개를 지원한 것이 국제결혼 증가의 기폭제 역할을 했다. 1980년대는 '신부기근'(bride famine)이란 용어가 생길 정도로 농촌 남성의 배우자 구하기가 어려웠고 1985년 야마가타 지역정부가 일본 남성과 필리핀 여성의 결혼 중개를 시작하면서 지방정부들이 가세하기 시작했다. 1980년대 중반에는 민간 중개업자들도 생겨났다. 주목할 것은 한국이나 대만과 달리 일본에서는 남아선호에 따른 성선택에 의해 결혼시장의 남초 현상이 일어난 것이 아니라는 점이다. 한국이나 중국, 대만과 달리 일본은 부계제를 유지하기 위해 반드시 아들을 필요로 하지 않고 사위를 통해 가계를 계승시킬 수 있었기 때문에 남아선호가 강하지 않았다. 결혼시장의 남녀 수의 불균형은 지역에 따라 큰 편차를 보인다. 예를 들어, 고된 일, 전통의 유지, 여성의 낮은 지위 등으로 여성들이 농촌지역을 기피하면서 농촌 지역에서 심각한 남초현상이 나타났고, 지역적으로 신부기근은 동일본지역이 서일본 지역보다 심했다.

1980년대까지 일본 남성의 국제결혼 배우자의 56%는 한국(계) 여성이었지만, 1990년 '버블경제'의 최고조 시 한국, 필리핀, 태국 결혼이민자의 수도 최고에 달했다. 버블 붕괴 이후 필리핀 출신 배우자가 한국 출신 배우자의 수보다 많아졌고, 2000년대 이후 현재까지는 중국 여성이 가장 높은 비율을 차지한다. 2013년 현재 15,442건의 국제결혼 중 중국 여성이 40.4%, 필리핀 여성이 20.1%, 한국계 여성이 17.1%, 그리고 태국 여성이 6.3%를 차지하고 있다. 반면에 일본 여성과 외국 남성의 국제결혼 건수는 6,046건으로 외국인 남편을 국적별로 살펴보면 한국인이 27.9%로 가장 많고, 미국인이 19.1%, 중국인이 1.8% 순이다. 한국인 비율이 높은 것은 재일 조선인과의 결혼이 포함되었기 때문이다.

일본은 중앙정부 차원에서 결혼이민자를 대상으로 한 사회통합정책은 없으나 지역정부 차원에서 다양한 사회서비스가 제공된다. 지역에서는 '다문화공생' 개념을 중심으로 언어 서비스 등을 제공한다.

최근 여성 이주자의 수가 급감한 것은 일본 정부가 UN과 인권단체들의 비판에 영향을 받아 정책을 변화시키면서 '엔터테이너'의 유입이 급감했기 때문이다. 2005년 발의된 이민통제법은 엔터테이너의 비자 발급을 엄격히 제한으로써 필리핀 여성의 유입도 감소했고 따라서 국제결혼 또한 감소했다. 1992년 일본남성과 필리핀 여성의 국제결혼은 5,771건에 달했고 2006년에는 12,150건으로 증가했으나 수 정된 이민법이 실효된 이후 2013년에는 3,118건으로 줄어들었다. 또한 일본 정부 가 중국 여성과의 위장결혼을 엄격히 통제한 이후 그 수 또한 감소했다. 그러나 여전히 국제결혼에 대한 일본인의 관심은 증가하고 있다(Nippon.com, 2015년 2월 19일자).

3) 대   만

동아시아 국가 중에서 국제결혼이 가장 빠르게 증가한 나라는 대만이다. 1980 년대 중반 이후 국제결혼이 시작되었고 1990년대 그 수가 빠르게 증가했다. 2005 년에는 등록된 결혼 총 수의 20%가 국제결혼이었다. 2006년에는 대만에서 태어난 아이 10명 중 한 명이 국제결혼 부모를 둔 가정 출신이다. 대만으로 결혼하는 여 성들의 출신국가는 중국, 베트남, 인도네시아, 태국으로 이 중 베트남, 인도네시아, 태국은 대만의 중소기업들의 진출과 투자가 많이 이루어진 국가들이다. 대만 영세 자본가나 고용인이 결혼중개업에 참여하면서 국제결혼이 급증했다. 1990년대 베트 남 여성과 대만 남성의 결혼은 상업적 중개업에 의해 대규모로 이뤄졌지만 중국인 과의 국제결혼은 상업적 중개보다는 친척이나 친구 소개를 통한 국제결혼 비율이 높은 것으로 보고되고 있다. 대만의 결혼이민자 여성은 약 40만 명에 이른다(Tseng, 2010).

대만에서는 국제결혼을 통해 대만에 온 여성들을 '외국인 신부'로 불렀고, 미 디어에서는 '외국인 신부 현상'을 대대적으로 보도하기 시작하면서 이것을 사회 문 제로 보기 시작했다. 외국인 신부는 가난한 나라에서 온 무력한 희생자나 돈을 노 리는 탐욕스런 존재, 또는 범죄를 일으키는 사람들로 부정적으로 그려졌고, 국제결 혼 자녀들은 우생학적으로 열등한 존재로 차별했다(Hsia, 2007). 대만 정부는 2003 년 이민법이 제정될 때까지 결혼이주나 결혼이민자에 대한 별 다른 정책을 추진하 지 않았다. 실제로 2003년 시행된 <외국인 및 대륙배우자보호상담정책>이 결혼 이민 정책의 주요한 근거가 되었고, 이후 몇 년 간의 부처별 정책 개발의 과정을 거쳐 2007년 이민서가 설립되었다. 이민서는 각 부처의 사업을 보고 받고, 부처 간 사업을 조정, 중재하고, 평가하는 일을 한다. 대만의 경우 가장 큰 문제로 지적 되는 것은 외국인 배우자와 중국출신의 대륙배우자의 지위에 있어 '차별'이 존재한 다는 점이다. 예를 들어, 동남아 출신 결혼이민자 여성은 취업허가증을 신청하지 않아도 취업할 수 있지만 대륙(중국) 출신 배우자들은 '방문 비자' 거류기간에는 일을 할 수 없다는 규정이 있고, 국적 취득 요건도 다르게 규정되어 있다. 대만 정부는 갑작스런 결혼이민자의 증가에 대응하고자 결혼이민자의 국적 취득을 어렵게 만들고 이들을 대만 사회에 동화시키는 정책을 추진했다. 그러나 개선된 결혼이민 여성 통합정책의 목표는 '인적자원 확보를 위한 국가 경쟁력 강화'라는 모토 하에 이주 여성의 경제주류화를 추진하고 있다. 이를 위해 대만 정부는 여성의 출신국에서의 학력을 인정하고, 지속적인 교육을 받을 수 있게 장려하고, 여성들이 본국에서 취득한 각종 자격을 인정하고 재교육시켜서 전문 직종으로 취업하는 것을 지원한다. 2008년 이후 대만 정부가 상업적인 국제결혼중개업을 '불법'화하고 공익화된 형태의 중개업만 용인하는 조치를 취한 후, 국제결혼의 건수가 많이 감소했다.

대만은 동아시아 세 나라 중 결혼이민자들의 사회 정치적 참여가 가장 활발한 국가이다. 2003년 설립된 이주자와 이민자의 인권법제화를 위한 연대(Alliance for Human Rights Legislation for Immigrants and Migrants, AHRLIM)의 활동을 통해 이민자들은 이민법에 반차별 조항을 집어넣었고, 이민자가 가정폭력을 당한 경우에는 이혼 이후에도 원한다면 대만에 머무를 수 있게 했다. 또한 이주자와 이민자의 집회 결사의 권리를 쟁취했다.

 ## 4절 한국의 결혼이민과 사회통합정책

1. 결혼이민의 역사와 전개

1990년대 이후 국제결혼이 급증한 것은 사실이지만 한국역사에는 다양한 형태의 국제결혼이 존재했다. 한국 최초의 국제결혼에 관한 기록은 가야시대로 거슬러 올라간다. 가야의 건국신화에 나오는 허황옥은 본래 인도 아유타국의 공주로 AD 48년(유리왕 25년)에 배를 타고 가야에 와 김수로왕의 비(妃)가 되어 김해 허씨의 시조가 되었다고 한다. 허황옥은 먼 이역의 다양한 선진 문물을 전달해 준 '문화운반자'이며, 한 나라의 황후로서 평등사상에 입각하여 나라를 다스린 '여걸'로 기록돼 있다. 허황옥이 어느 지역 출신인가에 대해서는 여전히 논쟁이 이뤄지고 있지만 그녀가 결혼이라는 제도를 통해 한국에 정착한 최초의 외국 여성이라는 점에는 의견이 일치하고 있다.

이종족 간의 국제결혼은 아니지만, 근대 역사상 대규모로 일어난 국제결혼은 1910년부터 1924년까지 '사진신부'(picture bride)'라는 제도를 통해서이다. 이 제도는 미국이 국가건설을 위해 동원한 일본 식민지 조선의 이주자 남성을 포함한 유색인종 남성이주자로부터 미국인 백인여성을 보호하기 위해 도입한 제도였다(Lee, 2003; Lee, 2013). 일제 식민지 시대 일본 정부의 노역으로 하와이 사탕수수밭의 이주자로 가게 된 당시 조선의 남성들은 미국 땅에서는 결혼할 여성을 찾을 수 없었다. 남성들은 자신들의 사진을 찍어 조선에 보낸 뒤 그를 보고서 결혼하고자 하는 조선 여성들을 찾았고, 결혼을 결심한 여성은 답장으로 자신의 사진을 동봉하여 남성들에게 보내곤 했다. 이렇게 오랜 기간 주고받은 사진과 편지에 의해 결혼이 성사되면 신랑은 10~15년 동안 현지에서 일하며 모은 돈으로 신부가 될 사람이 미국에 올 수 있도록 경비를 부담했다. 신랑이 보낸 경비로 오랜 시간 배를 타고 미국에 도착한 사진신부들은 총 1,100명이었고, 이 중 951명은 하와이 제도에, 115명은 미국 본토에 거주하였다고 한다. '사진신부' 결혼은 주로 조선인 간에 이뤄진 결혼이지만 두 국가 간에 벌어지는 결혼이주이므로 국제결혼으로 간주될 수 있다. 당시 사진신부로 미국에 간 조선의 여성들은 서울, 경기지방과 남부의 빈가 출신 소녀들로 평균 연령이 15~17세였다고 한다. 당시 19세의 사진신부였던 천연희씨는 가난 때문에 하고 싶은 공부를 할 수 없는 자신의 상황에서 벗어나 미국에서 공부를 하겠다는 의지로 결혼이주를 결심했다고 한다.[2] 이렇듯 역사에 등장하는 국제결혼 이주여성들은 자신의 삶을 개척하려는 의지가 강하고 새로운 문명과 문화에 대한 호기심과 모험심이 강한 여성이다.

이후 한국 전쟁과 미군 주둔의 결과로 한국 여성과 미군 군인 간의 국제결혼이 많이 이뤄졌고, 이 여성들을 '군인신부'로 부르기도 한다.

그러나 1990년대 급증한 국제결혼은 결혼시장의 성비 불균형에 의한 사회구조적 원인에 의해 생겨났다. 무엇보다 1960년대부터 강력하게 집행된 가족계획 정책은 국제결혼을 초래한 핵심 원인 중 하나이다. 남아 선호 사상이 사라지지 않은 채 행해진 출산 조절을 통한 가족계획 정책은 여아 낙태를 조장하였고 이후 심각한 성비

---

2) 2008년 여성사 전시관 특별기획전 <여성과 이주: 100년간의 낯선 여행> 자료집, 여성사 전시관.

불균형을 초래했다. 누적된 결혼시장의 성비 불균형은 계층 문제와 결합하여 경제력이 약한 남성에게 더욱 불리하게 작용했다. 학벌과 경제력, 사회적 지위를 가진 남성들은 여성들에 의해 쉽게 선택되지만, 도시 저소득층 남성과 농촌 남성에게 결혼은 실현하기 어려운 꿈이 되어 버렸다. 특히 WTO 체제 출범 이후 농산물 시장이 개방되고, 농산물 가격이 불안정해지면서 물적 기반을 갖춘 부계 가족을 만들어내는 것이 점차 어려워지면서 결혼 못한 농촌 총각이 급증하기 시작했다. 농촌 지역의 경우 1995년 기준 15세 이상 미혼 남성은 1,858,300명으로 여성 1,053,000명에 비해 무려 805,300명이 더 많았고, 20세부터 43세까지의 미혼 남성은 739,500명으로 미혼여성 213,200명에 비해 4배가 많았다(한국농촌경제원 자료: 정호준, 2001: 18에서 재인용). 1980년대 중반 이후 미디어에 등장하기 시작한 결혼 못한 농촌 총각의 자살 뉴스나 비애는 결혼을 당연한 권리이며 의무로 간주해왔던 한국 사회에 큰 파장을 일으켰다.

　　국제결혼이 활성화되기 전 농촌 총각의 배우자를 구해주는 사업은 사회운동과 봉사의 차원에서 진행되었다. 1987년 서울 YWCA는 농촌 총각들의 결혼난을 해소하기 위해 이들을 도시 여성들과 만나게 해주는 사교모임을 주선했다. 농촌 남성과 도시 여성을 이어주려는 노력은 1988년의 농협에서도 시도되었는데 당시 1,900건이라는 성혼 목표를 정해 놓고 이뤄진 중매를 통해 최종적으로 777 커플이 탄생되었다(Kendall, 1996:5). 1990년까지 다양한 사회단체, 교회, 회사, 방송국 등이 농촌 총각 결혼시키기 프로그램에 뛰어들었다. 내국인 간의 중매 사업들이 큰 효과를 보지 못하자, 잠재적인 결혼 상대자를 해외 동포에게서 구하는 사업들이 시작되었다. 1980년대 말부터, 본격적으로는 1990년대부터 조선족 동포와의 인적 교류가 증가되면서 조선족 여성들이 농촌 총각들의 배우자로 각광을 받았다. 농협과 종교단체인 통일교는 농촌 총각을 러시아 극동지역의 사할린이나 중국 조선족 마을로 보내 한민족 여성들과의 맞선을 주선했다. ‘핏줄의 재결합’을 강조하며 시작된 한국남성과 해외 동포 여성 간의 국제결혼은 각광을 받기 시작했고, 결혼 못한 농촌 총각들에 대한 사회적 연민 때문에 어려운 처지의 농촌 남성들을 결혼시키는 중개나 중매는 사회적으로 좋은 일로 받아들여졌다.

　　1992년 중국과의 수교가 이루어진 이후 농촌의 시, 군 등 지방자치단체는 초기에는 공신력 있는 민간인을 통해, 후에는 도시 간 협정체결을 통해 ‘농촌 총각 장가보내기’ 사업을 추진하였다(이혜경, 2005). 이러한 행정주도형 국제결혼은 1980

년대 일본에서 배우자를 구할 수 없는 농가 후계자의 문제를 해결하고자 필리핀 지역과 자매결연 하고 여성을 데리고 온 것에서 고안된 것이었다(황달기, 1993). 저출산과 이농으로 초래된 농촌 지역의 인구 감소를 고려해 볼 때, 결혼이주민의 유입을 통한 '한국 가족 만들기'는 농촌 커뮤니티의 생존을 위해 주요한 사업이 되었다. 특히 지역의 인구 감소는 지역의 정치적 생존을 위해 해결해야 할 시급한 문제로 인식되었다. 이 때문에 지방자치단체들이 앞 다투어 '농어민 국제결혼지원사업' 조례를 제정하기도 했다. 조례를 통해 만 35세 이상 50세 이하의 미혼 남성 내지 농어업 종사자에게 국제결혼에 드는 결혼 비용을 300~800만원까지 지원해 주었다. 농어민 국제결혼을 지원하는 지방자치단체들은 예산의 93%를 이주민의 생활 안정보다는 결혼중개비용에 사용하는 것으로 드러났다(최순영, 2007).

1994년까지 전체 혼인의 1% 미만에 불과하던 한국인 남성과 외국인 여성간의 결혼이 1995년을 기점으로 2.6%로 상승하기 시작했고, 한국인 여성과 외국 남성간의 국제결혼의 비율을 앞지르기 시작했다. 2010년에는 국제결혼이 전체 결혼의 11%, 특정 농촌지역의 경우 전체 결혼의 40%를 차지하게 되었다. 20대 초반의 아시아 여성과 40~50대 한국 농촌 남성 간의 결합이 주도적인 국제결혼의 이미지로 자리 잡고 있지만, 도시 남성들도 아내의 자리를 메워 줄 다른 나라 여성을 찾게 되었고 국제결혼 가정의 70%는 도시 지역에 거주하고 있다.

특히 국제결혼이 급증한 것은 국제결혼 '붐'이라 불렸던 2003년 이후다. 중앙정부나 지역 자치 단체 등이 적극적으로 나서 한국 남성의 국제결혼을 장려했고, 여기에 영리를 목적으로 결혼을 중개하는 업자들이 결합하면서 짧은 기간에 국제결혼이 증폭하게 된다. 무엇보다 보건복지부 산하 가정의례에 관한 법률 제2조의 결혼중개업은 1998년 이후 신고제에서 자유업으로 완화되면서 중개업이 폭발적으로 증가했다. 과거에는 행정 기관의 허락과 감독을 받아야 했던 중개업체들이 1998년 이후 법이 바뀌면서 세무서에 사업자 등록 신고만 하면 영업이 가능해짐으로써, 급속하게 증가하게 되었다. 1998년 당시 700여 개였던 중개업소가 2005년 2천개 이상으로 급증하게 되었다(고현웅 외, 2005). 이들 중개업체들은 주로 베트남 지역에 진출하였고, 이 때문에 베트남 여성과 한국 남성의 국제결혼 건수가 증폭했다.

2003년 이후 한국 남자와 혼인한 외국 여성의 국적은 1위 중국, 2위 베트남, 3위 필리핀이고 2013년 말 현재 중국인 33.1%, 베트남이 31.5%, 필리핀이 9.2%로 총 국제결혼 외국인 여성의 73.9%가 세 나라 출신이다(강동관 외, 2014: 21). 최근에는 캄보디아 여성과 한국 남성 간의 국제결혼이 증가하고 있으며, 결혼이민자의 출신국도 다양해지고 있다. 한편 한국 여성과 혼인한 외국인 남성의 국적은 미국(22.9%), 중국(22.6%), 일본(17.8%) 순으로 상위 3개국의 비중이 63.3%를 차지한다(강동관 외, 2014: 21). 전체 혼인 중 국제결혼은 8.0%로 2012년에 비해 0.7% 감소하였고, 이는 주로 한국 남자와 외국 여성 간의 혼인이 감소한데서 기인한다. 최근 국제결혼 건수의 감소는 배우자 비자 발급 등의 요건이 강화 된데서 비롯되었다.

2. 결혼이민자 사회통합정책

1) 결혼이민자 및 다문화가족지원정책

결혼이주여성이 급증했던 1990년대부터 2005년까지 국제결혼 가족의 정착을 지원하는 종합적인 대책은 없었다. 그러나 2006년 한국 정부의 '다민족·다문화사회로의 전환' 선언 이후, 정부는 범정부 차원의 국제결혼가족에 대한 지원 사업을 실행했다. 2006년 4월 <여성이민자 가족 및 혼혈인, 이주자 사회통합지원방안>이 발표되면서 종합대책이 마련되었고(김이선 외, 2006), 2007년 <재한외국인 처우기본법>이 제정되었다. 사회통합과 다문화사회 실현이라는 비전을 갖고 마련된 종합대책은 결혼이민자의 이주와 정착 단계에서 일어나는 인권침해, 생활 부적응, 빈곤 문제 등을 타파하고자 하는 목표를 지녔다. 이 때부터 국제결혼가족은 '다문화가족'으로 불리면서 정책의 주요 대상으로 등장하게 된다. 2008년 제정되었고, 2013년 개정된 <다문화가족지원법>은 다문화가족을 아래와 같이 정의한다.

> 「재한외국인 처우 기본법」 제2조 제3호의 결혼이민자와 「국적법」 제2조부터 제4조까지의 규정에 따라 대한민국 국적을 취득한 자로 이루어진 가족. 「국적법」 제3조 및 제4조에 따라 대한민국 국적을 취득한 자와 같은 법 제2조부터 제4조까지의 규정에 따라 대한민국 국적을 취득한 자로 이루어진 가족. '결혼이민자 등'이란 다문화가족의 구성원으로서 결혼이민자와 귀화허가를 받은 자.

즉, 다문화가족은 결혼이민자와 출생 시부터 대한민국 국적을 취득한 자, 귀화허가를 받은 대한민국 국적자로 이루어진 가족을 의미한다. 이 법은 다문화가족 구성원이 안정적인 가족생활을 영위할 수 있도록 함으로써 이들의 삶의 질 향상과 사회통합에 이바지함을 목적으로 한다. 초기 다문화가족의 관리 주체는 보건복지가족부였으나 2008년 이후 현재까지 여성가족부가 다문화가족 사업을 주관하고 있다. 여성가족부는 국내에 거주하는 이민자와 다문화 가족의 위기상담 및 긴급지원, 한국생활정보 제공, 생활통역서비스 등을 제공하는 '다누리콜센터'를 운영하고 있다. 법무부는 결혼이민자 및 그 자녀 등 정주 외국인이 조기 사회 적응을 위해 2006년 9월 '결혼이민자 네트워크'를 결성했고, 전국 14개 출입국관리사무소에서 서비스를 제공해왔다.

다문화가족 지원 정책은 주로 초기 적응 및 정착과정의 문제, 즉, 언어 소통과 출산 및 양육 지원에 집중되어 있었다. 그러나 국제결혼 이민자의 '최대 고비'는 거주기간 9~10년, 자녀 연령대 8~9세를 전후로 자녀교육과 경제적 어려움이 중층적으로 작용하기 시작하면서부터 온다. 즉, 자녀가 학령기에 접어듦과 결혼이민자의 학부모 역할 및 생계부양자 역할이 동시에 급격히 확대되면서 그 이전까지 별 다른 어려움을 겪지 않았던 이들조차 정착 과정상의 결정적 '고비'에 직면한다는 것이다. 이 때문에 이런 '고비'를 맞기 이전에 복잡한 과제를 적절히 다루어 갈 수 있는 역량과 경험을 축적했는지의 여부가 정착의 성패를 좌우된다는 주장이 제기되었다(김이선 외, 2013: 6).

이중국적을 허용하지 않는 한국의 국적법은 최근 결혼이민자에게 복수국적을 허용하는 등 '호의적 예외' 규정을 신설했다. 2011년부터 허용된 '복수국적'은 국적 취득자 중 혼인관계를 유지하고 있는 결혼이민자 등의 경우 국내에서 외국 국적을 행사하지 않겠다는 서약을 하면 외국 국적을 유지하더라도 한국 국적을 상실하지 않도록 한다.

2) 법무부의 사회통합프로그램

법무부는 이민자가 한국사회의 구성원으로 적응·자립하는데 필수적인 기본소양(한국어와 한국문화, 한국사회 이해)을 체계적으로 제공하는 사회통합교육을 제공한다. 이 교육을 이수한 이민자에게는 국적신청 시 국적시험이 면제되고, 영주(F−5)자격 및 거주(F−2)자격 등 각종 체류자격 변경 시 한국어능력 입증서류 제출이 면제되거나 가점 등이 부여되는 혜택이 주어진다.

법무부는 2009년부터 정착형 이민자를 대상으로 이민자 조기적응프로그램을 운영해왔다. 본 프로그램의 목적은 결혼이민자가 입국 초기 겪게 되는 부적응 문제 등을 최소화하기 위해 결혼이민(F-6)자격으로 입국한 외국인 및 한국인 배우자 또는 가족을 대상으로 실시했다. 결혼이민자가 한국 입국 초기에 겪는 어려움에 대한 이해, 부부 및 가족 간 상호 이해 및 배려, 한국의 기초적인 법제도와 출입국 및 체류 관련 정보 등을 제공하여 적응을 돕고 또한 국가 구성원으로서의 책임감을 갖게 하는 것을 목표로 한다. 결혼이민자만을 대상으로 실시해 오던 본 프로그램은 2013년 10월부터 그 대상을 외국국적동포, 유학생, 외국인 연예인(예술흥행 자격 소지자), 중도입국청소년 등 전체 이민자로 확대했다. 각 지역 출입국관리사무소가 주최하고 지역 대학에서 교육이 이뤄진다.

3) 귀화 정책

한국에서 국민이 되는 방법은 세 가지로, 하나는 출생과 혈연에 의한 선천적 취득, 다른 하나는 국적회복, 미성년자인 자녀의 수반 취득, 인지에 의한 취득을 포함한 후천적 취득, 마지막으로 귀화를 통한 방법이 있다(박진근 2013: 500-501). 이중 외국인 귀화자의 대부분은 혼인에 의한 간이귀화자로 다문화가족 구성원의 증가와 맥을 같이 한다. 일반귀화자와 달리 간이귀화자는 사회통합프로그램을 이수하면 필기시험과 면접시험을 면제받을 수 있다. 결혼이민자의 경우 한국어교육(약 400시간)과 한국사회이해과정(50시간)을 이수하면 귀화 자격을 획득한다. 한국어교육 시간을 이수하지 않더라도 한국어능력시험(TOPIK) 합격증이 있으면 대체할 수 있다.

2014년 현재 국내에 거주하는 결혼이주여성 235,942명 중 국적취득자는 86,178명으로 약 30%에 해당한다(통계청, 2014). 이처럼 결혼이주여성의 한국 국적 취득 비율이 낮은 요인에 대해 지자체와 이주여성들은 "저소득층인 다문화가정 특성상 긴 소요시간과 복잡한 절차, 비용 때문에 국적 취득을 포기하는 경우가 많다"는 문제를 제기하기도 했다(뉴시스, 2012. 12. 21일자). 결혼 이후 한국에서 2년 동안 결혼 생활을 안정적으로 유지하면 국적 신청을 할 수 있지만, 실제로 결혼이주여성들이 국적 취득에 걸리는 시간은 신청 이후 평균 4년이다. 3천만 원 이상의 재산 증빙과 한국인 배우자의 동의, 사회통합프로그램 이수 실적을 제출해야 한다. '국적법시행규칙 일부개정령안'이 시행되면서 2016년 3월부터는 6천만 원 이상의 자산 또는 1인당 국민총소득 이상의 소득을 증명해야만 귀화 신청을 할 수 있다.

가족관계 등록 등에 관한 법률 제96조 제1항에는 '국적취득자의 성과본의 창성신고'를 통해 귀화 외국인이 한국화 된 이름으로 개명할 수 있다. 즉, 출생, 인지, 귀화 등으로 대한민국 국적을 취득한 사람 중 종전의 성을 쓰지 않고 새로운 성과 본을 정하고자 하는 경우, 법원의 허가를 받아 시·읍·면의 장에게 신고할 수 있다. 간이귀화를 통해 국적을 취득하는 결혼이민자들이 등록기준지인 '본'을 임의로 지정하면서 전에 존재하지 않았던 본이 생겨나고 있는 점은 주목할 만하다.[3] 상당수의 이주여성들이 자신의 문화적 정체성을 표식하는 본명을 포기하고 한국식 성과 본을 새롭게 만든다. 이처럼 개명 신청을 촉진하는 요인 중 하나는 한국의 행정시스템 자체가 다양한 외국 이름을 지원하지 않기 때문이다. 귀화자들은 출신국가의 원지음 발음을 한글로 표기하여 사용하는 것이 가능하지만, 구청의 컴퓨터 행정시스템은 8자리 이상을 허용하지 않음으로써 긴 이름을 그대로 올리는 것이 불가능하다. 개명 자체가 문화적 정체성의 포기나 유보를 의미하는 것은 아니지만, 개명을 권장하는 사회적 환경은 이주자들이 외국인이라는 표식 때문에 차별과 무권력 상태를 경험한다는 것을 의미하기도 한다. 결혼 이민여성 중 유달리 김태희, 전지현 등의 이름이 많은 것도 이런 현상의 예다.

3. 이민자 자녀

국제결혼 부부의 자녀수도 빠르게 증가하고 있다. 2007년 44,258명이었던 것이 2014년 6월 말 현재, 204,204명으로 약 4.6배로 증가했다(강동관 외, 2014: 23). 외국인과 결혼한 내국인 가정의 자녀(이하 국제결혼자녀)와 외국인 간 결혼한 외국인 가정 자녀(이하 외국인 자녀)를 합해 초, 중, 고등학교에 재학 중인 학생은 총 55,498명이며, 그 중 약 91.0%인 50,492명은 국제결혼자녀이고, 5,006명은 외국인 자녀다. 총 재학생 중 국내에서 출생한 자녀는 90.7%인 45,778명이고, 중도 입국 자녀는 4,714명이다. 국제결혼자녀의 약 71.0%가 초등학생이며, 중학생은 20.4%, 고등학생은 8.6%다(강동관 외, 2014: 24).

다문화가족지원법은 중도입국자녀를 위한 '다문화가족자녀 교육 프로그램'을 제공하고 있다. 이 프로그램의 목표는 다문화가족자녀의 언어발달을 지원하고, 중도입국자녀에게 한국어교육을 제공한다. 법무부는 중도입국 청소년의 언어 장벽으로 인한 부적응을 우려하여, 공교육 진입을 원활하게 하기 위한 초기 적응 교육 프로그램을 제공하고 있다.

---

3) 기존의 부계 혈연적 종친회는 '피가 다른' 누군가를 자신의 본적에 올리는 것을 허용하지 않기 때문에 귀화자나 한국에서 발견된 '기아(棄兒)'의 경우 기존의 본을 사용할 수 없다.

정부의 체계적인 지원에도 불구하고 정책담론이 소위 다문화가족이나 국제결혼 2세, 중도입국자녀들에 대한 사회적 불안이나 우려를 반영하고 있다는 비판도 제기된다. 국제결혼이 급증한 대만의 경우 2004년 대만의 교육부 차관이 '외국인 신부'는 자질이 낮아(poor quality), 대만 인구의 질을 떨어뜨리기 때문에 아이를 덜 낳아야 한다는 발언을 해 큰 물의를 빚었다(Hsia, 2007: 56). 이처럼 국제결혼 자녀들에 대한 근거 없는 '우생학적 열등성' 담론은 새로운 인종주의를 만들어낼 소지가 다분하다. 한국 사회 또한 다문화가족 자녀의 언어적, 심리적 부적응을 강조하거나 이들의 경제형편 때문에 학교 교육을 받지 못해 사회부적응자로 전락할 수 있다는 과도한 우려가 반영되었다는 것이다. 이런 우려는 다문화가족에게 서비스를 제공하고자 하는 목표와는 달리, 이민자 2세들에 대한 사회적 낙인을 만들어낼 가능성이 존재한다. 한국의 다문화가족 지원 정책이 빠른 동화를 통한 한국화라는 목적에 얽매이다 보니 다문화가족 범주 내의 이질성, 차이, 계층, 문화적 자존감을 고려하기 보다는 다문화가족 전체를 '취약계층'과 동일시하는 경향이 생겨났다(김현미, 2014: 205). 특히 다문화가족 2세들은 정부의 복지 공약의 대상으로, 기업의 사회적 책임 프로그램의 쉬운 대상으로 선택되었고, 동시에 다문화가족 2세에 대한 과도한 유용성 담론(문화 대사, 글로벌화, 한류 전도사)을 강조하는 방향으로 담론이 전개되고 있다. 과도한 기대, 낙인, 불안, 우려, 개입의 정서는 이민자 2세들을 특별한 대상으로 분리시킬 우려가 있기 때문에 궁극적으로는 이민자의 공정한 통합이라는 목표로부터 멀어질 수 있다.

 ## 5절 한국 결혼이민 정책의 쟁점

1. 상업적 국제결혼중개

1990년대 이후 급증한 동아시아 지역의 국제결혼의 경우 상업적 중개업을 통해 결혼이 이뤄지는 경우가 많다. 상업적 중개업이 맞선부터 결혼과 이민의 전 과정에 개입하고 있고, 이 과정에서 인권 침해나 결혼의 상업화에 대한 논란이 일기도 한다. 중개업에 의한 결혼은 '사랑'에 의한 결혼보다는 '편의'에 의한 결혼의 성격이 강하다. 즉, 결혼이민은 결혼의 형식을 띠지만 '경제적 거래'를 통해, 또는 경제적 보상을 기대하며 행해지는 재생산 영역 내 이주의 한 형태다. 이혜경(2005: 94-95)이 지적했듯이 이러한 국제결혼은 '경제적으로 차이가 있는 국가 간 결합'이므로 '부부관계가 마치 준 계급관계'로 변하는 경향이 강하다. 여성들은 국제결혼을 통해 더 높은 지위나 계층으로 이동한다는 '글로벌 앙혼'에 대한 믿음이 있다. 그러나 결혼상대자인 남성의 경제적, 사회적 지위가 높지 않은 상황에서는 종종 본국에서보다 사회적으로나 경제적으로 더 '열악한' 지위로 전락하거나 상대적이고 절대적인 빈곤을 경험하는 일이 비일비재하다(Constable ed., 2005).

국제결혼의 증가만큼 위장결혼(fake marriage) 또는 허위결혼(false marriage) 또한 증가한다. 위장결혼은 배우자가 수용국에서 실제 결혼생활을 하는지 안 하는지와는 상관없이 결혼 의도가 분명하지 않거나, 없는 형태의 결혼을 의미한다. 생존을 위한 이주 노동에 대한 폭발적인 수요에도 불구하고 이주 통로가 매우 제한적인 경우, '결혼'이 이주의 통로로 이용되기 때문에 위장 결혼은 증가한다. 무엇보다 이를 가능하게 하고, 이를 통해 수익을 얻는 상업적 중개업의 존재 때문에 위장결혼이 존재하게 된다. 위장결혼에 참여한 당사자들은 둘 간의 경제적 거래를 통해, 대부분의 경우에는 조직적인 상업적 중개업을 통해 결혼이민을 감행한다. 대체노동력의 관점으로 임시적, 일시적 이주민만을 받아들이고 있는 전 세계적 추세를 감안할 때 결혼이민은 가장 안정적이고 장기적인 체류권을 보장해주는 이주의 한 형태다. 이 때문에 결혼은 선호된 형태의 이민일 수밖에 없다. 각국 정부는 결혼제도가 이주와 이민을 위해 남용되는 것을 막기 위해 매우 엄격한 제재조치를 취하고 있다. 위장결혼을 알선, 중개하는 사람들과 위장결혼 당사자 모두를 처벌하는 규정을 두고 있다.

그러나 상업적 결혼 중개의 가장 큰 문제점은 중개업의 목적이 성혼을 통한 수익성을 높이기 위한 것이기 때문에, 결혼 당사자들의 배우자 선택의 자율권과 인권을 훼손할 소지가 높다는 점이다. 한국 정부는 2008년 6월 시행된 <국제결혼중개업의 관리에 관한 법률>을 통해 중개업체가 현지법령을 준수해야 하고, 결혼에 대한 허위·과장광고를 할 수 없으며, 중개업체가 손해배상의 책임을 져야 한다는 내용 등을 규정했다. 이 법의 시행으로 거리에서 흔히 볼 수 있었던 "베트남 여성, 절대 도망가지 않습니다"와 같은 여성의 상품화를 조장하는 광고는 많이 사라졌다. 그러나 이 법은 여전히 중개업 비용을 지불한다는 이유로 한국 남성의 '소비자권리'

를 강조한다는 점에서 비판을 받아왔다. <소비자기본법> 제55조에 의거하여 구성된 현재의 법은 '피해 보상'이나 '환급' 같은 용어를 사용함으로써 결혼이주여성을 둘러싸고 벌이는 소위 '이용자(소비자)'와 '사업자' 간의 권리와 의무를 규정하는 것처럼 쓰여 인권 침해적이라는 비판이 있다. 최근 중개업법안의 지속적인 개정을 통해 중개업체에 대해 결혼 쌍방에 대한 정확한 정보제공 의무를 부여하는 것, 한국의 중개업체의 공동불법행위책임을 명시하는 것, 현지 법령을 위반했을 때 처벌 관련 조항, 국제결혼중개업에 의해 피해를 본 이주여성에 대한 보호 등의 내용이 반영된 개정안이 만들어졌지만 상업적 결혼 중개업에 의한 피해는 줄어들지 않고 있다.

다른 나라의 국제결혼 관련 법률들은 '결혼 자격'과 의무에 대해 비교적 단호한 입장을 취하는 경우가 많다. 베트남 결혼 가족법의 제10조는 중혼, 정신병에 의하여 자기 행위의 인식능력이 없는 자의 혼인은 금지하고 있다. 몽골 가족법은 제8조에서 결혼 등록 신청자의 건강검진(성병, HIV, 폐렴, 정신병)을 의무화하고 있다(김현미 외, 2007). 여성들이 당할 수 있는 피해를 막기 위해 각국은 인신매매방지에 대한 법률을 마련하고 있다. 캄보디아의 인신매매 및 성착취 억제를 위한 법은 인신매매에 대한 제로관용정책(zero tolerance)을 선언하고, 한국인과의 결혼 중개 방식을 인신매매로 규정하여 2008년과 2010년 국제결혼 업무를 여러 차례 중단시켰다. 필리핀 인신매매방지법은 국제결혼에 있어서는 혼인 전, 방문 시, 혹은 출국 이전에 상담할 수 있는 프로그램을 마련하고 국제결혼을 하는 자국민에게 출국 전 프로그램을 반드시 이수하도록 의무화하고 있다.

2. 다문화가족 정책의 한계

2008년 3월 다문화가족지원법이 제정되면서 통합적인 다문화가족 지원서비스가 제공되었다. 주로결혼이주민의 한국어교육, 통번역지원, 언어발달지원 등에 집중되었던 서비스 중심의 사업에서 2015년 이후로는 가족 간 관계 향상, 배우자간 성평등, 인권관점에 기반을 둔 다문화이해교육, 취업지원과 자조모임 지원을 포함한 사회통합, 상담기능의 강화 등 다문화가족에 대한 '관점'이 획기적으로 변화될 예정이다. 다문화가족의 범위 또한 확장되고 있다. 결혼이민자와 귀화자와 대한민국 국적취득자로 이루어진 가족이라는 규정의 한계를 넘어 북한이탈주민, 난민 및 유학생 가족을 포괄하는 그야말로 문화적 다양성을 가진 가족으로 확장되고 있다. 다문화가족의 증가와 다문화사회 담론 덕분에 한국 사회는 자문화중심의 편협성에서 벗어나 문화가 다른 외국인들과의 교류를 옹호하면서 단일민족국가에서 '글로 벌 다문화 국가'로의 확장된 정체성을 구성해가고 있다. 이를 통해 많은 제도적 변 화와 인식의 변화가 있었다. 그러나 많은 활동가와 학자들이 지적하듯 한국의 '다 문화' 또는 다문화가족정책이 한국인 선주민과 이주민간의 공정한 관계에 기반을 둔 민주적 시민사회 건설이란 목표를 잘 이룬 것인지에 대해서는 이견이 있다. 무 엇보다 다문화가족 지원 정책에 내재화된 젠더/계층 모델이 결혼이민자 여성과 그 가족의 현실을 제대로 반영하지 못하는 자민족중심주의 모델이라는 점이다(김현미, 2014: 204). 한국 정부의 결혼이민자 정책과 사회통합 모델의 특징은 '부권 가족적 복지모델'(patriarchal family-oriented welfare model)에 기반을 두고 있다. 이 모델 에 담긴 성별 이데올로기는 남성을 생계부양자로 설정하고, 결혼이민자 여성을 재 생산 노동의 대체 인력으로 상상한다. 이 모델은 이민자 여성들이 실제 행하는 다 중적 역할이나 실천에도 불구하고, 이들을 '가족'의 구성, 유지, 재생산이라는 틀에 종속시키고, 이를 위해 필요한 사회적 서비스를 공급하는 것이다. 이는 결국 이민 자 여성에 대한 사회적 서비스처럼 보이지만 실제로는 이들이 귀속된 '한국 가족' 의 유지를 위한 사업으로의 성격을 강하게 내포한다. 이런 관점 때문에 외국인 남 성이민자와 한국인 여성배우자로 구성된 다문화가족은 상징적으로 정책에서 배제 되고 소외되는 결과를 낳았다.

프리만(Freeman, 2005)이 지적한 것처럼 이주 후의 정착과 정주 과정에서 결 혼이민자 여성들은 소위 '현대적' 또는 '경제적으로 발전한' 국가인 한국에 살고 있 는 자신의 남편이나 남편의 가족들이 보여주는 보수적이고 '낡은' 젠더 관념과 기 대를 발견하고 놀라워한다. 한국의 경우 아시아 여성에 대한 오리엔탈리즘의 이미 지가 매우 강하다. 아시아 여성은 모성적이며, 순종적이고, 자기희생에 익숙해있다 는 잘못된 생각을 갖고 있다. 그러나 실제로 결혼이민자 여성들은 사회주의적 경 험이나 개별화된 인격에 대한 근대적 경험을 통해 양성평등 의식이 매우 강하고, 여성의 경제적 역할에 대한 강한 믿음을 갖고 있다.

한국남성과 아시아 여성들 간의 국제결혼에서 가장 논란이 많은 것은 '성역할' 에 관한 것이다. 한국 남편은 남성은 생계부양자/여성은 가사노동자라는 이분법적 성역할을 믿는 경향이 강하다. 때문에 실질적인 생계부양자가 아닌 경우에도, 가사 에 참여하지 않는다. 이 때문에 한국 부인들과 결혼이주 여성의 가사 노동과 육아 의 참여 비중이 매우 높다. 이에 반해 중국, 베트남, 필리핀, 몽골 등에서는 여성의 취업과 경제활동을 당연한 것으로 여긴다. 단순히 '돈'을 벌기 위해 취업하는 것뿐만 아니라 사회적 존재로서 인정받기 위해 여성에게 경제적 활동은 필수적이다. 물론 계층의 차이가 있겠지만 중국에서는 '전업주부'란 말을 거의 쓰지 않으며, 베트남의 경우 여성이 가정 경제를 주도한다는 생각이 강하다. 이 때문에 부부 모두 취업하는 것은 당연한 것으로 받아들여지고, 이때 부부는 가사일과 양육에 함께 참여한다. 음식이나 생활 습관이 익숙하지 않은 상황에서 이주여성의 전적인 가사 분담은 큰 스트레스를 주고 부부 갈등의 원인이 된다.

한국에 살고 있는 결혼이주여성들의 삶은 선주민보다 중층적인 요구와 기대들을 만족시켜야 하며 이 때문에 전업주부(무임 가사 및 돌봄노동자화) − 임금 노동자 − 한국 언어 및 문화 학습자라는 3중의 정체성을 갖고 한국사회에 적응해야 한다. 여성들은 송금 및 본인과 남편의 국적을 활용한 친정가족 초청 및 지원, 자녀 출산 및 양육, 임금노동을 통한 생존 및 생활 등의 삼중의 역할 회로 안에서 다양한 노동을 수행하고 있다. 그러나 여전히 한국 정부의 다문화가족지원정책은 '생애주기별 모델'이라는 전형성에 갇혀 한국 중산층 여성의 핵가족 모델에 근거한 사업을 벌여나가고 있다. 이런 생애주기 모델과 정상가족 모델은 다문화가족 지원 정책과 서비스의 내용을 좌우해왔고, 이 모델에서 벗어나 있거나 벗어날 수밖에 없는 많은 결혼이민자와 한국가족의 현실적 문제들을 애써 외면하거나 '적응을 못한 여성이나 남자'의 문제로 간과한 측면이 있었다.

3. 가족 해체와 귀환

국제결혼 혼인 건수 만큼이나 이혼도 증가하고 있다. 국내 전체 이혼 중 외국인과 결혼한 자의 이혼비율이 2000년에는 1.3%였으나 2006년에는 4.9%, 2008년에는 9.4%, 2011년에는 10%를 넘어섰다. 이혼 건수는 2000년 이후 2013년까지 총 외국인 결혼 건수 407,210건 중 95,252건으로 이혼율은 23.4%(남자 62,868건, 여자 32,386건)이다(강동관 외, 2014: 22). 한국남성과 이혼한 외국여성의 국적별 비율은 중국 50.0%, 베트남 27.1%, 필리핀 5.7% 순이며, 이 세 나라가 차지하는 비율은 89.2%로 혼인 비율과 비례한다. 한국 여성과 이혼한 외국 남성의 국적은 일본(41.1%), 중국(37.3%), 미국(8.6%) 순이며, 상위 3개국이 차지하는 비중은 87.3%다(강동관 외, 2014: 23). 다문화인구동태 통계 자료(2014)에 따르면, 2013년 다문화가정의 이혼율은 11.7%이고, 미성년 자녀가 있는 경우의 이혼 비율도 23.1%로 지속적으로 증가하고 있는 것으로 나타났다. 별거나 이혼 이후에도 한국에 체류하면서 일을 하고 아이를 양육하는 여성이 있지만, 이주의 목적인 결혼의 해체는 여성들의 귀환을 촉진시키는 주요 원인이다. 그러나 본국으로 귀환하는 여성과 이에 동반하는 자녀를 나타낼 수 있는 통계가 없다. 이혼 등의 법적청산을 마치지 않은 채 귀환한 여성들이 많기 때문이다.

이혼과 별거의 주된 원인은 주로 배우자와 배우자 가족의 '학대 및 폭력'이다. 귀환한 여성 중 이혼 절차를 완전히 마무리하고 돌아간 이는 의외로 많지 않다. 따라서 대부분의 귀환 여성과 아이들은 여전히 '법적으로 모호한 상태'로 남아 있다. 한국에서 이혼하고 돌아갔다 하더라도 귀환 후 이혼 서류를 받지 못해 본국에서 정식으로 이혼을 하지 못하는 경우, 남편과 연락이 두절된 상태에서 귀환한 여성 대부분은 자신의 이혼 여부도 알 길이 없는 경우도 있다. 결혼이민자 여성은 귀환 이후 재통합의 과정에서 많은 어려움에 직면해 있다.

무엇보다 법적 청산을 하지 못한 여성들의 아이는 엄마 나라에서 체류권조차 확보할 수 없다. 체류권이 없다는 것은 또한 사회복지 체계 속에 들어갈 수 없다는 것을 의미한다. 예를 들어 베트남에서 학교를 다니거나 의료보험 혜택을 받으려면 출생증명서가 있어야 하는데, 대부분 아이들이 출생증명서가 없어서 학교를 다니지 못한다. 한국에서는 아이가 태어난 병원에서 출생증명서를 발급해주는데, 그 병원이 어디인지도 모르고 재발급의 어려움이 있기 때문에 귀환한 여성들은 아이의 출생증명서 없이 귀환한 경우가 많다. 몽골의 경우 모자가정 아이에게는 교육 및 의료 서비스에 있어 혜택을 받을 수 있다. 그러나 실질적으로 이혼 상태이지만 법적으로 혼인한 상태이므로, 귀환 여성은 한부모 가족이 받을 수 있는 주택 융자 및 학비 감면 혜택을 받을 수 없다(김현미, 2014).

귀환 여성이 급증하는 가운데, 귀환 여성의 법적 청산이나 필요한 법적 지원을 도와주는 것은 송출국과 유입국 정부 모두가 수행해야 할 최소한의 윤리적 의무일 것이다. 이주는 개인의 삶에서 지속적으로 진행되는 과정이다. 따라서 귀환한 결혼이민자여성과 초국적 한국 아이들의 생존을 도모하기 위해 초국적인 연대와 법적 지원을 위한 정책이 필요하다.

6절 요약과 전망

한국처럼 오랜 기간 동안 한민족간의 동족 내혼(endogamy)을 이상적 결혼으로 간주하고, 혈연주의가 강한 사회에서 결혼이민자들의 등장은 새로운 기대와 우려를 낳고 있다. 전 세계적으로 국제결혼을 통한 이민이 증가하고 있다. 이는 국적과 인종, 종교, 종족적 차이를 초월하여 '사랑'을 하고 '가족'을 구성하는 인구가 증가한다는 의미에서 사랑의 지구화현상이라 볼 수 있다. 또한 경제부국이나 경제개발국 두 나라의 신자유주의적 세계화 과정에서 혜택을 받지 못한 사람들이 이주를 통해 생존 문제를 해결하고 동시에 좋은 삶을 현실화시키기 위한 전략으로 국제결혼을 선택한다. 국제결혼은 배우자가 속한 각각의 가족의 생존 가능성을 확장시켜줄 수 있는 '아래로부터의 세계화'라고 볼 수 있다. 이런 관점에서 볼 때, 결혼이민자의 유입국에서의 적응과 주류화는 매우 긴요한 과제이다. 결혼이민자의 안정적 정착이야말로 한국 이민정책의 질적 발전의 척도이며 성과라 할 수 있다. 결혼이민자의 한국사회로의 무조건적인 동화 정책은 이민과정의 적응의 의무를 이민자에게만 부담하는 정책으로 그 과정에서 문화적 소외와 차별을 낳을 수 있다. 진정한 사회통합정책은 한국인 배우자와 그 가족, 한국 사회의 이주민에 대한 적극적인 인식의 변화를 포함시켜야 한다.

향후 결혼이민자의 통합 정책은 상호인정에 의거한 공정한 통합 관점을 취해야 하며 이를 위해서는 구체적인 척도를 개발하여 결혼이민자의 고용증대, 가족재결합의 권리, 교육, 정치적 참여, 장기 체류권과 국적 취득의 용이성, 반차별(anti-discrimination) 등의 분야에서 종합적인 정책을 제공해야 한다. 결혼이민자 중 법적으로는 한국인으로 되었지만, 여전히 한국가족과 지역사회의 배타성 때문에 심리적 소속감을 갖지 못하는 이민자가 증가하지 않도록 결혼이민자가 스스로를 대표하며 공적 영역에 참여할 수 있는 권리를 증진시키는 노력 또한 이뤄져야 한다.

참고문헌

강동관·오정은·이창원·최서리·최영미. 2014. 『한국의 이주동향 2014』. IOM이민정책연구원.

고현웅·김현미·소라미·김정선·김재원. 2005. 『국제결혼 중개 시스템: 베트남, 필리핀 현지 실태조사』. 빈부격차차별시정위원회.

김이선·김민정·한건수. 2006. 『여성결혼이민자의 문화적 갈등경험과 소통증진을 위한 정책과제』. 한국여성개발원.

김이선·이아름·이은아. 2013. 『여성결혼이민자의 사회통합 진전 양상과 정책 수요 분화에 관한 연구』. 서울: 한국여성정책연구원

김철효·김기원·소라미·신예진·최서리. 2013. 『이주배경 아동의 출생등록』. 세이브더칠드런.

김현미. 2006. "국제결혼의 전 지구적 젠더 정치학: 한국 남성과 베트남 여성의 사례를 중심으로." 『경제와 사회』 70:10-37.

_____. 2014. "'유보된 삶': 몽골 결혼이주여성의 '귀환' 이후의 삶." 『이화젠더법학』 6(2): 25-43.

_____. 2014. 『우리는 모두 집을 떠난다: 한국에서 이주자로 살아가기』. 돌베개.

김현미·김기돈·김민정·김정선·김철효. 2007. 『고용허가제 시행이후 몽골과 베트남의 이주 및 국제결혼과정에 나타난 인권침해 실태조사』. 국가인권위원회.

더글라스, 마이크(Douglass Mike). 2010. "전지구적 가구화(global house holding)의 관점에서 본 한국, 일본, 대만의 이주와 사회 변화에 관하여." 『도시인문학연구』 2(1): 203-251.

박진근. 2013. "다문화구성원에 있어 국적 취득의 법적 개선방향." 『한양법학』 43: 495-517.

벡, 울리히·엘리자베트 벡-게른스하임(Beck, Ulrich, and Elisabeth Beck-Gernsheim). 2012. 『장거리 사랑: 사랑은 지독한 그러나 너무나 정상적인 혼란』. 이재원·홍찬숙 역. 새물결.

새머스, 마이클(Samers, Michael). 2013. 『이주(Migration)』. 이영민·박경환·이용균·이현욱·이종희 역. 서울: 푸른길.

이혜경. 2005. "혼인이주와 혼인이주 가정의 문제와 대응." 『한국인구학』 28(1): 73-106.

_____. 2010. "아시아여성의 이동과 국제결혼." 최원식·백영서·신윤환·강태웅 편. 『교차하는 텍스트, 동아시아』. 서남동양학술총서. 창비: pp. 155~178.

정호준. 2001. "통일교 국제축복가정의 정착에 관한 연구-부산교구를 중심으로." 선문대학교 신학대학원 해외선교학 석사학위 논문.

최순영. 2007. 『전국 농어민 국제결혼비용 지원 정책 현황』. 이주여성정책네트워크, 민주노동당 최순영 의원실 외 주최. 『농어민 국제결혼비용지원사업, 무엇이 문제인가』. 토론회 자료집. 2007년 6월 7일.

카슬, 스티븐·마크 J. 밀러(Castles, Stephen, and Mark J. Miller). 2013. 『이주의 시대』 4판. 한국이민학회 역. 서울: 일조각.

파레나스, 라셀 살리자르(Parrenas, R. S.). 2009. 『세계화의 하인들』. 문현아 역. 여이연.

황달기. 1993. "일본 농가후계자의 '국제결혼': 그 실상과 문제점." 『일본학보』, 30: 461-491.

Constable, Nicole. 2003. *Romance on Global Stage: Pen Pals, Virtual Ethnography, and "Mail Order" Marriages*. University of California Press.

Constable, Nicole. ed. 2005. *Cross-Border Marriages: Gender and Mobility in Transnational Asia*. University of Pennsylvania Press.

Ehrenreich, Barbara, and Arlie Russell Hochschild. eds. 2002, *Global Woman: Nannies. Maids. and Sex Workers in the New Economy*. New York: Henry Holt and Company.

Freeman, Caren. 2005. "Marrying Up and Marrying Down: The Paradoxes of Marital Mobility for Chosonjok Brides in South Korea." pp. 80-100 in *Cross-Border Marriages: Gender and Mobility in Transnational Asia,* edited by Nicole Constable. Philadelphia, University of Pennsylvania Press.

Hsia, Hsiao-Chuan. 2007. "Imaged and imagined threat to the nation: The media construction of "foreign brides" phenomenon as social problems in Taiwan." *Inter-Asia Cultural Studies* 8(1): 55-85.

Kendall, Laurel. 1996. *Getting Married in Korea: Of Gender, Morality, and Modernity*. Berkeley: University of California Press.

Kofman, Elenore, Annie Phizacklea, Parvati Raghuram, and Rosemary Sales. 2000. *Gender and International Migration in Europe: Employment, Welfare, and Politics*. London: Routledge

Lanzieri, Giampaolo. 2011. "A Comparison of Recent Trends of International Marriages and Divorces in European Countries." IUSSP working paper. Prepared for the Seminar on Global Perspectives on Marriage and International Migration, organized by the

IUSSP Scientific Panel on Global Perspectives on Marriage and International Migration and Statistics Korea, Seoul, South Korea. 20－21 October 2011.

Lee, Catherine. 2003. "Prostitutes and Picture Brides: Chinese and Japanese immigration, Settlement, and American Nation－Building, 1870－1920." *The Center for Comparative Immigration Studies*. University of California, San Diego.

Lee, Hye－Kyung. 2010. "Family Migration Issues in the North East Asian Region." World Migration Report, Background Paper. Geneva: International Organization for Migration.

_____. 2013. "Marriage Migration" pp. 1~5 in *The Encyclopedia of Global Human Migration,* edited by Immanuel Ness. Blackwell Publishing Ltd.

Liaw, Kao－Lee, Emiko Ochiai, and Yoshitaka Ishikawa. 2010. "Feminization in Japan: Marital and Job Opportunities." In *Asian Cross－Border Marriage Migration: Demographic Patterns and Social Issues,* edited by Wen－Shan Yang and Melody Chia－Wen Lu. Amsterdam University Press.

Shaw, Alison and Katharine Charsley. 2006. "Rishtas: Adding Emotion to Strategy in Understanding British Pakistani Transnational Marriages." *Global Networks* 6(4): 405-421.

Tavernise, Sabrina. 2003. "Women Redefine their Roles in New Russia." *The Russia Journal* <http://www.therussiajournal.com>

Tseng, Yen－Fen. 2010. "Marriage Migration to East Asia: Current Issues and Propositions in Making Comparisons." In Wen－Shan Yang & Melody Chia－Wen Lu, eds. *Asian Cross－Border Marriage Migration: Demographic Patterns and Social Issues.* Amsterdam University Press.

UN － United Nations. 2001. Principles and Recommendations for a Vital Statistics System － Revision 2 . United Nations Publication ST/ESA/STAT/SER.M/19/Rev.2, New York.

Wang, Hong－zen, and Shu－ming Chang. 2002. "The Commodification of International Marriage: Cross－Border marriages business in Taiwan and Vietnam." *International Migration* 40(6): 93-116.

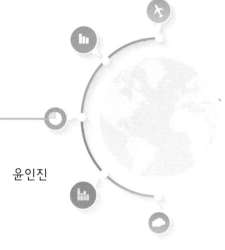

12 장

재외동포와 재외동포정책

윤인진

세계화가 가속화되면서 국가경계는 약화되는 대신 민족연계는 오히려 강화되는 현상이 나타나고 있다. 세계 각국이 세계화를 전 지구적 차원의 상호의존성과 통합을 증대하기보다 자국의 이익과 영향력을 강화하는 방향으로 경쟁적으로 추진한 것이 민족과 민족주의를 21세기에도 여전히 중요한 정치경제적 기반이 되게 하였다. 이런 과정에서 민족 네트워크의 블록화 현상도 두드러지게 나타나고 있다. 중국, 이스라엘, 이탈리아, 그리스, 인도와 같이 큰 규모의 재외동포를 갖고 있는 나라들은 재외동포를 자국의 경제발전과 세계화전략에 활용하려고 적극적인 노력을 펼치고 있다. 3천 3백만 명으로 추정하는 재외동포를 갖고 있는 중국은 재외동포 경제인들의 모임인 세계화상대회를 정기적으로 개최하면서 화인경제권 형성에 적극적인 노력을 보이고 있다. 이스라엘과 인도는 재외동포에게 국내 출입국 및 투자, 구직 등의 경제활동을 용이하게 하는 정책을 실시함으로써 재외동포를 자국의 세계경제력 고양의 중요한 자원으로 활용하고 있다(임채완·전형권, 2006). 한국은 2014년 기준으로 전 세계에 7백 2십만 명의 재외동포를 갖고 있다.[1] 이 인구는 남북한 인구의 10%에 달할 만큼 그 비중이 크다. 중국, 일본, 러시아, 미국 등 세계열강들에 둘러싸인 한국이 국제사회에서 생존과 번영을 도모하기 위해서는 재외동포의 지원과 협력이 필수적이다.

---

[1] 재외동포는 국적 여부에 관계없이 해외에 거주하는 우리민족 모두를 포함하는 포괄적 개념이다. 즉 대한민국 국민이 외국국적을 보유했거나(대한민국정부 수립 전에 국외로 이주한 동포 포함) 또는 그 직계비속으로서 외국국적을 취득한 자(외국국적 재외동포)로 한정하지 않고 장기간 외국에 거주하는 재외국민(대한민국의 국민으로서 외국의 영주권을 취득한 자 또는 영주할 목적으로 외국에 거주하고 있는 자)까지 모두까지 포함하는 개념이다.

| 표 1 | 세계 재외동포 현황 |

지역별	2003	2005	2007	2009	2011	2014	2014년 백분율
아주지역	3,239,904	3,590,411	4,040,376	3,710,553	4,063,220	3,952,351	55.0
중국	2,144,789	2,439,395	2,762,160	2,336,771	2,704,994	2,585,993	36.0
일본	898,714	901,284	893,740	912,655	904,806	855,725	11.9
기타	196,401	249,732	384,476	461,127	453,420	510,633	7.1
미주지역	2,433,262	2,392,828	2,341,163	2,432,634	2,521,470	2,568,286	35.8
미국	2,157,498	2,087,496	2,016,911	2,102,283	2,176,998	2,238,989	31.2
캐나다	170,121	198,170	216,628	223,322	231,492	224,054	3.1
중남미	105,643	107,162	107,624	107,029	112,980	105,243	1.5
유럽지역	652,131	640,276	645,252	655,843	656,707	627,089	8.7
중동지역	6,559	6,923	9,440	13,999	16,302	25,563	0.4
아프리카지역	5,095	7,900	8,485	9,577	11,072	11,583	0.2
총계	6,336,951	6,638,338	7,044,716	6,822,606	7,268,771	7,184,872	100

출처: 외교통상부 2003~2015년 재외동포현황.

　　이 장의 주요 내용은 다음과 같다. 제1절에서는 이민정책과 관련하여 재외동포를 다뤄야 하는 이유를 설명하고, 제2절에서는 재외동포의 이주와 정착과정을 시기별로 살펴보고, 그 특징을 고찰해본다. 제3절에서는 재외동포가 거주하는 주요 국가별로 재외동포 사회의 현안 문제와 과제를 살펴보고, 제4절에서는 최근 급증한 국내 재외동포에 대한 현황과 내국인과의 관계를 고찰해본다. 끝으로 제5절에서는 재외동포정책의 내용과 변화과정을 살펴보도록 하겠다.

 1절　재외동포의 중요성

　　재외동포의 중요성은 단지 인구 규모만이 아니라 이들이 여러 시기에 걸쳐 모국 발전에 크게 기여해 왔다는 데 있다. 일제 강점기에는 조국의 독립을 위해 해외에서 항일운동을 직접 전개하거나 성금을 모금하는 활동을 했다. 1960년대의 산업화시기에 재일동포는 일본의 선진 기술을 조국에 전수하고 자본을 투자하여 경제발전의 토대를 마련했다. 또한 1970년대의 수출 주도의 경제성장 시기에 재미동포는 한국 제품을 미국으로 수입하고 소비해 미국 시장 진출의 교두보 역할을 했다. 이러한 경제적 역할 외에도 재외동포는 기술, 학문, 문화, 예술 분야에서도 모국과 거주국 간의 공식적 또는 비공식적 통로를 통해 정보와 지식을 교류하는 회로 역할을 수행했다. 최근 들어 전 세계적으로 확산되고 있는 한류가 거주국으로 전파되는데 재외동포들이 큰 기여를 하고 있다. 또 한 가지 간과할 수 없는 것은 재외동포가 남북 교류와 화해의 중개자로서 궁극적으로 남북통일에 기여한다는 점이다. 남북관계가 경색된 상황에선 이념과 국적을 초월한 재외동포가 남북한 간의 교류와 협력을 증진해야 할 필요성이 더욱 커지기 때문이다. 또한 중국의 개혁개방정책으로 이미 시장경제를 체험한 중국동포는 북한이 시장경제로 전환할 때 중요한 조언자 역할을 담당할 수 있다.

21세기 들어 모국과 거주국을 연계하는 초국가적 네트워크가 강화되면서 재외동포는 더 이상 해외에 머무는 존재가 아니라 모국의 정치, 경제, 사회, 문화에 과거보다 더욱 강하게 연관되고 영향력을 미치고 있다. 한 예로 2012년 4월 제19대 국회의원선거와 12월 제18대 대통령선거에서 재외국민선거가 실시되어 재외동포는 국내 정치의 중요한 행위자로 부상하였다. 아울러 국내에 체류하는 외국국적동포들이 증가하면서 재외동포는 모국의 중요한 사회구성원으로 살아가고 있다. 2014년 12월 현재 국내에 거주하는 외국국적동포의 수는 704,536명으로 전체 체류 외국인 1,797,618명의 39%를 차지했다(법무부 출입국외국인정책본부, 2015). 재외동포는 외국인노동자, 결혼이민자, 유학생, 전문 인력 등 다양한 모습으로 일상생활에서 과거와 비교해서 일반국민과 더욱 긴밀하게 접촉하고 교류하고 있다. 이들과 일반국민과의 관계는 동포애에 기반을 둔 우호적인 경우도 있지만 때로는 일자리를 두고 경쟁하는 갈등적인 경우도 적지 않다. 이로 인해 재외동포에 대한 한국인의 인식은 과거보다 더욱 복잡하고 이중적인 모습으로 변해가고 있다.

이렇듯 재외동포는 대한민국 발전에 크게 기여해 온 귀중한 인적자원이며, 국내에 거주하는 재외동포가 증가하면서 한국사회에 미치는 이들의 영향력이 날로 커지고 있다. 이런 이유로 재외동포는 한국의 이민정책과 재외동포정책에서 중요하게 다뤄야 하는 대상이 되고 있다.

2절 재외동포의 이주와 정착

1. 재외동포 이주와 시기별 특성

재외동포의 해외 이주의 역사를 시기적으로 대별하면 19세기 중엽부터 1945년 해방 이전까지 중국, 러시아, 일본, 미국, 멕시코, 쿠바 등지로 이주한 구이민, 해방 이후부터 1990년 한소 수교(한국과 구소련의 국교 수립) 이전까지 북미, 중남미, 유럽, 오세아니아, 동남아시아 등지로 이주한 신이민, 1990년 한소수교와 1992년 한중수교 이후 재외동포들이 모국으로 귀환하는 귀환이민으로 구분할 수 있다. 이런 시기구분을 다시 세분하면 다섯 시기로 구분할 수 있다.

첫 번째 시기는 1860년대부터 1910년(한일합방이 일어난 해)까지인데, 이 시기에는 구한말의 농민, 노동자들이 기근, 빈곤, 지배층의 압제를 피해서 국경을 넘어 중국, 러시아, 하와이, 멕시코, 쿠바로 이주하였다. 19세기 후반 조선은 계속되는 가뭄으로 백성들의 생활고가 심했고, 서구 열강이 조선에서 이권 경쟁을 벌이면서 전쟁과 정변이 잦아지면서 사회의 혼란은 극심해졌다. 여기에 일본이 조선에서 쌀과 곡물을 대량으로 반출하면서 식량난이 가중되었다. 조선 후기 중국의 만주와 러시아 연해주로 이주한 한인들은 경제유민(流民)으로서 당시 입국이 금지되었던 지역에서 농지를 개간하면서 신분상으로 불안정한 생활을 꾸려갔다. 처음에는 생활고를 해결하기 위한 경제적 이주였으나 일본의 조선 침략이 가속화되자 독립운동가들은 조국의 광복을 위해 정치적 이주를 단행했다. 그래서 이 시기에 연해주는 독립운동의 중심지가 되었다.

미국 하와이 사탕수수 농장으로의 한인의 이주는 1903년부터 시작되었는데, 하와이 거주 일본노동자를 보호하기 위해 일본이 1905년에 한인이주를 금지하였다. 1903년 1월부터 1905년 8월까지 7,291명의 이주자들이 64회에 걸쳐 하와이에 도착했는데 이들의 대부분은 20대의 독신 남성이었다. 이들과 결혼하기 위해서 사진결혼의 형태로 1,000여 명 가량의 한인 여성들이 1924년까지 하와이로 건너가서 이민 가정을 형성하였다(윤인진, 2003). 중남미로의 이주는 1905년 멕시코 유카탄반도의 에네켄 재배 농장의 계약 노동자로 1,033명이 떠난 것이 효시이며, 이들 중 300여 명이 1921년에 경제난을 피해 쿠바로 재이주하였다(이자경, 2007). 이들과 후손들은 모국과의 연계가 끊어지자 아주 작은 공동체를 유지하다 현지 사회문화에 급속히 동화되었다.

두 번째 시기는 1910년부터 1945년까지의 일제 강점기인데, 이 시기에는 토지와 생산수단을 빼앗긴 농민과 노동자들이 만주와 일본으로 이주하였다. 또한 정치적 난민과 독립운동가들이 중국, 러시아, 미국으로 건너가 독립운동을 전개하기도 하였다. 일본은 1931년의 만주사변과 1932년의 만주국 건설을 계기로 만주지역의 개발을 목적으로 한인들의 대규모 집단이주를 실시하였다. 이로 인해 1930년대 후반 만주지역의 한인인구는 약 50만 명 정도 증가했는데, 이중 약 25만 명 정도가 집단이주자인 것으로 알려졌다(권태환, 1996).

제1차 세계대전 중 일본의 경제호황을 맞아 한인들이 노동자의 신분으로 도일하여 1920년대 말에는 재일한인의 규모가 약 30만 명에 이르렀다. 1937년의 중일전쟁과 1941년의 태평양전쟁을 계기로 대규모의 한인들이 광산, 전쟁터로 끌려갔다. 이런 식으로 재일한인의 규모는 급속히 증가해서 일본이 미국에게 패한 1945년 8월까지 약 230만 명 정도에 이르렀다가 패전 후 많은 한인들이 조국으로 귀환하자 급속히 감소하여 1947년에는 598,507명으로 급감하였다(이문웅, 1996).

일제강점기 후반인 1939~1945년에 한인들은 강제징용에 의해 당시 일본령이었던 남사할린으로 이주했는데, 이들과 이들 후손들의 일부가 1990년대에 들어서서 한국으로 영주귀국하게 되었다. 한인들은 일찍이 1860년대에 사할린으로 자발적으로 농업이주를 했으나 그 규모는 1897년에 실시된 러시아 인구조사에 따르면 불과 67명에 불과했다(조재순, 2009). 일제 식민통치 기간에 토지를 잃은 농민들이 사할린으로 이주하기 시작하면서 한인 인구는 증가했으나 1937년 스탈린에 의한 강제이주정책으로 연해주의 고려인들과 함께 북위 50도 이북의 북사할린 한인 천여명이 중앙아시아로 강제이주를 당했다. 그 이후로 사할린에는 일본령인 남사할린에만 한인들이 거주하게 되었다. 일본은 1938년 국가총동원법을 제정하여 한인들을 남사할린으로 이주시켜 30여 개 탄광과 벌목장, 비행장, 도로, 철도 등 건설현장에서 강제로 노동하게 하였다. 사할린으로 강제 징용된 한인 수는 약 6만~15만 명으로 추산되고 있다(조재순, 2009). 1945년 8월 소련이 대일 선전포고를 하고 남사할린을 점령하자 한인들은 귀국할 것으로 예상했으나 소련은 당시 일본국적을 갖고 있던 한인 약 43,000여 명의 출국을 금지했다. 일본이 패전 이후 사할린 한인과 재일한인을 포함한 모든 한인의 일본 국적을 박탈하면서 사할린에 남게 된 한인들을 무국적자가 될 수밖에 없었고 생존 차원에서 소련 국적을 취득하게 되었다. 종전 후 30년이 넘는 기간 동안 사할린 한인들은 한국으로 귀국할 수 없다가 1988년 소련정부가 사할린 한인의 모국방문과 영주귀국을 허용하면서 1990년부터 한인 1세들의 영주귀국이 시작되었다.

세 번째 시기는 1945년부터 1962년(한국정부가 이민정책을 처음으로 수립한 해)까지인데, 이 시기에는 해방을 맞이해서 중국과 일본에 거주하던 한인들이 귀국해서 일시적으로 재외동포의 규모가 축소되었다. 해방 직후 만주로부터 조선으로 귀환한 사람은 중국 거주 한인의 40%에 해당하는 70만 명에 달하는 것으로 추정된다. 일본으로부터는 1945년 8월부터 1950년까지 104만 명이 귀국한 것으로 일본정부의 공식통계에 집계되었는데, 이 통계에는 자비 귀국자가 포함되지 않은 것으로 보여 실질적인 귀국자 수는 더 클 것으로 추정된다(윤인진, 2003).

이 시기에도 해외로 이주하는 한인들은 여전히 존재했다. 한국전쟁을 전후해서 발생한 전쟁고아, 미군과 결혼한 여성, 혼혈아들이 미국 또는 캐나다로 이주하였다. 또한 유학을 목적으로 미국에 간 학생들 중에 상당수가 학위를 취득한 후 미국에 눌러 앉거나 또는 끝내 학위를 취득하지 못하고 미국에 정착하였다. 이들은 미군과 결혼한 한인 여성들과 마찬가지로 1965년 미국으로의 이민 문호가 활짝 개방되었을 때 가족들을 초청할 수 있는 연쇄이민의 기틀을 마련하였다(윤인진, 2003).

냉전체제에서 재일한인사회는 총련과 민단으로 양분되어 대립했고, 북한은 재일한인을 포함해서 전체 재외동포에 대해서 적극적이고 공세적인 재외동포정책을 전개했다. 북한은 한국전쟁 종전 후 복구를 위한 노동력 확보를 위해 재일한인을 받아들이고자 했고, 일본은 당시 국내 생활보호자의 대부분을 차지했던 재일한인을 북한에 내보내고자 했다. 이러한 양쪽의 이해관계가 맞아서 재일한인 북송사업이 시작됐는데, 1959년부터 1984년까지 총 93,000여 명이 북한으로 건너갔다. 이들은 북한을 지상낙원이라고 믿고 갔지만 대다수가 불순계층으로 차별받았고 상당수는 정치범수용소에 수감되어 사망하거나 비참한 생활을 보냈다(오일환, 2010).

네 번째 시기는 1962년부터 1990년 한소 수교 이전까지인데 이때부터 정착을 목적으로 한 이민이 시작되었다. 중국, 일본, 독립국가연합을 제외한 대부분의 재외한인 이민자들과 그 후손들은 이 시기에 이주하여 정착한 사람들이다. 1962년에 한국정부는 남미, 서유럽, 중동, 북미로 집단이민과 계약이민을 시작하였다. 이 시기 이민정책의 목적은 잉여인구를 외국으로 내보냄으로서 인구압력을 줄이고 재외동포들이 송금하는 외화를 벌기 위한 것이었다. 최초의 집단이민은 1963년 브라질로 103명의 농업 이민자들이 출발한 것으로 시작되었다. 이후 아르헨티나, 파라과이, 볼리비아 등으로 농장을 개간한다는 명목으로 중남미 국가들로부터 초청을 받아 이민을 가게 되었다. 그러나 대부분의 이민자들은 농업 경험이 없었고 황무지를 개간하는 것이 너무 힘든 일이어서 곧바로 대도시로 이주하여 상업에 종사하였다(손정수, 2007). 또한 1963년부터는 서독으로 광부들과 여성 간호사들이 계약노동자의 신분으로 이주했다. 1963년에 247명을 시작으로 1977년까지 총 5,323명의 광부들이 파견됐고, 1966년에 128명의 여성 간호사들을 시작으로 1976년까지 총 10,032명의 여성 간호사들이 독일로 건너갔다(한·유럽 연구회, 2003).

미국과 캐나다로의 이주는 북·서유럽 이민자들만을 선호하던 이민법이 1960년대 중반에 개정되어 이민 문호가 한인에게도 열리게 되자 본격적으로 시작되었다. 한국에서 고등교육을 받고 화이트 칼라직에 종사했던 중산층이 미국과 캐나다로의 이주에 가장 적극적으로 참여하였다(윤인진, 2003). 한인이민의 정점을 이룬 1985년과 1987년 사이에는 연 35,000명의 한인들이 미국으로 이민을 가서 멕시코와 필리핀 다음으로 한국이 미국의 3대 이민국이 되었다. 하지만 한인이민자 수는 1988년 서울 올림픽을 정점으로 해서 감소하기 시작하였고, 오히려 이주를 포기하거나 역이민하는 사람들이 증가하기 시작하였다.

미국의 1965년 이민법 개정이 정주형 가족이민의 물꼬를 열었다고 한다면 1955년부터 1975년까지 계속된 베트남전쟁은 베트남으로 기술자들이 파견되는 계기를 마련했고, 종전 이후 이들이 중동, 동남아시아, 호주 등지로 재이주해서 동남아시아 한인사회 형성의 토대를 마련했다. 한국은 전세가 치열해지기 시작한 1965년부터 미국과 베트남 간 휴전협정이 조인된 1973년까지 총 312,853명의 병력을 파견했고, 총 24,000여 명 정도의 한국인 기술자들이 군사지원업무를 수행하기 위해 베트남에 취업했다. 이들은 한진, 현대, 삼환기업 등 한국기업들과 Vinnell, PA&E 등 미국기업들에 취업해서 준군사적인 경제활동을 통해 개인의 경제적 이득을 취했고 동시에 한국의 경제발전에도 기여했다.

베트남전쟁의 종료와 맞물려 1973년에는 제1차 오일쇼크로 한국을 포함한 서방국가들이 경제위기를 맞이했다. 한국정부는 파독광부들과 여성 간호사들의 계약노동이주 경험을 살려서 국내의 실업문제를 해결하고 중동에서 일기 시작한 건설업 시장에 참여하기 위해 한국인 노동자들을 중동으로 송출했다. 중동 특수가 한창이던 1985년에는 120,245명이 주로 건설노동자로 중동에서 일을 했다. 이후 건설업 붐이 꺾이자 한국인 노동자들을 새로운 일자리를 찾아 다른 국가들로 재이주를 선택했다.

호주로의 한인이주는 1960년대와 1980년대 사이에 독일, 베트남, 중동 등지로 계약노동자의 신분으로 이주했던 한인들의 재이주로 새로운 전기를 마련했다. 1960~1970년대에 호주에서 일기 시작한 광산 개발붐으로 생겨난 고용기회를 찾아서 한인들이 호주로 이주하기 시작했다. 1972년부터 1975년 사이에 500여 명에 이르는 파월 기술자, 현역 제대 취업자들이 대거 호주로 이주했다. 이들은 단기 관광비자로 입국해서 불법취업을 하다가 호주정부의 사면령으로 영주권을 취득했고 한국에 남겨둔 가족들을 초청했다. 이런 소식은 이란, 브라질, 우루과이, 파라과이 등 남미 국가로 이민 갔던 한인들과 파독광부와 간호여성 등을 호주로 끌어 들이게 되었다.

이후 호주정부가 1980년 6월에 불법체류자에 대한 제2차 사면령을 내리면서 한인 불법체류자들은 합법적인 정착이 가능해졌고 이들이 가족들과 재결합하면서 호주의 한인사회는 본격적으로 성장하기 시작했다. 하지만 1986년부터 시작된 투자이민으로 호주에 들어온 새로운 한인 이민자들은 기존의 한인사회 구성원들과 성격이 달랐다. 이들은 처음부터 자본을 갖고 정착을 시작했고 높은 수준의 사회경제적 생활을 했다. 이렇게 구이민자와 신이민자 간의 이주배경과 이주방식, 그리고 정착과정의 차이는 두 집단 간의 거리감을 넓히고 대립과 갈등의 원인이 되었다.

재외동포 이주사의 다섯 번째 시기는 1990년 한소수교와 1992년 한중수교를 통해 그 이전에는 잊혀졌던 구소련(1992년 이후 독립국가연합으로 재편)과 중국의 동포들이 재외동포로 재편입되면서 시작되었다. 즉, 냉전 체제에서는 공산권 동포들이 한국인의 관심 밖에 있다가 구소련과 중국과 국교 수립이 되고 나서 재외동포 통계에 포함되기 시작했다. 이로 인해 외교통상부의 재외동포현황통계에 따르면 1990년 재외동포의 수는 232만 명에서 1995년에는 554만 명으로 급증하게 됐다. 특히 이 시기에 중국동포들이 한국으로 취업, 결혼, 유학, 방문 등의 목적으로 입국이 증가하면서 국내에서 중국동포의 영향력이 커지게 되었다.

1997년 말에는 당시 아시아를 강타했던 외환위기로 인해 국내에서 일자리를 잃거나 고용에 불안감을 느낀 30대들이 해외로 이민을 가기 시작했다. 1999년에 5,267명이 취업이민으로 떠났고 2000년에는 그 수가 8,369명으로 증가했다(윤인진,

2013). 이렇게 취업을 목적으로 이민 가는 사람들은 30대가 주류였으며, 고학력·
전문직에 종사하면서 나름대로 안정된 생활을 했던 사람들이다. 캐나다가 고학력,
전문기술직 종사자를 우대하는 이민정책을 실행하자 미국 대신 캐나다가 한인 이
주의 새로운 목적지가 되었다.

2. 재외동포 이주의 성격 변화: 디아스포라에서 초국가주의로의 전환

150년을 넘는 재외동포의 이주사는 국가별, 지역별로 다양성을 보여 왔지만 시
기적으로 대별하면 19세기 중엽과 20세기 초엽에 러시아, 중국, 미국, 일본, 멕시
코, 쿠바로 이주했던 구이민자들과 1960년대 이후 미국, 캐나다, 브라질, 아르헨티
나, 파라과이, 독일, 영국, 프랑스, 호주, 뉴질랜드로 이주한 신이민자들의 이주사로
나눌 수 있다. 구이민자들은 기근, 압제, 전쟁, 식민지 통치와 같은 모국의 배출요
인에 의해 이주하게 되었고, 계층배경은 주로 농민, 노동자, 하급 군인 등 하층계급
이었고, 거주국에서의 정향성은 정착보다는 일시체류의 성격이 강했다. 따라서 구이
민자들의 이주는 전형적인 '디아스포라' 또는 '민족이산'으로 볼 수 있다. 반면 신이
민자들은 모국의 배출요인 못지않게 거주국의 흡인요인(높은 생활수준과 교육기회)에
강하게 끌렸으며, 계층배경은 도시출신의 고학력, 화이트칼라, 전문기술직 등 중산
층이 다수를 이루었고, 처음부터 거주국에서 영구정착을 목표로 한 사람들이 많았
다. 중산층 배경과 정착 지향성으로 인해 신이민자들은 이민 1세대 내에 거주국에
서 중산층 지위를 획득하는 등 빠른 신분상승을 이루었다. 아울러 교통과 통신 기
술의 발달로 인해 신이민자들은 이주 후에도 모국과 긴밀한 관계를 유지하고 있다.
이런 이유로 신이민자들은 디아스포라보다는 초국가주의(transnationalism)의 관점에
서 바라보는 것이 현실과 더욱 적합하다.

이렇게 디아스포라와 초국가주의는 재외동포의 이주와 정착의 경험을 대비하
는 개념들이다. 디아스포라(Diaspora)는 본래 유대인의 강제이주와 민족분산이라는
비극적인 역사에서 유래했다. 그러나 시간이 지나면서 다양한 이주 배경과 원인을
가진 이주민 집단들로 확대됐고 디아스포라 용어 자체도 대중적으로 사용되고 있
다. 반면 초국가주의는 1990년대 후반 들어 국가의 경계를 넘나드는 사람, 장소,
그리고 제도 사이의 연계가 강화되면서 이주에 대한 새로운 관점으로 도입되었다.
초국가주의는 현대의 국제이주가 과거에 비교해서 모국과 거주국 간의 쌍방향적인
인구이동이며, 이주민이 거주국에서 정착하면서도 모국과 긴밀한 관계를 유지하는

것에 주목한다. 초국가주의의 첫 번째 특성은 다른 국가들 사이에 사는 사람들을 묶어내는 연계(linkage)이고, 두 번째 특성은 초국가적 연계를 지속시키는 동시성(simultaneity)이다. 새로운 과학기술은 먼 거리의 이동과 커뮤니케이션을 더 빈번하고, 빠르고, 규칙성 있게 만들었다. 이것은 이주자들이 모국과 그들이 사는 정착국가들에서 동시적으로 관여할 수 있도록 한다. 이러한 점에서 초국가주의 연구자들은 연계와 동시성이라는 두 가지를 초국가주의의 특징으로 간주한다.[2]

앞서 논의한 디아스포라와 초국가주의의 특성을 비교하면 전자는 '홈리스 상태'(being homeless)와 '연결되지 않은 상태'(being disconnected)로, 후자는 '연결된 상태'(being connected)로 특징지을 수 있다. 고전적 디아스포라 개념에서는 강제로 모국으로부터 떨어진 상태인 반면, 현대적 디아스포라 개념에서는 스스로 모국과 거주국 어느 쪽에도 속하지 않은 상태를 의미한다. 따라서 디아스포라와 초국가주의를 구분하는 두 가지 중요한 축은 이동성과 모국-거주국과의 연계성이라고 볼 수 있으며, 이 두 차원을 교차하면 <그림 1>과 같다. 이동성과 연계성의 높고 낮음에 따라 이론적으로 네 가지의 칸이 생겨난다. 이 중 이동성이 낮고 모국-거주국과의 연계성이 낮은 경우는 재일동포 올드커머와 같이 디아스포라적 생활을 하는 사람들이다. 반면 이동성이 높고 모국-거주국과의 연계성이 높은 경우는 현재 중국동포와 같이 초국가적 생활을 하는 사람들이다. 법무부 출입국·외국인정책본부 통계에 따르면 2014년 말 기준으로 한국 국적 취득자를 포함한 한국 내 중국동포 거주자는 68만 명에 달하였다. 한국 외에도 중국동포는 미국, 일본, 캐나다 등지로 이주하여 초국가적 경제생활뿐만 아니라 초국가적 가족생활을 유지하는 것으로 알려졌다. 이와 같은 중국동포의 이주, 경제생활, 가족생활을 이해하기 위해서는 기존의 모국과 거주국이라는 이분법적인 국민국가 단위의 접근방식에서 벗어나 초국가적 관점에서 연구하는 것이 필요하다.

---

2) 이론적으로 디아스포라와 초국가주의는 구분되지만 최근에는 디아스포라를 비극적인 개념에서 긍정적이고 포괄적인 개념(예: 디아스포라 경제, 디지털 디아스포라)으로 이해하면서 디아스포라를 초국가주의적인 개념으로 사용하기도 한다.

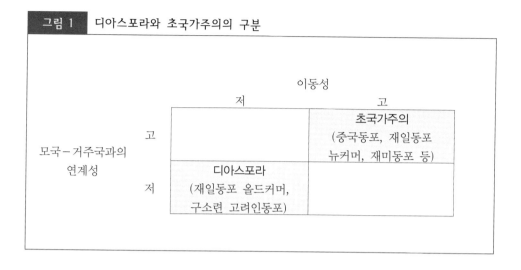

그림 1 디아스포라와 초국가주의의 구분

3절 해외의 재외동포

1. 중   국

중국으로의 한인 이주는 1860년 이전에도 있었다. 그러나 대규모의 이주는 1860년대와 1870년대 사이에 조선에서 재해와 흉년이 연속으로 발생하자 많은 이재민들이 간도, 지금의 만주 길림성 동남부 지역으로 이주하면서 시작되었다. 만주 지역의 한인 인구는 1860년대에 이미 7만 7천명에 달한 것으로 알려져 있다(김두섭, 1996). 1910년 일제 식민통치가 시작되면서 한인의 만주이주는 가속화되었고 중국 동북부 지역의 한인사회는 더욱 확장됐다. 또한 해외에서 독립운동을 전개하고자 독립운동가들이 간도로 이주해서 학교와 독립운동 기지를 건설했다. 하지만 일반 농민들에 비교해서 독립운동가의 수는 제한적이었다.

일본은 1931년에 만주사변을 일으켜 만주국을 건설하고 한반도에서 한인들을 집단으로 이주하고 집단농장을 형성했다. 집단이주로 인해 1930년에 60만 명에 달했던 한인인구가 1940년에는 1백 45만 명으로 두 배 이상 증가했다. 계속적인 이주의 증가로 해방 당시 만주에 거주하는 한인인구는 230만여 명에 달했다. 하지만 일본이 제2차 세계대전에서 패전하고서 70만 명이 귀환한 것으로 알려졌는데 연구자에 따라서 귀환자 수를 100만 명이 넘는 것으로 추정하기도 한다(윤인진, 2013).

중국동포는 국민당과 공산당 사이에 벌어진 내전(1945~1949)에서 공산당을 도와 혁혁한 공을 세웠다. 이로 인해 중국 공민으로 자격을 부여받고 신중국을 건설하는 핵심민족으로 인정받았고, 조선족으로 불리게 되었다. 그러나 1966년부터 1976년까지 전개된 문화대혁명에서 많은 한인 지도자들이 민족주의자라는 모함을 받고 처형을 당하고, 조선족자치주 간부들이 한족으로 교체되고, 민족 전통문화가 억압되었다.

덩샤오핑이 국가 주석이 되면서 1978년부터 추진한 개혁개방으로 연해도시들은 빠르게 성장했지만 전통적으로 농업에 기반을 둔 연변조선족자치주는 퇴보하기 시작했다. 이로 인해 중국동포의 인구이동이 본격화되었고 그 과정에서 농촌 지역의 집거지는 약화되고 대신 베이징, 셴양, 상하이, 칭다오 등의 도시들에 한인들의 새로운 공동체가 형성되었다. 아울러 1990년대 이후에는 해외이주가 증가해서 장기적으로 외국에 거주하면서 경제, 교육 등의 활동에 종사하고 있다. 중국동포의 해외진출은 주로 모국인 한국에 집중되어 있으나, 일본, 미국 등지에도 많은 수가 진출하였고 중국동포 타운을 형성하고 있다. 한편 1992년 한중 수교 이후 한국인들이 중국으로 대거 진출하면서 중국동포사회의 새로운 집단으로 성장했다. 이들은 베이징 왕징 코리아타운과 같은 곳에서 중국동포와 공조와 협력관계를 맺으면서도 동시에 차별과 배제의 양면적인 모습을 보이고 있다.

2. 일 본

일본으로의 한인 이주는 1914년 제1차 세계대전 이후 급속한 경제성장으로 인한 노동력 부족과 임금상승을 억제하기 위해 저임금의 한인들을 적극적으로 모집하면서 본격화 되었다. 이로 인해 재일동포의 수는 1915년의 3,917명에서 1920년에는 30,189명으로 5년 만에 8배가량 증가하였다. 일본이 1931년에 만주사변을 일으키고 1937년에 중일전쟁을 개시하면서 전선확대에 따른 병력과 일본 본토의 전시사업을 지탱할 노동력을 확보해야 하면서 한반도에서 한인들을 동원해서 탄광, 군수공장, 토목사업장 등으로 배치했다. 강제연행이 본격화된 1939년부터 1945년까지 동원된 인원은 724,787명에 이르렀고 군인, 군속 365,263명을 합하면 한인 강제연행자 수는 100만 명을 넘는다(이문웅, 1996). 여기에 추가하여 여성자원봉사대의 이름으로 20만 명의 여성이 동원되었는데 이 중 8만 명가량이 종군위안부로 동원되었다.

일제 해방 직후 1945년 당시 일본을 포함한 해외에 나가 있던 재외동포 수는 중국 만주지역 160만여 명, 중국 본토 10만여 명, 일본 210만여 명, 소연방 20만여 명, 미주 기타 지역 3만여 명, 합계 약 400만여 명을 넘었고, 이들은 국내 총인구의 1/6에 해당했다(윤인진, 2013). 만주에 이주했던 한인들과 마찬가지로 일본에 거주했던 한인들 역시 해방을 맞이하게 되자 귀국을 서두르기 시작했다. 일본 정부의 공식발표에 의하면 1945년 8월부터 이듬해 3월까지 남한으로 귀국한 사람은 약 94만 명이며 1950년까지는 104만 명으로 되어있다.

패전 후 일본은 미국과 1952년에 샌프란시스코 강화조약을 체결하여 주권을 회복한 후 재일동포의 일본 국적을 일방적으로 박탈했다. 그리고 재일동포를 외국인이라는 이유로 일본 정부에 재정 부담이 되는 권리와 혜택으로부터 배제했다. 한국과 일본이 1965년 관계 정상화를 맺기까지 재일동포는 무국적 상태로 남아 있었다. 그러나 일본은 한국 국적을 선택한 재일동포에게만 영주권을 부여하여 한국 국적 선택을 포기하거나 거부한 총련계 동포는 무국적 상태로 남게 되었다. 1982년 일본이 난민조약에 가입하면서 총련계 동포도 특례영주자의 지위를 부여받았다. 그러다가 1991년 11월 특별영주권제가 시행되면서 민단과 총련 관련 없이 모든 재일동포에게 동일한 영주권이 부여됐다(김태기, 2009).

냉전 시기 재일동포사회는 한국을 지지하는 민단과 북한을 지지하는 총련으로 양분되어 대립했다. 북한이 총련의 민족학교를 지원하면서 재일동포사회에서 총련이 우위를 차지하자 한국정부는 민단에 재정지원을 확대하고 민단계 한국학교를 설립하면서 북한의 공세에 대응했다. 냉전체제에서 재일동포의 인권이 심각하게 유린된 사건이 재일동포의 북송사업이다. 1959년 12월 14일 975명이 니가타항(新潟港)을 출발한 것을 시작으로 1985년 사업이 종료되기까지 총 93,000여 명이 북한으로 건너갔다(오일환, 2010).

재일동포 2~3세들은 1970년대부터 한인에 대한 일본인들의 차별에 저항하는 일련의 민권운동을 전개했다. 대표적인 운동으로 박종석 히타치 사(日立社) 취업차별 철폐투쟁(1970~1974), 김경득 사법연수원 연수생 채용 투쟁(1976~1977), 지문날인 거부운동(1980~2000), 지방참정권 획득 운동(1998~현재)을 꼽을 수 있다. 이 운동들은 2000년대에 들어서 일본에서 외국인 이주자들의 지역사회 정착을 지원하고자 하는 '다문화공생운동'이 시작되었을 때 그 운동의 방향과 전략을 제시했다는 점에서 기여하는 바가 크다. '자이니치'(在日)라고 불리는 동포 2세들은 외국인에 대한 각종 차별을 철폐하는 운동을 전개해서 사회복지, 교육, 취업 등에서의 권리가 모든 이민자들에게 확대되는데 결정적인 역할을 했다. 그리고 1980년대 이후 일본으로 남미와 아시아 등에서 신이민자들의 유입이 증가하고 이들의 규모가 구이민자인 재일동포를 추월하게 되자, 민권운동은 재일동포만을 위하지 않고 모든 외국인과 이주민을 위한 권익운동으로 확장되었다. 일본사회의 국제화와 다문화공생 운동과 궤를 같이해서 재일한인동포에서는 1980년대부터 동포 2~3세들을 중심으로 남과 북, 민단과 총련, 민족운동과 시민운동, 통일운동과 민권운동의 이분법적 구분을 뛰어 넘어 새로운 성격의 통일운동이 시작되었다. 재일동포 2~3세들은 1990년에는 아시아공동체 건설을 사업의 비전으로 설정해서 일본과 남북한을 뛰어 넘어 아시아의 공생공영을 이루고자 노력하고 있다. 이런 과정을 통해 식민지 민족으로서의 차별과 배제의 경험을 포용과 융합의 촉매로 승화하고 있다.

3. 독립국가연합

독립국가연합은 1991년에 구소련이 해체된 후 그해 12월 21일 러시아, 우크라이나, 벨로루시를 중심으로 발틱 3국을 제외한 12개 구소련 공화국들이 결성한 정치연합체이다. 구소련에 거주했던 한인을 통상적으로 고려인 또는 고려사람이라고 부른다.

연해주로의 한인이주는 제정 러시아 시기부터 시작되었다. 공식적인 첫 이민은 1864년에 시작되었으나 1869~1870년에 발생한 한반도 북부 지역의 대기근은 러시아로의 대규모 이주를 일으켰다. 두만강 건너에 임자 없는 황무지를 개간하여 농사를 지을 수 있고 열심히 노력하면 많이 수확할 수 있다는 사실이 한인들을 끌어들였다. 이주가 시작되고서 처음 10년 동안 이 지역을 관장하는 지방관리들은 한인 이민자들에 대해서 관대하였다. 한인 이민자들이 거의 황무지와 같은 땅을 개간하고 소작인, 임차인, 또는 농업노동자로서 농업생산에 필요한 값싼 노동력을 제공하였기 때문이다(권희영, 1996). 그러나 제정 러시아 시기 한인에 대한 정책은 연해주에 파견된 총독에 따라 억압책과 수용책으로 자주 변화했다. 1911년에서 1917년까지 총독으로 재임한 곤다찌 통치기에는 부족한 노동력을 한인으로 보충하려는 정책으로 한인 인구가 증가해서 1917년 10월 혁명이 일어날 즈음에는 러시아 한인 인구가 10만 명에 달하기도 했다.

1920년대 당시 러시아로 이주한 한인들은 대다수가 농민이었기 때문에 그들에게 토지문제는 가장 중요한 사안이었다. 한인들은 공산주의가 성공하면 토지를 소유할 수 있다는 희망을 갖고 러시아 혁명과 시베리아 내전에서 혁명군의 편에 서서 목숨을 걸고 싸웠다. 그러나 한인들의 공헌에도 불구하고 소비에트 정부는 한인들을 믿음직한 동반자로 인식하기보다 일본의 협력자로 의심하고, 변경을 한인들에게 맡길 수 없다는 생각으로 이들을 내륙으로 이주시킬 계획을 갖고 있었다. 한인들을 이주시키고 남은 토지는 유럽지역으로부터 이주할 러시아인들에게 배분할 계획을 가졌다. 결국 1937년에 스탈린은 한인들이 일본의 첩자역할을 할 것이라는 군사적 우려와 중앙아시아의 낙후된 지역을 이들의 노동력에 의해 개간한다는 경제적 목적으로 171,781명의 한인들을 강제 이주시켰다.

강제이주 후 중앙아시아의 한인들은 거주 이전의 자유도 박탈당하고 제2차 세계대전 중에는 소비에트 군인으로 참전할 수 있는 권리도 부여받지 못했다. 전장 대신 후방의 도로, 항만, 광산 등에 동원되어 노역을 해야 했다. 전쟁이 끝난 후에도 한인들은 거주지 제한에서 풀려나지 못했고 1957년이 돼서야 비로소 거주 이전의 자유를 갖게 되었다.

적성민족으로서의 차별과 설움을 당했음에도 불구하고 한인들은 불굴의 의지력으로 모범적인 소수민족으로 거듭났다. 한인 농민들은 벼농사와 목화 재배에서 타의 추종을 불허할 정도로 높은 생산량을 기록했다. 1970년대 초까지 카자흐스탄의 농업 분야에서 사회주의 노력 영웅 칭호를 받은 한인들은 67명에 이르고, 우즈베키스탄에서도 100명 이상의 사회주의 노력 영웅들이 배출되었다(강 게오르기 외, 1997).

구소련 체제에서 한인은 지배집단인 러시아인과 피지배집단인 원주민족의 중간에서 중개적 역할을 수행하면서 원주민족에 비교해서 높은 사회경제적 지위를 누려왔다. 이들은 거주국 사회에 동화를 추구하면서도 밑바닥계층에 남기보다는 자신에게 주어진 기회구조를 최대한 활용하여 신분상승을 추구하였다. 적성민족이라는 신분상 제약으로 인해 한인들은 정치, 군사, 공직 분야로의 진출은 일찍이 포기하고 대신 자신의 재능과 노력으로 승부할 수 있는 경제 분야, 특히 임차농업(고본질이라 불림), 집단농장, 자영농업에서 경제적 자립의 토대를 마련하였다. 이민 1세가 농업을 통해 자본을 축적한 후에는 그 축적된 자본을 자녀세대의 고등교육에 투자하였다. 자녀 교육을 위해 부모들은 농촌을 떠나 대도시로 이주하기 시작하였고 이로써 한인들은 타민족들에 비교해서 높은 도시화율을 기록하였다. 대도시에서 고등교육을 받은 이민 2세는 졸업 후 도시에서 전문직, 기술직에 종사하면서 도시에 정착하였다. 주류사회에 진출하였어도 상층계급으로는 진출하지 못하고 러시아인과 원주민 사이의 중간계층에 머물면서 러시아인 지배 사회체제가 유지되고 운영되는데 기여하면서 자신들의 지위를 보장받았다.

1991년에 구소련이 해체되고 중앙아시아 국가들이 독립하면서 한인들은 새로운 도전에 직면하였다. 중앙아시아에서는 자신들의 방패막이 역할을 하였던 러시아인의 힘이 약화되고 대신 자신들이 경멸하고 거리감을 두어왔던 원주민족들이 실권을 잡게 되었다(윤인진, 2013). 중앙아시아 국가들이 독립 후 잃었던 민족의 언어와 역사를 되찾고 민족정체성을 확립해 가는 과정에서 타민족들에 대한 차별과 배척이 증가하였다. 중앙아시아의 정치경제적 불안과 부상하는 민족주의를 피해 한인들은 1990년대부터 남부 러시아, 우크라이나, 벨라루스 등으로 이주하기 시작했다. 1989년과 1999년 사이에 러시아의 한인인구는 107,051명에서 125,000명으로 증가하였고 2011년에는 213,020명으로 증가해서 1999년 대비 70% 증가했다(윤인진, 2013). 이런 인구변화는 구소련이 해체되고 중앙아시아 국가들이 독립하면서 자민족주의가 부흥하자 한인과 같은 소수민족들이 러시아로 이주한 결과이다.

4. 미 국

미국으로의 한인 이주는 19세기 말 미국이 조선과 정치, 경제적으로 관련을 맺으면서 형성된 관계 속에서 시작되었다. 미국으로의 한인이주는 1903년 1월 13일 증기선 갤릭호를 타고 102명의 한인들이 하와이 호놀룰루에 도착하면서 시작했다. 초기한인 이주는 고국에서의 정치·경제·사회적 혼란과 재난과 같은 배출요인, 하와이와 미국 본토에서의 노동력 부족과 같은 흡인요인, 그리고 이 두 요인을 연결시킨 미국인 선교사, 목사, 사업가 등과 같은 중개인들에 의해 이뤄졌다.

초기 한인이민자들의 대부분은 20대의 젊은 남자들이었고 여자 비율은 10%에 못 미쳤다. 이들은 이국에서 빠른 시기에 큰돈을 벌어서 고향으로 금의환향하려는 임시체류자의 성격이 강했다. 1910년부터 1924년까지 총 1,000명의 한인 여성들이 사진교환을 통해 하와이에 입국하면서 재미동포사회는 단신 이민자 사회에서 가족중심 사회로 변모하게 되었다. 그러면서 남자들은 가장으로서 책임감을 느끼게 되면서 더 많은 수입을 벌기 위해 농장을 떠나 호놀룰루로 이주해서 자영업, 쌀농사,

고구마 농사 등에 참여하게 되었다. 그리고 미국 본토에서 철도 건설장이나 과수원들에서 일하면 하와이보다 높은 임금을 받을 수 있다는 소식을 접하고는 1903년부터 1915년까지 총 1,087명의 한인들이 본토로 이주하였다. 노동자, 사진신부, 유학생들로 구성된 미국의 한인사회는 1945년 한국이 해방되기까지 하와이에 6,500명가량 그리고 미국 본토에 3,000명가량의 규모였으며 이들은 미국 주류사회로부터 고립된 생활을 했다.

제2차 세계대전 이후, 특히 한국전쟁 이후 미국으로의 한인이주의 흐름은 국제결혼여성, 입양아, 유학생들에 의해서 이어졌다. 이들의 이주는 전후에 미국이 한반도에 군사적으로 개입하면서 강화된 한미 간의 군사적, 정치적, 문화적 관계 속에서 시작됐다. 1950년부터 1964년까지 6,000명가량의 여성들이 미군의 배우자로서 미국으로 건너갔고, 1950년부터 2000년까지 미군의 부인으로 이민 온 한인여성들의 수는 10만 명에 달했다. 1950년대에는 이들이 전체 한국인 이민자의 36%를 차지했고, 1960년대에는 42%를 차지할 정도로 중요한 이민자 집단이었다.

두 번째로 중요한 이민자 집단은 입양인이었다. 한국전쟁으로 많은 전쟁고아와 혼혈아들이 생겨나자 정부는 1954년에 해외입양사업을 시작했다. 1950~60년대에는 고아들이 주로 입양되었으나 1970년대부터는 미혼모 아이들이 고아들보다 많이 입양되었다. 1954년 이후 2002년 말까지 해외로 입양된 아이들은 15만 명으로 추산되고, 이중 약 10만 명이 미국 가정에 입양된 것으로 알려졌다.

세 번째로 중요한 이민자 집단은 미국 대학에서 학위를 취득하려 건너간 유학생들이다. 1945년부터 1965년까지 6,000명가량의 유학생들이 학위 취득 후 고국에서 누릴 사적 권위와 출세에 대한 기대를 갖고 미국으로 건너갔다. 하지만 적지 않은 수의 학생들이 학위를 취득한 후 미국에 눌러 앉거나 또는 끝내 학위를 취득하지 못하고 미국에 정착하였다.

1965년 미국 이민법이 크게 개정되면서 미국으로의 한인이민은 새로운 전환기를 맞이하게 되었다. 개정된 이민법에 의해 유학생, 객원 간호사와 의사의 신분으로 미국에 건너 온 한인들이 영주권을 취득하게 되었고 이들이 1965년부터 1970년 사이의 한인이민을 주도하였다. 이들은 후에 국제결혼한 한인 여성들과 함께 한국에 남은 가족을 초청하면서 1970년대에 들어서 급격하게 증가하기 시작한 한인이민의 토대를 마련하였다.

미국으로의 한인이민은 1970년 초부터 본궤도에 올라서 연 30,000명가량의 한인들이 미국으로 이민을 갔다. 한인이민의 정점을 이룬 1985년과 1987년 사이에는 연 35,000명의 한인들이 이민을 가서 멕시코와 필리핀 다음으로 미국으로 이민을 많이 간 3대 이민국이 되었다. 하지만 한인이민은 1987년의 35,849명을 기점으로 해서 줄어들기 시작해서 1999년에는 단지 12,301명만이 이민을 가서 1972년 이후로 최저점을 기록하였다.

1965년 이후 미국에 이민 간 한인들은 그 이전의 한인 이민자들과 비교해서 구별되는 사회경제적 특성들을 갖고 있다. 첫째, 처음부터 정주를 목적으로 가족이 함께 이민을 갔다. 둘째, 한국에서 대학교육을 받고 전문직, 사무직 등에 종사한 신중간계층이 다수를 이뤘다. 셋째, 이민동기가 고국에서 실업 및 빈곤과 같은 배출요인이라기보다 미국에서 기대되는 높은 삶의 질과 교육기회와 같은 흡인요인이었다. 넷째, 이민을 떠나기 전 이미 지방에서 서울과 부산 등 대도시로 이주를 경험했다. 이렇게 이민 전에 이미 지리적, 계층적 신분상승의 경험을 했고 미국대중문화에 익숙했기 때문에 미국의 대도시 자본주의 체제에의 적응은 그다지 생소한 과정은 아니었다(윤인진, 2003). 이런 특성들로 인해 신이민자들은 빠른 기간 내에 중산층으로 진입하고 그들의 자녀들은 고등교육을 받고 전문직으로 진출할 수 있다.

한인들의 '아메리칸 드림'에 대한 환상은 1992년 4월 29일 로스앤젤레스 사우스 센트럴에서 발생한 인종폭동으로 깨지게 되었다. 자본력과 영어 능력이 부족했던 한인들은 임대료가 싸고 사업 경쟁상대도 적은 저소득 흑인지역에서 사업을 벌였다. 그러나 자신들의 동네에서 돈을 벌면서 기여하지 않는 한인 상인들에 대해 부정적인 시각을 가지고 있던 흑인들은 한인 상인들에 대해 반감을 갖고 불매운동을 벌이기도 했다. 1991년 3월 로스앤젤레스 사우스 센트럴의 한인 청과물 가게에서 흑인 여성 고객이 한인 주인에게 총격을 받고 사망한 사건은 곧바로 한인 업소에 대한 불매운동으로 이어졌고, 1992년 4월 29일 사우스 센트럴에서 인종폭동이 발생했을 때 한인 업소들이 집중적으로 공격을 당하게 된 빌미를 제공했다. 방화 또는 약탈 피해를 당한 전체 4,500개의 업소들 중에서 한인 소유는 2,300개였고, 전체 10억 달러의 재산피해 중 한인이 당한 것이 4억 달러에 달했다(윤인진, 2003).

4.29폭동은 한인들에게 엄청난 재산피해와 심리적 외상을 입혔지만 다른 한편으로는 한인의 정치의식과 정치참여를 높이는 결과를 낳았다. 4.29폭동을 계기로 동포 1.5세와 2세가 민족의식을 갖게 됐고 한인사회에 참여하게 되었다. 부모세대가 피해를 당해도 언어문제와 정치력 부재로 자신들을 방어하지 못하는 것을 목격

하고서 이들은 한인사회의 대변자로서, 그리고 한인사회와 흑인사회, 백인주류사회를 연결하는 교량 역할을 했다. 그리고 본격적으로 정치력 향상에 힘을 쓰기 시작해서 '한미연합회'(Korean American Coalition, KAC), 한인정치지도자포럼, 유권자운동 등을 통해서 한인의 정치력을 강화하려는 노력을 하고 있다.

5. 중남미

중남미로의 한인이민은 1905년 4월 4일에 1,033명의 한인들이 인천항을 떠나 멕시코 유카탄반도의 에네켄 재배 농장의 계약노동자로 가게 된 것에서 시작했다. 당시 이민자들의 특성을 살펴보면 성인 남자 702명, 성인 여자 135명, 남녀 아동 196명으로 독신 196명과 가족 이민 257가구로 구성되었다. 연령은 21~32세가 283명, 31~40세가 171명으로 전체의 44%를 차지했다. 출신지역은 서울과 인천 출신이 681명으로 전체 이민자의 66%를 차지했다(이자경, 2007). 직업은 소수의 전직 관리를 포함한 군인 출신이 200명으로 두드러졌고, 그 외 소작인, 잡역부, 소수의 양반 계급, 부랑아, 걸인 등이 포함되었다. 이들은 제2장에서 다룬 부자유계약노동자(indentured workers)의 노동이민 현상으로 볼 수 있다.

이들은 멕시코의 메리다 지역에서 20여 개의 에네켄 재배 농장에 분산되어 계약노동자로 일을 했다. 그런데 말이 계약노동자이지 실제로는 노예와 같은 생활을 4년 동안 해야 했다. 그 결과 계약 기간이 종료하자 기대했던 돈을 모으지도 못하고 실업자가 되었다. 생활고에 시달리던 멕시코 한인들은 1921년 3월에 쿠바로 재이주를 시도했다. 1910년부터 1920년 사이에 쿠바에서는 미국인들이 사탕수수 농장을 개척하며 사탕수수 산업이 활성화됐다. 이로 인해 노동력이 부족하게 되자 외국인노동자들을 적극적으로 받아들이게 되었다. 쿠바 농업의 전성기였던 1902년과 1920년 사이에 중국, 유럽, 남미 국가들로부터 받아들인 외국인노동자의 수는 100만 명에 달했다고 한다. 1921년 멕시코로부터 쿠바로 이주한 한인들도 이런 외국인노동자의 일부였다. 이때 입국한 한인들은 모집책 3명과 모집인원 287명을 합하여 290명으로 추산된다(윤인진, 2013).

남미로의 한인 이민은 1960년대에 들어 본궤도에 올랐다. 이 시기의 농업이민은 한국정부에 의해 기획된 최초의 집단 이민이었다. 당시 5·16 군사정변을 통해 정권을 잡은 박정희 정부는 1962년에 해외이주법을 제정하여 잉여인구를 외국으로 내보냄으로써 인구압력을 줄이고자 하였다. 그리고 브라질과 아르헨티나 등은 광

대한 농토를 개발하여 경제를 발전시키고자 했다. 1962년 12월 18일 제1차 브라질 이민단이 부산항을 출발하여 다음 해 2월 12일 산토스항에 도착했다. 이후 브라질로의 이민은 1966년 5차 이민단까지 이어져서 총 193세대가 입국했다.

아르헨티나로의 이민은 1965년 8월 17일 라마르께 영농 이민단 1진 13세대 78명이 부산항을 출발하여 1965년 10월 15일 부에노스아이레스에 도착하는 것으로 시작했다. 파라과이 농업이민은 1965년 2월 17일 농업 이민 1진 30세대 95명이 부산항을 출발하여 부에노스아이레스항을 경유하여 같은 해 4월 22일 아순시온항에 도착하는 것으로 시작되었다. 브라질, 아르헨티나, 파라과이로 이주한 한인들은 원래 배정되었던 개간지에 도착해서는 그곳에서 도저히 개간은 커녕 생활하기조차 어렵다는 것을 깨달았다. 변변한 농기구조차 갖추지 못했고 개미 떼와 독충과 싸우며 주거시설을 마련하고 끼니를 마련하느라 고군분투를 해야 했다. 더욱이 대부분의 이민자들이 농업 경험과 기술을 갖지 않았기 때문에 황무지를 개간하는 일은 처음부터 무리였다. 결국 대부분의 이민자들이 상파울루, 부에노스아이레스, 아순시온과 같은 대도시로 재이주했다.

대도시로 이주한 한인들은 마땅한 일자리를 찾지 못하자 행상에 나서게 되었다. 처음에는 한국에서 가져간 물건들을 팔다가 나중에는 현지에서 물건을 사서 가가호호 방문하면서 판매를 하였다. 행상 다음에 한인들의 생계거리로 시작한 것이 봉제업이다. 처음에는 동네 바느질처럼 하청 봉제를 받아 시작하였다가 나중에는 행상과 동반되면서 자체 생산과 판매 구조를 갖추게 되었다(손정수, 2007). 1980년대에는 신참 이민자들이 자본과 기술력을 가지고 들어와 한인 의류업에 질적 성장이 있었고 이것을 기반으로 하여 전문 의류 상가로의 진출이 본격화되었다. 아르헨티나에서는 원단 제조, 봉제, 도매업과 소매업을 모두 한인들이 담당하고 있어서 수직적 및 수평적 통합을 이뤘고 이것이 한인 의류사업의 경쟁력이 되었다. 브라질에서도 한인 상인들이 브라질 의류 생산의 40%를 차지하며 브라질 의류산업을 주도하고 있다.

6. 유 럽

아시아와 아메리카로의 이민과 비교해서 유럽으로의 한인이주는 역사가 짧고 거주하는 한인의 수도 적다. 그리고 한인이주를 '이민'이라고 부르기에는 단기 체류자가 많고 영주권 또는 시민권자의 수가 적다. 유럽의 한인사회가 이런 특성을 갖게 된 것은 한인이주자들이 처음부터 이민을 목적으로 한 것이 아니고 유학생, 주재원, 광산노동자, 간호사, 예술가 등의 단기체류를 목적으로 간 사람들이 많았기 때문이다. 이로 인해 영주권과 시민권을 취득한 정주자들의 수는 적고, 상업과 서비스업에 종사하는 사람들의 비율이 낮은 대신 학생들의 비율이 높다(한·유럽연구회, 2003). 외교통상부의 재외동포 현황통계에 따르면 2014년 말 유럽(독립국가연합 포함)에 거주하는 한인의 수는 총 627,089명이고 매년 2% 정도의 증가율을 보인다. 유럽 국가 중에서 한인이 많이 사는 나라는 러시아(79,818명), 영국(40,263명), 독일(39,047명), 프랑스(15,000명) 등이다. 그 외에는 이탈리아(4,148명), 스페인(3,708명), 터키(3,839명) 등에 수천 명 정도의 한인들이 분포하고 있다.

유럽으로의 한인이주는 이주시기와 이민자 특성에 따라 크게 네 가지 유형으로 구분된다. 첫째는 스웨덴, 노르웨이, 핀란드, 덴마크와 같은 북유럽 국가로의 이주이다. 이곳으로의 이주는 한국전쟁에 참전한 군인들과의 인연으로 한국인들이 이주하게 되면서 시작했고, 전쟁 후 한국고아들이 입양되어 성장하면서 한인사회가 형성되기 시작했다.

둘째는 1960년대 초 광부와 여성 간호사의 신분으로 독일로 파견되었던 한인들이 계약이 끝난 후 독일, 스위스, 오스트리아에 정착하게 된 유형이다. 광부는 간호여성과 결혼하여 가정을 꾸리는 경우가 많았으나 간호여성은 현지 유럽인들과 국제결혼한 경우도 많다. 따라서 이들은 거주국 국적을 취득한 사람들의 비율이 높고 연령도 많은 편이다. 파독 광부의 이주는 1961년 12월 13일에 박정희 정부가 서독 정부와 '한독 정부 간 경제와 기술에 관한 협정'으로 가능케 됐는데, 1963년에 247명을 시작으로 1977년까지 15년 동안 총 7,936명의 광부가 서독으로 건너갔다. 이때 서독으로 건너간 광부들은 실제로는 광업에 종사한 경험이 없는 고학력자들이 대부분을 차지했다. 간호 여성들이 본격적으로 서독으로 건너 간 것은 1959년부터인데, 이 시기 서독의 사설기관들, 즉 수도원과 그에 속한 부속 병원들은 병원에서 간호사 교육을 받고 그 후 계속 그곳에 머물며 일할 한국 여성들을 산발적으로 모집하였다. 이후 1965년부터 본격적으로 한국인 간호사가 파견되었는데, 1966년 128명의 간호사가 독일에 도착한 이래 1976년 43명을 마지막으로 총 1만 32명의 한국인 간호사와 간호보조원들이 독일로 건너갔다(한·유럽 연구회, 2003).

셋째는 1980년대 말부터 한국이 동유럽 국가들과 국교를 맺으면서 상사 주재원들이 이주하면서 형성된 유형이다. 독일에서는 1970년대부터 현대, 삼성, 대우,

금성을 비롯한 여러 기업과 금융 기관들이 독일에 지사를 설립하면서 상사 주재원들이 독일에 들어오게 되었고, 이들은 한국 지사들이 밀집한 라인-마인 지구와 뒤셀도르프에 자리를 잡았다. 이들 중에는 다니던 회사를 그만두고 독일 현지 법인을 차리거나 또는 자영업으로 전환한 사람들도 많았다.

넷째는 1990년대 한국인 학생들이 영국, 프랑스, 이탈리아, 스페인 등 서유럽 국가들로 유학을 가서 정착하고 이후 한국회사 주재원들이 합류하면서 한인사회가 형성된 유형이다. 이곳의 한인이주의 역사는 독일의 중부유럽의 한인이주에 비교해서 짧고 학생과 주재원의 비율이 높기 때문에 영주권과 시민권자의 비율이 낮고 대신 재외국민의 비율이 높다. 특히 1989년 해외여행이 자유화되면서 특히 영국의 한인사회는 빠르게 성장하고 있다. 1974년 5,000여 명에 불과했던 재영한인의 수는 1990년에는 45,000여 명으로 증가했고, 런던의 뉴몰든 지역에는 코리아타운이 형성되어 재영한인사회의 경제, 사회, 문화의 중심지로 성장하고 있다(이진영, 2012).

7. 호　주

호주로의 한인이주는 개신교 선교사들에 의한 조선의 포교활동에 기인한다. 호주는 1889년 이후 조선에 백여 명의 선교사를 파송해 조선의 기독교, 교육, 의료, 인권, 민주화 등 각종 분야에서 헌신하였다. 특히 인재 양성에 심혈을 기울였는데 많은 교회와 학교를 세워 현대식 교육활동을 전개하였다. 이런 과정에서 호주 선교사가 세운 마산포의 한 중학교 교사가 1921년에 영어 공부를 목적으로 일본 여권을 가지고 호주에 입국했다. 그 후 선교사들의 도움으로 유학생, 목사, 의사, 간호사 등이 연수를 목적으로 호주를 방문하게 되었다. 그러다가 1940년대에 들어서 한인 162명이 일본군과 함께 전쟁포로로 호주 땅을 밟게 되었는데 1946년 3월 6일 156명만 송환된 것으로 보아 나머지 한인 포로들은 호주에 잔류한 것으로 볼 수 있다. 그러나 호주의 백호주의 정책의 영향으로 호주 선교사들의 한인지도자 인재양성이나 본국 초청이 미국이나 영국, 캐나다에 비해 활성화되지 못하였다(양명득, 2008).

1960~1970년대에 새로운 특성을 가진 한인들이 호주로 이주했다. 이 시기에 호주에서는 광산 개발붐이 일어나면서 선박 설계기술자, 헬기 조종사, 지질학자, 그리고 태권도 사범 등의 직업을 가진 한인들이 호주로 이주하기 시작했다. 이와 맞물려 1972년부터 1975년 사이에 500여 명에 이르는 파월 기술자, 현역 제대 취

업자들이 대거 호주로 이주하게 되면서 한인사회는 새로운 변화를 맞게 되었다. 이들 대부분은 3개월에서 1년짜리 관광비자로 입국해 불법체류의 신분으로 불법취업을 하여 생계를 유지하다가 불법체류자에 대한 호주정부의 사면령 등으로 영주비자를 취득하였다(박병태, 2008). 불법체류자들의 영주권 취득에 이어 그들의 가족초청이 시작되었고 1976년에서 1978년까지 대규모의 가족이민이 이루어졌다. 이러한 소식은 이란으로 일하러 갔거나 브라질, 우루과이, 파라과이 등의 남미국가로 이민 갔던 한인들을 비롯해서 한국에 주둔한 미군부대에서 근무했던 한국인들을 호주로 끌어 모으게 되었다. 그 밖에도 파독광부와 간호사 중에 기술이민을 신청해 호주정부로부터 영주비자를 받은 사람들도 있었다(박병태, 2008). 불법체류자들에 대한 호주정부의 제2차 사면령이 시행되면서 1980년대 중반까지 호주에 거주하던 한인들 대부분이 합법적인 정착을 하게 되었고 그들의 가족초청이 활성화 되었다. 이와 함께 호주의 인력부족 문제를 해결한다는 차원에서 기술이민이 본격화 되었고 한인 유학생들도 점차 증가하기 시작했다.

1986년에 들어서 한인이주자의 이주 방식과 배경 특성은 그 이전과 매우 다른 양상을 보이기 시작했다. 이때부터 한인들은 투자이민이라는 방식으로 호주에 입국하게 되었고 1993년에는 사업이민으로 전환하였다. 1990년대에 들어서면서 한인이주는 급격히 증가했고, 관광객, 영어 연수생, 조기 유학생까지 합류하면서 한인사회는 팽창하기 시작했다. 여기에 1995년부터 워킹홀리데이 비자로 입국하는 젊은이들이 급증하면서 한인사회는 더욱 역동적으로 변모하게 되었다. 2000년대에 들어서는 '457 사업비자'라는 임시 사업비자의 성격을 띠는 비자로 호주에 입국하는 한인들이 증가세를 보였다. 호주의 부족한 숙련 인력을 보완하는 차원에서 생긴 이 비자로 입국하면 최소 3개월에서 최장 4년까지 호주에 체류할 수 있고 상황에 따라 연장이 가능하기 때문에 이 비자로 호주에 체류하고 있는 한인들의 수는 계속 증가하는 추세이다.

한국인의 첫 호주 공식 이민이 시작된 1958년 이후 반세기 이상이 흐르면서 재호한인사회는 새로운 국면으로 접어들고 있다. 1.5세와 2세대들이 성인으로 성장하고 있고 그들의 주류사회에서의 활동이 본격적으로 시작되고 있다. 현재 한인 차세대들은 사업, 건축예술, 음악, 영화, 스포츠 등 각 분야에서 활약을 하고 있다. 전문직에 종사하는 차세대들이 증가하고 있고, 사업체도 영어학교, 비즈니스 칼리지, 미용학교, 음악대학 등 전문적 서비스업으로 확장되고 있다. 특히 한인들이 경영하는 입시학원은 한인들뿐만 아니라 백인 학생들과 학부모에게도 인기가 있다. 부모세대가 호주에서의 경제적 정착과 한인사회 형성에 주력했다면 자녀세대는 정치, 경제, 사회, 문화 등 전반적인 영역에서 한인들의 위상을 높이고 있다.

 4절 국내의 재외동포

1990년대 초에 한국이 구소련과 중국과 국교를 수립하면서 해외에 있던 재외동포들의 모국 귀환이 가속화되었다. 이절에서는 인구 규모에서 대표적인 4개의 재외동포 집단의 국내 이주와 정착의 과정을 살펴보겠다.

1. 중국동포

중국동포의 한국으로의 이주는 1988년 서울 올림픽 대회 이후 한국에 있는 친척 방문의 형식으로 시작되었다. 한국을 방문하면서 선물로 갖고 온 한약재가 한국인들로부터 큰 인기를 끌자 소위 한약재 보따리 장사꾼들이 등장했다. 한약상들은 1991년부터 1993년까지 서울역, 덕수궁 앞, 파고다 공원 등에서 한약 및 보신재들을 팔아 큰 수입을 벌었다. 그러나 1994년에 수입 한약재들이 가짜이거나 유해물질이 함유되었다는 보도가 나오면서 한약상들은 크게 줄어들었다. 대신 깨, 고춧가루, 참기름 등 농산물을 한국으로 반입하고 의류, 잡화, 생활용품 등 경공업 제품을 중국으로 반출하는 보따리 무역은 성장했다(심의섭, 2005).

1992년 한중 수교를 계기로 더욱 많은 중국동포들이 '코리안 드림'을 꿈꾸며 한국으로 입국하기 시작했다. 동포 간 화합과 자긍심을 고양한다는 기조 아래, 한국에 연고가 있는 중국동포들을 대상으로 6개월의 여행비자나 외국인 산업연수생 제도 아래 입국을 허용하였다. 한국에 입국한 중국동포들은 비자만료 이후에도 불법체류자 신분으로 3D업종에 종사하기 시작했다. 당시 한국에서의 한 달 치 월급은 중국에서 1년 치 월급에 해당할 만큼 한국의 높은 임금이 불법체류를 하려는 주된 동기였다. 더욱이 동일한 언어와 문화적 유사성은 중국동포들이 한국사회에서 적응하는데 이점으로 작용해서 다른 외국인보다 더 많이 유입되었다.

이후 중국동포의 불법체류와 국내 노동시장 교란 가능성, 중국 정부와 외교 마찰 등의 문제가 대두되면서 중국동포는 1999년 제정된 「재외동포의 출입국과 법적 지위에 대한 법률(재외동포법)」의 적용 대상에서 배제됐다. 당시 정부는 재외 동포의 범위를 1948년 대한민국 정부수립 이전에 해외로 이주한 자 및 그 직계비속으로 제한함으로써 실제적으로 중국과 독립국가연합에 거주하는 재외동포들을 제외한 것이다. 이후 헌법재판소는 "해외로 진출한 동포를 정부수립 이전과 이후로 나누어 차별하는 것은 평등원칙에 위배된다"는 판결을 내렸고, 2004년 3월에 재외동포법에 대한 개정이 이루어지면서 재외동포로서의 법률이 정하는 법적 지위를 인정하게 되었다. 하지만 여전히 중국동포는 미국, 일본 등지의 재외동포와 비교해서 출입국 및 국내에서의 사회경제적 활동에서 차별적인 대우를 받고 있다.

한국정부는 중국동포에 대한 차별적인 대우를 개선하는 차원에서 2002년 12월에는 취업관리제(특례고용허가제가)를 도입하여 방문동거비자를 받고 입국한 중국동포가 입국 후 취업자격비자를 받아 건설업 등 8개 분야에서 합법적으로 일할 수 있도록 하였다. 이 제도를 통해서 방문동거(F-1-4)로 입국 후 고용허가제 자격(E-9)으로 전환하였으며, 노동부에 의무적으로 취업 알선을 받았고, 건설업 등 8개 분야에 취업이 가능한 3년 단수 비자를 발급받을 수 있게 되었다. 더불어 정부는 2005년 불법으로 체류하는 중국동포 수를 줄이기 위해 자진 출국 프로그램을 실시하였다. 그 결과 2005년 약 5만 8000명의 불법체류자들이 출국했고, 2006년에는 밀입국, 형사처벌 대상자를 포함하여 약 2만 6,000명이 중국으로 자진 출국하였다.

2007년부터는 '방문취업제'가 실시되었다. 이 정책은 연고가 없는 재외동포를 포함한 재입국자에게도 3년에서 5년까지 자유롭게 한국을 방문하여 취업할 수 있는 기회를 제공하는 제도이다. 즉 방문취업제는 중국 및 구소련 동포들에 대해 단순노무분야에서 취업을 허용해 온 종전의 특례고용허가제가 연고 동포뿐만 아니라 무연고 동포들에 대해 입국 문호를 확대하는 차원에서 실시된 제도이다. 이 제도는 '재외동포법'의 실질적 적용에서 상대적으로 소외 받아 온 중국 및 구소련 동포 등에 대한 차별 해소 및 포용정책의 일환으로 도입된 측면이 크다고 할 수 있다. 25세 이상의 동포 중에서 한국에 연고가 있는 경우는 무제한으로, 없는 경우는 한국어 능력시험에 합격한 자 중 정해진 인원의 범위 안에서 국내 입국을 허용하였다. 이 제도에 의해서 발급받은 방문취업복수사증(H-2)은 5년간 유효하고, 1회입국할 경우 최장 3년간 체류할 수 있게 되었다. 또한 제조업, 건설업, 서비스업 등의 32개 업종(단순노무분야)에 취업이 가능해졌다. 이후 무연고동포 3만 명 이상이 한국에 입국하였고, 국내 중소기업, 공장, 서비스업, 가사도우미 등으로 한국사회 곳곳에 정착하였다. 더 나아가 2008년 1월에는 중국동포도 재외동포(F-4)비자를 통해 장기간 한국에 거주할 수 있는 길이 열렸다.

한국에서 가장 큰 재외동포집단은 단연 중국동포이다. 법무부 출입국외국인정책본부의 통계에 따르면 2015년 1월 기준으로 국내 거주하는 1,774,603명의 외국인 중 595,810명이, 그리고 취업자격 체류 외국인 618,516명 중 중국동포는 272,638명에 달한다. 그간 한국사회의 중국동포에 대한 인식과 대우가 우호적이지 않았음에도 중국동포의 한국 유입은 꾸준히 증가하는 추세로 2014년 12월 기준으로 서울에 26만여 명, 경기도 35만여 명이 거주하고 있다.

초기 한국으로 입국한 중국동포들은 한국인들이 기피하는 업종에 기여해왔다. 남성은 주로 건축업, 경비, 목욕탕 같은 서비스업에 종사했고, 여성은 음식점, 가사도우미, 청소부와 같은 직종을 차지했다. 그리고 2000년 중반 이후부터는 노동에 대한 적응과 경험의 축적으로 중국동포들은 숙련공으로 변모하기 시작했다. 기능 보유의 결과로 이들은 월평균 120만원의 급여를 얻고 있는 것으로 나타났다(박광성, 2007). 더 나아가 방문취업제를 실시한 2007년 이후 합법체류자가 늘게 되며 중국동포의 자영업 비율도 증가하게 된다. 2008년 5월에서 10월까지의 조사에 따르면, 서울시의 중국동포 소유 요식업소는 413개소, 유흥업소는 68개소, 식품업소는 138개소, 서비스업은 122개소로 총 741개에 달하였고, 서울의 9개구에 분포되었다(이진영, 2010). 더불어 부모세대의 3D업종과 자영업으로의 편입과 달리 한국으로 유학한 중국동포 청년세대는 한국에서 취업하는 수가 늘고 있으며, 이들 중 대학교수와 대기업에 채용되는 소수의 엘리트층이 형성되고 있다. 또한 중국인 여행객의 증가와 함께 백화점, 고급상가, 레스토랑, 여행가이드, 통역 등으로 취직하는 경우가 늘어나서 단순노무 이외의 직업 종사자도 늘고 있다.

중국동포의 문화적, 민족적 동질성은 한국 진출을 용이하게 했지만 한국사회에서 편견과 차별의 벽을 넘지 못했다. 동포의 상봉이라는 감격은, 곧 고용과 피고용관계로 전환되었고, 중국동포는 낙후된 주택구역과 기피직종에 종사하는 하위노동계층으로 한국사회에 인식되었다. 그리고 중국동포와 한국인의 상호작용 과정에서 상이한 언어, 노동개념, 행동방식, 가치관의 차이로 인해 갈등을 빚었고, 노동현장에서 사회적 차별, 임금차별, 부당대우 등을 겪으면서 한국인과 한국 사회에 대한 불신이 커지고 있다. 더 나아가 미디어를 통하여 비춰진 중국동포의 이미지에는 불법체류, 범죄, 조폭, 위장결혼, 가정파괴, 편부모자녀 등 부정적인 내용이 부각되었다. 특히 2012년 중국동포 오원춘과 박춘봉의 토막살인사건 등은 중국동포에 대한 한국인의 인식에 부정적인 영향을 미쳤다.

2. 고려인동포

구소련 해체와 독립국가연합의 형성 이후 중앙아시아, 특히 민족주의가 비등한 우즈베키스탄과 내전으로 혼란을 겪고 있는 타지키스탄의 고려인동포 중에는 러시아 볼고그라드, 연해주 등으로 이주를 하는 사람들이 증가했고, 그 중에는 한국으로까지 이주를 하는 사람들이 있다. 1991년에 체결된 한소국교수립은 그동안 단절되었던 모국으로의 귀환을 가능케 했다. 1990년대에 고려인동포의 한국 체류는 단기방문에 머무는 경우가 대부분이었고 장기체류는 전문직에 국한되었다(신현준, 2013). 2000년 중반부터 고려인동포의 한국으로의 이주가 큰 폭으로 증가하기 시작했다. 조선족동포와 마찬가지로 고려인동포 역시 한국의 높은 경제발전 수준이 한국행을 추동하는 주요 원인이다. 카자흐스탄에 비교해서 경제발전 수준과 1인당 국민소득이 낮은 우즈베키스탄의 고려인동포가 한국으로 이주하는 경우가 더욱 많다(윤영도, 2013). 2007년의 방문취업제의 시행은 고려인동포의 이주를 제도적으로 촉진하는 계기가 되었고, 한국 교회 및 한국인 선교사들이 이주 및 정착 과정에서 실질적 편의를 제공하고 있다(신현준, 2013). 우즈베키스탄의 정치경제적 낙후로 인해 고려인동포들은 한국에서 계속 거주하고 한국 국적을 취득하기를 원한다. 자유왕래를 선호하며 국적의 취득에는 관심이 적은 중국동포와는 큰 차이를 보이고 있다.

2014년 4월 법무부 출입국외국인정책본부 통계자료에 따르면 재외동포에게만 발급되는 방문취업(H-2)과 재외동포 비자(F-4)를 기준으로 국내에 입국한 고려인동포는 2만3천 명 정도이며, 그 외 각종 비자로 들어온 이들과 불법체류자까지 합하면 한국에 거주하는 고려인동포는 약 3만여 명에 이를 것으로 추정되고 있다(임채완·선봉규·이소영, 2014). H-2 비자의 경우 단순노무에 종사할 수 있으나 3년 후에는 귀국한 후 재입국하여 재고용이 되었을 경우 최장 4년 10개월 동안 체류할 수 있다. 때문에 고려인동포들은 3~5년마다 출신국으로 돌아가 비자를 갱신한다. F-4 비자의 경우 한국에 계속 거주할 수는 있으나 단순노무직종에 종사할 수 없어서 불법취업을 하면서 단속의 불안에 떨며 일하고 있다. 그나마도 19세에서 25세 사이의 청년들은 발급 대상이 아니다. 이들은 열악한 거주 환경과 불안정안 고용형태, 언어 등 다양한 이유로 삶의 질이 높지 못하다(김숙력, 2013).

국내의 고려인동포 공동체는 여러 지역에 분포한다. 중앙아시아 고려인들이 모이는 식료품점 또는 식당들은 서울시 동대문구 광희동에 있으며, 광주광역시 광산구에도 고려인 공동체가 형성되어 가고 있다. 특히, 우즈베키스탄 고려인동포들은 경기도 시흥시, 안산시 단원구 원곡동, 그리고 경남 김해시 서상동에 주로 거주하고 있다. 이 중 최대 밀집 지역은 안산이다. 땟골(선부2동)에만 약 2,000여 명이 집단촌을 형성해 거주하고 있으며, 안산 각지에 약 5,000여 명이 살고 있다. 인근 원곡동이 다문화 거리로 개발되어 부동산 가격이 상승하고 포화상태에 이르자, 고려인동포들은 자연스레 보증금과 월세가 싼(평균 보증금 50~100만원, 월세 20~30만원) 땟골 지역으로 밀려났다. 그리고 친지와 친구를 불러들여 자연스럽게 '고려인 마을'이 형성 되었다.

광주 거주 고려인은 지난 2011년 448명에서 2012년 628명, 2013년 859명, 2014년 1134명으로 최근 4년 동안 매년 30% 이상씩 급증추세를 보이고 있다(광주광역시청, 2015). 광주광역시 하남, 평촌, 소촌공단이 비교적 취업여건이 좋기 때문에 경기도 안산, 수원 및 부산 등 전국으로 흩어져 있던 고려인동포들이 2008년부터 광주시 광산구 월곡동 및 산정동 일대에 정착하기 시작했다.

공단, 농어촌 지역 등 전국 각지에 약 3만여 명 이상의 고려인동포는 주로 단순노무인력으로 일하고 있다. 고려인동포 지원 시민단체인 '너머'가 교육생들을 대상으로 실시한 2013년 설문조사 결과에 따르면 이들은 한국 입국 시 1,000~1,500 달러를 가지고 입국하는데 항공료와 월세를 제외하면 빠듯한 생활비로 초기 정착을 시작한다. 따라서 안산에 난립한 직업소개소와 파견업체를 통해 바로 일을 구한다. 염색, 조립, 화학공장 같은 3D 업체에서 일용직 파견 노동자로 일하며 하루 평균 10~12시간을 일한다. 대부분 최저 임금을 받으며 일을 하는데 월 평균 임금으로 여성이 100~150만원, 남성이 120~180만원을 받는다. 건설일용직과 같이 위험이 큰 직종은 비교적 높은 수당을 받는다. 월세와 한 달 생활비 50~60여 만원을 제외하고 대부분을 본국으로 송금한다. 이들은 임금체불과 산업재해, 의료보험, 성희롱 등 다양한 문제에 노출되어 있다. 이 중 임금체불을 경험한 적이 있다고 응답한 비율은 60% 이상이었고, 임금을 아예 못 받았다고 응답한 비율도 40%에 육박한다. 임금 체불을 당했을 경우 노동부에 진정 또는 고소를 해야 하지만 자신이 일하는 사업장의 이름과 주소, 진정 방법을 몰라 포기하는 경우가 많다. 또한 어렵게 진정을 하더라도 업주에게 부과하는 벌금이 체불임금의 10∼20%밖에 안 된다. 민사소송은 6개월∼1년의 기간이 소요되며 소송에 승소했을 경우에도 사업주가 임금을 지불하지 않으면 다시 압류신청을 해야 한다. 언어적 어려움을 비롯한 각종 취약한 사회적 조건들로 인해 고려인동포들은 교육, 의료, 주거 등 기본적인 생활을 영위하는데 어려움을 겪고 있다.

3. 사할린동포

사할린으로의 한인 이주는 1860년대에는 자발적인 농업이주로 형성되었지만, 일제강점기 후반인 1939∼1945년 강제징용에 의해 일본령인 남사할린으로 강제동원 되었다. 강제로 사할린으로 떠난 이들은 일시적인 계약기간 후 귀향할 것이라고 생각했지만, 계약이 강제로 연장되고 마침내 제2차 세계대전 패전국인 일본이 승전국인 러시아에게 이 지역을 넘겨준 이후 귀향하지 못하고 잔류하여 살고 있다.

1988년 소련정부가 사할린 한인의 모국방문과 영주귀국을 허용함으로써 그다음해인 1989년 일본정부와 한국정부 양국의 적십자사를 통해 재정을 지원하여 사할린 한인 1세들의 모국방문사업이 추진되었다. 1990년 이후 영주귀국은 고령단신자에 한하여 소수로 진행되다가 1994년 한−일 정상회담에서 가능한 빠른 시일 내에 포괄적 해결방안을 마련하기로 합의하여 전기를 마련하였다. 그 결과 2000년 안산 '고향마을' 입주를 앞두고 수십 명씩 대거로 이주하기 시작하였다(조재순, 2009).

2015년 영주 귀국자 135명을 포함해 1990년부터 사할린 동포 영주 귀국 사업으로 4천 424명 입국하였다. 2015년 기준 국내 거주하는 한국계 러시아인 5,502명 중 4,710명이 F−4 재외동포 비자로 입국했다. 이들의 거주 지역은 서울 수도권 지역에 몰려 있는데, 2014년 12월 31일 기준으로 안산에 1,042명으로 가장 많이 거주하고, 서울(785명), 부산(728명), 인천(279명), 안성(132명), 아산(88명), 광주(86명), 김해(77명), 청주(76명), 경주(56명) 등의 양로원 복지관 임대아파트에 거주하고 있다. 대표적으로 안산시의 '고향마을'에는 2000년에 입주한 주공 1단지 주민 489세대가 모두 사할린에서 귀국한 동포들이다. 이 단지는 사할린 동포가 9백 명 가까이 집단으로 거주하는 가장 큰 단지일 뿐 아니라 첫 사업지역으로 대규모 집단거주의 시험적인 역할을 하고 있다(이장혁, 2011).

충남지역에는 아산, 천안, 서천에 거주지역이 있는데 아산과 천안은 안산과 인접하여 러시아 식당이 있고 대규모 거주지역인 아산 사할린동포들과 가깝게 지낼 수 있다는 점, 정기적으로 의료서비스를 받아야 하는 고연령층에게 병원접근성이 좋다는 점이 장점이다. 서천은 바닷가가 가깝고 해산물이 많아 바닷가 출신자들에게 심적 위안을 준다. 서천의 단점으로는 대형마트의 접근성이 없어 유럽산 치즈류 같은 음식의 구입이 불편하다는 의견, 안산 접근성이 떨어진다는 의견 등이 있다. 농촌지역일수록 일거리도 없고 교통편도 불편하다는 지적도 나왔다(이장혁, 2011).

사할린동포들은 국민기초생활보장 수급권자로 지정되었기 때문에 수입과 지출이 정부 지원금에 전적으로 의존하고 있다. 정부는 이들의 생계유지를 위해 기초생활수급권자로 책정하여 생계비와 의료보호혜택을 주고 있고 아파트 내에는 이들의 생활을 돕고 관리할 수 있는 여러 서비스기관이 상주하여 운영 되고 있다. 하지만 제한된 지역에 국한하고 있으며 전문성과 인력부족으로 인해 체계적인 서비스가 제공되지 못하고 있다.

사할린동포의 가장 큰 문제점은 고령으로 인한 퇴행성질환으로 신체적, 정신적 건강이 매우 열악하다는 점과 질환 치료에 드는 의료비 부담이 크다는 것이다. 고령과 언어, 문화적 차이로 인해 취업하기가 어렵고 단순 시간제 일자리도 찾기 어렵다. 또한 교통편이 부족해서 이동의 제약이 크다. 만일 수입이 생길만한 일자리가 있으면 기초생활수급자에서 제외된다는 사실이 경제활동을 위축시키는 요인이 된다.

사할린동포의 가장 큰 민원은 영주귀국으로 인한 자녀와의 이산이라고 할 수 있다. 영주귀국이 1세에 국한되어 자녀들과 생이별을 해야 하는 문제가 있다. 정부는 가족이산으로 인한 문제를 부분적으로나마 해결하기 위해 영주귀국자로 하여금 일정기간 동안 사할린을 방문하여 자녀들을 만날 수 있도록 지원하고, 자녀들이 자비로 부모를 방문할 수 있도록 하고 있다. 그러나 사할린동포들은 한국 정부에게 영주귀국자 자녀들의 무비자입국(자유왕래)을 요구하고 있다. 영주 귀국 1세들이 고령으로 사망하는 경우 비자발급문제 등으로 임종을 지키지 못하거나 장례를 보지 못하는 경우가 많기 때문이다.

4. 북한이탈주민

북한을 탈출해서 한국에 입국하여 살아가는 북한 출신 주민들은 북한이탈주민
이라고 불린다. 통상적으로는 탈북자 또는 새터민이라고도 불리고 일부 연구자들
은 북한이주민이라고 부른다. 북한이탈주민은 한민족이며 한국 국민이라는 점에서
외국인근로자와 결혼이주여성과는 구별된다. 하지만 이들 역시 이주민이라는 특성
을 공유하고 한국사회에서 경제적으로 불리하고 문화적 차이로 인해 편견과 차별
의 대상이 된다는 차원에서 이주민의 관점에서 볼 필요가 있다. 통상적으로 북한
이탈주민은 재외동포와 구별되지만 두 집단은 이주민으로서 그리고 다문화 소수자
로서 생활하는 면에서 유사점이 많다. 그리고 북한을 탈출하여 중국 등 제3국에서
체류하는 북한이탈주민은 재외동포의 범주에 포함할 수 있다. 더욱이 미국의 뉴욕,
영국의 뉴몰든에서는 한국인, 중국동포, 북한이탈주민이 공존하며 복잡한 상호의존
관계를 맺고 있어서 재외동포 연구와 정책에 있어 두 집단을 연계해서 다룰 필요
가 있다.

북한이탈주민들의 한국 입국은 1990년대 중반부터 본격화되었다. 1994년 김일
성의 사망과 1995년의 대홍수 발생으로 북한에서 식량난이 가중되고 통치체제가
이완되면서 많은 수의 북한주민들이 중국, 러시아 등으로 이탈한 후 많은 수가
1990년대 중반부터 국내로 입국하기 시작했다. 1995년에 41명이었던 입국자 수는
1997년에 86명, 1999년에 148명으로 가파르게 증가했다. 정부는 대량탈북사태를
대비해서 1997년에 「북한이탈주민의 보호 및 정착 지원에 관한 법률」을 제정하면
서 체계적인 지원정책을 시작했다. 2000년 이후 탈북 현상은 브로커의 등장, 가족
초청 연쇄이동의 증가 등으로 급성장하게 되었다. 2002년에 1,141명, 2006년 2,018
명, 2008년 2,809명으로 급증했다가 2010년 이후 증가속도는 주춤해져서 최근 에
는 매년 1,500~2,000명이 입국하고 있다. 북한이탈주민재단의 2014년 통계에 의하
면 2014년 12월 현재 한국에 거주하는 북한이탈주민은 약 27,500여 명이다.

1990년대에 입국한 북한이탈주민들은 북한에서 노동자, 농장원, 하급 군인, 무
직 등 낮은 계층에 속했던 사람들이 대부분이었고, 20~30대의 독신 남성들이 다수
를 차지했다. 하지만 2000년 이후부터는 여성과 가족 동반 입국자들이 증가하기 시
작했다(윤인진, 2009). 북한이탈주민지원재단이 2014년에 실시한 북한이탈주민 실태
조사에 의하면 여성은 전체 응답자의 75%에 달할 정도로 탈북의 여성화가 두드러
진다. 연령 분포에서는 30~40대가 전체 응답자의 56%를 차지할 정도로 청장년층

비율이 높다. 가족동반 입국이 증가하면서 60대 이상의 노년층이 증가했고 2014년
에는 전체 인구의 10% 가량을 차지했다. 출신지역별로는 여전히 국경지역인 함경
도와 평안도 출신이 지배적이지만 평양 출신 등 타지역 출신들도 증가했다.

2014년 북한이탈주민실태에 따르면 북한에서의 생활수준은 하류층이 51%, 중
간층이 37%, 상류층이 13%에 해당했다. 북한에서의 학력은 중학교 졸업이 61%로
가장 높고, 그 다음으로 전문학교 졸업 10%, 중학교 중퇴 8%, 대학교 졸업 이상
8% 등의 순으로 나타나서 전체적으로 학력 수준이 높지 않다. 한국 입국 후 재학
경험이 없다고 응답한 비율이 72%에 달했고, 고등학교 졸업 12%, 중학교 졸업
3% 등의 순으로 나타났다. 한국에서 일반 대학교를 졸업한 비율은 1%에 불과해서
한국에서 고등교육을 받은 사람들의 비율이 매우 낮음을 알 수 있다. 북한이탈주
민은 학력 수준이 낮은 것 외에도 북한에서 학습한 교육의 질과 내용, 그리고 호
환성에서도 불리한 위치에 있다. 주체사상에 입각한 이념 교육을 받아 온 북한이
탈주민들이 한국의 자본주의 체제에서 경쟁력을 갖기는 어려울 수밖에 없다. 특히
탈북 청소년의 경우에는 북한과 제3국에서의 체류 과정에서 발생한 학력결손 비율
이 약 90%에 이르는 것으로 알려졌다. 위와 같이 학력, 직업, 계층배경을 통해 살
펴본 북한이탈주민의 인적 자본 수준은 낮아서 한국의 노동시장에서 불리한 위치
에 처해 있다(윤인진, 2009).

북한이탈주민의 한국사회 적응실태에 관한 여러 종합적인 실태조사와 문헌연
구 결과에 따르면 대부분의 북한이탈주민들이 사회적응의 기본인 경제적응에서 어
려움을 보이고 있다. 북한이탈주민지원재단이 실시한 2014년 북한이탈주민 실태조
사에 따르면 북한이탈주민의 비경제활동 비율은 53.1%, 실업률은 6.2%로서 일반
국민(2014년 9월 기준)의 비경제활동 비율 37.2%, 실업률 3.2%보다 높다. 하지만
정부 통계에서 계산하는 실업률은 비현실적으로 낮은 경향이 있고, 실질적인 실업
상태에 있는 사람들은 경제활동가능인구 중 30~40%에 달할 것이라는 연구결과가
있다(윤인진, 2009). 취업 중인 사람도 대부분 비정규직에 종사하며 노동직 또는 개
인서비스업에 종사하고 있다. 2014년 실태조사에 따르면 취업자 중 단순 노무 종
사자 비율이 32.6%, 서비스 종사자 23.1%, 기능원 및 관련 기능 종사자 12.2%,
사무 종사자 8.3%의 순으로 나타났다. 월 평균 임금은 145만원이고, 101~150만원
을 버는 사람들이 42.7%로 가장 많고 그 다음으로 151~200만원(24.3%), 51~100
만원(17.5%)의 순이다.

문화적응에서 북한이탈주민들은 남한주민들과의 대인관계에서 언어나 가치관, 사고방식 또는 사회제도 등의 사회문화적 차이에 따른 어려움을 겪고 있는 것으로 나타났다. 문화생활 중 여가활동으로 텔레비전, 라디오, 비디오 시청과 같은 대중매체 이용을 가장 많이 하고 취미활동, 스포츠 및 집밖의 레저활동, 학습활동 등 적극적이고 자기개발적인 여가활동을 잘 하지 못하고 있다. 사회관계에서 남한에 연고가 없는 북한이탈주민들은 정보와 기회에 연결될 수 있는 사회연결망 부재의 문제를 안고 있다. 교회를 제외하고 북한이탈주민들이 남한주민들과 긴밀하게 접촉할 수 있는 모임과 단체는 별로 없다. 이들은 남한주민들과 일차적 관계를 맺지 못하면서 결국은 동료 북한이탈주민들끼리 어울리게 된다. 심리적응에서 북한이탈주민들은 남북한 간 문화와 사고방식의 차이, 남한사람들의 북한이탈주민에 대한 편견과 부정적 태도 등으로 인해 심리적응에 어려움을 겪고 있다. 남한사람의 편견과 차별은 사회 및 직장생활을 어렵게 만드는 요인 중의 하나로 지적되고 있다. 건강 측면에서 상당수 북한이탈주민의 기본적 건강 상태는 저하되어 있고, 만성질환 이환율과 질병수가 남한 주민에 비해 월등히 높은 수준이다. 이런 건강상태는 취업은 물론 정상적인 사회경제적 생활을 영위하기도 어렵게 만든다.

위와 같은 객관적으로 불리한 처지에 있으면서도 대다수의 북한이탈주민들은 남한생활에 만족하며 살아가고 있다. 2014년 실태조사에 따르면 전체 응답자의 68%가 남한생활에 만족한다, 29%가 보통이다, 3%가 불만족스럽다고 보고했다. 또한 2010년에 실시한 북한이탈주민 실태조사에 따르면 대다수의 북한이탈주민들이 객관적으로 어려운 생활여건에서도 포기하지 않고 자립하려는 의지를 강하게 갖는 것으로 나타났다. 또한 자신들의 초기 정착을 위해 정부가 다양한 방식으로 지원하는 것에 대해서 감사한 마음을 갖고 있다. 따라서 북한이탈주민들은 의존적이고 불평불만만 한다는 사회적 통념은 사실과 다르다는 것을 확인할 수 있다. 이런 연구결과는 북한이탈주민의 실업 및 빈곤의 원인을 자립의지의 결여보다는 인적자본의 부족, 기회구조의 부족, 남한주민의 편견과 차별 등에서 찾는 것이 우선되어야 한다는 것을 지적한다. 따라서 북한이탈주민의 성공적인 사회적응과 통합을 위해서는 북한이탈주민 개인의 인적자본 개발과 함께 북한이탈주민에 대한 남한주민의 인식개선과 차별해소 노력도 병행되어야 할 것이다.

5절 재외동포정책

1. 재외동포정책의 개념

　　재외동포정책은 모국과 재외동포간의 관계를 정립하고 양자의 발전 관계를 증진하기 위한 정부의 목표, 결정, 활동을 가리킨다. 구체적으로 재외동포정책은 재외동포의 정의와 범위, 권리와 의무를 규정하고, 재외동포에 대한 국가 책임의 범위와 내용을 명시하고, 정책의 목표와 추진방안을 수립하고, 정책을 추진하기 위한 법률을 제정하고 전담조직을 설립한다. 정부는 재외동포정책을 통해서 재외동포의 모국과 거주국에서의 권익을 보호하고 삶의 질을 개선할 수 있다. 그리고 모국과 재외동포간의 교류와 협력관계를 강화하고 모국의 발전을 위해 재외동포를 활용할 수 있다. 따라서 재외동포정책은 재외동포의 삶의 질을 개선하거나 국가 발전에 재외동포를 활용하고자 하는 연구자와 정책입안자들이 중요하게 고려해야 하는 사안이다. 재외동포들이 국내에 대거 입국해서 한국사회의 중요한 사회구성원으로 살아가는 현 상황에서 재외동포정책과 이민정책은 중첩되는 면들이 많아서 체계적이고 효율적인 이민정책을 실행하기 위해서도 두 정책을 긴밀히 연계할 필요성이 크다. 장기적으로는 이민정책의 틀 안에서 재외동포정책을 수립하고 실행하는 것이 바람직하다.

　　정부가 재외동포정책을 실시하는 데에는 당위적 이유와 실용적 이유가 있다. 당위적 이유는 첫째, 정부는 재외동포 중 외국의 영주권을 갖고 우리나라 국적을 보유한 재외국민과 외국에 장기 또는 한시적으로 체류하는 우리 국민을 보호할 법적 의무를 갖는 것이다. 둘째, 외국시민권을 갖고 외국에 살고 있는 동포들은 국적을 떠나 모국에 대해 동포애를 갖는다. 동포애는 인간의 기본적 본성이며 존중되어야 한다. 이에 모국이 같은 동포애를 발휘하여 동포들의 처지를 돌보는 것은 도덕적으로 온당하다. 셋째, 모국과 재외동포는 운명공동체로서 서로의 존속과 발전을 위해서 협력해야 한다. 일례로 일제 강점기 재외동포들은 독립운동을 벌여 모국이 주권을 회복하는데 기여하였다. 1960년대 모국이 수출위주의 경제발전을 시작할 때 일본과 미국의 동포 사업가들이 크게 기여하였다. 이에 모국은 1992년 4.29폭동으로 피해를 입은 L.A. 동포들을 지원하는 것으로 답하였다. 이렇듯 모국

과 재외동포는 서로로부터 도움을 받기 때문에 어려울 때 서로를 도와야 할 책임
이 있다.

　실용적 이유는 재외동포가 모국 발전에 기여하는 중요한 인적자원이라는 것이
다. <표 1>에서 보듯 2015년 외교통상부의 통계에 따르면 7백 2십만 명의 재외
동포들이 세계 각국에 거주하는 것으로 알려져 있다. 전 세계로 한인들이 흩어지
게 된 것은 처음부터 의도한 바는 아니었지만 결과적으로 우리나라가 국제사회에
서 국가경쟁력을 제고하는데 크게 기여하고 있다. 특히 천연자원이 부족하고 세계
강국들에 둘러싸인 우리나라가 민족의 생존을 보존하고 발전하기 위해서 재외동포
를 인적자원으로 활용할 필요성은 지대하다(이진영, 2011).

2. 재외동포정책의 전개

　이승만 정부 이후 역대 정부 중에서 포용적이고 적극적인 재외동포정책을 시
작한 것은 김영삼 정부였다. 1993년 취임연설문에서 '신한국의 창조'를 강조하면서
출범한 김영삼 정부는 재외동포정책을 최초로 공론화하는 이른바 신교포정책을 수
립하였다. 정책 목표로는 재외동포의 거주국에서의 성공적인 경제적, 사회적 적응
을 지원하고 재외동포와 모국과의 정신적 유대를 강화하는 것을 삼았다. 제도적인
성과로는 재미동포를 중심으로 재외동포사회에서 오랫동안 요구했던 교민청 대신
1997년 재외동포재단이 설립되었다.

　1998년에 출범한 김대중 정부는 1997년에 발생한 외환위기를 재외동포의 도
움으로 극복하고자 했고, 그 결과로 1999년에 「재외동포의 출입국 및 법적 지위에
관한 법률」(이하 재외동포법)이 제정되었다. 김대중 정부의 재외동포정책은 김영삼
정부의 재외동포정책의 연장선 또는 대동소이하다는 평가를 받는다. 정책의 기본
목표는 첫째, 거주국 내의 안정적 생활 영위와 존경받는 구성원으로 성장 지원,
둘째, 한민족으로서 정체성 유지와 모국과의 유대강화 지원, 셋째, 국가발전에의
재외동포 역량 활용이다. 그러나 재외동포법은 국내 노동시장 보호와 중국과의 외
교마찰을 우려해서 정부 수립 이전 국외이주 동포(중국, CIS 지역 동포)를 재외동
포법 적용 대상에서 제외하여 차별적인 정책이라는 비판을 받았다. 헌법재판소는 재
중동포가 청구한 헌법소원 사건에서 재외동포법이 평등의 원칙에 위배된다고 헌법
불합치 결정(2001년 11월)을 내리고 2003년 12월 31일까지 관련 법규를 개정하도
록 하였다.

2003년에 '참여정부'의 이름으로 출범한 노무현 정부 역시 김영삼 정부에서 설정한 정책 목표를 계승하였다. 참여정부의 재외동포정책은 재외동포의 거주국 내 안정적 정착을 의미하는 현지화뿐만 아니라 모국과의 유대강화를 균형 있게 추구하는 것을 목표로 삼았다. 그래서 3대 기본목표로 첫째, 거주국 내 권익신장과 역량 강화, 둘째, 한민족으로서의 정체성과 자긍심 고양, 셋째, 동포 간 화합과 모국과 동포사회 간 호혜적 발전으로 설정되었다. 참여정부 시기 재외동포정책의 성과로는 중국과 독립국가연합 동포들에게 차별적이라고 비판받았던 재외동포법을 개정한 것이다. 2003년 12월 동법 및 하위 시행령을 개정하면서 해외 이주 시점에 따른 외국국적동포 간 차별 규정을 폐지하였고, 2004년 2월 재외동포법의 제2조인 재외동포 범위를 수정하여 대한민국 정부 수립 이전에 이주한 자를 포함한다는 내용을 명시적으로 법안에 포함시켰다. 이러한 법안 개정으로 그동안 배제되어 왔던 중국, 러시아·CIS 지역 등의 재외동포도 재외동포법의 적용대상이 되었다. 또한 소외지역 동포들에게 대한 배려와 지원이 강화되어서 2007년부터 '방문취업제'가 시행되었고 이 제도를 통해 중국동포들의 국내 노동시장 진출이 용이하게 되었다.

이명박 정부는 창조적 실용정부를 표방하며 선진인류국가와 성숙한 한인사회의 구현이라는 비전 하에 모국과 동포사회 간 호혜적 발전을 목표로 첫째, 모국과 거주국과의 관계증진을 위한 동포사회의 전략적 기여확대, 둘째, 재외동포네트워크 활성화, 셋째, 모국과의 유대증진을 위한 국내법적, 제도적 기반강화, 넷째, 한인정체성 고양을 위한 교육, 문화교류 확대를 기본구상으로 하였다. 이명박 정부는 '모국과의 유대증진을 위한 국내법적 제도적 기반 강화의 일환'으로 방문취업제의 보완(2008), 제한적 이중국적 허용 추진(2009), 국적법 개정안 시행(2010) 그리고 재외국민선거제도 도입(2009) 및 실시(2012년)를 추진했다.

앞서 살펴본 역대 정부의 재외동포정책의 기본목표와 주요 성과를 요약하면 <표 2>와 같다. 여기서 확인할 수 있는 것은 김영삼 정부 이후 재외동포정책의 기본목표는 '재외동포의 거주국 내 안정적인 정착'(현지화)과 '모국과의 유대 강화'로 동일하다는 것이다. 따라서 정부가 재외동포의 현지화만을 추진하여 재외동포를 저버리는 정책이라는 비판은 이제 설득력을 갖기 어렵다. 또한 정부 간 재외동포정책의 연속성을 확인할 수 있다. 참여정부의 재외동포정책의 주요 목표였던 동포 간 화합 및 모국과 동포사회 간 호혜적 발전은 이명박 정부에서도 그대로 계승되었다. 그리고 참여정부에서 구체화된 지역별, 거주국별 특수성을 고려해서 맞춤형 사업들이 이명박 정부에서도 확대·집행되고 있다. 따라서 정치, 경제, 외교, 남북관계 등 보다 중대한 영역에서의 정부 정책과는 달리 재외동포정책에서는 정부가 바뀌었다고 해서 그 기본목표와 체계가 변하는 것은 아니라는 것을 확인할 수 있다. 그리고 김영삼 정부에서 재외동포정책위원회와 재외동포재단이 설립된 이후 이 두 기관이 계속해서 재외동포정책의 추진체계를 구성하고 있고, 교민청 설립이나 재외동포기본법 제정과 같은 보다 영향력 있는 법과 제도의 정비는 실현되지 못하고 있다.

표 2   역대 정부의 재외동포정책 비교

	김영삼 정부 (1993~1998)	김대중 정부 (1998~2003)	노무현 정부 (2003~2008)	이명박 정부 (2008~2013)
국정비전/ 목표	신한국창조 (세계화, 민주화, 개혁)	민주주의와 시장경제의 병행발전, 생산적 복지	국민과 함께 하는 민주주의 실현, 더불어 사는 균형 발전 사회 건설, 평화와 번영의 동북아시아	선진일류국가 건설
재외동포 정책 기본목표	현지화와 모국과의 유대 강화	현지화, 모국과의 유대 강화, 재외동포 활용	현지화, 한민족 정체성과 자긍심 고양, 모국과 동포사회 간 호혜발전	모국과 재외동포 간 호혜발전을 통한 성숙한 한인사회 구현
재외동포 정책 주요 성과	- 재외동포정책위원회 설치 - 재외동포재단법 제정 - 재외동포재단 설립	- 재외동포의 출입국과 법적지위에 관한 법률 제정	- 재외동포법 개정 - 방문취업제 실시 - 소외지역 동포에 대한 지원대책 수립 - 분야별 한민족네트워크 구축 - 재외동포정책위원회 역할 강화	- 재외국민 선거제도 도입 및 실시 - 제한적 복수국적 허용추진 - 국적법 개정 - 방문취업제 보완

재외동포정책이 연속성을 갖는 것은 한편 긍정적일 수도 있지만 다른 한편으로는 재외동포를 둘러싼 환경변화와 재외동포사회의 요구에 정부가 적극적으로 대

응하지 않은 결과라고 평가할 수 있다. 그리고 재외동포정책이 정부정책의 우선순위가 아니기 때문에 '경로의존성'이라는 행정을 했기 때문이라고 볼 수도 있다. 그러나 재외동포사회의 세대교체가 가속화되고, 재외동포가 더 이상 재외에 머물러 있지 않고 국내 정치, 경제, 사회, 문화에 실질적인 영향력을 미치는 현 상황에서 경로의존적인 재외동포정책을 지속해서는 안 될 것이다. 기성세대와는 다른 차세대동포를 한민족의 일원으로 포용하기 위해서, 국민국가의 경계를 뛰어 넘어 초국가적 생활세계와 정체성을 갖는 재외동포를 국가발전의 새로운 원동력으로 활용하기 위해서, 그리고 날로 다문화사회로 변모하는 한국에서 재외동포, 이주민, 원주민 간의 관계가 생산적인 관계가 되기 위해서는 보다 근본적이고, 장기적이고, 미래지향적인 방향으로 재외동포정책을 정립할 필요가 있다.

6절 요약과 전망

역사적 경험에 비춰볼 때 재외동포의 이주는 모국을 떠나 거주국에 영구히 정착하는 단선적이고 영속적인 것이 아니고 보다 나은 기회를 찾아 연속적으로 이주하고 다수의 거주국들에서 정착과 재정착을 반복하는 경향이 있다. 이주 시기와 출신 배경을 달리하는 재외동포들의 연속적 이주로 인해 모국－경유국－거주국 간에 초국가적 연결망이 형성됐고, 재외동포사회는 올드커머와 뉴커머가 혼재하면서 갈등과 협력의 복잡한 공생관계를 발전시켰다. 1990년대 이후 중국의 조선족동포, 독립국가연합의 고려인 동포, 북한이탈주민, 그리고 한국인의 해외 이주가 가속화되면서 재외동포사회 내에는 여러 출신국가 배경의 한인들이 공존하면서 동족 내 다자적 집단관계를 형성하고 있다. 이들은 같은 한인이라고 하더라도 출신국, 생애 경험, 법적 지위 등의 차이로 인해 더 이상 단일의 동질적인 종족집단으로 보기 어렵다. 이들의 종족 정체성 개념과 거주국 내에서의 적응 및 사회편입 방식 역시 상당한 차이를 보이고 있다. 이런 현상은 2000년대에 들어서 두드러졌는데 단일의 모국과 종족성을 상정한 기존의 종족성 이론으로는 설명하기 어렵게 되었다. 따라서 동족이라도 출신국과 국적에 따라 복수의 하위집단들이 존재하는 것을 고려해서 다원화된 동포사회를 다차원적으로 이해하는 것이 필요하다.

아울러 국내에 체류하는 외국 국적 동포들이 증가하면서 재외동포는 더 이상 '재외'가 아니라 모국의 중요한 사회구성원으로 살아가고 있다. 고령화와 저출산으로 인구가 감소하고 국가경쟁력이 쇠약해가는 한국이 새로운 발전의 원동력으로 찾을 수 있는 것은 재외동포의 인적자원과 모국과 거주국을 연결하는 초국가적 네트워크라고 할 수 있다. 그리고 다문화사회로 변모하면서 선주민과 이주민 간의 갈등이 가시화되고 있는 한국사회가 공존과 통합의 원리를 찾을 수 있는 것도 재외동포의 다문화 경험일 것이다. 따라서 재외동포와 모국 간의 긴밀한 관계를 재확인하고 서로에게 이득이 될 수 있는 호혜적이고 포괄적인 방안을 모색해야 할 것이다.

참고문헌

강 게오르기·안 빅토르·감 게르만·명 드미트리. 1997. 『카자흐스탄의 고려인 – 사진으로 보는 고려인사 1937 – 1997』. 장원창 역. 서울: 새터기획.

권태환. 1996. 『세계의 한민족: 중국』. 통일원.

권희영. 1996. 『세계의 한민족: 독립국가연합』. 통일원.

광주광역시청. 2015. 『고려인도 광주공동체 일원』. 광주광역시청 보도자료.

김두섭. 1996. "중국 연변조선족의 사회인구학적 특성." 『한양대 사회과학논총』 15: 347-380.

김승력. 2013. "국내체류 고려인 땟골 현황 및 '너머'의 대응과 한계." 제7회 세계한인의 날 기념 전남대 학술회의 발표논문.

김태기. 2009. "한일 협정과 재일 한인의 법적 지위." 『일본 한인의 역사(상)』. 국사편찬위원회. pp. 243~261.

박광성. 2007. "중국조선족의 초국적 인구이동과 경제생활의 변화." 『재외한인연구』 18: 131-164.

박병태. 2008. "한인동포사회의 정착[1968 – 1979]." 『호주한인 50년사』. 호주한인 50년사 편찬위원회, pp. 38~72.

법무부 출입국외국인정책본부. 2015. 『2014년도 출입국외국인정책 통계연보』.

손정수. 2007. "1960년대 남미 농업 이민: 브라질, 아르헨티나, 파라과이." 『중남미 한인의 역사』. 국사편찬위원회. pp. 138~155.

신현준. 2013. "포스트소비에트 공간에서 재한고려인들의 월경 이동과 과문화적 실천들." 신현준 편. 『귀환 혹은 순환: 아주 특별하고 불평등한 동포들』. 서울: 그린비. pp. 151~208.

심의섭. 2005. "韓·中間 보따리 무역의 추이와 발전방향." 『사회과학논총』 24: 81-98.

양명득. 2008. "한·호간 초기 인적 교류와 한인 사회의 형성[1880 – 1967]." 『호주한인 50년사』. 호주한인 50년사 편찬위원회. pp. 18~37.

오일환. 2010. "재일 조선인 북송 문제." 『일본 한인의 역사(하)』. 국사편찬위원회. pp. 42~81.

윤영도. 2013. "조선족·고려인 초국적 역/이주와 포스트국민국가적 규제 국가장치." 신현준 편. 『귀환 혹은 순환: 아주 특별하고 불평등한 동포들』. 서울: 그린비. pp. 76~118.

윤인진. 2003. 『코리안 디아스포라』. 고려대출판부.

_____. 2009.『북한이주민: 생활과 의식, 그리고 정착지원정책』. 집문당.

_____. 2012. "북한이주민의 문화변용과 사회적응."『한국학연구』41: 5-37.

_____. 2013.『세계의 한인이주사』. 나남.

이광규. 1994.『재중한인 – 인류학적 접근』. 일조각.

이문웅. 1996.『세계의 한민족 – 일본』. 통일부.

이상근. 2008. "한인의 극동 지역 이주와 정착."『러시아·중앙아시아 한인의 역사(상)』. 국사
    편찬위원회, pp. 38~68.

이자경. 2007. "멕시코 초기 한인 이민과 한인 사회."『중남미 한인의 역사』. 국사편찬위원회.
    pp. 27~29.

이장혁. 2011. "사할린 귀환동포의 디아스포라: 안산 고향마을의 에스닉 코리안." 정병호·송도영
    편『한국의 다문화 공간』. 현암사. pp. 133~166.

이진영. 2010.『한국에서 생활하고 있는 중국동포』. 재외동포재단.

_____. 2011. "재외동포정책." 정기선 편.『한국 이민정책의 이해』. IOM이민정책연구원. 서울:
    백산서당. pp. 277~321.

_____. 2012. "런던의 코리아타운: 형성, 구조, 문화."『재외한인연구』27: 177-211.

임채완·선봉규·이소영. 2014.『국내거주 고려인동포 실태조사』. 재외동포재단.

조재순. 2009. "사할린 영주귀국 동포의 주거생활사 – 안산시 고향마을 거주 강제이주 동포를
    중심으로 –."『Journal of the Korean Housing Association』20(4): 103-112.

한·유럽 연구회 편. 2003.『유럽한인사: 프랑스와 독일을 중심으로』. 재외동포재단 연구보고서.
    도서출판 다해.

13장

난 민

김현미

　'난민 위기'의 시대다. 작은 쪽배나 구명보트에 수십 명이 뒤얽혀 죽음의 항해를 마다하지 않는 수만 명의 난민들의 소식이 연이어 뉴스를 통해 보도되고, 이 과정에서 밀입국이란 이유로 입국거부를 당하거나 체포되어 난민수용소로 보내지는 사람들이 증가하고 있다. 최근 이슬람국가(IS) 무장 세력의 폭력에 생명의 위협을 느낀 시리아 및 중동 지역 사람들의 대규모 유럽행은 엄격한 난민 통제 정책을 실시해왔던 유럽인들에게 인권보호를 위한 도덕적 책무에 대한 논쟁과 각성을 불러일으키고 있다. 특히 2015년 9월 터키의 보드룸 해변에서 숨진 채 발견된 세 살 여아 아일란 쿠르디의 사진은 난민 수용이라는 긍정적인 변화를 만들어냈다. 그럼에도 불구하고 여전히 난민 수용과 보호는 이민 정책 중 정치적으로 첨예하게 대립하는 이슈다.

　난민은 정말 문제적인 사람들인가? 그들은 국익에 도움이 안 되는, 정치적 혼란을 일으킬 소지가 있는, 먹여 살리고 부양해야 할 부담스런 이방인인가? 다른 관점에서 보면 난민은 생존과 위엄을 지키기 위해 과감하게 국경을 넘는 용기 있는 사람들이며 그만큼 삶에 대한 의지가 강한 사람들이다. 난민 보호는 인류가 '위험에 빠진 다른 인류'에게 새로운 삶을 이루어갈 수 있도록 일시적 호의를 베푸는 행위를 의미한다. 이 때문에 난민 정책은 이주 관리 정책 중 유일하게 인도주의적 관점을 반영한다. 불예측성이 심해지는 글로벌 정치, 경제, 환경적 상황에서 난민적 상황은 언제든지, 누구에게나 발생할 수 있는 조건이 되고 있다. 이 장에서는 난민 보호 정책의 의미와 현황을 살펴본다.

1절 난민의 정의와 난민보호

1. 난민의 개념

난민 문제가 국제사회의 관심사가 된 것은 20세기 초기부터이다. 국제사회는 인도적 차원의 난민 보호를 선언하고 각국이 책임을 부담하기 시작했다. 그러나 난민 문제가 제2차 세계대전이 종전된 이후에도 해결되지 않자 난민의 법적 지위를 규정할 국제적 기준의 필요성이 대두되었다. 그 결과로 탄생한 것이 1951년 난민의 지위에 관한 제네바 협약이다. UN의 난민의 지위에 관한 협약(Convention relating to the Status of Refugees, 이하 난민협약)은 1951년 1월 1일 이전에 유럽에서 발생한 난민들에게 적용되는 규정이었다. 그래서 1967년 난민의 지위에 관한 의정서(Protocol relating to the Status of Refugees, 이하 난민의정서)를 채택하여 시기적 제한을 해제함으로써 다양한 형태의 폭력에 의해 발생한 강제이주민들에게 난민지위를 부여할 수 있게 되었다. 1951년 난민협약 제1조 또는 난민의 지위에 관한 의정서(1967년 뉴욕 난민의정서) 제1조는 난민 보호 체계를 뒷받침하는 중요한 법률문서이다. 이 규정에 의하여 난민협약의 적용을 받는 자를 난민으로 정의한다. 난민협약 제1조 A (2)항에 의하면, 난민은 다음과 같은 사람에게 적용된다(UNHCR 2014).

(발생한 사건의 결과로) 인종, 종교, 국적 또는 특정 사회집단의 구성원 신분 또는 정치적 의견을 이유로 박해를 받을 것이라는 충분한 근거가 있는 두려움(well-founded fear)으로 인하여, 자신의 국적국 밖에 있는 사람으로서, 국적국의 보호를 받을 수 없거나 또는 그러한 두려움으로 인하여 국적국의 보호를 받기를 원하지 않는 사람, 또는 그러한 사건의 결과로 인하여 종전의 상주국 밖에 있는 무국적자로서 상주국으로 돌아갈 수 없거나 그러한 두려움으로 인하여 상주국으로 돌아가는 것을 원하지 아니하는 사람

사건이란 의미는 '영역적 또는 심각한 정치적인 변화를 수반하는 중요한 사건 및 그러한 변화의 결과로서 야기된 조직적이고 체계적인 박해'를 가리키는 것으로 해석된다. 전쟁(내전)이나 폭력사태는 난민협약상의 난민요건은 아니었으나 아프리카단결기구가 1969년 채택한 '아프리카에서의 난민문제의 특수측면에 관한 협약'상

난민요건이 되었고, 대부분의 나라에서 인도적 지위를 부여하는 사유가 되므로 광의의 난민신청사유가 되고 있다. 현재까지 1951년 협약을 보충하는 1967년 의정서, 1969년 아프리카단결기구(Organization of African Unity, OAU)의 난민협약 등을 통해 시기나 지역 구분을 두지 않고 광범위한 난민 인정 사유가 받아들여지게 되었다. 이후에도 다양한 법률문서와 협약이 이루어지면서 난민의 개념을 확장시켜 왔으며 난민 인정 사유를 구체화하는 변화들이 지속적으로 이뤄지고 있다.

난민 인정의 전 과정에서 난민신청자는 여러 가지 신분상의 용어로 정의된다. 일반적인 정의는 다음과 같다.

비호신청인 또는 난민신청자(Asylum Seekers)

비호신청인 또는 난민신청자는 스스로가 난민이라고 말하지만 난민신청이 결정적으로 평가되지 않은 사람을 의미한다. 비호신청인은 국제적 보호를 받을 자격이 있는지를 심사받아야 한다. 이 과정을 통해 난민이 아니거나 어떠한 형태의 국제적 보호도 필요하지 않다고 결정된 사람은 본국으로 돌려보내질 수 있다. 그러나 개인적인 박해보다는 분쟁이나 폭력, 환경재앙 등으로 인해 난민의 대량이동이 발생한 경우, 이들이 본국을 떠나야 했던 이유가 명확하기 때문에, 개별면담을 수행하지 않고도 '사실상 난민(prima facie)'으로 인정된다.

난민인정자(Recognized Refugees)

난민협약 상 난민의 범주에 해당하는 자 가운데 비호국으로부터 난민의 지위를 인정받은 경우를 의미한다. 난민인정자는 난민협약에 보장된 권리를 향유할 수 있다. 한국의 난민법 제31, 32조는 인정난민의 체류권과 자유로운 취업을 보장하고 사회보장기본법, 국민기초생활보장법의 적용에 있어 국민과 같은 수준의 권리를 보장 하고 있다. 구체적인 내용은 제4절 참조.

인도적 체류 허가자(Humanitarian Status Holders)

인도적 체류허가자는 난민은 아니라고 불인정 처분을 내린 사람 중 고문 등의 비인도적 처우나 처벌 또는 그 밖의 상황으로 인하여 생명이나 신체의 자유 등을 현저히 침해당할 수 있다고 인정되는 경우에 내리는 일종의 보충적 보호(complementary protection)를 받은 자이다. 난민의 지위를 인정받지 못한 자 가운데 인도적 차원에서 보호가 필요하다고 인정되는 경우에 한해 체류가 허가된 경우를 의미한다. 2013년 7월 1일부터 시행된 한국의 난민법은 '고문 등의 비인도적인 처우나 처벌 또는 그 밖의 상황으로 인하여 생명이나 신체의 자유 등을 현저히 침해당할 수 있다고 인정할 만한 합리적인 근거가 있는 사람으로서 대통령령으로 정하는 바에 따라 법무무 장관으로부터 체류허가를 받은 외국인'을 인도적 체류허가자로 정의한다. 이들은 G-1 비자를 발급 받게 되며, 국내 체류가 허가되는 체류자격 외 활동허가로 취업허가를 받을 수 있다. 그러나 이 외의 사회적 권리는 대부분 제한된다.

국내실향민(Internally Displaced Persons, IDPs)

생명이 위험에 처하여 살던 곳에서 도피해야하지만 난민과 달리 국경을 넘지 않은 사람을 뜻한다. 그러나 국내실향민 보호를 목적으로 확립된 국제법적 제도나 기구는 존재하지 않고 일반적인 인권협약에서 다뤄지고 있다. 실향기간동안 이들은 폭력이나 기아, 질병에 시달리지만 국경을 넘는 것이 위험해지면서 국내실향민의 수는 급증하고 있다(카슬·밀러, 2013). UN난민기구는 정통적인 의미의 난민은 아니지만 국내실향민들에게 난민에 준하는 서비스를 제공한다. 이들은 비호신청자, 귀환인, 무국적자등과 함께 UN난민기구의 보호대상자이다.

현지체재 중 난민 또는 현장난민(Refugees sur place)

현지 체재 중 난민은 그가 출신국에 없는 동안 그 국가에서 발생한 상황 때문에 난민이 된 사람을 지칭한다. 즉, 본국을 떠날 당시에는 난민이 아니었는데 이 후 난민이 된 사람, 즉 "현지에 체재 중에" 난민이 된 사람을 의미한다. 즉, 본래 이주 목적의 비호를 신청하는 난민은 아니었지만 본국에서 쿠데타나 혁명 등 급격한 정치적 변동이나 환경 재앙 등으로 귀국할 경우 경험할 심각한 박해와 공포 때문에 귀국을 미루며 난민 신청을 하는 경우다. 또한 이미 인정된 난민과 어울리거나 거주국에서 정치적 의견을 표명하는 등의 행동 때문에 '현지 체재 중 난민'이 될 수도 있다. 그러한 행동이 박해를 받을 것이라는 충분한 근거가 있는 두려움을 입증하는지의 여부는 신청자가 상황을 신중히 검토하여 결정해야 한다.

한국에서는 네팔, 스리랑카, 미얀마 등에서 온 이주자 중 산업연수생이나 고용허가제로 한국에 와서 일하다가 장기화된 폭력 사태나 내전 때문에 귀국할 수 없어 난민 신청을 하고 인정을 받은 경우가 있었다. 본국을 떠날 때는 난민 사유를 갖고 있지 않은 경제적 이주자로 체류하다 난민신청을 하는 경우가 이에 해당된다.

재정착난민(Resettled Refugees)

지속적인 박해의 위험으로 인해 본국에 돌아갈 수 없거나 돌아가기를 원하지 않으나, 비호를 구한 국가에서 정착을 할 수 없는 처지에 있는 난민을 위한 영구적 해결책으로 제3국에 재정착한 난민이 이에 해당된다. 재정착은 첫 번째 비호국에서 장기적인 보호와 원조를 제공할 수 있는 다른 국가로 이주를 허가하는 것을 의미하며 UN난민기구는 재정착제도를 시행하는 국가와 협력하여 대상자를 선정한다. 즉, 난민 비호의 국제 책임 분담의 중요한 장치로, 다른 국가의 영토 내 체류하고 있는 난민을 받아들여 정착을 도와야 한다. 재정착난민은 장기화된 난민 상황의 문제를 위한 해법으로 도입되었다. 한국의 난민법은 "재정착희망난민"을 대한민국 밖에 있는 난민 중 대한민국에서 정착을 희망하는 외국인으로 정의한다.

2. 난민과 이주민

난민은 일반적으로 이주민과 구별되는 특수한 형태의 이주자를 의미한다. 난민은 생명을 유지하고 자유를 보전하기 위해 이주하는 사람이며 자국으로부터의 보호를 구할 수 없는 사람이다. 반면 이주민은 '난민 정의에 포함된 것 이외의 사유로 다른 국가에 거주하기 위하여 자발적으로 본국을 떠나는 사람'을 의미한다. 이주민은 변화나 모험에 대한 욕구에 의하여, 또는 가족이나 기타 개인적인 이유에 의하여 이주할 수 있다. 이주의 주요 목적이 경제적인 고려 때문이라면 그는 경제적 이주민이지 난민이 아니다(UNHCR, 2014:15). 구별의 가장 큰 근거는 이주가 자발성을 포함한 것인지 아니면 강요된 것인지의 여부이다. 이 때문에 난민은 이주 연구에서 강제이주(forced migration)의 형태로 다뤄진다. 그러나 출신국의 박해가 경제적 착취와 극심한 빈곤을 초래하는 경우가 많고, 특정집단에 대한 억압과 탄압이 경제적 존립자체를 위협하는 방식으로 이뤄지기 때문에 이주 동기에 있어 경제적 이주민과 난민 사이의 구별이 항상 명료한 것은 아니다. 그러나 경제적 조치에 대한 반대 그 자체만으로는 난민지위를 주장할 수 있는 충분한 사유가 되지 못한다는 것이 난민 불인정의 근거로 사용된다(UNHCR, 2014).

3. 난민 보호와 국제협력

난민은 분쟁, 박해, 재앙으로부터 피신하기 위해 이주하는 사람들이기 때문에 국제사회는 인도주의적 원칙을 통해 이들에게 관용과 보호를 제공해야 한다. 국제난민레짐이란 난민에 대한 국가들의 대응을 규제하는 일련의 원칙, 규범, 규칙 및 의사결정 절차로서, 난민이 국제사회로부터 보호를 보장받을 수 있도록 국가 간 협력을 촉진하는 역할을 하는 것을 의미한다. 각 국가는 국제난민레짐의 일원으로서 난민보호의 규범을 준수할 책임과 의무를 이행해야한다. 국제난민레짐을 구성하는 주요 규범은 '비호(asylum)'와 '책임분담(burden-sharing)'이다. 비호가 한 국가의 영토 내에 도달한 난민을 보호하는 조치라면 책임분담은 다른 국가의 영토 내 체류하고 있는 난민을 위한 조치로, 책임분담의 대표적인 예로는 재정착

(resettlement)과 UNHCR을 위한 재정적 지원이다(신지원 외, 2012).

국제난민레짐은 제2차 세계대전과 냉전이라는 역사적 상황에서 구축되었다. 제2차 세계대전 이후 유럽을 떠난 4,000만 명이 호주, 캐나다 등에 성공적으로 정착하여 전후 경제성장에 크게 공헌하면서 난민 보호의 중요성이 인식되었다. 무엇보다 이후 냉전체제하에서 공산주의를 떠나 망명한 사람들에게 비호를 제공한 것은 선전활동으로 매우 효과적이었다. 이런 점 때문에 난민보호를 통해 서구 및 유럽의 많은 국가들은 공산주의에 대항하는 정치적 우위를 과시할 수 있었다(카슬·밀러, 2013). 동구권의 붕괴로 냉전체제가 와해되면서 난민 발생의 요인과 난민보호의 방식 또한 매우 다양하고 복잡해졌다. 아프가니스탄 내전과 탈레반 정권의 폭압으로 아프가니스탄은 지난 30년간 최대 난민 송출국이 되었고, 미국이 참전한 이란-이라크 전쟁, 걸프 전쟁, 이라크 전쟁 이후 수많은 난민이 발생되었다. 이후 이슬람 수니파 과격단체인 이슬람국가(IS)의 시리아 점령 및 학살, 사하라 사막 이남 아프리카 나라들에서 발발한 내전과 분쟁으로 자국을 탈출하는 난민의 수가 급증하고 있다. 정치적 문제 외에도 글로벌 기후 변화와 무분별한 건설 및 발전으로 인한 환경 재앙을 피해 이동하는 난민도 급증하고 있다. 2014년의 난민 및 난민지위신청자와 국내실향민을 포함한 강제이주자는 전 세계 인구 122명 중 한 명꼴로 이를 한 나라 인구로 간주하면 세계 24위의 규모가 될 정도로 폭발적으로 증가했다(설동훈 2015: 10). 이 때문에 난민 비호를 위한 국가 간 공조 체제의 확립과 국제난민레짐의 실질적 집행이 절실하다.

흥미로운 것은 난민협약에 가입한 국가들이 난민을 가장 많이 수용하는 것은 아니라는 점이다. 주요 난민 수용국을 규모가 큰 나라부터 나열하면 파키스탄, 이란, 미국, 시리아, 독일, 요르단, 탄자니아, 영국, 중국, 차드 순으로 이들 중 미국, 영국, 독일만이 경제부국이다. 이는 난민은 난민 발생의 원인이 되는 빈곤이나 지역분쟁이 일어나는 지역 근처에 머무는 경향이 있다는 점을 잘 보여준다(카슬·밀러, 2013). 실제로 장기간의 여행이나 비싼 교통비를 들여 난민협약에 가입한 유럽 등의 국가로 이동할 여력을 가진 난민이 많지 않기 때문이다.

대중적인 이미지와는 달리 분쟁이 많이 일어나는 아시아나 중동의 국가들 주변에 난민들이 집중돼 있는 것이 사실이고, 정작 난민협약에 가입한 유럽 부국들의 난민 보호는 그 수를 볼 때 아직 미미한 편이다. 문제는 난민이 집중되어 있는 아시아 지역에서 난민협약에 가입한 국가는 한국, 일본, 중국, 필리핀, 캄보디아,

동티모르 6개국뿐이다. 이 때문에 분쟁지역인 아시아나 중동지역의 난민에 대한 제도적 보호와 정착 지원 사업은 매우 미흡한 편이다. 이 때문에 주변 지역에서는 난민을 불법정착민으로 간주하기도 한다.

국제난민레짐을 통해 각 국가는 난민협약상의 난민의 권리를 보장하고, 강제송환금지 원칙을 지켜야 한다. 난민협약상의 난민의 권리는 종교의 자유(제4조), 재판을 받을 권리(제16조), 유급직업에 종사할 권리(제17~19조), 주거권(제21조), 교육권(제22조), 공적구호를 받을 권리(제23조), 이동의 자유(제26조), 신분 및 여행증명서를 발급받을 권리(제27~28조), 거주국의 영토로의 불법 입국을 이유로 형벌을 받지 않을 권리(제31조)와 강제추방 금지(제32조) 등이 있다.

이 중 국제적 협력이 가장 필요한 분야는 강제송환 금지와 가족결합 원칙의 준수다. 난민협약 제33조는 "체약국은 어떠한 방식으로도 난민을 인종, 종교, 민족, 특정사회집단의 구성원 신분 또는 정치적 의견을 이유로 그 생명 혹은 자유가 위협받을 우려가 있는 영역으로 추방하거나 송환하여서는 안 된다"는 강제송환금지의 원칙을 명시하고 있다. 강제송환금지의 원칙은 난민의 국제보호에 있어 체약국이 지니는 가장 기본적인 의무이자 난민의 중요한 권리로 난민인정자 뿐만 아니라 난민 인정 여부를 심사 중인 당사자에게도 적용된다. 강제송환금지의 원칙은 국제 관습법의 일부로 인정되고 있고 난민협약 비체약국도 반드시 준수해야 하는 강행규범(jus cogens)이다(신지원 외, 2012).

1951년 협약과 1967년 의정서의 당사국 여부와는 상관없이 대다수 국가에서 준수하고 있는 것은 '가족결합의 원칙'이다. 난민의 기준을 충족한 사람의 배우자와 미성년 자녀는 가족결합의 원칙의 혜택을 받을 수 있고 난민의 지위가 부여된다. 기타의 부양가족, 즉, 난민의 고령의 부모도 생계를 같이 하고 있을 때는 통상 고려 대상이 된다. 가족 결합의 원칙은 가족 구성원이 동시에 난민이 된 경우와 가족 중 한명 또는 여러 명이 먼저 탈출하여 일시적으로 가족들이 떨어져 살게 된 경우에도 적용된다(UNHCR, 2014: 36).

2절 각국의 난민 정책

1. 유럽의 난민 정책

선진국들은 1990년대 이후 망명신청자와 미등록이주자에 대한 통제적 입장으로 변화했다. 1990년 발효된 더블린 조약(Doblin Regulation)은 망명신청자를 통제하고 이들에 대한 부담을 범유럽 스케일에서 분담, 경감하려는 목적이었다. 그 주요 원칙은 '제한(confinement)'과 '강제송환'이었다. 더블린 조약은 EU로 들어온 난민은 처음 도착한 유럽 국가에서 난민 자격 심사를 받아야 하고, 다른 국가로 이동해 난민 신청을 할 경우 처음 도착한 국가로 이송될 수 있다는 규정을 두었다. 난민신청자를 강제추방하지 않음으로써 호의적인 태도를 보여왔던 유럽 국가들이 이 조약을 통해 입장을 전면적으로 수정한 것이다.

냉전시기 난민들은 '공산주의로부터 탈출한 사람'들로 환영을 받았지만 냉전 종식 이후 상황은 달라졌다. 1980년 후반부터 동유럽으로부터 난민의 유입이 급증했으나, 난민신청을 심사할 행정시설이 미비했고 난민신청을 제시간에 처리하지 못해 장기체류하는 이주자를 양산할 수밖에 없었다. 난민신청자를 포함한 동유럽 출신 이주자들이 서유럽 지역에 유입되면서 반이주자 정서가 확산되었고, 난민을 포함한 이주자는 인권이나 경제적 관점으로 받아들여지기 보다는 정치나 안보 문제로 취급되기 시작했다. 1990년대 이후 이주민 및 난민 문제에 대처하기 위해 경제적으로 윤택한 유럽 국가가 선택한 것은 중세시대처럼 국경 봉쇄를 통해 이주자를 차단하는 '유럽의 요새화' 전략이다. '요새화' 전략은 전통적인 정착형 이민 제도나 인도주의적 조치 등에서 벗어나 '이주 관리'를 국가의 경제, 정책, 안보 분야의 정책 목표로 설정해야 할 것을 주장한다. EU의 난민정책의 가장 큰 특징은 바로 요새화 유럽에 근거를 둔 국경관리의 외연화 정책이다(이혜진 외, 2012). 이 정책의 특징은 망명신청자가 유럽선진국에 입국해 망명 신청하는 '이전' 단계부터 이들을 차단하는 '원격통제'와 망명신청자들이 경유하는 국가에서 통제를 하도록 하는 '신 강제송환' 정책이 주요 골자이다(새머스, 2013: 285).

EU 통합 이후 EU 가입국들은 EU인들의 국경 없는 자유로운 이동 및 노동의 권리를 보장했지만, 동시에 물샐틈없는 방어벽을 통한 '이동 차단'을 해법으로 내

세웠다. 1995년 쉥겐협약이 발효한 이후 EU 내부의 국경선은 폐지되었지만 공동의 외부 국경선을 만들어 이민, 난민 문제에 공동적으로 대처하는 EU 차원의 공동 정책을 만들어냈다(이혜진 외, 2012: 94-5). 유럽 지역의 경제위기와 실업률 증가 문제, 부상하는 반이슬람 정서 때문에 이주자와 난민 유입에 대한 반감이 증가하면서 EU의 내부와 외부의 국경선을 만들어서 이주자와 난민의 유입을 막으려는 조치다. 이를 '외재화' 경향이라 부른다. 외재화란 EU가 EU 외부의 제3국가와의 협력을 통해서 이민에 대한 책임과 부담을 외부로 전가하는 현상을 의미한다(이혜진 외, 2012: 96). 출신국 또는 경유국을 포함하는 제3국가와의 파트너십 체결로 역외 국경관리와 출입국 관리를 제3국가가 담당하는 대신, 유럽 국가들은 이들 국가에게 무비자 협정이나 경제지원 등을 제공했다. 그러나 이러한 외재화 정책은 난민 보호의 기본적인 역할에 침해를 가져왔다. 2001년 무효한 여권과 비자를 가진 사람을 이동시킨 여객운송업자에 대해 금전적인 제재를 부과하는 운송규제(Carrier Sanction)제도가 설치되면서 민간회사 직원들이 상륙 전에 여행자들을 선별할 의무를 지게 되었고, 그만큼 도착국가의 선별 부담은 감소될 수 있었다. 그러나 이 방법은 여행자가 비호를 신청할 목적으로 이동하는 난민신청자라면 큰 문제를 일으킨다. 민간행위자인 운송업체가 누가 유럽에 입국하며 망명을 신청할 수 있는지 없는지의 여부를 판단하는 책임을 지게 됨으로써 '판별'의 기준이 자의적이 된 것이다(새머스, 2013: 288-9). 진정한 비호신청자들이 비호를 신청하고자 하는 해당 국가에 도착하지도 못한 채 선별될 수 있기 때문이다(이혜진 외, 2012: 102).

또 다른 문제는 '강제송환'이다. 더블린협약은 난민신청자의 망명신청은 최초로 신청을 받는 국가에서만 처리되어야 한다는 조항을 넣었다. 이 때문에 난민신청자는 최초의 '안전국가' 또는 '안전 경유 국가'로 송환되어야 한다는 것이다. 예를 들어, 유럽연합이 판단할 때 우크라이나가 '안전국가'라고 판단되면 우크라이나에 있는 난민신청자는 유럽 국가에 망명을 신청할 수 없다는 것이다(새머스, 2013: 289). 즉, 난민신청자는 유럽 밖에서 '완충국' 역할을 하는 국가로 송환되거나 구치될 수 있다. 결국 난민자격이 있는 사람조차도 유럽 국경 밖의 구금센터에 송치되거나 본국으로 송환될 위험이 증가했다. 하지만 EU의 외주화 전략상 EU 외부에 존재하는 협력국 또는 완충국 역할을 하는 국가에게 주어진 '보상'이 때로는 대량 이민의 유입을 초래하는 상황을 만들었다. EU의 완충지대 역할을 했던 세르비아는 무비자협정이란 보상을 받았고, 이 결과 세르비아인의 EU로의 대량유입이 이뤄졌다.

1950년대 이후 EU 선진국들은 '인도주의적 관점'에 의거해 많은 수의 난민의 자국 정착을 지원했지만 EU 통합 이후 난민 보호의 역할은 많이 침식되었다. 하지만 최근 시리아 대량 난민 사태와 죽음의 항해과정에서의 어린이들의 죽음은 정치권과 시민사회의 경각심을 불러일으켰다. 이를 통해 독일 등 유럽 선진국들은 난민 보호의 책임과 할당을 주장하며 난민 정책에 새로운 변화를 예고하고 있다.

2. 미국과 캐나다

미국은 지난 60년간 재정착 난민을 가장 많이 받아들여 왔던 국가 중 하나다. 미국은 재정착난민의 80%를 담당해왔고, 이들의 빠른 정착을 위한 지원사업을 벌여 왔다. 미국에 입국하는 난민들은 미국 정부가 1980년 제정한 난민법(The Refugee Act of 1980)의 근거 하에 정부와 비정부 기구 즉 난민 자원 봉사 단체(VolAgs-Refugee Voluntary Agencies)의 협력 프로그램을 통해 정착 지원을 받는다.

난민 비호에 상대적으로 호의적이었던 미국은 1990년대 냉전체제의 붕괴, 신자유주의적 경제 질서의 강화와 보수 정권의 등장, 무엇보다 2001년 9·11 사태 이후, 인권이나 인도주의적 관점으로부터 국가 안보 관점으로 선회하면서 난민에 대한 엄격한 통제와 관리 정책을 실시하게 된다. 9·11 이후 테러리즘에 대한 공포가 미국 사회 전반 및 정책에 반영되면서 '외부인', 특히 무슬림 국가 출신의 외국인에 대한 적대가 노골화되었다. 국가안보와 안전이 무조건적인 목표로 설정되면서 비호를 요청하는 난민신청자에 대한 엄격한 통제와 관리가 실행되었다. 난민 인정 절차가 좀 더 복잡해졌을 뿐 아니라 난민 인정 절차 중에도 구금이 가능했다. 대표적인 예는 신분증명에 관한 법(Real ID Act)이다. 이 법은 증거 획득의 현실적 가능성과는 상관없이 비호신청자들에게 비호신청의 이유에 대한 증거를 요청함으로써 기존의 난민 인정의 중요한 이유로 채택했던 진술, 행동이나 태도 같은 주관적인 요인들을 배제하도록 했다. 비호신청자가 잠재적 테러리스트이거나 테러리즘에 협력한 전력이 있을 수 있다는 전제하에 예방적인 차원에서의 구금을 정당화함으로써 합법적인 난민들조차 인권 침해를 당하는 상황을 낳게 했다(Kerwin, 2005). 이런 조치들은 실제로 테러리즘과 폭력의 피해자로 비호 신청을 하는 사람들을 테러리즘의 잠재적 협력자로 설정한다는 점 때문에 큰 비판을 받았다. 미국 정부의 강경한 반 난민 정서는 주변국인 캐나다에도 영향력을 미쳤다. 캐나다의 난민 신청자들은 미국을 경유하여 캐나다도 입국할 수 있었으나, 미국은 안보에 대한 위협이란 이유로 이를 허용하지 않게 되면서 캐나다 내 난민신청자의 수도 크게 줄어들었다. 또한 미국의 국경지대 밖에서도 이주자 통제를 할 수 있는 '북미 안전지대' 조약을 멕시코와 체결하여 국경 통제를 강화했다.

캐나다는 난민 및 이주자 정책에 다문화주의를 도입한 나라다. 난민신청자는 난민보호에 대한 결정이 내려질 때까지 합법적으로 캐나다에 머물 수 있다. 난민신청자들이 반드시 난민지원시설에 거주해야 하는 것은 아니지만, 도착 직후 의식주 등 기본적인 필요들을 해결하고, 난민 신청에 따른 법적인 절차, 의료, 교육 등의 사회보장제도에 보다 용이하게 접근하기 위해서 난민지원시설 거주를 필요로 한다. 난민신청 결과를 기다리는 동안 각 지역 교육청에서 운영되는 영어, 불어 수업을 들을 수 있다. 더 교육을 받고자 할 경우에는 언어교육 이수증이 반드시 필요하다. 미성년자는 캐나다에 도착과 동시에 교육을 받을 수 있는 자격이 주어진다.

3. 일 본

일본정부는 1981년에 난민협약에 가입했다. 난민협약에 가입하면서 기존의 출입국관리법령을 개정하여 새롭게 난민인정제도를 도입함과 동시에 법률의 명칭도 '출입국관리 및 난민인정법'으로 개칭했다.

일본이 UNHCR에 지원하는 자금원조액은 세계 2위이지만, 일본 내에서 직접적으로 행해지는 난민인정절차는 상당히 엄격하고 시간도 오래 걸린다. 역사적으로 볼 때 일본의 난민은 크게 세 가지로 정리할 수 있는데, 첫째는 베트남 전쟁이 끝난 후 인도차이나에서 피난 온 인도차이나 난민(보트피플), 둘째 난민조약을 통해 체류자격을 획득한 조약난민, 셋째는 본국을 벗어나 타국에 설치된 난민캠프에서 제3국 정주를 통해 일본에 들어오게 된 재정착난민이다. 특히 일본은 2010년 아시아 국가 최초로 재정착난민제도를 도입하여 국제사회로부터 주목을 받았다(신예진·신지원, 2013).

일본이 난민협약에 가입한 지 30년이 넘었지만, 2011년까지의 총 난민신청 수는 11,754건이며 총 난민인정 수는 598건으로 상당히 낮은 수를 기록하고 있다. 2011년까지의 총 난민처리 수는 10,935건으로, 난민인정률은 5.5%이다. 단, 1982년 및 1983년의 난민인정자 130명 중 거의 대부분이 인도차이나 난민으로 이미 체류자격을 획득하고 있었음을 감안한다면 현행 난민인정제도에 의해 체류자격을 얻는 조약난민의 인정률은 더욱 큰 폭으로 감소할 것이다. 또한 난민인정을 받은 난민의 압도적 다수가 미얀마 국적자이다. 국적별 처리건수가 공개되지 않기 때문에 정확하게는 알 수 없지만, 미얀마 및 인도차이나 이외의 출신자의 난민인정률은 2% 전후에 불과하고 아프리카 출신자의 경우 1% 미만으로 추정해볼 수 있다.

　　일본의 경우 외국인은 합법적인 체류자격이 있는 경우에만 권리를 가지는 것으로 판결하였다. 일단 난민으로 결정되면 일본에서 안정적으로 거주할 수 있도록 체류자격을 획득하게 된다. 난민은 원칙적으로 일본국적자와 동일한 대우를 하게 되어 있으며, 따라서 국민연금, 아동부양수당, 복지수당 등을 받을 수 있다. 또한, 난민여행증명서를 교부받아 해외여행이 가능하다(김현미 외, 2013: 68).

4. 호　주

　　문화다양성을 존중하는 다문화주의를 주장해왔음에도 불구하고 호주사회의 뿌리 깊게 자리 잡은 백인우월주의는 인종차별주의를 없애는데 역부족이었다는 평가를 받고 있다. 즉, 다문화주의 원칙 아래 이질적 인종, 민족을 수용하라는 정부의 다문화주의 요구는 오히려 인종적 경계를 더욱 명확히 하는 결과를 낳았다는 것이다. 이는 인종갈등의 해법을 정치적 그리고 역사적 맥락에서가 아닌 문화정체성 맥락에서 찾을 경우의 한계를 잘 보여주는 사례이다. 이런 뿌리 깊은 정서는 보수 정치인이 등장하면서 반이민, 반난민 정치로 이어졌다. 호주가 유럽의 '요새화' 패러다임을 받아들여 난민에 대해 적대적인 경향을 보이고 있다. 1993년 호주정부는 구금명령과 관련된 법률을 발휘했는데, 이 법률은 필요한 서류를 다 구비하지 못한 이주자 모두를 추방하거나 단속할 수 있도록 했다(새머스, 2013: 283). 난민신청자의 경우 위급한 상황에서 탈출한 경우가 많고, 비호국을 결정하는 과정에서 밀입국 브로커들에게 도움을 받는 경우가 많기 때문에 완벽한 서류를 갖추는 것 자체가 불가능하다. 또한 섬나라인 호주의 특성상 선박을 통해 입국하는 난민신청자가 많지만 호주 정부가 소위 '태평양 해법'을 도입하여 이주자의 해상 입국을 거부했다. 유럽의 '외주화' 정책과 마찬가지로, 잠재적 난민신청자들의 구금과 처리 절차는 마누스, 파푸아뉴기니, 나우르와 같은 호주 북부 해상의 작고 가난한 섬들로 이양되었다. 이를 통해 난민신청자들의 망명신청의 권리를 박탈했고, 망명신청자를 포함한 이주자들은 크리스마스 섬 등에 설치된 수용시설에 머무르면서 고립된 감옥살이를 하게 되었다(새머스, 2013: 287). UN이 호주 정부의 조치에 반대를 표명하면서 부분적으로 문제가 해결되고 있지만 호주 정부의 엄격한 난민 관리 정책의 기조는 크게 바뀌지 않고 있다.

5. 난민정착 지원 사업의 사례들

유럽 및 미국, 호주 등 전통적 난민비호국의 난민정책이 인권이나 인도주의적 관점으로부터, 안보와 경제적 효율성을 강조하는 퇴행적인 형태로 변화되었지만 난민인정자에 대한 정착 지원 사업은 크게 변화되지 않았다. 난민 정착이 성공적으로 이루어지기 위해서는 난민들이 매우 특수한 경험을 가진 이민자란 점을 고려해야만 한다. 즉 이들이 정신적, 육체적 상흔에서 벗어날 수 있도록 심리상담 및 치료를 우선적으로 제공해야 한다. 또한 난민들이 지역의 공적 영역에 동등하게 참여하면서 주류사회에 정착 및 통합이 되기 위해서는 언어지원과 경제적 안정이 필요하다. 이런 모든 지원은 중앙 정부의 예산만으로 가능하지 않기 때문에 지역 정부와 시민사회와의 적극적인 협력이 요청된다. 성공적인 난민 정착 지원 사업의 공통된 특징은 다음과 같다(김현미 외, 2013: 68-118).

1) 정부, 지역정부, NGO와의 협력 체제를 통한 난민의 실질적 정착 지원

미국의 난민지원프로그램은 연방정부와 주정부 및 지방정부 그리고 전국적, 지역적 NGO가 복잡하게 연결되어 있다. 주로 정부의 재정지원 아래, 민간지원단체들이 프로그램을 운영·지원하는 체계로 되어있다. 국토안보부 시민권 및 이민국(US Citizenship and Immigration Services)은 입국 심사, 국무부 인구 난민 이주국(Bureau of Population, Refugees, and Migration)은 미국에 입국하는 절차와 단기적인 지원, 그리고 보건 인적 자원부 난민 정착국(Office of Refugee Resettlement)은 장기적인 지원을 제공하고 있고, 민간 비영리 기관을 포함한 자원 봉사 단체(VolAgs) 들은 정부로 부터 모든 지원금을 받아 처음부터 끝까지 실질적인 난민 정착 지원을 도와주고 있다.

캐나다는 각 지역의 리셉션 센터를 중심으로 난민의 정착 지원 사업이 수행된다. 정부의 지원 여부와 상관없이 대부분의 리셉션 센터는 임시숙소와 정착서비스를 제공한다. 주정부 지원금으로 운영되는 리셉션 센터는 초기정착 오리엔테이션, 주거 정착 지원, 지역 정착 서비스를 통해서 난민신청자들이 새로운 생활에 적응해 나가도록 돕는다. 민간이 주체가 되어서 운영하는 여러 리셉션 센터는 임시 숙소를 제공하고, 법적인 절차와 여러 서비스에 접근하도록 지원하는 것을 기본으로 하고 있다. 숙소는 10명에서 최대 50명까지 머물 수 있도록 하고 있으며 대부분 단독주택이나 소규모시설로 초기 정착을 돕고 있다. 민간에서 운영하는 로메로 하우스(Romero House)의 경우는 난민신청자들이 변호사, 학교와 탁아방, 영어교실, 노동허가, 건강보험, 법률지원, 자원봉사 배치, 의류 및 가구 지원, 번역 등의 서비스를 받을 수 있도록 돕는다.[1] 각 지역의 리셉션 센터를 통해서 난민신청자들이 새로운 환경에 적응하고 지역사회에 안정적으로 정착할 수 있도록 돕는다.

2) 언어 및 교육 지원을 통한 난민의 '주류화'

일본의 난민 사회통합프로그램 중 좋은 사례는 난민고등교육프로그램(Refugee Higher Education Program)이다. 난민고등교육프로그램은 일본 대학들의 협력 하에 UNHCR에 의해 설립되었다. 이 프로그램은 4년간의 학부교육을 받지 못한 난민인정자를 위해 UNHCR과 제휴한 대학들이 교육을 제공하는 것이다. 수혜 대상은 '난민이거나 난민과 같은 상황에 놓여 있다고 인정된 경우, 즉 협약난민, 인도차이나 난민 또는 보완적 보호를 받고 있는 난민으로 일본에서의 체류자격이 있으며, 고등교육 비용의 지출이 불가능한 사람'에 해당한다. 현재 일본에 체류하는 많은 난민들이 경제적인 이유로 인해서 고등교육을 받지 못하고 있는 경우가 많고, 이것이 또한 고용기회를 제한하는 실정이다. 이 프로그램은 이러한 난민들에게 교육기회를 제공함과 동시에 유입국과 본국에 공헌할 수 있는 능력을 기를 기회를 제공하고자 한다. 이 프로그램에 참여하는 난민은 4년간의 취학기간에 해당 대학의 졸업요건이 되는 전 과정과 시험을 수료해야만 한다. 졸업까지의 학생의 수업료와 총 경비는 대학 측에서 부담한다. 또한 각 대학의 판단에 의해 학생지원수당이 매월 지급된다. 2006년부터 현재까지 실제적으로 16명의 난민이 고등교육을 받았고, 많은 대학들이 이 프로그램에 대해서 적극적인 관심을 보이고 있다. 제휴 대학과 주위의 학생들은 난민학생이 대학에 크게 공헌하는 귀중한 인재들이며, 난민학생의 생생한 체험담은 학습환경을 더욱 풍요롭게 만들어준다는 반응을 보인다. 이 프로그램은 특히 미얀마계 난민 2세들에게 인기가 있다.(김현미 외, 2013, 69-70).

---

1) http://www.romerohouse.org/romerohouse/myweb.php?hls=10036

3) 치료 및 재정착난민 지원

호주 정부는 난민 중 고문과 트라우마 피해자들에 대한 정신 및 심리 치료를 제공한다. 난민들은 전국 8개 지역에 위치한 The Forum of Australian Services for Survivors of Torture and Trauma(FASSTT)로부터 재활지원을 받는다.

호주 난민통합 사례 중 좋은 사례는 재정착 프로그램(Resettlement Programs) 중 하나인 통합된 인도주의 정착 전략(Integrated Humanitarian Settlement Strategy, IHSS)이다. IHSS는 인도주의적 입국(Humanitarian entrants)에 따라 호주로 유입된 사람들, 즉 난민들에게 최고 6개월까지 지원되는 서비스로서, 상담 및 임시 숙소와 장기 거주 주택 관련 서비스, 공공서비스에 대한 정보 제공 등이 포함된다. IHSS는 이민자 정보센터(Migrant Resource Center, MRC)를 중심으로 이루어지며, 이민자 가족 단위로 서비스가 제공된다.

3절 난민 정책의 쟁점

1. 정치경제 복합난민의 증가와 인간안보

전 세계적으로 이주가 폭발적으로 증가하고, 동시에 경제적 자원을 둘러싼 국내외 계급, 인종, 종족갈등이 심화되는 상황에서 난민의 범주, 난민신청자의 성격도 다양해지고 있다. 1951년 난민협약과 1967년의 난민의정서는 인도주의적 정신에 입각하여 국제사회의 난민 보호를 천명했지만 당시의 시대적 상황은 미국과 소련 등으로 양분된 냉전체제였다. 이 때문에 국제적 난민 레짐 또한 냉전체제의 영향을 받게 되면서, 난민 발생 사유를 주로 '정치적' '이데올로기적' '군사적' 이유 등으로 한정하는 경향이 강했다.

그러나 최근 전 세계적으로 벌어지는 각종 분쟁과 환경적 재앙이 난민을 대규모로 발생시킨다. 무엇보다 신자유주의 경제 질서가 확산되면서 다국적 기업의 자원약탈이나 정부의 구조 조정에서 밀려난, 국가의 보호를 받지 못하는 국민들이 양산되고 있다. 빈곤과 박탈 때문에 자국을 떠나는 사람과 전통적인 난민과의 엄격한 구별도 모호해지고 있다. 이런 난민들은 '정치경제 복합 난민'이라 부른다. 경제적 난민과 정치난민의 성격을 띤 복합난민이 증가하고 있기 때문에 소위 '정치 난민'과 사회적, 경제적 '생존'을 확보하기 위해 난민 자격을 신청하는 사람간의 구별이 쉽지 않다. 때문에 전통적인 난민 비호국은 난민을 받아들이는데 더욱 엄격한 태도를 보인다. 난민 관리 또한 인도주의보다는 의심과 의혹의 감정에 기반을 두게 된다. 새머스는 어떤 정부가 가짜 망명 신청자로 누군가를 규정할 때, 과연 정치적 박해로 고통 받는 사람들과 심각한 경제적 어려움으로 고통 받는 사람들을 구별할 수 있는지, 그 경제적 고통이 선진국의 정책에 의해 발생한 결과라면 어떻게 구별할 수 있을지에 대한 질문을 제기한다(새머스, 2013: 41). 이처럼 난민을 판단하는데 큰 어려움이 따른다.

난민 문제는 '난민 논쟁'이라 불릴만한 정치적 이슈가 되고 있다. 현재 많은 국가들이 난민을 받아들일 것인가, 아니면 엄격한 '노비자'(no visa) 정책을 통해 이들이 땅에 발을 들여놓는 것조차 금지할 것인가를 고민한다. 민주주의 인권보호 국가로서의 위상을 유지하기 위해 이들을 보호할 것인가? 아니면 국가 안보나 경제적 도구주의에 의거해 난민을 내몰 것인가? 이 문제는 최근 북미, 유럽, 호주 등 전통적인 난민 보호국의 딜레마로 등장하고 있다. 이들 나라에서 난민 이슈는 선거철마다 국민을 감정적으로 분열시킨다. 다른 이주자들에 비해 그 수가 매우 적음에도 불구하고, 난민 문제는 국민을 정치적으로 편 가르는 데에 쉽게 동원된다. 왜냐하면 대부분의 국민은 난민에 대해 잘 알지 못하며, 보수 정치인들은 난민을 밀입국하는 범죄자로 재현하면서 방어심리를 조직해내고 내국인을 단합시키는 데 사용해왔기 때문이다. 난민은 한번 받아주기 시작하면 집단적으로 몰려올 수 있는 '짐스러운' 존재처럼 간주된다. 이런 심리적 전략은 난민을 쉽게 정치적 희생양으로 만들고 이들의 이주 동기에 대한 깊은 이해나 인권적 관점을 배제시킨다(김현미, 2014: 166-167).

최근 난민신청을 하기 위해 국경을 넘는 사람들의 안전 문제와 사망이 큰 우려를 낳고 있다. 더욱 엄격하고 철저한 국경 봉쇄 전략에 의해 유럽이나 미국으로 난민신청을 하러 가는 사람들이 그 과정에서 죽음, 인권침해 등을 경험하여 난민 사유만큼의 박해를 당하고 있다.

특히 합법과 불법의 여부를 떠나 전쟁, 박해, 폭력, 빈곤 등의 이유로 자국을 떠나야 하는 아프리카 및 중동지역의 이주자들이 증폭하고 있지만 합법적 이민의 가능성이 점점 낮아지면서 이 틈을 메우는 것은 바로 밀입국 조직, 인신매매조직을 비롯한 이주산업들이다. 비호신청자들은 국경통제로 입국길이 막히게 되면서 합법적인 난민신청자조차 밀입국 조직의 의뢰인이 된다. 이들은 큰돈을 지불하면서 위험한 여행길에 오르게 된다. 또한 경제적 자원이 부족한 여성이나 어린이의 경우, 인신매매에 취약하다. 인신매매 피해자의 80%가 여성과 어린이로 보고되고 있다(카슬·밀러, 2013). 비호국 입국에 성공하더라도 이들은 곧 감금 및 강제 퇴거를 당할 확률이 높다. 왜냐하면 이들의 입국 통로가 불법적이기 때문이다. 즉, 전 세계적으로 난민을 발생시키는 정치경제, 환경 등의 요인이 급증하지만, 비호신청자나 난민에 대한 법과 규제가 엄격해질수록 이주산업은 팽창하고 비호신청자들은 더 많은 위험에 노출됨으로써 이들의 안전과 생명은 위협 당한다.

인간안보는 '한 국가의 시민으로서의 개개인'을 위한 것이라기 보다는 '사람으로서의 개개인'의 문제로 안보 개념에 접근하는 것이다(Krause and Williams eds, 1997). 따라서 인간안보는 정부나 국가기관에 대한 위협이 아닌 사람이 처한 위험의 중요성에 초점을 둠으로써 이주와 관련된 시민권, 난민보호, 인권 등의 중요한 사안을 국가 간 정치적 문제로만 바라보는 지배적인 통설을 초월하는 개념이다. 인간안보의 관점에서 난민보호에 관한 논의는 국가주의적 안보의 문제를 넘어선 초국적 인간안보(human security)의 문제이다. 국제사회에서 한 국가가 난민을 보호하는 책임을 이행하는 것은 인간안보를 증대하는 것이며 이는 곧 국가안보 및 국제안보를 증대하는 것과 직결된다. 난민의 인간안보 문제에 대응하고 해결하는 것이 국가 안보의 문제와도 밀접하게 연관되어 있으며, 난민보호를 위한 책임분담을 통한 국제협력은 경제 선진국 내 국민의 안정과 보호를 위해서도 정책적으로 중요한 사안임을 의미한다.

2. 난민의 젠더/아동인권

역사적으로 난민의 정의는 남성 성인의 경험이라는 틀을 통해 해석되어왔고, 이를 이유로 여성이나 난민 아동의 인권은 제대로 보호받지 못했다. 난민의 절대 다수가 여성과 아동임에도 불구하고 제대로 보호를 받지 못하는 상황을 해결하기 위해 UNHCR와 민간단체들은 난민 정책의 젠더무감성과 아동인권부재를 지적하면서 새로운 변화를 모색하고 있다. 사실 정치, 경제적 분쟁 상황에서 남성 가장이 희생을 당하게 되면 남은 가족을 피신하게 하고 생존하게 하는데 가장 큰 역할을 하는 것은 여성이거나 어머니다. 또한 여성과 어린이는 분쟁 시 성폭력의 희생자가 될 확률이 매우 높다. 그럼에도 불구하고 난민에 대한 이미지와 박해 사유가 남성 경험을 중심으로 만들어져왔기 때문에 여성과 어린이의 난민 보호는 사실상 취약한 편이었다. UNHCR이 정의한 젠더 박해에 대해 알아보자(UHNCR 2014).

1) 젠 더

최근의 경향은 젠더가 난민의 정의에 구체적으로 언급되지는 않지만, 신청인이 겪은 박해나 피해의 종류 및 그러한 처우를 받게 된 이유이거나 영향을 미칠 수 있다는 점은 널리 인정한다는 점을 강조한다. 물론 1951년 협약을 해석함에 있어 젠더인지적 해석을 취한다고 해서 모든 여성에게 자동적으로 난민지위가 부여되는 것은 아님을 명백히 하고 있다. 무엇보다 신청인의 성별, 난민 지위 결정권자의 젠더 인식을 고려하여 젠더 인지적 관점에서 난민을 정의하는 것에 주안점을 둔다.

젠더 박해는 다음과 같은 의미로 해석될 수 있다.

첫째, 여성과 남성 신청인이 동일한 형태의 박해를 받더라도, 이들은 자신의 성에 따른 특수한 박해를 받을 수 있다는 점이다.

둘째, 젠더 박해의 구체적인 예도 명시하고 있다.

(1) 젠더폭력

국가 또는 비국가 행위자에 의해 자행되는지의 여부와 관계없이 성폭행을 비롯하여 지참금에 관련된 폭력, 여성할례, 가족 폭력, 인신매매 등 젠더와 관련된 다양한 유형의 폭력은 정신적, 육체적으로 심각한 고통을 수반하는 행위며 박해의 한 형태로 이용되어왔다는 점을 명시한다. 또한 젠더 폭력의 예로 강요에 의한 가족계획, 여성할례, 사회적 관습 위반에 대한 처벌, 동성애자에 대한 차별 등을 포함시키고 있다.

(2) 누적된 차별

박해에 해당하는 차별은 차별 그 자체만으로는 박해에 해당하지 않지만 유형화된 차별이나 불리한 처우가 누적되는 경우에는 박해에 해당하여 국제적 보호를 받을 수 있다.

(3) 성적지향성

개인의 성적지향에 근거한 박해 부분에서는 난민신청인이 성정체성이나 성생활로 인해 박해의 대상이 되었다면 그러한 성정체성이나 성생활은 난민 신청과 관련이 있을 수 있다는 점을 인정한다. 이런 예로서 난민 신청인이 성에 따라 사회적, 문화적으로 정해진 역할을 수행하거나 기대되는 행동을 행하기를 거부하거나, 동성애자나 성전환자, 복장도착자로서 공개적으로 심한 적대감인 폭력, 학대, 가혹한 혹은 누적된 차별을 직면한 경우가 해당된다. 동성애가 불법인 사회에서 동성애 행위에 대한 가혹한 형사처벌을 가하는 것은 박해에 해당할 수 있고, 동성애 행위를 불법으로 보지 않는 사회에서도 국가가 신청인에게 가해지는 차별적 행동이나 피해를 묵인하거나 허용하는 경우, 또는 국가가 그러한 피해로부터 신청인을 효과적으로 보호할 수 없는 경우, 신청인은 난민지위의 신청이 정당함을 입증할 수 있다는 점을 강조한다.

(4) 인신매매

특정 인신매매 피해여성이나 미성년자는 1951년 협약에 따른 난민지위를 신청할 정당한 사유가 있다. 체류 중 보호 뿐 아니라 인신매매 피해여성과 미성년자가 탈출 및 귀환한 이후에도 인신매매를 자행한 범죄 집단이나 개인으로부터 보복이나 복수, 다시 인신매매를 당할 수 있는 실질적인 가능성 등을 고려하여 보호한다. 또한 인신매매 피해자들은 지역사회나 가족으로부터 심한 배척, 또는 가혹한 차별 등 심각한 결과에 직면할 수 있기 때문에 국가가 그러한 피해나 피해에 대한 위협으로부터 보호를 제공할 수 없거나 제공할 의지가 없는 경우 난민신청의 근거가 될 수 있다는 점을 명시하고 있다(이상 UNHCR 2014에서 요약).

새롭게 개정된 한국의 난민법 또한 젠더 민감성에 대한 절차를 마련하고 있지만 훈련된 전문가는 부족한 편이다.

2) 난민아동 인권

일반적으로 비호국으로 이주한 난민 가족이 경험하는 어려움은 크게 정신적 상흔에 따른 스트레스, 재정착과정의 지속적인 장애들, 사회적 고립, 문화 부적응 등으로 분류된다(Steel et al., 2011). 일반적인 가족과 마찬가지로 난민 가족은 안정성 및 사회적 재생산을 위해 가족의 삶의 주기에 따른 변화에 대처할 능력을 기르는 것이 중요하다. 그러나 난민가족은 '공포'와 박해의 경험이라는 상흔을 가진 가구 구성원들로 구성되어 부모의 가족 유지 능력이 약화된 상태이며 외부의 지원

없이는 가족 안정성을 유지하기 힘들다. 특히 대부분의 난민 가족은 본국을 떠나와 비호국에서 '핵가족' 형태로 존재하고, 이에 따라 위기 시 경제적 지원과 심리적 안정을 제공할 수 있는 확대 가족 구성원들이 부재하다(Tingvold et.al, 2012). 무엇보다 난민아동의 삶의 질과 미래 기획은 부모의 상황으로부터 큰 영향을 받는다. 사회 통합의 일환으로 가족은 새로운 환경에 적응해야 하는 난민들에게 매우 복잡하지만 중요한 요소로 작용한다. 왜냐하면 통합 과정 선상에서 가족의 존재가 개개인의 난민들에게 심리적 안정감을 가져다주는 중요한 기반이기 때문이다. 그러나 새로운 사회에서의 가치, 규칙과 규범들은 종종 가족 구성원들에게 각기 다른 방법으로 적용되기도 한다. 난민지원이 개인에 중심을 둔 통합 조치를 취할 경우, 가족 구성원들이 서로 다른 단계를 밟아야 하기 때문에 가족 통합에 위협이 가해지기도 한다. 따라서 자칫하면 다른 세대인 가족 구성원들 간에 작은 갈등이 생기기도 한다. 특히 아동과 청소년의 경우에 학교 제도를 통해서 빠르게 사회적 가치와 규범들을 받아들이기 때문에 부모들만 새로운 문화에 적응하지 못하고 고립되기 쉽다(김현미 외, 2013).

특히 난민 부모가 경험하는 트라우마가 아동들의 삶에 영향을 미친다. 난민아동들도 부모와 마찬가지로 본거지를 잃고, 추방되는 과정을 함께 경험함으로써, 수면 및 섭식 장애, 분리 공포, 반복적인 수동성과 공격성 등과 같은 스트레스성 장애를 앓고 있는 경우가 많다(Ajdukovic and Ajdukovic, 1993). 그러나 부모의 상흔이 아이들의 사회 정착에 늘 부정적인 영향을 미치는 것은 아니다. 대량학살의 '생존자' 부모를 둔 캄보디아 난민아동에 대한 연구에 의하면, 소년들 중 일부는 공격성, 위험 행동, 학업 실패 등을 보이기도 하지만, 부모의 생존력이 소녀들에게는 긍정적인 사회 적응을 강화하는 방향으로 나타난다는 점을 지적한다(Rousseau et al., 1999).

이제까지 성인남성의 정치적 박해의 관점으로 난민을 해석해왔던 논의는 난민아동의 인권 문제를 소홀히해왔다. 난민아동을 둔 성인 난민의 불안정한 지위와 경제적 빈곤은 곧 난민아동의 삶의 질에 지대한 영향력을 미친다. 난민 인정과 심사에만 관심을 두었던 제도적 관점에서 벗어나, 난민아동의 경험을 통해 세대를 거쳐 지속되는 가족 간 연결성과 안정성의 문제가 난민연구에서 관심을 받고 있다.

정체성 형성은 어떤 청소년에게나 어려운 과정이나 이주·난민청소년에게는 더욱 어렵다고 할 수 있다. 이러한 어려움은 가족과 자신이 속한 소수자 공동체와 주류 공동체 간의 기대 차이 때문에 발생하기도 한다. 특히 인종차별주의는 청소년의 자신감, 자존감, 주류 공동체에 대한 소속감 등에 영향을 주기 때문에 정체성 문제와 직접적으로 연계된다. 이 때문에 각 국은 난민 청소년과 아동의 사회통합에 많은 관심을 기울이고 있다.

한국의 경우 난민의 신분 및 등록과 관련하여 난민자녀의 무국적이 문제되고 있다. UN아동권리위원회는 '부모의 법적 지위 등에 관계없이 모든 아동의 출생이 신고되도록 조치를 취할 것'을 각국 정부에게 촉구해왔다. 그러나 한국에서 출생한 난민의 자녀들은 출생등록을 할 수 있는 제도적 통로가 없다. 한국은 혈통주의를 취하고 있기 때문에 출생지주의를 취하는 나라에서 온 난민이 한국에서 자녀를 출생하는 경우는 법률상 무국적자가 되고, 자녀가 부모의 국적을 따라 국적을 가질 수 있는 경우라도 부모가 박해의 공포 때문에 자국 영사관을 방문하여 출생신고하지 못하는 이유로 국적취득절차를 이행하지 못한다. 이 때문에 아동들은 사실상 무국적자가 된다. 모든 아동이 출생 후 즉시 등록되며, 국적을 가질 권리가 있고, 특히 출생등록하지 아니함으로써 무국적자가 되는 경우는 특히 등록이 필요하다는 자유권규약 제24조 2호 및 아동권리협약 제7조의 취지에 따라 한국에서 출생하는 난민자녀에 대하여는 출생과 동시에 즉시 등록하는 방법이 마련될 필요가 있다. 부모의 본국 대사관에 출생신고하지 못하는 난민과 난민신청자의 자녀에 대하여는 출입국관리사무소나 구청에 출생신고하는 제도를 만들어야 할 것이다.

 4절 한국의 난민 정책

1. 난민보호의 역사

20세기의 한반도는 많은 난민이 발생한 주요 지역 가운데 하나였다. 일제 강점기에는 민족의 독립을 위해 독립 운동가들이 만주와 중국, 미국 등지로 탈출하여 망명정부를 세우기도 하였고 6.25 전쟁의 와중에 수많은 국내실향민(IDPs, Internally Displaced Persons)과 난민이 발생했다. 그리고 1960~80년대 남한에서는 민주화 운동이 일어나는 가운데 많은 사람들이 독재정권의 박해를 피해 탈출하였

고, 1990년대 중반 이후 북한에서는 기근과 정치 및 종교적 탄압을 피해 많은 탈
북자들이 중국과 동남아시아 각국으로 탈출하기도 했다.

그러나 21세기에 들어서면서 한국은 아시아에서 난민 보호를 증진시키기 위
해 중요한 역할을 할 수 있는 나라로 주목을 받게 되었다. 한국은 1992년 12월 3
일 난민지위협약과 난민지위의정서에 가입했고, 1993년 12월 10일 출입국관리법과
1994년 6월 30일 출입국관리법시행령에 난민인정조항을 신설하여 1994년 7월부터
난민지위인정신청을 접수받기 시작했다. 이로써 난민발생국에서 난민수용국으로의
변화를 이뤄냈다(김현미 외, 2010). 2013년 독립적인 난민법이 제정, 시행되었다.

난민협약을 가입하기 이전 한국 정부가 수용한 난민은 베트남 전쟁 난민이었
다. 1975년 두 차례에 걸쳐 부산항에 입항한 베트남 난민은 총 1,580명에 이르렀
고, 이들은 기술자나 군인으로 베트남 전쟁에 참가했던 교민과 그 가족이나 관련
자 베트남인과 순수베트남인으로 구성되었다. 베트남 난민의 일부는 한국에 정착
하였고, 일부는 제3국으로 이주했다. 당시 한국 정부가 베트남 전쟁 난민을 난민
으로 인정한 것이었는지 일시적 인도적 체류를 허용한 것인지에 대해서는 논쟁의
여지가 있지만 한국 정부는 무연고 베트남 난민에게 주택과 일자리를 제공했다.
이 사례는 해외교포 해상철수와 유연고 베트남 난민 구조의 첫 사례가 되었다(노
영순, 2014). 한국 교포지만 이들을 난민으로 규정한 것은 10년간의 긴 전쟁기간
동안 남베트남을 지원하면서 베트남에 살고 있던 교포들이 사회주의라는 새로운
정권하에서 정치적인 안전과 경제적인 안정을 보장받을 수 없었기 때문이었다. 한
국 정부는 곤경에 빠진 교민들과 그들의 가족을 위해 적극적인 구조작전을 펼쳤다
(노영순, 2014: 345). 그러나 이후 대다수의 보트피플을 강제 출국시킴으로써 국제사
회의 비판을 받았다.

난민신청을 받기 시작한 1994년 이후 신청자는 꾸준히 발생하여 2000년 경에
는 100여 명이 난민지위를 신청하였지만 단 한 명의 난민도 인정하지 않는 등 사
실상 한국의 난민정책은 유명무실한 것이었다. 그러던 중 2001년 2월 13일 에티
오피아 출신의 난민신청자가 국내에서 처음으로 난민지위를 인정받게 되면서 본격
적인 난민보호가 시작되었다. 한국의 난민인정 절차는 인력 부족과 사회적 관심의
부족 등으로 인해 평균 2~3년가량 소요될 정도로 심사가 장기화되었고, 이로 인
한 여러 부작용과 인권침해 요소들에 대한 문제제기가 이어졌다. 또한 심사의 공
정성과 정확성에 대한 불만 역시 다수 제기되어 많은 난민신청자들이 인정 결과에

불복하고 행정소송을 제기하는 일이 크게 증가했다. 난민인정절차가 법제화되어 있지 않아 난민인정 비율이 낮고 난민심사기간이 장기적이며, 결국 한국 정부가 난민인정에 지나치게 소극적이라는 국제적 비판을 받았다. 한국 정부는 2011년 12월 29일 '난민 등의 지위와 처우에 관한 법률'이라는 아시아 국가로서는 최초로 독립적인 난민법을 제정하여 2013년 7월 1일부터 시행했다. 이는 한국 정부의 국제적 위상 변화를 반영한 조치였고, 난민 구호와 통합면에서 진일보한 것이다.

2001년 1명의 난민인정을 개시로, 2002년에 1명, 2003년에 12명, 2004년에 18명의 난민을 인정하기 시작하였다. 2014년 5월 기준 난민신청자는 총 7,443명이고 이 중 난민 인정을 받은 인정자는 389명, 인도적 체류자는 269명이고, 1,492명이 난민 심사를 받는 중이다. 2013년 기준 난민신청자 중 남자는 1,366명이고 여성은 208명으로 남성이 압도적으로 많은 수를 차지하고 있다. 이 중 난민 인정을 받은 자 중 남성은 35명, 여성은 22명이다. 난민신청자의 국적은 파키스탄, 스리랑카, 나이지리아, 시리아, 미얀마 등이다(e-나라지표). 우리나라의 난민인정비율은 약 5% 수준으로 세계 난민 협약국 평균치인 38%에 훨씬 못 미친다(http://the300.mt.co.kr).

난민들이 한국을 비호국으로 선택한 이유는 다양하다. 많은 난민들은 위급한 상황에서 본국을 떠났기 때문에 입국이 쉬운 나라를 선호한다. 이때 이들은 브로커의 도움을 받기도 한다. 한국에 체류하는 난민 및 난민신청자들의 실태조사(김현미 외, 2010)에서 한 가지 흥미로운 점은 한국을 '기독교 국가'로 알고 왔다고 하는 사람들이 꽤 많다는 사실이다. 이는 한국 기독교의 '열렬한' 해외 복음 선교 사업이 만들어낸 결과다. 어떤 사람들은 한국 대형 개신교회에서 발행하는 선교사 비자나 복음대회 참가 자격으로 한국에 들어왔다가 난민 신청을 한다. 또 다른 사람들은 한국을 인권 보호가 잘되는 나라로 알고 왔다. 김대중 대통령의 노벨평화상 수상이나 반기문 UN사무총장의 존재가 한국의 대외적 이미지에 큰 영향을 미친 것이다.

한국은 아시아 지역에서 일본 다음의 경제력을 가진 난민 보호국이고, 따라서 난민에게 매우 매력적인 목적지가 된다. 경제적으로 여유가 있는 나라만이 민주주의와 인권의 기획이 현실화될 수 있다고 믿기 때문이다. 그러나 한국의 모든 이주자 정책이 그렇듯이, 한국은 제도적으로 충분히 준비가 되지 않은 상태에서 난민 비호국이 되었다. 다른 나라와 달리, 한국 정부는 본국을 떠날 때부터 난민 사유를 갖고 있는 사람도 한국 공항이나 항구에서 곧바로 난민 신청을 하는 것을 허용하지 않는다. 일단 입국하여 1년 이내에 난민 신청을 하도록 규정하고 있다. 이 때문에 대부분의 난민 신청자는 입국해서 일을 하며 시간을 보내다가 난민 신청을 한다. 그러다 보니 이들의 난민 신청은 늦어지게 마련이고, 이들은 일하러 한국에 들어온 사람으로 의심받기 일쑤다.

현재 북한과 중국을 제외하면 한국은 지리적으로, 육지 혹은 바다를 통하여 난민들이 비자 없이 밀입국하기 어려운 지역에 위치해 있으므로 우리나라에 입국하는 난민들은 어떤 형태로든 여권과 비자를 가지고 공항을 통하여 개별적으로 입국하고 있으며 대량집단난민사례는 아직 발생하지 않고 있다. 한국의 난민규모는 1,000만 명이 넘는 세계난민의 약 10만분의 1에 불과한 적은 규모이지만, 세계 10위권에 이르는 한국의 경제성장과 국제교류의 증대 및 다문화사회화 경향에 따라 한국에도 점점 많은 난민들이 유입될 것으로 예상된다. 실제로 최근 난민 신청자의 수는 급증하고 있고, 신청자의 국적 또한 다양해지고 있다.

2. 난민법 시행과 난민정책의 변화

2013년 7월 1일 시행된 난민법 이전까지 한국의 난민정책은 인간안보보다는 국가안보의 관점이 지배적이었다(김종철·김재원, 2012). 때문에 난민 정책은 외국인 출입국관리정책을 통해 구현되어왔다. 한국에서 난민임을 인정받고자 하는 외국인은 출입국관리사무소장, 출장소장, 보호소장에게 난민인정의 신청을 하여야 하고 이에 대하여 법무부는 조사와 심사를 행하고 난민인정협의회의 심의를 거쳐 법무부장관이 난민인정 여부를 결정했다. 난민인정이 거부된 경우 14일 이내에 이의신청하거나, 90일 이내에 행정소송을 제기할 수 있고 이의결정에 대하여 불복이 있는 경우에도 행정소송을 제기할 수 있었다. 법무부장관은 난민의 인정을 받지 못한 자에 대하여 특히 인도적 고려가 필요하다고 인정되는 경우 그 체류를 허가할 수 있다.

한국은 난민인정절차에 관하여 출입국관리법 제76조의2와 제76조의4에서 각각 난민인정의 신청과 이의신청에 관한 규정을 둔 외에는 절차에 관한 규정을 갖고 있지 않았다. 그리하여 난민인정 절차와 관련하여 난민의 개념 및 요건과 입증의 기준이 명확하지 아니한 점, 난민인정절차의 각 단계별 혹은 전체적인 기간의 제한이 없어 난민인정절차가 지나치게 장기화되며 절차신속화를 위한 제도가 마련되어 있지 아니한 점이 개선할 점으로 지적되어 왔다. 또한 난민신청에 1년의 기간제한을 두고 있는 점과 이의신청기간의 문제, 통역과 의사소통을 위한 제도적 장치가 충분하지 아니한 점, 담당부서와 난민인정협의회의 독립성이 확보되지 아니한 점, 공항에서의 난민신청과 재정착난민제도에 대한 고려가 없는 점, 난민신청인에 대한 장기구금과 구금에 대한 대안의 부재, 기타 면접에의 참여, 면접조서의 확인, 서류의 열람등사 등의 적법절차문제가 논란이 되었다.

특히 한국 난민법의 특징이며 동시에 문제점으로 지적된 것은 영토 안에서만 난민 신청을 할 수 있게 한 조항이었다. 출입국관리법 제76조의2 제1항은 '대한민국 안에 있는 외국인'(상륙 또는 입국한)에 한하여 난민 신청할 수 있도록 하고 난민신청을 하기 위해서는 먼저 상륙 또는 입국을 하여 대한민국 안에 들어와 있어야 했다. 공항, 항만 등에서 난민신청을 하고자 하는 자는 먼저 임시상륙허가를 신청하여 허가를 받아 상륙한 후 난민신청을 하도록 했다. 또한 출입국관리법 제76조의2 제2항은 "신청은 그 외국인이 대한민국에 상륙 또는 입국한 날(대한민국에 있는 동안에 난민의 사유가 발생한 때에는 그 사실을 안 날)부터 1년 이내에 하여야 한다. 다만, 질병 등 기타 부득이한 사유가 있는 때에는 그러하지 아니하다."고 규정하여 난민신청기간을 1년으로 제한했었다.

2013년 7월 1일부터 시행된 난민법은 기존의 논란이 되었던 문제점을 보완한 진일보한 제도이다. 난민법 제정은 난민인정절차에 있어 적법절차가 강화되었고, 재정착 난민을 수용할 수 있는 방안을 마련했다. 또한 난민으로 인정된 사람들의 가족결합이 실질화되었고, 국민과 같은 수준의 공적 부조를 받을 수 있는 권리가 확보되었다(송영훈·이순복, 2012: 190). 무엇보다 새로 제정된 난민법은 난민 정책을 인권보호의 관점에서 접근하여, 난민의 기본적 지위와 난민에 대한 사회적 처우에 대한 법체계상의 보장 부분을 강화했다는 점에 의의가 있다. 구체적으로 변화된 사항은 다음과 같다(김종철·김재원, 2012에서 요약정리)

1) 난민인정절차 관련

(1) 난민인정절차부분

난민법은 출입국 항에서 난민인정 신청을 허용한다. 또한 신청자는 일정한 체류와 기본적인 의식주 제공 등을 보장받는다. 면접과정에서 변호사의 조력을 받을 권리, 신뢰관계가 있는 사람의 동석, 통역 등을 보장함으로써 면접과정에서 난민신청자들이 자유롭게 자신이 난민으로 인정받아야 하는 이유를 이야기 할 수 있도록 했다. 또한 면접과정의 녹음, 녹화, 난민면접조서의 확인, 자료 등의 열람, 복사 등의 규정을 두어 향후 절차에서도 진술 등을 효율적으로 이용하여 방어할 수 있도록 돕고 있다.

(2) 난민 등의 특수한 상황을 고려한 보호 방침 마련

성폭력 등 특정 젠더 박해를 받은 난민 등의 상황을 고려하여 난민신청자의 요청이 있으면 반드시 '성별'이 같은 공무원이 면담을 진행해야 한다는 규정을 두고 있다.

(3) 재정착난민제도 도입

예전에는 난민협약 체약국이 아닌 나라에서 UN 기구를 통해 난민으로 인정받은 사람들이 한국에 재정착하는 방법이 없었다. 그러나 2011년 일본에 이어 재정착 난민을 받아들이는 규정을 마련했다. 난민법 제24조에서는 '법무부장관은 재정착 희망 난민의 수용 여부와 규모 및 출신지역 등 주요 사항에 관하여 '재한외국인 처우기본법' 제8조에 따른 외국인정책위원회의 심의를 거쳐 재정착희망난민의 국내 정착을 허가할 수 있다. 문제는 재정착 난민 지원의 목표, 정착 지원의 주체, 정착 지원 프로그램과 내용에 대한 구체적인 논의가 필요하다는 점이다.

2) 난민인정자와 신청자의 처우 관련

(1) 난민협약상 권리들이 법적권리임을 명시했다. 난민인정자에 대해 상호주의를 배제하는 규정을 두어 권리 보장을 두텁게 했다.

(2) 사회적 기본권 보장

한국의 난민법 제31, 32조는 인정난민의 체류권과 자유로운 취업을 보장하고 사회보장기본법, 국민기초생활보장법의 적용에 관해서 난민인정자는 국민과 같은 수준의 권리를 보장 받도록 하였다. 또한 미성년 난민인정자나 성인 난민인정자의 미성년 자녀들에 대하여 초, 중등학교 교육과 교육지원을 가능하게 하는 규정도 도입했다. 또한 난민인정자들이 사회적응교육과 직업훈련을 받을 수 있게 되었고, 외국에서 이수한 학력과 외국에서 취득한 자격을 인정받을 수 있게 되었다. 또한 인도적 체류허가자에게 취업활동 허가를 받을 수 있도록 명시했다. 또한 난민신청자가 신청절차, 이의절차, 소송절차가 모두 끝날 때까지 체류할 수 있도록 했다.

3. 난민의 법적 지위와 신분등록

난민은 비호국에 체류하는 동안 등록된 지위와 증명서를 가질 권리가 있다. 난민의 법적 지위 내지 등록과 관련하여 가장 문제되는 경우는 난민신청자 특히 불법체류 중 난민신청한 자의 지위와 난민 자녀의 무국적 문제이다. 비호국이 난민의 신분을 등록하고 비호국으로부터 증명서를 발급받을 권리는 난민에게 있어서 중요한 의미를 갖는데, 난민은 본국에 신분등록과 증명을 요구할 수 없기 때문이며, 이러한 권리를 보장받지 못하면 여타의 권리를 행사하는데 제약을 받기 때문이다. 그리하여 난민협약 제28조는 "합법적으로 그 영역 내에 체재하는(lawfully staying) 난민에게" 여행증명서를 발급하도록 하고 있고, 제27조는 "체약국은 그 영역 내에 있는 난민(any refugee)으로서 유효한 여행증명서를 소지하고 있지 아니한 자에게 신분 증명서를 발급한다"라고 하고 있다.

5절 요약 및 함의

전 세계적으로 1990년대 중반 감소했던 난민과 비호신청자의 수가 21세기에 들어와 증가함에 따라 전형적인 난민보호국이었던 서구에서 난민 비호는 주요한 정치적 쟁점이 되고 있다(카슬·밀러, 2013: 327). 지난 20년간 유럽과 미국 같은 선진국들의 난민 정책이 구금, 추방, 분산의 원칙을 택함으로써 난민들의 유입을 엄격히 통제하고 있다. 또한 우파 정치인들의 등장, 근본주의 테러리즘, 복지체계의 부담 등으로 난민에 대한 '정서'가 나빠짐에 따라, 난민신청자 뿐만 아니라 정착 난민에 대한 인종차별주의가 확산되고 있다. 대중적 이미지와는 달리 실제 압도적으로 많은 수의 난민들은 유럽이나 미국이 아닌, 난민 발생의 요인이 된 국가의 주변국인 아프리카, 아시아, 중동, 중남미에 머무르고 있다. 경제선진국이 난민보호와 수용에 있어 가장 소극적인 태도를 취하고 있다는 것이다.

난민과 비호신청자는 자발적 이주자가 아니라 박해와 분쟁을 피해 살던 곳에서 탈출한 강제이주자다. 난민에 대한 통제가 강화되고 난민 인정 비율이 낮아지면서 대부분의 비호신청자들은 고국에서도 권리를 박탈당하고, 비호국에서도 난민

인정을 받지 못하는 '국가 없는' 존재(stateless people)가 된다. UNHCR은 무국적 상황의 난민들을 "이중적으로 잊힌 존재"로 규정함으로써 난민이 본국과 비호국 모두에서 가장 무관심한 상태로 방치되고 있는 현실을 지적했다. '부담스러운 존재', '잠재적으로 정치적 혼란과 문제를 일으킬 소지가 있는 자', '비호국의 이해관계와 무관하게 존재하는 이주자'라는 난민에 대한 잘못된 상식과 편견이 팽배하기 때문이다. 비호국에서의 방치가 장기화되면 박해의 상처를 가진 난민들은 더 심각한 심리적, 경제적 상흔을 경험하게 된다. 때문에 난민은 '인도주의적 관점'에 의거한 이주자이며, '비호국'은 이들이 심리적으로 안정된 삶을 유지할 수 있게 지원하고, 상황이 좋아지면 자발적으로 귀환할 수 있게 도움을 줘야한다.

실제로 난민법의 제정으로 난민 비호의 새로운 전기를 맞이한 한국사회의 경우에도, 난민에 대한 대중적 이미지는 크게 바뀌지 않았고, 난민들의 기여 또한 간과되고 있다. 난민에 대한 보호를 천명하지만 난민에 대한 편견과 의심이 내재된 법과 제도는, 난민과 난민 신청자의 삶을 불안하고 미확정적인 상태로 고착시킨다. 이 때문에 난민신청자들은 어떤 이주자보다 빈곤하고 정서적으로도 불안하다. 많은 난민들이 본국에서의 박해보다 한국에서 더욱 더 깊은 고통을 받았다고 증언하는 것은 바로 이 때문이다.

난민정착지원의 내용 또한 법적, 제도적 차원의 외연적 발전뿐만 아니라 실질적이고 문화적인 지원을 통해 난민들의 자부심과 기여를 증진하는 것이 중요하다. 난민은 경제적 이주자와는 달리 대규모로 유입되지 않기 때문에 종족 마을을 건설하여 종족 경제를 발전시키거나 문화적 전수를 할 수 없는 소수자 중 소수자에 해당한다. 이들은 수적으로나 정치 문화적으로 소수자이기 때문에, 사회적 연결망을 구축하여 정보를 획득할 수 있는 길 또한 제한되어 있다. 이런 상황을 고려할 때 난민은 지역사회 내에서 문화적으로 매우 위축된 삶을 살아갈 수밖에 없고, 세대 간 문화적 전수 또한 불가능하다. 그러나 난민이 한국 사회에 가져온 문화와 언어는 그 자체로 보존되고 향유되어야 할 귀중한 자원이다. 고립된 난민 가족 구성원간의 심리적 연결성을 회복하고 아동 및 청소년에게 문화적 자부심을 전수하기 위해서는 아동의 이중 언어 사용과 문화적 체험등과 같은 지원 또한 절실히 요청된다.

난민들은 비호국에서 자신의 신념을 지켜나가며 민주화 과정에 참여하고 있다. 한국에 존재하는 난민들의 공동체는 Portes(1998)가 지적한 것처럼 생존을 위한 사회적 자본이며 이주자나 외국인, 난민 등에게 강요되는 사회적 하향화나 하향 동화에 대한 저항의 기능을 담당하는 초국적 공동체로 기능하고 있다. 이들이 만들어가는 초국적 정치 활동은 Tarrow(2006)가 정의한 뿌리를 둔 코스모폴리타니즘(rooted cosmopolitans)의 성격을 갖는다. 즉 이들은 본국에 물리적으로 귀속되어 있지 않지만 자신들의 자라온 경험과 로컬 네트워크에 기반을 두고 활용하면서 본국의 정치적 환경을 변화시켜 나가려 한다. 또한 한국의 민주화 세력들이나 정치인들과의 지속적인 연결을 통해 한국의 정치적 지형 안에서 한국과 전 세계의 '민주화' 투쟁의 역사적 의미와 초국적 연대를 강조한다는 점에서도 한국의 정치 발전에 기여하고 있다.

난민이나 난민 신청자는 여타의 다른 이주자와 마찬가지로 더 나은 삶에 대한 기대를 가지고 새로운 미래를 기획할 수 있다는 열망을 가진 적극적인 행위자들이다. 이 때문에 난민과 관련한 정책은 '경제중심주의'나 '국민국가주의' 원칙이 아닌 '인권 중심적' 권리 개념에 기반을 두어야 한다. 난민을 받아들이는 비호국이 어떤 통합정책을 취하느냐에 따라 난민의 삶은 확연히 달라진다는 것을 기억하는 것이 중요하다.

참고문헌

새머스, 마이클(Samers, Michael). 2013. 『이주(Migration)』. 이영민·박경환·이용균·이현욱·이종희 역. 서울: 푸른길.

김종철·김재원. 2012. "난민법 입법과정과 제정법의 의의 및 향후과제."『공익과 인권』통권 12: 135-187. 서울대학교 공익인권법센터.

김현미. 2014. 『우리는 모두 집을 떠난다: 한국에서 이주자로 살아가기』. 돌베개.

김현미·이호택·이혜진·신정희·이연주. 2013. 『한국 거주 난민아동 생활 실태 조사 및 지원방안 연구』. 세이브더칠드런.

김현미·이호택·최원근·박준규. 2010. 『한국 체류 난민 등의 실태조사 및 사회적 처우 개선을 위한 정책 방안』. 법무부

노영순. 2014. "부산입항 1975년 베트남난민과 한국사회."『사총』81: 329-364. 고려대학교 역사연구소.

설동훈. 2015. "세계 각국의 난민 상황과 정책."『See Futures』9:10-15. KAIST 미래전략연구센터.

송영훈·이순복. 2012. "난민법 제정과 난민의 권리보호: 법적 보호를 넘어 정착 지원프로그램 개발을 위하여."『공익과 인권』통권 12: 189-212. 서울대학교 공익인권법센터.

신예진·신지원. 2013. "일본의 재정착난민 수용과 관련 제도에 대한 고찰."『동아연구』65: 191-231. 서강대학교 동아연구소

신지원·송영훈·박가영·신예진. 2012. 『한국 난민정책의 방향성과 정책의제 연구』. IOM이민정책연구원.

이혜진·김희재·최송식. 2012. "EU의 이민관리와 귀환정책."『국제지역연구』16(3): 93-122. 한국외국어대학교 국제지역연구센터.

이호택·김종철·형수진. 2009. 『난민신청자에 대한 각국의 지원시설과 사회통합제도 연구』. 법무부 연구용역 보고서.

카슬, 스티븐·마크 J. 밀러(Castles, Stephen, and Mark J. Miller). 2013. 『이주의 시대』4판. 한국이민학회 역. 서울: 일조각.

UNHCR (2014). [난민 지위의 인정기준 및 절차편람과 지침]. 한글판.

Ajduković,Marina and Dean Ajduković. 1993. "Psychological well−being of refugee children." *Child Abuse & Neglect* 17(6): 843-854.

Rousseau, Cecile, Aline Drapeau, and Robert Platt. 1999. "Family trauma and its association with emotional and behavioral problems and social adjustment in adolescent Cambodian refugees." *Child Abuse & Neglect* 23(12): 1263-1273.

Hinton, Devon H., Angela Nickerson, and Richard A. Bryant. 2011. "Worry, worry attacks, and PTSD among Cambodian refugees: A path analysis investigation." *Social Science & Medicine* 72(11): 1817-1825.

Ressler, Everett Neil Boothby, and Daniel J. Steinbock. 1988. *Unaccompanied children: care and protection in wars, natural disasters, and refugee movements.* New York: Oxford University Press.

Kerwin, Donald. 2005. "The Use and Misuse of 'National Security' Rationale in Crafting U.S. Refugee and Immigration Policies." *Oxford Journals.* 17(4): 749-763.

Krause, K., and M.C. Williams. 1997. *Critical Security Studies: Concepts and Cases.* Minneapolis: University of Minnesota Press.

Tingvold, Laila. 2012. "Parents and children only? Acculturation and the influence of ex−tended family members among Vietnamese refugees." *International Journal of Intercultural Relations* 36(2): 260-270.

Portes, Alejandro. 1998. "Globalization from Below: The Rise of Transnational Communities." *Transnational Communities Working Paper Series* 98−01. Oxford: University of Oxford.

Steel, Zachary, Shakeh Momartin, Derrick Silove, Marianio Coello, Jorge Aroche, and Kuo Wei Tay. 2011. "Two year psychosocial and mental health outcomes for refugees subjected to restrictive or supportive immigration policies." *Social Science & Medicine* 72(7): 1149-1156.

Tarrow, Sidney. 2005. *The New Transnational Activism.* Cambridge: Cambridge University Press.

14 장

국제이민협력

이진영

　이 장에서 논의할 내용은 이민 쟁점을 둘러싼 국가 간 혹은 국제적 공동노력, 즉 국제이민협력이다. 글로벌 시대인 지금, 이민과 국제협력은 어느 정도 상호 모순되는 개념이다. 이민이 "하나의 국민국가에서 다른 또 하나의 국민국가로 사람이 이동하는 현상"인 반면에, 국제(inter－national)협력이란, "국민국가(nation－state)간의 협력"에 기초하고 있기 때문이다. 글로벌 시대인 지금, 국경을 넘어 이동하는 사람들로 인한 이민의 양상이 국민국가로 이루어진 지구촌 국제정치(global politics)의 안정을 사실상 위협하는 하나의 요소가 되어가고 있다. 즉, 여전히 국민국가가 이민정책을 수립 및 집행하는 현실과, 전 세계적 범주로 국민국가를 넘어서 이루어지는 이민 현상은, 이민 쟁점을 둘러싼 국가 간 혹은 국제적 공동노력에 제약을 주는 요소인 것이다.

　위와 같은 근본적인 모순이 있음에도 불구하고, 이민쟁점을 둘러싼 국제협력은 발전되어 왔다. 그러나 그 발전은 급격하게 변화해온 국경을 넘어서는 사람의 이동을 효과적으로 관리하는 협력까지 이르지는 못하였고, 여전히 불균등적이고 초보적인 협력에 머물고 있다. 불균등적 협력이란 전 세계 지역별로 협력의 정도가 동등하지 않고, 서로 다르게 나타난다는 점이다. 즉 유럽연합(EU)에서의 이민에 관한 협력이 가장 앞서 있다면, 아시아에서의 협력은 그리 발전되어 있지 않다.

　이민과 국제협력을 다루는 이 장은 크게 다섯 부분으로 나누어져 있다. 1절에서는 전 지구적 사람의 이동이 심화되는 과정에서 나타난 이민쟁점과, 이 쟁점을 해결하고자 하는 국제 이민협력의 변화를 개괄한다. 2절에서는 이민협력의 제도 혹은 거버넌스를 글로벌 다자(global multilateral)협력을 중심으로 살펴본다. 특히,

국제기구의 성립에서부터, 다양한 형태의 이민 관련 레짐의 형성을 알아본다. 이를 통해 '개발과 이민'이 어떻게 글로벌 차원에서 결합되어 논의되었는지를 살펴본다. 3절에서는 지역 차원의 이민협력을 살펴보는데, 대표적인 사례인 유럽연합(EU)과 아시아 지역 이민협력을 비교한다. 마지막으로 4절에서는 세계는 물론 중견 국가로 발돋움하는 한국의 이민과 국제협력을 알아보고, 5절에서는 국제이민협력의 미래를 전망한다.

1절 전 지구적 사람의 이동과 국제이민협력의 대두

1. 최근 현상인 국제이민협력

전 지구적 사람의 이동은 새로운 현상은 아니다. 왜냐하면 인류의 역사 자체가 '사람의 이동의 역사'이기 때문이다. 그러나 '이민 현상'과 관련한 사람의 이동은 서구 근대 국민국가의 성립과 연관되어 있다. 대내적으로 국민국가를 성립한 서구 국가들은 대외적으로 아시아, 아프리카 및 신대륙에 식민지를 만들었고, 이곳에 사람들을 이동시켰다. 특히 산업혁명과 전 세계적 자본주의 체제의 형성은 국민국가 사이에 노동력의 이동을 가져와, 사실상 근대 이민이 시작하는 이유가 되었다. 그러나 근대 이민의 시기에, 국가 간 이민에 대한 협력이 존재하였다고는 볼 수 없다. 왜냐하면 개별 국가들은 이민정책을 통해, 이민을 받아들이든지 방출하는 정책을 만들었고, 이런 사안들은 다른 국가와 협력해서 작성된 것이 아닌, 개별국가 차원에서 이루어졌기 때문이다.

이민과 관련한 국제협력이 시작된 것은 제2차 세계대전이 종료되어, 국제연합(UN)과 같은 전 지구적 국제기구가 만들어지고, 식민지였던 아시아 아프리카 국가들이 독립을 하면서부터라 할 수 있다. 가장 먼저 시작된 것은 전후 처리였다. 이민과 관련한 전후 처리는, 전장에 파견되었던 군인포로나 군속 혹은 자발적 혹은 강제 이주되었던 사람들을 고국으로 돌려보내는 작업으로 국제적인 협력 사안이었다. 가령 중국에는 다양한 이유로 머물고 있던 한국인이 약 300만 거주하였는데, 이들의 귀환을 둘러싸고 연합국인 중국(지금의 타이완 정부)과 미국은 구체적인 협의를 진행하였다. 그 결과 절반이 넘는 사람들이 귀환하였으며, 귀환하지 못하거나 잔류를 선택한 사람들은 현재 '조선족'으로 불리는 재중동포가 되었다. 그러나 주로 양자적 측면에서 이루어진 전후처리 협력은 진정한 국제이민협력이라 할 수는 없다. 왜냐하면 이민과 관련된 국제적 사안이긴 해도, 협력의 내용이 전후처리였지 이민과 직접적인 연관이 없기 때문이다.

이민과 직접 연관되는 국제협력은 전 지구적 범위에서 이민 관련 국제기구가 성립되고, 이민 관련 사안에 대한 협의가 시작되면서부터다. 즉 사람의 이동이 대규모로 그리고 전 지구적으로 이루어지면서, 이에 대한 대처가 일개 국가의 범위를 벗어나게 되면서부터다. 전 지구적 사람의 이동은 1970년대부터 서서히 대규모화하여, 1990년대를 넘어서면서부터 일반화되었다.

2. 전 지구적 사람의 이동 증가와 협력의 대두

국제이민협력은 글로벌화라는 현상과 함께 확산된 다자적인 국제간 협력을 의미한다. 왜냐하면 인구, 상품, 자본, 기술의 급격한 이동은 이전과는 다른 세계를 만들었고, 국제적 협력을 필요로 하였기 때문이다. 또한 국제이민협력에선 국민국가의 틀을 넘어, 국제기구나 시민단체 등의 다른 국제정치 행위자들이 이민이란 주제를 두고 협력하는 새로운 양상을 보여주었다. 즉, 진정한 의미의 국제이민협력은 비교적 최근의 현상인 것이다.

이민과 직접 연관되는 전 지구적 사람의 이동은 1970년대부터 서서히 대규모화하였고, 탈냉전 시기인 1990년대를 넘어서면서부터 글로벌화와 함께 일반적인 현상이 되고 있다. 이런 이동은 전 지구적 세계화와 맥을 같이 하고 있다. 세계화는 통신, 상품, 기술, 자본을 넘어 사람의 이동에 이르고 있는데, 그 결과 국경을 넘어서 이동하는 사람에 대한 통제 혹은 관리는 전 세계 쟁점 중 하나로 부상한 것이다.

프랑스 혁명 이후 서구를 중심으로 성립된 근대국민국가(modern nation-state)의 특징은 명확한 국경을 가진 영토적 통일성과 영역 안의 사람들에 대한 국민적 통합이었다. 전 세계로 퍼져 국제법의 근본이 된 국민국가 체계에서, 국경을 넘는 사람의 이동에 대한 업무는 한 국가의 주권과 연결되는 매우 예민한 주제였다. 미국이나 호주 혹은 캐나다와 같이 이민으로 이루어진 국가들에게 이민정책은 가장 중요한 영역 중 하나였다. 그러나 비이민 국가들에게 이민정책이란 단순히 통제적인 국경관리가 중심이 되는 부수적 영역이었다. 하지만 1990년대 이후 좁아진 지구촌과 급증하는 사람의 이동은 한 국가 내에서 이민정책을 바라보는 시각만으로는 해결하기 어려운 글로벌 차원의 접근을 요청하기 시작하였다. 21세기 들어서 사람의 이동은 더욱 촉진되고 있고, 중요한 세계적 현상의 하나이자 쟁점으로 부상하고 있다. 이 점에서 이민에 관련한 국제협력의 필요성과 중요성이 날로 증가하고 있고, 이제 이민은 글로벌 정치, 경제, 사회, 안보, 문화 등 모든 면에 영향을 미치는 요소로 변모하였다. 즉, 국민국가를 넘어서는 국제협력 차원의 이민정책의 시기로 이민정책이 이행되고 있는 것이다.

이에 이민정책의 범위 역시 기존의 출입국 및 체류정책과 난민문제 등에 국한되지 않고 보다 광범위한 차원에서 이민문제를 조망하는 새로운 관점이 나타났다. 국민국가의 체계 안에서는, 국민국가를 넘어 발생하는 이민 문제를 해결하기는 어렵기 때문이다. 즉 인구변동, 개발과 성장, 다문화 사회와 사회통합, 송출국과 수용국의 외교적 관계 등 새로운 현상은 국민국가를 넘어서는 새로운 방식의 접근과 국가 외 다양한 행위자와의 협력을 요청하고 있다. 또한 이주자의 입장에서 바라보는 시각도 중시되고 있다. 글로벌 차원에서의 다양한 국제이민협력의 파트너십이 강조되는 것이다.

3. 세계화 시기 이전 국제이민협력

그렇다면 세계화 시기 이전 국제이민협력의 양상은 어떠하였는가? 앞서 살펴본 대로 주로 국경의 안정과 관련한 양자적 혹은 다자간 협력이라든지, 비합법 이민에 대한 대응과 통제에 관한 협력, 이를 위한 구체적인 비자제도의 운영 등을 포함하여 상호 양허하는 수준에서의 협력이라 할 수 있다. 즉, 이민보다는 좀 더 국민국가의 안정과 보호를 위한 목적이 강하게 작용된 것이다. 왜냐하면, 이민 관련 협력을 국민 국가의 주권을 일부 양보하는 것으로 간주하였기 때문이다.

지역 차원에서 이루어진 이민에 관한 다자간 국제협력의 시초는 대표적인 이민 관련 국제기구로 여겨지는 국제이주기구(IOM: International Organization for Migration, http://www.iom.int/)부터이다. IOM의 역사는 이민에 관한 국제협력의 역사를 축약적으로 보여준다. 제2차 세계대전 종료 후, 전후 처리과정에서 발생한 수많은 유럽 내의 피난민 등 이주민 문제를 해결하고자, 1951년 유럽 정부 간 기구로 IOM이 탄생하였다. 1950년대 IOM의 전신인 ICEM(Intergovernmental Committee for European

Migration)은 40만이 넘는 유럽의 난민과 이민자들을 해외로 정착 시키는 사업과 18만 명에 달하는 오스트리아와 구 유고연방 내의 헝가리인들의 귀환을 도왔다. 1960년대 들어서 유럽인들이 남아메리카로 재정착하는 것을 돕기 시작하였고, 1970년대부터는 아시아 아프리카 지역에서도 활동을 시작하였다. 즉 유럽 내 난민 및 이주민 문제에서 시작해 그 범위를 전 세계로 넓혀 간 것이다.

　　IOM의 활동은 국제연합(UN)과 같은 국제기구와 협력 하에서도 이루어졌다. 대표적인 예가 UN난민기구(UNHCR: United Nations High Commission for Refugees, www.unhcr.or.kr)의 활동이다. 1949년 12월 UN총회 결의문을 통해 UN총회의 보조기관으로 설립되어, 비정치적, 인도적인 차원에서 난민들에게 국제적 보호를 제공하고, 이들을 위한 영구적 해결책을 모색하는 역할을 수행하는 UNHCR은 1951년부터 매 3년 마다 운영 여부를 결정하는 한시적 기구로 운영되어 오다, 2003년에 사실상 상설 기구화 되었다. 범세계적 난민보호와 난민문제의 해결을 위하여 국제적인 행동을 이끌고 조정할 의무를 부여받은 UNHCR은 난민을 보호하고 난민 문제를 해결하고자 각국 정부, 지역기구, 국제기구, 비정부기구와 협력하고 있다. 그러나 상설화가 2003년에야 이루어졌다는 점은, 국제이민협력과 관련하여 주요한 시사점을 제시한다. 지역적 차원이 아닌 국제적 차원에서 이민에 관한 협력이 세계화시기인 1990년대부터 사실상 시작되었으며, 그 이전의 협력은 주로 난민과 국경에 관한 협력이었다는 점이다. 물론 좀 더 범위를 넓힌 이민협력이 1970년대에도 있었다. 1974년 IOM은 이민 문제(migration issues)에 관해 각국 정부 및 기관들의 의견을 듣는 국제회의를 처음 개최하였으며, 해외 거주 남아메리카인들을 대상으로 '재능회귀(Return of Talents)'프로그램을 시작하였다. 이는 1980년대 들어 이민과 개발(Development) 의제와 연관되었고, 오늘날까지 국제이민협력에서 중요한 의제가 되고 있다. 그러나 여전히 제한적이었으며, 그 결과 전 세계적 범위에서 이민 문제로 협력이 시작된 것은 세계화시기부터라 할 수 있다.

2절 국제이민협력의 제도와 실제

전 지구적 차원에서 사람의 이동이 활발해지고 세계화가 시작되면서 이민에 관한 국제협력이 필요하다는 논의가 시작되었다. 그 논의는 기존의 국제기구를 활용하거나 혹은 새로운 기구를 창출하는 형태로 진행되었다. 즉 국제정치에서 얘기하는 이민에 관한 레짐(regime)이 형성되기 시작한 것이다. 이민에 관한 레짐은 국제기구의 신규 설립이나, 기존 국제기구에서 논의하는 의제에 이민을 기설정 의제(BIA: built-in agenda)로 포함시키는 것, 지역 혹은 전 세계 규모의 정부 간 기구의 설립, 대화 및 회의 채널의 상시 운영, 기타 프로그램의 한시적 운영 등을 통해 이루어졌다. 세계화 시대 국제이민협력은 곧 이런 이민에 관한 레짐의 성립과 활동의 역사라 할 수 있다. 이 절에서는 이민에 관한 레짐의 형성과정을 글로벌 이민 거버넌스 차원에서 살펴보려고 한다. 또한, 국제이민협력이 개발과 연관되는 양상을 살펴볼 것이다.

1. 글로벌 이민 거버넌스와 협력의 양상

글로벌 차원에서 국제이민협력은 이민 관련 쟁점을 총괄하여 관리하는 글로벌 거버넌스의 도입이라 할 수 있다. 왜냐하면 국제이민협력은 하나의 과정으로, 국가 간의 협력에 대한 제안(initiative)부터, 이에 대한 호응, 회합과 회의(meeting), 회의체(dialogue, 혹은 forum)의 구성, 그리고 국제기구로의 성립까지 이어지는 일련의 과

표 1 글로벌 이민 거버넌스

국제기구	제도(협약, 선언, 보고서)	회의체(포럼, 회의)
국제노동기구 (ILO: International Labour Oranization)	UN 이주노동자 권리협약(1990)	국제이주위원회 (GCIM: Global Commission on Int'l Migration)
국제이주기구 (IOM: International Organization for Migration)	카이로, 국제 인구개발회의(1994)	이주 및 개발에 관한 UN 고위급 회담(UN High Level Dialogue on Migration and Developement)
UN 난민고등판무관실 (UNHCR: UN High Commission for Refugees)	국제이민 보고서(2002)	이주 및 개발에 관한 글로벌 포럼 (GFMD: Global Forum on Migration and Development)

정이기 때문이다. 특히 국제이민협력은 독립적인 국제기구가 아직까지 사실상 부재한 상태이므로, 이러한 글로벌 거버넌스가 중요하다. 지금까지 이루어진 국제이민협력을 국제기구, 제도의 생성, 그리고 회의체라는 거버넌스로 보면 <표1>과 같다.

위의 <표1>의 글로벌 이민 거버넌스를 설명하면 다음과 같다. 국제노동기구(ILO)는 1919년 베르사이유조약에 의해 설립되었지만, 이민에 관한 기구가 아닌, 노동에 관한 기구이다. 국가, 노동자, 고용주 즉 3자의 대화를 중시하는 전통의 국제기구로, 조직과 행동의 원칙을 담은 헌법(constitution)에 기초하여 움직이고 있다 (The ILO and the quest for social justice, 1919~2009 참조). 하지만 이민 양상에서 노동이민이 중요한 부분을 차지함에 따라, 이민에 관한 쟁점을 기구 안에서 다루기 시작하였는데, 대표적인 것은 개발과 연관된 내용이라 할 수 있다. 최근에는 후술할 Post—2015 개발 의제에 적극 참여하는데, "개발은 직업을 통해 이루어진다 (Development happens through jobs)"라는 명제에 기초하여, 이민과 연관되고 있다.

다른 주요 기구는 앞서 살펴본 국제이주기구(IOM)와 UN난민기구(UNHCR)라 할 수 있다. IOM은 1950년 이래 하나의 국제기구로 글로벌 차원의 이민협력을 주도해왔고, 시기적인 이민의 쟁점에 대해 대응하고 있는 대표적인 국제기구이다. 현재 IOM의 이민관리는 크게 이민과 개발, 이민촉진 및 이민자 통합지원, 이민 규제, 그리고 강제이민의 네 영역에서 이루어지고 있다. 또한 기타 활동으로 연구 및 정책 자문 그리고 이민보건과 이민 환경 등 여러 분야에서 전문적인 활동을 수행한다. IOM은 2015년 현재 전 세계 157개국이 회원국이며, 480개 지역에서, 2,300개의 프로젝트를 진행하며, 제네바에 본부를 두고, 지역본부와 3개의 사무소(자원가동사무소, 조정사무소, 특별연락사무소), 그리고 아프리카역량강화센터와 이민정책연구원(MRTC)을 협력기관으로 두고 있다. 아시아 지역의 경우 지역 사무소는 태국의 방콕에 있으며, 대한민국에는 서울의 국제이주기구 한국대표부(http://www.iom.or.kr/)와 경기도 고양에 IOM이민정책연구원(MRTC: http://www.iom—mrtc.org)이 있다. UN난민기구는 위에서 살펴보았듯이 국제연합(UN)의 한 기구이다. 1949년 12월 UN총회 결의문을 통해 총회의 보조 기관으로 성립한 이래, 난민과 관련한 긴급구호, 비호와 이주, 난민보호, 무국적 예방과 보호 등의 업무를 그 대상으로 한다. 즉 이민의 한 양상인 난민에 초점을 둔 기구이다.

그러나 ILO, IOM, UNHCR은 이민의 양상 중 특정 분야에 초점을 둔다든지, 혹은 역사적으로 발생한 난민 등의 전후 처리 과정에서 발생한 지역협의체가 발전되어 국제기구화되고, 그 범위를 넓혀나간 국제기구들이다.

　　순수하게 이민에 관한 쟁점만을 대상으로 한 글로벌 차원의 국제적인 논의는 1985년 이민에 관한 지역협의체(RCPs: Regional Consultative Processes)부터라 할 수 있다. RCPs는 국가나 국제기구 때로는 민간기구(NGOs)가 한 자리에 모여, 특정 주제에 대한 논의를 하고, 의견을 교환하는 비구속적 회의체(non−binding dia− logue)이다. 비구속적 회의체는 변화하는 이민 환경에 대응하려는 국가와 국제사회 의 노력을 보여준다. 즉, 글로벌 시대 이민의 양상이 두드러지게 나타나면서, 하나 의 국가 혹은 정형화된 국제기구가 담당하기에는 이민의 양상이 복잡하고 다원적 으로 전개되었기 때문이다. 이에 의견을 교환하여 문제를 해결해보고자 하는 시도 들이 나타나게 되었고, 이것이 RCPs로 수렴되었다. RCPs는 글로벌 시대 새롭게 국제무대에서 행위자로 등장한 민간단체를 포함한 회의체로 다양한 형식을 통해 다양한 이민 쟁점을 다뤄왔다. 이민과 개발, 노동 이민, 이민자 사회통합, 이민자 의 권리보호, 인신매매, 이민과 건강, 무역과 이민 등 이민과 연관된 다양한 주제 가 논의되는 국제적인 공간이다. 또한 IOM, UNHCR, ILO는 물론 사안에 따라 다 양한 국제기구와 NGO들이 참여하는 회의체를 형성하기도 하였다. 위 <표 1>에 나타난 제도(협약, 선언, 보고서) 및 협의체(포럼, 회의) 등은 이러한 비구속적 회의체 의 결과물이다.

　　글로벌 차원에서 이민과 관련하여, 점증하는 이주노동자의 권리를 보호하려는 노력이 UN이주노동자권리협약으로 귀결되었다. UN총회는 1990년 12월 18일 '모 든 이주 노동자와 그 가족의 권리에 관한 협약(International Convention on the Protection of the Rights of All Migrant Workers and Members of Their Families)'을 만장일치로 통과시켰고, 그에 따라 12월 18일은 '세계이주민의 날'로 제정되었다. 적용범위와 정의, 권리의 비차별, 인권과 권리 규정(모든 이주노동자와 가족 인권, 신 고된 또는 정규적 상황의 이주노동자와 그 가족들의 기타의 권리, 특별한 유형의 이주노동 자와 그 가족에 관한 규정, 노동자와 가족의 국제 이민에 관한 공평하고 인도적이며 합법적 인 권리), 협약의 적용(일반 및 최종) 등의 총 9부 93조로 이루어진 이 협약은 이민 에 관한 쟁점이 국제적인 협약으로 문서화되는 사실상 첫 번째 결과였다.

　　1994년 이집트 카이로에서 열린 인구와 개발에 관한 국제회의(국제인구개발회 의, ICPD)역시, 이민과 관련한 쟁점을 전 세계적인 의제로 만든 회의였다. 왜냐하 면 10년 전인 1984년 멕시코시티에서 열린 국제인구회의와는 다른 방식으로 접근했기 때문이다. UN인구기금(UNFPA)이 주관이 된 이 회의에서는 카이로행동강령 (Cairo Programme of Action)을 채택하였는데, 인구문제의 해결 없이는 각국의 개발노력이 성과를 거둘 수 없다는 취지에서, 인간중심의 개발을 논의하고 실천강령을 제시했다. UN 인구 및 개발위원회는 이 회의를 기점으로 본격적인 활동을 재개하였다.

　　"국제이민보고서 2002(International Migration Report 2002)"는 UN의 경제사회부 인구분과(ww.un.org/esa/population)에서 발행한 보고서(ST/ESA/SER.A/220)로 국제이민에 대한 체계적인 첫 보고서라 할 수 있다. 이 보고서는 총 3부로 구성되어 있는데, 국제이민의 규모와, 국제 이민정책 그리고 이민과 개발과 연관된 56차 UN총회의 사무총장보고서와 총회결의문을 담은 부분이 포함되어 있다. 즉, 협약이나 행동강령 혹은 보고서 형태로 나타나는 글로벌 차원의 이민에 대한 관한 관심은 탈냉전기인 1990년대부터 2000년대 초반까지 새로운 국제이민협력으로 위와 같이 나타난 것이다.

　　그러나 본격적이고 구체적인 형태로 글로벌 차원에서 이루어진 국제이민협력은 2003년에 UN이 전 지구적 차원에서 국제이민에 관한 전문기관들로 구성된 글로벌 국제이주위원회(Global Commission on International Migration, GCIM)를 창설하고 부터이다. ILO, IOM, UNHCR, UN마약범죄사무소(UNODC) UN무역개발회의(UNCTAD)라는 다섯 개의 국제이주에 관한 전문적 국제기구들은 2001년 제네바 이주그룹(the Geneva Migration Group)을 형성하고, 글로벌화한 세계에서 이민문제에 초점을 맞추는 국제이민정책 발전을 위해 정보를 공유하고 기구 간 협력을 강화하기로 협의하였다. 특히 현재 이민문제에 대한 접근에서 결여된 부분, 다른 쟁점과 상호 연결된 부분에 초점을 맞추고, UN사무총장과 각 국 정부 및 이해당사자들에게 제언을 할 수 있는 기구에 대한 필요성을 제기하였다. 이에 코피 아난 당시 UN사무총장은 "UN의 기능강화: 심화된 변화를 위한 하나의 아젠다(문서번호 A/57/387)"를 통해 국제사회에서 이민문제가 중요한 쟁점임을 지적하였고, 국제기구와 스웨덴, 스위스, 브라질, 모로코, 필리핀 정부 등이 이에 부응하여, 2003년 12월 9일 GCIM이 성립한 것이다.

　　19명의 위원(Commissioners)으로 이루어진 GCIM은 제네바에 본부를 두고, 2004년 2월 스웨덴 스톡홀름 회의를 시작으로 활동을 개시하였다. GCIM 활동에 대한 최초의 보고서는 2005년 10월 채택된 "상호연결된 세계에서의 이민: 행동을 위한 새로운 방향"이다. UN에 보고된 이 보고서는 총 6장으로 이루어져있는데, 규모에 있어서 가장 크고, 국제사회에 현재 관심을 끌만한 광범위한 이민 현상에 초점을 두어 집필함으로써, 국제적으로 발생하는 이민 현상이 글로벌 정책 아젠다 중에 수위에 있다는 점을 부각하려 하였다. 즉, GCIM의 활동은 글로벌 차원에서 이민 문제에 대한 관심을 불러일으키고, 이민 정책이 개별국가를 넘어서 글로벌 차원에서 전개되어야 한다는 사실을 적시한 점에서 큰 의의가 있다할 것이다. 그 결과 국가 차원에서 일관성을 증진하고 역량을 강화하며, 지역 차원에서 국가 간의 협력과 협의가 증진되고, 지구적 차원에서 각 국 정부들과 국제기구 간의 효과적 협력과 대화가 필요하다는 점을 결론에서 제시하였다.

즉 글로벌 차원에서 이민 거버넌스는 국제기구, 제도, 회의체라는 다양한 방식으로 진화되어 왔으며, 세계화시대에 새로운 협력의 형태로 GCIM을 발족시켜, 이민에 관한 쟁점만으로 국제이민협력의 새로운 시대를 열었다 할 수 있다. 하지만 여전히 느슨한 협의체의 성격으로, 구체적 강제성이 없는 점은 국제이민협력의 한계를 보여준다 할 것이다.

2. 이민과 개발의 연계와 글로벌 대응

국제이민협력에서 중요한 다른 부분은 개발과의 연계이다. 앞서 살펴본 대로, 이민과 개발의 연계는 이미 1950년대부터 주목받아왔다. 하지만 구체적으로 국제이민협력 아젠다에 포함된 것은 비교적 최근의 일이다. 반기문 UN사무총장은 이민자가 2015년까지 3억 명으로 늘 것이라면서, 이민문제가 전 세계적 개발 혹은 발전의 문제와 밀접하게 연계되어 있음을 강조하였다. 이민은 빈곤 퇴치와 인재 양성 및 경제적 성장을 돕고 일자리를 창출하는 강력한 도구가 되기 때문에 UN이 강조하는 지속가능한 개발이라는 주장과 같은 선상에 있기 때문이다.

그 결과, 글로벌 차원에서 이민문제에 대한 관심을 불러일으킨 GCIM의 활동은 개발과 연계되어 UN 차원으로 그 무대를 옮겼다. 진정한 국제이민협력의 시대가 온 것이다. 2006년 9월 개최된 이민과 개발에 관한 UN 고위급 회담(HLD: High Level Dialogue on International Migration and Development)이 그것이다. 2003년 12월 UN 총회 결의에서 제시한대로, 61차 UN총회에서 HLD(www.un.org/esa/population/migration/hld/index)가 개최된 것인데, 다양한 차원에서 이민과 개발 문제에 대해 살펴보고, 개발의 이득을 극대화하고, 부정적 측면을 최소화하는 방법을 논의하였다.

HLD에서 중요한 점은 글로벌 차원에서 이민 문제에 주목하지만, 이민이 개발과 연계되어 UN 차원에서 논의되었다는 점이다. 특히 UN이 중시하고 있던 새천년개발계획(Millenium Development Goals: MDGs)과 연계되어 논의되었고, 이 점은 21세기 국제이민협력의 방향을 예고한 것이었다. 또한 개발과 연관된 다양한 주제(국제이민과 발전 심포지엄, 인구와 발전 위원회 등)가 제시되고, 시민단체 및 전문가 그룹(아랍지역 전문가그룹회의, 비정부기구 및 시민단체와 사적부문회의 등)이 참여하여 고위급회담을 준비했다는 점은 21세기 국제정치의 새로운 이민 거버넌스를 반영한 것이다.

GCIM과 HLD를 통한 국제이민협력은 이주와 개발에 관한 국제포럼인 GFMD(Global consultative Forum on Migration and Development)로 귀결되었다. 2006년 열린 HLD에는 140개국 이상의 국가가 참여하여, 이민과 개발 연계, 이민과 개발의 영향, 이민 거버넌스가 개발에 어떤 영향을 미칠 것인가 등을 논의하였다. 그 결과 이민과 개발에 관한 공개적이고 투명한 대화가 필요하며, 비공식적이고 구속력이 없는 방식으로 여러 국가들이 이끄는 구조가 결국은 실제적인 정부 간 협력을 창출할 수 있다고 합의하였다. 즉 비공식적이고 구속력이 없는 GFMD가 새로 성립한 것이다. GFMD는 시민사회의 날(Civil Society Days: CSD)과 정부 간 모임(Government Meeting:GM)을 두 축으로 하는 회의체이다. 즉 지구화 시대의 특징인 다양한 국제정치 행위자 중 각 국 정부가 중심이 되지만, 시민사회도 참여하는 형태의 거버넌스로 운영되는 회의체인 것이다. 시민사회의 날(CSD)은 정부 간 모임 전에 하루 혹은 이틀 간 열리는데, 시민사회나 NGO 대표, 이민 관련 기구들, 디아스포라 조직들은 물론 노조나 기타 사적 기관 등이 참여하여 토의하는 회의이다. CSD는 보고서 채택을 통해 GFMD에 영향을 주었고, 2011년부터는 코디네이터 제도를 유지하여 지속적 활동을 도모하고 있다. 현재 200~300개의 단체가 참여한다.

정부 간 모임(GM)은 UN회원국과 UN의 옵서버(UN Observers: 비회원국과 국제기구)들이 참여하는 것으로, 각 국정부의 최고위 정책결정자나 정책집행자가 참여하여 비공식적으로 이민과 개발에 관한 복잡한 쟁점을 논의하는 장이다. 지난 8년 간 이루어진 활동은 아래의 <표 2>와 같다. 가장 최근의 8차 회의(공식명칭 Turkey 2014–2015 GFMD)는 2015년 10월 14일에 터키에서 "파트너쉽 강화: 지속적 개발을 위한 인간이동"이란 주제로 논의가 지속되었다.

표 2   이민과 개발에 관한 국제포럼(GFMD)의 활동

회수	연도	개최 국가	주요 논의 사항
1	2007	벨기에	사회경제발전에 이민이 미치는 영향. 이민과 발전의 결합
2	2008	필리핀	이민과 인권, 이민자 보호. 개발을 위한 이민자역량 강화
3	2009	그리스	새천년개발계획과 연관한 이민정책과 개발전략의 결합
4	2010	멕시코	정부와 시민사회의 파트너쉽과 상호관계 증진
5	2011	스위스	이민과 개발에 관한 행동 계획. 40개의 행동 제안.
6	2012	모리셔스	GFMD의 비전. 시민사회와 국제기구의 협의. 디아스포라
7	2013~14	스웨덴	다양한 행동 주체의 '공통 공간'. 다양한 수준의 회의
8	2014~15	터키	주제 "파트너쉽 강화: 지속적 개발을 위한 인간이동"

즉, 국제이민협력은 글로벌 거버넌스를 갖추면서, 이민과 개발의 연계에 중요한 초점을 두었다. 물론 21세기 들어 이민과 관련된 쟁점은 다양하게 다른 쟁점과 연결되어 왔다. 인권, 평화, 난민 보호 등이 하나의 예이고, 개발과 원조 등이 다른 예이다. 이는 이민이 국민국가의 경계를 넘어서 글로벌 차원에서 이루어지고 있고, 그에 따라 연관된 쟁점도 글로벌하게 나타나기 때문이다.

반면, 국민 국가 중심의 국제사회 구조에서 국제협력을 이루는 데는 한계가 있기에 최근에는 글로벌 쟁점(global agenda) 위주의 문제제기와 이에 따른 대화, 협의체 구성 및 선언 등 레짐을 형성하고 있다. 국제이민협력의 최근 추세는 개발과 연관된 이민문제이다. 대표적인 이민과 개발 관련 글로벌 쟁점은 송금, 투자, 인재유입, 관광을 들 수 있다(아구니아스, 뉴랜드, 2014). 이는 위의 GFMD 등의 논의가 가지는 선언적이고 추상적 성격을 여러 실행 프로그램으로 구체화하려는 시도이다. 즉 국제이민협력은 글로벌 차원에서 구체적 프로그램으로 송금, 투자, 인재유입, 관광 등 개발 주제와 연관되어 진행되고 있는 것이다. 이를 간단하게 살펴보면 아래와 같다.

이민자의 송금은 이민과 발전 사이의 가장 확실한 연결고리 중 하나이다(맹준호, 2013). 세계은행의 추산에 따르면, 2010년 공식적으로 기록된 송금 흐름은 전 세계적으로 총 4400억 달러를 상회한다. 이는 선진국이 개발도상국에 실시하는 공적개발원조(ODA) 규모를 능가하는 것이다. 과거에는 송금이 이민자 및 그 가족에

국한돼 있었으나, 이제 송금은 정부들, 시민사회, 국제 커뮤니티, 그리고 민간부문 등의 관심 및 의제로 자리 잡아가고 있다. 이민자들의 송금이 공공투자를 뒷받침할 수 있는 대안으로 주목받고 있는 것이다. 이는 송출국과 수용국 사이에 송금을 둘러싼 국제이민협력이 가능하도록 하는 쟁점이다. 이민자의 투자 역시 중요하다. 이민자의 투자를 활용하여, 중소기업을 창출하거나 직업을 창출하는 것이 개발로 이어질 수 있다는 생각 때문이다.

인재유입 또한 중요한 이민 협력 방안이다. 예전에는 선진국으로 전문직 종사자와 엔지니어, 과학자 및 투자자 등이 이민자의 한 형태로 유입되었다. 송출국 입장에서는 두뇌유출이지만, 달리 도리가 없었다. 그러나 최근 인재유입, 두뇌은행, 두뇌집단, 두뇌순환과 같은 개념들이 통용되고 있는데, 이는 이민자 송출국이 안고 있는 지식 및 기술상의 격차를 메우기 위해 이민자의 기술과 경험을 송출국에서 사용할 수 있는 방법을 찾는 시도이다. 관광 역시 새로운 국제이민협력의 쟁점이다. 많은 개발도상국에게 관광은 외화수입의 주요 원천이며, 일자리 창출을 진작시키고, 발전에 매우 중요한 자연자원 보존과 같은 기타 부문을 활성화시킨다. 이민자는 새로운 관광지를 위한 시장은 물론이고, 출신국에서 생산된 제품 및 출신국 문화와 연계되어 생산된 제품을 위한 시장을 개척하는 데에 있어서 독특하면서도 중요한 역할을 수행한다.

위와 같이 송금, 투자, 인재유입, 관광 등을 중심으로 이민과 개발이 연계되는 것은 국제이민협력에서 새로운 양상이다. 종전의 이민협력이 주로 난민이나 혹은 출입국 및 체류와 같은 기술적 측면에서 이루어진 것이었다면, 최근의 이민협력은 개발과 연계된 새로운 쟁점을 가지고 UN 등 국제기구와 지역 기구, 시민단체 및 국민국가를 광범위하게 포함하는 파트너십 구축을 통해 이루어지고 있다. 2000년 UN은 보다 나은 세계를 위해 빈곤퇴치, 개발을 위한 협력 등 8개 목표를 2015년까지 달성하고자하는 새천년개발목표(MDGs)를 제시하였다. 또한 2015년 9월에는 포스트 2015(Post-2015) 개발과제 정상회의를 통해 17개의 공통적 지향 목표와 169개 과제를 제시하였다(강선주, 2015). 이런 과정은 이민이 어떻게 개발 등 다양한 글로벌 이슈와 연관되고, 국제이민협력이 어디까지 도달해 있는가를 살펴볼 수 있는 기회를 제공한다. 물론 아직까지 국제이민협력의 구체적 목표가 제시되지는 않았으나, 연관 쟁점은 꾸준히 국제사회의 주목을 받고 있다.

3절 지역 내 국제이민협력의 사례: 유럽과 아시아

앞서 글로벌 차원에서 국제이민협력의 양상을 살펴보았다면, 이 절에서는 지역 내 국제이민협력을 유럽과 아시아를 중심으로 살펴보고자 한다. 글로벌 차원의 국제이민협력이 비교적 최근의 현상으로, 다양한 거버넌스의 전개 과정을 통해 이루어졌다면, 지역적 차원에서의 국제이민협력의 역사는 상대적으로 길다고 할 수 있다. 유럽에서 시작한 국제이민협력은 2007년 리스본 조약 이후, 진정한 의미의 국제이민협력에 도달하였다 할 수 있다. 그리고 그 영향은 아시아 등 전 세계로 서서히 확산되어 갔다.

1. 유럽연합(EU) 차원의 국제이민협력[1]

국제이민협력의 가장 주요한 성과이자 모델은 유럽연합이다. 2절에서 살펴본 글로벌 차원의 이민협력을 시작할 수 있게 한 원동력도 유럽연합 차원의 이민협력이 성숙된 이후부터이다. 유럽연합을 성립시키는 과정 그 자체가 이민과 관련한 국제 협력이다. 왜냐하면 유럽연합의 성립 정신이 국민국가의 국경을 넘어선 자유로운 사람의 이동을 전제로 하기 때문이다. 즉, 느슨한 형태의 국가연합인 유럽연합의 공동이민정책은 회원국 간 협력, 즉 국제이민협력이기 때문이다. 유럽연합과 관련한 이민협력은 크게 두 가지로 나눌 수 있는데, 유럽 통합과정에서의 이민협력과, 통합 후의 이민협력이 그것이다. 전자가 유럽연합 회원국 간의 안에서의 협력이라면, 후자는 유럽연합과 역외국가와의 협력이라 할 수 있다. 유럽연합의 이민협력 과정을 통해 우리는 지구촌이 현재 추진하는 협력의 성과와 한계를 동시에 볼 수 있다.

유럽연합의 이민협력은 유럽연합 공동체 밖에서의 정부 간 협력에서 시작해 공동체 내부에서의 정부 간 협력 단계를 거쳐 공동정책의 초국가적 결정 단계로 발전하였다. 다시 말해 공동정책의 탄생이 보다 수월해지는 방향으로 이민협력이 전개되어 온 것이다. 또한 이민협력은 조약이나 협정을 통해 명문화하여 법적 구속력을 가지는 방향으로 발전하였다. 유럽연합의 이민협력은 크게 네 시기에 걸쳐

---

1) 이진영·정호원(2014)의 논문을 재구성하여 작성하였다.

발전하였다(이진영 · 정호원, 2014).

1) 제1기: 파리조약에서 마스트리히트 조약까지(1951~1992)

제1기는 크게 두 시기로 세분된다. 즉, 유럽연합 논의의 시작인 1951년 파리조약부터 사람의 자유로운 이동을 최초로 명문화한 1957년의 로마조약까지 첫 번째 시기와, 유럽연합 이민협력의 역사를 관통하는 두개의 기둥이라 지칭하는 1985년 쉥겐협정과 1990년 더블린협정이 있는 두 번째 시기이다. 유럽연합의 원조 격인 ECSC를 발족시킨 1951년의 파리조약 및 EEC 창설에 합의한 1957년의 로마조약 체결 이전의 기간은, 준비기간으로 간주할 수 있다. 1957년의 로마조약은 상품과 자본 및 서비스와 더불어 '사람'의 자유로운 이동을 처음으로 명문화했다. 당시 단일시장 구축에 따른 경제통합에 초점이 맞춰져 있어, 사람의 이동이란 구체적으로 노동자 및 그 가족에 국한되었다.

노동자를 포함한 일반의 자유로운 이동에 대해 언급한 것은 1985년의 쉥겐협정 이후이다. 1985년 체결되어 1995년 발효된 쉥겐협정은 유럽연합(당시 EC) 10개국 중 독일, 프랑스, 베네룩스 3국(벨기에, 네덜란드, 룩셈부르크) 등 5개국이 상호 간 국경개방 및 공통의 국경관리정책에 합의한 조약이다. 쉥겐협정은 1957년 로마조약 이래 유럽시민의 네 가지 기본권, 즉 '사람, 상품, 서비스, 자본'의 이동에 있어서의 자유를 규정하였다. 그러나 1985년 쉥겐협정(Schengen I)이 체결되는 과정, 그리고 체결 후 곧바로 효력을 발휘하지 못하고 1990년의 쉥겐이행협정(Schengen II)을 거쳐 1995년에야 비로소 효력을 발휘하게 되는 10여 년의 과정은 유럽연합 이민협력 초기의 문제점을 노출한 것이다. 왜냐하면 쉥겐협정은 공동체 안에서의 전 회원국 간 협력의 산물이 아니라 공동체 밖의 일부 회원국을 포함한 협력의 산물이었기 때문이다.

쉥겐 협정이 사람의 자유로운 이동에 대한 이민협력이라면, 1990년의 더블린협정은 유럽연합 공동 망명(난민 및 비호)정책에 대한 이민협력이다. 2003년의 개정에 따라 더블린II(Dublin II Regulation) 및 현재의 더블린III(Dublin III Regulation)로 이어져오고 있다. 이 협정에서는 유럽연합 내에 제출된 망명신청에 대해, 망명신청자가 처음 도착한 회원국가가 망명신청에 대한 심사를 책임지고 진행한다는 원칙을 수립하였다. 이는 오늘날까지도 여전히 유효한 기본 원칙이다. 그러나 더블린협정 또한 쉥겐협정과 마찬가지로 구조적 한계를 가지고 있다. 왜냐하면 협정 체결

후, 모든 협정서명국 의회의 비준을 별도로 받아야만 비로소 공동의 정책으로 자리 잡을 수 있기 때문이다. 비록 한계가 있지만, 쉥겐협정과 더블린협정은 공동의 이민·망명정책이란 초국적 공감대를 유럽 내 형성하였다는 점에서 큰 의의가 있다(박채복, 2008).

2) 제2기: 마스트리히트 조약에서 암스테르담 조약까지(1992~1997)

시간적으로 가장 짧은 구간에 해당하는 2기는 마스트리히트 조약에서 시작된다. 마스트리히트 조약은 처음으로 이민·망명정책 분야를 EU라는 공동체의 틀 안(제3주인 내무·사법영역)으로 진입시켰고,2) 역시 처음으로 역내 이동 및 거주의 자유를 제1권리로 두는 '유럽연합 시민권 개념'을 법제화한 조약이다. 마스트리히트 조약은 이민·망명정책 분야가 유럽연합 회원국 공통의 관심사이며 따라서 유럽연합이라는 공동체의 틀 내에서 회원국들 간 협력의 대상이 되어야 한다는 원칙을 수립하였다.

그러나 마스트리히트조약의 내용 중 내무·사법 분야에서의 이행이 더디다는 평가에 따라 보다 강화된 협력의 틀이 필요하다는 주장이 제기되었는바, 이는 1997년 체결(1999년 발효)된 암스테르담 조약을 통해 이루어졌다. 암스테르담 조약은 자유, 안전 및 사법지대로서의 EU 창설을 향후 새로운 협력의 틀로 제시하였다. 특히, 이민·망명정책 분야는 제3주에서 분리돼 제1주(유럽공동체, EC)로 진입하였다. 이는 이민·망명정책 분야가 비로소 정치적으로 우선시되는 의제가 되었다는 것을 의미한다. 즉 이민 및 망명 정책의 중요성을 규정함과 동시에, 최소한 외형상으로나마 EU라는 공동체에서 초국가적 결정의 대상으로 자리 잡았음을 의미하는 것이다. 그 결과, 공동체 내에서 회원국 간 협력의 대상이어야 한다는 '이민협력'의 원칙이 수립되었다. 더불어 유럽연합 이사회라는 초국적 기구를 통해 회원국 간 협력이 이루어지기 시작했다. 이는 지역 내 국제이민협력의 신기원을 연 것이다.

그럼에도 불구하고, 이민·망명정책에 관한 한 가중다수결 대신 만장일치방식을 유지함으로써 누구든 거부권 행사를 통해 공동정책의 탄생을 저지할 수 있는 한계도 있었다. 가중다수결(Qualified Majority Voting)은 회원국의 인구, 경제력, 영향력을 감안하여 각기 다른 표를 주고, 투표 시 이를 합산하여 가결 여부를 결정

---

2) 마스트리히트 조약의 중요한 정책 분야를 3개로 분류하여 기둥(주, pillar)으로 비유하였다. 1주는 유럽공동체(EC), 2주는 공동외교안보정책(CFSP), 3주는 범죄문제의 사법협력(PJCC)이다.

하여, 회원국 중 주요 국가의 영향력이 큰 방식이다. 반면, 만장일치는 모든 회원국이 동의하여야 가결되므로, 이민정책에서 만장일치를 택한 건 그 만큼 민감한 정치 문제가 있음을 의미한다.

3) 제3기: 암스테르담 조약 후의 구체적 조치: 탐페레 프로그램 및 헤이그 프로그램(1997~2007)

암스테르담 조약(1997)에서 처음 명문화된 자유·안전·사법지대로서의 EU 창설은 향후 회원국 간 협력이 지향해야 할 궁극적 목표이자 지향점을 의미했다. 이는 구체적으로 이민협력의 방향을 규정한 것으로, 공동의 이민·망명정책 창출, 민사문제에 있어서의 사법협력, 형사문제에 있어서의 경찰 및 사법협력 등이 제시되었다. 그 결과 후속조치로, 세부 협력과제가 이민협력의 주요 의제로 대두하였다. EU는 유럽정상회의를 통해 향후 매 5년에 걸쳐 시행되어야 하는 일련의 세부 이민협력과제를 5년 단위의 프로그램으로 제시하였는데, 그것이 곧 탐페레 프로그램과 헤이그 프로그램이다.

1999년에서 2004년까지 진행된 탐페레 프로그램(Tampere Program)은 자유·안전·사법지대로서의 EU 창설을 위한 디딤돌 역할을 한 프로그램이다(Migration News, 1999). 탐페레 프로그램에 담겨 있는 내용은 크게 세 가지이다. 첫째, 사람의 자유로운 이동 공간으로서의 유럽연합, 둘째 안전공간으로의 유럽연합, 셋째 보편적 법질서 내지 사법적 정의 공간으로서의 유럽연합이 그것이다. 첫째 공동의 이민 및 망명 정책의 중심이라 할 자유 공간으로서의 유럽연합을 이루기 위한 프로그램으로는 출신국과의 파트너쉽 구축, 공동유럽망명체계(CEAS)의 구축, 제3국출신 정착민 및 시민들에 대한 공정한 대우, 이주흐름에 대한 효율적 통제가 제시되었다. 둘째, 안전공간으로서의 유럽연합을 이루기 위한 프로그램으로는 유럽 시민권 보장에 있어서 보편성 및 접근성 확보, 법원 판결의 상호 간 인정 및 공유, 민사문제에 있어 사법협력의 심화가 제시되었다. 마지막으로 보편적 법질서 내지 사법적 정의 공간으로서의 유럽연합을 이루기 위한 프로그램으로는 범죄예방책 강구, 범죄척결에서의 협력 강화, 자금 세탁 근절을 위한 특별방안의 강구가 제시되었다.

탐페레 프로그램이 첫 프로그램이라면, 2005년에서 2009년까지 진행된 헤이그 프로그램(Hague Program)은 두 번째의 후속 프로그램이다. 헤이그 프로그램은 탐페레 프로그램에서 제시된 다양한 협력 주제를 구체적으로 범주화하고, 세부 협력과제를 세밀하게 제시하였다(van Selm, 2005). 그 내용을 간략히 정리하면 <표 3>과 같다. 즉 자유의 강화, 안전의 강화, 사법의 강화로 삼분하고, 각 항목에서 추진하는 이민협력을 다양하게 제시한 것이다. 중요한 진전은 사법의 강화 부분인데, 형사 및 민사 부분에서의 이민 관련 협력이 매우 세부적으로 제시되고 있다. 즉, 유럽연합의 이민협력이 얼마나 다양한 분야에서 이루어지고 있는가를 이를 통해 살펴볼 수 있다.

표 3 헤이그 프로그램의 세부협력과제

자유의 강화	안전의 강화	사법의 강화
유럽연합 시민권	정보교환의 개선/강화	유럽사법재판소
이주·망명·국경정책		상호신뢰 및 신뢰형성
공동의 유럽망명규정	테러리즘	형사문제에서의 사법협력 ⓐ법원판결의 상호 인정 ⓑ사법규정의 통일 ⓒ유럽검찰기구(EUROJUST)
합법적 이주와 불법종사자 처리	경찰협력	
제3국인의 사회통합		
이주·망명 문제의 외적(글로벌) 차원 ⓐ제3국과의 파트너십 ⓑ출신국/지역과의 파트너십 ⓒ경유국/지역과의 파트너십 ⓓ귀환 및 송환정책	역내 초국적 위기의 관리	민사문제에서의 사법협력 ⓐ초국적 민사소송에서의 협조 ⓑ재판판결의 상호인정 ⓒ협력관계 구축 ⓓ유럽연합 법규정의 일관성 확보 및 질적 수준 개선 ⓔEU 법규정과 국제 법규정 간의 일관성 확보
	형사소추상의 협력	
이주흐름의 조절 ⓐ국경통제와 불법이주 처리 ⓑ지문감식 및 정보체계 (SIS-II, VIS, EURODAC) ⓒ비자정책	범죄예방	
	조직범죄 및 부패	
	유럽의 마약거래 대응전략	

출처: 이진영·정호원, 2014.

이민협력의 제3기(1997~2007)는 이민·망명정책을 유럽연합의 제1주(기둥)로 편입시킴으로써, 이민·망명정책 결정의 초국가화 내지 유럽화 혹은 공동체화를 위한 법적 토대를 마련하였다. 하지만, 제1주에 속해 있던 여타 분야와 달리, 유럽의회가 단지 자문역할만을 수행할 뿐이고, 이사회에서의 의사결정이 가중다수결이 아닌 만장일치 방식을 고수하였다는 점에서 공동정책을 창출하는 최고 수준의 이민협력에 이르지는 못하였다고 평가할 수 있다.

4) 제4기: 리스본 조약 이후 현재까지(2007~)

마지막으로 오늘로 이어지고 있는 제4기(2007~현재)는 리스본 조약 이후, 단일 법인격을 갖춘 유럽연합 출범 후의 이민협력 시기이다. 앞서 언급한 유럽연합을 지탱하던 3주(기둥) 체제는 종식되고, 법인격을 갖춘 단일체인 유럽연합(EU)이 새로 출범하였다. 더불어 이사회와 유럽의회의 공동 결정 절차를 명문화하였다. 유럽의회가 비록 이사회와 공동으로이긴 하지만 공동체 입법권의 보유자가 되었다는 사실은 큰 의미를 가진다. 왜냐하면 회원국 시민들이 직접 선출한 의원들로 구성된 유럽의회에서 통과된 결정을 또 다시 회원국 의회에서 동의나 비준을 받아야 하는 과정이 없어졌기 때문이다. 다시 말해 유럽의회의 공동결정은 그 즉시 공동체의 결정이 되는 것이다(정성숙, 2014). 즉 국제이민협력에서 진정한 초국적 협력이 가능해진 것이다.

초국적 협력을 위한 구체적인 프로그램으로 스톡홀름 프로그램(2010~2014)이 제시되었다(Collett, 2010). 스톡홀름 프로그램은 앞선 두 프로그램과는 달리 정치적 우선순위를 갖는 6개 부문을 제시하면서 종래의 세 부문(자유·안전·사법)과 관련된 세부협력과제들을 이들 여섯 개의 부문 안으로 분산·편입시키고 있다. 정치적 우선순위를 갖는 6개 부문이란 첫째, 유럽연합 시민권 및 기본권의 강화, 둘째, 권리 및 사법 공간으로서의 유럽, 셋째 보호받을 수 있는 유럽, 넷째, 글로벌 국제사회에서의 유럽, 다섯째, 이민·망명 문제에 있어서 책임을 다하는 유럽, 연대하는 유럽 그리고 협력하는 유럽, 마지막으로, 글로벌 사회에서의 유럽의 역할 등을 의미한다. 이를 통하여, 유럽이 글로벌 차원에서 국제이민협력의 주체로 활동하게 된 것이다.

이민과 관련하여 유럽연합의 이민협력을 네 시기로 나누어 살펴보았다. 그 결과 유럽은 이민과 관련하여 자유·안전·사법지대로서의 EU 창설을 지속적으로 구현하고자, 5년에 걸쳐 실행돼야 할 세부협력과제를 세 차례 제시할 정도로 이민협력의 수준이 매우 세부적인 곳에까지 다다르고 있다. 특히, 유럽연합이 2014년부터 회원국의 55%가 찬성하고, 찬성국 인구가 전체의 65% 이상이면 가결되는 이중다수결 제도를 단계적으로 도입하고 있는 점은 이민협력에서 새로운 진전이라 할 수 있다. 그러나 2015년 여름 발생한 대량 난민 사태는 유럽연합 이민협력이 지금까지 성취한 결과를 후퇴시키거나 뒤엎을 수 있다는 점에서 크게 주목되고 있다.

2. 아시아 지역에서의 국제이민협력

아시아 지역은 이민에 있어 매우 역동적인 지역이다. 그러나 유럽연합의 이민 협력이 지역협력을 통한 다자기구를 발전시켜, 종국에는 유럽연합으로 단일화되어 공동의 이민 망명 정책을 수립하고, 이를 실행하는 구체적 프로그램을 지난 15년 간 수행한 점에 비추어보면, 아시아에서의 이민협력은 매우 초보적 수준이다. 즉, 아시아 전체를 아우르는 다자적 기구가 존재하지 않음은 물론, 다자적 협력 또한 제한적이고 초보적으로 전개되었다. 아시아를 4개의 권역(중동지역은 주로 북아프리카 등과 같이 논의됨)으로 나누어 얘기하면, 권역별 다자적 협의 역시 각기 차이를 보이고 있다. 가령 동남아 지역의 경우 동남아국가연합(ASEAN) 차원에서 이민에 관한 협력을 제기하여 추진하고 있다. 반면 다른 지역의 이민에 관한 협력은 부재하거나, 상징적인 차원에만 머물고 있다.

남아시아 지역은 상호간의 분쟁이 있음에도 불구하고, 남아시아지역 협력연합(SAARC: South Asian Association for Regional Cooperation, 인도, 파키스탄, 방글라데시, 스리랑카, 네팔, 부탄, 몰디브 등 7개국 협의체)을 통해 이민 문제를 의제화하여 논의한다. 1985년 출범 이래, 정상회담, 각료회의 기타 고위급 회담 등을 개최하여 지역 현안을 논의하고 있다. 현재까지 논의된 주요 쟁점은 주로 안보적 측면에서 마약이나 테러 등 이민에 따른 공동문제를 논의한 것에 제한되고 있다. 총 16개의 공동 의제 중 이민문제는 없는 형편이다. 다만 1992년 이래, 역내 비자 면제프로그램을 운영하고 있는데, 해당범위를 법관 등 고위직 공무원이나, 상사원, 스포츠 선수 등 24개 분야로 한정하여 운영하고 있다(홈페이지: http://www.saarc-sec.org/).

중앙아시아 지역은 구 소련의 공화국으로 존재하다 독립한 지역으로, 지역 내 러시아인들이 주민으로 거주하고 있고, 러시아에도 중앙아시아 지역 국민들이 거주하고 있는 상황으로, 그 특성 상 러시아와의 다자적 협력이 이민협력에서 두드러진다. 그러나 협력의 실제 성과는 역시 제한되고 있다. 왜냐하면 소련의 붕괴와 그에 따른 독립국가연합의 탄생, 아프가니스탄 전쟁 및 중국의 진출로 인한 중앙아시아의 안보 환경 변화가 두드러졌기 때문이다. 중국 주도로 이루어진 상하이협력기구(SCO: Shanghai Organization Cooperation)나, 러시아 주도의 집단안보조약기구(CSTO: Collective Security Treaty Organization)에 참여하는 형태로 다자적 협력이 이루어지고 있다. 그러나 논의의 초점은 소위 국경을 넘어서 이루어지는 테러리즘, 분리주의, 마약, 인신매매 등에 맞추어져 있어, 이민협력이라기보다는 안보적 협력이 강하다고 할 수 있다.

　동아시아 지역의 경우, 동북아와 동남아로 나누어 볼 수 있는데, 한국, 중국, 일본의 3국은 지역협력의 역사가 거의 없고 여전히 분쟁적 성격이 강한 형편이다. 그 결과 사람의 이동이라는 이민협력은 다자적 틀보다는 양자적 차원에서 주로 이루어지고 있어, 협력의 정도는 더욱 미약한 편이다.

　동남아 지역은 동남아국가연합을 통한 다자적 이민협력을 진행하였기에, 아시아지역에서의 구체적인 이민에 관한 협력은 동남아국가연합(ASEAN)의 협력과 아시아를 넘어서는 아시아태평양경제협력체(APEC: Asia Pacific Economic Cooperation)가 그나마 역내 국제이민협력을 보여준다고 할 수 있다. 또한, 역내 국가를 포괄하는 대화체가 발전되고 있는 점도 아시아 지역 내 이민협력의 한 특징이다. 이 두 가지를 살펴보면 다음과 같다.

1) ASEAN과 APEC의 이민협력

　비록 이민에 관한 논의가 간헐적으로 ASEAN에서 이루어졌다고는 하나, 본격화한 것은 사실상 APEC이다. 1997년에 APEC 무역투자위원회 소속 12개 워킹그룹 중 하나로 기업 이동성 그룹(Business Mobility Group, BMG)이 신설되면서, 이민 논의가 시작되었다. 그러나 현재까지도 APEC에서 이민문제가 별도의 의제(topic)거나, 별도의 위원회(Committee)로 존재하는 것은 아니다. 단지 4개 위원회 중 하나인 무역투자위원회의 한 그룹으로 존재하고 있다(홈페이지: http://www.apec.org/). 이는 APEC이 경제협력을 목적으로 한 기구이며, 그 결과 경제협력의 주체가 되는 기업이나 상사원들의 이동에 초점을 맞추어, 무역을 증진코자 하는 목적으로 이민협력이 이루어지고 있음을 알 수 있다. 기업이동성 그룹(BMG)은 APEC 21개 회원국의 이민당국 고위공무원들로 구성되어 있으며, 고위급관료회의를 연 3회 개최하고 있다.

　APEC의 목적에 맞는 이민협력은 기본적으로 이주관리나 이주역량강화에 초점을 두고 진행되어 왔다. 이주관리란 기업인들의 출입국 및 체류의 편의를 증진하는 것으로 APEC 기업인 카드(ABTC: APEC Business Travel Card)를 기본으로 한다. 기업인 카드란 APEC 지역 내에서 무역이나 투자 등의 목적으로 자주 국경이동을 하는 기업인(대표, 관리자, 전문가)에게 보다 편리하고 신속하게 출입국 절차를 완료할 수 있도록 카드를 발급하는 것이다. 카드 소지자는 회원국가 주요 공항에 마련된 특별통로에서 신속하게 출입국 심사를 받을 수 있고, ABTC 프로그램에 참여하는 모든 국가에 무비자 입국이 가능하다.

　　이민협력과 관련한 APEC의 활동 중 다른 하나는 초국적 범죄방지를 위한 역내 국가 내 체계의 구축이다. APEC의 네 개의 위원회 중 하나인 경제와 기술협력위원회(Economic and Technical Cooperation) 산하 워킹 그룹 중 하나인 테러 대항 그룹(CTG: Counter Terrorism Group)에서 논의되고 있다. 2001년 발생한 9·11 테러 이후, 국경관리를 철저히 하여 테러, 인신매매, 밀입국을 방지하는 목적의 제도 고안이 있었고, 이것이 구체적인 조치로 APEC에서 논의되어 구축되었다. 항공기 승객이 목적지에 도착하기 전에 승객정보가 도착국의 이민당국에 전해지는 사전승객정보시스템(Advanced Passenger Information System, APIS)과 항공기를 이용하는 승객들이 분실, 도난, 위조 여권을 사용할 시에 즉각적으로 지역이동알림시스템(Regional Movement Alert System, RMAS) 참여국들이 관련 정보를 공유하고 해당문서의 법적 유효성을 조사할 수 있도록 하는 것이다(최용곤, 2008).

　　APEC에서의 이민협력이 주로 기업인을 대상으로 하는, 출입국 관리와 통제 차원의 협력이 회원국 내 제한적인 국가 내에서만 이루어졌다면, 동남아 10개 회원국으로 이루어진 ASEAN(동남아국가연합: Association of Southeast Asian Nations, http://www.asean.org/)의 이민협력은 좀 더 광범위한 범위에서 이루어졌다. ASEAN 창립 40주년인 2007년에 발표된 "이주근로자의 권리보호와 증진에 대한 아세안선언: ASEAN Declaration on the Protection and Promotion of the Right of Migrant Workers(일명 세부선언)'은 아세안 내 이민협력의 기초가 되는 선언이다. 세부선언에서는 이주근로에 관한 이민협력이 양자적 차원이 아닌, 지역차원에서의 다자적 협력과 이행이 필요하다는 점을 보다 강조하여, 이후 아세안 차원에서 다양한 이민협력 논의가 이루어지게 되었다. 크게 네 방향에서 진행되고 있는 이민협력은 회원국 이민 관련 공무원의 전문성 및 역량을 강화하는 교육 훈련 프로그램 운영, 노동부 고위관료들의 정기 회의를 통한 이민 관련 쟁점에 대한 행동계획 등을 포괄하고 있다(조영희, 2014). ASEAN 지역 이민협력의 중요한 특징은 노동이주자에 대한 인권을 강조하는 차원에서 협력이 이루어지고 있다는 점이다. 전 세계로 노동이주자를 송출하여, 그들의 송금이 국가재정에서 중요한 역할을 하는 필리핀을 비롯하여, 베트남이나 인도네시아 등 역내 국가 국민들의 노동 송출에 따른 이주가 큰 부분을 차지하고 있기 때문이다. 이에 ASEAN은 이주근로자의 권리를 보호하기 위한 협정을 논의하였고, 각 국이 이주근로자에 대한 입법이나 정책을 원활하게 수행할 수 있도록 지원하고 있다. ASEAN의 이민협력을 유럽연합(EU) 와 비교하는 것은 제도상이나 실제 집행구조를 살펴볼 때 무리한 일이다. 하지만 지역협력체로서 ASEAN은 유럽연합의 통합과정에 나타난 여러 요소를 참고로 하여 운영하려고 노력하고 있다. 가령 유럽연합과 달리 느슨한 정치연합체 성격이 강했던 ASEAN이 지역협력을 추동할 수 있는 구속력 있는 제도를 창출하는 과정이 그것이다. 세부에서 열린 정상회의에서 ASEAN 헌장을 채택하고, 정치·안보, 경제, 사회·문화의 세 기둥체제(3주 체제)와 흡사한 세 가지 공동체로 운영하는 것은 흡사 2007년 리스본 조약 이전의 유럽연합을 지탱하는 구조와 비교되기 때문이다. 다만 이주근로에 초점을 두고 있고 송출국과 유입국이 역내에 혼재하는 상황은 유럽과 다르다. 그 결과 세 기둥 중, 사회·문화 공동체 내에, 노동부 장관협의체(ASEAN Labour Ministers Meeting: ALMM)가 이민협력의 주요한 부분이 된다는 점이 특색이며, 이는 곧 ASEAN 이민협력의 한계를 의미하기도 한다(최호림, 2010). 왜냐하면 송출되는 이주근로의 대부분이 역내가 아닌 역외지역인 상황에서, 유입국과의 협력에 대해 공동의 목소리를 내기는 구조상 어렵고, 그 결과는 이주근로자의 인권에 관한 선언 등 주로 선언적 측면에 머무는 한계를 보일 수밖에 없기 때문이다. 이러한 ASEAN의 한계는 아시아지역 이민협력의 현 주소를 나타냄과 동시에, 이주 특히 이주근로에 있어 송출국과 유입국의 협력이 필요하다는 것을 부각시켰다. 물론 2015년 말, 아세안공동체가 새롭게 출범하면, 이민협력에서도 새로운 방향이 나타날 수 있는 여지는 충분히 존재한다.

2) 지역협력을 위한 회의체

1절에서 언급한 지역협의체(RCPs)도 아시아 지역 내 이민협력의 한 특징이다. 아시아지역에서 이민에 관한 협력이 지역협의체 차원에서 이루어진다는 것은 아시아의 이민쟁점이 다양하며, 역내 국가 간 다자적 협의가 이루어질 만큼 성숙된 조건을 갖추고 있지 못한 상황을 반영한다. 즉 지역협의체의 성격과 한계는 곧 아시아지역 이민협력의 성과와 한계를 나타내는 것이다. 현재 이민에 관한 아시아 지역협의체는 아시아를 넘어서 이루어지고 있는 발리 프로세스(Bali Process), 남아시아 지역을 기본으로 하는 콜롬보 프로세스(Colombo Process), 이주근로에 관한 송출국과 유입국의 회의체인 아부다비 프로세스(Abudabi Process) 등을 들 수 있다(최호림, 2010).

2002년 아시아태평양지역에서 급증하는 불법이민문제(혹은 난민문제)를 해결하고자 호주와 인도네시아 정부가 장관급회의를 개최하는데 합의하여, 38개국 장관과 국제이주기구 및 UN난민기구가 인도네시아 발리에 모여 불법인구이동, 밀입국, 인신매매에 대해 논의한 것이 발리 프로세스의 시작이다. 특히 글로벌 범죄조직과 불법이민과의 연계에 주목하여 지역차원에서 공동대응을 논의하였으나, 출범 이래 현재까지 장관급 회의가 네 차례 열린데 그치고 있다. 또한, 비상설 지역사무소(regional support office)를 방콕의 국제이주기구(IOM) 아시아 태평양 지역 사무소 내에 두고 있을 뿐이다.

발리 프로세스가 불법이주에 초점을 둔 협의체라면 콜롬보 프로세스(Colombo Process)는 아시아 근로 송출국의 해외취업 및 계약근로의 관리에 관한 지역이주협의체이다. 주로 이주근로 송출 국가의 고위관리들이 중심이 되어, 이주근로에 관한 공통 관심사를 논의하여 이를 활동계획(action plan) 형태로 제시하여 회원국 내 정책에 반영토록 권고하는 협의체이다. 2003년 출범한 이래 4차례의 회의를 개최하여, 이주근로자에 대한 보호 및 서비스제공, 송금 증대 및 해외고용시장 확대, 이주근로에 관한 제도적 역량 구축과 정보 교환을 하였는데, 주로 송출국 중심으로 이루어지는 특성상, 송출국의 경쟁적 이해 관계로 협의에 있어 한계를 보이고 있다(조영희·최지현, 2013).

송출국과 유입국 모두를 포괄하는 지역협의체는 2008년 출범한 아부다비 프로세스이다. 위 콜롬보 프로세스의 11개 송출국과 주로 중동국가로 이루어진 9개의 유입국이 해외취업 및 계약이주근로에 관해 논의하였는데, 현재까지 2차례 장관회의를 개최하는데 그쳤다. 이는 이익이 첨예하게 대립하는 이주근로에 대해 송출국과 수용국 간의 입장 차이가 크다는 것을 의미하고 있다.

이상과 같이, 아시아지역에서의 이민협력을 APEC과 ASEAN이라는 다자기구 내에서의 협력 양상과, 세 가지 지역협의체 내에서의 논의를 중심으로 살펴보았다. 아시아에서의 이민협력은 주로 이주근로와 불법이주라는 두 축을 중심으로 이루어지고 있지만, 앞서 살펴본 유럽연합의 이민협력과 비교하여 매우 저조한 수준이란 것을 알 수 있다. 특히 출입국관리 및 국경안보와 연관된 쟁점에서의 협력이 제도화되어 이루어지고 있지만, 이주근로나 기타 이주에 관한 쟁점은 선언적 수준에서만 논의되고 있는 형편이다. 지역 내 이동이 증가하고 중요성이 커지고 있는 아시아 지역의 상황을 고려할 때 좀 더 선제적인 지역협력을 이룰 수 있는 다자간 노력이 필요하다.

4절 한국의 국제이민협력

　그렇다면 한국의 이민협력의 양상은 어떠한가? 한국의 출입국 외국인정책본부는 제2차 외국인정책 기본계획(2013~2017)에서 5대 정책목표의 하나로 국제사회와의 공동발전이라는 국제이민협력의 목표를 선구적으로 제시하였다(정기선 외, 2011). 그러나 아시아지역이 그러하듯, 한국에서도 이민협력은 여타 다른 이민 관련 쟁점과는 달리 매우 생소한 주제이다. 유럽의 이민협력이 제2차 세계대전 이후 지속적으로 증가하였다면, 아시아지역의 이민협력은 탈냉전 시대의 산물이라 할 수 있는데, 더욱이 한국의 이민협력은 탈냉전 시대 이후에서도 비교적 최근 현상이기 때문이다.

　제2차 외국인정책 기본계획에 언급된 국제이민협력의 장기적 목표는 글로벌 이민정책에서 이니셔티브 모색과 구축이다. 이는 글로벌 이민정책 체계에 대한 이해와 연계를 시작으로, 종국에는 한국적인 특색이 있는 글로벌 이민정책의 수립에 이르는 것이다. 극빈 개도국에서 선진국으로 진입한 유일한 국가인 한국만의 독특한 경험을 반영하는 국제이민협력 체계를 수립할 수 있고, 이민자 송출국에서 유입국으로 변화한 한국의 경험을 반영하는 이민정책을 개발하여 모범적인 글로벌 이민정책을 수립할 수 있기 때문이다. 즉 외국인정책과 국제협력 연계를 통하여 세계와 더불어 발전하는 글로벌 이민정책추진체계 구축하는 것이 기본계획의 구체적 정책목표이다.

　이를 위하여 정책 추진방향으로 추진된 것은 크게 두 가지이다. 글로벌 레짐과의 연계와 귀환이민자 관리와 지원을 통한 국제협력 강화이다. 전자가 인지 강화와 글로벌 거버넌스에의 참여를 의미한다면, 후자는 구체적 정책이다. 글로벌 레짐과의 연계는 첫째, 글로벌 레짐에의 참여와 기여 방안 모색, 둘째, 개발원조와 연계한 이민정책 수립 및 실행, 셋째, 효과적 지역거버넌스의 구축과 모색으로 나눌 수 있다. 국제협력에 대한 인지강화 프로그램의 도입을 통해 2절에서 언급된 글로벌 이민 레짐에 대한 이해 증진, 글로벌 레짐 참여를 통한 한국 이민정책의 선진화 방안 모색, 국제기구, 정부간 기구, 각종 레짐과 대화에 대한 인지 제고, 한국의 참여 모색과 네트워크 체계 구축이 글로벌 레짐에의 참여와 기여이다. 반면 개발원조와 이민정책을 연관시키고, 현재 진행 중인 글로벌 차원의 개발원조와 이민 연계 논의에 참여하는 것이 두 번째이다. 마지막으로 효과적인 지역협력에의 참여와 모색은 앞서 살펴본 RCPs에의 참여를 의미한다. 우리나라 차원에서 가능한 동남아 국가와의 지역협력체계 구축 모색을 위해, 정부간 혹은 정부와 민간의 1.5간 대화를 활용하고, 결혼이민자를 다수 송출하는 국가와의 다자간 대화 채널 구축하며, APEC 프로그램에서 논의된 것을 구체화하는 작업이 필요하다고 하였다. 특히, 주요 이민 송출국 정부와의 양자 협력 체계를 현재 가능한 범위에서 중기적으로 추진하고, 영사협력과 외국인 보호 체계의 연결 모색을 하는 것이 중요하다는 점을 부각시켰다.

귀환이민자 관리와 지원을 통한 국제협력 강화는 외국인근로자의 자발적 귀환 이민을 촉진하기 위해서는 한국을 떠나기 전 기술 및 창업 교육, 본국 도착 후 적응 지원, 일자리 창출과 공동체 개선을 위한 개발 원조 사업이 동시에 추진되는 것이 근본적인 해법이라는 인식에서 출발한다. 정부나 국제기구와 같은 제3자가 자발적 귀환자에 대하여 재정적 및 조직적 지원을 하고 귀환 이후의 재정착에 도움을 주는 등의 지원과 관리를 위한 정책을 귀환이민자 관리정책으로 정의할 수 있다. 국제적으로는 몽골, 베트남, 인도네시아 등 한국으로 노동력을 송출하는 국가와 양자 협력관계 구축하고, 양자관계를 통해 구체적 협력사업의 성공경험을 축적하면서 궁극적으로는 노동력 송출국 모두가 참여하는 다자 협력체계 구축하는 것을 세부목표로 삼고 있다. 특히 한국정부의 개발원조와 이민정책을 연계시켜, 글로벌 네트워크를 구축하고 있는 비정부기구, 종교단체, 민간단체들이 개발원조사업과 연계된 송출국 내 적응 및 재정착 지원 프로그램을 적극적으로 발굴할 수 있도록 정부와 협력체계를 모색하며, 이를 통해 개발된 프로그램이나 사업에 대해 정부 차원의 지원이 필요하다는 점을 적시하고 있다.

제2차 외국인정책기본계획을 기준으로 보면, 한국에서 국제이민협력은 아직 다자적 차원에 진입하지 못하였으며, 선언적 측면에서의 논의와 함께 국제이민협력에 대한 인지 강화가 이민 관련 정부 부처나 연구자들에게 시작된 정도라 할 수 있다. 국제이민협력이 출입국, 노동, 개발, 외교라는 다양한 분야를 아우르는 범정부적 사안이고, 글로벌 시대 이민이 다른 쟁점과 융합적으로 이루어지고 있다는 점이 아직 한국 사회에 폭 넓게 반영되지 않았기 때문이다. 특히 21세기 이르러서야 국제이민협력에 사실상 참여하기 시작한 한국에게는 더욱 생소한 분야라 할 수 있다.

물론 한국에도 국제이민협력의 양상과 관련한 다양한 현상이 존재하여왔다. 한 예가 다자가 아닌 양자협력 차원에서 진행된 고용허가제이다. 이 책의 10장에서 살펴보았듯이, 고용허가제는 비숙련분야의 노동인력 부족문제를 해결하기 위해 2004년에 도입한 외국인력정책이다. 이 정책이 이민협력 측면에서 주목받는 것은 국무총리실 산하 외국인력정책위원회가 매년 적정한 이민 인력의 도입규모와 업종을 결정하고 난 뒤, 주로 아시아 지역의 15개 국가와 맺은 양자협약에 기초하여 송출국 정부와 협력 하에 외국인력을 선발 도입한다는 점이다. 비록 15개 국가들과 양자 협약에 기초하여 협력하는 사안이지만, 국제이민협력의 한 예로 생각할 수 있다. 물론 진정한 다자적 국제이민협력으로 이행할 수 있는지는 미지수이다. 왜냐하면 다자간 지역협의체를 이루기에는 송출국과 한국간의 이해관계가 국가별로 상이하고, 서로 상충적이기 때문이다. 하지만 한국 주도(initiative)의 다자적 협의체로 진행할 수 있는 여지가 있다는 점에서 앞으로의 국제이민협력의 한 방향이 될 수 있다.

물론 이민협력은 개발과 연관되기에 개도국에 대한 원조를 지원하는 해외개발원조(ODA)를 관장하는 외교부 한국국제협력단(KOICA)의 활동도 국제이민협력에 포함할 수 있다. 아직 KOICA는 이민협력 차원에서 ODA를 논의하고 있지는 않다. 또한 국무총리실 차원에서는 진행되고 있는 개발을 위한 정책 일관성(PCD: Policy Coherence for Development: 모든 공공정책 간 시너지와 긍정적 영향을 통해 지속가능한 개발을 촉진하기 위한 하나의 지표이자 정책)도 국제이민협력의 한 예가 될 수 있다(손혁상, 2012). 2010년 도입하여 ODA에 기초한 국제협력 선진화 방안을 논의하고 있는데, 그 결과 국제기구 및 선진국과의 협력이 강화되고 있다. 그러나 이 부분 역시 이민쟁점과 구체적으로 연관되지는 못하고 있다. 즉, PCD처럼 지속가능한 개발을 고려한 이민정책이건, 이민이란 요소를 고려한 ODA 정책이건 국제이민협력의 관련하여 국제적으로 논의되는 쟁점들이 한국에서는 아직 활성화되지 않았고, 여전히 도입 단계라 할 수 있다. 그 결과 한국에서는 국제이민협력에 대한 명확한 목표와 방향을 설정하지 못하고 있는 듯하다. 국제이민협력은 한국 이민정책의 새로운 도전이다(조영희, 2015).

5절 국제이민협력의 방향과 도전

지금까지 국제이민협력에 대해 알아보았다. 1절에서는 국제 이민협력이 세계화하는 전 지구적 이동이 심화되는 시기에 사실상 시작되었다는 점을 지적하였다. 특히, 세계화 이전의 이민에 관한 국제협력은 부분적이고, 특정 주제에 기초한 제한된 협력이라는 점을 개괄하였다. 2절에서는 글로벌 거버넌스 관점에서 국제이민협력이 어떻게 발전되어 왔는가를 국제기구, 제도, 회의체를 중심으로 살펴보았다. 특히, 다양한 형태의 이민 관련 거버넌스가 글로벌화하는 과정에 초점을 두었으며, 여기에서 다양한 행위자와 다양한 주제가 결합되는 특색을 고찰하였다. 또한 개발이 이민과 연계되는 최근 글로벌 거버넌스의 현황도 알아보았다. 3절에서는 지역 차원의 국제이민협력으로, 대표적 사례인 유럽연합(EU)과 아시아 지역 이민협력을 살펴보았다. 유럽연합의 사례는 공동의 이민−망명 정책의 수립과 그에 따른 세부적 프로그램으로 구성되는데, 현재 지구상 국제이민협력의 단계와 한계를 보여주는 것이었다. 반면 아시아는 아직 초보적이지만, 아세안이 공동체로 되면서 2016년 이후의 이민협력이 어떻게 전개될지 기대를 모으고 있다. 마지막으로 4절에서는 세계는 물론 중견 국가로 발돋움하는 한국의 이민과 국제협력을 2차 외국인정책 기본계획을 중심으로 살펴보았다. 한국은 국제이민협력의 초보 단계이며, 그러기에 글로벌 이민 거버넌스에 대한 이해와 참여가 필요하다는 점을 강조하였다.

세계화 시대와 함께 발전해온 국제이민협력은 유럽연합에서 바람직한 모델을 살펴볼 수 있다. 그러나 2015년 발생한 유럽으로의 대량난민사태와 파리테러 등은 국제이민협력의 방향에 대해 여러 문제점을 던지고 있다. 특히, post−2015 논의에서 사실상 이민과 개발의 구체적 연계가 포함되지 않은 점은 또 하나의 그늘을 국제이민협력의 방향에 드리우는 것이었다. 아마도 새로운 방향과 주제 그리고 거버넌스가 국제이민협력에서 논의될 가능성이 크다.

그렇다면 한국은 지금 어떠한 방향으로 국제이민협력을 추진해야 할 것인가? 인지강화, 거버넌스 구축, 아젠다 세팅의 세 가지를 제시하고자 한다(이진영, 2014). 첫째, 현 단계에서 가장 중요한 요소는 이민을 통한 국제협력의 현실과 필요성에 대한 인지를 강화하는 노력이다. 글로벌 차원은 물론 아세안 등 여러 차원에서 진행되는 이민협력 논의의 흐름을 이해하고, 참여하고, 일정한 역할을 수행하는 국제적 추세가 현실이며, 이에 대한 인지가 필요하다는 것이다. 그러나 한국에서의 인식 수준은 정부는 물론 심지어는 이민 관련 연구자 사이에서도 매우 낮은 형편이다. 한국이 이민을 보내는 국가에서 받는 국가로 된 역사가 짧고, 해외개발원조 역시 원조를 받는 나라에서 주는 나라로 된 역사가 일천하기에 국제적인 흐름에 무지한 것은 사실이다. 그 결과, 이민에 대한 국제협력과 해외개발원조 등에 대한 개별적 인식은 물론, 이를 연결하여 유연하게 사고할 수 있는 인식의 틀이 아직 미약한 형편이다. 정부나 학계 그리고 사회 각 부문에서 이에 대한 인지강화 노력이 필요하다. 정부와 학계의 대화, 다양한 학문 분야 간의 대화, 언론과 정부 및 학계 대화 등을 통한 인지강화는 융합과 통섭의 시대라는 지금 꼭 필요하기 때문이다.

둘째, 이민과 국제협력 관련 거버넌스 체계의 구축도 필요하다. 현재 이민 관련 정부 정책은 통합적으로 운영되고 있지 못하다. 외국인정책은 법무부가, 이주노동자 정책은 노동부가, 다문화가정 정책은 여성부가, 재외동포정책은 외교부가 담당하고 있다. 최고 의사결정기관인 국무총리실의 위원회도 분리되어 있다. 개발원조 관련 정부의 체계도 기재부와 외교부로 이원화된 것은 물론, 국무총리실에서도 통합적으로 이루어지고 있지 못하다. 개발원조와 이민을 결합하여 국제협력을 추구하는 현재의 융합 추세를 고려한다면, 유연한 통합 거버넌스 체계를 구축할 필요가 있다. 법적, 행정적 경성(hard) 체제 구축이 힘들다면, 협의체의 구성과 국무총리실 등의 상층 조정에서의 협의 구조 창출 등이 먼저 필요하다.

마지막으로 지적할 것은, 제도적 개선보다 더 중요한 것은 새로운 의제(agenda)를 설정하는 것이다. 이민과 국제협력의 세계적 흐름에 대한 인지에 바탕을 둔 새로운 정책을 개발하고, 정책을 추진할 수 있는 의제를 설정하는 것은 쉬운 일이 아니다. 왜냐하면 국제협력에서 선도적이고 주도적인 역할을 수행하는 것이기 때문이다. 한국의 국제협력단(KOICA)과 유사한 독일국제협력공사(GIZ)는 모로코에 대한 국제협력 사업에 자국에서 일하는 모로코 디아스포라를 활용하는 시범사업을 의제(agenda)로 설정하였다. 그리고 유럽연합, 독일연방정부는 물론, 국제기구나 비정부 기구들과의 협력을 통해 추진하였다. 물론 목표는 자국으로 이주하는 모로코인 이주자들을 모로코로 귀환시키고, 독일과 모로코와의 협력을 촉진시키는 것이고, 이를 국제협력의 틀에서 해결하려고 시도한 것이다. 중요한 것은 모로코 디아스포라를 국제협력에서 활용하려는 유연한 발상을 하였고, 이를 연관 기관과의 융합을 통해 국제협력의 의제로 설정, 추진한다는 점이다.

다가올 미래에 이민과 국제협력은 더욱 중요해질 것이다. 한국의 이민정책에 새로운 도전이 될 국제협력에 관해 선제적으로 관심을 기울이고, 대비하여야 할 것이다.

참고문헌

강선주. 2015. "Post－2015 지속가능개발목표(SDGs) 채택과 개발협력 외교에의 함의."『주요 국제문제분석』. 국립외교원.

맹준호. 2013. "개발도상국 개발을 위한 해외 이주 노동자 송금(remittance)."『국제개발협력』 4:163-176. 한국국제협력단.

박채복. 2008. "유럽연합의 이민 및 망명정책 : 평가 및 전망."『한국정치외교사논총』30(1):107-134. 한국정치외교사학회.

손혁상. 2012. "한국의 '개발을 위한 정책일관성(PCD)' 제고 방안."『개발협력 정책과 이슈』 7권. 한국국제협력단.

아구니아스 · 뉴랜드(Agunias, Dovelyn Rannveig, and Kathleen Newland). 2014.『국가발전을 위한 디아스포라 활용방안: 모국과 거주국의 정책입안자와 집행자를 위한 지침서』. 재외한인학회 역. 재외동포재단.

이진영. 2014. "국제이민협력: 한국이민정책의 새로운 도전."『이민정책』제1권. IOM이민정책 연구원.

이진영 · 정호원. 2014. "유럽연합 이민협력의 새로운 변화에 관한 연구."『유럽연구』32(3):181-200. 유럽학회.

정기선 · 강동관 · 김석호 · 김혜순 · 김환학 · 배병호 · 신지원 · 이민경 · 이상림 · 이완수 · 이진영. 2011. "외국인정책 기본계획 수립방향 및 주요 정책의제 연구." 법무부 연구용역보고서.

정성숙. 2014. "일반논문 : 리스본조약에 따른 정책결정절차에 관한 연구."『영산법률논총』 11(2):23-57. 영산대학교.

조영희. 2014. "아시아 지역 이민협력 현황과 방향 모색." IOM이민정책연구원 워킹 페이퍼.

_____. 2015. "한국의 국제이민협력 현황과 향후 과제." IOM이민정책연구원 정책보고서.

조영희 · 최지현. 2013. "동아시아 국제이주 지역협력체제 구축을 위한 해외동향분석: 동남아시아 내 노동이주를중심으로." IOM이민정책연구원 워킹 페이퍼.

최용곤. 2008. "사전여행객 정보시스템(APIS)의 효율적 활용을 위한 정책." 한국항공대학교 석사논문.

최호림. 2010. "동남아시아의 이주노동자 지역 거버넌스."『동남아시아연구』20(2):135-178.

한국동남아학회.

Collett, Elizabeth. 2010. "The European Union's Stockholm Program: Less Ambition on Immigration and Asylum, But More Detailed Plans." *Migration Information Source*. 2010.1.12. MPI(Migration Policy Institute).

Van Selm, Joanne. 2005. "The Hague Program Reflects New European Realities." *Migration Information Source*. 2005.1.1. MPI(Migration Policy Institute).

1999. "EU: Tampere Summit." *Migration News 6(*11).

부록

색 인

〈집필진 소개〉

이 혜 경
❏ 약력 : 미국 UCLA 대학교에서 사회학 박사학위를 받았다. 현재 배재대학교 공공정책학과 교수로 재직 중이다. 주요 전공은 이민과 (여성)노동시장 분야이고, 현재 세계화와 한국의 이민현상, 이민(사회통합)정책, 이민의 여성화, 돌봄이민과 젠더, 조선족의 귀환이민 등 이민과 디아스포라 연구를 수행하고 있다. 한국이민학회 회장, 국가통계위원회 위원 등을 역임하고, 현재 외국인정책위원회 및 외국인력정책실무위원회 위원으로 활동하고 있다. 주요 저서 및 논문으로는 『한국사회와 외국인 노동자』(1998, 공저), "Employment and Life Satisfaction among Female Marriage Migrants in South Korea"(2013), "국제이주·다문화 연구의 동향과 전망"(2014)이 있다.

❏ E-mail : hkleepcu@gmail.com 혹은 hklee@pcu.ac.kr

이 진 영
❏ 약력 : 영국 런던정경대(LSE)에서 중국민족문제로 박사학위를 받았다. 현재 인하대학교 정치외교학과 교수로 재직 중이다. 재외한인학회 회장 및 이민학회 부회장을 역임하였다. 현재 국제정치와 이민, 안보와 이민, 국제이민협력, 재외동포정책, 중국동포, 차세대재외동포 등 이민정책 및 재외동포정책과 연관되는 연구를 수행하고 있다. 최근 논저로는 "중국식 다문화 관련 논의의 이론과 실천"(2014), "독일의 외국인 우수인재 유치 제도와 정책 연구: 한국에의 시사점"(2014), "유럽연합 이민협력에 있어서의 새로운 흐름에 관한 연구"(2014)가 있다.

❏ E-mail : jeanylee@inha.ac.kr

설 동 훈
❏ 약력: 서울대학교에서 사회학 박사학위를 받았다. 현재 전북대학교 사회학과 교수로 재직 중이며, 고용이민연구센터 이사장을 맡고 있다. 국제결혼중개업, 외국인고용허가제, 이민개방, 남북통일 후 사회통합 등에 대한 정책·학술연구를 수행하고 있다. 주요 저서로는

『외국인노동자와 한국사회』(1999), 『韓国の少子高齢化と格差社会: 日韓比較の視座から』(2011, 공저), 『사회조사분석』 제4판(2012, 공저)이 있다.

❑ E－mail: dhseol@chonbuk.ac.kr

정 기 선

❑ 약력 : 미국 Maryland 대학교에서 사회학 박사학위를 받았다. 현재 IOM이민정책연구원 선임연구위원으로 재직 중이며, 한국이민학회 회장을 맡고 있다. 인구변동과 이민, 이민정책, 노동이민, 가족이민, 이민자통합, 국민정체성, 이민통계 관련 연구를 수행하고 있다. 주요 저서로는 『한국인의 국민정체성과 이민관련 태도 연구』(2011, 공저), 『이주민의 지역사회정책과 사회통합정책 연구』(2012, 공저), 『2013년 체류외국인실태조사: 고용허가제와 방문취업제 외국인의 취업 및 사회생활』(2014, 공저)이 있다.

❑ E－mail : chungkiseon@hanmail.net

이 규 용

❑ 약력 : 성균관대학교에서 경제학 박사학위를 받았다. 현재 한국노동연구원 선임연구위원으로 재직 중이며 한국이민학회와 한국지역고용학회 부회장을 맡고 있다. 이민정책, 노동이민, 노동시장, 일자리정책, 지역고용 등에 관한 연구를 수행하고 있다. 주요 저서로는 『취업취약계층 노동시장정책 효율화 방안연구』(2013, 공저), 『체류 외국인 및 이민자노동시장 정책과제』(2014, 공저), 『이민정책의 국제비교』(2015, 공저)가 있다.

❑ E－mail : leeky@kli.re.kr

윤 인 진

❑ 약력 : 미국 시카고대학교에서 사회학 박사학위를 받았다. 현재 고려대학교 사회학과 교수로 재직 중이다. 주요 전공은 이민, 사회심리, 사회갈등 분야이고, 현재 코리안 디아스포라, 북한이탈주민과 국내 조선족 등 이민자 사회통합과 다문화사회 연구를 수행하고 있다.

재외한인학회 회장, 북한이탈주민학회 회장, 외국인정책위원회 민간위원, BK21갈등사회교육
연구단장을 역임하고, 현재 해외한인연구 중앙허브 사업단장, 고려대 아세아문제연구소 부소
장으로 활동하고 있다. 주요 저서로는 『코리안 디아스포라: 재외한인의 이주·적응·정체성』
(2003), 『북한이주민: 생활과 의식, 그리고 정착지원정책』(2009), 『동북아시아의 국제이주와
다문화주의』(2013)가 있다.

❏ E-mail : yoonin@korea.ac.kr, injinyoon@gmail.com

김 현 미
❏ 약력 : 미국 워싱턴대학교에서 사회문화인류학으로 박사학위를 받았다. 현재 연세대학교
문화인류학과 교수로 재직 중이다. 젠더와 비판적 문화연구의 관점으로 글로벌라이제이션에
따른 사람과 자본, 문화의 이동를 연구한다. 이주민에 대한 현지조사 연구를 통해 결혼이주
여성, 경제 이주자, 미등록이주자, 난민, 이주 아동 등의 삶과 이주 정책과의 관련성을 분석
해왔다. 주요 저서로는 『친밀한 적: 신자유주의는 어떻게 우리의 일상이 되었나』(2010, 공
저), 『우리 모두 조금 낯선 사람들: 공존을 위한 다문화』(2013, 공저), 『우리는 모두 집을
떠난다: 한국에서 이주자로 살아가기』(2014)가 있다.

❏ E-mail : hmkim2@yonsei.ac.kr

한 건 수
❏ 약력 : 미국 UC Berkeley 대학교에서 인류학 박사학위를 받았다. 현재 강원대학교 문화
인류학과 교수로 재직 중이며, 한국이민학회 부회장, 한국국제이해교육학회 회장을 맡고 있
다. 아프리카인의 국제이주와 난민이동, 한국의 이주노동자, 결혼이민자, 다문화가족, 여성인
신매매, 문화다양성 관련 연구를 수행하고 있다. 주요 저서 및 논문으로는 『다문화사회의
이해』(2007, 공저), "한국 에티오피아 이주민의 이주동학: 경향, 유형 및 난민연계"(2014),
『한국다문화주의의 성찰과 전망』(2015, 공저)이 있다.

❏ E-mail : yoruba@kangwon.ac.kr

집 필

이혜경(배재대학교 공공정책학과 교수)
이진영(인하대학교 정치외교학과 교수)
설동훈(전북대학교 사회학과 교수)
정기선(IOM이민정책연구원 선임연구위원)
이규용(한국노동연구원 선임연구위원)
윤인진(고려대학교 사회학과 교수)
김현미(연세대학교 문화인류학과 교수)
한건수(강원대학교 문화인류학과 교수)

한국이민재단총서 ①
이민정책론

| 초판발행 | 2016년 3월 30일 |
| 중판발행 | 2022년 9월 10일 |

| 지은이 | 한국이민재단 |
| 발행인 | 김종호 |

펴낸이	안종만 · 안상준
펴낸곳	(주) 박영사
	서울특별시 금천구 가산디지털2로 53, 210호(가산동, 한라시그마밸리)
	등록 1959. 3. 11. 제300-1959-1호(倫)
전 화	02)733-6771
f a x	02)736-4818
e-mail	pys@pybook.co.kr
homepage	www.pybook.co.kr
ISBN	979-11-303-0268-3 93330

정 가   29,000원